KB154069

明과 暗 50년
1

영원한 시장주의자

김인호
회고록

1 / 영원한 시장주의자

明과 暗 50년

- 한국경제와 함께 -

김인호 저

기파랑

머리말

나는 2017년 11월 17일 한국무역협회 회장직에서 물러남으로써 50여 년 공인 생활을 사실상 마감했다.

당초, 본래의 내 자리인 시장경제연구원으로 돌아와 이사장과 선임연구위원으로서의 활동을 계속하려고 생각했다. 그러나 모든 여건이 생각과 달랐다. 무역협회 회장을 맡기 전 이 연구원에서 하던 것 같은 활발한 연구활동은 사실상 어려웠다. 아쉬움이 컸지만 나이와 건강을 고려하지 않을 수 없었다. 그보다도 현 정부하에서 내가 하고자 하는 연구활동이 거의 불가능한 현실 여건을 인정하지 않을 수 없었다.

그래서 나는 이 책을 쓰기로 했다. 나의 인생 역정과 함께 50년에 걸친 공직과 민간부문에서 경험한 내용을 바탕으로 한국경제사의 일부가 담긴 기록을 남기고 싶었다. 파란 많았던 공적 생활에서 얻은 값진 교훈을 우리 사회는 물론, 특히 공직의 길을 걷는 후배들에게 전하고 싶었다.

무역협회 회장을 물러나서 시장경제연구원으로 돌아왔으나 과거와 같이 활발한 연구활동이 불가능한 현실이 이 책을 쓰도록 만든 촉진제가 된 셈이다.

막상 글을 쓰려고 하니 주저되는 점이 많았다.

내가 공직을 시작한 개발연대의 거의 초기부터 최근에 이르는 한국경제의 발전 과정에는 무수히 많은 의미 있는 경제적 사안이 있었다. 50여 년에 걸친 경험이라고 하지만 그 전개 과정에 내가 참여하거나 경험한 부분이 과연 얼마나 될 것인가? 그것이 얼마나 의미 있고 가치가 있는 것인가? 나로서는 최선을 다해 진실을 기록하려고 하지만 기억과 자료에 의존해 쓰는 글이 과연 일호(一毫)의 틀림도 없는 진실 그대로일 수 있을까? 회고록의 성격상 많은 사람들과의 관계에서 있었던 일을 쓸 수밖에 없는데 다 좋은 이야기만 쓸 수 있을까? 이 글을 주로 누가 읽기를 기대하고 쓸 것인가? 걱정과 의문이 떠나지 않았다.

그럼에도 불구하고 나는 이 책을 쓰기로 결심했다. 몇 가지 중요한 이유 때문이었다.

우선 이 책이 한국의 빈약한 기록문화의 발전에 일조하리라는 생각을 했다.

정치인이나 학자가 아닌 순수한 직업관료 출신이 이런 성격의 기록을 책으로 남긴 경우는 우리나라에서 매우 드물다. 제한된 것이지만 한 직업관료가 경험한 한국 경제발전 50년의 과정, 그 과정에서 직접 보고, 생각하고, 겪은 밝은 면과 어두운 면에 대한 가감 없는 기록은 현대 한국경제사의 정리에 나름으로 기여할 수 있으리라고 판단했다.

다음으로 나는 같은 기간의 공적 삶을 정리하고 그것이 남기는 몇 가지 메시지를 우리 사회와 공직 후배들에게 전하고 싶었다.

당초 나는 이 글을, 나의 삶 전체를 시대순에 따라 기술하는 방식으로 시작했다. 사무관으로 공직 생활을 시작한 1967년 1월부터 무역협회를 떠나 시장경제연구원으로 돌아오기까지의 모든 기록이었다. 공적 삶에 대해 주로 적었지만 그 삶 전체를 회고하고 의미를 부여하는 내용과 나의 개인사도 덧붙였다.

이 작업은 너무 오랜 시간이 흐른 탓에 나의 기억력이나 부분적인 메모에만 의존해서 집필하기에는 어려움이 많았다. 특히 당시 자료를 가지고 반드시 고증을 해야 할 사안이 많아 집필 초기에는 무척 힘들었다. 그러나 다행히 네이버가 모든 지난 언론기사들을 데이터베이스화해 놓아서 한자이름을 입력하면 20~30년 전의 기사도 생생하게 재현할 수 있어 큰 짐을 덜 수 있었다. 더하여 이 글을 시작하기 직전에 완성한, 나의 일생을 커버하는 사진 데이터베이스도 정확한 기억을 되살리는 데 크게 도움이 되었다. 나는 이렇게 완성된 첫 번째 원고를 잠정적으로 '회고록 I'이라 불렀다.

그렇게 원고를 완성하고 보니 글의 분량이 200자 원고지 약 3,500매에 이르렀다. 한 권의 책으로 내기엔 너무 많은 양이었다. 게다가 이 글을 읽는 사람에게 내가 주고자 하는 메시지를 분명하게 표현하는 데 좀 부족한 면이 있었다. 이것을 그대로 세상에 내어놓을지 망설이지 않을 수 없었다.

고심 끝에 메시지 중심으로 다시 구성해 새로운 원고를 만들기로 작정했다. 나의 공적 삶 중에서 특히 의미 부여가 필요하다고 생각하는 부분과 사회에 전하고자 하는 메시지를 집중적으로 기술하는 성격의 글로 재집필했다. 원고의 분량도 당초의 절반가량인 1,800매 수준으로 줄였다. 이 과정에는 상당한 고통이 따랐다. 어디 한 줄 그냥 빼기가 아까웠다. 사실 쓰기보다 줄이기가 더 힘들었다. 이렇게 완성된 두 번째 원고를 나는 잠정적으로 '회고록 II'라 부르면서 이것을 최종 출판의 대상 원고로 하려고 생각했다.

이 두 가지 원고를 가지고 글을 잘 알고, 잘 쓰는 몇몇 친지, 전문가 들과 의견을 나누었다. 역시 전 생애를 아우르는 회고록의 일반적 성격상 '회고록 I'을 기본으로 하여 공적 삶을 서술하되, 메시지 전달을 위해 '회고록 II'의 해당 부분을 더하는 방식으로 완성하는 것이 좋겠다는 의견이 많았다. 결국 이러한 생각에 따르기로 했다. 이에 따라 정리된 최종 원고를 바탕으로 편집한 글이 바로 이 책이다. 구상 단계에서부터 1년 반이 걸려 완성된 필생의 작업이었다.

나는 이 책을 회고록의 본질이나 의도에 맞게 오로지 내가 경험한 범위 안에서 썼다. 한국경제 현대사의 한 부분을 쓴다는 생각이었기에 경제사적으로 중요한 사안의 경우 나의 경험이나 참여 여부에 관계없이 내가 아는 범위 안에서 기술하고 싶은 마음이 없지 않았다. 하지만 글의 성격상 나는 이런 욕구를 자제했다. 내가 경험한 것만 최대한 기억을 되살리고 당시의 자료들로 고증하여 사실에 충실하게, 가능한 대로 주관을 배제하고 쓰고자 노력했다. 다만, 주관적 견해를 불가피하게 밝혀야 하는 부분에는 나의 생각을 솔직하게 밝혔다. 쓰다 보니 그런 부분이 상당히 많았다.

또 글의 성격상 자연스럽게 나의 삶의 궤적에서 부닥쳤던 많은 사람들의 이야기를 포함했다. 결국 모든 일은 사람이 하는 것이다. 일을 만들고 성취하는 것도, 일을 그르치고 망치는 것도 다 사람이 하는 것이라고 생각한다. 나의 개인적, 사적 기록을 목적으로 하지 않는 한, 사람들에 관한 이야기를 쓰지 않으면 문제의 본질에 다가갈 수 없는 경우가 대부분이었다. 이 책 중 외환위기와 관련되는 부분은 특히 그렇다. 그러나 사람들과의 관계가 즐거운 것, 좋은 것만 있을 수 없기에 때로 쓰기에 괴로운 경우가 적지 않았다. 그러나 내가 생각하고 판단하는 대로 쓰기로 했다. 좋은 것만 쓰려면 애당초 이 책을 써야 할 이유가 없다고 생각하기 때문이다. 다만, 사람에 관한 내용은 기술하고자 하는 사안 및 나와 직접 관련된 범위 안에서만 기술하였기에 대상 인사의 전인적 모습과는 전연 무관할 것이다.

이 책의 제1~3부에서는 50년 공적 삶을 전체적으로 개관했다. 경제기획원 사무관으로 첫 임관했을 때부터 차관보와 실장으로 직업공무원 생활을 마감할 때까지를 제1부, 환경처 차관부터 철도청장, 한국소비자보호원장, 공정거래위원장을 거쳐 대통령경제수석비서관으로 공직을 마무리할 때까지, 즉 주로 정무직으로 보낸 기간을 제2부, 이후 민간에서 주로 연구활동을 하는 넓은 의미의 '공인의 삶'을 살면서 마지막으로 한국무역협회 회장을 마치고 다시 시장경제연구원으로 돌아올 때까지를 제3부로 편장했다.

제4부에서는 이러한 공인의 삶의 결산을 시도했다. 50년 세월의 보람과 아쉬움을 바탕에 깔고, 내가 어떤 사람으로 기억되기

를 원하느냐는 질문을 스스로에게 던지고 이에 대한 답을 구해 보고자 노력했다. 이 내용은 우리 사회에, 특히 경제정책 입안의 일선에서 일하고 있는 정부의 후배들에게 던지고 싶은 메시지이 도 하다. 그런 의미에서 나는 이 제4부가 책의 핵심 부분이라고 생각한다.

제5부에서는 평범하지 않은 나의 공적인 삶이 우연히 이루어진 것이 아니고 다양한 배경과 공인 생활 중 많은 사람들, 그리고 중 요한 조직들과의 인연과 만남이 있었기에 이룩되었다고 생각하 고 그 내용들을 정리 기술하였다. 가정적 배경 등 개인사도 나의 공적인 삶의 배경을 설명하는 데 필요한 범위에서 적었다. 아마 도 역사를 배우는 이유도 이와 같지 않을까 생각한다.

제6부에서는 내 일생 최대의 사건이면서 한국경제사의 최대 사 건이기도 한 1997년의 외환위기에 대해 내가 경험하고 생각한 것 을 종합적으로 정리 기술했다. 많은 시간이 흘렀음에도 굳이 이를 이 회고록의 일부로 쓴 이유는 첫째, 내가 이 역사적 사건의 중심 에 있었기에 이에 대한 기록은 나의 공적 삶의 가장 중요한 한 부 분으로 빠뜨릴 수 없었기 때문이다. 두 번째, 아직도 이 역사적 사 건의 진정한 배경, 본질과 실체가 우리 사회에 제대로 알려져 있 지 않다는 것이 나의 생각이다. 이 책을 쓰는 기회에 내가 경험하 고 생각한 범위 안에서 이 모든 것을 사회에 알리고 싶었다. 책의 전체 내용과 분량을 감안하여 제6부는 별권(제2권)으로 편장했다.

1997년 말부터 시작한 우리나라의 외환위기는 통상의 외환위 기에 머물지 않고 경제 전반의 위기로 확대 심화되어, 온 국민과 국민경제를 필요 이상의 고통으로 몰아넣었다. 왜 그렇게 전개되었을까? 다음해 초부터 다양하게 전개된 위기의 책임 규명 과정은 결과적으로 파행으로 끝났다. 왜 그렇게 됐을까? 이렇게 고통을 겪고도 우리 사회는 위기로부터 유효한 교훈을 얻는 데 실패했다. 왜 그런 결과가 초래되었을까?

외환위기는 단순한 경제적 사건이 아니고 당시의 정치 상황과 그때 관련되는 중요한 위치에 있었던 사람들(key players)의 생각, 행태, 관계를 떠나서는 이해될 수 없는 사건이다. 그러나 이제까지 외환위기를 설명하는 어떤 기록이나 연구자료도 이 부분에 주목하여 기술한 것이 없었다. 미흡하지만 이 책에서 그런 쪽으로 첫 시도를 함으로써 위기의 본질과 실체가 좀 더 제대로 규명되고, 사회가 이해하도록 하고 싶었다. 즉, 외환위기의 실체의 규명에 정치경제적인 접근을 시도한 것이다. 그렇게 함으로써 나 개인에게나 한국경제에 있어서나 아직도 진행형인 이 위기로부터의 교훈을 우리 사회가 늦게라도 얻는 데 일조할 수 있으리라고 생각했다.

이 책 전체를 관통해 사안의 본체는 본문으로, 관련 사건이나 일화, 뒷받침이 되는 자료 등은 별도 '뒤안길'과 '자료'의 형태로 따로 적었다. 사안의 본체에 해당하는 글만 읽어도 사안에 대한 이해가 대체로 될 것이다. 하지만 별도로 기술한 내용들이 때로는 더 의미 있는 것들도 있기에 전체로서 이해가 높아지리라 생각한다.

이렇게 인쇄할 글을 완성하고 보니 글의 분량이 여전히 적지 않다. 전부를 읽어 주기를 바라는 마음이지만 읽는 분들의 시간과 관심에 따라 해당 부분을 발췌해서 읽어도 무방하리라고 생각한다.

이 글은 누가 읽어 주기를 기대하고 쓴 글인가?

우선은 당연히 공사간(公私間) 나와 한 시대를 살았던 나의 선배, 동료, 후배, 그리고 동창, 친지 들이 이 글을 읽기를 기대한다.

그러나 가장 중요한 마음속 독자는 이 시대에 나라의 운영, 나라경제의 경영에 깊이 참여하고 있는 현직 공직자들이다. 나와 개인적인 인연이 있건 없건, 불특정다수의 현직 공직자들이 이 책을 읽어 주기를 기대한다. 나는 나의 후배 공직자들 대부분이 오늘날 나라와 나라경제의 현실과 장래를 깊이 생각하면서 이런 상황에서 관료로서 스스로의 역할을 어떻게 설정해야 할 것인지를 깊이 고민하고 있으리라고 짐작한다. 나의 경험과 생각은 그들이 그런 생각을 정리하는 데 일조가 되리라고 본다.

특히 시장이 실종된 이 시대에 나라경제를 다루고 있는 경제분야 공직자들에게 '시장으로의 귀환' 없이는 한국경제의 장래가 없다고 믿고 있는 나의 생각이 전달되기를 소망한다. 이 글을 읽으면 왜 내가 그렇게 생각하고 있는지를 이해하게 될 것이다. 각자 한국경제의 장래를 시장과 연결하여 다시 한 번 깊이 생각하는 계기가 되리라고 믿는다.

나는 나의 일생의 반려인 아내가 이 글을 읽길 원한다. 공인의 삶을 살면서 나는 아내에게 진행중이거나 내가 그 중심에 있었던 일이나 그 과정에 대해 이야기를 한 적이 별로 없었다. 나 혼자 느끼는 것으로 충분하지 아내까지도 이런 복잡하고 때로는 고통스러운 공적 삶의 과정에 참여시키고 싶지 않았기 때문이다. 그러나 아내는 나의 이런 태도에 나름으로 큰 불만을 가지고 살아온 것 같다. 이제 지난 삶을 서서히 정리하기 시작할 이 시점에서는 내가 걸어온 공인의 길이 진정 어떠했는지를 아내가 늦게라도 이 책을 통해서 읽고 나를 좀 더 이해해 주면 좋겠다는 생각을 갖고 있다.

이 글을 가장 많이, 여러 번 읽는 사람은 아마도 나 자신일 것이다. 물론 쓰고 고치는 과정에서 수십 번 이미 읽었지만 글이 끝나고 출판이 된 후에도 계속 읽을 것이다. 깊은 아쉬움과 보람의 생각을 가지고 지나간 나의 공적 삶을 반추, 반성하면서 말이다.

이 책에는 약 800명 가까운 분들의 이름이 등장한다. 이분들 중 많은 분들이 친소(親疏), 심천(深淺)의 차이는 있으나 나와 한 세대를 같이한 선배, 동료, 후배 그리고 각 분야에서 활동하는 친지, 친구들이다. 이 모든 분들과 가진 다양한 형태의 교류가 나로 하여금 나름 '내용 있는 삶'을 살게 해 준 원천이었다. 그래서 이 글도 쓸 수 있었다.

이 글을 쓰고 또 책이 되기까지 직접 도움을 주신 여러분들께 감사하는 마음이 크다. 이 글의 전체적 흐름에 대해 진정 유익한 조언을 해 준 우리 시장경제연구원 이사인 언론인 출신의 단국대 손태규 교수, 절친한 대학 동기 고재천 회장, 공직의 후배 이철환

전 한국거래소 시장감시위원회 위원장과 김인철 서강대 겸임교수 등이 바로 그분들이다.

집필 과정에서 자료 수집과 작성, 원고의 교정 등 처음부터 이 작업 과정을 같이한 시장경제연구원의 기획실장 김종욱 이사와 비서 이수정 차장의 도움이 없었더라면 이 책의 발간은 훨씬 더 지체되었을 것이다. 이 책의 출판을 맡아 주신 기파랑의 안병훈 사장님, 박정자 주간님께 깊은 감사를 드린다. 글의 성격과 내용상 보통의 경우보다 훨씬 어려운 편집의 실무책임을 지고 고생한 김세중 편집자의 노고를 잊을 수 없다.

마지막으로 아픈 허리를 안고 하루 종일 자판을 두드리고 있을 때나 글을 쓴답시고 가방을 싸들고 사무실을 향해 전철역으로 갈 때마다 애잔한 눈길로 나를 쳐다보던 아내의 모습이 떠오른다. 본문의 나의 개인사에서도 좀 길게 기술했지만 아내 이진자가 있어 오늘의 내가 여기에 있다. 그런 의미에서 이 글은 아내와의 합작품이다. 이 글로 아내에게 진 50여 년의 빚이 좀 갚아지면 좋겠다.

2019년 10월
시장경제연구원 연구실에서

김인호

차 례

머리말   4

서장 | 나의 삶의 개관
　　출생, 공부, 병역   28
　　정통 경제관료   28
　　환경처 차관부터 대통령경제수석까지   31
　　외환위기 책임 규명 과정의 중심에 서다   34
　　공직의 연장선상에서 민간 재직 시절   36
　　한국무역협회 회장   39
　　그 밖에   40

제1부 정통 경제관료의 길로

01 사무관 시절 (1967. 1 ~ 1975. 7)
　　1. 행정고시 합격과 경제기획원 첫 발령   45
　　　　(1) 조사통계국 기준계장   47
　　　　(2) 통계 표준분류 정비   48
　　　　[뒤안길] 상품학의 대가 송병순   51
　　　　[뒤안길] 49인회와 이륙회   53

2. 경제기획국　　　　　　　　　　　　　　　　56

　(1) 투자1과　　　　　　　　　　　　　　　　56

　(2) 물가정책과　　　　　　　　　　　　　　57

3. 예산국　　　　　　　　　　　　　　　　　　59

　(1) 예산총괄과　　　　　　　　　　　　　　59

　(2) 예산관리과　　　　　　　　　　　　　　62

　[뒤안길] 대통령 국회 시정연설 총리 대독 오류 해프닝　64

4. 총무과 인사계장　　　　　　　　　　　　　66

5. 시러큐스대 유학　　　　　　　　　　　　　69

　(1) 유학 준비　　　　　　　　　　　　　　69

　(2) 유학 생활　　　　　　　　　　　　　　71

　[뒤안길] 호스트 패밀리 아이삭 가정　　　　76

02 서기관 시절 (1975. 8 ~ 1982. 10)

1. 서기관 승진, 행정관리담당관　　　　　　　79

2. 시카고 경제협력관　　　　　　　　　　　　81

　(1) 가족과의 재상봉　　　　　　　　　　　81

　(2) 경제사절단 활동 지원　　　　　　　　　84

　[뒤안길] 함병춘 대사와의 인연과 추억　　　88

3. 물가관리실 원가조사과장　　　　　　　　　90

　(1) 격변의 1979년　　　　　　　　　　　　90

　(2) 석유류 가격 59.43% 상향조정　　　　　94

　(3) 독과점 품목, 석유화학제품 가격 조정　　96

　(4) 석탄값 파동　　　　　　　　　　　　　98

　[뒤안길] '책임지는 최고책임자' 신현확　　　101

4. 물가정책국 물가총괄과장　　　　　　　　104

　(1) 한자릿수 물가안정 목표　　　　　　　104

　[뒤안길] 자유·시장주의자 김재익　　　　　107

　[뒤안길] 전두환 "소주값 왜 올렸소?"　　　109

　(2) 특사외교의 일원으로　　　　　　　　　112

03 국장 시절 (1982. 10 ~ 1989. 4)

  1. KDI 파견   116

    (1) 국장 승진과 첫 공식 KDI 파견관   116

    (2) 2000년 연구 프로젝트   119

    (3) 부동산 대책 작업 지휘   123

    (4) 연구위원들과의 인연과 추억   124

  2. 해외협력위원회 기획단 투자협력관   126

    (1) 국제화에 눈을 뜨다   126

    (2) '서울클럽' 문제 해결   129

  3. 물가정책국장   135

    (1) 파격적인 물가국장 임명   135

    (2) 매 분기 국장이 직접 대통령에 보고   137

    [뒤안길] '진화하는 대통령' 전두환   139

    (3) 물가정책의 시장 위주 전환과 최저물가수준 실현   140

    (4) 서울지하철, 요금 조정과 경영구조 개선 연계   143

    (5) 시장원리에 입각한 철강값 인상조정   148

    [뒤안길] 실무책임자 소신 존중한 사공일, 안무혁   152

    [뒤안길] 갑'이 밥을 산 게 장관 보고사항   156

    (6) 선진 소비자보호제도의 초석을 놓다   160

    [뒤안길] 소비자보호법 개정이 성사되기까지   173

    [뒤안길] 소비자 보호 기구냐, 소비자문제 해결 기구냐   177

    (7) 물가안정 이루고 시장경제에 대한 생각 정립   178

  4. 국방대학원 파견 수학   183

    (1) 이례적 인사와 파견발령   183

    (2) 민주화합추진위원회 전문위원   186

    (3) 국방대학원 수학   189

  5. 경제기획국장   192

04 차관보, 대외경제조정실장 (1989. 5 ~ 1992. 6)

  1. 차관보   197

    (1) 차관보 임명의 배경과 과정   197

    [뒤안길] "인사 방침에 따라 사직원을 제출합니다"   200

    [뒤안길] 술잔 날아온 승진 축하연   201

    (2) 부총리의 대통령 독대에 수행   203

    (3) 토지공개념 제도 장치 마련   206

    (4) 토지공개념을 둘러싼 논란   208

    [뒤안길] 토지도 시장이 답이다   209

    (5) 금융실명제 추진과 좌절   212

    [뒤안길] 이승윤 부총리와의 악연 아닌 악연   217

  2. 대외경제조정실장   219

    (1) 전화위복 된 좌천성 인사   219

    (2) 흘러 넘친 인재들   222

    (3) '한국경제 국제화' 실무본부장   225

    [뒤안길] '선진국 되려면 선진국 줄에'   235

    (4) 대소(對蘇) 수교 및 경협 준비 활동   237

    [뒤안길] 소련 경제의 실상   242

    [자료] 소련 경제조사단 귀국 회견, 활동 보고서   245

    (5) 대소 수교와 경제협력 협상   254

    [뒤안길] 대소 경협자금 내용 언론 유출   260

    (6) 두만강개발계획과 평양 방문   261

    [자료] 평양 UNDP회의 귀국 회견   267

    [뒤안길] 베이징 류경식당의 북한 아가씨   271

    [뒤안길] 북한에 '민간'이 있나   274

    (7) 남북총리회담, OECD 가입 준비, 해외순방외교 수행 등   279

    [뒤안길] 해양수산부 창설의 산파역   288

제2부 환경차관부터 경제수석까지

05 환경처 차관 (1992. 6 ~ 1993. 3)

  1. 처음 겪는 기획원 밖 조직문화   295

  2. 온난화, 쓰레기, 환경연구원   298

  3. 김영삼 정부 출범과 차관 사임   301

    [뒤안길] 차관 하차 배경에 '월계수'?   306

06 한국소비자보호원장 (1993. 4 ~ 1994. 8)

  1. 소비자가 선택하는 경제   308

    (1) 계속되는 인연   308

    (2) '소비자중심 경제'의 길잡이   309

    (3) 한국경제 문제의 더 깊은 인식   311

    [자료] 정치는 투표, 경제는 소비자 선택   314

  2. 소비자안전과 제조물책임(PL)   315

    (1) 제조물책임법의 기틀을 놓다   315

    (2) 소비자보호원 신청사 착공   318

    [뒤안길] 보신각로타리 창립 회장   320

07 철도청장 (1994. 8 ~ 1996. 3)

  1. 분당선부터 일산선까지   323

    (1) 다시 정부로   323

    (2) 타산지석 된 분당선   326

    (3) 무결점 일산선   328

  2. 백년 철도에 '만족'과 '안전'을   329

    (1) 고객만족경영 원년   329

    (2) 획기적인 철도안전 확보   332

    (3) 고속철과 일반철의 인터페이스   337

    (4) 국유철도운영 특례법 입법   339

[뒤안길] 철도 공사화, 꼭 해야 했나 344

(5) 철도기술연구원, 철도전문대 346

3. 전국 순시, 해외출장 기타 349

(1) 전국 모든 역, 시설 순시 349

(2) 유럽·일본 출장 350

[뒤안길] 철도단지에서 '열린음악회'를 356

(3) 고려대 언론대학원 최고경영자과정 수료 358

(4) 철도청장 최초로 장관급 영전 360

08 공정거래위원장 (1996. 3 ~ 1997. 2)

1. '법대로 하는 포도대장' 361

(1) YS의 깜짝전화 361

[뒤안길] 기업 디딤돌이냐 저승사자냐 363

(2) 전임자와 함께 이·취임식 365

(3) 검찰·언론과의 초기 갈등 367

(4) 공정위원장이 경제단체 예방 370

2. 경쟁이 꽃피는 경제로 371

(1) 공정위의 정부 내 위상 정립 371

(2) 경쟁주창자 역할 강화 374

(3) 공정거래법 개정 377

(4) 공정위도 '고객만족' 381

(5) 위원회 운영을 실질적인 합의제로 383

(6) 제지회사 담합 심의에 이의신청 수용 385

(7) 미·일 경쟁당국과 교류 387

3. 나의 경쟁관(觀) 391

(1) '거시지표 관리'에서 '구조적 접근'으로 391

(2) 경쟁시장의 가장 큰 적(敵)은 정부 393

[뒤안길] '경쟁이 꽃피는 경제' 396

09 대통령경제수석비서관 (1997. 2 ~ 1997. 11)

  1. 순풍 만난 경제팀   398

    (1) 지금도 모르는 발탁 배경   398

    (2) 첫 보고 "경제는 경제논리로"   403

    (3) "시장 중심으로" 의기투합한 경제팀   405

    (4) 경제팀과 한은총재 '도원결의'   407

  2. 기업 부실화 대응   409

    (1) 기업 부실화의 진전   409

    (2) 부도유예협약 구상   413

    (3) 외환위기의 배경이 된 기아사태   414

    [뒤안길] 부도유예협약에 대한 논란   416

  3. 금융개혁   417

    (1) 닻 올린 금융개혁   417

    (2) 금융개혁위원회 1차 작업   419

    (3) 중앙은행과 금융감독제 개편   422

    [뒤안길] 중앙은행 독립의 허구성   427

    [뒤안길] 금융감독기능 어디로?   429

    (4) 2차 금융개혁안의 왜곡과 변질   431

    (5) '표' 앞에 좌절된 금융개혁   435

    (6) 금융개혁안: 오해와 진실   440

  4. 21세기를 향한 한국경제의 비전   445

  5. 다가오는 외환위기에의 대응   447

  6. 경제수석 재임시의 한국경제관, '시장으로의 귀환'   457

제3부 민간 재직 시절

10 연구소와의 인연(와이즈디베이스, NSI, 와이즈인포넷)

    1. 첫 민간 활동: 와이즈디베이스 고문   466

    2. 국가경영전략연구원(NSI) 원장   468

        (1) 1심 무죄판결과 NSI 원장 취임   468

        (2) 수요정책간담회와 심층토론 시리즈   470

        (3) 창립 8주년과 『시장으로의 귀환』   477

    3. 와이즈인포넷 회장   480

11 시장경제연구원 (2001. 4 ~ 현재)

    1. 시장경제연구원 설립, 운영위원장(MERI 1)   482

        (1) 법과 경제의 접목   482

        (2) 토론회, 기고와 강연, 세미나   486

        [뒤안길] 사회주의 궁전에서 시장경제 교육   490

    2. (재)시장경제연구원 이사장(MERI 2)   496

        (1) 법인 독립, 다시 이사장으로   496

        (2) 선임연구위원으로 연구 수행   498

        (3) 공모전, 세미나, 정책토론회 등   507

        (4) 칼럼집 『길을 두고 왜 길 아닌 데로 가나』   509

        (5) 한국형 원조 모델 KSP   511

    3. 무역협회 회장에서 복귀(MERI 3)   513

12 중소기업연구원(KOSBI) 원장 (2004. 4 ~ 2007. 7)

    1. "연구원을 독립재단으로"   515

    2. 조직 정비와 재원 마련   517

    3. 경제문제 핵심은 중소기업   521

        (1) "중기 스스로 경쟁력 갖춰야"   521

        (2) 중소기업 국제화   523

        [자료] 중소기업을 세계시장으로   525

13 한국무역협회 회장 (2015. 2 ~ 2017. 11)

   1. 7만 무역인의 대표 529

     (1) 뜻밖의 추천과 선임 529

     (2) 기업중심 경제 시대의 막중한 역할 534

   2. '기업이 잘돼야 나라도 좋다' 536

     (1) 역점 9대 사업 536

     (2) 강연, 연설 등 550

     (3) 국회가 무역협회장을 검찰에 고발 554

     (4) '제주 발언' 파문 557

     (5) 미완의 한무쇼핑 배당 문제 560

   3. 새 정부와 경제관 차이로 사임 562

     (1) 발신지 불분명한 사임 종용 562

     [자료] 무역협회 회장 사임서 564

     [자료] 무역협회 회장 사임의 변 566

     (2) 무협회장 선임, 추천위 방식 어떨까 572

     [자료] 무역협회 회장 사임 회견 574

     (3) "정권이 아니라 정부를 위해 일한다" 581

14 그 밖의 공·사(公私) 활동

     (1) 소비자정책위원회 공동(민간)위원장 586

     (2) 중장기전략위원회 공동(민간)위원장 590

     (3) 국제고속철협력포럼 대표 594

     (4) (주)삼천리 사외이사 597

     (5) 세계평화터널재단 자문위원장 및 포럼 대표 599

     (6) KT&G 사외이사 602

     (7) KB금융공익재단 이사 603

     (8) 강의, 강연 604

제4부 공인 생활 50년의 결산

15 평탄하지 않은 공인 생활

    1. 공인 생활 50년의 30대 사건, 사안   609

    2. 선한 마무리에 감사   614

16 공인 생활의 축복과 보람 — 공인으로서의 정체성

    1. 시장주의자   627

        (1) 나는 어떻게 시장주의자가 되었나   628

        (2) 나의 시장경제관을 집약한 표어들   630

        (3) 시장중심적 연구활동   632

        (4) 나의 한국경제관: 경쟁적 구조, 소비자주의, 국제화   633

        [뒤안길] 주요 자유주의 학자들의 시장경제 사상   635

    2. 관료의 틀을 벗어던진 정통 경제관료   637

        (1) 나의 관료관(觀)   638

        (2) 우리나라 발전 과정에서 관료의 역할   639

        (3) 공직 생활중 나의 비관료적 행보   641

        (4) 사표와 이·취임식의 새로운 선례   643

    3. 영원한 공인   649

제5부 나를 만든 만남과 인연들

17 나의 개인사

    1. 부모님   655

        (1) 아버님 김영환 목사   655

        [뒤안길] 역사에 남을 아버님의 업적   658

        (2) 어머님 최경애 권사   660

2. 아내와의 만남, 결혼, 가정생활 662

[뒤안길] 가정경제 원칙 '10분의 3은 바치라' 670

3. 직계 자손 672

[뒤안길] 이산가족 5년과 집 장만 674

4. 신앙생활 678

18 공적 삶에 영향을 준 만남들

1. 재학중 군복무 684

2. 학제적 공부와의 만남 686

[뒤안길] 두 번째 천직, 연구소 690

[뒤안길] '자랑스러운 서울법대인' 현창 691

3. 경제기획원이라는 독특한 조직과의 만남 693

(1) 공직의 대부분을 경제기획원에서 693

(2) 경제기획원 폐지 아쉬움 696

19 공직 생활중 맺은 인연들

1. 훌륭한 상사와 선배들 700

[뒤안길] 아웅산에서 순국한 기획원 선배들 713

2. 유능한 후배와 부하들 716

20 오케스트라를 지휘하는 시장주의자

1. 음악 사랑, 음악 예찬 718

2. 아마추어로서 오케스트라 지휘 723

(1) KBS교향악단 신년음악회 객원지휘 723

(2) 강남심포니 특별지휘 728

제2권 서문   5

제6부 위기는 끝나지 않았다

21 외환위기의 발생과 진행
  1. 위기 전야   27
    (1) 위기 전야의 국내외 경제 상황   27
    (2) 위기 징후와 초기 대응   29
    [뒤안길] '펀더멘털 튼튼론'과 경제팀 사직서 제출   31
  2. 위기의 본격화와 대응   36
    (1) 11·7 대책회의   36
    (2) 위기 극복 기본 프레임 '그랜드 디자인'   42
  3. IMF행과 '그랜드 디자인'의 차질   46
    (1) IMF행 검토부터 대통령 재가까지   46
    (2) 캉드쉬 총재 방한과 IMF행 합의   54
    (3) 금융개혁법안 무산   60
  4. 경제팀 경질과 비극의 시작   63
    (1) 경제팀 사의   63
    (2) 금융개혁 빠진 종합대책   65
    (3) 사직원 수리, 30년 공직 마감   67
    (4) IMF 부인한 후임 부총리   70

22 외환위기의 단계별 분석과 재음미

1. 위기의 전주곡   73
   (1) 기업 부실화 대응   74
   (2) 금융개혁의 추진과 좌절, 그리고 오해   76
   (3) 동아시아 경제위기의 전염과 국제금융체제의 한계   78
2. 최악의 선택: 결정적 순간의 개각   80
3. 위기의 책임 규명 과정   83
   (1) 개각과 정권교체가 합작한 부조리극   83
   [뒤안길] 김용태 비서실장의 납득되지 않는 행태   85
   [뒤안길] 김영삼 전 대통령 검찰 서면답변   92
   [뒤안길] 구치소에서 유지한 마음의 평정   95
   [뒤안길] "안 그렇소, 홍 검사?" "그런데 어떻게 사셨습니까?"   99
   (2) 7년 공방 끝 무죄 확정, 형사보상까지   102
   (3) 결과적으로 다행이 된 재판   105
   [자료] "다시 그때로 가도 똑같이 했을 것"   110
   (4) 국력만 낭비한 뒷북 청문회   112
   [뒤안길] 주객 전도된 수감자와 변호사·검사   114
   [뒤안길] '문제는 정치야, 바보야!'   116

23 외환위기의 올바른 이해

1. What: 외환위기는 '신뢰'의 위기   123
   (1) 위기가 왔기 때문에 달러가 빠졌다   123
   (2) 국가부도·재정위기가 아니다   124
   (3) 환란(換難)이 아니다   126
2. Why: 위기는 필연이었다   127
   (1) 구조적/상황적, 국내적/국제적 복합 요인들   127
   (2) '1997년'의 정치·경제적 의미   129

3. How: IMF 지원이 오히려 위기감 증폭   130

    (1) 정치권과 협상 주역들이 대외불신 초래   130

    (2) 거시경제 운영 실패로 '필요 이상의 고통'   134

4. Who: 그때 그 사람들   135

    (1) 김영삼 대통령   137

    (2) 김대중 대통령   150

    (3) 강경식 부총리   159

    (4) 김용태 비서실장   162

    (5) 김태정 검찰총장   164

    (6) 임창열 부총리   166

    (7) 윤진식 비서관   176

    (8) 이경식 한은총재   181

    (9) 홍재형 전 부총리   184

    (10) 한국은행 사람들   186

    (11) 김광일 전 대통령특보   189

    (12) 헌신적인 변호인단   196

글을 마치면서   203

부록 | 김인호(金仁浩) 연보   208

나의 삶의 개관

출생, 공부, 병역

원래 본적은 밀양이지만 나는 1942년 당시 부친이 목회를 하고
계시던 경남 진주에서 태어났다. 부산서 국민학교(지금의 초등학교)
를 마치고 서울에서 경기 중·고등학교와 서울대학교 법과대학 행
정학과를 졸업했다. 대학 재학중 군복무를 마쳤다. 공직 재직중
미국 시러큐스대학교 맥스웰대학원에 유학, 행정학 석사(MPA)를
취득하고 경제학 석사과정도 수료했다. 법학, 행정학, 경제학의
학제적(學際的) 공부 배경을 가지게 되었다.

정통 경제관료

경제기획원 사무관, 서기관

1966년 3월에 서울법대 행정학과를 졸업하고 8월에 제4회 행정
고등고시 재경직에 합격했다. 1967년 1월 경제기획원 사무관으

로 출발해 공적 삶 중 직업공무원 생활의 전부인 25년간을 경제기획원에서 정통 경제관료의 길을 걸었다.

사무관 시절에는 조사통계국, 경제기획국, 물가정책국, 예산국, 총무과 등 여러 분야의 업무를 두루 경험했다. 서기관 때는 기획관리실 행정관리담당관, 시카고총영사관 경제협력관, 물가정책국 원가조사과장과 물가총괄과장을 거쳤다.

물가안정, 소비자보호체계 확립

국장이 돼서는 한국개발연구원(KDI) 파견관, 해외협력위원회 투자협력관을 거쳐 경제기획원의 핵심 국장인 물가정책국장과 경제기획국장을 거쳤다.

1985년 2월부터 '88년 1월까지 만 3년 동안 경제기획원의 최장수 물가정책국장으로 재임하면서 시장원리에 입각, 물가에 대한 정부의 각종 규제를 대폭 완화하는 등 물가정책의 기조를 획기적으로 바꾸었다. 물가정책국장 재임시 한국경제는 역사상 가장 안정된 물가수준을 달성했다.

물가정책국장은 소비자정책의 주무국장이기도 했다. 나는 선언적 성격에 불과하던 소비자보호법을 보다 체계적이고 실체적인 내용으로 전면 개정하고 오늘날과 같이 정비된 소비자보호 체계를 확립하면서 한국경제를 소비자중심 경제로 바꾸는 토대를 닦았다. 한국소비자보호원과 약관심사위원회의 설립도 주도하였다.

토지공개념·금융실명제, 우루과이라운드, 북방외교

직업공무원의 최상위 직급인 1급에 오른 후 차관보, 대외경제조정실장을 맡아 국내외 경제정책 입안의 실무책임자로서 일했다.

1989년부터 '90년까지 경제기획국장, 차관보로 재직하면서 토지공개념 입법을 위한 범부처 국장급으로 구성된 태스크포스(TF)의 책임을 맡아 '토지공개념 3법'의 입법 작업을 완료했다. 이어서 추진된 금융실명제 추진 작업의 실무책임자로도 활동을 시작했으나 정부의 정책 변경으로 이 작업은 중단되고 말았다.

1990년부터 '92년까지 대외경제조정실장 재직시 우루과이라운드(UR)대책 실무위원장, 유럽공동체(EC, 유럽연합EU의 전신)통합대책 실무위원장, 경제협력개발기구(OECD) 가입준비위원장, 북방경제실무위 부위원장 등 범정부 차원의 대외경제정책 실무책임자로서 한국경제의 체계적이고 적극적인 국제화 정책을 수행했다. 나는 '한국경제의 국제화 추진 실무본부장'으로 자처했다. 당시 한국경제에서 국제화가 갖는 의의에 대한 나의 생각은 내가 만든 표어인 '선진국이 되려면 선진국 줄에 서야 한다'에 집약돼 있다.

남북대화 과정에서는 총리회담 교류·협력분과위원회 부위원장으로서 북한 측과 9차에 걸친 협상을 통해 교류협력 분야 합의서를 작성하는 등 남북 경제협력의 주역을 맡았으며, 소련과의 수교 및 경제협력 협의 과정에서 정부대표단의 일원으로 참여, 활동했다.

환경처 차관부터 대통령경제수석까지

1992년 6월 환경처 차관이 되면서 경제기획원을 떠났다. 1993년 김영삼 정부 출범으로 차관에서 물러나 잠시 공직을 떠났다가 같은 해 한국소비자보호원장이 된 후, 1994년 철도청장으로 임명되어 공직에 복귀했다. 1996년 장관급으로 격상된 공정거래위원회 초대 위원장, 1997년 대통령경제수석비서관(장관급) 등 주요 공직을 거친 후 1997년 11월 공직을 마감했다.

국제 환경 여건 대처

환경처 차관으로 재임하면서 유엔환경개발회의(UNCED) 이후의 국제 환경 여건에 대처하기 위한 지구환경정책의 수립, 1992년에 입법 완료된 6개 주요 환경 관련 법률의 제·개정, 한국환경기술개발원 설립 등의 실적을 남겼다.

소비자중심 경제구조로

한국소비자보호원장 때는 물가정책국장 재임시 시작한, 시장경제 체제에 있어서 소비자문제의 본질과 중요성 규명 및 소비자정책의 발전 방안 연구와 실천에 힘을 쏟았다.

나는 소비자문제를 중심으로 한국경제의 문제를 구조적으로 깊이 생각하기 시작했다. 소비자중심 경제구조의 구축 없이는 진정한 의미의 경쟁구조의 정립도, 경제의 국제화도 불가능하고, 이런 구조하에서는 원천적으로 경쟁력이 생길 수 없다는 결론을 내렸다. '소비자중심 경제구조'가 시장경제 체제의 핵심적 요소라고 하는 나의 독특한 경제관을 정립한 것이다. '소비자주의', '소비자가 선택하는 경제', '국제화와 소비자주의' 등은 당시 나에 의하여 집필되거나 발표된 많은 기고, 강연 등에서 전개, 발전된 핵심적인 개념이었다.

이러한 사고는 생산자 중심의 사고에 익숙해 있던 당시로서는 획기적인 발상의 전환이었다. 이 생각은 이후 각 분야의 정책 결정을 소비자 중심으로 유도하는 데 크게 영향을 미쳐, 종래 여성들의 운동 차원 영역에 머물던 소비자문제를 경제정책의 핵심적 분야로 끌어올리는 데 크게 기여했다. 한국경제가 시장경제화, 소비자중심 경제구조로 바뀌는 전기를 마련한 것이다.

제조물책임법리의 정립, 소비자 위해정보 제공 체계의 발전 등 소비자안전제도의 획기적 발전도 나의 소보원장 재임시 이루어졌다.

철도에 고객경영 마인드를

철도청장 때는 '소비자중심 경제'의 경영적 버전인 '고객중심 경영'을 체계적으로 철도경영에 접목하기 시작했다. 나는 공기업 최초의 '고객중심 경영혁신운동'을 전개했다. 그 결과 백 년 가까이 전형적인 관청기업에 머물러 있던 철도청은 획기적으로 체질을 개선했으며 이후 모든 공기업 경영개혁의 모델이 되었다.

정부는 1996년 1월 1일부터 철도청을 철도공사로 전환하려던 정책을 수정, 철도청 체제를 유지하도록 결정했다. 나는 이 과정에서 철도 건설에서 국가와 철도경영자의 역할 분담과 국가의 지원체계 정비, 철도경영에 민간 경영기법 도입 및 사업의 다각화, 철도경영의 자율성 보장 등 제반 사항을 종합한 '국유철도의 운영에 관한 특례법' 제정을 주도했다. 철도청이 기간교통수단인 철도를 체계적으로 건설하고 공기업으로서도 경영 개선을 해 나갈 수 있는 획기적인 제도적, 법적 기반을 마련한 것이다.

공정거래위 '경쟁 주창 기능' 강화

1996년 3월 8일 장관급으로 격상된 공정거래위원회의 초대 위원장으로 취임하여, 위원회의 운영을 행정수요자 중심으로 전환하기 위해 제도·절차와 의식 및 관행을 개선했다. 나아가 산업 전반에 경쟁구조를 정착시키기 위해 경쟁제한적 법령과 제도·관행의 개선, 대기업과 중소기업의 균형적 발전 및 협력관계 조성을 위해 경제력집중 억제제도 개선과 각종 불공정거래행위의 조사·시정에 주력했다.

위원장 재직시 추진한 대기업의 상호채무보증제도 폐지, 내부거래 규제 강화, 기업 결합재무제표제도의 도입 등은 경제력집중 억제와 관련해 획기적인 제도 개선 노력으로 평가받고 있고, 후에 IMF 외환위기의 극복 과정에서 김대중 정부에 의해 같은 방향으로 제도 개편이 이루어진 바 있다.

특히 공정거래위원장 재임 기간중 나의 최대의 관심사항은 공공부문의 비경쟁적 요소를 어떻게 줄일 것이며, 공정거래위원회의 '경쟁 주창 기능'을 어떻게 강화할 것인가에 있었다. 이를 위한

법적 뒷받침의 정비(공정거래법 제63조의 개정) 등을 추진한 점은 특기
할 만하다.

외환위기 전야에 금융개혁 주도

1997년 2월 28일 장관급의 대통령경제수석비서관에 임명되어 한
보 부도를 시작으로 계속 진행된 기업의 부실화 과정에 대응했
다. 이러한 기업 부실의 주요 배경이 되는 금융산업의 문제점을
근본적으로 해결하고자 당시 대통령 자문기구인 금융개혁위원회
를 중심으로 진행된 금융개혁 작업을 주도, 금융의 산업적 성격
강화, 금융의 시장 기능 강화, 중앙은행제도 및 금융감독제도의
개편 등 구조개선을 위해 노력했다. 외환위기의 징후가 본격적으
로 진행되면서 이에 대처하는 범부처적 노력을 집중적으로 조정
하고 IMF와 지원금융 원칙의 합의에 이르는 등 필사적인 노력을
기울였다.

외환위기 직전인 1997년 11월 19일 경제수석직을 사임, 30여
년 몸담았던 정부를 떠났다.

외환위기 책임 규명 과정의 중심에 서다

'환란 주범' 멍에를 벗다

공직을 떠난 직후 1998년 1월부터 외환위기에 대한 책임 문제로
많은 어려움을 겪었다.

위기 책임 규명 과정에서, 감사원의 특별감사에 이어 검찰은

강경식 전 경제부총리와 나에 대해 형사책임을 물어 구속, 기소하였다. 1999년 8월 법원의 1심 판결에 이어 2002년 10월 항소심은 나에게 일체의 법률적 책임이 없다고 판결했다. 검찰의 상고를 2004년 5월 27일 대법원이 기각함으로써 외환위기에 관한 사법심사를 종결하고, 나에게 일체의 법률적 책임이 없음을 최종 확인하였다. 2005년 5월 31일 서울고법 형사3부가 나에 대한 국가의 형사보상결정을 내림으로써 약 7년에 걸친 사법절차가 모두 끝났다.

한편 국회는 1999년 1월 외환위기 특별청문회를 개최하여 국회 차원의 책임 규명 절차를 밟았다. 나는 이 과정에서도 강경식 전 부총리와 더불어 중심에 있었다.

한국경제 위기는 끝나지 않았다

나는 이런 사법절차나 국회의 청문회 결과와 관계없이 외환위기의 원인 및 배경과 당시 경제정책의 당부(當否), 주요 정책 관련자들의 행태와 책임에 대해서 언젠가는 역사가 모든 것을 밝힐 것이라는 생각을 견지하고 있다. 그래서 그간 다양한 집필, 강연 등을 통해 내가 생각하는 외환위기의 원인과 배경, 한국경제의 위기 극복 방안에 대한 생각을 정리 발표해 왔다.

외환위기에 관해 내가 집필하거나 강연한 내용들은 나의 개인 웹사이트(www.ihkim.org) 중 '외환위기자료실'의 '강의/강연/기고' 카테고리에 정리되어 있다. 특히 나의 책임론과 관련해서는 '외환위기자료실 〉 공판기록 〉 제1심 〉 26. 피고인최후진술(김인호)'

중 해당 대목에 나의 생각이 잘 나타나 있다. 내가 직접 구축한 IMF 관련 DB도 같은 자료실에 실려 있다.

공직의 연장선상에서 민간 재직 시절

경제수석을 끝으로 공직을 물러난 이후 현재까지 주로 민간의 연구 분야에서 다양한 직책을 맡아 정부 재직시 충분히 파헤치지 못한 한국경제의 구조적인 문제점을 규명하고 대안을 제시하는 연구와 집필 및 강연, 강의 등 공적 활동을 계속하고 있다.

국가경영전략연구원, 와이즈인포넷

1999년 9월부터 2000년 10월까지 국가경영전략연구원(National Strategy Institute, NSI) 원장으로 재임하면서 오랜 관료 생활과 국정 운영 경험을 토대로 민간의 시각에서 국가경영에 관련된 다양한 정책을 제언했다. 대표적으로 'NSI의 정책대안 시리즈: 21세기 국가경영 시스템 어떻게 구축할 것인가?'를 『월간조선』과 공동으로 2000년 3월부터 11월까지 9회에 걸쳐 진행하고 연재한 바 있다.

2000년 10월부터 '01년 11월까지 (주)와이즈인포넷의 회장으로서 공직 퇴임 후 처음으로 민간기업에 몸을 담아, 기업과 정부 기관을 대상으로 해외의 전문 경제·경영 정보를 제공해 한국경제와 경영의 국제화와 지식정보화에 기여했다.

시장경제연구원 설립

2001년 4월 법무법인 세종과 공동으로 시장경제연구원을 설립하여 '04년 4월까지 운영위원장을 맡았다. 연구원은 복잡한 법적 분쟁을 다룰 때 경제적, 법률적 분석방법을 동시에 사용하여 문제의 다원적 본질에 접근하고 합리적 처방을 도출하기 위해 만든 것으로, 국내 최초의 시도였다.

나는 시장경제연구원을 통해 시장원리를 근간으로 한국경제를 발전시키려는 평소의 구상을 체계화했다. 그리고 각종 언론 기고, 연구원 주관의 토론회, 세미나 등에서 연구 결과를 제시하고 사회적 공론을 이루어 가려고 노력했다. 특히 『월간조선』과 공동 기획으로 '시장경제와 기업하기 좋은 환경, 어떻게 실현할 것인가'라는 주제로 2002년 8월부터 '03년 4월까지 총 9회에 걸쳐 매월 토론회를 진행하고 그 결과를 요약하여 『월간조선』에 연재했다. 이 프로그램은 각계 최고 지성들의 토론을 통해 국정 주요 과제에 대해 합리적 대안을 제시하고 사회적 공론을 형성하는 데 크게 이바지한 기획 시리즈로 평가받았다.

잠시 다른 직책을 맡으면서 시장경제연구원을 떠나 있다가, 그사이 독립재단으로 발전한 시장경제연구원에 2018년 4월 이사장으로 취임하여 오늘에 이르기까지 이 연구원을 경영하고 있다. 동시에 나는 스스로 선임연구위원으로서 주요 대형 연구의 연구책임을 맡는 등 직접 연구활동도 병행하고 있다. 이 기간중 약 3년간 무역협회 회장을 맡았으나 연구원 이사장으로서의 역할은 계속 유지했다.

나는 시장경제연구원을 통해 시장원리에 입각하여 한국경제와 기업 경영의 문제점의 본질을 규명하고 각종 대안을 제시하기 위한 연구활동을 해 오고 있으며, 기업 등에 대한 자문 활동도 지속적으로 해 오고 있다.

중소기업연구원

2004년 4월부터 2007년 7월까지 중소기업연구원장으로 초빙되었다. 나는 이 연구원을 명실상부한 국내 유일의 중소기업문제 전담 연구원으로 육성하고 이를 바탕으로 한국경제 최대의 과제로 대두된 중소기업문제의 근본적 해결을 위해 경쟁력 위주의 중소기업정책, 중소기업의 국제화 등 정책 대안을 정부에 제시했다. 또 보호·지원 위주의 기존 중소기업정책의 획기적 전환을 촉구했다.

민관공동위원회의 공동(민간)위원장

나는 민간에 있으면서도 정부의 중요한 민관공동위원회의 공동 (민간)위원장으로서 정부의 정책 수립과 조정에 참여했다.

2010년 11월부터 3년간 소비자정책위원회의 공동위원장(정부 측 공정거래위원장)으로 위촉되어 정부의 소비자정책의 수립과 조정에 기여했다.

2014년 10월부터 2016년 7월까지 제2기 중장기전략위원회의 공동위원장(정부 측 경제부총리)으로 선출되어 정부의 중장기전략 수립에 깊이 참여했다. 나는 평소의 지론을 연구보고서로 체계화한

'경제시스템의 재정비 방안'(2015. 2)을 제시하여 정부의 중장기전략의 기본 방향으로 삼을 것을 제안했으며 "제2기 중장기전략보고서"를 완성했다.

한국무역협회 회장

'기업가형 국가' 모델 제시

2015년 2월 26일 나는 7만여 무역업체를 대변하는 한국의 대표적인 경제단체의 하나인 한국무역협회의 제19대 회장으로 추대되었다. 재임중 한국의 무역 진흥을 위해 노력했고, 나아가 우리 기업들이 글로벌 기업가 정신을 바탕으로 글로벌 경쟁력을 가질 수 있는 토양을 만들고 우리나라를 세계 일류의 '기업가형 국가'로 발전시키기 위해 다음의 역점 사업을 추진했다.

가. 무역협회 70년 역사를 바탕으로 한국무역 100년의 미래 비전 제시

나. 30년 된 무역센터 내 모든 조직의 구조개선 완료

다. 잠실에 국제적 규모의 MICE단지 건립 추진

라. 회원 참여 확대

마. 선진적 무역 증진 기능

바. 한국 무역의 지속적 발전을 위해 서비스산업 각 부문의 수출 산업화와 전략적 수출 다변화 등 정책 대안 제시

사. 시장원리의 확충 및 '기업가형 국가'의 이론과 실현 방안에

대한 체계적 연구, 이를 바탕으로 다양한 정책 대안 제시

아. 한미FTA의 바람직한 개정을 위한 아웃리치 활동

자. 무역협회 사무국 재정비

다시 시장경제연구원으로

2017년 11월 16일, 임기를 3개월여 남겨 둔 시점에서 무역협회 회장직을 사임했다. 다시 시장경제연구원의 연구실로 돌아와 연구원 경영과 연구활동을 재개, 한국경제 각 분야에 걸친 집필, 기고, 강연, 강의 활동을 펼치고 있다.

그 밖에

강의, 강연, 개인 웹사이트

공직 재임 기간중 중앙공무원교육원과 중앙대학교 국제경영대학원의 객원교수를 역임했고, 공직 퇴임 후에는 세종대학교에 출강했다.

나는 한국의 관료 출신으로서는 거의 유일하게 개인 웹사이트(ihkim.org)를 운영하고 있다. 이 사이트가 시장경제에 대한 국민적 인식의 증진을 유도하고 시장원리에 입각한 다양한 정책 대안의 공론화를 시도하면서 각급·각종 경제교육의 장으로도 활용되기를 기대하고 있다.

음악활동과 오케스트라 지휘

고전음악의 애호가로도 알려져 있는 나는 2001년 2월 2일 KBS 교향악단 '신년 특별음악회'에서 사상 처음으로 아마추어로서 이 교향악단을 지휘하여 차이콥스키의 〈슬라브 행진곡〉을 연주했다. 2016년 7월 15일 무역협회 70주년 창립기념음악회에서도 강남심포니오케스트라의 특별지휘자로서 〈슬라브 행진곡〉을 지휘하고, 앙코르 곡으로 바그너의 오페라 〈로엔그린〉 제3막 전주곡을 지휘했다. 이는 나의 경력 중에서도 매우 이색적인 것으로 기록되었다.

상훈, 가족

상훈으로, 정부로부터 홍조근정훈장(1987. 12. 10), 황조근정훈장(1993. 12. 16)을 받았다. 모교인 서울법대 총동창회로부터 2018년 5월 31일 '자랑스러운 서울법대인'으로 현창되었다.

가족으로는 아내 이진자와 아들 광진((주)LG디스플레이 상무), 며느리 이성희와 딸 광주, 사위 오정우(연세대 공대 교수)가 있다.

제1부

정통 경제관료의 길로

'선진국이 되려면 선진국 줄에 서야 한다.'
우리 국민과 정부는 분명히 선택해야 된다. 어렵고 고통스럽더라도 '선
진국 줄'에 분명하게 설 것인지, 아니면 쉬운 길을 걸으면서 선진국 되
기를 포기할 것인지?

사무관 시절

(1967. 1 ~ 1975. 7)

1. 행정고시 합격과 경제기획원 첫 발령

1966년 8월 제4회 행정고등고시 재경직에 합격하고, 발령을 앞두고 희망 부처 신청을 했다. 나는 1지망 경제기획원, 2지망 재무부, 3지망 경세과학심의회를 써냈다.

당시 재경직 합격자들 사이에서는 재무부가 단연 인기 부처였다. 그해(1966) 3월 독립 발족한 국세청도 지망자가 많았다. 국세청은 발족 초기여서 되도록 많은 행시 합격자를 확보하려 했다. 지원만 하면 큰 환영을 받을 뿐 아니라 발령도 다른 부처보다 빨리 받을 수 있는 상황이었다. 그러나 나는 넓게 경제를 보고 경제에 대해 좀 더 공부를 하고 싶었다. 경제기획원(Economy Planning Board, EPB)은 비교적 자유스럽고 학구적인 분위기가 지배한다는 데다, 국민경제 전체를 상대로 경제정책을 수립한다는 데 매력을 느꼈다. 3지망을 대통령 자문기구인 경제과학심의회의로 쓴 것도 그런 이유에서였는데, 당시 시험 성적이 꽤 좋았기에 당연히 1지망이 되리라고 생각했다.

얼마 뒤 총무처로부터 부처 배정이 됐으니 들어오라고 해서 갔다. 전혀 뜻밖의 소식이 기다리고 있었다. 3지망인 경제과학심의회의에 서류를 보냈으니, 동의가 오면 그리로 발령을 내겠다는 것이었다. 알고 보니 막상 경제기획원에는 재경직이 아닌 행정직으로 합격한 다른 사람을 직렬을 바꿔 임용을 한 뒤였다. 담당자에게 항의성 불만을 토로했지만 들은 척도 안했다. 사회에 나오자마자 쓴 경험을 맛본 것이다. 그러나 오히려 세상이 그렇게 쉽게, 논리대로, 예컨대 성적대로만 가는 것이 아니라는 걸 깨닫게 해 준 좋은 기회였다. 불만이 컸지만 도리 없이 발령을 기다렸다.

그런데 의외로, 경과심이 발령 동의를 거부하고 총무처로 서류를 돌려보냈다. 주사(당시 4급갑, 현 6급)에서 사무관 승진을 기다리던 내부 직원을 승진 임용하기로 했다는 것이다. 나는 전화위복으로 생각하고 총무처에 다시 경제기획원으로 보내 달라는 의사를 강력하게 밝혔다. 동시에 가만 있으면 안 된다는 생각을 하던 차, 조금 면식이 있는 총무처 간부 한 분이 그간의 사정을 알고 약간의 도움을 주었다. 이런 우여곡절 끝에 희망하는 경제기획원에 발령을 받게 됐으나, 그나마 본청에는 자리가 없어 당시 외국(外局)인 조사통계국으로 가게 되었다.

(1) 조사통계국 기준계장

그렇게 하여 1967년 1월 1일 나는 조건부 재경사무관으로 임용되면서 경제기획원 조사통계국 통계기준과 기준계장으로 발령을 받았다. 장기영 부총리 겸 경제기획원 장관으로부터 발령장을 전수받았다. 그때만 해도 사무관이면 제법 대우를 받던 시절이어서 그 바쁜 부총리가 직접 발령장을 주었다. 아마 지금은 대체로 차관이 그것을 대신 할 것이다. 박종근(후에 국회의원), 민태형(후에 소비자보호원장, 조폐공사 사장), 김한곤(후에 농림부 차관, 충남도지사), 박정희(후에 삼표산업 대표), 김명중(작고), 정진성(나와 같이 시러큐스대 유학, 작고) 등 제씨와 함께 받았는데, 다른 사람들은 다 승진 케이스였고 시험 출신은 나 혼자였다. 종로구 낙원동 사무실로 처음 출근하여 당시 함만준 국장(후에 농수산부 농정차관보)에게 신고를 하고 근무를 시작했다.

전신(前身)이 내무부 통계국인 조사통계국은 업무나 분위기 등이 광화문의 경제기획원 본청과 많은 차이가 있었다. 우선 본청은 총무과를 제외하고는 계(係) 조직이 없어지고 사무관이 기본 업무단위였다. 단위조직별로 인원도 별로 많지 않았다. 하지만 통계국은 계 조직이 그대로 유지되고 있었고 대체로 조직별로 직원이 엄청나게 많았다. 과장 사무관들의 나이도 본청과는 비교가 되지 않게 많았다. 내무부 전통이 남아 있어 위계질서도 상당히 엄격했다. 본청의 자유스러운 분위기와는 사뭇 달랐다.

나는 통계국 역사상 최초의 고시 출신 사무관이었다. 더구나 총각이었다. 아래 위로부터 관심의 대상이 되기에 충분했다. 함만준 국장이 많은 배려를 해 주었다. 우선 빠른 시간 안에 국 전체 업무를 익히도록 당시 외국 유학으로 잠시 자리가 비어 있는 김촌실 기획계장의 역할까지 겸직하라고 했다. 아무것도 모르는 초임 계장이 통계국의 가장 중요한 두 계장의 일을 겸직하면서 일을 빨리 배우라는 고마운 배려였다. 나는 이 배려에 어긋나지 않도록 노력했다.

처음에는 통계국에 잠깐 있다가 본청에 자리가 나면 바로 옮길 것으로 예상했다. 그러나 시간이 갈수록, 이왕 통계국에 왔으니 통계와 통계행정을 어느 정도 알고 본청으로 가는 것도 나쁘지 않겠다는 생각을 하게 됐다. 후술할 각종 표준분류의 개정 보완 작업에 몰두하면서 통계국 근무에 큰 보람을 느꼈다. 결국 만 2년 동안이나 통계국에 근무했다. 그때 통계국에서 얻은 통계에 대한 지식 그리고 통계행정에 관한 이해는 그 뒤 경제관료로서, 나아가 평생 경제를 전문으로 하는 사람으로서 큰 도움이 되고 있다고 느끼고 있다.

(2) 통계 표준분류 정비

조사통계국 기준계장으로서 가장 보람이 컸던 일은 '한국표준상품분류'를 비롯하여 각종 통계의 표준분류를 정비한 일이다.

두 달의 수습 기간이 지나고 기획계장 자리를 유학에서 돌아온 원주인에게 돌려주었다. 드디어 기준계장 업무에 전념하게 되었을 때 바로 부닥친 일은 한국표준상품분류의 개정 보완 작업이었다. 내가 기준계장이 되기 전 내부적으로 이미 준비하고 있던 일이었다.

통계국은 우리나라의 중앙통계작성기관인 동시에 중앙통계행정기관이다. 통계기준과(課)는 통계행정을 하는 곳이다. 통계행정의 가장 기본은 각종 통계 작성의 준거가 될 표준분류를 만들어 각급 통계생산기관에 제시하는 것이다.

이미 가장 중요한 '한국표준상품분류'와 '한국표준산업분류'가 있기는 했다. 그러나 매우 미비된 상태였다. 무엇보다 유엔이 제시하는 국제분류체계와 동떨어져 있어 통계의 생명인 국제비교를 불가능하게 하는 치명적 문제점을 갖고 있었다. 이를 속히 국제분류체계에 일치시키면서 필요한 경우 한국 특유의 사정을 반영하는 방대한 작업이 초임 계장인 나를 기다리고 있었다.

우선 한국표준상품분류의 개정 작업부터 시작됐다. 첫 관계기관회의는 권혁태 기준과장 주재로 개최되었다. 재무부, 상공부 등 통계 작성 각 부처와 한국은행, 산업은행 등 주요 통계를 작성하는 금융기관의 사무관, 조사역 들이 참석했다. 앞으로의 작업 방향을 주로 논의하는 자리였다. 우리나라의 표준상품분류를 국제표준무역상품분류(Standard International Trade Classification, SITC) 체계에 일치시키면서, 4단계 분류인 국제분류에 더해 한국의 특수 사정을 반영하는 품목 분류를 5, 6단위에서 추가하기로 기본 방향을 정했다.

재무부에서는 세관국(당시 관세청 설치 전) 감정과의 송병순 통계계장이 왔다. 본격 분류 작업에 들어간 두 번째 회의 때부터는 송병순 사무관의 독무대였다. 수많은 상품에 대한 해박한 그의 전문지식에는 혀를 내두르지 않을 수 없었다. 참여한 어느 누구도 송 사무관의 제안에 반론을 제기하는 일이 없었다. 시간이 지나면서 그가 당시 우리나라의 상품학에 관한 독보적 존재, 최고의 대가라는 것을 알게 되었다. 그러다 보니 각 기관의 다른 참여자들은 하나씩 둘씩 떨어져 나갔다. 결국 회의는 송 사무관이 부르고 우리 기준계 직원이 받아 적는 모습이 돼 버렸지만 내용에서는 더이상 완벽할 수 없는 분류체계를 만들어 나갔다.

작업이 대충 끝나 갈 무렵 송 사무관이 서기관으로 승진하여 부산세관 분석실장으로 내려가는 뜻밖의 일이 생겼다. 그에게는 경사지만 우리는 작업 중단이 불가피했다. 고심 끝에 나는 직원 둘을 데리고 부산으로 일주일간 출장을 갔다. 부산세관 분석실장실에서 하루 종일 송 실장과 종래의 모습으로 작업을 계속하여 마침내 작업을 마무리할 수 있었다.

이 작업 결과가 1967년 말경 나온 '개정 한국표준상품분류'이다. 말이 개정이지 사실은 새로 제정하는 것이나 마찬가지였다. 송병순 씨는 나중에 세관국의 감정과장으로 다시 돌아와 이 분류체계를 BTN(Brussels Tariff Nomenclature, 브뤼셀 관세품목분류표) 체계에 따른 '한국관세분류'로 전환하는 작업을 수행해 완료했다. 그래서 통계 작성과 경제 분석을 위한 분류체계인 SITC와 관세행정을 위한 분류체계인 BTN의 양대 상품분류체계를 바탕으로 한 한국의 2대 상품분류체계가 각각 완성되었다. 이 두 분류의 완전한 연계를 이루는 역사상 대작업이, 송병순이라는 이 분야의 실질 대가와 김인호라는 제도상 권한 있는 신임 사무관의 공동 노력으로 마무리되었다.

그 뒤 나는 한국표준산업분류의 개정 보완 작업도 하고 이 산업분류와 상품분류를 연계하는 작업도 했다. 또 통계상 표시되는 행정구역의 영문 명칭을 통일하는 '한국표준행정구역분류'도 완성했다. 통계의 '통'자도 모르고 통계행정을 시작한 신참 사무관으로서 내가 한 일들은 지금 생각하기에도 한국의 통계 발전 과정에서 벽돌 한 장은 얹었다는 자부심을 갖기에 충분한 것이었다.

뒤안길　상품학의 대가 송병순

나는 경제기획원이라는 한국 최고의 인재 풀에서 대부분의 공직 생활을 하면서 수많은 훌륭한 상사, 선배, 동료, 후배 공직자들을 만났지만, 내가 가장 영향을 받은 한 사람을 들라면 송병순 씨를 들고 싶다. 내가 공무원이 돼서 처음 존경심을 갖게 된 선배 공무원이 송병순 씨였고, 그에게서 참으로 많은 것을 배웠다.

첫 회의 때 만난 그는 20대 중반의 내 눈에 이미 40대로 보였다(사실은 마흔이 조금 안 된 때였다). 경제기획원에는 그런 나이의 사무관이 거의 없었다. 그는 고시 출신이 아니다. 부산 해양대학을 나와 부산세관의 임시직원으로 공직을 시작했다. 처음에는 권총 차고 밀

2003년 5월 17일 NSI 문화클럽 활동을 같이 할 때 전주에서 송병순 회장(오른쪽)과 함께.

수단속선을 타고 돌아다니는 일부터 했다고 한다. 그 뒤 수입 상품의 감정 업무에 종사하면서 상품에 대한 체계적이고 학문적인 공부를 했다. 그런 노력 끝에 마침내 한국에서 최초로 '상품학'이라는 학문체계를 만들고, 그 분야의 누구도 흉내 낼 수 없는 독보적 존재가 된 것이다. 사람이 노력하면 저렇게 전문가가 될 수 있다는 것을 내게 일깨워 준 사람이다. 게다가 그는 공인정신과 애국심이 매우 투철했다.

그는 말단 임시직에서 출발, 오직 노력과 실력으로 전매청 차장까지 지냈다. 공직을 물러난 다음 금융계에 몸담아서도 훌륭한 발자취를 남겼다. 신용보증기금 이사장을 시작으로 국민은행장,

은행감독원장, 광주은행장까지 역임했다. 국민은행장 시절 우리 나라 최초로 금융의 전산화를 이루어 내는 등, 금융계에서도 남이 할 수 없는 일을 해냈다. 그 후 벤처캐피털 회사를 창립 경영하는 등 기업 경영에서도 상당한 수완을 발휘했다. 나중에 내가 국가경영전략연구원(NSI) 원장을 하며 다시 만나 친밀한 관계를 이어 갔는데 지금은 고인이 되었다. 이런 분을 공직 입문 직후 만나 일을 같이 하면서 많은 것을 배울 수 있었던 것을 나는 진정 행운으로 생각한다.

뒤안길 49인회와 이륙회

나의 행시 4회 동기생은 행정직 30명, 재경직 20명으로 모두 50명이다. 당시 정부(총무처)는 고시를 거친 신임 사무관의 교육에 상당한 신경을 썼다. 임관 첫 해인 1967년 11월부터 2개월간의 장기 교육을 중앙공무원교육원에서 실시했다. 이름하여 '제1기 행정관 훈련과정'이다. 원래는 행시 4회 50명이 교육 대상이었으나 그 가운데 여러 명이 이런저런 사정으로 빠지는 바람에 3회 중 몇 명과 5회 중 일찍 임관한 몇 명을 더해 49명이 이 교육을 받게 되었다.

통상의 공무원 교육보다 두 배나 되는 긴 기간에, 고시 출신자들만의 이런 훈련 과정은 처음인 데다, 임관 첫 해라 교육 성적에 별로 신경을 안 쓰던 때여서 교육생들 모두 매우 재미있게 교육원 생활을 했다. 그 덕분인지 서로 각별히 친한 사이가 되었다. 교육 수료와 동시에 자연스럽게 동기회가 만들어졌고, '49인회'라는 이름이 붙었다. 그래서 우리 행시 4회는 시험 동기로서보다 이 교육 동기가 더 의미를 갖게 되었고, 50년이 지난 지금도 이 49인회가 존속되고 있다. 4회 출신으로 교육에 빠진 동기 중 전윤철 전 감사원장 등 네 명이 수십 년 지난 2000년에 회원으로 합류했다. 그중에서도 열두 명이 좀 더 친밀해서 따로 부부 동반으로 매월 모임을 갖고 있다. 이른바 '이륙회(26회)'다. 근래에는 월별로 요일을 정해 대체로 부부들이 따로 모인다.

임관 후 50년 이상 지나다 보니 타계한 사람도 많고 일찍 기업계나 학교로 간 사람들도 있지만, 대부분 공직을 계속했고 크게 성공한 사람들이 많다.

행시 4회 동기생 중 공직에서 차관급 이상을 역임한 동기만 해도 행정직에서는 김양배 보건복지부 장관, 최인기 행자부 장관, 이원종 서울시장, 전윤철 감사원장, 심대평 충남지사, 신국환 산업부 장관, 박상우 농림부 차관, 조규향 문교부 차관(후에 동아대 총장), 윤성태 보사부 차관, 석영철 행자부 차관, 김성순 국회의원 등이 있다. 재경직으로는 맨 먼저 내가 장관급 공정거래위원장이 되고 이어서 김용진 과기처 장관, 조정제 해양수산부 장관, 박청부 보

1991년 여름 49인회 골프 모임(천안상록CC). 왼쪽부터 박인주 교수, 신국환 장관, 조정제 장관, 심대평 지사, 백원구 차관, 필자, 김용진 장관, 현명관 부회장, 김동일 구청장, 조규향 총장.

사부 차관, 백원구 재무부 차관(작고), 박진호 과기처 차관(작고) 등이 있다.

그 밖에 기업으로 일찍 자리를 옮긴 동기로 현명관 전경련 부회장, 이종천 대우그룹 사장이 있고, 학계에서 성공한 동기로는 박인주 서경대 부총장, 김태호 광주대 교수 등이 있다. 이 중 박인주 교수는 49인회와 이륙회의 영원한 총무이다. 이 두 모임이 50년 이상 지속하도록 헌신적인 봉사를 지금도 하고 있는 고마운친구다.

2. 경제기획국

(1) 투자1과

사무관 3년차인 1969년 1월 나는 경제기획국 투자1과로 옮겼다. 1972년부터 시작되는 제3차 경제개발 5개년계획의 본격적인 작업을 시작하기 위해 경제기획국의 조직을 보강하고 인력도 정비하던 때였다.

나는 사회개발, 인력개발, 과학기술 분야를 맡게 되었다. 이 모든 분야가 당시 경제기획국에서는 비주류 분야였다. 경제계획의 주 관심이 거시경제 운영과 성장 목표의 설정과 달성, 외자 도입과 국내 금융을 통한 내·외자 개발자금의 동원, 농업·제조업·사회간접자본 등 전통 산업분야의 투자계획 등에 있던 때였다.

특히 사회개발은 개념이나 범위조차 분명하게 설정되어 있지 않던 때였다. 우리 경제의 발전 정도에 비춰 벌써 사회개발 문제가 논의될 때인지에 대한 사회적 합의조차 전혀 없던 때이기도 했다. 한마디로 당시에 기획국에서도 가장 생소한 분야인 동시에 경제기획원의 경제계획 입안 과정에서 주력 분야가 아닌 소위 '한데'라고 할 분야인데, 이 분야를 담당하는 최초의 사무관이 된 것이다. 이미 기획국에서 충분한 연륜을 쌓은 행정대학원 출신의 고 김세진 씨가 나의 조수가 된 것이 나로서는 큰 다행이었다.

자연히 경제계획 수립 과정에서 사회발전 등은 별로 주목을 받지 못했다. 그러나 나중 5차 5개년계획에 가서 계획의 이름 자체

가 '경제사회발전 5개년계획'으로 바뀌게 될 정도로 국정 운영이
나 계획 입안의 목표와 중점이 바뀌게 된 점이나 오늘날 정부의
역할 중 이 분야가 차지하는 중요성을 생각하면, 그 초기에 이 분
야에 눈을 뜨게 된 것은 나의 경제관료로서나 그 후의 연구 생활
에 크게 도움이 되는 방향으로 나의 안목과 관심 영역을 확대 심
화시키는 토대가 되었다.

투자1과로 옮긴 지 얼마 되지 않아 우리 부부는 첫 아들 광진을
낳았다. 1969년 2월 9일 메디컬센터에서였다. 좀 힘들기는 했지
만 대체로 순산이었다. 둘째 딸 광주는 나중 예산총괄과 근무중인
1971년 4월 27일 태어났다. 아들, 딸이 벌써 나이 쉰이 되었으니
참 많은 세월이 흘렀다.

(2) 물가정책과

사무관 3년차로서 이와 같이 경제기획국에서 별로 주목받지 못하
는 분야를 담당하고 있던 중, 그해 나는 물가정책과로 자리를 옮
겼다. 물가정책과 총괄이던 조경식 사무관(후에 공정거래위원장, 농림부
장관)이 예산국으로 옮기면서 그 자리를 이어받았다. 동시에 바로
유학을 떠난 나의 친구 김영태 사무관(후에 경제기획원 차관, 산업은행 총
재)의 업무도 후임이 올 때까지 내가 겸직하게 되었다.

그럼에도 그 전후 9년에 가까운 사무관 시절 동안 나는 전체적
으로 별로 뚜렷한 존재감을 드러내지 못했다. 조직 생활에 적응
하는 데도 약간의 문제가 있다고 스스로 느끼면서 지낸 시기였

다. 개인적으로는 먹고살기가 여전히 어려웠고 생활 형편이 나아질 기미나 가능성이 전혀 보이지 않았다. '과연 이대로 공무원 생활을 계속할 것인가?' 하는 심각한 고민을 늘 부여안고 지낸 우울한 시절이었다.

우선, 옮겨 간 물가정책과는 당시 경제기획국 소속이면서도 국장의 지휘를 받지 않는 부총리 직할 조직으로 운영되고 있었다. 역대 부총리가 다 물가 관리에 신경을 썼지만 특히 당시 김학렬 부총리는 물가안정에 특별한 관심을 가지고 있었다. 하기야 경제개발 초기이기에 경제의 다른 분야는 대체로 목표의 초과달성이 상례였지만, 항상 물가가 문제였다. 절대적으로 부족한 자원 속에서 의욕적인 개발 목표를 추구하다 보니 경제원리상 물가는 오를 수밖에 없었다. 하지만 어떻게든 이 물가도 지표상 안정된 수준을 유지해야 하는, 어쩌면 이율배반적인 책임이 경제부총리에게 주어진 때였다. 그래서 당시에 '물가 관리는 온돌방에 불을 때면서 온도는 못 올라가도록 온도계를 붙들어 매는 것'으로 비유되곤 했다. 물가의 안정 관리에 실패하면 부총리가 목을 내놔야 하는 것이 당시 상황이었다.

그래서 물가정책과장은 계급에 비해 막강한 힘이 있었다. 이에는 부총리의 절대적인 신임이 필수였고 전제였다. 당시 과장은 경제기획원의 최고 엘리트 과장이라고 자타가 공인하던 서석준 과장(후에 부총리, 아웅산에서 순국)으로 김학렬 부총리의 전적인 신임을 받고 있었다.

나는 유능한 서석준 과장 밑에서 일을 하면서 관료가 상사의 신임을 얻으려면 어떻게 일을 해야 하는지에 대해 많은 것을 배웠다. 한편, 그의 다소 독선적인 리더십과 조직 운영 방식을 보면서 조직에서의 이상적인 인간관계에 대해 많은 생각을 하기도 했다. 이 부분은 나중 제5부 19장에서 상세히 기술한다.

3. 예산국

(1) 예산총괄과

예산국 예산총괄과로 옮겼지만 여기서도 좋은 여건이 나를 기다리고 있지는 않았다.

당시 예산국은 기획원 내에서 고참 사무관들이 가장 많았다. 또 국 전체 분위기가 상당히 배타적이어서 다른 부서에서의 경력은 거의 무시하고 예산국 경력만을 기준으로 보직, 근무평정 등 인사관리를 하는 전통이 있었다. 어느덧 사무관 5년차가 되었지만 나의 예산국에서의 보직은 통상의 부처 담당이 아닌 예산총괄과의 정책담당이었다.

당시 예산국에는 다섯 개 과밖에 없었다. 재정정책이나 예산정책이라는 개념조차 제대로 없던 시절이었다. 강경식 예산총괄과장(후에 경제부총리)은 소위 '정책담당'이란 이름의, 사실상 무보직 사무관을 네 명이나 두고 일반적으로 예산국에서 다루지 않던 문제들을 던져 주면서 검토를 시키곤 했다. 나도 그중의 하나였다.

다른 사람들은 막 승진한 신임 사무관들이었지만 이미 상당한 고참 사무관인 나에게는 외형상 걸맞지 않은 일이었다. 주로 기획원 내 다른 국(대부분 기획국)에서 수립하는 정책과 예산과의 관계를 분석하는 일이 대부분이었지만, 그렇게 체계적으로 업무가 정립돼 있지 않아 상당한 시간을 사실상 놀면서 보내고 있었다. 여름철 예산국의 살인적인 작업 철에도 우리 정책담당 사무관들은 한가한 시간을 보내는 경우가 많았다. 남들이 밤샘 작업을 할 때도 우리는 거의 정시 퇴근하는 경우가 대부분이었다. 그래서 우리는 스스로 '예산총괄 2과'라고 부르면서 자조적인 분위기에 빠져 있었다.

얼마 안 가 미국 유학이 내정되면서 중요 보직을 맡을 가능성은 더욱 없어졌다. 전시(戰時)예산 편성, 법률담당, 예산전산화 작업뿐 아니라 경제부총리의 국회 재정연설(예산안 제안설명) 작성 등 국장이나 과장 입장에서는 빼놓을 수 없는 중요한 일이긴 하나 사무관으로서는 죽어도 맡기 싫어하는 일들, 심지어 주사들도 죽으라고 기피하는 그런 일들만 나에게 쏟아졌다. 그러나 그 뒤 과 단위, 국 단위, 실 단위로 점점 비중이 커진 재정정책 분야의 선구자 역할을 하게 된 셈이고, 이 역시 후일의 나의 발전 과정에 크게 도움이 되었다.

1971년 가을, '72년 예산안 편성 작업이 거의 마무리될 무렵부터 나는, 이 예산안을 국회에 제출할 때 부총리가 예산결산특별위원회(예결위)에서 행하는 '예산안 제안설명'(흔히 '재정연설'이라고 했다)의 초안 집필 책임을 지고 씨름을 하였다. 그전에 기획국 시절

이희일 국장(후에 농수산부 장관, 청와대 경제수석비서관, 국회의원, 동력자원부 장관)의 신문 기고 원고를 쓴 적은 있지만, 부총리의 연설문은 그 것에 비할 바가 아니었다.

이 연설 내용은 이름과는 크게 달랐다. 단순한 예산 설명이 아니었다. 당시의 모든 경제·사회적 현상에 대한 분석을 바탕으로 다음해를 전망하면서 예산안이라는 국가 운용의 계량적 계획을 국민에게 밝히는 종합 경제 보고 연설이었다. 정부가 하는 일의 우선순위를 정하는 작업의 배경과 과정 그리고 그 결과 및 이의 밑바탕이 되는 경제부총리의 철학을 밝히고, 국회를 통해 국민의 이해를 구하는 연설 이상의 연설이었다. 부총리가 연중 무수히 많은 연설이나 강연을 하지만, 나라 밖에서는 IECOK(International Economic Consultative Organization for Korea, 대한對韓국제경제협의체. 한국의 경제 발전을 돕기 위해 결성됐던 국제협의기구) 총회에서 국제사회에 대해 원조를 요청하는 연설과 더불어 부총리가 가장 신경을 쓰는 대내·외 2대 연설 중 하나였다.

김학렬 부총리가 이 연설문 작성에 보인 관심은 대단했다. 내가 작성한 초안을 강경식 총괄과장이 몇 차례 수정했다. 이를 다시 최동규 예산국장(후에 동력자원부 장관, 한국수자원공사 이사장, 서울산업대 총장)이 처음에는 혼자서 몇 차례, 다음에는 예산국 전 과장과 주요 사무관이 참석하는 독회를 통해 또 몇 차례 수정한 후 예산국안으로 부총리에게 올렸다. 부총리는 이를 일독한 후 차관 이하 국장 이상 전 간부와 예산국의 국·과장을 참석시킨 후 직접 주재하는 독회를 통해 연설문 초안 한 줄 한 줄, 글자 한 자 한 자, 토씨까지 검토를 하는 과정을 되풀이했다. 초안에서부터 적어도 10여 차례 수정이 되니, 인사말인 "존경하는 예산결산특별위원회 위원 장님!"과 마지막 "감사합니다"만 빼고 초안의 모든 글자가 다 고 쳐 쓰인 후에야 끝을 본다는 이야기가 있을 정도였다. 이런 생활 은 다음해 미국 시러큐스대학교로 유학을 갈 때까지 계속되었다.

(2) 예산관리과

유학을 다녀온 1973년 여름 이후에도 1년 가까이 예산국에서의 고달픈 생활이 이어졌다.

시러큐스대 맥스웰대학원에서 MPA(행정학 석사) 과정을 끝내고 1973년 여름에 돌아오니, 예산국이 다음해 예산 편성 작업을 앞 두고 봄에 하는 보직 배정을 한 지 한참 지난 때였다. 또다시 부처 담당 없이 지내는 생활이 시작됐다. 도리가 없었다. 최동규 예산 국장은 당초 나에게 예산국으로서는 매우 중요한 포스트의 하나 인 국방예산담당을 맡길 생각을 하고 있었지만, 나를 위해 중요 한 자리를 비워 놓고 기다릴 수 없었다고 했다. 당연한 이야기여 서 불평할 계제가 아니었다.

대신, 역시 아무도 맡기 싫어하는 일이지만 국장으로서는 소홀 히 할 수 없는 일이 나를 기다리고 있었다. 바로 주요 재정 프로젝 트의 심사 분석 작업이었다. 국립서울대학교 이전, 서울대학교병 원 신(新)병동 건립 등, 당시로는 가장 중요한 예산 프로젝트에 대 한 심사 분석을 하는 일이었다. 원래 소속은 예산총괄과지만 소위 '기동배치'(당시 예산국은 기동배치가 일반화되어 있었다)로 예산관리과로 옮겨 계속된 이 작업은 다음해 예산국 근무 마지막 해 정부투자기관 예산을 담당하기까지 계속되었다.

유학 기간이 포함되지만 햇수로는 5년이나 예산국 근무를 했다. 나중에는 제일 고참 사무관이었지만, 결국 마지막 6개월간 정부 예산이 아닌 투자기관 예산 담당을 해 본 것이 부처 예산 담당으로서는 전부였다. 예산 총괄은 물론 정부부처 담당 한 번 제대로 해 보지 못하고 예산국 생활을 마치고 말았다.

그렇다고 해도 내가 예산국에서 한 일들은 하나같이 중요한 일들이었다. 그 일들을 통해 재정이나 예산에 대한 이해는 물론 이 분야에 관한 나의 생각과 이론을 정립할 수 있었다. 예산 사정(查定) 과정만 제외하고 정규예산 편성과 똑같은 과정을 거치는 전시 예산 편성의 종합책임을 져 본 것은 예산 구조를 총체적으로 이해할 수 있는 좋은 기회였다. 부총리 재정연설, 대통령 시정연설 등 중요한 연설문의 초안을 작성하고 무수한 수정 과정을 거친 경험은 그 뒤 끊임없이 글을 검토하고 때로는 직접 쓰면서 업무를 수행해야 되는 기획원 고급간부의 자질을 갖추는 데 큰 도움이 되었다.

예산 전산화 업무를 해 본 것도 예산 구조의 총체적 이해는 물론 그때까지는 일반적이지 않던 컴퓨터에 대한 이해를 높이는 계기가 됐다. 그때까지도 예산국은 주판을 기본적인 계산 수단으로 쓰는 정도의 후진적 업무 구조를 갖고 있던 때였다. 강경식 총괄과장에 의해 예산 업무의 전산화가 한국과학기술원(KIST) 성기수 박사의 도움을 받아 본격 추진되던 즈음이었다.

뒤안길 대통령 국회 시정연설 총리 대독 오류 해프닝

1974년 가을의 일이다. 다음해 '75년 예산안을 위한 부총리 재정 연설에다, 이번에는 예산안 제출에 즈음한 대통령의 시정연설 중 경제·재정 분야 초안까지 작성하는 일이 나를 기다리고 있었다. 미국 유학 전 부총리의 재정연설 초안을 쓴 경험이 있기는 했지만, 유학을 갔다 와 3년이나 지난 시점에 또 다시 이 일이 나에게 떨어질 줄은 몰랐다. 게다가 이때는 예산총괄과도 아닌 예산관리 과 소속으로 예산의 전체 편성 과정을 곁에서라도 볼 수 있는 상황도 아니었다. 당연히 총괄과에서 해야 할 일이었으나, 그렇다고 안 할 수도 없는 형편이었다. 최동규 예산국장은 이 일의 책임을 부국장 격인 김용한 예산심의관(후에 초대 예산실장, 과학기술처 차관, 아웅산에서 순국)에게 일임했다. 김용한 국장과 나는 함께 이 일에 매달렸다.

부총리의 연설문 작업은 무난하게 끝났다. 당시 남덕우 부총리는 학자 출신으로 과거 김학렬 부총리와는 스타일이 많이 달라 크게 고생을 하지 않았다.

대통령 시정연설문의 최종 작성 책임은 당시 최규하 대통령특보

가 맡고 있었다. 그는 경제·재정 이외 부문의 작성에 주력했다. 경제·재정 부문은 내가 쓴 것을 김용한 국장이 검토해서 보내면 최 특보는 거의 수정 없이 받아들였다.

이렇게 해서 완성된 시정연설문을 당시 관행에 따라 김종필 총리가 국회 본회의에서 대독했다. 이 과정에서 큰 문제가 터졌다.

총리가 본회의에서 대통령 시정연설문 중 예산 부문을 낭독할 때였다. 의석에서 웅성웅성하는 소리가 일기 시작했다. 있을 수 없는 상황이었다. 이 상황이 낭독이 거의 끝날 때까지 계속되었다. 김종필 총리는 이상한 분위기를 느끼면서도 대독을 다 끝내고 자리로 돌아갔다. 그 상황의 전모가 곧 밝혀졌다. 총리가 읽은 내용과 의원들에게 배부된 연설문 사이에 부문별 세부 계수에서 미세한 차이가 있었던 것이다. 총리는 격노하여 바로 진상 조사를 명했다.

총리실 사정비서관의 조사 결과, 청와대와 총리실에서 문제가 있었음이 드러났다. 당시 예산의 막바지 작업 과정에서는 매일 매일 조금씩 계수가 바뀌었다. 이때마다 나는 그 내용을 청와대와 총리실에 보내 준비된 시정연설문의 해당 부문을 수정토록 했다. 이런 과정이 수차례 반복되는 과정에서, 국회의원들에게 배부된 인쇄본에는 최종 확정 계수가 들어간 반면, 총리가 읽은 필사본 (그때는 총리나 부총리가 낭독하는 원고는 붓으로 직접 쓰고 리본을 달았다)은 그 이전 버전을 가지고 쓰다 보니 그런 착오가 일어난 것이었다.

청와대와 총리실의 실수였지만, 이런 경우 항상 책임은 하부기관에 떠넘기기 마련이었다. 그러나 총리실도 총리가 관계된 일의 책임을 일개 사무관에게 물을 수는 없다고 여겼던지, 예산국장과 예산심의관 두 국장의 시말서를 받는 것으로 마무리 지었다. 만약 그때 정말 나나 김용한 심의관에게 책임을 지울 만한 사유가 있었다면 꼼짝 못 하고 사표감이었을 것이다.

4. 총무과 인사계장

1974년 12월 30일 새해를 하루 남겨 두고 나는 전혀 예기치 않은 총무과 인사계장의 보직을 맡게 되어 경제기획원 예산국을 떠났다. 그 후 다시 재정 부문의 어떤 보직도 맡은 일이 없으니, 결국 이 분야와는 그다지 인연이 없었던 것 같다.

인사계장이 된 것은 결과적으로 내가 공직 생활을 계속할 것인지 말 것인지를 결정해야 하는 기로에서 만난, 무척 중요한 전환점이었다.

당시는 공무원 인사 적체가 아주 심해, 사무관 8~9년이 돼도 승진 기회를 갖지 못하는 사람들이 많았다. 나야말로 그런 사람 중 대표격이었다. 8년이면 만점인 경력에다 공무원교육원 교육 성적, 소속 국·실의 근무평정을 종합한 점수로 승진 서열이 정해

지던 당시, 내가 소속된 예산국에서 내가 맡은 직책으로는 좋은 근무평정을 받기가 거의 불가능했다. 그래서 경력과 교육 성적이 만점임에도 나의 승진 서열은 경력에 걸맞지 않게 한참 뒤처져 있는 상태였다.

그때 인사계장은 자동적으로 최고의 근무평정을 받는 게 관행이었다. 나는 인사계장을 겨우 하루 근무하고부터 이의 적용을 받아, 다음해 바로 승진할 수 있었다. 이것은 오늘에 이르기까지의 나의 공직 생애에서 결정적으로 중요한 의미를 갖는다. 결과적으로 나의 2차 도미(渡美)와도, 미국에서 박사과정을 밟으려던 계획이 좌절되면서 공직을 계속 하게 되는 결과와도 연결되었기 때문이다. 아마 인사계장이 되지 않았더라면 내 커리어는 크게 달라졌을 가능성이 크다.

인사계장 낙점 과정은 나도 전혀 모르는 사이 진행되었다. 나중에 알게 되었지만, 나와 비슷한 처지에 있던 고참 사무관들 사이에서 인사계장은 가장 매력적인 보직이어서 엄청난 경쟁이 있었다고 한다. 당시 이기원 총무과장이 너무 골치가 아팠던지 고참 사무관 중 전혀 인사계장 보직에 관심을 보이지 않는 사람을 찾다가, 나를 발견하고 최각규 차관(후에 부총리)에게 인사계장으로 천거했다는 것이다. 별것 아닌 것 같지만 당시로서는 상상할 수 없는 일이었다. 이것이 오늘의 나로 향해 온 인생 행로에 결정적 전기가 되었으니, 인력으로 된 일은 아닌 것 같다.

이 시절에도 공무원 생활에 대한 나의 끊임없는 회의는 멈추지 않았다. 예산관리과 근무를 하면서도 미국 시러큐스대학교에 다시 가서 박사 코스를 할 생각을 하고 있었다. 그 경우 아주 사표를 내고 갈 것이므로 승진 서열 자체에 관심을 끊고 있던 때였다. 이미 유학 시험을 치르고 시러큐스대 맥스웰대학원 지도교수였던 제시 버크헤드 교수로부터 박사학위(PhD) 지망자로서 승인과, 유학 비자를 위한 I-20 서류까지 받은 상태라 승진에 관심을 둘 이유가 없었다. 아내는 당시 미국 영주권과 RN(Registered Nurse, 미국 정규 간호사) 자격증이 있었다. 한국에서의 오랜 병원 근무 경력에다 미국에서의 병원 근무 경력도 충분해 미국으로 다시 가는 것은 문제가 아니어서 함께 미국행을 준비하고 있었다.

그런데 다행인지 불행인지, 미국 대사관으로부터 유학생 비자가 거부되었다. 내가 처음 시러큐스에 갈 때 얻어 쓴 UNDP(유엔개발계획) 자금에 미국 정부 예산이 상당한 정도로 들어가 있었는데, 그런 경우에는 귀국 후 일정 기간(5년)이 지나야 비자를 발급해 준다는 것이었다. 모든 계획이 사실상 수포로 돌아갔다. 가까운 장래에는 승진 가능성마저 전연 보이지 않았으니 정말 암담한 상황이 되었다. 이런 상황에서 뜻밖에 인사계장이 되어 가까운 시일 내에 승진할 전망이 생긴 것이 그야말로 인생 돌파구가 된 것이다. 한 치 앞을 알 수 없는 것이 인생임을 절감하지 않을 수 없었다.

5. 시러큐스대 유학

(1) 유학 준비

시간을 잠깐 되돌려, 예산국 근무 중 미국 유학을 다녀온 얘기를 해야겠다. 유학을 가기까지 우여곡절도 많았고, 짧은 유학 기간이었지만 집중적으로 엄청난 양의 공부를 하면서 사람들과 폭넓게 교유할 소중한 기회를 가지기도 한, 여러 모로 기억에 남는 시절이기 때문이다.

예산국으로 옮긴 직후부터 나는 미국 유학을 가기로 마음을 정하고 이를 추진했다. 당시 중앙부처 고시 출신 공무원들에게 가장 큰 특혜는 아마, 자기 돈 안 들이고 외국(주로 미국)에 가서 1년 이상 공부하고 오는 것이었다. 특히 학구적인 분위기가 지배하던 경제기획원에서는 다른 부처보다 이런 경향이 더 심했다. 소위 엘리트라고 할 만한 사람들은 대부분 미국 유학을 갔다 왔다. 주로 AID(Agency for International Development, 미국 국제개발처) 자금으로 유학 경비를 마련했다.

나도 사무관 때 미국 유학을 갔다 와야겠다는 생각을 하고 있었다. 그러나 AID 자금을 지원받는 통상적인 미국 유학 차례가 언제 올지 전망이 보이지 않았다. 국을 몇 번 옮겨 다니는 바람에, 부서장 추천을 전제로 한 기관장 추천을 받기부터 어려웠다. 절차를 밟더라도 몇 년의 시간이 걸릴지 모를 상황이었다. 마냥 기다리다가는 만년 사무관을 면하기 어려울 것 같았다.

그래서 나는 독자적으로 유학을 추진하기로 마음먹고, 당시 한국 주재 UNDP 사무소를 찾아가 유학 프로그램을 특별히 하나 만들자는 제안을 했다. 한국의 예산제도 개혁을 주제로 한 제안서를 제출했다.

담당하는 한국 직원이 내부에서 제일 고참이라 상당한 영향력이 있었다. 마침 나의 고등학교 선배였다. 그는 호의적으로 나의 제안을 검토 수용해 주고 절차를 시작해 줬다. 그리고 UNDP는 자금 사용에 대한 허락만 뉴욕 본부로부터 받을 테니, 내가 빠른 시일 안에 학교 입학 허가를 받으면 양자를 연결해서 절차를 마무리해 주겠다고 했다. 파격적인 절차였다.

나는 곧장 토플(TOEFL), GRE(Aptitude와 Advanced Economics) 등 미국 대학원 입학에 필요한 시험을 치르고 몇몇 미국 대학에 지원서를 보냈다. 미시간대학교(University of Michigan)의 MPPS 프로그램과 시러큐스대학교 맥스웰대학원(Syracuse University, Maxwell Graduate School of Public Affairs and Citizenship)의 MPA 프로그램이 가장 바람직하다고 생각해서 보냈다. 그중 시러큐스대가 바로 입학 허가를 내 줘서 학교가 결정되었다. AID 자금에 의한 경우라면 통상 2~3년이 걸리는 절차였으나, UNDP의 연결 덕분에 절차를 마무리 짓는 데 채 1년도 걸리지 않았다.

원래 나 혼자 간다는 전제로 한 사람의 유학 자금을 신청했으나, UNDP 서울사무소는 이 경우 특혜 시비를 우려했다. 그래서 이를 두 사람의 과제로 해서 두 사람의 유학 자금을 본부에 신청해 승인받았다. 그 바람에 예산국은 나 이외에 한 사람을 더 보낼 수 있게 되었다. 오래전 고인이 된 정진성 사무관이 함께 선정되었다. 절차도 입학 서류, 시험 결과 등은 입학 후 보완한다는 조건으로 시러큐스대가 나와 같이 입학을 받아 줘서 사실상 무임승차를 했다. 내가 한 고생과 과정에 비해 너무 쉽게 유학 티켓을 딴 셈이라 좀 허탈하기도 했다. 원래 세상 일이 다 그런 거란 걸 알게 되는 하나의 기회였다.

(2) 유학 생활

이렇게 해서 나의 미국 유학 생활이 시작되었다. 1972년 1월부터 시작되는 MPA(행정학 석사) 프로그램이었다.

시러큐스대학교의 맥스웰스쿨은 행정학 분야에서 미국 최고의 대학으로 평가되며, 하버드의 케네디스쿨과 쌍벽을 이루는 학교다. 어떤 의미에서 미국 행정학의 발상지 같아서 최고의 행정학자들이 한번쯤 가르치기를 원하는 학교다. 내가 재학중일 때도 세계적인 조직론 학자인 드와이트 왈도(Dwight Waldo, 1913~2000) 교수를 비롯해 유명한 행정학자들이 많았다. 나중에 나의 지도교수가 되는 재정학의 제시 버크헤드(Jessie Verlyn Burkhead, 1916~1996)를 비롯하여 유명한 경제학자들도 많이 있어 내가 원하는 공부를 하기에 적합한 학교였다.

뉴욕주 시러큐스의 추위와 눈은 미국에서도 알아준다. 학교 국제학생처(International Students Office)가 배정해 준 기혼자 주택단지(married housing)의 한 칸에서 혹독한 추위와 눈과 싸우며 생소한 미

시러큐스대 유학 시절 1972년 가을, 정부에서 온 유학생들과 함께 대학 도서관 앞에서. 왼쪽부터 필자, 정진성(작고), 김봉철(작고), 강승구, 정해구 제씨와 노화준 교수.

국 대학원생 생활을 시작했다. 당시 공무원들은 다 혼자 유학 오던 시절이었지만, 별도로 미국에 취업해 미리 와 있던 아내가 합류하고 내가 아들 광진을 데리고 갔기에 세 사람의 유학생 가정이 되었다.

대학 생활을 시작하면서 박사과정 유학생들을 많이 만났다. 나중의 건국대 황명찬 교수, 동국대 박창로 교수, 연세대 최평길 교수, 중앙대 이준일 교수 등이 그들이다. 그들은 대부분 코스워크를 끝내고 논문을 쓰는 단계에 있었다. 서울대 행정대학원의 노화준 교수(후에 행정대학원장)는 박사과정 후보자로 나와 같이 공부를 시작해 나중에 박사학위를 받았다. 그중에서도 박창로 교수는 우리가 정착하는 데 많은 도움을 주었다. 집과 자동차 마련 등 정착 초기의 그 많은 일들을 자기 일같이 도와줬고, 차를 장만하기까지 항상 차편을 제공해 주었다. 아마 그의 도움이 없었더라면 초기 시러큐스 생활은 매우 힘들었을 것이다.

같이 간 정진성 사무관 외에 정부에서도 많은 동료들이 추가로 시러큐스에 와서 전혀 외롭지 않았다. 기획원에서는 김영섭 (후에 나의 후임 경제수석), 정해구 사무관 등이 왔고, 재무부에서 김봉철, 이준상 사무관 등이 합류했다. 나보다 조금 일찍 와 있던 재무부의 강승구 씨도 있었다. 모두 잘 어울렸고, 앞에서 이야기한 박사과정 유학생들과도 잘 지냈다. 가족이 있고 자동차를 가진 사람은 공무원 중에서는 나 혼자뿐이어서 주말이면 모두 다 태우고 그로서리를 가는 게 상례였고, 시간이 나면 우리 집에 와서 밥을 먹는 일이 많았다.

당시 UNDP는 AID보다 생활비도 훨씬 많이 줬을 뿐 아니라 수강 과목의 내용이나 개수에 제한을 두지 않고 당사자의 의사와 능력에 맡겨 주었다. 학점을 얼마를 신청하든지 학교의 신청 확인 서류만 보내면 학비를 다 지불해 주었다. 짧은 시간에 필요한 학점을 따서 졸업을 하고 귀국하려는 나 같은 학생에게는 참으로 좋은 후원기관이었다.

내가 등록한 MPA 프로그램은 다른 학과보다 많은 40학점을 이수해야 했다. 아무리 짧게 잡아도 1년 반은 걸려야 마칠 수 있는 코스였다. 나는 유학 기간의 연장에 대한 보장이 우리 정부나 UNDP 양쪽 모두로부터 전혀 없는 상태에서, 어떻게 해서든지 석사학위는 따야겠다는 생각에서 첫 학기부터 무리한 학점 신청을 계속했다. 두 학기(semester제)와 여름 코스까지 살인적인 학점 신청을 해서, 한 과목만 남겨 놓고 37학점을 따고 나니 6개월 연장 신청이 받아들여졌다는 통보가 왔다. MPA를 위해서는 여름방학에 블록코스(한 학기분을 한 달에 집중적으로 끝내는 코스)로 제공되는 한 과목만 남았기에 1973년 봄학기는 아무 부담 없이 보낼 수 있게 된 것이다.

나는 이때, 후일 언젠가 경제학 공부를 깊이 할 경우를 염두에 두면서 그 한 학기를 경제학과에 등록했다. 아직 MPA를 마치지 않은 상태에서 경제학 석사과정에도 적을 갖는, 소위 이중등록 프로그램(dual enrollment program)에 적을 갖게 된 것이다. 지금은 모르겠지만 당시 한국에는 그와 같은 제도가 없었다. 미국의 대학 제도는 참으로 유연하고도 교육 수요자 중심이라는 생각을 했다. 그래서 경제학 박사학위 코스에서 인정되는 과목만으로 다섯 과목(15학점)을 신청하여 학점을 땄다. 학교와 협의한 결과 내가 MPA 과정에서 이수한 과목 중 경제학 세 과목을 이전받아, 24학점에 6학점 논문(thesis)으로 경제학 석사(MA)를 받을 수 있는 제도를 채택했다. MPA 석사논문은 귀국 후 제출하기로 양해가 되어, 귀국 전 논문 프레임만 가지고 프리젠테이션을 해서 통과했다.

여름 첫 기간에 MPA를 위한 한 과목 남은 것을 마저 마치고 드디어 시러큐스 유학 생활을 끝냈다. 불과 1년 반 동안에 MPA 코스를 졸업하고 논문 제출만 남겨 둔 상태로 경제학 석사과정도 수료하게 된 것이다. 그리고 나중에 혹시라도 있을 수 있는 경제학 박사과정 후보 등록 가능성도 열어 두게 되었다.

1973년 7월 졸업을 앞두고 맥스웰스쿨 동기생들과. 앞줄 한가운데 인물 바로 뒤가 필자.

　미국에서 유학을 한 사람 중 아마 나와 같은 기간에 그렇게 많은 학점을 딴 사람은 없으리라고 생각한다. 물론 처음부터 박사학위를 목표로 하지 않았기에 성적에 연연하지 않아도 되어서였지만, 결과적으로 1년 반 만에 학기제로 대학원 코스 55학점, 학부 코스(외국 학생에게 부과되는 영어 두 과목) 6학점, 도합 61학점을 취득했다. 1973년 7월 졸업식을 마치고 귀국길에 올랐다.

　나중 이야기지만, 귀국 후 바쁜 경제기획원 생활로 논문 제출은 불발로 끝났다. 시러큐스대학교에 다시 가서 경제학 박사학위 과정을 밟으려는 계획도 실현이 안 되었다. 나의 학교 공부는 그걸로 끝이었다. 약간의 아쉬움이 지금도 남아 있다.

　시러큐스에서의 생활은 물론 시원찮은 영어 실력에 많은 학점

호스트 패밀리 아이삭 가정

시러큐스에서 만난 사람 중 잊을 수 없는 사람은 국제학생처가 나의 호스트 패밀리로 지정해 준 존 아이삭(John Isaac) 가정이다. 존은 산부인과 의사이고 부인은 시러큐스대 출신의 교회 파이프오르가니스트였다. 아이삭 부부는 신실한 기독교인으로서 우리 부부에게 참으로 많은 감동을 주었다. 자주 만나는 동안에 이들이 진정으로 선량하고 남을 도우려 한다는 것을 알게 되었다. 말없이 기독교 정신을 생활을 통해 실천하는 태도에 깊은 감명을 받지 않을 수 없었다.

아이삭 가정은 미국에서도 드물게 자녀를 다섯이나 낳아 키우고 있었다. 그런데도 막내가 다 크니 한국에서 홀트양자회(1956년 설립, 1972년 홀트아동복지회로 개칭)를 통해 어린 자매 둘을 데려다 입적하고 자기 아이들과 꼭같이 키우는 것을 보았다. 한국 사람들로서는 상상할 수 없는, 사람에 대한 사랑으로 구현되는 기독교적 사랑의 참 모습이었다. 이런 사람들이 있어 미국이 축복받고 유지 발전되는 게 아닌가 생각하게 하는 가정이었다.

아이삭 내외는 나의 기독교 신앙관의 형성 과정에도 깊은 영향을 주었고, 미국이란 나라에 대한 나의 생각을 정리하는 데도 많은 영향을 주었다.

시러큐스 유학 시절 호스트 패밀리 존 아이삭 내외와 함께(1973년 4월).

아들 광진(가운데)과 아이삭 댁 양녀로 입양된 킴과 캐롤이 함께 놀고 있다.

을 따야 하는 공부 스트레스가 엄청났고, 워낙 나쁜 날씨로 생활하기 힘들 때도 있었지만, 전체로서 참 좋았던 시절이었다. 주거단지는 비록 2차대전 당시 군인용 막사를 그냥 사용하는 정말 허름한 판잣집이었지만 앞에는 넓은 잔디밭이 있어 아이가 뛰어 놀기에 그만이었다. 결혼 후 처음으로 우리 식구만의 생활이어서 가족 간의 사랑을 다지는 좋은 기회였다.

UNDP로부터 생활비로 처음 몇 달간은 매월 370달러, 그 뒤에는 540달러를 받았다. 당시로서는 매우 높은 수준이었다. AID 프로그램이 주는 월 280달러 수준의 생활비와 비교하면 더욱 그랬다. 아내 역시 병원에서 적지 않은 봉급을 받았기에 난생 처음 의식주 걱정 없고 저축도 하는 가정생활을 할 수 있었다.

나는 낮 시간 대부분을 학교와 도서관에서 보냈다. 아내는 병원의 당직 순서에 따라 낮, 저녁, 밤으로 근무시간이 계속 바뀌는 불규칙한 생활을 했다. 낮에는 서너살바기 광진을 시간 있는 다른 유학생 부인에게 맡길 수 있었지만, 밤에는 내가 혼자 데리고 공부하다가 근무 끝낸 아내를 병원으로 데리러 갈 때 아이만 놔둘 수 없어 자는 아이를 들쳐 업고 그 추운 시러큐스의 밤거리로 나서는 경우가 허다했다. 한번은 아이가 너무 깊이 잠이 들고 밖에는 눈보라가 치고 있어 그냥 놔두고 나갔는데(이는 미국에서 중대한 위법이다) 돌아와 보니 아이가 그사이 잠이 깨어 혼자서 거실 소파에 앉아 서럽게 울고 있어 우리 부부가 정말 가슴 아파한 적도 있다. 그래서 그 뒤로는 아무리 춥고 애가 잠이 깊이 들었어도 꼭 들쳐 안고 나갔다.

02

서기관 시절

(1975. 8 ~ 1982. 10)

1. 서기관 승진, 행정관리담당관

1975년 8월, 무려 9년에 가까운 사무관 신세를 면하고 서기관(당시 3급갑, 현 4급)으로 승진했다. 당시 남덕우 부총리로부터 임명장을 전수받았다. 첫 보직은 대개의 초임 서기관이 맡는 행정관리담당관이었다.

과장이 되고 얼마 뒤인 10월, 아내는 영주권 1년 소멸 시한을 앞두고 다시 미국으로 떠났다. 내가 재차 시러큐스대에 가서 박사과정에 들어간다는 전제에서 미리 떠난 것인데, 이 계획이 미대사관으로부터 비자를 거부당해 좌절되어 절망적인 상황에 빠졌다. 차선책으로 한 가지 기대해 볼 만한 것은, 다음해 봄에 인사가 예정돼 있던 시카고 경제협력관으로 나가는 것이었다. 친구 박유광 과장이 3년 임기를 마치는 시점이었다. 나는 아내와 합류할 수 있게 시카고 발령을 받으려고 목을 매었다.

1975년 8월 남덕우 부총리로부터 서기관 승진 임명장 전수. 곽병진 총무과장이 임명장을 대독하고 있다.

미국 근무는 희망자가 많았다. 하루는 장덕진 차관(후에 농수산부 장관, 국회의원)이 불렀다. 그는 "이제 과장으로서 본격적으로 본부에서 일을 하면서 간부로서 경력을 쌓아야 할 시점인데 왜 해외로 나가려고 하느냐"고 물었다. 내가 시카고 근무를 강력하게 희망한다는 보고를 받고 의아했던 것이다. 나는 가정 사정을 솔직하게 다 설명하면서, 동시에 앞으로 간부로서 성장하기 위해 해외근무는 한번은 꼭 필요하다는 생각과, 돌아와서 열심히 일하겠다는 다짐의 말씀도 드렸다. 나의 이런 가정 사정이 동정을 얻었는지 1976년 3월 해외경제협력관 인사에서 시카고로 발령을 받게 되었다.

2. 시카고 경제협력관

(1) 가족과의 재상봉

시카고 경제협력관(대외 직명은 경제담당 영사) 생활은 공사간에 참으로 보람 있는 기간이었다.

우선 가정적으로는 아내, 두 아이까지 온 식구가 이산가족 신세를 청산하고 오랜만에 다 모여서 생활할 수 있게 되었다. 아내가 병원 일을 그만두고 내 수입만으로 생활을 꾸리게 된 것도 결혼 후 처음이었다.

물가수준 차이도 있지만, 그때 우리나라 형편이 아직 무척 어려울 때라 외교관 봉급도 형편없어 1,200달러 수준이 고작이었다. 사무실에서 업무용으로 자동차 기름 카드를 하나 주는 것이 보충할 수 있는 수입의 전부였다. 봉급으로 집세, 자동차 월부, 아이들 학교 수업료, 의료보험료, 자동차보험료, 식비, 문화비, 기타 각종 잡비를 다 내면서 겨우 살아갈 정도였고 저축은 불가능했다. 그래도 본국에서 하던 생활이나 봉급 수준을 생각하면 황송한 것이었다.

우선 애당초 외교관 수준에 걸맞은 집을 빌리는 것은 원천적으로 불가능했다. 그래서 생활을 위해서는 주거비를 줄이는 외에 어떤 지출 항목에도 줄일 수 있는 여지가 거의 없었다. 미국인은 물론 친한 친구가 아니면 교민이라도 집으로 초청하기 민망한 수준의 아주 작은 아파트를 시카고 시내 가까이에 얻을 수밖에 없었다. 마침 전임 박유광 과장이 살던 집을 인수할 수 있어서 그대로 살기로 했다.

지출 항목 중 무시하지 못할 것이 의료보험이었다. 내가 총영사관에 부임했을 때는 마침 이전에 계약하고 있던 보험회사를 바꾸는 작업이 진행되고 있어 보험을 들지 않고 1~2주를 기다려야 했다. 외무부에서 온 김종만 영사는 이런 봉급 수준으로는 도저히 의료보험을 들 수 없다고 하면서, 만약 병이 나면 자기는 부친, 장인이 다 의사이니 한국으로 날아가겠다고 했다. 나도 따져보니 그나마 지출을 좀 줄이려면 그 방법밖에 없겠다 싶어 김 영사의 방식을 따르기로 했다. 나는 아버지도, 장인도 의사가 아닌데도 말이다. 하기야 그때까지 우리나라에 공공의료보험 제도가 도입되기 전이어서, 의료보험을 든다는 자체가 낯설었다. 속으로 '우리가 언제 의료보험 들고 살았나?' 하면서 만용을 부렸다. 미국서 제대로 생활하는 사람들이 들으면 기절할 일이었다. 다행히 시카고 생활 3년 반 동안 우리 식구 아무도 병원 신세를 지지 않았지만 항상 조마조마한 기분이었다. 큰 병이 들어 보험이 없는 상태에서 살인적인 미국 병원의 의료비를 충당해야 하는 사태가 생기지 않은 것은 하늘이 도운 일이었다.

그런 만용을 부려 재임 기간중 약 5천 달러 정도를 절약할 수 있었다. 이 재원으로 귀국할 때 냉장고, 텔레비전 등 전자제품을 사 갖고 와 팔아서 한 1년 생활비로 충당했다. 지금 미국 가정의 좋은 가전제품은 거의 다 LG, 삼성 제품인 걸 생각하면 참 금석지감이 들지 않을 수 없다.

여름 휴가와 방학을 맞아 아내와 광진, 광주까지 다함께 그랜드캐니언 가는 길에
(1977. 7. 18).

두 아이는 다행히 미국 학교 생활에 잘 적응했다. 영어를 따라가는 속도도 빨라, 가톨릭교회가 경영하는 유치원과 초등학교 생활은 더할 수 없이 만족스러웠다.

미국 생활의 하이라이트는 여행이었다. 여름 휴가철이면 사전에 충분한 계획을 세워 자동차로 장거리 여행을 했다. 8기통의 쉐보레 카프리스 클래식으로 드넓은 미 대륙을 원없이 돌아다녔다. 도착 다음해인 1977년 여름에는 열흘 동안 그랜드캐니언, 옐로스톤 파크, 마운트 러시모어를 잇는 약 5천 마일의 여행을 다녀왔다. 구경해 가면서도 하루 평균 500마일을 달린 셈이다. 1978년에는 남동부를 거쳐 워싱턴DC와 뉴욕을 도는 장거리 여행을 하면서 이 지역에 많이 있는 고등학교, 대학교 동기들을 만날 수 있었다. 돌아올 때는 뉴욕~시카고 간 1천 마일을 하루에 주파했다. 중서부 14개 주를 관할하는 총영사관 공무 출장을 갈 때에는 비행기삯을 받아서 자동차로 가족들을 태우고 다녀오곤 했다. 하루 이틀 거리의 자동차 여행은 무수히 많이 했다.

(2) 경제사절단 활동 지원

총영사관 업무도 보람 있었다. 우선 근무 기간중 모셨던 직속 상사인 이문용 총영사(후에 외무부 차관)와 이경훈 총영사(후에 주 오만 대사) 두 분 다 매우 인품이 좋은 분들이어서 흔히 주재관들이 느끼는, 비(非)외무부 차별대우나 소외감 같은 건 크게 느끼지 않았다. 하기야 이렇게까지 되기에는 나의 좀 강한 성격이 초기에 작용한 면도 있었다. 있을 수 있는 차별대우를 전혀 수용하지 않고 이문용 총영사와의 담판으로 정면 돌파했다. 나도 총영사관 전체의 일은 소관을 떠나서 최선을 다해 참여하여 거들었고, 총영사에 대해서도 기획원의 상사와 똑같이 잘 모셨다. 다른 영사들이나 주재관들과도 업무상으로나 가족 간에도 격의 없이 잘 어울려 지냈다.

나는 미국의 각종 산업과 농업의 중심지에서 얻는 생생한 정보를 수시로 본국 정부(외무부와 경제기획원)에 보고했다.

당시 시카고에는 총영사관의 후원으로 한국에 관심이 많은 시카고 기업인, 금융인, 변호사 등과 시카고 진출 한국의 기업과 은행의 책임자들 및 유력한 교포 실업인들이 모여 만든 한·미 중

1977년 4월 시카고 상공회의소에서 시카고 경제인 다수가 참석한 가운데 열린 김재익 경제기획국장의 한국경제 브리핑 장면.

김재익 국장의 브리핑에 참석한 한국 공무원들. 왼쪽부터 이문용 총영사, 필자, 이형구 과장(후에 노동부 장관), 이강우 과장(후에 공정위 부위원장), 한 사람 건너 이학성 LA 경협관 등.

1977년 7월 시카고 상공회의소에서, 본국에서 온 경제사절단에 시카고 경제 현황 브리핑을 하는 필자. 오른쪽으로 이원호 영사, 이경훈 총영사가 보인다.

서부상공회의소(Korea-America Midwest Association of Commerce & Industry, KAMACI)란 모임이 있었다. 총영사관은 필요한 정보의 교환, 각종 경제·통상 관계 알선, 한국 정부의 대외정책 홍보, 친목 등에 이 조직이 상당히 유용하다고 판단하여, 다양한 지원을 하며 총영사관 활동에 활용하고 있었다. 이 조직에 관련된 제반 업무도 경제영사인 나의 소관이었다.

　미국 측 회원 중 윤호일 변호사는 나의 법대 1년 후배였다. 사법시험 4회 출신이나 짧은 판사 생활을 접고 미국에서 로스쿨을 마쳤다. 그때 그는 이미 베이커앤맥켄지 법률회사(Baker & McKenzie)의 파트너 변호사로서 이 조직의 활동에 적극 참여하고 있었다. 나중 윤 변호사는 귀국하여 법무법인 우방을 설립했다. 내가 공정거래위원장 때는 비상임위원으로 함께 일한 적도 있다. 지금은 법무법인 화우의 대표변호사로 여전히 정력적으로 활동하고 있다.

시카고는 워싱턴DC나 뉴욕에 비해 본국에서 오는 손님이 적었지만, 그래도 적지 않은 수준이었다. 정부가 적극적으로 대외경제협력 정책을 펼칠 때여서 다양한 형태의 경제사절단이 시카고를 찾아왔다. 이 경우 이에 대한 모든 준비, 시카고 시정부나 일리노이 주정부, 시카고 상공회의소, KAMACI 등과의 협조는 전적으로 나의 일이었다.

그중 태완선 대한상공회의소 회장을 단장으로 한 경제사절단, 김태동 전 보사부 장관을 단장으로 하는 투자유치사절단, 김재익 경제기획국장을 단장으로 한 한국경제설명사절단 등의 활동은 매우 인상적이었다. 나로서도 준비에 최선을 다했다. 사절단에 시카고 중심의 미국 경제 현황을 브리핑하는 등 큰 보람이 되는 활동을 많이 했다. 시카고 상공회의소는 당시 한국에서는 볼 수 없는 수준 높은 슬라이드 프리젠테이션으로 시카고를 중심으로 미국 중서부 지역경제를 소개하는 등, 내방한 한국 사절단들에게 필요한 정보를 충분히 제공하면서 환대해 주었다.

시카고에 있는 동안 나는 중요한 결정을 하나 내렸다. 더 이상 공부에 미련을 두지 않고 공무원으로서 최선을 다하겠다는 결정이었다.

사실 처음 시카고 발령을 받을 때까지만 해도 공부에 대한 욕심을 여전히 갖고 있었다. 공관 근무를 하면서, 아직도 유효한 시러큐스대학교에서의 경제학 박사과정을 병행하여 이를 마치는 가능성을 염두에 두고 있었다. 두 번째 유학 시도가 좌절된 이후에도 끊임없이 마음 한구석에 남아 있던 미련이었다. 시카고 도착 초기만 해도 이를 버리지 못했다.

그러나 공부와 공관 근무를 병행하는 어려움이 너무 크다는 것을 깨달았다. 설사 가능하다 하더라도, 그렇게 해서 얻는 학위가 그렇게 보람 있는 것일까 하는 회의가 들었다. 내가 과연 학문을 해서 대성할 정도의 머리나 학문에 대한 집념이 있을까 스스로 묻기도 했다. 오히려 공부는 석사학위로 끝내고 공직에 전념해서 업무에서 더 큰 성취를 하는 것이 내 체질에도 맞고 나의 장래에도 도움이 된다는 생각에 이르러, 오랜 방황을 끝내고 업무에 전념하기로 했다. 그러니 능률도 오르고 공직에 대한 생각이나 기대도 달라졌다. 앞날에 대한 자신감도 생겼다. 어떤 의미에서 나의 공직 생활의 재출발이었다.

뒤안길 **함병춘 대사와의 인연과 추억**

1976년 6월 시카고를 방문한 함병춘 주미 대사와의 만남도 잊을 수 없다.

한국 최고의 정치학자로 꼽히던 함 대사는 함태영 제3대 부통령

1976년 6월 함병춘 주미 대사 시카고 공식방문 때, 시카고 교포 유지들과 함께.

의 아들이다. 6·25전쟁 때 함 부통령은 심계원장으로서 부산으로 피난 와 우리 집에 와 계셨다. 정부에 들어가기 전 우리나라 최고참 목사이셨기에 아버님과 오랜 친분이 있었고, 우리 집은 당시 부산 서대신동에 꽤 큰 집(적산가옥)을 소유하고 있었기 때문이다. 함 부통령 아들 함병춘 대사는 당시 대학생 신분으로 통역장교로 근무하면서 부친이 계신 우리 집에 자주 들르곤 했다.

이런 남다른 인연이 있었지만 사반세기 세월이 지났기에 함 대사가 시카고에서 나를 금방 알아보리라고는 기대하지 않았다. 그러나 그분은 나를 정확히 기억했다. 나를 만나자마자 단박에 알아보고 무척 반가워할 뿐 아니라 아버님의 안부를 자상하게 물었다. 다정한 인간적 성품까지 갖춘 분이었다.

더욱 감동적이었던 것은 함 대사의 활동 중 시카고 정치·경제계 지도자를 대상으로 한 스피치와 한국 교민들을 위한 연설이었다. 두 번 다 내용에서나 진행에서나 탁월한 강연으로 참석자들의 큰 호응을 얻었다. 특히 시카고 최고의 미국 지성들이, 미국인을 능가하는 수준의 그의 고급 영어와 깊은 지식을 배경으로 한 강연('한·미관계의 역사와 나가야 할 길')에 매료되지 않은 사람이 없었다. 나는 지금까지 한국인으로서 그분보다 더 고급 영어를 구사하는 사람을 본 적이 없다. 그의 깊고 넓은 전문지식에 놀라지 않을 수 없었다.

그런 분이 아웅산에서 그렇게 돌아가시다니! 다른 분들도 마찬가지지만 크나큰 국가적 손실이었다. 안타까운 희생이 아닐 수 없었다. 시카고에서 직접 겪은 인간적인 성품을 생각하면 지금도 가슴이 먹먹하다.

3. 물가관리실 원가조사과장

(1) 격변의 1979년

시카고 생활 3년이 넘어 1979년 8월 본국으로 발령이 났다. 보직은 물가관리실 원가조사과장이었다.

당시 공정거래제도의 본격 시행을 앞두고 국 단위의 준비 기구로 '공정거래정책관'을 만들면서, 기존의 물가정책국장은 '물가정책관'으로 바뀌었다. 그리고 이 두 국 단위 조직을 통할할 '물가관리실장'을 두었다. 본국 발령이 나기 앞서 이진설 물가정책관이, "원가조사과장으로 추천했으니 들어와서 같이 일하자"는 전화를 걸어 왔다.

그때나 지금이나 경제기획원은 개인의 역량과 역할이 중시되는 조직이었다. 인사를 앞두고는 발령 대상 당사자가 원하는 보직을 받기 위해 노력하는 것 못지않게 간부들도 유능한 사람을 찾아 자기 휘하로 끌어오려는 노력을 기울였다. 원가조사과장은 매우 중요한 보직이어서, 총괄과장을 맡기에 아직 연조나 경력이 부족한 나로서는 이의가 있을 수 없었다. 자타가 공인하는 유능한 이진설 국장 밑에서 일하게 되는 것도 사양할 일이 아니었다. 1979년 8월 말에 기대대로 발령이 나서 3년 4개월 만에 기획원으로 돌아왔다.

귀국 바로 다음날 사무실에 가서 귀국 인사를 했다. 며칠 말미를 받아 집 정리 등을 좀 하고 본격적으로 출근할 요량이었지만 이 생각은 처음부터 빗나갔다. 다른 일은 제쳐 놓고도 석유파동의 연속 과정에 있어 에너지 가격의 주무과장인 원가조사과장은 하루도 비워 놓을 수 없는 자리였다.

지금 생각하면 과 명칭부터 시장경제를 하는 나라에 어울리지 않는 특이한 이름의 원가조사과는 물가정책국 내에서도 아주 중요한 기능이 부여된 과였다. 당시 독과점사업자 관리제도의 운영, 즉 관련 정책의 입안과 독과점사업자 지정 및 관리, 석유·석탄 등 주요 에너지자원과 석유화학 및 섬유 제품의 가격정책 등을 담당했다. 그 가운데 독과점사업자 지정 정책이나 에너지 가격 정책은 당시 물가정책의 핵심 정책이었다.

제1차 석유파동에 이어 2차 파동을 향해 가는 시점이었다. 산유국들은 하루가 다르게 원유 가격을 올리고 있었다. 이를 어떻게 국내 가격정책에 반영해 나가야 할지가 초미의 정책 이슈였다.

정부는 그 전해 신현확 부총리가 취임하면서 성장 위주의 경제정책을 안정 위주로 전환하는 정책 방향을 추구했다. 1979년 4월 소위 '경제안정화 종합시책'을 입안하고 그 방향을 구체화했다. 물가정책 차원에서도 가격규제 위주의 정책에서 가능한 범위 안에서 직접규제의 범위와 내용을 줄이기로 했다. 대신 적절한 수입 개방 등 근본적인 대내외 수급 균형을 추구하고, 중화학 투자의 조정 등으로 총수요를 관리하는 방식에 의거해 근원적으로 물가를 안정시켜 나가는 정책 방향이 채택되었다.

원칙적으로 바른 방향이었다. 하지만 과속으로 달리던 자동차의 브레이크를 밟는다고 차가 단번에 서지 않는 법. 오래 계속된 고도성장정책에 따른 다양한 물가 불안정 요인이 상존하는데 원론적인 정책 방향에 수정이 가해진다고 단번에 정책과 행정의 구현 행태가 달라질 수는 없었다. 무엇보다도 그때까지는 한국경제가 공급 부족 경제구조를 면치 못하고 있었다. 기회만 엿보이면 각 분야, 각 품목의 가격이 들먹였다. 정부로서는 사실상 가격의 직접규제가 상당 부분 불가피하다고 판단하고 있었다. 다양한 형태의 가격규제 수단이 여전히 물가정책의 가장 중요한 수단으로 활용되고 있었다. 특히 그때는 해외 원유 가격, 원자재 가격의 급등 등 공급 측 원가 상승 요인이 물가상승을 주도하던 때였다. 이러한 요인을 국내 상품 가격에 어떻게 적절하게 반영해야 할지를 결정하는 것은 가장 주요한 물가정책의 과제였다. 원가조사과는 대체로 이런 문제에 대해 총체적 책임을 지고 있었다.

그래서 원가조사과장 시절은 엄청난 업무량을 감당해야 하는 힘든 시절이었다. 그러나 공무원으로서 가장 일을 많이 해야 하는 계급인 과장으로서는 매우 보람 있는 직책이라 할 만했다. 내 개인적으로도 공직 13년 만에 제대로 된 직책에서 능력을 발휘할 수 있는 기회가 온 셈이었다.

이렇게 내가 속한 조직에서 개인적으로 바쁘게 지내는 과정이었지만 국가적으로도 충격적인 일들이 잇따라 벌어지기 시작했다. 바로 '10·26사건'과 뒤이은 '12·12사태'다. 이로 인해 대통령, 총리, 부총리, 차관, 물가관리실장의 변동, 국보위 설치 등, 기획원 직속 라인은 물론 그 차원을 훨씬 넘어서는 국가 권력구조의 변동이 이루어졌다. 이 와중에 다음해 물가총괄과장으로 자리를 옮기기까지 제2차 석유파동을 가격정책으로 흡수하는 등 국가적 차원의 경제 이슈에 대한 대처와 해결 과정에 실무 과장으로서 최일선에 섰다. 자연히 기억해야 할 너무 많고 중요한 일들과 부닥쳤다.

(2) 석유류 가격 59.43% 상향조정

10·26의 결과로 신현확 부총리가 총리가 되고 이한빈 부총리가 취임하면서, 다가오던 제2차 석유파동의 먹구름을 한국경제가 어떻게 흡수, 대처해야 할지가 큰 고민이었다.

한국경제는 세계경제와 더불어 제1차 석유파동으로 1974~75년에 네 차례에 걸쳐 국내 석유제품 가격을 4배 가까이 인상했다. 그 여파로 약 25퍼센트의 물가상승을 경험하고 겨우 안정을 찾아가고 있었다. 그러던 차에 1차 파동보다 더욱 큰 2차 석유파동의 회오리에 휩쓸린 것이다.

석유수출국기구(OPEC) 산유국들은 하루가 멀다 하고 원유 가격을 올리고 있었다. 종전과 같이 산유국으로부터 도입 원가가 오르면 적절히 계산해서 국내 가격에 반영해 주는 식으로 하다간 매일 가격을 조정해야 될 처지였다. 석유 가격이 오르면 거의 모든 품목을 따라서 조정해야 하니 물가가 매일 요동치게 마련일뿐더러 행정적으로도 관리 불가능한 상황이었다.

1980년 1월, 신현확 총리는 그분만이 할 수 있는 대담한 석유 가격정책 방향을 제시하고, 시행 지침까지 주었다. 이한빈 씨가 부총리였지만 그는 경제전문가가 아니었다. 게다가 비상상황에서 전임 부총리가 총리가 되어 실질적으로 국정을 총괄하는 상황이었기에 기획원의 주요 경제정책, 특히 당시 가장 중요한 유가 정책은 사실상 신 총리의 직접 지휘 아래 있었다.

'국제 유가가 앞으로도 한동안 계속 오를 것이니, 이를 예측해서 확실히 상승이 예측되는 것은 선행적으로라도 국내 유가에 반영하고, 이 경우 석유정제업체에 초과이윤이 발생할 테니 이를 정부가 석유가격안정기금으로 흡수한다.'

평상시라면 상상도 못 할 충격요법적 정책이었다. 이 지침에 따라 나는 실무작업 팀장으로서 원가조사과의 유가 담당 임상규 사무관(후에 농림부 장관, 작고)과 동력자원부의 김동원 사무관(후에 주 나이지리아 대사)을 데리고 호텔에 장기 투숙하면서 비밀 작업을 시작했다. 예상 가능한 대로 장래 도입 기준 원유가를 추정하고, 이미 발표된 대미(對美) 기준환율 19.8퍼센트의 상승분과, 그때까지 가격에 반영하지 못한 여러 가지 가격 상승 요인을 반영하여 석유류제품 가격의 예상 평균가격 수준을 산출하는 방대한 작업이었다.

언론은 지대한 관심을 갖고 작업을 추적하고 있었다. 당시 경제부처 실무진들의 호텔 비밀 작업 대부분은 광화문 종합청사 뒤편의 내자호텔(1990년에 철거, 현 서울지방경찰청 자리)에서 이뤄졌다. 부처 예산으로는 그 이상의 호텔을 얻을 수 없고, 정부종합청사에서 가깝기도 해서다. 그러나 그곳에서 하면 바로 기자들에게 추적되기 마련이었다. 그래서 당시 기획원의 이선기 차관(후에 국무총리 행정조정실장, 동력자원부 장관)은 이 작업을 아무도 상상 못 할 고급 호텔에 가서 하라는 지시를 내렸다. 당시 최고 수준의 조선호텔이었다. 우리는 그곳에서 약 10일간 작업을 했다. 설마 과장, 사무관 들이 그 비싼 고급 호텔에 장기 투숙하면서 작업을 하리라고는 기자들도 예상하지 못했던지 아무에게도 추적이 되지 않았다. 기대한 대로 완벽한 보안이 유지된 것이다.

작업의 결과는 동자부 장관과 부총리, 총리에까지 보고되었다. 기획원에서는 1980년 1월 28일 최동규 물가관리실장이 나를 대동하고 기자실에 가서 결과를 브리핑했다. 석유제품의 평균가격을 한 번에 무려 59.43퍼센트 대폭 인상하는 내용이었다. 석유가격 인상 전, 그해 1월 12일에 이미 대미 기준환율의 19.8퍼센트 대폭 인상(우리 원화의 평가절하)이 이루어졌다. 2월부터로 예정된 평균 35.9퍼센트 인상의 전기요금과 더불어 석유까지, 한국경제를 구성하는 거의 전 품목을 엄청난 가격 상승의 소용돌이에 빠뜨리는 대격변이 시작되는 순간이었다. 이어서 전개될 각종 독과점 품목의 가격과 석유화학제품 등의 연쇄적인 가격 인상을 고려하지 않더라도 석유 및 전기 값 인상만으로도 도매물가에 미치는 영향은 11.7퍼센트에 이를 것으로 추산되었다. 그래서 경제운영계획상 물가억제선은 이미 붕괴되고 있었다. 지금으로서는 상상할 수 없는 가격과 물가상승률이었다.

(3) 독과점 품목, 석유화학제품 가격 조정

석유값 인상 발표 다음날에는 35개 독과점 품목의 가격 조정이 하룻밤 새에 이루어졌다. 석유값 비밀 조정 작업을 했던 조선호텔에 전 해당 품목의 생산 기업체 책임자와 품목 담당 주무부처의 가격 관련 실무자들을 불러 놓고 밤샘 작업을 했다. 최고 소다회(soda ash, 공업용 탄산소다) 37.2퍼센트, 최저 TV 3.1퍼센트에 이르는 다양한 인상률이 결정됐다.

다음날에는 석유화학제품 전부에 대한 가격 조정이 밤새 이루어졌다. 마찬가지로 전 관련 업체 가격 담당 책임자들과 상공부의 석유화학 관련 실무자들이 이번에는 내자호텔에 모여 석유화학제품 트리의 최상위부터 최하위 제품에 이르는 수십 종목의 가격 조정을, 역시 하룻밤에 다 끝냈다. 상공부에서는 정재석 장관의 지시에 따라 최창락 차관이 직접 작업 현장에서 처음부터 끝까지 지켜보고 있었다. 연속 밤샘 작업으로 사흘 이상을 뜬눈으로 보냈다. 체력의 한계가 왔지만 그때만 해도 젊었기에 견딜 수 있었다.

체력상의 문제보다 더 본질적인 문제에 대한 고민이 싹트기 시작했다. 공급이 원천적으로 부족해서 가격과 시장에 대한 직접적인 통제가 어느 정도 불가피하다고 하자. 그렇다 하더라도 과연 언제까지 시장이 아닌 정부가 직접 모든 주요 품목의 가격을 결정할 것인가? 가격은 시장에서 수급 상황과 시장 기능에 따라 수시로, 탄력적으로, 유연하게, 공급자와 수요자의 상호작용에 의해 결정돼야 하는 것이다. 정부가 책임지고 전 품목을 하룻밤 새 조정하는 이런 식의 물가와 가격 정책을 언제까지 계속할 것인가? 깊은 회의가 시작되었다. 시장 기능과 정부의 역할에 대한 깊은 자각의 시작이었다. 뒷날 시장주의자로서 사고가 성숙되는 과정에서 시장과 정부의 역할과 관계에 대해 크게 문제의식을 가지게 되는 첫 계기였다. 더하여, 가격이 원가에 의해 결정되는 것이 아니라는 것을 이론적으로, 실무적으로 이해하는 출발점이기도 했다.

(4) 석탄값 파동

일련의 엄청난 가격 파동이 일어났다. 경제의 원리상 이러한 파동이 일시에 잦아들 수는 없었다. 중동 석유가의 추가적인 상승으로 인한 유가의 수시 조정, 이에 따른 각종 관련 품목의 가격 조정 요인이 수시로 발생했다. 연속적인 가격 파동으로 한국경제가 큰 변동을 거듭하니 주무부서인 물가정책 파트는 하루도 편안할 수 없었다. 이 와중에 경제기획원 물가정책 파트를 최고의 곤경에 빠뜨리는 사건이 발생했으니 이른바 '석탄값 파동'이다.

1980년 5월, 석탄 및 연탄 가격의 조정 작업이 진행중일 때였다. 정부가 확정, 공식 발표하기 전에 언론들이 가격 조정 내용 등에 대한 추측성 기사를 썼다. 기밀이 누설된 모양새가 됐다. 국민생활에 아주 민감한 사안이라 사전에 새나가서는 결코 안 될 내용이었다. 당시 최규하 대통령은 언론 유출의 배후에 분명 일부 관료들과 사업자의 공모가 있을 것이라 추정하고 엄중 조사를 하라는 특명을 내렸다. 물가관리실이 직접적인 조사 대상이었다. 1979년 말 이건중 실장이 조달청장으로 승진해 나가고 국방부 관리차관보로 나가 있던 최동규 실장이 1·29 유가 조정 이전부터 물가를 책임지고 있었다.

문제는 엉뚱한 데서 더욱 꼬이기 시작했다. 조사 과정에서 최 실장이 청와대 사정비서관이 지휘하는 조사에 고분고분 응하지 않은 것이다. 최 실장은 국방부에서 3성장군 대우의 차관보를 지내고 돌아왔으나 그 비서관은 현역 준장이었다. 청와대는 최 실장의 태도를 대통령에 대한 항명으로 간주했다.

국보위 시절이라 최규하 대통령이 큰 실권은 없는 대통령이었다. 그래도 엄연한 현직 대통령의 특명 조사를 거부하는 항명으로 몰렸으니 살아날 길이 보이지 않았다. 그 연장선상에서 물가정책관과 예하 각 과장들도 불려가 그 이전 석유 가격 및 독과점 품목의 가격 조정과 관련하여 문제가 없었는지까지 광범위한 조사를 받았다. 나는 핵심 과장이라 특히 심한 조사를 받았다.

한 달여의 조사 과정을 겪은 후 물가관리실의 사실상 해체 수준에 이르는 대대적인 인사 조치가 떨어졌다. 최동규 실장 파면, 이진설 국장 대기, 물가정책관실 과장 다섯 명 전원 다른 부서로 전보 등의 지시였다. 최동규 실장은 파면 조치가 실제로 시행되기 전 국보위 전두환 위원장의 특별 배려로 감(減)일등하여 주 일본 경제공사로 좌천 발령이 났다.

주일 경제공사로 있던 이웅수 씨가 물가관리실장에 임명됐다. 최 실장은 주일 경제공사로 가기 위한 준비를 하던 중 1980년 7월 동력자원부 차관으로 승진 발령이 났다. 이진설 국장은 형식적으로는 대기발령 상태에 있었지만 실질적으로는 김재익 국장이 국보위 경제분과위원장이 되면서 사실상 공석으로 있는 경제기획국장의 역할을 맡았다. 물가정책관실의 과장 전원을 다른 부서로 보내 버리면 업무의 연속성이 전혀 유지될 수 없다는 지적이 많았다. 최소한 한 명이라도 남아야 한다는 주장이 설득력을 얻고 있었다. 결국 다섯 과장 중 나 혼자만 그대로 남아 물가총괄과장으로 자리를 옮기게 되었다. 오히려 영전이 된 셈이지만 마음은 개운하지 않았다. 사태 시작과 전개 상황을 비교하면 비교적 잘 수습된 결과였다.

왜 이런 상황이 전개되었을까? 경제기획원의 물가정책 파트는 거의 해체 수준에 이르는 엄청난 고난을 겪으면서 당초에는 왜 이런 일이 발생했는지도 모르는 상태에서 실무적으로 대응했지만, 시간이 경과하면서 사태의 배경과 윤곽이 이해되기 시작했다.

사실 석탄값 인상과 관련해 언론에 유출된 것은 전혀 없었다. 일부 언론이 추측성 기사를 쓴 데 불과한 것이었다. 업자와 관료가 담합하여 가격 인상 정보를 흘렸다는 최규하 대통령의 의심은 경제에 대한 이해 부족에서 나온 것이었다. 조금 있으면 가격이 인상되어 업계는 저절로 인상된 가격으로 팔 수 있는데 이를 미리 누설해 낮은 가격의 사재기를 유발할 리가 없는 것이었다. 조사를 하는 사람들도 언론에 유출했다는 어떤 증거도 제시하지 못했다. 나를 비롯한 실무진들은 전후의 사정을 충분히 설명하여 가격 조정 작업의 언론 유출이 없었다는 것을 충분히 해명했다.

그런데도 청와대가 왜 이렇게 문제를 끌고 간 것인가? 시간이 지나면서 미스터리가 풀리기 시작했다.

석유 가격과 독과점 품목의 대폭 인상된 가격 조정은 신현확 총리가 직접 지휘한 정부 차원의 정책이었다. 결국 조사의 최종 과녁은 신현확 총리였다는 것이 후일의 정설이다. 주요 가격의 대폭 인상에 따르는 국민적 반발을 잠재우려는 의도도 있었을 것이다. 그보다는, 불투명한 정국에서 '계속 집권'이란 딴 생각을 품기 시작한 최규하 대통령이 신 총리를 가장 강력한 라이벌로 생각하여 타격을 가하려는 의도가 크게 작용한 것이라고 보는 것이다. 그 신 총리의 주요 정책을 가장 직접 실무적으로 수행한 부서가 물가관리실이었다. 대폭 인상된 물가 조정 작업이 잘못된 것이고 그 정점에 신 총리가 있다는 것을 부각시키면서 자연스레 국민의 불만을 신 총리에게 돌려 그의 정치적 입지를 약화시키려고 한 것이 최규하 대통령의 의도였다고 분석된다.

그때 이미 전두환 장군을 중심으로 군부의 집권 기도가 은밀하게 진행중이었다. 최 대통령은 이를 감지하지 못하고 전혀 엉뚱한 데서 집권 노력의 라이벌을 찾은 셈이다. 우리 실무자들 입장에서는 고래 싸움에 새우등 터지는 격이었다고나 할까. 나 개인으로서도 공직을 일찍 그만뒀을 수도 있는 중대한 위기에 휩쓸린 것이었다.

뒤안길   '책임지는 최고책임자' 신현확

원가조사과장으로서 첫 번째 맡은 중요한 임무로 1980년에 적용 대상이 될 독과점 사업자와 품목을 지정하는 작업을 할 때다. 숙고와 많은 협의를 거쳐 선정 기준을 만들고, 이 기준에 따라 약 35개 품목이 대상으로 선정되었다. 여기에 포함된 사업자와 품목은 가격을 변동하려면 주무부처의 허가를 받아야 했다. 주무부처는 사전에 경제기획원과 협의를 해야 했다. 실제로는 물가정책국이 거의 전권을 가지고 있기 때문에 이 대상에 포함되느냐 여부는 사업자로서는 무척 중요한 일이 아닐 수 없었다.

항상 있을 수 있는 잡음이나 오해를 피하기 위해, 기준이 설정되면 기계적으로 적용하게 된다. 그러다 보면 경제적 관점에서는 불합리한 결과가 종종 나타나기 마련이다. 좀 융통성을 가지고 유연하게 적용해야 할 필요가 생긴다. 경제나 시장의 세계가 칼로 물 베듯 하는 것이 아니기에 당연한 것이다. 그러나 관료들의 속성상 이것은 불가능한 일이다. 어느 실무자가 이렇게 기업의 이해를 좌우하는 사안에 기준과 다른 재량을 발휘할 수 있겠는가? 그때나 지금이나 마찬가지다. 아마 지금은 훨씬 더할 것이다.

실무 초안을 만들어 신현확 부총리에게 사전 결심을 받기 위해 보고를 했다. 신 부총리는 보고된 기준에 따른 독과점 사업자와 품목의 지정안에 날카로운 질문을 던졌다. 예컨대 "A품목은 안 들어가도 다른 방법으로 충분히 가격 관리를 할 수 있는데 왜 포함시켰나?" "B품목은 포함되어 있지 않지만 가격의 직접규제 외에는 가격 관리를 할 방법이 없고 국민경제적 시각에서도 중요한 것인데 왜 포함시키지 않았나?"라는 식이었다. 신 부총리는 주요 품목의 구체적인 수급과 가격 관련 상황, 그리고 그 배경, 관련되는 산업정책의 문제까지 환히 꿰뚫고 있었다. 그의 지적은 대체로 옳은 것이었다.

"선정 기준을 먼저 정하고 이를 적용해서 정하다 보니 이런 결과가 나왔습니다."

"행정 하는 사람들이 그렇게 융통성이 없이 어떻게 행정을 하나?"

신 부총리는 야단을 치고는, 붉은 사인펜을 들고 어떤 품목에 동그라미를 그리고 화살표를 해서 빼라는 표시를 했다.

"거기에 사인해 주십시오."

나의 요청에 신 부총리는 조금의 망설임도 없이 사인을 했다. 마찬가지로 지정 밖에 있는 어떤 품목에 대해 비슷한 방식으로 포함시키라는 표시를 하면 나는 또 지체 않고 "거기에도 사인해 주십시오" 하고 요구했다. 신 부총리는 역시 서슴지 않고 사인을 했다.

거침없는 결정이었다. 만약 문제가 생기면 부총리가 책임질 테니까 실무자들은 걱정 없이 일하라는 것이었다. 최고 정책결정자의 바람직한 모습과 행태의 전형을 보는 듯했다. 이런 상사를 모시고 일하면 실무자들은 일에 보람을 느끼고 신바람이 난다.

그러나 실은 정반대의 최고 정책결정자가 대부분이다. 사실상 자신이 결정을 하고도, 또 그렇게 하라고 지시해 놓고도, 문제가 생기면 실무자에게 모든 책임을 전가하는 경우가 너무 많은 것이 우리나라 행정의 현실이다.

4. 물가정책국 물가총괄과장

(1) 한자릿수 물가안정 목표

정국은 격랑을 거듭했다. 1980년 5월 31일 국보위 발족, 얼마 지나지 않아 최규하 대통령의 사임, 9월 1일 제11대 전두환 대통령 취임, 10월 27일 제5공화국 헌법 공포, 1981년에는 전두환 대통령의 제12대 대통령 취임 등이 숨가쁘게 이어졌다.

이 와중에 물가정책 부서는 공정거래실의 발족에 따라 종래의 물가정책국으로 환원 개편되고, 주 영국 경제협력관을 하던 진념 씨(후에 경제부총리)가 국장으로 임명되었다.

다음해 물가안정 목표를 세우고 이를 달성하기 위한 정책수단들을 강구하는 것은 물가총괄과장이 하는 일 중 가장 중요한 일이었다.

새로 출범한 제11대 전두환 대통령 정부의 첫 경제수석으로는 국보위 경제분과위원장이던 김재익 씨가 임명되었다. 1981년의 물가안정계획 작업에 여념이 없던 1980년 10월 어느 날, 김재익 수석은 기획원 물가정책국, 경제기획국, 예산실의 간부들을 소집했다. 나중 전두환 대통령 정부의 트레이드마크가 된 '물가안정'을 위한 기본 구상을 논의하기 위한 첫 실무회의였다. 물가정책국에서는 진념 국장과 총괄과장인 내가 참석했다. 이진설 경제기획국장과 관계 주요 국·과장들도 참석했다.

그때까지 물가정책은 거시정책이나 금융, 조세, 주요 투자 정책 등 관련 정책과의 깊은 연계하에 운영되지 않았다. 주로 주요 품목의 가격 통제나 규제의 수단에 의존하면서 극히 제한적으로 수입 개방이나 관세 인하 등의 정책수단을 보조적으로 쓰는 수준에 머물고 있었다. 금융, 세제, 투자 정책들이 모두 경제정책의 기조인 고성장을 뒷받침하도록 설계된 상태에서 물가정책만이 거의 단독으로 안정 방향을 추구하는 형편이었다. 당시 실무책임자들이 이런 정책 방향을 '온돌방에 뜨겁게 장작불을 때면서 방 온도계의 수은주는 오르지 않도록 붙들어 매는 격'이라고 자조하기도 했음은 앞에서 말한 대로다.

그날 회의는 대체로 김재익 수석이 물가안정에 대한 그와 대통령의 철학을 기획원의 관련 실·국장들에게 설명하고 공감을 구하는 동시에, 관련 정책에 대해 강한 방향 제시를 하기 위한 회의였다. 우선 참석 대상부터 종전과는 달랐다. 물가국만이 아니라 기획국, 예산실을 같이 부른 것이다.

김 수석은 우선 "내년부터 물가안정 목표를 한자리 수준으로 하겠다"는 말부터 시작했다. 바로 내가 반론을 제기했다.

"한마디로 불가능합니다. 최소한 두자리 수준의 상승은 불가피합니다."

참석자 대부분도 마찬가지 생각에서 난색을 표했다.

물가에 대한 전망은 거의 모든 주요 품목의 가격 관리를 하고 있는 물가국의 추정 방법이 가장 정확하다고 덧붙였다. 개별 품목별로 가격 상황과 상승 요인을 다 파악하고 있으므로, 이 중 일부 부득이한 부분은 인상을 허용하고 나머지는 통제해 나가는 전통적인 가격 안정 수단을 전제로 한 예측에 따른 것이라는 설명까지 했다. 주로 해외 원자재 가격의 상승에 기인한 소위 '코스트 푸시(cost push)'적 상승 요인이 물가상승을 견인하던 시절이었다.

겉으로 드러내지는 않았지만 김재익 수석에 대한 냉소적 분위기도 있었다. 모두 기획원에서 그와 동료, 심지어 선배로 일하던 사이들이었다. 전임 물가국장인 이진설 기획국장과 진념 물가국장, 물가총괄과장인 나, 모두 물가정책의 실무에 관한 한 베테랑이라는 자부심을 가지고 있던 터였다. 물가정책의 실무를 한 번도 한 적이 없는 김 수석이 이런 이야기를 하니 아마 다들 속으로 백면서생의 이상론쯤으로 치부하고 있었을 것이다.

김 수석은 단호했다. 물가를 한자리로 잡기 위한 모든 정책수단을 다 동원하겠다고 했다. 우선 기획국은 물가안정에 최우선순위를 두고 모든 정책을 여기에 맞추도록 주문했다. 예산실에는 예산의 편성과 집행을 획기적으로 긴축하도록 요구했다. 물가국도 모든 관련 정책과의 관계를 보다 더 중시하고 근원적으로 물가가 안정될 수 있도록 정책 대안을 제시하는 동시에 가격의 직접규제는 불가피한 최소한도에 그치도록 지침을 주었다. 그러면 이러한 정책 방향이 총체적으로 상호작용하여 1~2년 후에는 반드시 한자리 숫자의 물가를 실현해야 하며, 할 수 있다는 것이었다.

김 수석은 "경제는 당신이 대통령이야!"라고 대통령이 직접 이야기할 정도로 전 대통령의 신임을 받았다. 대통령의 가정교사로서 백지 상태의 대통령 머리에 경제정책을 안정 위주로 끌고 가는 그림을 그려 넣어 준 사람이 바로 그였다. 이런 김 수석의 안정

위주 경제정책 방향에 드러내 놓고 이의를 걸 수 있는 사람은 아무도 없었다. 참석자 모두가 반신반의하면서도, 물가정책의 기조가 앞으로 크게 달라지는 데 대해 깊은 충격을 받은 표정으로 수석실을 나왔다. 나 개인으로도 엄청난 충격을 받았다. 원가조사과장으로서, 하룻밤 새 국민경제의 대부분을 차지하는 주요 품목의 원가를 중심으로 가격을 설정하는 과정에서 느꼈던 깊은 회의와 문제 인식 이후 물가정책이 가야 할 방향에 대해 큰 암시 내지 지침을 받는 압도적 경험이었다.

정책 전환의 효과는 1년여의 시차를 두고 나타났다. 1979년 18.7퍼센트, 정국이 소용돌이쳤던 '80년 39.0퍼센트, '81년 20.4퍼센트의 높은 상승률을 보이던 물가(생산자물가)는 '82년 4.7퍼센트, '83년 0.2퍼센트로 떨어졌다. 믿을 수 없을 정도로 급격한 안정세였다. 물론 해외 원자재 가격의 안정 등 외부 요인도 있었지만, 안정 위주의 경제정책 방향이 초래한 결과임이 분명했다. 이런 식의 물가안정이 가능하리라고는, 전통적 가격규제 위주의 물가정책에 익숙한 당시의 실무자들이나 부총리 등 고위 정책당국자 누구도 아마 생각조차 하지 못했을 것이다.

뒤안길 **자유·시장주의자 김재익**

물가안정에 대한 김재익 수석의 접근을 접한 것은 시장주의자로

가는 과정에서 나의 사고를 형성해 나가는 데 빼놓을 수 없는 경험이었다.

사실 나는 김재익 수석이 외부에서 와서 경제기획국장으로 있는 기간에는 시카고 경제협력관으로 나가 있었기에, 기획원에서 직접 일을 같이 하면서 그의 경제적 사고의 핵심적 내용에 접할 기회가 없었다.

'경제적으로 철저한 시장경제주의자이고, 정치적으로도 당연히 자유주의 사상에 깊이 젖어 있을 김재익 씨가 왜 사실상 군사정권인 전두환 대통령 정부를 위해 일하는가?'

나는 속으로 의문을 품고 있었다. 나와 같은 의문을 품은 사람들이 아마 많이 있었을 것이다. 그는 우리와 같은 관료 출신이 아니기 때문이다. 그러던 차에 앞의 청와대 회의는 시장주의자로서의 그의 진면목을 접하는 한 사건이었다.

나의 대학 동기이고 하와이대학교에서 김재익 씨와 같이 공부해 아주 친밀했던 미국 노스웨스턴대학교의 정치학자 박동환 교수는 이러한 의문에 다음과 같은 요지로 설명했다.

"김재익은 전두환 장군과 그의 정부가 빠질 수밖에 없는 사회주의적, 비시장적 정책의 유혹을 초기에 단절시키고 백지 상태인 그의 머리에 자유, 안정, 시장의 그림을 그려 넣는 것을 이코노미스트로서 자신의 사명으로 생각했다."

어느 나라나 군인이 집권하면 예외 없이 경제에 대해 강력한 힘을 갖는 정부를 택한다. 당연히 정부가 경제를 강력 개입, 통제해야 한다고 생각한다. 알건 모르건 바로 사회주의 경제로 가는 길로 들어서는 것이다. 전두환 대통령의 경제정책은 이런 일반론의 팔목할 예외였다. 그 이면에 김재익 박사 등 자유시장주의적 사고를 가진 경제전문가들이 있었다.

뒤안길 　 전두환 "소주값 왜 올렸소?"

제11대 전두환 대통령 취임 직후인 1980년 9월의 어느 날이다. 새벽에 갑자기 청와대로부터 부총리와 상공부 장관, 국세청장에게 들어오라는 연락이 왔다. 그런데 구체적으로 무엇 때문인지는 전혀 알려 온 바가 없었다. 매우 이례적인 대통령으로부터의 호출이었다. 수소문해 보니 물가 때문인 것까지는 탐지가 되었으나 그 이상은 알 길이 없었다.

당시 신병현 부총리는 실무에 밝은 분이 아니기 때문에 진념 물가정책국장을 대동하기로 했다. 그런데 진념 국장도 영국에서 갓 돌아온 터라 업무 파악이 안 되어 있었다. 집권 초기 서슬 시퍼렇던 전 대통령이 어떤 질문을 할지, 그에게 무슨 보고를 해야 될지 모르는 상황이라 부총리나 국장 입장에서는 불안하지 않을 수 없었다.

진 국장은 할수없이 물가총괄과장인 나를 대동하기로 했다. 당시 대통령에 대한 보고의 배석은 최소한 국장 이상으로 하는 것이 관행이었다. 부처의 과장이 대통령 집무실에 들어가는 것은 상상할 수 없었다. 아마 지금도 마찬가지일 것이다. 나는 대통령의 관심사항과 예상 질문을 생각해서 관련되는 서류나 자료들을 보자기에 싸서 들고 신 부총리를 따라 진 국장과 같이 청와대에 들어갔다. 서석준 상공부 장관은 워낙 실무에 밝은 분이라 실무자 대동 없이 혼자 왔다. 김수학 국세청장은 국장 한 사람을 대동했다. 청와대 본관 입구에서 경호관에게 과장의 배석이 불가피한 사유를 설명하고 양해를 구했다.

"소주값 왜 올렸소?"

집무실에서 부총리 등의 인사를 받고 앉기도 전에 전 대통령이 던진 첫 질문이다. 이어서 일부 서민 생활 필수 공산품의 가격 인상 사례를 열거하면서 질문 겸 질책을 시작했다. 사태는 분명해졌다. 그 전날 밤 전 대통령은 취임 후 처음으로 야간 민정 시찰을 나갔다. 필수품의 가격 동태를 점검하다가 소주 등 일부 품목의 가격이 인상된 사실을 알고 관계 장관들을 새벽이 밝자마자 호출한 것이었다.

가격 조정의 배경과 앞으로의 가격안정정책에 대한 보고를 짧게 들은 전 대통령은 물가안정 등에 대한 대통령의 생각과 앞으로 관계 부처가 유의해야 할 사항에 대해 일장 훈시를 시작했다. 보고보다 몇 배 긴 시간이었다. 대통령이 이렇게 가격 하나하나까지 챙기니 부총리 등 각료는 물론 우리 실무자들도 긴장하지 않을 수 없었다. 앞으로 물가정책을 어떻게 해 나가야 할지 걱정도 되었다. 구조적으로 물가가 오를 수밖에 없는 것이 당시의 상황인데 이를 억지로 붙잡으려면 많은 무리수가 나오지 않을까도 걱정했다.

어찌 됐건 나로서는 일개 과장이 대통령 집무실에서 대통령과 한 소파에 앉아서 보고를 하고 지시를 듣고 기록을 하는 극히 예외적인 경험을 한 셈이다. 그렇게 경호관들의 양해를 구하고 들어갔는데도 나중에 경호실에서 다시 연락이 왔다. 과장이 어떻게 대통령 집무실에 들어갔는지 새삼 경위를 조사받은 것이다.

전두환 대통령에 대한 첫 인상은 우선, 듣기보다 말하기를 더 좋아한다는 것이었다. 이는 대통령으로서는 치명적인 결점이 될 수 있다는 생각을 했다. 이런 우려는 물가국장 시절 전 대통령에게 잦은 보고를 하면서 점차 사라져 갔다. 임기가 지날수록 말수를 많이 줄이는 대신 보고를 경청하면서 꼭 필요한 지시만 하는 스타일로 바뀌어 가는 것을 보게 된 것이다.

(2) 특사외교의 일원으로

물가총괄과장 시절, 과의 고유의 일은 아니지만 개인으로서는 잊을 수 없는 소중한 경험을 하는 계기가 있었다. 대통령 특사반원의 일원으로서 특사의 아시아, 아프리카 순방외교에 참여한 것이다.

1980년 9월 취임한 전두환 대통령 정부에 대해 세계의 시선은 매우 비우호적이었다. 정상적이지 않은 집권 과정의 당연한 후유증이었다. 청와대는 주요 각국과 우호 관계를 빨리 회복해야 할 필요를 절감했다. 그래서 세계 각국을 5개 지역으로 나누어 5명의 대통령 특사를 임명하고 1980년 11월 중순부터 거의 한 달에 걸쳐 5개반 특사의 순방외교 활동을 펼쳤다.

나는 최광수 무임소 장관이 특사인 아시아·아프리카 사절단의 일원이 되었다. 사절단은 최광수 특사와 외무부의 김태지 아주국장, 박명준 서남아과장, 이동선 중동과장, 그리고 손수천 중앙정보부 서기관과 나로 구성되었다.

어차피 일은 주로 외무부 실무진들의 몫이었다. 다른 부처 사람들은 특별한 경우를 제외하고는 구색 갖추기였다. 별 부담 없는 출장이었다. 기획원은 경제 총괄 부서이므로 한 사람 정도 같이 가는 것이 모양도 좋고, 경제적 문제가 제기될 때는 자문도 받고 필요할 때 예산 지원 등의 도움도 받을 수 있다고 외무부 사람들은 판단했을 것이다.

이런 경우 종전에는 대부분 경제기획국이나 예산실에서 차출되는 것이 상례였다. 그러나 최창락 차관은 "가는 데만 늘 갈 게

1980년 11월 21일 인도 외무장관이 특사 일행의 예방을 받고 있다. 왼쪽부터 최광수 특사, 김태지 아주국장, 필자, 주 인도 공사.

아니라 잘 안 가는 데도 해외 바람을 좀 쏘여야 한다"면서 엉뚱하게 물가총괄과장을 지명했다. 그간 물가정책국이 무척 고생했다는 생각을 하고 보상 차원에서 지명한 것이 아닌가 싶다.

사실 이 여행으로 날마다 되풀이되던 물가와의 싸움에서 한 발짝 벗어나 그간 쌓였던 피로를 풀고 재충전하는 계기가 됐다. 뿐만 아니라 대통령의 특사외교라는 최고 수준의 외교 활동을, 직접 그 일원이 되어 관찰하고 참여하는 좀처럼 얻기 어려운 귀중한 경험을 할 수 있었다. 더욱이 최광수 특사는 자타가 공인하는 당시 한국 최고의 외교관. 나는 많은 것을 배울 수 있으리라고 크게 기대했다. 특히 이 특사반의 순방 대상에는 주요 국가 중 그때까지 한국과 미수교국이던 파키스탄, 이집트, 리비아가 포함되어 있었고 이 나라들과의 수교의 길을 트는 중요한 임무가 특사에 부여돼 있었다.

특사반의 활동은 싱가포르를 경유해 첫 방문국 스리랑카를 시

1980년 11월 29일 수단 칼툼에서 뉴메리 대통령이 특사 일행을 접견하고 있다. 왼쪽부터 최광수 특사, 필자, 김태지 국장, 주 수단 대사.

작으로 인도, 파키스탄, 이집트, 수단, 리비아까지 6개국에서 20여 일에 걸쳐 이루어졌다. 싱가포르 외에 태국도 경유지였다. 아프리카 3개국을 방문할 때는 동~서편이 거의 없는 아프리카의 항공편 연결 특성상 매번 유럽의 아테네, 로마, 파리를 거쳐야만 했다. 파리는 사무관 때 출장을 간 적 있지만, 이곳들 모두 소년 시절 푹 빠졌던 영화에서나 보던 꿈의 관광지가 아니던가! 나에게는 뜻밖의 보너스였다.

사절단의 활동은 대성공이었다. 특사 방문 후 카다피가 통치하던 리비아와 그해 말 바로 수교가 이루어졌다. 파키스탄 1983년, 이집트 1995년 등 미수교국 3개국과의 수교 역시 특사단 방문의 먼 성과다.

최광수 특사의 활동은 매우 인상적이었다. 그의 영어는 유창했고, 말 한 마디 한 마디에 깊이가 있었으며 논리적이고 설득력이 대단했다. 비판적인 시각으로 신생 군사정권을 바라보던 방문국의 원수와 고위 외교관들을 설득하기에 충분했다. 그는 한국 정국을 상세히 설명하면서 한국과의 수교가 가져올 경제적 실익을 설득력 있게 설명했다. 상대들이 충분히 납득하는 것을 바로 느낄 수 있었다.

최광수 특사의 설득력은 순방국의 우리 교민과 주재 상사원들을 상대로 할 때도 충분히 발휘되었다. 연설뿐 아니라 여러 활동들을 지켜보면서 상당한 감동을 받았다. 조금 건방진 생각인지 모르지만 비경제 분야의 관료 중에도 이렇게 탁월한 사람이 있나 하고 감탄할 정도였다. 막 간부로서의 길을 시작한 나는 특사단 활동을 하면서 더 많은 실력을 쌓아야겠다는 각오를 다졌다. 그러한 자극과 동기 부여를 해 준 사람 중 하나가 최광수 장관이었다.

03

국장 시절

(1982. 10 ~ 1989. 4)

1. KDI 파견

(1) 국장 승진과 첫 공식 KDI 파견관

물가총괄과장으로 2년여 근무하고 1982년 10월 나는 국장(부이사관, 3급)으로 승진했다. 사무관 임관 16년 만에 '공무원의 꽃'이라고 하는 국장으로 승진한 것이다. 지금은 부이사관이 되어도 몇 년간 더 과장을 하다 '고위공무원단'의 일원이 되어야 비로소 국장 보직을 받게 된다.

그때는 부이사관이 되면 바로 국장 보직을 받았고, 국장 자리는 대부분 부이사관과 이사관(당시 2급)의 복수직급직이었다. 내가 승진할 당시 국장은 만 40세가 넘어야 시킨다는 인사 불문율이 있었다. 승진 인사가 논의될 때 나는 만 40에서 몇 달이 모자라서 적잖이 걱정했으나, 다행히 별 문제가 되지 않았는지 국장이 되었다.

보직은 한국개발연구원(KDI) 파견관이라는 생소한 자리였다. 그때까지 경제기획원을 비롯한 주요 경제부처들은 인사나 구조 조정 과정에서 남는 인력이 있을 때 주로 국·과장급 간부들을 단 기간 KDI 등 국책연구원에 임시로 파견하는 경우가 있었다. 정식 발령장 없이 본부 근무로 하면서 근무처만 연구원으로 하는 경 우였다. 내가 가기 직전에도 조직 개편 과정에서 기획원 김영태 국장, 상공부 한덕수 과장이 몇 달간 있다 간 적이 있었다. 그러 나 내 경우는 이와 달랐다. 정부 공무원의 연구소 파견을 공식으 로 제도화하는 첫 케이스가 나였다. '부이사관에 임함. 한국개발 연구원 파견을 명함'이라 적은 대통령의 발령장을 받고 정식으로 KDI 근무를 하게 된 것이다.

모처럼 국장 승진인데 연구소 파견이라니 하고 싫어할 사람도 있겠지만, 나는 내심 무척 기뻤다. 기꺼이 이 발령을 받아들였다. 그간 주요 과장직을 3년간 하면서 몹시 피곤하던 차에 시간 여 유를 갖게 된 것이 우선 좋았다. 경제기획원과 불가분의 관계인 KDI의 연구 과정에 참여할 수 있는 것도 보람 있는 일이었다. 수 준 높은 연구소 펠로(fellow)들과 사귈 기회를 갖는 것은 덤이었다.

KDI에서는 정식 파견 국장에 대한 예우로 사무실, 차량, 보조 인력, 비서, 운전기사 모두를 선임연구위원(Senior Fellow)에 준하여 마련해 주었다. 난생 처음 큰 독방 사무실에다 전속 비서와 운전 기사까지 두게 되니 '국장 됨'을 실감할 수 있었다. 다른 것은 본 부에서도 큰 차이가 없었지만, 이미 공무원의 자가운전 제도가 시행된 때라서 본부에서는 불가능한 전용 차량과 전속 운전기사를 갖는 호사를 누리게 된 것이다.

부임 초에 KDI 측과 눈에 보이지 않는 약간의 갈등이 있었다. 파견 제도를 만들면서 파견관의 임무와 역할에 대한 아무런 규정도 만들지 않았기 때문이었다. 연구소 측은 파견 국장이 일종의 주무부처 감독관 같은 역할을 하려는 것이 아닌가 하는 의구심을 가지고 나를 보는 듯했다. 나도 처신에 약간의 부담을 느꼈다. 하기야 기획원 일각에서는 워낙 콧대가 높던 KDI에 대해 파견 국장이 그런 역할도 해야 된다고 생각하는 사람들도 있기는 했다.

KDI는 다른 국책연구소와 달리 주무부처인 경제기획원에 전연 예속되려 하지 않았다. 특히 당시 제2대 원장 김기환 박사는 전두환 대통령의 절대적인 신임을 얻고 있어 부총리에 못지않은 실력자로서 인식되던 때였다. 연구소 실무 선에서는 감독관 가능성이 조금이라도 현실화되지 않도록 은근히 신경 쓰는 빛이 보였다.

나는 아무리 국책연구소라도 그 구체적 운영에 정부가 간여하는 것은 바람직하지 않다는 생각을 확고하게 가지고 있었기에 당연히 그런 역할을 할 생각이 전혀 없었다. 본부로부터 분명한 지침도 없었기에 연구소 생활 본연의 자세를 견지하려고 노력했다. 그랬기에 다소라도 있을 수 있는 갈등 요소는 초기에 잘 차단이 되었다. 이렇게 해서 나의 경력 중 유난히 많은 연구소와의 인연이 시작되었다.

(2) 2000년 연구 프로젝트

KDI 측이 어떻게 생각하건 나는 그곳에 있는 동안에는 한 사람의 선임연구위원으로서 활동하고 싶었다. 가능한 한 독자적인 연구를 하거나, 또는 다른 연구위원들과 공동연구에 참여하겠다는 생각을 가지고 있었다.

이런 나의 생각을 살려 나갈 수 있는 기회가 곧 왔다. 정부나 KDI가 크게 의미를 부여하는 두 개의 연구 프로젝트에 깊이 관여하고 참여하게 된 것이다.

그 첫째는 '2000년 연구'였다. 이미 1980년을 전후하여 세계 각국은 20년 안에 다가올 21세기를 앞두고 다양한 형태의 2000년 연구 프로젝트를 추진하고 있었다. 내가 KDI에 갔을 때 일본은 이미 이 작업을 끝내고 그 결과물을 세계에 내놓고 있었다. 『2000년의 일본』이 바로 그것이다. '국제화, 고령화, 성숙화에 대비하여'란 부제를 붙인 이 연구보고서는 일본경제심의회 장기전망위원회가 낸 것이었다. 국가와 경제, 사회가 머지않아 맞이할 21세기의 큰 흐름을 부제와 같은 세 가지로 압축하고, 여기에 대응해야 할 국가사회의 기본적 대응 전략을 큰 틀에서 정리한 것이다. 당시까지의 일본의 발전 배경을 바탕으로 한 미래 전망과 대응 전략을 설득력 있게 정리한 의미 있는 보고서였다.

우리나라도 이에 자극을 받아 경제기획원은 KDI를 총괄연구기관으로 하고 주요 국책연구소 대부분이 참여하는 연구 프로젝트를 추진하기로 결정했다. 그러나 이름과는 달리 경제문제 전문

연구소로서의 한계를 벗어나지 못하고 있던 KDI로서는 선뜻 엄두가 나지 않는 큰 과제였다. 내가 연구원에 부임할 당시까지 연구의 기본 방향이나 범위, 틀조차 마련하지 못한 채 시간만 보내고 있었다. 기획원이 조바심을 내지 않을 수 없던 상황이었다.

그래서 하동선 차관보와 김대영 경제기획국장은 나에게 이 작업의 진척 상황을 점검하고 작업을 독려해 줄 것은 물론이고, 필요하면 적절한 수준에서 참여할 것도 요청했다. 당시 KDI는 임시로 남상우 박사를 연구책임자로 하고 서상목 연구조정실장(후에 보건복지부 장관), 이규억 박사(후에 산업연구원KIET 원장, 아주대 교수) 등이 부분 관여토록 했으나 프로젝트는 제자리를 맴돌고 있었다.

나는 당시에도 KDI가 한국경제연구원이 아니고 한국'개발'연구원(Korea *Development* Institute)'이라는 이름에 걸맞은 역할을 하기 위해서는 경제나 경제정책 분야 이외에 국가사회의 주요 이슈를 다룰 수 있는 쪽으로 방향을 바꾸고 연구진의 구성이나 연구활동도 그런 쪽으로 다양화돼야 한다고 생각하고 있었다. 때문에 이 프로젝트는 KDI에게 사고의 깊이나 연구 외연의 확대를 위해 더할 수 없이 좋은 기회일 뿐 아니라 나 자신도 폭넓게 국가사회의 문제를 보는 기회가 된다고 판단했다. 이 연구의 진척을 위해 자연 열심히 노력하지 않을 수 없었다.

우선 나 스스로 앞으로 전개될 국가사회의 여러 문제를 포괄하는 연구의 기본 틀을 만들었다. 이를 남상우 박사 등 KDI 연구진에게 제시하고 이것에 따라 연구를 본격 추진하기로 의견을 모았다. 경제 분야는 KDI가 항상 하는 일이니 특별히 문제 될 것이 없

1984년 3월 KDI에서 개최된 경제기획원 간부들과 KDI 연구위원들 간의 세미나. 왼쪽부터 김대영 기획국장, 강봉균 예산심의관, 필자, 박동진 공보관, 구본영 부총리 자문관.

었다. KDI는 이 프로젝트에 참여하는 다른 11개 국책연구소 중 비경제 분야라고 할 외교안보연구원과 정신문화연구원을 제외한 나머지 9개 연구소와 작업을 분담해 착수했다. 외교안보, 정치, 행정, 법률 등 비경제 분야는 내가 맡아 관련 연구소와 적절한 연구진을 추가 섭외하여 발전시키기로 했다.

나는 외교안보연구원의 이상옥 원장(후에 외무부 장관)을 예방하여 연구원의 유석렬 교수를 연구책임자로 지정받았다. 그와 이 분야의 작업을 상의해 나가기로 하는 등 작업 추진에 발동을 걸었다.

그러나 가장 중요한 정치, 행정, 법률 분야는 적절한 연구소가 없었다. 하는 수 없이 이 분야의 대가를 섭외하여 개별적으로 기초연구를 의뢰하기로 했다. 정치 분야는 한국외국어대학교의 황병태 교수(전 경제기획원 협력차관보, 후에 외대 총장, 국회의원), 행정 분야는 서울대 행정대학원 박동서 교수, 법률 분야는 서울대 법대 김철수 교수에게 개별 자문을 요청했다. 박동서, 김철수 두 분 교수는 충실한 내용을 갖춘 연구 결과를 간략한 보고서의 형식으로 제시해 주어 연구의 진척에 큰 도움이 되었다. 사적으로 나의 대학 은사이기도 하고 그 분야의 자타가 공인하는 한국 최고의 대가인 두 분을 비롯한 여러 학자들의 적극적인 협조에 나는 무척 고무되었다.

내게 이 작업은 파견이 끝난 1984년 5월까지 1년 7개월 동안의 KDI 생활중 가장 의미 있는 연구활동이었다. 내가 연구원을 떠난 뒤 연구책임자는 주학중 박사로 바뀌었고 이듬해인 1985년 9월에 『2000년을 향한 국가장기발전 구상(총괄보고서)』이라는 제목으로 첫 보고서가 세상에 나왔다. 연구에 참여한 각 연구소들도 분야별 보고서를 내놓았다. 그러나 내가 처음 제시하고 연구의 기초로 삼았던 연구 방향이나 내용, 연구 프레임워크와 상당히 거리가 있어서, 연구 추진에 열성을 다한 나로서는 상당히 실망스런 결과였다.

총괄보고서는 그동안 KDI가 내놓은 수많은 장기경제계획의 수준이나 범위를 다소 넘는 것이기는 했지만, 다른 나라들이 2000년 프로젝트에서 장기적이고 미래지향적인 국가 어젠다를 체계적이고 구조적으로 제시하는 것에 비해서는 상당히 미흡했다. 내가 초기에 제시한 수준의 프레임워크에도 못 미치는 수준이었다. 2000년 프로젝트로서는 이미 때를 놓친 탓인지, 서둘러 연구를 종합 마감한 감도 있었다. 그래서인지 세상 사람들의 관심을 많이 끌지 못했다. 아쉬운 마무리였다.

다만, 연구보고서 내용 중 언론의 특별한 관심을 유발하여 한동안 주목을 받은 것은 전두환 대통령의 7년 단임 공약에 관한 것이었다. 전 대통령이 7년 단임 공약을 한 바 있지만, 이를 지킬 것이라고 믿는 사람들은 많지 않았다. 워낙 정치적으로 민감한 사안이라 언론을 포함한 그 누구도 그 이행 여부와 관련된 내용을 입에 담는 것을 꺼리던 때였다. 그런데 이 보고서는 제4장 제1절 '정치 및 행정 발전 분야'에서 '평화적 정권교체 전통의 확립'이란 제목으로 이 문제를 정면으로 거론했다. 언론이 주목하지 않을 수 없는 주제였다. 어떻게 보면 그 많은 내용 중 언론이 주목한 유일한 부분이었다 해도 과언이 아닐 것이다. 사회의 이목이 집중됐다. 이 보고서 때문만은 아니었겠지만, 전두환 대통령은 많은 사람들의 회의적 전망과는 달리 자신의 공약을 지켰다. 한국의 정치 발전에 결과적으로 큰 긍정적 족적을 남긴 것으로 평가받는 부분이다.

(3) 부동산 대책 작업 지휘

KDI에 있으면서 두 번째로 깊이 관여한 분야는 부동산 대책 수립이었다.

정부의 부동산 대책 수립은 끊임없이 이어졌지만, 그때마다 부동산 가격 상승에 대응하는 것은 경제기획원의 큰 과제였다. 이를 위한 실무작업의 중심은 경제기획국이었다. 김대영 기획국장은 이 작업의 실무 추진을 뜻밖에 파견 나가 있는 나에게 부탁했다. 너무 많은 업무 부담을 덜려는 생각도 있었지만, KDI에 나가서 작업하는 것이 보안에 유리하다는 점을 감안한 판단이었다.

나는 기획국의 실무책임자인 권문용 과장(후에 서울시 강남구청장)을 비롯한 관계 부처의 다수 실무 과장, 사무관 들과 연구진을 지휘하여 이 작업을 추진했다. 작업의 내용과 그 이후의 추진 과정에 대해서는 자료와 기억의 한계로 추가적 서술이 어려움을 아쉽게 생각한다.

(4) 연구위원들과의 인연과 추억

그 밖에 KDI에서의 다양한 생활은 매우 만족스러웠다. 당시 매우 우수한 인재들이 KDI에 넘치던 때라 좋은 연구자들과 개인적 교분을 넓히는 계기가 되었다.

이후에도 계속 교류가 이어진 사공일(후에 경제수석, 재무부 장관, 무역협회 회장. 이하, 다 후일의 직명임), 김수곤(경희대 교수), 주학중, 김중웅(현대경제연구원장, 현대증권 회장), 황인정(KDI 원장), 이규억(KIET 원장, 아주대 교수), 양수길(OECD 대사), 서상목, 김종기(명지대 교수), 유정호(KDI 부원장), 김중수(경제수석, OECD 대사, 한국은행 총재), 남상우(KDI 부원장 및 국제정책대학원 원장), 박세일(서울대 교수, 사회복지수석, 국회의원), 이덕훈(우리은행장, 수출입은행장), 연하청(KDI 부원장, 명지대 교수), 박훤구(노동경제연구원 원장), 송대희(한국조세연구원 원장), 박준경(KDI 부원장), 곽태원(서강대 교수) 박사 등은 그때 KDI에서 연구활동을 하던 대표적인 연구위원들로서 한 시절 한국의 연구계와 학계, 정부를 이끈 준재들이다. 내가 기획원 국장, 차관보에 이어 공정거래위원장, 경제수석에 이르기까지 경제정책을 입안하는 과정에서 이들로부터 조언을 받는 경우가 많았다.

인적 교류 외에도 연구소 생활의 소득은 적지 않았다. KDI가 수시로 개최하는 각종 세미나 등에 시간만 있으면 참여하면서 각 분야에 대한 나의 생각을 정리, 발전시킬 수 있었다. 정부에서의 바쁘고 고달픈 생활에 비해서 시간 여유도 있어 주말이면 거의 빼놓지 않고 골프를 칠 수 있는 것도 혜택이었다. KDI는 의정부 로얄CC에 여러 개의 회원권을 가지고 있었다. 시간적으로나 경제적으로 큰 부담을 안 느끼고 골프를 즐길 수 있는 여건이라 친구인 김중웅 박사 등과 자주 어울렸다.

이렇게 KDI 생활을 어떤 의미에서 즐기다 보니 본부로 빨리 돌아가야 한다는 조바심이 들지 않았다. 무려 1년 7개월의 시간이 흘렀다. 그동안 기획원에서는 나 다음으로 강봉균(후에 정보통신부·재정경제부 장관, 국회의원), 김태연(후에 경제기획원 차관보, 노동부 차관, 한국관광공사 사장), 전윤철(후에 경제부총리, 감사원장), 오세민(후에 공정거래위원장) 등이 국장으로 승진해 본부의 주요 국장을 맡아 활발한 활동을 하고 있었다. 그런데도 나는 계속 KDI에 머물다 보니 일부에서는 내가 본부에 돌아오기를 포기하고 KDI에 '말뚝'을 박은 것이 아닌가 하고 생각할 정도였다. 나는 자연스러운 본부 복귀 명령이 나기 전 스스로 빨리 복귀하려는 노력은 하지 않기로 마음먹고, 연구원 생활을 최대한 유용하게 보내면서 한편으로 즐기기도 하겠다는 생각을 가지고 지냈다.

국장 승진 직후부터 만 1년 7개월의 오랜 KDI 생활을 끝내고 광화문 청사에 복귀했다. 내 뒤로도 기획원을 비롯해 정부 다른 부처의 많은 간부들이 KDI 파견을 갔지만 나의 기록을 깬 사람은 없는 것으로 알고 있다.

2. 해외협력위원회 기획단 투자협력관

(1) 국제화에 눈을 뜨다

아웅산 사태의 후유증이 가라앉을 무렵 1984년 5월 나는 해외협력위원회 기획단의 투자협력관으로 발령이 났다.

해외협력위원회(약칭 해협위)는 1982년에 만들어졌다. 당시 대외 경제관계가 폭증함에 따라 대외경제정책을 관계 부처 간에 일관성 있고 강력하게 추진하기 위하여 부처 간 협의 및 조정 기구로 만들어진 것이다. 부총리를 위원장으로 하고 외무장관과 대부분의 경제장관이 위원으로 참여하는 합의제 행정관청이었다.

이 기구의 창설 여부, 그리고 창설할 경우 어느 부처가 실질적인 주관 부서가 될 것인가를 놓고 경제기획원과 외무부 간에 치열한 샅바싸움이 있었다. 결국 기획원이 판정승을 거두어 부총리가 위원장을 맡게 되었다. 자연히 실무를 맡을 기획단도 기획원 중심으로 구성하고 사무실도 광화문 기획원 청사 내에 두게 되었다.

해협위는 법적으로 독립된 합의제 행정관청이지만, 부총리가 위원장이 되고 모든 행정 업무를 기획원이 수행함으로써 사실상 기획원의 한 조직처럼 운영되었다. 실질적으로 해협위를 운영하는 차관급의 기획단장에는 초대 하동선, 2대 강신조 씨를 거쳐, 상공부 차관을 맡고 있던 전 KDI 원장 김기환 박사가 내가 가기 직전인 4월에 3대 단장으로 취임해 있었다. 김기환 단장은 한국 경제의 국제화와 국제협력, 시장 개방의 중요성을 강조하는 최고의 국제경제 전문가였다. 내가 KDI에 갔을 당시 원장이어서 구면이었다. 국제협력의 중요성과 대외 개방에 따르는 많은 문제의 효율적 처리를 위해서는 해협위의 기능과 역할 강화가 필수적이었다. 그러기 위해서는 대통령의 절대적 신임을 받고 있으며 상당한 비중을 갖고 있는 거물급 인사를 단장에 보임해야 한다는 인사 방침에 따라 김 박사가 현직 상공차관에서 해협위 기획단장으로 전보된 것이다. 나의 전임자 손명현 국장은 주미 경제공사로 나가게 되었다.

해협위는 신생 조직이고 기능상 조직의 능력으로는 힘에 부치는 일들이 많아 업무 추진에 어려움을 겪는 경우가 많았다. 그래도 참 작고 신생 조직이라는 불리한 여건을 극복하면서 한국경제의 국제화를 위해 밤새우면서 일했다.

국제화와 시장 개방에 대한 김기환 단장의 신념은 확고했다. 국제협력의 중요성에 대한 인식도 분명했다. 그 영향으로, 이 분야를 사실상 처음 해 보는 나도 참으로 많은 것을 배우면서 보람 있게 일했다. 특히 그때는 나중에 '우루과이 라운드'로 명명될 GATT(관세 및 무역에 관한 일반협정)의 새로운 다자협상이 '뉴라운드'라는 임시 명칭으로 태동하고 있던 때다. 이에 대비해 해협위 내 각 국의 통상 파트는 무척 가열된 분위기에서 현실과 국익 간의 간격을 메우기 위해 노력하고 있었다.

당시 해협위 기획단은 '기능'과 '지역'의 이중 담당 원칙으로 조직 구성이 되어 있었다. 내가 담당한 투자협력관실은 제일 나중 만들어진 국 단위 조직으로서 지역은 미주와 유럽, 기능은 통상과 투자 유치였다. 일을 하려면 너무 할 일이 많았다. 특히 전통적으로 막강한 외무부와 상공부의 통상 조직을 리드하고 문제가 있을 때 조정을 해야 하는 입장이라, 일하는 과정에서 두 부처와 충돌이 생기는 경우가 많았다.

당시 외무부의 국장들은 나보다 상당한 선배들이 맡고 있었다. 대사를 이미 지냈거나 스스로 대사급이라고 생각하여 다른 부처 국장과는 다르다고 생각하는 사람들도 많았다. 1급 국장도 흔히 있었다. 상공부 통상국장은 물가정책과 시절 같이 근무했던 박운서 국장(후에 산업부 차관, 한국중공업 사장)이었다. 나보다 행정고시는 늦지만 다른 데서 국장은 먼저 되었고, 무엇보다도 일 욕심이 많아 일하는 데 좀처럼 타협이 어려운 상대였다. 이런 상황에서 통상 등 대외협력 업무의 경험이 그들보다도 일천한 내가 신생 조직을 맡아 조정 기능을 수행하려니 어려움이 많았다. 그렇다고 나 역시 일하는 데 내가 가진 기능과 역할을 양보할 사람이 아니어서 가끔 충돌도 해 가면서 일을 해 나갔다. 다만, 회상컨대 당시 우리 관료들은 부처 이기주의도 있었지만 기본적으로 애국심으로 무장이 돼 있었다. 내가 이 나라 경제발전의 주역이라는 자부심이 대단했기에 대승적으로 일을 처리해 나갈 수 있었다.

투자협력관으로 근무한 기간은 불과 9개월이었지만, 무척 보람있는 기간이었다. 무엇보다 김기환 단장으로부터 일에 대한 무서울 정도의 강한 집념과 글로벌 마인드로 한국경제를 보는 인식 방법에 공감하고 배우면서, 스스로 국제경제 문제에 눈을 뜰 수 있었다. 글로벌 마인드로 무장하게 되는 결정적 계기였다. 그 이후 나의 공직 생활중 대외경제조정실장이나 마지막 무역협회 회장으로서 갖추어야 할 국제적 소양이 그때 대부분 갖춰졌다고 생각한다.

(2) '서울클럽' 문제 해결

투자협력관으로 부임하여 전임 손명현 국장으로부터 인계를 받아 부닥친 첫 현안이 '서울클럽(Seoul Club)' 건이었다. 일개 클럽이 무슨 정부 현안인가, 다소 생뚱맞게 들릴 수도 있는 이 일은 그러나 국제 경제협력과 관련해 상당한 의미를 가지고 있었다. 한국의 국제화 정도를 가늠할 수 있는 중요한 일이기도 했다.

정부는 적극적인 외국인 투자 유치 정책의 하나로 서울 거주 외국인들이 자국에서와 같이 편하게 활용할 수 있는 시설을 제공하려는 계획을 갖고 있었다. 어찌 보면 건물 하나 사고 개조하고 부대시설을 확충하는 아주 단순한 일로 보였다. 그러나 첩첩산중과 같은 난관이 기다리는 일이었다. 여러 부처의 이해 부족과 편견에다, 기계적 일 처리 관행이 난마처럼 얽혀 있었다. 거기에다 사회의 부정적 여론 등도 일을 꼬이게 만들고 있었다.

결론부터 말해, 나는 이 문제를 완전하게 해결했다. 정부 정책을 구체적이고도 실질적으로 실현했다. 동시에, 서울클럽이 오늘의 중구 장충동 위치에 완전히 자리 잡게 하는 데 결정적으로 기여했다. 그 과정을 상세하게 밝히는 것은 두 가지 이유에서다. 이 일을 통해 일선 공무원들의 무심하고도 경직된 태도가 국민들의 민원은 물론 국가적 과제까지도 힘들고 어렵게 만들고 있음을 실감했기 때문이다. 반면, 그러한 '관료의 벽'을 깨고 일을 올바르게 만드는 것도 결국 공무원의 의무요 책임임을 절감했기 때문이다. 공무원과 싸워 이기고, 공무원을 설득해야 하는 것도 공무원의 할 일이었다.

서울클럽은 구한 말 1904년 고종황제에 의해 만들어진 최초의 국제사교클럽이었으니, 내가 투자협력관으로서 이 문제를 다루던 1984년 당시 이미 80년의 역사를 가지고 있었다. 약 52개국의 주한 외국인과 내국인 들의 국제 사교클럽이자 한국 유일의 순수한 프라이빗 클럽이었다. 그러나 법적으로는 외국법인이었다.

오랜 역사에 걸맞지 않게 이 클럽은 자체 소유의 토지와 건물이 없었다. 서울 이곳저곳을 전전하며 건물을 임차해 사용해 오다가, 남산 옆 장충동의 현 위치에 자리를 잡기로 하고 그 이전 소유주와 토지와 건물의 매매계약을 체결하기에 이르렀다. 동시에 클럽 활동의 활성화를 전제로 시설과 회원 수를 크게 늘리는 마스터플랜을 세우고 추진중에 있었다.

그러나 정부의 각종 인·허가를 받는 과정에서 이런 계획이 기초부터 흔들리는 난관에 봉착하게 되었다. 서울클럽은 외국법인으로 등록되어 있기 때문에 토지, 건물 등 부동산의 소유를 위해서는 우선 내무부의 인가를 받는 등 여러 관련 부처의 인·허가를 받아야 할 사항이 많았다. 그러나 내무부를 비롯한 관련 기관들 모두가 클럽이 승인받고자 하는 내용과 의도에 매우 부정적이었다. 그 이유가 복잡다단했다.

첫째, 당시 정부의 일반적 정책은 외국인에 의한 토지 등 부동산 소유를 원칙적으로 허가하지 않고 있었다.

둘째, 남산 지역은 역사적, 문화적, 안보상 매우 중요한 지역으로 지정돼 있었다. 공익적, 문화적 성격이 강한 시설이 아니면 이 지역에 위치할 수 없으며 새로운 시설의 설치는 일체 허가하지 않는 것이 관계 기관의 일반적 방침이었다.

셋째, 서울클럽 설립의 역사적 배경이나 성격에 대한 사회 전반의 이해가 크게 부족하고 왜곡되어 있었다. 관계 정부 기관들도 기본적으로 비슷한 인식을 갖고 있었다. 심지어 서울클럽을, 같은 장소를 임대하여 영업을 하다 소위 '장영자 사건'의 여파로 문을 닫은 '싸파리클럽'이 이름을 바꿔 새로 문을 여는 클럽이라고 생각하는 것이 당시의 일반적인 인식이었다.

클럽의 계획과 관련되는 기타 정부 부처(서울특별시, 동대문구청, 문화공보부, 문화재보호국, 문화재관리위원회 등)나 협의 대상이 되는 군, 경찰, 각종 보안·안보 관련 기관들의 전반적인 인식도 마찬가지였다. 때문에 토지와 건물의 소유권 획득 자체가 불가능한 상태였고, 이를 전제로 한 추가적인 시설 관련 계획은 거론조차 할 수 없는 상황이었다.

당시 클럽 회장을 비롯한 이사들은 관계 기관을 개별적으로 설득하기 위한 다각적인 노력을 전개하였으나 성과가 전혀 없어 거의 포기 상태에 빠져 있었다. 절반이 외국인인 이들이 무슨 수로 꽉 막힌 한국 공무원들을 설득할 수 있었겠는가. 결국 이들은 마지막으로 대통령경제비서실과 경제기획원에 탄원서를 제출하기에 이르렀다.

나는 해협위의 투자협력관으로 임명되면서 이 문제의 처리 책임을 맡게 되자마자 클럽 관계자들부터 만났다. 미국인인 클럽 회장과 이사진의 설명을 편견 없이 충분히 청취하고, 현장까지 답사했다. 이어, 다른 나라의 예를 꼼꼼하게 참조한 뒤 서울클럽의 청원을 원칙적으로 수용하는 방향으로 검토키로 결심했다. 그 이유와 근거는 다음과 같았다.

첫째, 서울클럽이 형식적으로는 외국법인으로 등록돼 있었으나 한국, 그중에서도 서울이라는 지역 기반을 떠나서는 전혀 존재 의의가 없기 때문에 실질적으로는 내국법인과 전혀 다를 것이 없으며, 한국으로부터 어떤 과실(果實)도 가져갈 가능성이 없는 비영리법인이라는 사실에 주목했다.

둘째, 구한 말부터 존재한 최초의 국제클럽이라는, 서울클럽 성립의 역사적 의의에 주목했다.

셋째, 앞으로 국제화 정책을 추진하고 외국인 투자를 적극적으로 유치하기 위해서는 외국인들이 한국에서 그들 나라에서와 비슷한 생활을 할 수 있는 시설이 필요했다. 나아가 주한 외국인들과 한국의 명사들이 다각적인 교류를 할 수 있는 시설이나 기구가 한국의 국제화 정책을 추진하는 데 꼭 필요하며, 그것이 서울클럽이라고 판단했다.

나는 이를 정부 차원의 기본 처리 방침으로 정했다. 신병현 부총리의 승인을 받은 후 이런 방침에 공감하는 대통령경제수석실의 적극적인 지지를 받아 이 방침을 관철하는 노력을 집중적으로 기울였다.

우선 서울클럽의 부동산 매수에 대한 인가 요청에 대해 이미 거부 회신을 내보낸 내무부를 설득하여 기존의 조치를 철회하도록 했다. 동시에 관계 기관 실무회의를 수차례 소집, 내가 마련한 정부 차원의 새로운 방침과 그 근거를 설명하고 각 부처의 기존의 방침을 재고하도록 요청했다. 그러면서 정부 차원의 방침이 관철될 수 있도록 각 기관에 대한 개별적인 설득 노력을 병행했다. 실무 선에서 해결이 안 될 때는 서울특별시장 등 관계 기관의 장을 직접 방문하거나 전화 통화 등을 통해 충분한 배경 설명으로 이해를 구하였다.

약 6개월에 걸친 집중적인 노력 끝에 토지 매수에 대한 승인을 비롯하여, 클럽 측이 구상하는 기존 시설의 개선 확장, 수영장 시설의 신설, 스쿼시 코트의 신설 등 클럽의 요청 사항 대부분이 관계 기관으로부터 허가되기에 이르렀다. 다만, 건물 오른쪽 서울 성벽 근처에 설치하려던 테니스 코트 신설 계획만은 문화재위원회가 성벽 안전에 문제가 있어 허가할 수 없다는 방침을 고수하여 관철하지 못했다.

이런 과정을 거쳐 서울클럽은 오늘날의 클럽 모습을 갖추었다. 물론 그 이후에도 부분적인 시설의 개선 노력은 계속돼 왔다. 서울클럽은 이때를 계기로, 또 이때 정비 확충된 시설을 기반으로 내·외국인 회원을 크게 늘려 오늘에 이르고 있다.

클럽과 관련한 모든 현안이 완전히 해결된 직후, 클럽의 회장과 이사들은 나를 당시 용산의 미8군 골프장으로 초대했다. 운동을 한 후 식사 시간에 클럽의 그간의 애로를 해결해 준 한국 정부와 실무책임자로서 큰 기여를 한 나에게 깊은 감사의 뜻을 표했다. 그러면서 클럽 이사회 결의로 나에게 특별한 회원 자격을 부여하고자 하니 수락해 줄 것을 요청했다. 주한 외교사절 등에게 제공하는 명예회원과도 완전히 다른, 그야말로 특별한 회원이었다. 클럽 일반규정의 완전한 예외로서 본인과 본인의 가족(아내와 미성년 자녀)에게 영구히, 그리고 일체의 회비(membership due)가 부과되지 않는 회원 자격이었다. 다만, 양도나 매매의 대상이 될 수 없는 회원권임은 말할 필요가 없다. 지금도 그렇지만 당시 공직자로서 민간으로부터 공개적으로 어떤 혜택을 제공받는 것은 상상할 수 없는 일이었다. 하지만 클럽의 제의는 통상의 경우와 전적으로 성격을 달리하는 것이므로 나는 이를 떳떳하게 수락했다. 사무실의 상·하 관계자들에게도 이 사실을 충분히 보고하고 공개하여 공지의 사실이 되도록 했다.

그 후 35년이 지난 지금, 나의 자녀들은 성년이 되면서 일찍이 회원 자격이 종료되었지만 나와 아내는 지금도 이 클럽의 유일한 특별회원으로서 클럽의 각종 활동에 참여하고 클럽 시설을 이용하고 있다.

서울클럽은 멤버 구성부터 내·외국인 동수로 구성하도록 정관에 규정돼 있고, 이사회도 그런 원칙으로 구성하여, 모든 활동에 내·외국인이 함께 참여하여 한국 국제화의 상징적 모임이 되는 것을 이상으로 하고 있다. 이것이 클럽의 창립 정신이나 목적에 부합하는 것이며, 1984년 당시 정부 차원의 지원을 아끼지 않은 이유다. 그러나 요즘에 와서는 이 클럽을 내국인 회원들이 주로 이용하는 추세에 있어 나로서는 아쉬운 마음이 크다. 물론 그간 많은 호텔 등 좋은 시설이 생겨서 서울클럽 아니고도 외국인들이 충분히 자기 나라에서와 같은 생활이 가능하게 된 것이 한 이유일 것이다. 그렇더라도 서울클럽의 경우는 단순한 시설의 이용 차원을 넘어 내·외국인의 다양한 교류의 장으로 발전되는 것이 바람직하다. 그런 미래를 향한 클럽 운영이 되도록 개선할 필요를 절감하고 있다.

3. 물가정책국장

(1) 파격적인 물가국장 임명

1985년 2월 경제기획원은 김대영 경제기획국장, 이양순 물가정책국장의 승진에 따른 후속 인사를 하며 매우 파격적인 인사를 단행했다. 당시 부이사관이던 나를 물가정책국장에, 나보다 오히려 국장 승진이 좀 늦은 강봉균을 경제기획국장으로 발령했다. 신병현 부총리와 김흥기 차관은 기획원의 수많은 국장 자리 중 가장 중요하고 모든 국장들이 맡기를 원하는 이 두 자리에, 고참 국장들을 제쳐 두고 아직 이사관이 되지 못한 부이사관 둘을 국장으로 발탁한 것이다. 그중에서도 강봉균이 맡은 경제기획국장은 워낙 경제전문가적 자질이 필요해서 때로는 김재익, 김대영 같이 외부 인사를 영입한 경우도 있지만, 내가 맡은 물가정책국장은 당시에는 기획원 내에서 다음 1급 승진 후보자를 임명하는 것이 거의 확립된 관행이었다. 과거 기획원의 주요 국장이던 예산국장은 이미 실장으로 승격돼 있었고 경제협력국장은 재무부로 이관돼 있어서, 사실상 제대로 할 만한 타이틀 국장이 많지 않던 때였기에 더욱 그러했을 것이다. 인사 결과에 대부분 충격을 받은 모습이었다. 이 인사는 재무부에도 파급 영향을 주었다. 당시 김만제 재무부 장관은 재무부 제일의 요직 국장인 이재국장에 고시 7회의 임창열 국장(후에 통산산업부 장관, 부총리 겸 재정경제원 장관, 경기도지사)을 발탁하는 파격적 인사를 했다.

공직을 시작한 지 18년 만에 드디어 공무원의 꽃이라고 하는 국장, 그중에서도 업무의 비중이나 영향력 면에서 매우 중요한 물가정책국장이 되면서 공무원이 된 보람도 느끼는 동시에, 실무 책임자로서 막중한 책임감도 느끼게 되었다. 특히 당시는 종전의 가격규제 위주의 물가정책에서 안정 기조를 바탕으로 규제는 풀면서 거시정책적 시각의 물가정책으로의 전환을 추진하던 때였다. 정부의 제반 정책을 안정정책으로 유도하고, 한편으로는 심리적인 면에서 물가안정 기조가 정착되도록 하는 기본 방향에서 물가정책이 추진되었다. 어떤 의미에서는 종전보다 훨씬 많은 정책적 아이디어가 필요한 때였다. 더욱이 전두환 대통령 정부는 최우선 순위의 정책목표를 물가안정에 두고 있었기 때문에 물가국장의 역할 역시 당연히 더욱 중요해질 수밖에 없었다.

(2) 매 분기 국장이 직접 대통령에 보고

이런 환경 덕분에 물가정책국장으로서 나의 역할과 기능도 효율적으로 발휘되었다. 물가안정을 최우선의 정책으로 하는 대통령 정책 방향의 구체적 실무적인 작업은 물가국장 책임하에 이뤄질 수밖에 없었다. 김만제 부총리도 물가문제에 관해서는 다른 분야, 예컨대 기획이나 예산 분야와 달리 실무 국장인 나의 의견을 최대한 존중해 줬다. 심지어 다른 부처 장관이 물가나 가격과 관련해 어떤 부탁이나 건의를 하면 "물가는 김인호 소관 사항이니 그에게 물어봐야 한다. 김인호에게 잘 설명하고 그를 설득하라"고 말하는 경우가 많을 정도였다. 그러니 물가국장으로서 나는 깊은 책임의식을 가지고 일을 하지 않을 수 없었다.

게다가 워낙 물가가 중요해서 청와대는 매 분기별로 부총리가 대통령에게 물가 현안 보고를 하도록 요청했는데, 물가국장 재임 기간중 이 보고를 거른 적이 없던 것으로 기억한다. 이 보고 때는 부총리가 첫 인사와 간단한 개괄적인 보고를 한 후 구체적 내용에 관한 사항은 대통령이 국장으로부터 직접 들었다. 사실상 대통령이 국장으로부터 직접 보고를 받았다고 해도 과언이 아니었다.

이렇게 하는 데는 부총리 입장에서도 상당한 장점이 있었다. 워낙 민감한 문제가 많은 데다 때로는 어떤 이슈에 대한 대통령의 생각을 사전에 충분히 감지 못 하고 있는 경우 부총리가 직접 자신의 생각을 대통령에게 이야기하는 데는 상당한 위험부담이 있을 수 있었다. 그러나 같은 사안이라도 국장은 실무자로서 비교적 자유스럽게, 마치 자신의 견해인 것처럼 대통령에게 보고하고 의중을 떠볼 수 있었다. 이 경우 설사 대통령이 자신의 생각과 다르더라도 일개 국장을 상대로 호불호를 나타내기는 어렵지 않겠는가. 예컨대 물가안정과 수출 진흥의 양면에서 트레이드오프(trade off) 관계에 있는 환율 조정 같은 문제가 이에 해당하는 것이었다.

당시 국장이 대통령에게 직접 보고하는 국은 경제기획국과 물가정책국 두 곳이었다. 경제기획국장은 1년에 두 번, 즉 연간경제운용계획과 하반기경제운용계획을 입안할 때 보고하면 되었다. 물가정책국장은 매 분기별로 대통령께 직접 보고를 했으니 물가안정의 중요성에 대한 대통령의 인식이 어떠했는지 짐작이 갈 것이다.

이 보고 기회를 이용하여 각 부처와의 관계에서 부총리로서도 조정이 쉽지 않은 중요하고도 민감한 물가 관련 현안 사항에 대해 대통령의 이해를 높이고 또 대통령의 결정을 얻어 낼 수 있었다. 나의 기억으로는 현안들에 대한 주무부처와 기획원의 생각들을 전 대통령은 충분히 듣고 명쾌하게 결론을 내려 주었다. 그러면서 대부분은 기획원의 손을 들어 주었다. 이렇게 되니 각 부처에서는 기획원, 특히 물가정책국을 설득하지 못하면 부처의 관심 부문의 가격을 상향조정하는 것이 거의 불가능하다고 생각하고 가격 조정 이외의 대안을 찾는 경향이 늘어나게 되었다. 전반적으로 각 부처가 상대적으로 쉬운 가격 조정 대신에 다른 대안을 모색하면서 물가안정의 분위기가 경제 전반으로 확산되고 있었다. 나의 물가국장 재임 기간중 물가는 매년 0퍼센트 내외의 상승에 그쳤다. 한국경제에는 불가능할 것으로 생각되던 선진국 수준의, 역사상 가장 안정된 물가수준이 실현되었다.

뒤안길   '진화하는 대통령' 전두환

분기마다 직접 현안을 보고하는 과정에서 나는 국가 최고통치자인 전두환 대통령의 생각이나 행동을 지근거리에서 듣고 보면서 많은 생각을 했다.

전두환 대통령에 대해서는 그분의 집권 과정 등을 보면서 초기에는 속으로 그렇게 호감을 갖지 않았다. 그러나 보고를 자주 하면서 그분의 인간적 매력과 리더십을 볼 수 있었다. 그분은 주요 정책 사안에 대해 애매모호한 태도나 결단을 미루는 행동을 보이지 않았다. 보고를 할수록 업무에 대한 이해도도 높아졌다. 참으로 훌륭한 점을 많이 발견하게 되었다.

전 대통령은 특히 친화력이 대단했다. 집무실에 들어가서 정식으로 인사를 드리려 하면 이미 알고 있다는 표시를 했다. 보고를 끝내고 나갈 땐 등을 두드리며 "김 국장, 잘해 줘"라는 등 격려를 빠뜨리지 않았다. 나중에 차관보가 되어 더 자주 보고를 하게 된 노태우 대통령과 비교해서 인간미가 두드러진 부분이었다.

한마디로 전두환 대통령은 바깥에서 이야기하는 것과 달리 명석한 판단력을 가지고 있었다. 취임 초기와는 달리 점점 자신의 생각을 말하는 것보다 주로 보고를 경청하는 쪽으로 바뀌어 갔다. 그랬기에 재임중 갈수록 유능한 대통령의 면모를 더욱 갖추어 갔다는 것이 나의 생각이다. 대통령 취임 직후 과장으로서 대통령 집무실에 들어가서 대통령의 많은 말을 들으면서 가졌던 생각이 근본적으로 수정되는 느낌이었다.

(3) 물가정책의 시장 위주 전환과 최저물가수준 실현

내가 1985년 2월 물가정책국장이 되었을 때 물가정책의 기본 방향은 과거와 같은 최고가격 규제, 공공요금 심사, 독과점 품목 가격규제 등 강한 직접규제에 의존하던 방식으로부터 전환을 추구하던 시절이었다. 1980년대 초 경제안정화시책의 추진, 1981년 공정거래제도의 시행 등은 바로 그런 전환을 구체화하는 정책 방향이고 제도적 구현이었다. 공산품에 대해서도 독과점 품목 가격의 승인이라는 종전의 사전적, 직접적인 규제 방식에서 탈피해 1981년부터 사후규제 방식인 '수급 및 가격 동향 점검' 방식으로 전환하였다.

그러나 달리던 자동차의 브레이크를 밟는다고 차가 바로 서지 않듯이, 정부의 오랜 가격 직접규제 관행에 익숙해 있었기에 정부 각 부처는 물론 기업계도 시장도 시장원리에 따른 자율적인 가격 결정이라는 대전환이 쉽게 와닿지 않고 머리와 손발이 따로 노는 것 같은 부조화를 느끼고 있었다. 무엇보다도, 그때까지도 한국경제가 거의 모든 분야에서 공급 부족 경제의 구조에서 벗어나지 못하고 있던 때였다는 점이 중요했다. 가격의 움직임에 따라 수요와 공급이 탄력적으로 반응하는 시장경제의 기본 원리가 이론대로 작동하지 않는 상황이었기에 시장원리에 따른 가격 결정이라는 원칙이 쉽게 와닿지 않고 있었다. 이런 상황에서 물가 정책국장을 맡은 나는 정책 방향에 명실공히 상응하는 물가 및 가격 정책을 실천하면서도, 한편으로는 당시 전두환 대통령 정부가 최고의 정책 목표로 추구하던 물가안정의 최일선 책임자로서 안정된 물가수준을 달성해야 하는, 어쩌면 직접규제보다 훨씬 어렵고 위험한 과제를 수행하게 되었다.

이런 정부 차원의 정책 방향을 떠나서도 나는 이미 스스로 시장주의자로서 경제적 사고의 변화를 느끼고 있었다. 나는 원가조사과장으로서 경제의 대부분을 구성하는 주요 공산품 가격을 '원가+α(적정이윤)'를 기준으로 하룻밤 새 결정하는 과정들을 겪으면서 물가 및 가격 정책의 입안과 시행이 시장경제적 관점과 크게 괴리되는 모습을 이미 뼈저리게 체험한 바 있다. 또, 앞에서 언급한 것처럼 직접적 가격규제보다 거시 안정정책에 의해 물가가 훨씬 더 안정될 수 있다는 철학을 가진 김재익 수석의 생각에 접하면서 전통적인 가격의 사전적, 직접적 규제 위주의 물가정책에 근본적인 재검토가 필요하다는 생각을 스스로 하고 있었던 것이다.

그래서 나는 물가국장을 하면서, 어떻게 해서라도 가격을 규제해서 물가의 상승을 조금이라도 막는 것을 물가국의 임무로 생각하지 않았다. 그런 식의 시도조차 하지 않으려고 노력했다. 물가정책의 실무책임자로서 물가국장에게 정말 어려운 일은 가격 상승을 무조건 억제하는 것이 아니었다. 오히려 시장원리상 가격 조정 요인이 있을 때 이를 직시해, 실기(失機)하지 않고 적절하게 가격을 상향조정하여 가격의 수급 조절 기능을 살리는 것이 훨씬 더 중요하다고 생각했다. 즉, 제대로 된 시장이 있고 충분한 경쟁이나 수요자 선택의 여지가 있다면 이 시장 기능을 통해서 결정되는 가격이 가장 이상적인 가격이며 이 가격수준을 찾는 것이 물가국의 기능이라고 생각했다.

문제는 절대적인 공급 부족 경제라는 현실이었다. 거의 모든 분야에 시장이 제대로 형성되어 있지 않았기에, 시장원리에 따른 가격수준을 추정하는 것이 매우 어려웠다. 나는 '만약 제대로 된 시장이 존재한다면 어떤 선에서 가격이 정해질 것인가'를 가격 결정의 주요 준거로 삼고자 했다. 그런 점에서 어느 정도 국제

경쟁의 여지가 있는 경우에는 국제가격을 중요한 참고로 삼았다. 종래처럼 원가를 계산해 가격 결정의 기준으로 하는 방식에서는 이미 상당히 벗어나고 있었다.

나는 가격 조정의 기회를 장기적이고 구조적으로, 당해 사업의 경영을 합리화하는 계기로 삼는 노력이 꼭 필요하다고 생각했다. 물가 또는 가격 정책은 바로 산업정책, 기업정책의 영역과 표리 관계라고 믿었기 때문이다. 더하여 물가정책의 최고책임자인 부총리가 가지는 가격의 상향조정에 따르는 엄청난 부담(대對 대통령, 국회, 언론 그리고 국민 여론)을 실무 선에서 적절하게 대신 져 주는 게 물가국장의 아주 중요한 역할이라고 판단했다.

이러한 노력은 나의 재임중 역사상 가장 안정된 물가수준으로 나타났다. 내가 물가정책국장으로 재임한 1985, 86, 87년의 생산 자물가 상승률은 각각 0.9, −1.4, 0.4퍼센트로서 역사상 초유의 안정된 수준이었다.

(4) 서울지하철, 요금 조정과 경영구조 개선 연계

내가 물가정책국장을 마칠 때쯤에는 나의 시장주의자로서의 사고체계가 거의 확립되고 있었던 것으로 기억한다. 이와 같은 시각에서 물가국장 재임시 가장 인상에 남는 가격 조정 작업 중 하나는 서울지하철 요금 조정과, 이를 계기로 한 지하철의 장기적이고 종합적이며 구조적인 경영합리화에 대한 정부 차원의 결단을 이룬 일이었다. 또 하나는 포항제철의 철강 가격 조정을 통해 포철의 경영 개선 및 투자 재원 추가 조달의 계기를 이룬 일이었다.

1986년 당시 서울지하철은 요금, 자금 조달, 차관 도입 등 경영의 주요 부문 전부가 문제투성이로 총체적 경영 애로를 겪고 있었다. 서울지하철 1, 2호선이 개통되어 운영중이었고 3, 4호선이 곧 완공을 앞두고 있던 때였다.

서울지하철은 몇 차례 경영 형태를 달리 하다가 1986년에는 서울지하철공사가 되어 있었다. 사장은 초대 지하철공사 사장이던 육사 10기 출신 김재명 장군이 계속 맡았다. 전두환 대통령보다한 기 선배인 김 사장은 전투병과 출신으로 지하철에 걸맞은 공병이나 토목 등과 전혀 인연이 없었다. 게다가 신군부에 협력하지 않은 사람이지만 그의 능력을 인정한 전 대통령이 1981년 초대 사장을 맡아 달라고 부탁했다고 한다.

김재명 사장은 많은 문제 중 가장 시급한 문제인 요금 인상을위해 나를 자주 찾아왔다. 원래 지하철과 전혀 관련 없는 배경을가진 그였지만 사장 5년차에 접어들면서는 이미 전문가 수준의전문성을 갖추고 있었고, 자나 깨나 지하철 경영에만 몰두하고있었다. 한번은 저녁을 먹으면서 이야기할 기회가 있었는데, 그는 저녁 먹는 약 2시간 반을 오직 지하철에 관한 이야기만 했다.나는 속으로 '지하철에 미친 사람이구만' 하고 생각하지 않을 수없었다.

우리는 여러 번 만나서 이야기했다. 나는 그가 주장하는 요금조정의 불가피성에는 대체로 공감했다. 그러나 설사 내가 실무책임자로서 요금 인상이라는 어려운 결단을 하고 이것이 최종 확정된다고 하더라도, 지하철의 경영상 문제점들이 구조적이고 장기적으로 해결되기 위해서는 동시에 해야 될 일도 너무 많다는 것을 확실하게 파악하고 있었다. 지하철 경영은 구제불능에 가까울 정도로 문제투성이였다. 김 사장도 나의 이런 생각과 판단에 동의했다. 그러면서도 현안인 요금 조정을 위해 말이 통하는 나에게 우선 매달렸다.

사실 더 큰 문제는 막대한 건설 자금의 조달 원칙이었다. 당시는 서울시 예산, 중앙정부 예산, 민자의 비율과 방식 등에 확립된 정책 방향이나 원칙이 하나도 없는 상태였다. 이미 조달된 차관 자금의 상환과 보다 나은 조건으로의 차환 등은 또 다른 구조적 현안이었다. 지하철 문제를 해결하기 위해서는 지하철공사 스스로 경영합리화에 노력하는 것은 물론 서울시, 중앙정부의 경제기획원 물가국과 예산실, 교통부, 재무부가 다 일정한 역할을 해야 했다. 하지만 각 부처는 워낙 방대하고 어려운 문제 앞에서 거의 손을 놓고 다른 부처에 해결의 키를 떠넘기고 있었다. 예컨대 공사 간부가 서울시 당국을 찾아가면 "중앙정부에 가 봐라", 경제기획원 예산실을 찾아가면 "서울시나 물가국을 찾아가 봐라", 물가국을 찾아가면 "가격 조정 이전에 서울시나 예산실의 자금지원이 선행해야 하니 거기 먼저 가 봐라" 하는 식이었다. 김 사장과 그가 지휘하는 공사의 경영관리 부서의 간부들이 하루 종일 각 부처를 돌며 읍소하고 다녔지만 어느 부처 하나 시원하게 문제 해결의 물꼬를 트려는 노력을 하지 않고 있었다.

나는 이 문제가 나의 소관을 넘어서 있어, 범부처적으로 해결

노력을 기울이지 않으면 문제의 근본적 해결에 도달할 수 없다고 판단했다. 그래서 나의 소관을 넘어 범정부 차원의 정책 방향을 유도해 가기로 결심했다. 우선 김만제 부총리에게 상황의 심각성과 복잡성, 그리고 범부처적 노력이 없이는 서울지하철은 이미 운영중인 1, 2호선의 경영은 물론 건설 완료 단계인 3, 4호선의 완공과 그 이후 추가 노선의 건설까지 근본적 애로에 부딪칠 수밖에 없음을 보고했다. 물가국장이 중심이 돼 전 관계 부처가 모두 참여하고 일정한 역할을 나누는 원칙하에서 장기적이고 구조적인 대책 방향을 수립할 것을 위임해 주도록 건의했다. 김 부총리는 나의 건의를 승인했다.

바로 작업에 착수했다. 실무작업은 물가국 조정과장인 김병일 과장(후에 기획예산처 장관)이 맡았다. 오래지 않아 작업의 결과로 '서울지하철 경영합리화 방안'이 성안되었다. 대책의 기본 방향은, 서울시와 경제기획원을 비롯한 중앙부처는 각 부처가 이 사안과 관련한 권한을 최대한 활용하여 서울지하철의 장기적, 구조적 경영합리화를 위해 역할을 분담하며, 지하철공사는 이에 상응하여 뼈를 깎는 경영합리화 노력을 하는 것이었다. 구체적으로 서울시와 예산실이 지하철 건설과 운영을 위해 필요한 재원에 대한 시정부와 국고의 부담 원칙을 정했다. 다음으로 물가정책국은 요금을 당시 1구간 170원, 2구간 250원이던 것을 각각 200원, 300원으로 인상 조정하기로 했다. 재무부는 그간 도입된 각종 외자 중 불리한 조건의 것을 보다 좋은 조건으로 차환하는 것을 승인해 주기로 했다. 지하철공사가 해야 할 자구노력의 구체적 내용을 명시했다. 나는 우선 예산실의 동의를 받고 각 장관들과 서울시장을 찾아가 이상의 내용에 대해 사전 설명하고 동의를 받았다. 정인용 재무부 장관은 관련되는 모든 부처가 다 역할을 분담한다는 원칙이 지켜진다면 재무부도 소관 부처로서 역할을 적극적으로 하겠다는 의사를 분명히 했다.

1986년 10월 초 김만제 부총리는 플라자호텔로 정인용 재무부 장관, 차규헌 교통부 장관, 염보현 서울특별시장, 김재명 서울지하철공사 사장, 이진설 예산실장과 물가정책국장인 나를 소집하여 이 대책 방향을 논의해 확정했다. 나는 안 수립의 실무작업 책임자로서 대책 수립의 배경과 과정, 그리고 기본 방향과 구체적 내용에 대해 보고했다. 보고를 시작하면서 지하철 문제를 다루어 온 서울시 당국의 무원칙, 기본 방향의 부재, 주무기관으로서 합당한 노력의 부족을 강하게 지적했다. 사안의 성격상 이 문제는 지하철공사 차원에서 뛰어 다닐 문제가 아니고 서울시가 책임감을 갖고 종합대책을 수립하고 서울시 스스로 해야 될 역할을 하는 동시에 관련 중앙부처들을 설득하는 노력을 기울였어야 하나 전혀 그런 역할을 하지 않았다는 점을 강하게 비판했다. 경찰 총수 출신의 염보현 서울시장은 "꼭 피고인이 검사의 논고를 듣는 것 같구만" 하면서 계면쩍어 했다. 대책의 방향은 보고안대로 확정되고 각 부처별로 즉시 시행에 들어갔다.

이 회의 후 나를 방문한 김 사장은 정말 고마워했다. "지하철공사 기획관리부 80명 직원이 1년 내내 뛰어 다녀도 근처에 갈 수도 없는 일을 단번에 해결해 주었다. 마음 같아서는 김 국장의 동상을 세워 주고 싶다"고 말했다.

최근 나는 지하철을 많이 이용하고 있다. 2007년에 지하철을 공짜로 타는 '지공거사(地空居士)'가 됐지만 계속 일을 하고 기사가 있는 차를 타고 다니다 보니 지하철을 탈 기회가 거의 없다가, 요즘은 출퇴근을 비롯해 지하철이 닿는 곳은 대부분 지하철로 다닌다. 그러면서 거미줄같이 깔린 지하철 네트워크, 깨끗하고 효율적인 지하철 운영 상황에 감탄하고 있다. 세계 어디 내놔도 최고의 지하철이다. 30여 년 전 서울지하철의 건설과 운영의 초기에 오늘날의 지하철을 위해 내가 한 기여에 뿌듯한 자부심을 느끼고 있다.

이 글을 쓰면서 자료를 검색하다가 위키피디아의 '염보현' 항목에서 "지하철 빚이 눈덩이처럼 불어나 파산할 위기에 있었으나 수완을 발휘하여 재정 위기를 극복했다"라는 내용을 읽었다. 쓴웃음을 짓지 않을 수 없었다.

(5) 시장원리에 입각한 철강값 인상조정

포항제철은 1987년 초엽부터 철강 가격의 전반적인 인상을 회사의 가장 중요한 현안으로 삼고 있었다.

당시 원가 측면에서는 인상 요인이 없었지만, 수급 상황으로 보아서는 포철이 충분히 가격을 상승시킬 수 있는 국내외 수급 구조가 형성돼 있었다. 그간 산업의 발전에 따라 철강의 수요가 많아져 해외에서 상당량의 철강을 수입해야 되는 상황이었다. 그러나 수입 철강의 가격이 포철의 공급가격보다 더 높았다. 자연히 시장에서는 포철 철강의 이중가격이 형성되고, 포철의 철강을 많이 확보하려는 치열한 경쟁이 벌어지고 있었다. 무엇보다도 포철은 이미 국제적 수준과 규모의 철강회사로 자리 잡고 있었기에 가격도 국제가격과 적절한 연동이 이루어지는 것이 가장 바람직한 구조라고 볼 수 있었다.

여기에 더해 포철은 국가적 과제인 광양제2제철소를 건설하고 있었다. 그 건설을 위한 막대한 투자 재원의 조달도 커다란 현안이었다. 철강의 국내 공급가격을 적정 수준 인상하여 이를 상당 부분 충당한다면 가장 바람직한 투자 재원 조달 방법이기도 했다.

이런 상황을 종합해 볼 때 단순히 원가 측면에서 가격 조정의 타당성을 찾는 것에는 문제의식을 느끼지 않을 수 없었다. 종전의 물가정책국 가격 사정의 제일 큰 원칙인 '원가+α의 원칙'이 더 이상 적용되기 어려운 상황이 전개되고 있었던 것이다.

그러나 알다시피 전두환 대통령 정부는 집권 초부터 물가안정을 최우선 정책으로 삼고 있었다. 그간의 노력의 결과 물가는 매우 안정된 상태를 유지했으므로, 종전과 같은 가격 조정보다는 경영합리화 등 가능한 한 다른 대안을 통해 문제를 해결하자는 것이 그때의 경제와 산업 전체의 분위기였다. 포철이라고 여기서 예외가 될 수 없는 상황이었다. 포철이라는 국가 기간산업의 제품 가격 안정이 갖는 상징적, 실질적 의미도 물가안정을 추구하는 정부 입장에서는 매우 큰 것이었다.

당시 정부는 공공요금 등을 제외하고는 가격에 대한 직접규제를 대부분, 적어도 제도상으로는 철폐했다. 철강 가격 역시 정부의 제도적 가격규제의 대상은 아니었다. 하지만 포철이 국민경제에서 차지하는 비중과 정부 정책에 힘입어 성장해 온 배경 등을 감안할 때, 가격을 회사가 임의로 인상하는 것이 불가능하다는 것은 포철 스스로 더 잘 알고 있었다. 철강산업의 주무부처인 상공부도 부처 차원에서 가격 상향조정을 결단하기 어려운 상황이었다. 김만제 부총리도 상향조정의 필요성에 대해 여러 가지 건의도 들었고 당신 스스로의 생각도 있었겠지만, 이러한 분위기와 철강 가격 조정이 미칠 광범위한 파급 영향을 고려해서 엄두를 내지 못하고 있었다.

물가국에서도 당연히 이 문제를 검토하고 있었다. 당시의 분위기에서 국장으로서는 가격 상승에 관한 원가 측면 이외의 요인이나 회사의 요구는 무시하는 것이 가장 쉽고도 리스크가 적은 선택이었을 것이다. 그러나 종전의 원가 위주 가격정책에서 벗어나 기업과 산업 전체, 국민경제 차원의 위와 같은 여러 측면을 고려할 때 도달할 수 있는 결론을 생각하면서 나는 고심하지 않을 수 없었다.

문제에 대한 확신을 갖기 위해, 포철을 방문하여 현장을 보고 직접 책임자들의 소리를 듣는 것이 필요하다고 판단했다. 포철 방문 계획을 수립했다. 그때가 1987년 7월경이었다. 통상 공무원은 이처럼 민감한 현안이 걸려 있을 때 해당 기업을 방문하는 데 굉장한 부담을 갖는다. 잘못하면 오해 받을 수 있기 때문이다. 나는 그런 문제에 얽매일 생각이 전연 없었기에 이 방문을 실행했

1987년 7월 포항제철 광양제2제철소 건설 현장 시찰. 앞줄 오른쪽부터 정명식 건설본부장, 필자, 최종수 물가정책국 수급계획과장.

다. 최종수 수급계획과장(후에 산림청장)이 수행했다.

포철 사장은 안병화 씨(후에 상공부 장관, 한전 사장. 당시 포철에는 회장 제도가 없었다)였다. 공장 등을 살펴보고, 실무자로부터 경영 전반에 대한 설명도 들었다. 회사 영빈관에서 안병화 사장이 주재하는 만찬을 하면서 포철 경영과 가격정책에 대한 CEO의 견해를 나는 경청했다. 그리고 광양으로 날아가 광양제철소 건설 현장도 방문했다. 건설본부장을 맡고 있는 정명식 부사장(후에 회장 제도가 생긴 후 3대 회장)으로부터 건설 현황과 건설 비용 조달 방안에 대한 광범위한 이야기를 듣고 돌아왔다.

시찰 후 그간 검토한 사항을 종합한 결과, 포철 철강 가격을 최소한의 수준에서 인상 조정하는 것이 경제원리에 맞고, 포철이라는 국가 기간산업의 장기투자계획에도 적정하고, 국제적인 기업으로서 포철의 경영합리화에도 필요하다는 결론에 이르렀다. 평균 5퍼센트 수준의 철강 가격 인상 조정이 필요하다는 의견을 김만제 부총리에게 보고했다. 부총리도 나의 의견에 동의, 승인을 해 주어 주무부인 상공부와 협의를 거쳐 바로 실행되도록 했다.

당시 포철은 누가 고양이 목에 방울을 달 것인가로 고민하던 상황이었다. 그런데 물가국이 규제적인 차원의 가격정책에서 벗어나 결단을 내려 준 데 대해 감사해 했다. 나는 그때의 그 결단이 그 이후 포철의 경영이나 투자, 나아가 산업 전반의 발전에 큰 도움이 되었다고 믿는다.

뒤안길 **실무책임자 소신 존중한 사공일, 안무혁**

관료들이 일하는 과정에서, 직속상관은 물론 직속상관이 아니더라도 공직사회에서 상급자이거나 자기보다 힘 있는 자리에 있는 사람과 견해 차이를 빚거나 충돌이 벌어질 때가 있다. 대화 결과 그분의 의견에 내가 공감할 수 있으면 문제가 없을 것이나, 생각이 다를 경우에 관료로서 자신의 소신을 어디까지 관철하려고 노력할 것이며, 그럴 때 상급자는 어떻게 처신하는 게 좋은지 생각하게 하는 두 일화를 소개한다.

내가 물가정책국장으로 있을 때 옛 중앙청이 국립중앙박물관으로 개조되고, 천안에 독립기념관도 설립되었다. 엄청난 관람객들이 국립중앙박물관과 독립기념관에 몰렸다. 이런 보고가 청와대에 계속 올라가자 사공일 경제수석이 어느 날 나를 청와대로 불렀다.

"국립박물관과 독립기념관에 사람들이 너무 많이 오는데, 요금을 대폭 올려 수요를 조절하는 것이 어떻겠습니까?"

사실상 지시였다. 나는 그럴 수 없다고 거부했다. 세계의 사례를 보아도 박물관과 같이 국내외 사람들이 찾는 문화시설의 요금을 올려 수요를 조절하는 사례는 없었다. 영국박물관, 미국 워싱턴의 스미스소니언 박물관, 뉴욕의 메트로폴리탄 박물관 등은 무료로 운영하고 있었다. 박물관이 들어선 중앙청 건물은 옛 조선총독부 시절부터 우리나라 정부의 중앙 청사로 쓰이던 시절까지 일반 국민은 들어가 볼 수 없는 성역이었다. 이제 박물관으로 개조되고 나니 누구나 한번 들어가 보고 싶은 생각을 갖는 것은 당연했다. 나는 두 시설 관람에 대한 초기 폭발적 수요를 정상적 수요가 아닌 일시적, 충동적 수요로 봤다. 이런 현상이 얼마나 계속되겠는가? 이것을 억제하기 위해 요금을 대폭 올린다는 것은 정도(正道)가 아니라고 생각했다. 독립기념관도 마찬가지였다.

그 당시 물가국의 모든 활동은 대통령의 물가안정 의지를 받드는 경제수석실에서 적극적으로 뒷받침해 준 덕분에 원활하게 진행

될 수 있었다. 각 부처의 국장 이상 간부들에게는 경제수석이 소
속 부처 장관 못지않게 큰 영향력을 행사하던 때이기도 했다. 개
인적으로나 물가국 조직으로나 경제수석의 생각을 거스르기는
어려운 일이었다. 이런 여러 가지 측면에서 그의 지시성 의견을
거부하기 힘들었지만, 소신과 반하기에 그냥 따를 수 없었다.

"분명히 얼마 가지 않아 수요가 줄어들 겁니다. 요금으로 수요를
조절하는 것은 합리적이지 않습니다."

나의 반대의견에 사공 수석은 아쉬워하면서도 더 이상 강요하지
않았다.

얼마 지나지 않아, 내가 예상한 대로 초기의 이런 이상 수요는 정
상적으로 가라앉았다. 만약 그때 요금을 대폭 상향조정했더라면
웃음거리가 됐을 것이다.

안무혁 국세청장(후에 안기부장, 국회의원, 작고)은 전두환 정부 수립에
큰 역할을 한 군부 출신으로 대통령의 절대적 신임을 받고 있었
다. 역대 국세청장은 대통령의 특별한 신임이 없으면 안 되는 자
리지만 안 청장은 더 특별하다는 게 세간의 평이었다.

어느 날 아침, 내가 과장들과 회의를 하고 있는데 안 청장이 전화
를 걸어 왔다. 국세청에서 물가국에 요청한 수수료에 관련된 요
구사항을 왜 들어주지 않느냐는 내용이었다. 나는 국세청 생각
과 물가국의 생각은 차이가 있다는 설명을 했다. 안 청장이 반론

을 제기했고, 다시 내가 재반론을 제기하면서 40여 분에 걸쳐 통화가 이어졌다. 두 사람 사이에 심각한 공방이 벌어진 것이다. 안 청장은 내 설명에 백 퍼센트 수긍하는 것 같지 않았지만, 일단 그렇게 통화를 끝냈다.

전화 논쟁 과정을 지켜보던 과장들 중 박봉흠 과장(후에 기획예산처 장관, 청와대 정책실장)은 그때 정말 가슴이 조마조마했다고 회고했다. 국세청장이 어떤 자리고, 안 청장이 어떤 사람인가? 일개 국장이 그에게 소신대로 이야기를 다 하면서 공방을 주고받았으니 말이다. 나도 생각해 보니, 직속상관은 아니라도 차관급의 공직 상사인데, 그가 충분히 납득하지 못한 상태에서 일을 마무리하는 것은 적절치 않을 것 같았다.

국세청장실에 면회신청을 하고 찾아갔다. 전화로는 충분치 않았으나, 마주 앉아서 왜 물가국이 국세청과 다른 견해를 가지고 있는지 차분하게 다시 설명했다.

듣고 있던 안 청장이 정색을 하며, "김 국장 말씀이 맞군요" 했다. 자기는 그간 국세청 부하 간부들의 이야기만 듣고 물가국장이 국세청의 요구를 부당하게 거부하는 것으로만 생각해서 좋지 않은 인상을 가지고 있었는데, 상세한 설명을 들어 보니 물가국장의 말이 전적으로 옳다고 하면서, 소신대로 일하라고 되레 격려를 해 주었다. 그 일이 있은 직후 안 청장은 안기부장으로 영전했다.

사공일 경제수석은 내게는 사실상 직속상관이나 다름없었다. 어찌 보면 나의 소속 장관에 못지않은 영향력을 행사할 수 있는 지위에 있었다. 안무혁 청장도 광범위하게 영향력을 행사할 수 있는 지위에 있었다. 물론 물가국장도 보통 국장은 아니다. 다른 평범한 국장들보다는 많은 경우 소신을 뒷받침 받을 수 있는 직책이다. 그러나 신상에 직접적인 영향을 줄 수도 있는 사람과 견해 차이가 있을 때 그의 의견에 반대하고 나의 소신대로 하는 것이 결코 쉬운 일은 아니다.

그 과정에서 중요한 것은, 나의 입장뿐 아니라 상대방의 입장에서도 생각하는 것이다. 아무리 내가 옳더라도 상대방을 설득하려는 진지한 노력이 또한 필요하다. 다행히 사공일 수석은 나의 소신에 이유가 있다고 보아 합리적 판단을 해 주었고, 안무혁 청장의 경우 나의 생각이 합리적이라고 판단한 데다가 내가 직접 찾아와 설명한 자세에 감동을 받은 것 아닌가 생각한다. 덕분에 나는 소신을 관철하면서도 그분들의 충분한 이해를 얻었고, 그분들로부터 소신 있는 공무원이라는 평가도 받을 수 있었다.

뒤안길 **'갑'이 밥을 산 게 장관 보고사항**

체신부의 신윤식 우정국장(후에 체신부 차관, 데이콤 사장, 하나로통신 회장)

은 행시 1회로 공직 선배고 나이도 나보다 5~6세 많다. 지금은 우정사업본부로 승격된 우정국은 그때도 체신부의 주무국이었다. 당시 우정국장이 하는 일 중 제일 중요한 일은 아마도 예산실에서 우정 관련 예산을 가능한 한 많이 확보하는 것과, 우편요금을 적기에 적정 수준으로 조정하는 것이었을 것이다.

우편요금은 공공요금의 하나여서, 부총리가 위원장인 공공요금 심사위원회를 거쳐야 조정되었다. 그 전에 당연히 실무적으로는 물가국의 내부 검토와 결정, 이어서 부총리의 정책적 결단이 있어야 위원회 상정 절차가 시작된다. 우정국장으로서는 어쩌면 우편요금 조정이 예산 확보보다 훨씬 더 중요할지 모른다. 예산에 전년도 답습 관행이 있다고는 해도 예산 확보의 효과는 원칙적으로 그해 한 해에 그치지만, 요금 인상의 효과는 별일이 없는 한 영원히 가기 때문이다. 그러니 우정국장이나 체신부 장관 차원에서 우편요금의 인상 조정을 정책적으로 결정할 때는 물가국에 목을 맬 수밖에 없는 것이 현실이었다

아마 그때가 그런 때였는지, 신윤식 국장은 수시로 나를 찾아왔다. 그러다 보면 점심시간이 되면 밥도 여러 번 샀을 것이다. 어느 날은 내가 "신 선배, 항상 제가 얻어먹었으니 오늘은 제가 점심을 한번 사겠습니다" 하고 평범한 음식점에 가서 식사를 했다. 그리고는 나는 그 일을 잊어버렸다.

그런데 나중 들으니, 이 '사건'이 체신부의 장관 주재 간부회의

에서 신 국장의 보고사항이 되었다는 것이었다. 신 국장은 "제가 예산실과 물가국을 밥먹듯이 드나들고 때가 되면 점심도 무수히 샀지만, 한 번도 예산실이나 물가국 간부로부터 밥을 얻어먹어 본 적이 없었습니다. 처음으로, 그것도 물가국장이 밥을 사서 대접을 받고 온 일에 너무 감동을 받아서 보고합니다"라고 했다는 후문이다. 그것으로 그치지 않았다. 나중에 우리 두 사람 모두 공직을 그만둔 뒤에도 로타리 활동 등 사회에서 교류가 많아 자주 다른 사람들과 같이 어울리는데, 그때마다 그는 거의 빼놓지 않고 이 일화를 소개했다. 나중에는 내가 부끄러워서 "신 선배, 그 이야기는 이제 제발 그만 합시다" 하고 간청을 할 정도였다.

한국사회의 지배 원리를 설명하는 키워드 중 하나가 '갑을관계'다. 심지어 『갑과 을의 나라: 갑을관계는 대한민국을 어떻게 지배해 왔는가』(강준만 저, 인물과사상사)라는 책이 다 나왔을 정도다. 최근에는 갑을관계에서 '갑질'이라는 용어가 파생하고, 대한항공 총수 일가의 소위 갑질이 사회의 지탄 대상이 된 적도 있다.

공직사회에도 그 내부에 갑을관계가 있다. 청와대 비서실과 각 부처의 관계는 갑을관계의 전형이다. 정보기관, 수사기관 등과 일반 부처의 관계, 일반 부처 간에도 결정권을 가진 부처의 경우 문제 해결을 위해 찾아온 다른 부처와의 관계는 영락없는 갑을관계. 언론과 관료의 관계도 빼놓을 수 없는 갑을관계다. 경제기획원과 체신부의 관계도 당연히 이에 해당된다. 그러니 신 국장이 사무관 때부터 경제기획원을 적어도 20년 이상 드나들었을 텐데 밥을 사기만 했지 얻어먹어 본 것은 나에게서 처음이라는 이야기가 나온 것이다.

나는 부하 직원들에게 이렇게 이야기를 하곤 했다.

"민간인이건 같은 공무원이건, 상대방이 밥을 먹자고 하면 한두 번 사양하다가 그래도 꼭 같이 먹기를 원하고 그것이 진심이라고 생각되면 밥을 얻어먹어라. 단, 두어 번 얻어먹으면 좀 못하더라도 한 번쯤은 리턴을 해라. 그래야 좋은 인간적 관계가 지속되고 오해가 생기지 않는다."

가령 기업 하는 사람들이 공무원에게 밥 한번 먹자고 할 때, 그렇게 해서 문제가 해결될 것을 기대하고 하는 경우는 거의 없다. 다만, 그런 기회라도 있어야 자기들이 갖고 있는 문제의식이나 애로를 충분히 이야기하고 칼자루를 쥔 상대방의 이해를 구할 수 있다고 생각할 뿐이다. 그런 바탕이라도 있어야 되든 안 되든 합리적인 결과를 최소한 논의해 볼 수 있다고 보는 것이다. 돈을 얻어 쓰는 것은 문제가 있지만, 밥 한번 먹자는 것을 원천적으로 거부하거나, 갑은 항상 얻어만 먹는 상황이 되면, 허심탄회한 대화를 바탕으로 한 합리적 결과는 기대할 수 없다.

나는 공직 생활중에나 정부를 떠난 이후에도 이 원칙을 지키면서 살아왔다. 내 경우만 이야기한다면 나는 남에게 밥을 얻어먹을 때 보다 밥을 살 때가 훨씬 기분이 좋다. 주머니 사정에 관계없이 나는 기회만 있으면 밥을 산다. 이때가 더 행복하기 때문이다.

성경에 "주는 것이 받는 것보다 복이 있다"(사도행전 20장 35절), 또 흔히 '황금률'이라고 하는 "무엇이든지 남에게 대접을 받고자 하는 대로 너희도 남을 대접하라"(마태복음 7장 12절)고 한 말씀을 생각할 필요가 있다. "주라 그리하면 너희에게 줄 것이니"(누가복음 6장 38절)라고도 했다. 나는 이 말씀대로 살면 나라도 개인에게도 좋은 세상이 될 것을 믿고 있다. 우리 공직자들이 한번쯤 생각해 봐야 할 명제다.

이제 내 나이가 꽤 되고 책임 있는 일에서 물러났지만 지금도 각급 학교 동창, 옛 직장 동료, 후배 들, 사회생활중 만난 많은 사람들과 광범위한 교유의 기회를 유지하면서 살 수 있는 것은 이런 원칙에 따라 생활해 왔기 때문이라고 생각한다. 하긴 요즘은 '김영란법'이란 게 나와서 이런저런 이야기와 고민을 할 여지를 원천적으로 봉쇄하고 있지만 말이다.

(6) 선진 소비자보호제도의 초석을 놓다

물가정책국장으로 만 3년 동안 한 많은 일 중에서도 가장 보람 있고 의미 있는 일 한 가지를 꼽으라면, 소비자정책과 제도의 정비다. 구체적으로 소비자보호법 체계를 전면적으로 개선하고, 소비자보호원을 설립하고 약관심사제도를 도입한 것을 들지 않을 수 없다. 장·차관도 추진하기를 망설이던 일이었다. 일개 국장의 범위를 크게 벗어난 과제였다. 그러나 모든 역량을 쏟아 부어 추진했다. 중요한 일이고 내가 아니면 할 수 없는 일이라고 생각했기 때문이다. 한국경제의 장기적 발전과 시장경제화를 위해서 반드시 필요한 정책이었기 때문이었다. 마침내 성공했다. 지금도 가끔 그 어려웠던 과정을 돌이켜 보면 스스로 대견하다는 생각이 든다.

왜 소비자문제인가

나는 물가국장으로서 대부분 품목에 대한 구체적 가격 조정 업무는 과장들에게 거의 다 맡겨 두었다. 가격정책 중 가장 중요한 쌀·보리의 정부 수매 가격과 이의 결정을 위한 관계 부처 간 협의, 국회 설명과 설득 이외에, 석유를 비롯한 주요 에너지 가격 문제, 전기와 우편 요금 등 중요한 공공요금 등에 대해서만 구체적 가격 조정에 관여했다. 과장들은 내가 어떤 생각으로 가격정책을 수행하고 있다는 것을 잘 알고 있었기 때문에 내 생각과 일치되는 방향으로 세부 시책을 집행했다. 당시 과장들은 자타가 공인하는 기획원 최고의 유능 성실한 사람들이어서 그 뒤 대부분 장·차관을 역임했다. 김선옥, 김병일, 정재룡, 박봉흠, 변양균, 장석준, 최종수, 조휘갑 씨 등으로, 지금도 친밀한 교류를 나누고 있다.

　나는 대부분의 업무 시간 동안 물가를 근원적으로 안정시킬 수 있는 보다 더 본질적인 문제에 대한 정책 구상에 집중했다. 그 가운데 하나가 소비자정책의 영역이었다.

소비자문제는 시장경제를 하는 나라에서는 가장 중요한 경제 정책의 대상이다. 경제가 생산자 중심으로 흘러가느냐 아니면 수요자, 즉 소비자 중심 사고에 따라 운영되느냐, 소비자 선택권의 보장 정도와 이것이 경제 전반에 미치는 영향의 정도는 국민경제가 시장경제 체제냐 아니냐가 판가름되는 주요한 척도의 하나다. 시장경제적 관점에서 볼 때, 어떤 의미에서는 소비자정책이 경쟁 정책보다 더 본질적이라고 나는 생각한다.

당시에는 소비자문제, 소비자정책이라는 개념조차 제대로 서 있지 않았다. 소비자 보호라는 용어만 주로 쓰이고 있을 따름이었다. 당시 정부의 정책 입안자는 물론 경제전문가들조차 소비자 문제를 제대로 이해하지 못했다. 어떻게 보면 수십 년이 지난 지금까지도 그러한 상황에서 벗어나지 못하고 있지 않느냐는 게 솔직한 나의 진단이다.

소비자 보호는 당시 대부분 여성들이 중심이 된 NGO인 소비자보호단체 등에 의해 행해지고 있었다. 정광모, 이윤자, 김천주, 김동환 씨 등이 각각 소비자단체를 하나씩 만들어, 상품에 문제가 있을 경우 기업에 문제를 제기하고, 피해를 입은 소비자에게 보상을 유도하는 정도의 활동을 하고 있었다. 정부 차원에서 소비자문제를 본격적으로 다루는 정책은 거의 없다고 해도 과언이 아니었다. 소비자보호법이 있었으나 추상적이고 선언적이어서 구체적 실천 내용을 담고 있지 않았다. 특히 정부의 의무나 역할에 대한 규정은 전연 없었다.

일반적으로 물가정책국이 물가정책, 가격정책만 하는 곳이라고 생각하나, 직제상 기능은 세 가지였다. 하나는 다 아는 물가정책, 가격정책 기능이고, 두 번째는 소비자정책, 마지막은 유통종합정책이다. 그러나 뒤의 두 분야는 유통소비과 1개 과가 담당하고 있었다. 국 업무 전체에서의 비중이나 정책적 비중 모두에서 크게 뒤처져 있었던 것이다. 역대 국장들도 현안의 물가, 가격 정책에 매달려 이 분야에는 거의 관심을 기울이지 못하는 상황이 계속되었다.

나는 소비자문제나 소비자정책의 중요성에 주목하기 시작했다. 다행히 그 시점은 물가가 많이 안정되어 국장이 가격정책으로부터 오는 부담을 덜 수 있는 시기였다. 물가정책의 운영 방향과 기조에 대한 확립된 방침이 있었기에 과장들도 자신들 선에서 충분히 잘하고 있었다. 따라서 나는 소비자문제의 본질에 대한 규명과 이의 해결 방향, 즉 소비자정책의 발전 방향에 대해 깊은 관심을 기울이기 시작했다.

우선 소비자문제의 해결을 민간 NGO에게만 맡길 것이 아니라고 생각했다. 소비자보호법을 전면 개정해 향후 소비자정책이 나아갈 방향을 제시할 필요가 있다는 판단이 섰다. 그 배경에는 일부 소비자단체들의 그릇된 행태도 있었다. 당시 일부 소비자단체들은 기업과의 관계에서 월권을 했다. 허술한 시험, 검사를 바탕으로 한 소비자단체의 피해 제기로 기업에 막대한 피해를 끼치는 경우도 있었다. 일부 소비자단체장의 기업 관련 비리가 정보기관에 의해 포착돼 주무국장인 나에게 전달되기도 했다. 이러다간 소비자단체의 임직원이 수사기관에 불려 다니는 사태가 올 것 같았다. 그런 상황은 우리나라 소비자보호운동의 발전을 위해서 결코 바람직하지 않다고 판단했다. 정부와 민간단체의 역할과 기능을 확실하게 분리할 필요가 있었다. 정부가 직접 해야 할 영역을 분명하게 하는 것이 가장 시급한 과제였다. 소비자 피해 구제를 위한 준(準)사법적 기능을 정부가 맡는 것이 대표적 경우였다. 그래야만 민간단체의 과잉행동을 방지할 수 있고, 소비자문제의 근본적 해결에 한 발 더 다가설 수 있다는 결론에 이르렀다.

소비자 분쟁을 합리적으로 권위 있게 조정하는 준사법적 기능 외에도 정부 차원에서 해야 할 일이 너무 많았다. 소비자정책의 입안, 소비자문제 연구, 소비자 안전 문제의 체계적 정비, 소비자에 대한 정보 공급 체계의 정비, 소비자문제에 대한 교육·훈련 등이 그것이다. 또한 상품과 관련한 문제가 생겼을 때 객관적 검증을 위해서는 시험, 검사 설비 등에 상당한 투자가 필요했다. 당시는 민간단체들이 빈약한 시설로 이에 대처하고 있어서, 자칫하면 생산자들에게 부당한 위험과 손해를 불러일으킬 가능성도 컸다.

소비자 관련 법체계 전면 개편

소비자문제의 합리적이고 체계적인 해결을 위해서는 소비자 보호 관련 법체계의 대폭 정비가 첫걸음이 되어야만 했다. 법을 사실상 새로 제정하는 수준의 작업을 시작했다. 그 속에는 정부 소비자정책의 대행 내지 집행 기관으로서 '한국소비자보호원'을 설립하는 구상도 포함돼 있었다.

거기에다 약관심사제도도 함께 검토했다. 어느 나라나 다수의 소비자를 상대하는 기업의 경우 소비자와의 계약은 대개 약관을 통해서 이루어진다. 은행에 가면 이미 작성돼 있는 약관에 서명하는 방식에 의해 계약이 체결되는 경우가 바로 그것이다. 우리나라에는 약관이 소비자에게 매우 불리하게 작성되어 있는 경우가 많았다. 그러나 이것을 체계적으로 개선할 수 있는 제도적인 장치가 없었다. 어떤 계약이든 소비자 개인 한 사람, 한 사람으로 보면 대단한 금액이 아니지만, 다수 소비자가 될 경우 전체 계약금 액수가 미치는 경제적 효과는 상당히 크다. 약관심사제도를 정비해서 소비자에게 불리한 약관을 합리적으로 고치는 것은 소비자 권익과 소비자의 선택권을 높이는 데 결정적으로 중요한 일이었다. 동시에 기업 경영의 합리화도 유도하는 것이라고 생각해서 약관심사제도도 같이 도입하기로 했다.

약관심사제도의 도입은 이 분야에 대해 이전부터 가장 깊이 있게 연구해 왔고 이 제도의 도입 필요성을 나에게 역설한 한국외국어대학교 이은영 교수(후에 국회의원)의 도움이 컸다. 이 교수는 이 작업에 직접 참여해 자문을 해 주었다.

매우 쟁점이 많은 새로운 제도의 도입과 법령의 제정·개정은 주무부처의 입장에서 범부처적인 합의와 실무자들의 추진 의욕, 그리고 기관장의 확고한 결단과 리더십이 있어야 가능한 것이다. 나는 소비자보호법 체계의 정비·확충과 약관심사제도의 개선에 대한 이런 방향의 기본적인 구상을 상관인 차관보, 차관, 부총리에게 보고하고 그분들의 결단을 얻어 입법 절차를 밟으려고 했다. 진념 차관보, 문희갑 차관, 김만제 부총리 세 분 모두 최고의 경제전문가들이지만 소비자정책의 영역에 대해서는 깊은 관심을 가지거나 생각을 하지 않던 분들이다. 첫 보고에 대한 세 분의 반응은 모두 미지근했다. 내가 하는 일이 필요하고 의미 있는 일이라는 것에 대해서는 대체로 동의를 하지만, 그 일을 책임을 지고 추진할 만한 의지나 전문지식이 없어 자신이 없다고 했다. 이 문제를 가지고 관계 부처와 기업들, 시민단체들, 언론, 그리고 최종적으로 국회를 설득하여 입법을 추진할 용기가 나지 않는다는 것이었다. 그분들의 생각도 무리는 아니었다.

주무국장으로서 나의 결심은 전혀 흔들리지 않았다. 그러나 일개 국장으로서 입법을 추진하는 데 장관의 결심 없이는 불가능한 것이다. 상관들에게 "내가 추진하는 일이 옳은 방향이라고 생각한다면 나에게 맡겨 달라"고 건의했다. 그러면서 의원들을 설득해 의원입법의 형태로 추진하겠다는 생각을 덧붙였다. 다행히 김만제 부총리는 나의 건의를 승인했다.

경제기획원을 담당하는 국회 상임위원회는 경제과학위원회(경과위)였다. 경과위의 여당(민정당) 간사 이진 의원은 관료 출신은 아니지만 총리비서실장을 지냈고, 당 정책위의 주요 역할도 맡고 있었으며, 합리적이고 건전한 생각을 가지고 있었다. 대학 입학 연도도 나와 같아 친구같이 충분히 의사소통이 가능했다. 나는 "국민들을 위해 좋은 일이므로 꼭 해야 하며, 소비자정책을 정비하는 입법을 추진하는 것보다 더 국민들에게 호소력 있는 사안이 어디 있겠느냐, 국회의원으로서 이보다 더 보람 있는 일이 또 있겠느냐"고 설득하여 이진 의원의 공감과 결심을 얻어 냈다. 당내 위치로 보아 최종적으로 당의 공론을 얻는 데도 크게 도움이 될 수 있다고 생각했다.

물가국은 본격적인 입법 준비 작업에 돌입했다. 물가국 유통소비과의 이정록 과장, 신철식 사무관, 이강현 주사 등이 주로 담당했다. 경제기획원의 가장 유능한 사무관 중의 하나로 자타가 인정하던 신철식 사무관(후에 기획원 국장·실장, 국무조정실 정책차장)이 실무를 전담했다. 그는 당초 의도한 취지의 입법안의 초안을 잘 만들고 이를 최종적으로 관철하는 데 크게 기여했다. 이강현 주사도 입법 과정에 크게 기여했을 뿐 아니라 나중 창설되는 소비자보호원으로 옮겨 간부로서 계속 일했고, 마지막으로 이사로 퇴직할 때까지 소보원의 최고 소비자문제 전문가로 활동했다. 최근까지 한국국제협력단(KOICA)에서 실시하는 전문가자문단의 일원으로 태국 총리실 소비자보호청의 소비자정책자문관으로 파견되어 태국의 소비자보호정책 전반에 대한 자문 활동을 끝내고 귀국했다.

우여곡절을 겪어 거의 전면 제정 수준으로 다듬어진 '소비자보호법 개정안'은 1986년 11월 19일, '약관의 규제에 관한 법률 제정안'은 12월 10일에 각각 국회에 제출되었다. 소비자보호법 개정안은 이진 의원을 대표발의자로 해 40명의 의원이 발의에 참여했다. 약관의 규제에 관한 법률 제정안은 이 의원과 임두빈 의원 공동발의에 40명의 의원이 참여했다. 두 역사적 법률은 1986년 12월 18일 정기국회에서 통과되고, 개정 소비자보호법은 1987년 4월 1일부터, 약관의 규제에 관한 법률은 7월 1일부터 각각 시행에 들어가게 되었다.

한국소비자보호원 설립

두 법이 통과된 후 법이 정하는 대로 구체적 집행을 책임질 '한국소비자보호원'을 설립하고, '약관심사위원회'를 구성했다.

1987년 4월에 한국소비자보호원 설립준비위원회가 구성되었다. 위원장은 문희갑 차관이 맡고, 위원은 당연직으로 물가정책국장과 관계 부처의 국장으로 구성하여 체계적인 준비 작업에 착수했다. 7월에는 약관심사위원회를 구성했다.

초대 소보원장을 누구로 할 것인가를 놓고 김만제 부총리가 나의 의견을 구했다. 김 부총리는 이 입법 과정에서 적극적인 역할을 하지 않았지만, 법이 통과되고 소보원이 경제기획원 산하 기관으로 창설되었으므로 원장의 선임 문제를 다루지 않을 수 없었다. 김 부총리는 "큰 기관이 아니니까, 초기 출범할 때는 기획원에서 1급 간부 한 명이 옷을 벗고 초대 원장을 맡는 것이 적절할 것으로 생각한다"면서 나의 의견을 물었다. 나는 이례적으로 길게 나의 생각을 말씀드렸다.

"소보원이 처음부터 큰 기구로 설립되지는 않겠지만, 경제적으로 엄청난 의미를 가지고 있는 기관입니다. 한국소비자보호원의 설립은 단순한 또 하나의 국책기관의 설립이 아니고, 공급자 중심에서 소비자 중심으로 경제의 큰 프레임이 바뀌어 간다는 상징적 의미를 갖는 것입니다. 그러니 초대 기관장은 사회에서 지명도 있는 거물급을 영입하는 것이 필요합니다. 정부 출신이 될지 민간 출신이 될지 모르지만, 만약 정부 출신이 된다면 최소한 장관 이상을 지낸 분이 임명돼야 합니다. 소보원 내에 설치되는 분쟁조정위원회의 초대 위원장도 원장에 버금가는 비중을 갖는 법률가가 임명되는 것이 바람직합니다."

김 부총리는 그 기관이 그렇게 중요한 기관이냐고 반문하면서도, 이 기관의 설립에 큰 역할을 한 물가국장의 의견을 참고해서 일단 대통령에게 가서 사전 상의를 하겠다고 했다.

김 부총리는 전두환 대통령을 만나 소비자보호원 출범 배경과 원장과 위원장의 자격 등에 대해 보고를 했다. 보고를 듣자마자 전 대통령은 초대 원장에 금진호 전 상공부 장관을, 초대 분쟁조정위원장에 김영균 전 법제처장을 바로 지명했다.

김 부총리는 대통령이 그 자리에서 특정인을 지명하리라고는 전혀 생각하지 않았다. 상공부 장관을 지낸 금진호 씨는 장관직에서 물러났지만 전두환 대통령 및 그 정부와 깊은 인연이 있었고 여전히 경제계에서 큰 영향력을 행사하는 거물이었다. 김영균 씨는 장관급의 법제처장을 역임했으며 사적으로는 대통령의 육사 동기로서 육사 출신으로는 처음으로 고등고시 사법과에 합격한 인사였다. 그런 사람들을 지명하니 김 부총리는 깜짝 놀랐으나 가타부타할 입장이 아니어서 그대로 돌아왔다고 한다.

김 부총리는 나를 불렀다.

"김 국장, 예상치 않던 일이 생겼소. 대통령께서 금진호 씨를 초대 원장으로 하라고 하셔. 그리고 분쟁조정위원장에는 김영균 전 법제처장을 하래. 나는 더 이상 관여하지 않을 테니, 두 사람을 만나 대통령의 지명을 알리고 수락을 받아 임명 절차를 밟으소."

나도 깜짝 놀랐다. 나는 속으로 경제기획원 출신의 전직 장관

중, 가능하면 사회적 이미지를 위해 신병현 전 부총리 정도의 거물급을 지명했으면 하는 기대를 하고 있었다. 금진호 씨를 지명하리라고는 꿈에도 생각하지 않았다. 특히 그분은 기업의 입장을 주로 대변하는 상공부 장관 출신이다. 초대 소보원장으로서는 썩 어울리지 않는 이미지를 갖고 있었다. 그러나 그 당시 전 대통령의 지명에 대해 감히 누가 토를 달 수 있었겠는가.

우선 금진호 전 장관이 고문을 맡고 있는 무역협회의 그의 사무실로 찾아가 그간의 과정을 설명하고, 대통령의 지명에 대한 수락을 받기 위해 왔다고 말했다. 예비지식도 사전 정보도 전연 없던 금 전 장관으로서는 아닌 밤중에 홍두깨였을 것이다. 소비자보호원의 기능과 조직 구상에 대한 나의 간단한 설명을 듣고는, "내가 그런 조그마한 기관에 원장으로 간다는 것이 말이 되느냐"는 반응이었다. "맡을 의사가 없으시면 그렇게 대통령께 보고를 드리겠다"고 했더니 깜짝 놀라며 "대통령이 결정하신 사항을 마치 거부하는 것처럼 하면 안 되는 것이니, 대통령의 뜻이 확실하다면 내가 맡겠다는 보고를 드리시오"라며 수락했다.

김영균 분쟁조정위원장 지명자는 얼마 전 정부에서 나와 변호사 개업을 위해 사무실을 계약하는 등 준비중이라 도저히 맡을 사정이 안 된다고 고사했다. 결국 법무부가 추천한 대검찰청의 제일 고참 검사장이던 강용구 공판송무부장을 위원장으로 영입했다.

우여곡절 끝에 초대 소보원장과 분쟁조정위원장 인사가 내정되면서 설립추진위원장 자리도 문희갑 차관으로부터 금 원장 내

1987년 7월 소비자보호원 첫 이사회 장면. 오른쪽부터 금진호 원장, 필자, 이윤자 주부교실중앙회 회장, 김교창 변호사 등.

정자가 바통을 이어받았다. 그렇게 하여 1987년 7월 1일 소비자보호원이 정식 개원했다.

금진호 전 장관이 처음 지명되었을 때 나는 주무국장이며 이 업무를 전적으로 추진했던 실무책임자로서 상당한 걱정을 했었다. 이 분야에 경험이 전혀 없고, 경제 전반을 큰 시각으로 보는 경제기획원에 있었던 것도 아니고, 상공부에서 소비자보다는 생산자 중심의 생각을 가지고 일하던 분이기 때문이다.

그러나 역시 일이란 맡으면 하게 되는 것이다. 당시 정부 안팎에서 금진호 원장의 영향력이 막강했기에 설립 초기의 많은 어려운 문제가 잘 풀려 나갔다. 예컨대 설립 초기부터 직원들의 봉급을 다른 국책기관보다 훨씬 높게, 거의 KDI 수준으로 책정했다.

사무실도 직원은 많지 않지만, 게다가 시험 설비와 기구 등 위험 시설도 갖는 특수기관임에도 불구하고 고급 건물인 용산의 국제빌딩에 3개 층을 얻을 수 있었다. 이사진과 분쟁조정위원들의 선임도 훌륭한 인사들로 잘 이루어졌다. 이 모두 금진호 초대 원장의 영향력과 무관하지 않다고 생각한다.

첫 이사회가 구성됨으로써 소보원 설립이 마무리되었다. 당연직으로 물가정책국장과, 시민단체·학계·언론계·법조계를 각각 대표해 이윤자 주부교실중앙회 회장, 김용자 숙명여대 교수, 민병문 동아일보 논설위원, 김교창 변호사가 참여하고, 경제기획원의 박동진 공보관이 부원장 격의 수석이사로, 상공부의 조성대 국장이 퇴임하며 상임이사로 참여했다.

소비자분쟁조정위원회는 강용구 위원장 외 상임위원으로 안태현 법무부 출입국관리국장, 위원으로 김천주 주부클럽연합회 회장, 박노경 한국소비자문제연구원 이사, 황적인 서울대 법대 교수, 차상필 대한상의 부회장, 남용희 변호사 등 비중 있는 인사들로 구성되어 활동에 들어갔다.

약관심사위원회 설치

1987년 7월에는 약관심사위원회가 경제기획원 내에 설치되었다. 초대 위원장에 당시 원로 법학 교수인 연세대 손주찬 교수가 영입되었다. 약관심사제도를 처음 제안한 이은영 외대 교수, 경제기획원 출신의 한재열 중소기업협동조합중앙회 상근부회장, 소비자단체 운영과 소비자문제에 관심이 많은 김동환 변호사, 나중에

1987년 7월 첫 약관심사위원회를 마치고. 앞줄 왼쪽부터 한재열 부회장, 손주찬 교수 (위원장), 이은영 교수, 뒷줄 왼쪽부터 필자, 김문희 변호사, 김동기 교수, 김동환 변호사, 김홍규 교수, 조휘갑 과장.

헌법재판관을 하게 될 김문희 변호사, 고려대 김동기, 김홍규 교수 등 역시 비중 있는 분들로 초대 약관심사위원회가 구성되었다.

뒤안길 **소비자보호법 개정이 성사되기까지**

소비자보호법 전면 개정을 추진하는 과정에서, 정부 내에서 상당히 힘이 있는 여러 부처와의 견해 차이로 갈등을 겪었다.

첫째는 법무부와의 갈등이다. 소비자 보호를 위한 분쟁 조정 기능을 소비자보호원에 주는 것에 대해 법무부는 상당히 부정적인 생각을 가지고 있었다.

둘째는 상공부와의 갈등이다. 소비자 피해 구제 대상이 되는 상품 대부분은 상공부 소관이었고, 그 관리를 관련 산업정책의 주무부처로서 상공부가 하고 있었다. 그러니 소비자 보호 차원에서 이 상품들에 대해 문제 제기를 할 수 있는 기능이 경제기획원이나 산하 소비자보호원에 생기는 것에 대해 상당한 거부감을 가지고 있었다.

셋째는 재무부와의 갈등이다. 어느 경우에도 재무부는 소관 업무에 다른 부처가 관여하는 것을 거부한다. 금융에 관해서는 재무부가 알아서 하니 다른 부처는 일체 관여하지 말라는 것이 재무부의 전통적 사고방식이었다. 그런데 금융소비자 보호 문제를 소비자보호원이 다루겠다고 하니 재무부로서는 받아들일 수 없다는 입장이었다.

사회적으로 상당한 영향력을 가진 여성 지도자들이 주로 운영하고 있던 각종 민간 소비자단체들과의 갈등도 빼놓을 수 없다. 이분들은 소비자 보호 업무는 이제까지 소비자단체가 거의 전적으로 해 온 일인데 왜 정부가 새삼 나서서 소비자단체의 활동을 위축시키느냐고 문제를 제기했다.

이처럼 정부 부처 중에서도 막강한 법무부, 재무부, 상공부, 그리고 정부에 못지않은 영향력을 가진 소비자단체들과의 의견 조율

과정에서 많은 어려움을 겪었다.

당시 우리나라 사법제도는 민·형사 문제에만 주로 관심을 갖고 소비자문제 등 시대 변화에 따른 새로운 입법이나 사법적 수요에 대해 매우 둔감했다. 그래서 법무부에 대해서는 "갈수록 늘어나는 소비자 피해에 대해 국가 차원의 유효한 구제 수단은 거의 없는데, 왜 법무부가 스스로 그런 역할을 하지도 않으면서 다른 부처가 하려는 것에 반대를 하느냐"는 논리로 반박했다. 당시 법무부의 김유후 법무실장(후에 서울고등법원장), 심상명 법무심의관(후에 법무부 장관), 안대희 검사(후에 검사장, 대법관) 등은 나나 신철식 사무관과 고등학교, 대학 동기나 선후배 관계로 평소 친근한 사이였다. 그러나 부처 간 중대한 견해 차와 이해관계가 있어 의견 접근에 굉장히 힘이 들었다.

재무부의 실무책임자 윤증현 금융정책과장(후에 금융감독원장, 기획재정부 장관)과의 의견 조율도 처음에는 매우 어려워 한때 심각한 상태에 이르렀지만, 시간이 지나면서 서로 진의를 이해하며 접점을 찾아 갈 수 있었다. 상공부와도 쉽지 않은 이견 조율 과정을 거쳤다.

예상과 달리 여성 소비자단체장들과의 이견 해소가 제일 어려웠다. 자기들이 소비자 보호에 독점적인 역할을 해 왔다고 믿기 때문에, 정부가 나서서 자신들의 활동을 축소하고 위축시킨다는 생각을 좀처럼 바꾸려 하지 않았다. 사실은 그들의 밥그릇이 줄어

드는 데 대한 두려움이 있었다.

"정부는 그동안 소홀했던 소비자보호정책을 제대로 하려고 한다. 소비자단체가 진정 소비자를 위해 활동하는 단체라면 쌍수를 들어 환영할 일이지, 이를 반대하는 것이 말이 되느냐. 소비자 분쟁의 준사법적 조정과 같은, 민간이 할 수 없거나 해서는 안 될 영역에 정부의 역할이 강화되면 정부와 민간 소비자단체는 서로 보완적으로 기능을 강화해 갈 수 있다."

이런 요지로 반박하면서 그들을 설득하는 데 힘을 기울였다. 그러나 충분히 설득했다고 생각하고 헤어지면 다음날 다시 원점으로 돌아가서 논쟁을 하는 과정이 수없이 반복되었다.

국회 입법 과정도 순탄하지만은 않았다. 나는 의원입법이 행정부 제안 입법보다 좀 쉽고 과정도 단축되리라고 기대했다. 결과적으로 의원입법의 형식을 취했지만, 워낙 쟁점이 많은 법안이었기에 모든 기관의 의견을 다 수렴하여 최종안이 만들어지기까지의 과정은 멀고도 험난했다. 이런 모든 힘든 과정을 거쳐 결국 개정법률안의 초안이 만들어졌고 최종적으로 국회를 통과했다. 당초에 물가정책국이 생각했던 수준에서 크게 벗어나지 않는 내용으로 마무리할 수 있었다. 당정협의를 주도한 이진 의원의 노력과 영향력, 그리고 그의 열정이 있어 가능했다. 지금도 깊이 감사하고 있다. 인연이란 묘한 것이어서 그는 나의 전임 환경차관이기도 하다.

소비자 보호 기구냐, 소비자문제 해결 기구냐

소비자보호원을 설립할 때 일본 경제기획청 산하의, 소비자문제
를 일부 다루는 '국민생활센터'의 기능을 조금 참고했다. 사실 참
고한 이 기관보다 우리의 소비자보호원이 규모가 훨씬 더 크고
기능도 훨씬 광범위하다. 소보원 설립 후 도리어 일본에서 "어떻
게 한국에서 이런 기구를 만들었냐"면서 우리에게 배우러 오는
일도 더러 있었다. 나중에 내가 차관보, 대조실장을 할 때 일본
NHK방송에서 여러 번 인터뷰를 요청할 정도로 한국소비자보호
원에 대한 일본의 관심은 컸다.

당초 한국소비자보호원이라는 명칭은 내가 구상한 이 기관의 기
능을 충분히 반영하는 것이 아니었다. 영어로 'National Institute
for Consumer Affairs'가 내가 생각하는 그 기관의 제대로 된 명
칭이었다. 그런데 적절하게 국어로 표현하기 어려웠다. 당시 국
민의 일반적 인식 수준도 감안해서 일단 한국소비자보호원으로
정했으나 영문 명칭만은 위와 같이 정할 생각을 가지고 있었다.
그런데 금진호 원장이 바로 영문 명칭을 'Consumer Protection
Board'(약칭 CPB)로 결정했다는 것이다. 금 원장은 경제기획원의
영문 약칭인 EPB를 연상케 하는 것이 의미 있다고 생각하지 않
았나 추측된다. 그러나 어색한 영어 직역에다 기관의 역할과 기
능을 제대로 담아 내지 못하는, 원래 구상과는 상당히 거리가 있

는 것이었다.

소비자 보호 체계가 정비된 지 20년이 되는 2007년에 소비자보
호법은 '소비자기본법'으로 격상되고, 한국소비자보호원(Korea
Consumer Protection Board) 역시 3월 28일부터 '한국소비자원(Korea
Consumer Agency)'으로 기관의 위상이 올라갔다. 20년이 지나서야
애초 나의 생각에 조금 가까워진 이름을 갖게 된 것이 그나마 다
행이다. 약자로서 소비자에 대한 보호 차원을 넘어 소비자문제의
본질, 소비자정책의 중요성에 대한 국가적, 사회적 인식이 높아
진 현실을 반영한 것이다.

소비자원의 피해 구제나 분쟁 조정은 그 영역이나 처리 건수 면
에서 엄청난 증가를 보이고 있다. 시험·검사, 정보 제공, 교육·훈
련 등 소비자원의 기능에 대한 사회적 수요도 획기적으로 증가돼
왔고 앞으로도 그럴 것이다. 정부 예산의 투입이 정말 아깝지 않
은 공공기관으로 성장했다. 참으로 드문 경우이다. 소비자 관련
업무가 대체로 원래 내가 구상하던 방향으로 발전하고 있다고 생
각돼 큰 자부심을 느끼고 있다.

(7) 물가안정 이루고 시장경제에 대한 생각 정립

물가정책국장 만 3년. 이렇게 물가국장을 오래 한 사람은 나 말
고 없다. 당시 기획원에서 물가국장은 가장 고참 국장이 맡는 것

이 인사 관행이었는데, 이들은 승진 기회가 생기면 그 자리를 떠났기 때문이다. 나는 부이사관 때 물가정책국장이 되었기에 한참 후에야 이사관이 되었고, 이사관으로 최소한 3년 정도는 지나야 1급 승진 대상이 될 수 있었다. 그렇다고 다른 국으로 옮길 만한 자리도 없어 결과적으로 최장수 물가국장이 되었다.

내가 물가국장으로 재임한 3년(1985~87)은 0퍼센트 내외 수준의 가장 안정된 물가수준을 보인 역사적 기간이었다. 이것은 물가국장 개인이나 물가국의 노력만으로 된 것은 아니다. 정부의 정책 방향과 대통령의 확고한 의지, 사회적 공감대의 3박자가 잘 맞아 떨어졌기 때문에 가능했던 일이다. 정부는 물가를 안정시키고, 물가에 영향을 미치는 모든 요소들을 안정 위주로 끌고 가겠다는 방침을 흔들림 없이 밀고 나갔다. 전 대통령은 수시로 물가안정에 대한 강력한 의지를 공개적으로 밝히며 물가당국에 힘을 실어 주었다. 여기에다 물가안정을 위해 정부의 인위적인 가격 조정은 최후의, 불가피한 수단이어야 한다는 사회적 공감대 형성이 정부를 한결 수월하게 해 주었다. 유례없는 물가안정이 지속되자 급격한 정치 변동으로 불안해 하던 민심도 많이 가라앉았다. 경제가 정치와 통치의 근본이요 중심이라는 사실을 실감한 때였다. 좋은 정책 환경이 있었기에 물가를 맡은 실무책임자로서 주요 가격정책을 안정적으로 운용하면서, 필요한 경우 과감하게 가격의 인상 조정도 할 수 있었다. 개인으로서는 행운이기도 했다.

물가국장을 마칠 때쯤 전두환 대통령의 임기도 마무리되어 가고 있었다. 전 대통령 임기 만료를 앞두고 정부는 사회 각계에 대

홍조근정훈장을 공직자 대표로 전두환 대통령으로부터 친수받음(1987. 12. 10).

한 큰 규모의 표창을 실시했다. 나는 공무원에게 주는 근정훈장 가운데 국장 계급에 상응하는 홍조근정훈장을 받았다. 1987년 12월 10일, 공직자 대표로서 대통령으로부터 훈장을 직접 수여받는 영예도 누렸다.

물가국장 3년 동안의 가장 값진 소득은 물가와 가격을 보는 근본적인 시각과 철학을 정립한 것이다. 시장경제라는 것이 무엇인가, 시장경제에서 가격은 어떤 기능을 해야 하는가, 그리고 그 가격은 어떻게 결정되는 것인가에 대해 깊이 있게 나의 생각을 정립할 수 있었다.

그중의 하나는, 가격은 결코 원가에 따라 결정되는 것이 아니라는 사실이었다. 가격은 수급의 다양한 조건이 만나서 결정되며, 원가는 공급 측의 한 요소가 될 뿐이라는 사실을 확실하게 이

1988년 1월 8일, 같이 일한 물가정책국 과장들(김선옥, 김병일, 정재룡, 장석준, 조휘갑)이 해 준 재직 기념패. 내가 받은 최초의 재직 기념패다.
"지난 3년간 물가정책의 실무책임자로 봉직하면서 세우신 초유의 물가안정 기록은 후배들에게 오랫동안 기억될 것입니다. 여기에 석별의 정을 새깁니다."
과분한 칭찬의 문구이다.

해하고 '원가+α'를 기준으로 한 기존의 가격정책에서 탈피하는 정책 방향을 정립했다. 동시에 기업 경영적 측면에서 원가는 객관적 팩트가 아니고 경영전략의 한 요소임도 충분히 이해하게 되었다. 그런 관점에서 보면 요즘 새삼 문제 되고 있는 아파트 원가공개 제도는 얼마나 터무니없는 정책인가. 아직도 우리는 시장과 가격의 근본에 대한 이해가 전연 없는 정부와 정치권에 의해 경제가 좌지우지되는 한심한 나라에서 기업 경영을 하고 소비생활을 하고 있는 것이다.

또 하나의 소득은 소비자문제와 소비자정책에 관한 독보적 사고체계를 정립할 수 있었던 것이다. 시장경제에서 소비자가 차지하는 위치는 무엇이고, 소비자 중심의 경제는 무엇인가, 시장경제에서 소비자 선택의 중요성 등에 대해 깊이 있게 사고한 것을 정리하고, 이론을 정립하여 정책 현장에서 실천에 옮기고 제도에 반영할 수 있었던 것은 나중에 내가 시장주의자로서 보다 성숙돼가는 데 절대적으로 중요한 과정이었다.

내가 물가국장을 하지 않았다면 이러한 깊이 있는 생각을 가질 수 있었을까? 아마 불가능했을 것이다. 물론 그 후에도 여러 계기가 있었지만 물가국장 시절이 내 생각이 정리되는 결정적인 기간이었다.

물가국장으로서 마지막으로 하고 싶었던 일은, 유통정책을 소비자정책에 준하는 수준으로 정비하는 것이었다. 경제발전을 위해서는 유통 부문이 제조업 분야에 못지않게 발전할 필요가 있었다. 따라서 이것을 견인할 수 있는 제도의 정비가 꼭 필요하다는 문제의식을 가지고 있었다.

지금은 유통 분야가 매우 발전했지만 그 당시에는 경제발전의 걸림돌이 유통 부문이었다. 유통산업의 발전 정도도 아주 후진적이었지만, 유통에 관한 정부의 기능도 체계적, 조직적으로 발휘되지 않고 있었다. 유통문제를 종합적으로 조정하는 역할이 물가정책국에 부여되어 있었지만 그간 그 역할을 하지 못하고 있었다. 조직 면에서 한 과에서 소비자정책과 유통정책을 다 맡고 있었으니 추진할 여건이 크게 미비했다.

소비자제도를 정비하고 나서 이 문제에 착수해야겠다고 생각하던 차에, 만 3년 재임한 물가국장을 더 이상 할 수 없는 상황이 생겨 유통정책의 획기적 발전 계획을 실현하지 못하고 물가국장을 마무리하게 되었다. 아쉬움이 남는 부분이다.

4. 국방대학원 파견 수학

(1) 이례적 인사와 파견발령

물가정책국장을 마치고, 민주화합추진위원회(민화위) 전문위원 파견 겸 국방대학원 수학이 결정되었다. 시간적으로는 국방대학원 수학이 먼저 결정되었지만, 민화위 전문위원 파견 기간(1988년 1~2월)을 끝내고 가게 되었다(2~12월).

물가국장 재임 3년이 되어 갈 무렵, 문희갑 차관은 전례 없는 인사 방침을 추진했다. 나를 포함하여 강봉균 경제기획국장, 오세민 예산실 총괄심의관이 3년 동안 중요한 직책에 계속 있다 보니 인사가 풀리지 않는다는 판단에 따른 것이었다. 세 사람 다 부이사관으로서 중요한 국장을 맡았기 때문에 승진하기에는 이르고 횡적 이동도 어려운 상황이었다. 다른 국장들 사이에 "경제기획원의 요직 국장 자리는 그 세 사람만 하는 거냐"는 불평이 있었던 모양이고, 문 차관은 이에 귀를 기울이고 있었던 것 같다.

문 차관은 이런 현상을 풀기 위해 여러 가지 구상을 했을 것이다. 가장 좋은 방법은 기획원 안팎에 1급 차관보나 실장 자리가 생겨 승진시키거나 배출시키면 그만이지만 안타깝게도 경제부처 전체에 그런 여유가 없었다. 그래서 문 차관은 오랫동안 한 자리에 있는 요직 국장들을 국방대학원에 보내어 인사의 숨통을 틔운다는 구상을 하게 된 것이다.

예나 이제나 조직의 관리자는 항상 인사의 흐름에 신경을 쓰지 않을 수 없다. 문 차관은 우리 세 사람과 전윤철 예산심의관까지 포함하여 네 사람을 선정, 두 사람씩 짝을 지워 국방대학원에 보내겠다고 했다. 최고참인 김영태 정책조정국장은 자리가 생기면 승진을 시킨다는 것을 전제로 이 대상에서 빠졌다.

문 차관은 네 사람을 불러 방침을 설명하고 동의를 구했다. 그러면서 나와 전윤철 국장을 한 조로, 강봉균 국장과 오세민 국장을 한 조로 묶은 뒤 갈 순서를 결정하자고 했다. 지역별 안배를 해 영남 출신(김인호, 오세민), 호남 출신(전윤철, 강봉균)을 한 명씩 묶어 조를 짰다는 것이다.

문 차관은 후속 인사 방침에 대해서도 이야기했다.

"어느 조가 먼저 가든, 다녀왔을 때는 갈 때 못지않은 보직을 보장하고, 승진의 기회가 있으면 가장 우선순위를 주겠소. 다음 해에 가는 조는 반드시 그 약속을 지키도록 하는 장치도 해 두겠소. 각서도 쓰고 인사기록카드에 기록도 해 놓을 테니 걱정들 마시오."

당시 경제기획원은 다른 부처와 달리 국방대학원 수학을 선호하지 않았다. 특히 주요 국장 자리에 있던 사람이 뒤늦게 국방대학원에 가는 것은 전례가 없었다. 게다가 나의 경우 초임 국장 시절 KDI에 1년 7개월이나 파견 갔다 온 사람을 국방대학원에 또 교육파견 보내는 것은 적절치 않은 인사였다. 아무도 선뜻 나서지 않고 서로 눈치만 보았다. 그러나 이 방침이 관철되지 않으면 문 차관으로서는 상당히 권위가 손상될 수밖에 없는 상황이었다. 고심 끝에 내가 먼저 생각을 바꾸었다. 물론 문 차관의 이 인사 방침을 정상적인 것으로 보기는 어렵지만, 장관의 허락을 받고 진행된 것이었다. 장·차관이 인사 방침을 정했는데 불응하는 것은 조직의 일원으로서 도리가 아니었다. 오랫동안 격무에 시달리다가 국비로 공부도 하고 바람도 쏘이는 것이 반드시 나쁜 것만은 아니라고 마음을 바꿨다. 내가 가겠다고 하자 같은 조로 묶인 전윤철 국장도 동의했다. 문 차관은 반색을 하며 고마워했다. 우리 조가 먼저 1988학년도에 가고, '89학년도에는 강봉균·오세민 조가 반드시 가는 것으로 되었다. 이를 확실히 하기 위해 인사기록 카드에 기록하고, 각자 각서도 썼다.

이 무렵 노태우 대통령당선자의 민화위 설치 방침이 정해졌다. 경제기획원에서는 내가 전문위원으로 파견되어 1988년 1, 2월에 근무하게 됨에 따라 국방대학원에는 한 달 정도 지각 입학했다.

국방대학원 파견 수학은 당사자인 네 명의 국장이 어찌 됐건 동의하고 각서까지 쓴 사안이다. 하지만 강봉균·오세민 조가 약속을 지키지 않는 바람에 이 인사 방침은 1년 단명으로 끝나고 만다.

(2) 민주화합추진위원회 전문위원

1987년 말에 노태우 대통령후보자가 대통령에 선출되었다. 당시에는 법의 뒷받침을 받는 대통령직인수위원회와 같은 조직이 없었다. 주로 의전과 행사 준비를 위한 기구로 '취임준비위원회' 정도가 있을 뿐이었다. 노태우 당선자는 취임준비위와 별도로, 대통령 취임 후 정부를 인수해 가는 과정에서 주요한 걸림돌이 될 만한 사항을 미리 점검하고, 사회적 공론을 모아 해결할 수 있거나 해결의 방향을 찾을 수 있는 것은 그 내용을 대통령당선자가 미리 보고받을 필요가 있다고 판단했다. 이런 기능을 수행할 기구가 민주화합추진위원회였다. 노태우 후보의 당선에 중요한 역할을 한 최병렬 의원이 주로 아이디어를 냈고, 같이 일한 김학준 의원이 세부 추진 책임을 맡았다. 민화위에는 독립운동 원로, 정계, 종교계, 법조계, 언론계, 관계, 학계, 여성계, 경제계, 노동계 등 각계 대표 55명이 참여했다. 이강훈, 김재순, 박준규, 신형식, 조향록, 이회창, 김용식, 강영훈, 이한빈, 고병익, 노정현, 손인실, 최종현, 박성용, 김동인, 지용태, 서영훈, 홍성철 씨 등 우리 사회 각계의 최고 원로, 저명인사 들로 구성되었다.

민화위가 구성되면서 이를 실무적으로 뒷받침하기 위해 '전문위원회'가 만들어졌다. 전문위는 각 부처 국장과 국회 수석전문위원, 노 당선자의 선거 캠프에 직·간접으로 참여한 정치 지망생들로 구성되었다. 경제부처에서는 내가, 내무부 허태열 국장(후에 국회의원, 대통령비서실장), 문화공보부 이덕주 국장, 법무부 유재성 심의관(부장검사), 민정당 장명근 법사전문위원, 총무처 서태윤 국장, 국회 이기곤 수석전문위원이 참여했다. 정치 지망생으로는 염홍철 경남대 교수(후에 대전시장), 김형오 총리실 정무비서관(후에 국회의원, 국회의장), 조영일 변호사 등이 포함되었다. 이양희(후에 정무차관, 국회의원) 씨가 행정실장을 맡고 오제세 내무부 과장(후에 국회의원, 국회 보건복지위원장)이 행정관으로 파견되어 일했다.

당초 경제기획원에는 국장급 1인의 파견 요청이 있었다. 그러나 새로이 사람을 선발하면 인사 운용상 여러 가지 어려움이 따를 수밖에 없었다. 마침 내가 물가국장을 끝내고 국방대학원 파견을 가도록 되어 있어, 국대원에 조금 늦게 입학하더라도 민화위 전문위원의 일을 마치고 가도록 결정한 것이다.

민화위는 3개 분과위원회로 구성되었다. 첫째 민주발전분과위는 주로 권위주의 청산 과제, 둘째 국민화합분과위는 주로 광주사태의 치유 문제, 셋째 사회개혁분과위는 지역 간, 세대 간, 계층 간 갈등 해소와 부정부패 방지 과제 등을 각각 다루었다. 당시의 시대 상황에서 국가 최고의 현안이었던 광주사태의 정리뿐만 아니라 정치적으로 사회적으로 해결해야 할 많은 주요 과제들에 대해 2개월 동안 매일 분과위와 전체위를 열어 토론을 했고, 전문위원들은 토론 과제를 제기하고 토론 내용을 정리했다. 나는 사회개혁분과위에 소속되어 앞의 과제를 중심으로 하는 경제 및 사회적 주요 이슈에 대한 논의를 종합한 보고서를 작성했다.

1988년 1월에 발족한 민화위는 2개월간 집중적인 활동을 담은 종합보고서를 대통령당선자에게 제출한 후 해산했다. 워낙 각계

임무를 끝낸 민화위 전문위원들(1988. 2. 16). 뒷줄 맨 왼쪽부터 시계방향으로 김형오, 허태열, 염홍철, 이덕주, 조영일, 필자, 서태윤, 유재성, 장명근, 이양희, 이기곤.

의 최고 명망가들이 참여하였기에 나중에 노태우 정부는 이 인력 풀에서 총리를 지명하는 등 민화위를 다양하게 활용했다.

지나고 나서 생각해 보면 이 민화위는 훌륭한 아이디어의 소산이었고, 역사적으로 중요한 역할을 수행했다. 진정한 의미의 대통령직인수위원회의 이상적 모델이었다고 할 수 있다. 다음 김영삼 대통령당선자부터는 법적, 제도적 뒷받침을 받아 인수위원회를 꾸리기 시작했지만, 역대 인수위원회마다 문제가 적지 않았다. 정부 인수 후에 자연히 이관될 정부 각 부처의 경상적 기능에 대한 내용을 가지고 인수위원회가 마치 점령군처럼 미리 왈가불가하는 것으로 시간의 대부분을 보내는 것이 상례였다. 이를 보면서 시대를 앞서간 민화위의 설치 의의와 부여된 기능, 그리고 이 위원회가 한 역할에 대해 새삼 인식을 새롭게 하지 않을 수 없다.

(3) 국방대학원 수학

먼저 시작된 민화위 전문위원 역할을 마치느라 국방대학원에 한 달 늦게 입학한 것은 국대원으로서는 매우 예외적인 경우였다. 같이 전문위원을 한 내무부의 허태열 국장도 마찬가지였다.

다른 부처는 경제기획원과 달리 국방대학원 파견을 선호하는 경향이 있었다. 군인들은 승진, 특히 장군 진급에 필수 과정이었기에 앞다투어 입학하려 했다. 정부투자기관들도 국방대학원에 다녀오면 인사상의 여러 가지 배려를 받기에 서로 지망을 했다. 입학해 보니 각 부처와 기관들에서 유능한 사람들이 많이 와 있었다. 정부 부처 국·과장, 국영기업체 간부, 군에서는 육·해·공군 장성 각 한 명 외에 주로 대령들이 왔고 전도유망한 중령급도 더러 있었다.

갓 출범한 노태우 정부는 그전까지의 권위주의적 정부의 모습을 탈피하려는 노력을 많이 기울였다. 오랜만에 국민의 직접선거로 선출된 대통령에 의해 구성된 정부라는 점을 부각시키기 위해서였다. 사회 전체로도 자유로운 분위기가 팽배한 시절이었다. 국방대학원도 이 영향을 받아서 상당히 자유로운 분위기였다. 물론 국방대학원은 국방부에 소속된 특수대학원으로 원장은 현역 중장이었고, 교수부장 등 주요 간부들도 현역 장성이었다. 군 조직이 갖는 위계질서와 같은 딱딱한 분위기를 백 퍼센트 벗어날

국방대학원 출장팀장으로서 김용래 서울특별시장을 예방하고 선물 교환(1988. 10).

수는 없었지만, 어떤 때보다도 좋은 분위기에서 1년을 보낼 수 있었다.

　덕분에 골프도 많이 쳤다. 군 골프장의 회원 대우를 이용한 각종 모임뿐 아니라 주말 기획원의 각종 골프 모임을 다 쫓아 다녔다. 일생 골프를 가장 많이 친 기간이었다. 마침 뿌리분임의 일원인 공군의 정해창 대령은 프로급의 골퍼였다. 그는 모든 동료들에게 레슨을 제공해 항상 '사부'라고 불리었다. 30년이 지난 지금도 모두 계급을 떠나 그에게는 '정 사부'라는 호칭을 계속 애용한다.

　국방대학원은 국방 분야의 최고교육기관으로서 정규교육 외에도 각종 특강을 운영했다. 각 부처 장관들과 사회의 저명인사들이 연사로 초청되어 다양한 주제의 특강을 하는 등 좋은 프로그램이 많았다. 또한 매월 1회씩 전 교육생을 계속 섞어 가면서 주

국방대학원 졸업식에서 노태우 대통령과 악수하는 필자(1988. 12).

어진 과제를 가지고 분임 활동을 했다. 입학 첫 달에 구성되는 '뿌리분임'과 둘째 달의 '줄기분임'이 특히 중요했다. 같은 뿌리분임 끼리는 통상 졸업 후에도 친교와 교류를 계속해 가는 것이 국대원 졸업생들의 전통이다. 교육이 끝날 때쯤에는 전 수학생이 국내외로 조를 짜서 출장을 갔다 오는 것으로 교육 생활을 마무리한다. 나는 그간 해외에 갈 기회가 많았기에 다른 사람들에게 그기회를 양보하고 서울과 제주로 가는 출장팀장을 맡았다.

국방대학원 1년간은 의미 깊은 생활이었다. 군 출신들이 국가 전반을 이끌던 시대라, 군을 이끌어 갈 엘리트들과 함께 지내면서 그들의 생각과 행태를 볼 수 있는 좋은 기회였다. 정부 다른 부처의 유능한 국·과장들이나 국영기업체의 간부들과 사귀는 것도 유익했다. 서로 격의 없이 좋은 분위기에서 생활했다. 졸업식에는 노태우 대통령이 직접 참석하여 전 수료생과 일일이 악수하고 격려할 정도로 국대원은 높은 위상을 갖고 있었다.

1988년 12월에 국방대학원을 졸업하고 30여 년의 세월이 지난 지금도 내가 소속되었던 뿌리분임과 그다음 단계인 줄기분임은 1년에 여러 번 부부 동반 친교 모임을 가지고 있다. 특히 당시 군에서 온 장군 세 명, 육군의 김정남 장군(후에 육사 교장, 2군 부사령관), 해군의 이지두 제독(후에 해군참모차장, 합참차장), 공군의 김양수 장군(후에 전투비행단장)과 당시 일반직 제일 고참으로 졸업과 동시에 1급으로 승진한 서울시 우명규 국장(후에 서울지하철본부장, 경북지사, 서울시장), 농림부 김광희 국장(후에 농림수산부 제1차관보, 농촌진흥청장)과 나까지 여섯 부부는 지금도 '일토회'라는 이름의 격월 부부 모임을 계속할 정도로 친밀하게 지낸다.

5. 경제기획국장

1988년이 거의 끝날 무렵, 국방대학원 졸업과 동시에 나와 전윤철 국장은 본부 복귀가 예정되어 있었다. 자연스레 어떤 보직이 주어질지 관심을 가질 수밖에 없었다. 하지만 상황이 묘했다. 우리를 국방대학원에 보내는 특이한 인사 방침을 사실상 결정한 문희갑 차관이 청와대 경제수석으로 들어가고 이형구 차관(후에 산업은행 총재, 노동부 장관)으로 바뀌어 있었다. 파견 당시의 정인용 부총리도 1987년에 퇴임하고 나웅배 부총리로 바뀌었다가, 우리가 국방대학원을 졸업할 시점에는 서울대 경제학과의 저명한 경제학 교수인 조순 씨가 부총리로 왔다. 그래서 나는 나웅배 부총리와는 직접 대면해서 상하관계로 일할 기회가 없었다.

이러니 조순 부총리가 전임자의 인사 원칙을 지킬 것인가 많은 걱정이 있었다. 당초 약속대로라면 강봉균, 오세민 두 사람이 1989학년도에 국방대학원에 가야 했다. 그리고 내가 강봉균 국장이 하던 경제기획국장을 맡고, 전윤철 국장이 오세민 국장이 하던 총괄예산심의관을 맡으면 모든 것이 순리대로, 당초의 의도대로 가는 것이었다.

조순 부총리는 내가 대학 다닐 때는 상대 경제과에서 강의하신 분이라 별로 뵐 기회가 없었다. 공무원이 된 후 민간인들이 참여하는 각종 위원회 자리에서나 한두 번 만난 적이 있을 뿐이었다. 국방대학원 졸업이 임박하여 조 부총리께 인사를 드리러 가니 "아, 당신이 김 아무개 국장이냐"고 새삼 알아볼 정도였다. 그 자리에서 우리가 국방대학원에 가게 된 전전임 장·차관의 인사 배경과 약속된 후속조치의 내용을 설명했다. 그러나 조 부총리는 "나도 들었지만, 그런 인사 방침에는 동의할 수 없다"는 입장이었다. 국가를 위해 한창 일할 가장 중요한 고참 국장들을 단순히 인사 순환을 위해 국방대학원에 보내는 인사 방침에는 동의할 수 없다는 것이었다. 맞는 말이긴 했다.

당시 오세민은 당초 약속대로 가라면 가겠다는 입장이었지만, 강봉균은 상황이 바뀌었기 때문에 그랬는지 처음부터 그럴 생각이었는지는 몰라도 자기는 죽어도 국방대학원에 가지 않겠다는 의사를 조순 부총리에게 강력하게 밝힌 상태였다.

조 부총리 입장에서는 경제기획국장은 차관보와 더불어 자신의 가장 중요한 참모이기에 당연히 자신이 잘 알고 신임할 수 있는 사람에게 이 자리를 맡기기를 원했다. 마침 강봉균은 평소 잘 알고 있던 사람이라 계속 경제기획국장으로 활용하기로 생각을 굳히고 있었다. 이형구 차관도, 당사자인 강봉균 본인이 거부하고 인사권자인 조순 부총리가 과거의 인사 원칙을 따르지 않겠다고 하니, 적극적으로 우리들의 입장을 두둔하기도 어려운 형편이었다.

"당신은 상대적으로 나이가 젊지 않으냐, 기획국장도 4년이나 했고. 군대도 안 갔다 왔으니 그곳에 가서 머리를 좀 식히면서 군인들과 다른 부처에서 온 사람들과 한번 어울려 지내는 것도 좋은 경험이 될 것이다. 해외 등 바깥 기관에 파견도 나간 적 없이 원내에서만 근무했으니 파견 근무를 한번쯤 하는 것도 괜찮을 거다. 무엇보다, 우리가 조직의 간부로서 서로의 인격을 걸고 한 약속이니 지켜야 하는 것이 아니냐."

나의 권고에도 그는 가지 않겠다는 입장을 고수했다. 난처해진 이형구 차관이 나를 불러, 당분간 KDI에 나가 있는 것이 어떻겠냐고 권유했다. 강봉균 본인이 가기 싫어하고 부총리가 이를 뒷받침하고 있으니 자기로서도 어쩔 도리가 없다는 것이었다. KDI에 나가 기다리다 보면 승진 기회가 생길 테니 그때 나를 무조건 1급으로 승진시키겠다는 제의였다.

"전임 장·차관과 당사자인 국장들이 약속하고 각서까지 썼는데 이런 식으로 지켜지지 않는 일이 있을 수가 있습니까? 나는 이미

『말』지 주최 경제토론회(1989년 2월말). 오른쪽부터 이경식 전 경제수석, 곽수일 서울대 교수(사회), 필자, 차동세 LG경제연구원장.

1989년 4월 조순 부총리를 수행하여 충남의 한 농촌 시찰중 정부 정책을 설명하는 필자. 뒤 왼쪽부터 박유광 차관보, 조 부총리, 심대평 지사, 필자의 오른쪽 안병우 과장 등.

1년 7개월이나 KDI 파견을 다녀왔습니다. 승진하지 않아도 좋으니 약속대로 합시다."

강한 어조로 항변은 했으나, '인사권을 가진 장관의 생각이 다른데 어떻게 하겠나. 기획국장은 물 건너갔구나' 하고 생각하면서 고민스러운 시간을 보내고 있었다.

그 와중에 해가 바뀌었다. 국방대학원에서 돌아온 뒤 아직 보직은 없지만 1989년 1월 1일 시무식에 참석하니, 그 사이 인사가 이루어져 내가 경제기획국장으로 발령이 났다는 것이다. 그 경위를 알아보니, 조순 부총리가 차관과 상의를 하고, 나에 대해서도 많은 사람들의 의견을 들어 본 것 같았다. 내가 경제과를 졸업한 사람이 아닌데 경제에 대한 지식은 충분한지, 경제기획국장에 적합한지 등을 경제기획원 사정을 잘 아는 원내외 사람들에게 물었던 것 같고, 대체적으로 나에게 우호적인 의견이 많았던 모양이다. 그래서 처음의 생각을 바꾸기로 결심을 한 것 같았다. 그럼에도 강봉균이 절대 국방대학원에는 가지 않겠다고 하니 대신 KDI에 보내고, 오세민도 강봉균이 가지 않으니 본인도 가지 않겠다고 해서 부총리비서실장으로 자리를 옮기고, 예산총괄심의관을 전윤철이 맡는 것으로 하는 인사가 연말에 이루어진 것이다. 참 우여곡절 끝에 인사는 순리대로 결론이 났고, 나는 경제기획국장을 맡게 되었다.

경제기획국장이 되고 넉 달 만에 차관보로 승진했다. 업무도 그대로 연결되었다.

04

차관보, 대외경제조정실장

(1989. 5 ~ 1992. 6)

1. 차관보

(1) 차관보 임명의 배경과 과정

내가 경제기획원 기획국장을 맡고 있을 당시 차관보는 중·고등학교와 대학 동기이며 행시 3회인 박유광(후에 공정거래위원회 사무처장, 한국고속철도건설공단 이사장)이었다. 차관보나 기획국장은 직제상 업무 영역을 넘어 부총리의 기능, 역할과 관심사항이나 정책 전반을 보좌하는 기능을 담당하는, 부총리의 제1 참모라고 할 수 있다.

기획국장이 된 지 3개월 정도 지난 어느 날, 조순 부총리가 "앞으로 당신과 같이 일할 후임 경제기획국장에 누가 적당하겠느냐?"고 물었다.

나는 깜짝 놀라 되물었다.

"그러면 저를 차관보를 시키겠다는 말씀입니까?"

조 부총리는 그렇다고 했다.

"그러면 박유광 차관보는 어디로 영전합니까?"

"그냥 전보될 거요."

당시 경제기획원 차관보는 언론에서 '소(小) 부총리'로 부를 정도의 위상과 역할을 가지고 있었다. 과거 서석준, 진념, 박유광 차관보는 다른 1급 자리를 먼저 거치고 나서 맡았다. 강경식 씨는 물가국장, 기획국장, 마지막 예산국장(예산실로 승격 직전)을 지내고 차관보가 됐다. 국장이 1급으로 승진하며 바로 그 자리로 간 사례는 드물었다. 차관보를 지낸 뒤 차관으로 승진하지 않고 옆으로 수평이동한 예도 없었다. 나는 이 인사 방침을 재고하시라고 강력하게 진언했다.

"저를 1급으로 승진시켜 주시는 것은 감사합니다. 그러나 경제기획원의 차관보는 대한국민의 1급 중의 최선임인데 신임 1급이 맡는 것은 인사 관행에 벗어날 뿐 아니라 저 본인에게도 좋은 일이 아닙니다. 저는 승진만 되면 아무 자리라도 좋습니다. 게다가 차관보를 지낸 사람이 차관으로 승진하지 않고 옆으로 비켜가는 예도 거의 없지 않습니까. 박 차관보가 특별히 하자가 있는 것도 아닌데 그런 인사를 하는 건 바람직하지 않은 것 같습니다. 게다가 박 차관보와 저는 각별한 친구 사이기도 하고요."

조 부총리는 내가 관료로서 그렇게 말하는 것은 이해를 한다고 하면서도,

"나같이 외부에서 와서 부총리를 맡은 입장에서는 관료사회의 인사 관행과 개인적인 친소관계는 관심사항이 아니다. 일을 하기

위해서는 나의 일 추진에 도움이 될 최적의 사람으로 팀을 구성해야지, 관료적 인사의 틀에 얽매일 생각은 없다."

나는 그 뒤에도 여러 번 인사 방침을 재고해 달라는 진언을 하면서, 일은 조직으로 하는 것이지 개인 역량이 전적으로 좌우하는 것은 아니라는 견해도 말씀드렸다.

그러나 조 부총리의 이 인사에 대한 생각은 확고했다. 결국 나는 1989년 5월 1일자로 차관보로 임명되었다. 박 차관보는 공정거래실장(당시는 공정거래위원회가 독립기관이 되기 전)으로 자리를 옮겼다. 후임 경제기획국장으로는 한이헌 국장(후에 공정거래위원장, 청와대 경제수석, 국회의원)과 김태연 국장이 논의되었는데, 조 부총리가 한이헌 국장을 선택했다.

나의 수차례의 건의에도 불구하고 조순 부총리는 왜 그런 인사를 했을까?

외부에서 영입된 조순 부총리로서는 최고의 참모인 차관보와 경제기획국장이 강한 성격의 사람이기를 바란 것 같다. 부총리를 대신하여 '총대'를 확실히 메고, 필요할 경우 다른 부처와의 싸움도 마다하지 않는 그런 사람을 원했다고 본다. 나도 좀 그런 편이지만 후임 기획국장인 한이헌은 매우 강한 성격의 소유자다. 그러나 박 차관보는 성품이 온화하고 남에게 좀처럼 싫은 소리를 하지 않는 사람이다. 한마디로 양반이라, 편안한 시대에는 정말 좋을 인품을 지니고 있었지만 당시 조 부총리의 선택은 아니었던 것이다.

이 인사가 발표되자 모든 사람이 깜짝 놀랐다. 차관보가 어떤 자리인지를 다 잘 알고 있기에, 내가 기획국장 몇 달 만에 차관보로 발탁된 것에 대부분 놀랍다는 반응이었다. 혹자는 내가 언제부터 조 부총리를 그렇게 잘 알았기에 그런 발탁 인사가 이루어졌는지를 궁금해 했다. 심지어 나와 친한 사람들은 나에게 직접 묻기도 했다.

뒤안길　　"인사 방침에 따라 사직원을 제출합니다"

차관보는 다른 일반직 1급과 달리 별정직이어서, 일단 일반직인 기획국장 사표를 내고 새로 임용하는 형식을 취한다.

차관보 발령을 앞두고 인사계장이 사표를 받으러 왔다.

"뭐라고 쓸까?"

"늘 쓰는 것 있지 않습니까. '일신상 사정으로 사직하고자 한다'는."

"왜 내가 일신상 사정으로 그만두는 거야? 그런 사표를 썼다가, 수리만 하고 차관보 발령을 안 내 주면 난 어떻게 하나?"

나는 농담을 하면서 이렇게 썼다.

'소직(小職)은 정부의 인사 방침에 따라 사직원을 제출합니다.'

"… 이런 사표는 난생 처음 보는데요?"

인사계장은 고개를 갸우뚱거렸다.

"이게 사실대로 아닌가. 그대로 제출해."

그 사표가 그대로 총무처에 제출됐다. 사직의 이유를 명백히 한 사표 제출의 첫 케이스가 아닐까 한다.

나는 주요 공직자가 사직을 할 때에는 그 이유를 명백히 밝혀야 된다고 생각한다. 도대체 그 중요한 직책을 '일신상 사정으로' 사직한다는 것이 있을 수 있단 말인가? 물론 임명권자도 인사를 할 때에는 인사의 이유를 밝히는 것이 옳다고 믿는다. 나는 공직 기간중 그 뒤로도 여러 번에 걸쳐 사표를 썼고, 매번 이 원칙을 따랐다. 마지막으로 2017년 무역협회 회장을 임기중에 그만둘 때에도 사직의 배경과 이유를 명백히 밝힌 사임서를 회장단, 이사회, 총회에 제출하고, 기자회견을 통해 이를 밝힘으로써 언론의 주목을 받기도 했다. 이 일은 나중 제13장에서 상세히 소개한다.

뒤안길 **술잔 날아온 승진 축하연**

내가 차관보 임명장을 조순 부총리로부터 전수받는 1989년 5월 1일 사진을 보면 왼손에 붕대를 감고 있다.

그 전날 저녁, 이상만 공정거래위원회 상임위원이 나의 차관보 승진을 축하한다며 회식을 제의해서 같이 했다. 밤이 꽤 깊어지고 술도 어지간히 돌았을 때, 이 위원은 무슨 이야기 끝에 먹던 술잔을 갑자기 나에게 집어던졌다. 상을 맞고 깨진 술잔과 파편

1989년 5월 1일 조순 부총리를 통해 차관보 임명장 전수. 붕대를 감은 왼쪽 손엔 지금도 수술 자국이 남아 있다. 뒤에 이형구 차관, 이양순 예산실장이 보인다.

이 나의 왼손을 때렸고 찢어진 손에서 피가 분수같이 솟았다. 그 밤중에 음식점 주인이 병원을 수소문해 나와 같이 가서 긴급수술을 받았다. 얼굴을 맞지 않은 것이 천만다행이었다.

국방부에서 사무관을 시작해서 좀 늦게 기획원으로 온 이상만은 원내에서 나와 비교적 친한 사이였다. 행시 1기로 이미 1급이었던 이상만은 그 인사를 수용하기 어려웠던 모양이다. 취중에 인사에 대한 강한 불만의 표시로 애꿎은 나에게 분풀이를 한 듯하다. 처음부터 그럴 의도로 저녁을 하자고 한 것은 물론 아니었을 것이다. 본인은 완전히 취한 상태여서 그때 그 상황을 전연 기억하지 못하는 것 같았다. 나에게 미안하다는 이야기를 한 번도 한 적이 없기 때문이다. 하긴 나도 그 뒤로 그 해프닝에 대해 본인에게는 물론 누구에게도 이야기하지 않았다.

이상만 씨는 이미 고인이 된 지 오래다. 이 해프닝은 인사에 대한 서운함이나 의문은 자기 입장에서가 아니고 인사권자의 입장에서, 또 스스로를 객관화해서 생각할 때라야 비로소 답이 나온다는 주요한 교훈을 되새기는 계기가 되었다.

(2) 부총리의 대통령 독대에 수행

경제부총리의 참모장이 된 나는 조순 부총리와 호흡을 잘 맞추어 갔다. 조 부총리는 나를 전적으로 신뢰하고 나의 모든 건의를 수용하는 한편 대부분의 실무는 나에게 다 맡겼다.

전두환, 노태우 두 대통령의 육사 시절 은사이기도 한 조 부총리는 전 대통령 시절에도 재무장관 입각 요청이 있었지만 이를 거절했다고 한다. 그러나 노 대통령은 국민의 직접선거로 선출되어 비록 군 출신이지만 정통성에 문제가 없다는 생각에서 부총리 입각 권유를 받아들였다고 한다. 그러니 조 부총리는 경제 수장으로서 역사에 남을 업적을 남겨야 한다는 데 상당한 부담을 갖고 있었던 것 같다. 그분의 성격상 경제 수장으로서 완벽한 장악력을 가져야겠다는 생각도 강한 것으로 보였다.

내 느낌에는 노 대통령이 전적으로 부총리에게 힘을 실어 주는 것 같지 않았다. 물론 매사에 분명한 의사표시를 하지 않는 노 대통령의 성격 탓도 있을 것이다. 당시 청와대에는 실무에 밝고 행정 경험이 풍부하며 노 대통령의 전적인 신임을 받고 있는 문희갑 경제수석이 있었다. 처음에 차관급 수석이었지만 조 부총리 입각 후 얼마 안 가 장관급 수석으로 승진했다. 여당에는 같은 경제학 교수 출신으로서 이미 재무장관을 지냈고 오랜 의원 생활로 행정에 매우 밝은 이승윤 정책위의장이 있었다. 행정이나 실무 경험이 전혀 없는 조 부총리는 이분들과의 의견 조율에 상당히 신경이 쓰일 상황이었다. 부총리의 그 살인적 업무와 스케줄을 소화하는 것도 쉽지 않은 일이었다.

이런 상황에서 조 부총리는 경제 수장으로서 반드시 필요한 대통령의 전적인 신임과 지원을 받기 위해 '독대'를 원했다. 최소한 한 달에 한 번씩은 대통령을 따로 만나 모든 문제에 대해 대통령과 논의하는 것이 실질적으로뿐만 아니라 외형적으로도 필요하다는 생각을 했던 것 같다. 이를 건의한 결과 노 대통령이 받아들여 월 1회 경제부총리의 대통령 독대 제도가 실현되었다.

당초 조 부총리는 아무도 대동하지 않고 자료도 만들지 않고 대통령과 말 그대로 허심탄회한 대화를 생각했다. 한 두어 달 해 보니 이런 형식이 자신에게 너무 부담이 된다는 걸 느꼈던 모양이다. 차관보를 대동하고 한 장 정도로 현안을 요약한 보고자료를 가지고 들어가, 먼저 차관보가 보고를 한 후 그것을 바탕으로 대통령과 대화를 하는 형식으로 바꾸었다. 모든 정보를 다 가지

1989년 7월 8일 조순 부총리와 경제5단체장과의 조찬간담회. 정면 오른쪽 조 부총리부터 시계방향으로 유창순 전경련 회장, 남덕우 무역협회 회장, 이동찬 경총 회장, 김상하 대한상의 회장, 필자, 황승민 기협중앙회 회장.

고 있는 대통령과 아무 자료도 없이, 누구의 수행도 없이 하는 독대가 얼마나 부담이 되고 때로는 위험부담이 있다는 것을 조 부총리는 늦게야 깨달은 것이다. 그때부터 나는 차관보 재임 기간 동안 매월 한 번씩 부총리의 대통령 독대를 수행했다. 한 장 정도의 요약된 보고자료를 가지고 가 차관보가 먼저 자료에 의한 보고를 한 후 대통령과 부총리가 간담을 하는 형식으로 바꾼 것이다.

노태우 대통령은 전두환 대통령과는 많은 차이가 있었다. 전 대통령과는 달리, 매달 만나도 한 번도 미리 알고 있다는 표시를 하는 법 없이 "경제기획원 차관보 아무개입니다"라는 인사를 받았다. 보고 내용에 대해서도 명쾌한 반응이나 결단을 보이는 경우가 드물었다. 대개는 "알았다"는 정도의 반응이었다. 이것이 승인한다는 것인지, 단순히 보고를 받았다는 것을 확인하는 수준인지 짐작하기 어려웠다. 많은 부분 노 대통령의 성격에서 오는 것이겠지만, 조순 부총리에 대해 전폭적인 신뢰와 지원을 보내지 않는다는 느낌이었다. 이 독대가 부총리직 수행에 크게 도움이 되는 것 같지 않았다.

(3) 토지공개념 제도 장치 마련

차관보로서 해야 할 많은 일들 가운데 가장 중요한 일은, 노태우 대통령의 선거공약 1호로 개혁입법의 일환으로 추진하고자 하는 토지공개념의 제도적 도입과 금융실명제의 추진이었다.

1989년 들어 정부의 핵심 경제정책 과제는 부동산 가격 급등과의 싸움이었다. 노 정부가 야심차게 추진한 분당과 일산 신도시 건설이 부동산 가격 상승으로 연결되면서 온 나라가 부동산 열풍에 휩싸이게 된 것이다. 1986년에도 부동산 가격 상승을 억제하기 위해 부동산종합대책을 발표한 적이 있었기에, 그때 그때 상황에 따라 대응하는 수준의 부동산정책을 펴 나가는 것으로는 한계가 있었다. 보다 획기적이고 근본적인 정책이 필요하다는 생각을 정부와 정치권은 가지고 있었다. 즉, 부동산, 특히 토지문제를 보는 시각을 근본적으로 재정립할 필요가 있다는 생각이 힘을 얻고 있었다. 비록 사유재산이지만 토지에 대해서는 보다 강한 공적 규제를 해야 한다는, 토지에 대한 공적 개념의 도입이 심각하게 논의되기 시작했다. 이러한 논의가 1986년 이래 계속돼 오다

가, 1987년에 노태우 대통령후보가 토지공개념 도입을 공약하고
당선됨으로써 본격적 추진이 이루어지게 된 것이다. 조순 부총리
취임 후 첫 번째 과제가 바로 이 토지공개념 도입을 위한 제도적
장치 마련이었다.

당시 토지공개념 도입에 대한 가장 확고한 철학을 가지고 있던
사람은 청와대의 문희갑 경제수석이었다. 문 수석은 전두환 대
통령에 이어 노 대통령에게도 절대적 신임을 받고 있었고, 부총
리 못지않은 영향력을 실질적으로 행사하고 있었다. 따라서 토지
공개념 도입과 관련된 일은 부총리에 못지않게 문 수석의 지휘도
받게 되었다.

이를 추진하기 위해 작업팀을 구성했다. 국토개발연구원의 허
재영 원장(후에 건설부 장관)을 중심으로 연구와 이론을 정비해 나갔
다. 법제화와 제도화는 경제기획원 차관보가 위원장이 되고 관계
부처의 국장들이 위원이 되는 실무추진위원회를 구성해 추진했
다. 경제기획원 한이헌 기획국장, 재무부 이근영 세제국장(후에 산
업은행 총재, 금융감독위원장), 내무부 윤한도 지방재정국장(후에 경남지사,
국회의원), 건설부 이규황 토지국장(후에 전경련 국제경영원 원장) 등이 위
원으로 참여했다. 재무부의 김진표 재산세과장(후에 경제·교육 부총리,
현 국회의원)은 실무 보좌진으로 참여하여 많은 기여를 했다.

약 반년에 걸친 준비 후 '토지공개념 3법'의 초안을 마련했다.
첫째 '택지소유상한에 관한 법률', 둘째 '개발이익환수에 관한 법
률', 셋째 '토지초과이득세법'이었다. 1989년 8월 10일에 이 세 가
지 법을 포괄하는 부동산종합대책을 발표했다. 이 대책을 구체화

한 세 가지 법이 12월 18일 국회를 통과했다.

(4) 토지공개념을 둘러싼 논란

토지공개념 3법이 통과되자, 적지 않은 반론과 우려가 각계로부터 제기되었다. 처음 입법 추진 시점에는 많은 토지를 소유한 개인과 기업들 사이에서는 입법이 성사되지 않을 것으로 판단했던 것 같다. 국회 통과가 어려울 것이라고 생각했는데 이것이 통과되니 뒤늦게 그 심각성을 깨달은 것이다.

초유의 '토지의 강한 공적 성격'을 강조한 이 법들은 시장경제를 하는 나라에서는 통상 상상하기 어려운 규제적 성격을 담고 있었다. 물론 법을 만드는 과정에서 많은 고민과 연구를 했지만, 규제 자체가 갖는 문제점과 모순, 그리고 갈등적 요소를 완전히 없게 하는 것은 불가능한 일이다. 비용 없는 규제는 없는 법이다.

한번은 내가 조순 부총리를 모시고 신현확 전 총리 등 우리 사회 원로들과의 모임에 참여한 적이 있었다. 그 자리에서 원로들이 한 목소리로 "도대체 누가 이렇게 개인의 재산권을 침해하는 과도한 규제 중심의 법을 만들었느냐?"는 불평을 노골적으로 하는 것이었다. 물론 조 부총리와 내가 주범이라는 것을 알고 하는 말씀들이니, 대놓고 하는 비난이나 다름없었다. 그때만 해도 나는 이 공개념 도입은 나라경제를 위해 했다는 확신에 차 있었고 강한 규제에 따르는 모순과 갈등은 불가피하게 감수할 수밖에 없다는 생각이었기에, "제가 바로 그 실무책임자입니다"라고 말하고 싶은 충동을 참기 어려웠다.

그 이후 토지공개념 3법은 끊임없는 논란의 대상이 되었고 헌법재판소에까지 제소되었다. 결국 '토지소유상한에 관한 법률'은 위헌 결정을 받았고, '개발이익환수에 관한 법률'과 '토지초과이득세법'은 일부 조항이 헌법불합치 결정을 받았다. '개발이익환수에 관한 법률'만 살아남아, 제도 존립 자체가 한계에 부딪쳤다.

뒤안길 　토지도 시장이 답이다

최근 문재인 정부가 토지공개념 3법보다 더 강력한 공개념을 도입하자는 주장을 하면서 이를 헌법 개정에 포함시켜 헌법적 근거까지 두려고 하고 있다. 심지어 한때 여당 대표로부터 토지의 사유화를 전면 배제하자는 사회주의적 발언까지 나오고 있다.

나는 공직자로 있는 동안 수많은 정책 수립 과정에 책임자 또는 실무자로서 참여했다. 다른 정부의 정책도 마찬가지지만, 토지공개념 관련법 또한 실무책임자인 나의 개인적인 생각과 다른 부분이 설사 있었다고 하더라도 전면적으로 이를 거부하거나 방향을 바꾸어 추진할 수는 없는 것이었다. 토지공개념 정책을 추진할 당시 나는 두 가지 생각을 근거로 내가 하는 일에 대해 스스로 정당성을 부여하고 있었다.

첫째, 토지는 재생산이 불가능한 자원이다. 다른 재화는 시장에서 확대재생산이 가능하나 토지만은 불가능하다. 원천적으로 공급이 제한된 자원이므로 보다 효율적으로 활용돼야 하고, 이를 위해 강한 공적 규제가 불가피하다는 생각이었다.

둘째, 1989년을 전후한 당시는 토지를 중심으로 부동산 가격이 너무 급격하게 상승하고 있었다. 이러다가 나라경제가 망하는 것은 아닌가 할 정도로 위기의식이 강했기에 규제가 필요하다고 보았다.

입법 실무작업 과정에서 이 제도가 시행될 경우 예상되는 많은 문제점을 놓고 토론하고 고민하면서도, 제정 자체의 당위성에 대해서는 회의하지 않았다. 이런 정도의 생각과 위기의식이 있었기에 토지공개념 3법 제정을 사명감을 가지고 추진했다. 사방으로 돌아다니면서 제정의 불가피성을 설명하고 여론의 호응을 유도했다. 심지어 문희갑 수석은 "청와대 직원들조차도 이 제도 도입에 대해 확신이 없으니, 차관보가 청와대 전 직원을 대상으로 강연을 해 달라"고 요청할 정도였다. 그래서 허재영 원장과 같이 가서 제도 도입의 불가피성과 제도의 내용, 그리고 효과에 대해 열심히 강연도 했다.

그로부터 30년이 지나는 동안 나는 시장주의자로서 생각에 많은 변화와 발전을 겪어 왔다. 토지문제를 보는 나의 생각도 크게 달라졌다. 나는 만약 지금 이 제도를 다시 추진한다면 어떻게 할지 심각하게 생각해 보았다.

첫째, 토지는 확대재생산이 불가능한 자원이 결코 아니다. 물론 바다나 강을 메우지 않는 한 토지를 만들어 낼 수는 없다. 그러나 기존의 토지를 보다 효율적인 땅으로 용도변경해 사용한다면 사실상 확대재생산과 경제적으로는 같은 것이다. 현재 한국의 토지 이용 상황을 보면 택지나 공장용지 등 생산적으로 활용되는 토지는 전체의 5~6퍼센트에 머무르고 있다. 대부분의 토지가 농지나 산지, 군사용지 등등 별별 필요에 의해 그 사용이 제한되고 있다. 이렇게 묶어 놓을 필요가 있는지에 대한 근본적인 재검토와 사고의 전환이 필요하다고 본다.

둘째, 따라서 부동산정책은 기존의 규제 중심 정책에서, 토지의 생산적 활용을 보다 촉진하는 방향으로 전면 전환해야 한다. 정부 책임하에 생산적 토지의 공급을 크게 확대하는 방향으로 바꾸는 것이 필요하다. 그동안 많은 부동산정책이 있었지만 대부분 규제적 성격의 대책이었다. 부동산 가격이 상승하면 규제적 대책을, 하락하면 완화책을 내놓았다. 부동산정책을 경기정책의 수단으로 쓰면서 이 같은 온탕냉탕 정책을 반복해 부동산문제 해결을 더욱 어렵게 만들어 왔다. 이런 식의 정책은 이제 그만두어야 한다.

셋째, 부동산과 관련한 모든 자원, 즉 건설 주체, 인력, 기술, 자재 등의 공급이 충분한데 부족한 것은 오직 땅이다. 그러나 앞에서 이야기한 것처럼 생각을 바꾸면 이 토지 공급 부족 현상도 충분히 극복 가능한 대상이라고 본다. 그러면 부동산시장도 수급 원리를 기반으로 하는 시장기능에 의해 해결해 나갈 수 있는 대상이라고 보는 것이 지금 부동산문제를 보는 나의 생각의 골자다.

30년 전 토지공개념의 첫 단추를 끼우는 실무책임자였던 나는 그때보다 훨씬 시장주의자로서 진화한 사고를 바탕으로, 현 정부가 추진하고자 하는 사회주의적 성격의 토지공개념 도입 논의를 보면서 착잡한 마음을 금치 못하고 있다.

(5) 금융실명제 추진과 좌절

조순 부총리가 다음으로 추진하고자 한 개혁입법은 금융실명제다. 이 역시 노 대통령의 대선 공약이었다. 공약대로 정부는 1988년 10월 '경제의 안정성장과 선진화합경제 추진대책'을 통해 1991년 1월부터 금융실명제를 전면 실시할 것을 예고했다.

사실 금융실명제는 형식적으로는 그 전 전두환 대통령 때인 1982년 12월 '금융실명거래에 관한 법률'이 제정됨으로써 이미 시작되고 있었다. 그해 이철희·장영자 어음사기사건 발생을 계기로 취해진 '7·3조치'의 일환이었다. 그러나 이 법은 강경식 재무장관의 당초 구상과는 달리 금융실명제의 핵심 요소인 종합과세 제도와 자금출처조사제도가 빠진 유명무실한 법이었다. 그나마 이 법 중 실명거래의무를 부여한 제3조와 관련된 조항의 실시를 유보한 상태였다. 다만, 비실명 금융자산에 대한 차등과세 폭의 단계적 확대, 가계종합예금이나 세금우대저축 등 실명으로만 거래 가능한 금융상품의 보급을 확대하여 실명거래를 촉진하는 정책적 노력은 계속되고 있었다.

조순 부총리는 1989년 토지공개념 작업을 먼저 추진하면서, 금융실명제를 실질적으로 추진하는 제도개혁 과제는 잠시 뒤로 미루어 두고 있었다. 두 가지를 동시에 추진하기는 업무 부담이 너무 크기 때문에 토지공개념 도입부터 끝낸 다음 금융실명제를 추진하는 일정을 세운 상태였다. 다만, 재무부에는 1989년 4월 '금융실명거래 실시준비단'이 만들어져 당시 초임 국장인 윤증현이 단장을 맡아 실무적인 준비를 하고 있었다. 그러던 중 토지공개념 작업이 완료됨에 따라, 토지공개념 때와 마찬가지로 차관보가 책임자가 되고 관련 부처의 국장, 금융기관의 실무책임자가 참여하는 실무위원회를 구성하는 등 본격적인 추진에 들어갔다. 1990년 3월이었다.

금융실명제에 대한 우리 사회 기득권층의 저항은 토지공개념보다 더 심했다. 금융실명제가 실시되면 가장 크게 곤란한 사람은 정치인이라는 생각이 퍼져 있어, 정치인들도 여야를 막론하고 이 제도 도입에 상당한 저항의식을 가지고 있었다. 정치권은 토지공개념 3법이 추진될 때 결국 실패할 것으로 낙관하고 있다가 덜컥 국회 통과를 지켜본 경험이 있어, 금융실명제 도입 작업이 시작되자 위기의식을 가지고 이를 좌절시키기 위해 조직적인 움직임을 보이기 시작했다.

그때 노태우 대통령이 개각을 단행했다. 1990년 3월 17일 조순 부총리를 퇴진시키고 여당인 민정당 정책위의장인 이승윤 의원을 부총리에 임명했다. 문희갑 경제수석도 퇴진시켜 곧 있을 국회의원선거에 출마하도록 하고, 그 자리에 김종인 보사부 장관을 지명하는 인사였다.

조 부총리의 입장에서는 매우 실망스러운 인사였을 것이다. 스스로 원해서 부총리가 된 것도 아니었다. 삼고초려로 모셔 놓고서 불과 1년 남짓 만에 퇴진시켰기 때문이다. 게다가 대통령 스스로 공약한 개혁정책을 추진하다 그 정책을 바꾸면서 하는 인사였으니 상당한 당혹감, 심지어 배신감마저 느꼈을 거라고 추측된다.

이런 인사의 배경에는 결국 정치적인 문제가 있었을 것이다. 노 대통령을 둘러싸고 있는 많은 경제인들과 이승윤, 김종인 씨 등이 "토지공개념 도입만 해도 노 대통령 지지세력들이 반발하고 있는데, 여기에 금융실명제까지 추진한다면 지지세력이 다 등을 돌릴 것"이라는 강한 압박성 건의를 한 것으로 추측된다.

노 대통령 스스로 이런 개혁정책에 확신을 갖고 대선공약으로 내걸지는 않았을 것이다. 국민 일반이 대체로 토지공개념과 금융실명제가 정의롭고 투명한 사회의 원리에 맞는다고 원론적으로 공감하고 있기에, 선거에서 표를 얻는 데 크게 도움이 된다는 생각이 앞선 것이지, 만난을 무릅쓰고라도 꼭 하겠다는 생각이 있었다고 보지 않는다.

대통령선거 당시 노태우 후보는 재신임을 묻는 중간선거를 실시하겠다는 공약도 했지만 김대중 야당 당수의 설득인지 꼬임인지에 빠져 이 공약을 이행하지 않았다. 만일 공약대로 중간선거

1990년 3월 17일 조순 부총리 이임 환송. 이형구, 최수병, 최동규, 김영태, 이상태, 이양순, 김태연, 권문용, 이기호, 필자 등.

로 재신임을 받았다면 보다 강력한 대통령이 될 수 있었을 것이다. 금융실명제도 노 대통령의 성격이나 신념의 한계의 희생물이 될 형편에 처하고 말았다.

결국 조순, 문희갑 개혁팀이 퇴진하고 이승윤, 김종인 팀이 경제정책을 책임지게 되었다. 이승윤 부총리는 자타가 공인하는 최고의 경제학자로 남덕우 총리에 이어 '서강학파'를 대표하는 사람이다. 김종인 수석도 서강대 교수였다. 일찍부터 정치판에 들어와 현실감각이 뛰어난 사람이었다. 새로운 경제팀이 와서 가장 처음 한 것은 금융실명제 추진을 중단하고 당분간 실시하지 않겠다는 정책의 정리였다. 언론에서는 이승윤, 김종인 팀을 '금융실명제 나가리 팀'이라고 불렀다. 이 정책 전환은 이승윤 경제팀의 첫 작품인 소위 '4·4 경제활성화대책'으로 공식화되었다.

나는 지금도 금융실명제의 도입 정책을 수정한 것이 이분들의 소신에 의한 것인지, 아니면 당시 재산 가진 사람들의 이익을 대변한 것인지 의문이다. 그것도 아니라면, 이 정책에 대해 확신 없이 흔들리고 있는 노 대통령을 대변한 것인지, 알 길이 없다.

결과적으로 조순 부총리의 참모장 역할을 수행한 나는 이런 상황에서 차관보직을 계속 수행할 수 있을지 기로에 서게 되었다. 당시 경제기획원에서 이 분야의 실무과장이던 권오규 자금기획과장(후에 경제부총리)이 나에게 이런 건의를 했다.

"대통령과 새 경제팀이 금융실명제 추진에 부정적이니 당초 계획대로 추진하는 것은 불가능하게 됐습니다. 그렇다고 이제 와서 금융실명제를 전면적으로 하지 않겠다는 것보다는, 어떻게 해서든지 새 경제팀을 설득하여 명목만이라도 걸어 두는 쪽으로 하는 것이 좋겠습니다. 후에 기회가 오면 이를 바탕으로 다시 본격적으로 추진할 기반이 될 수 있습니다. 국민들에게도 적어도 공약을 전면 뒤집는 모양으로 비치지는 않을 테니 대통령과 새 경제팀으로서도 바람직하지 않겠습니까?"

권 과장은 이런 상황에 대비해 최소한의 수준에서 시행하는 실무안도 준비하고 있다고 했다.

나는 권 과장의 의견이 옳다고 생각해서 이승윤 부총리를 만나 이 내용을 건의했다. 이 부총리는 아예 들으려 하지 않았다. 김종인 수석에게도 이를 건의하고자 청와대로 찾아갔는데, 약속이 있어 외부로 나간다고 하면서 만나려고조차 하지 않았다. 그가 원치 않는데도 가는 장소까지 승용차에 편승해 가면서 설득 노력을 기울였으나, 역시 전혀 먹혀들지 않았다. 나중에 "차관보라는 사람이 참 눈치도 없다"고 그들끼리 이야기했다고 들었다. 실명제를 하지 않으려고 청와대와 정부에 들어왔고, 실명제 추진하던 차관보를 곧 목 치려고 하고 있는데, 오히려 설득하려고 돌아다니니 딱하게 보였던 모양이다.

이렇게 해서 좌절된 금융실명제의 실질적 도입은 3년여 뒤, 김영삼 대통령의 결단에 의해 1993년 8월 12일 대통령 긴급재정경제명령의 형태로 전격 실시되었다.

조 부총리는 퇴임 후 한국은행 총재를 지낸 뒤 정계에 입문, 민선 1기 서울시장, 민주당 총재, 한나라당 총재를 역임하고 대통령 후보로 거론되기도 하는 등 정치인으로 활동도 했다. 내가 기획국장과 차관보로 있으며 조순 부총리를 모신 것은 1년 남짓이지만, 조 부총리의 퇴임 후 지금까지도 기회 있을 때마다 뵙고 중요한 문제에 대해 의논을 드리는 깊은 관계를 유지하고 있다.

뒤안길 **이승윤 부총리와의 악연 아닌 악연**

이승윤 의원의 부총리 임명 발령이 나고 아직 부임하기 직전, 경제기획원의 이형구 차관을 비롯해 1급 간부들이 인사차 의원회관 사무실로 찾아갔다. 이 부총리는 다른 간부들과는 반갑게 인사를 나누며 잘해 보자고 하면서도, 나를 보는 눈길은 점령군 사령관이 적장을 바라보는 그것이었다.

이 부총리가 이런 반응을 보인 데는 두 가지 이유가 있었다고 본다. 첫째, 조순 부총리가 추진하던 주요 정책을 뒤집으러 가는 입장이기에, 실무책임자로 조 부총리를 보좌하던 차관보가 못마땅했을 것이다. 둘째, 여당 정책위의장으로 당정협의를 하면서 나에게 많은 불편함을 느꼈을 것이다.

조순 부총리와 이승윤 의원은 당정협의의 카운터파트로 그간 수시로 만났다. 이 의원은 학자 출신이지만 장관을 오래 역임했고 국회의원으로서 여당의 정책위의장도 오랫동안 해 왔기 때문에 정책 현안에 대해서는 훤히 알고 있었다. 반면 조순 부총리는 학계에만 오래 있었고 부총리로 온 지도 얼마 되지 않아 실무를 잘 알지 못하는 형편이었다. 같은 경제학자 출신이지만 두 사람의 경제를 보는 시각이나 대응 방향에는 현격한 차이가 있었다. 특히 경기대책과 관련해 근본적인 견해 차가 있었다. 당시 경제 상황에서 경기대책보다는 구조적 대응을 강조하는 조 부총리에게 이 의장이 계속 공격 기조를 견지해 당정협의는 항상 긴장감이 높았다.

이렇게 당정협의에서 견해 차가 있을 경우, 조 부총리를 대신해 내가 이승윤 의장을 사실상 상대하는 경우가 많았다. 예컨대 어떤 이슈와 관련해 이 의장이 조순 부총리를 공박하면, 조 부총리는 대개 직접 상대하지 않고 "차관보가 답변하시오"라고 했다. 그러면 내가 이 의장의 견해를 조목조목 반박하면서 조 부총리의 정책을 대변하는 식이었다. 지극히 당연한 일이지만, 이런 일이 자주 있다 보니 이 의장은 속으로 나를 매우 못마땅하게 생각했을 것이다.

2. 대외경제조정실장

(1) 전화위복 된 좌천성 인사

나는 이승윤 부총리가 취임과 동시에 나를 바꾸겠다는 인사 방침을 가지고 있다는 사실을 이미 짐작하고 있었다. 나도 기존에 추진하던 정책에 근본 변화가 있고, 조순 부총리도 퇴임한 마당에 자리에 연연할 생각이 없었다. 적당한 자리가 있다면 옮겨 주기를 내심 바랐다.

　나보다 앞서 이 부총리는 취임하자마자 이형구 차관을 경질하고 이진설 차관으로 교체했다. '4·4 경기대책'이 마무리되고 이승윤 부총리가 그런대로 자리를 잡아 가던 1990년 4월 어느 날 이진설 차관이 나를 불러, "부총리의 뜻인데 차관보 자리를 내놓고 총리실의 조정관으로 가게 됐다"고 통보했다. 나는 경제기획원 차관보가 국무총리실의 조정관으로 가는 인사는 있을 수 없다며 강하게 반발했다.

경제기획원 차관보는 정부 전체 1급 중 최선임이었다. 차관으로 승진하는 것이 거의 확립된 인사 관행이었다. 당시 경제기획원의 기획국장이나 물가국장도 1급으로 승진시켜 줄 테니 행정조정실 조정관으로 가라고 하면 별로 반가워하지 않을 정도로, 경제 분야에 관한 한 당시 행조실의 역할이나 위상은 대단치 않았다. 차관급의 총리실 행정조정실장보다도 기획원 차관보의 역할이 적어도 경제 분야에 관한 한 훨씬 더 중요하던 때였다. 물론 차관보 경력은 얼마 안 됐지만 그렇다고 현직 차관보를 같은 1급이라고 조정관으로 가라는 것은 이만저만한 좌천이 아니었다. 그래서 이 차관에게 "그런 인사를 강행한다면 나는 사표를 내겠다"고 단호한 결심을 밝혔다. "부총리에게도 그대로 나의 생각을 보고해 달라"고 했다.

이진설 차관은 내가 원가조사과장 때 물가국장으로 오랫동안 같이 일을 했고, 존경하는 선배였다. 물론 이 차관도 나를 좋아했으며 정통 관료로서 이 인사가 터무니없다는 것을 누구보다 더 잘 알고 있었지만, 장관의 방침이 그러니 나를 설득하려고 노력했다. "공무원은 소나기가 오면 일단 피하고 보는 것"이라며, "그곳에 좀 있다 보면 상황이 달라질 것이니 다시 돌아오면 된다"고 했다. 일을 크게 만들지 않고 어떻게든 수습하려는 것이었다.

차관보는 정치인도 아니고 정무직도 아니다. 실무자로서 부총리의 명을 받아 대통령의 정책을 수행한 죄밖에 없었다. 그 정책이 바뀌니 부총리와 경제수석을 바꾸는 것은 불가피하나 그 일을 추진하던 실무책임자를 좌천시킨다는 것은 도저히 받아들일 수가 없는 것이었다. 정책결정권자가 지시한 일을 수행했다고 실무자가 좌천된다면 앞으로 누가 소신껏 업무를 수행할 수 있겠는가? 만일 그런 인사를 강행하면 정책 변경을 이유로 사표를 내는 공무원 제1호가 되겠다고 확고하게 결심하고 있었다. 그런 결심을 굳힌 후, 차관보 휘하 각 국의 모든 과장을 외부 음식점에 집합시켰다. 과장들에게 당시 상황과 나의 결심을 설명하고 앞으로 소신껏 일해 줄 것을 당부했다. 아마 이런 상황은 이 부총리에게도 보고됐을 것이다.

며칠 후 1급 인사 발표가 있었다. 차관보는 KDI에 나가 있다 기획국장으로 다시 돌아와 있던 강봉균, 예산실장은 기획관리실장이던 박청부(후에 보사부 차관, 한국가스공사 사장), 기획관리실장은 대외경제조정실장을 하던 김영태, 그리고 나를 대외경제조정실장으로 임명하는 내용이었다. 이보다 앞서 상황을 간파한 한이헌 기획국장은 민정당의 전문위원으로 이미 탈출했다.

내가 대조실장으로 가게 된 것은, 관료사회의 인사 관행 등을 종합할 때 너무 무리하게 인사를 하는 것이 바람직하지 않다는 누군가의 조언을 받아들여 이승윤 부총리가 최종 판단했을 것이다. 그래서 경제기획원에서 새로이 창설된 조직이며, 부총리 입장에서 그때까지는 가장 중요하지 않다고 생각하는 대외경제조정실장에 나를 임명한 것이다. 나는 불만스러운 가운데 앞으로의 나의 진로에 진정 중요한 의미를 더해 줄 새로운 역할을 맡게 되었다.

결과적으로 대조실장으로 간 것은 내 경력에서 정말 다행스러운 일이었다. 원해서 간 자리는 아니지만, 차관보를 계속 하는 것보다 안목을 높이고 경력을 쌓는 데 훨씬 더 도움이 되었다고 보기 때문이다. 당시 인사 관행으로는 차관보를 하다가 대조실장이 된 것은 큰 좌천이지만, 내 개인으로는 세계경제를 보는 안목을 높이고 '한국경제의 국제화'라는 과제에 천착할 수 있는 둘도 없는 소중한 기회가 되었다. 훨씬 뒤 내가 일흔 넘은 나이에 한국무역협회 회장으로 선임될 때, 긍정적인 자격요소 중 하나로 대조실장 경력이 거론되었다고 한다. 성경의 "모든 것이 협력하여 선을 이루느니라"(로마서 8장 28절)라는 구절의 의미가 감동적으로 다가오는 과정이었다.

(2) 흘러 넘친 인재들

대외경제조정실은 원래 해외협력위원회의 기획단을 모체로 만들어진 조직이었다. 김만제 부총리가 부임 즉시 차관급인 단장을 폐지하고, 1급 실장의 대외경제조정실로 경제기획원 내부조직화했다. 초대 실장 홍재형, 2대 박유광, 3대 김영태를 거쳐 내가 4대 실장을 맡게 되었다. 박유광과 김영태는 나의 중·고·대학 동기여서 말 만들기 좋아하는 언론이 '기획원 삼총사'라고 불렀는데, 어쩌다 보니 이 셋이 연속으로 대조실장을 맡게 된 것이다. 우리 셋이 다 거쳐 간 자리는 이 자리가 유일하다.

대조실에 가서 보니 직원들의 사기가 말이 아니었다. 총괄과의 조원동 사무관(후에 재정경제부 차관보, 청와대 경제수석)은 "기획 사이드는 명예심과 자부심이 있고, 예산실은 파워가 있는데, 대조실은 이도저도 아니어서 일할 의욕이 안 난다"고 했다. 그래서 나는 "앞으로 일할 맛이 나도록 해 줄 테니까 두고 보라"고 큰 소리를 쳤다.

내가 대조실장으로 있던 1990~92년은 전 세계적으로 주요 국제문제가 한꺼번에 터지던 시기였다. 나 개인으로서는 일복을 타고난 셈이다. 부임 후 가장 먼저 생각한 것은 대외문제에 체계적으로 대응하기 위해서는 대조실에 좋은 인력을 모으는 것이었다. 유학 또는 공관 근무 등으로 해외 경험이 있고 영어도 가능한 사람들을 대상으로 생각했다.

경제기획원에는 해외유학을 다녀왔거나 OECD, IMF, IBRD, ADB 등 국제기구에서 근무했거나 해외 공관에 주재했던 직원들이 많이 있었다. 그러나 해외 경험이 있더라도 예컨대 예산실에 배치되면 1년이 지나도 영어 한 번 쓸 기회가 없는 경우가 대부분이었다. 그래서 이런 과정을 거쳐 돌아오는 직원들은 직급에 상관없이 무조건 일정 기간 대조실을 거치고 나서 본인이 희망하는 부서로 옮겨 주도록 하자는 제안을 장·차관에게 했다. 다행히 이 제안이 받아들여졌다.

이런 인사 원칙에 따라 1년 정도 지나면서 대조실의 기존 인력 중 대조실 근무에 적합하지 않은 직원들은 다른 파트로 옮겨 가고, 대신 해외 경험을 쌓고 돌아온 유능한 새 사람들로 대부분 물갈이가 되었다. 자연히 대조실도 일류 조직으로 탈바꿈했다. 국제문제가 동시다발로 발생하던 시기에 할 일도 너무 많은데 유능한 사람들이 모이니 개인 역량이 더욱 강화되는 것은 물론, 조직 역량도 크게 강화된 것이다.

내가 물가정책국장, 경제기획국장, 차관보를 거치는 동안도 유능한 인재들과 같이 일했지만, 특히 대조실장을 할 때 좋은 사람들을 많이 거느렸다. 국장으로 이강두(주 소련 경제공사, 국회의원), 장승우(해양수산부 장관, 기획예산처 장관, 작고), 김선옥(경제기획원 물가국장, 공정거래위 부위원장), 이윤재(청와대 재정경제비서관), 윤영대(공정거래위원회 부위원장, 조폐공사 사장), 김병균(기술신보 이사장)이 있었다. 과장급에 정말 유능한 사람이 많았다. 부총리를 역임한 권오규 외에, 변양균(기획예산처 장관, 청와대 정책실장), 김성진(중소기업청장, 해양수산부 장관), 변재진(보사부 장관), 윤대희(청와대 경제수석, 국무조정실장, 현 신용보증기금 이사장), 현정택(청와대 정책수석, KDI 및 KIEP 원장), 하동만(특허청장), 조학국(공정거래위원회 부위원장) 등이 있었다. 사무관으로는 최경환(경제부총리, 현 국회의원), 조원동, 노대래(공정거래위원장), 주형환(기획재정부 차관, 산업통상자원부 장관), 주순식(공정거래위원회 상임위원), 김병배(공정거래위원회 부위원장), 강대형(공정거래위원회 부위원장), 오정규(농림부 차관) 등 유능한 사람들이 있었다. 홍남기 경제부총리(기획재정부 장관)도 당시 대조실의 신참 사무관이었다.

대조실의 이런 인적 구성은 기획 사이드를 능가한다는 것이 기획원 내부의 공통 인식이었다. 이렇게 좋은 인력이 있어, 쏟아지는 수많은 대외경제문제의 종합조정기관으로서 어려운 역할을 수행해 나갈 수 있었다.

(3) '한국경제 국제화' 실무본부장

급변하는 국제경제 환경

내가 대조실장으로 있던 1990~92년의 기간은 세계경제의 흐름
이 크게 바뀌면서 한국경제의 장래에 결정적 영향을 미칠 중요한
국제문제가 동시다발적으로 발생하던 시기였다.

한편으로 우루과이라운드로 상징되는 세계경제의 통합 움직임
이 가속화되는가 하면, 다른 한편 정반대로 유럽 통합으로 상징
되는 지역주의가 본격적으로 대두하고 있었다. 이러한 상반된 움
직임이 한국경제에 미칠 영향을 분석하고 대응 방향을 결정해야
할 시점이었다.

소련을 비롯한 동구 공산권의 붕괴가 조만간 가시화될 조짐을
보이면서, 이 나라들의 시장경제로의 편입이라는 세계사적 변화
도 시작되고 있었다. 이 나라들과의 관계를 어떻게 설정해야 할
것인지 역시 국가적 과제였다. 동·서독 통합, OECD(경제협력개발기
구) 가입 준비도 한국경제의 장래에 큰 영향을 미칠 사안들이었다.
남북총리회담 이후 북한과의 교류 문제도 본격적으로 대두하고
있었다. 또 한국의 최대 통상 파트너인 미국 및 일본과의 관계에
서 미국의 통상법 강화 등 새로운 통상 이슈도 제기되고 있었다.

이러한 세계사적 의미를 갖는 글로벌경제의 흐름을 분석하면서
이에 대응하여 한국경제의 운영을 어떻게 조화할 것인가가 당시 대
외경제조정실에 주어진 과제였으며 실장인 나의 관심사항이었다.

첫째, 우루과이라운드가 본격적으로 진행되고 있어 이에 대응

하는 것이었다.

둘째, 당시만 해도 소련의 빠른 붕괴가 예상되지 않던 시기였다. 소련, 중국을 비롯한 공산권과의 수교와 동시에 한국경제의 새로운 돌파구로서 소위 '북방경제협력' 추진도 과제였다. 소련, 중국, 북한의 공산권을 통틀어 그 나라들과의 경제관계를 북방경제라 통칭하던 시절이었다.

셋째, 동·서독 통합 문제였다. 그렇게 빠르게 동·서독 통합이 이루어질 것이라고는 생각하지 않았다. 하지만 통합이 이뤄지는 경우 어떤 조건하에 통합이 이뤄질 것이며, 통합 과정이 우리에게 시사하는 바는 무엇일까, 또 우리에게 어떤 영향을 미칠 것인가 하는 문제의식을 가지고 이 과정을 지켜보면서 준비하는 것이었다. 분단국가인 우리에게 중요한 이슈였다.

넷째, 유럽 통합 문제였다. EC(유럽공동체)가 EU(유럽연합)로 업그레이드되며 유럽 통합이 이뤄질 때, 기존의 미국 주도의 세계경제는 어떻게 바뀌고 우리 경제에 미치는 영향이 무엇일지, 어떤 대비가 필요한지 등에 대한 연구와 준비였다.

다섯째, OECD 가입 준비였다. '선진국 클럽'으로 자리 잡은 OECD가 사실상 세계경제의 방향타를 쥐고 있는 현실에서, 선진국을 지향하는 우리가 여기 가입하는 것은 시간문제일 뿐 언젠가 이뤄질 것이므로 이에 대해 준비하고, 특히 각 분야의 전문인력을 양성하는 과제였다. 나는 당시 우리가 선진국이 되었기에 OECD에 가입하는 것이 아니고 선진국이 되기 위해서는 가능한 한 일찍 가입해야 한다는 생각을 가지고 있었다. '선진국이 되려

1991년 11월 APEC 리셉션에서 최각규 부총리 내외(오른쪽)와 함께.

면 선진국 줄에 서야 한다'는 것이 그 이후 국제화에 대한 나의 사고, 세계경제와 한국경제의 조화의 필요성을 강조하는 나의 경제관의 집약적 표현이었다.

여섯째, 북한과의 교류 문제다. 남북총리회담을 계기로 남북경제교류에 대한 정책 수립도 대조실의 중요한 업무였다.

일곱째, 우리의 최대 통상 파트너인 미국과 일본과의 관계 강화 과제였다. 당시 미국은 통상법 강화를 통해 한국에 다각도로 압력을 강화하고 있어 그에 대한 대응이 필요했다. 한국과 일본은 서로 상대국 상품에 대해 다양한 관세, 비관세 수단으로 규제적인 조치를 취하고 있었다. 장기적으로 한국과 일본은 가장 먼저 FTA(자유무역협정)를 체결해야 하는 나라이지만 이를 향해 가는 데는 험난한 장애가 너무 많았다. 이를 어떻게 할 것인가도 주요한 해결 과제였다.

당시 대조실 조직과 인력으로는 감당하기에는 너무 많고 중요한 과제들이었다. 나는 대조실장으로서 정부 각 부처와 수많은 사항에 대한 협의 조정, 관계 부처 회의, 그리고 대조실장이 위원장이 되는 많은 실무위원회를 주재했다. 한편으로는 해외 현장 방문이 필요한 일들이 많아 동에 번쩍, 서에 번쩍 세계를 누비고 다니면서 대조실장의 역할을 수행했다.

'국제화'의 확고한 철학을 세우다

대외경제조정실은 대외 통상교섭을 위한 조직이 아니었다. 외무부를 비롯한 각 부처에 대외교섭을 위한 조직이 있어 중요한 것은 외무부가 주관하고 관계 부처가 참여해서 하고, 분야별로 전문성이 필요한 경우 각 해당 부처의 조직이 나섰다.

그러나 대외 통상교섭 활동을 하는 데 협상보다 더 중요한 것은, 협상의 과정과 결과를 우리의 관련 정책과 조화시키는 것이었다. 대개의 경우 협상은 우리 시장을 보다 더 개방하는 쪽으로 결과가 나오기 마련이었다. 그런 결과가 나올 때 우리 경제가 이를 수용할 수 있느냐, 그렇게 되면 우리 산업과 기업은 어떻게 대응해야 하느냐 등이 훨씬 더 어려운 문제였다. 협상 결과에 따라 필요한 경우 국내의 산업정책과 경제정책을 재조정하여야 하며, 이 과정에서 한국경제의 국제화가 보다 진전될 수 있도록 하는 것에 역점을 두고 업무를 수행해 나갔다.

당시 중요한 대외경제 이슈에 대응하기 위해 몇 개의 실무대책위원회가 구성되어 있었다. 첫째 '우루과이라운드 실무대책위원회', 둘째 '북방경제협력 실무대책위원회', 셋째 유럽 통합에 대응하는 '유럽통합 실무대책위원회', 넷째 OECD 가입을 준비하는 'OECD가입 실무대책위원회'가 있었다. 이와 별도로 북한과의 교류 협력을 위한 위원회가 총리회담 후속조치의 일환으로 설치되어 대조실장이 부위원장 격으로 경제 분야를 담당했다. 각 위원회는 범부처적으로 구성되었고, 대부분 대조실장이 위원장으로서 각 부처의 상충되는 정책을 조정했다.

그중 가장 중요한 것은 우루과이라운드 실무대책위원장 역할이었다. 한국경제가 국제화의 큰 흐름에 휩싸이는 결정적 계기는 우루과이라운드의 본격 전개였다. 우루과이라운드는 그전에 있었던 케네디라운드나 도쿄라운드와 같은 다자협상과는 전혀 차원을 달리했다. 그전까지가 상품과 관세 위주의 협상이라면, 이번부터는 서비스와 지적재산권을 포함하는 훨씬 범위가 큰 협상이었다. 또한 관세부터 비관세 장벽 문제, 각종 규범 문제 등, 단순 통상 차원을 넘어서는 모든 경제문제를 포괄하고 있었다. 결국 우루과이라운드가 체결됨과 동시에 기존의 GATT 체제가 WTO 체제로 바뀌게 되었다. 이 막중한 시기에 범정부 차원의 실무책임을 맡은 것이었다.

나는 스스로 '한국경제의 국제화 추진 실무본부장'이라고 나의 역할을 정의했다. 단순히 대외경제의 조정 차원이 아니라 한국경제 국제화의 방향과 범위 그리고 수준을 정하는 역할이었다. 각료 레벨의 정부 공식 기구로 부총리를 위원장으로 하는 대외경제

장관회의가 있긴 했으나 거의 대부분의 일은 대외경제조정실과 '우루과이라운드 실무대책위원회'에서 이루어졌다.

통상조직을 어떻게 할 것인가는 새 정부가 들어설 때마다 정부 조직 개편의 단골 메뉴다. 문재인 정부도 예외가 아니었다. 나는 지금의 미국식 통상교섭본부 체제보다는, 1990년대 초 당시 우리가 택했던, '통상교섭'과 '국내정책 조정'을 이원화하는 구조가 우리나라 실정에 가장 적합하다는 생각을 지금도 가지고 있다.

나는 대조실장으로 있는 동안 '한국경제의 국제화'라는 중요한 과제에 대한 확고한 철학을 정립하게 되었다. 물론 국장이 된 후 KDI 파견, 투자협력관, 물가국장, 기획국장, 차관보 등을 거치면서 한국경제의 진정한 국제화가 필요하다는 생각을 점점 더 깊이 해 왔지만, 이러한 생각을 신념에 가까운 사고체계로 완성한 것은 대조실장 때다.

우리 경제가 경쟁력을 가지려면 결국 경쟁적 구조로 가야 했다. 이를 위한 가장 자연스럽고 좋은 방법은 한국경제를 국제화하고 문을 여는 방법밖에 없다고 판단했다. 우리의 문을 열면서 다른 나라가 문을 여는 환경을 최대한 활용하는 것이다. 동시에 상호적으로 이를 통해 국제경쟁력을 키우는 것이었다. 이 과정에서, 국제경쟁력이 없고 앞으로도 생기지 못할 분야는 과감히 포기하고, 새로이 경쟁력을 얻을 수 있는 분야에 더 집중해야 한다는 생각을 했다.

그 당시 내가 생각한 국제화는 '개찰구 없는 국제화'였다. '기름은 우리나라에서 안 나니 들여오고, 쌀은 나니 막아야 된다'는 식의 개찰구 있는 국제화가 아니었다. 모든 부분을 열어 놓고 국제경쟁을 한다는 전제에서 우리 산업과 기업의 경쟁력과 비교우위를 근본적으로 재점검함으로써 한국경제를 경쟁력 위주로 재편해야 된다는 생각이었다.

UR 협상과 쌀 개방 논란

우루과이라운드는 상품, 지적소유권, 비관세장벽, 규범, 서비스 등 각 분야별로 대응팀이 있었다. 그러나 실무적인 일은 그 팀을 통해 할 수 있지만 교섭 과정과 국내정책과의 조정 문제는 훨씬 더 어려웠다. 국제화에 저항하는 각 부처와 국민에 대한 설득도 문제였다. 쌀을 개방하면 우리 농업이 다 망한다는 것이 국민의 보편적 인식이었다. 그것을 부추기는 언론에 대한 설득도 만만치 않은 문제였다. 이러한 문제를 국내에서 적절히 해결하고 국민적 합의를 이루지 않으면 한 발자국도 나가기 어려운 현실이었다. 우루과이라운드에 대한 정부 각급 부처와 산업계, 국민의식의 개선을 위해 나는 내가 직접 만든 'UR과 한국경제'라는 설명 자료를 들고 기회가 있을 때마다 전국을 누비며 설명하고 다녔다.

이러한 노력의 결과 대조실의 역할에 대한 인식이 전면적으로 바뀌게 되었다. 대조실이 우리 경제는 물론이고 각 부처에도 도움이 된다는 쪽으로 인식의 변화가 생긴 것이다. 당초 해외협력위원회를 만들 때 그 소관을 놓고 외무부와 심각한 갈등이 있었다. 경제기획원이 판정승을 거뒀지만 관계 부처와 많은 갈등이 있었다. 특히 외무부가 매우 비협조적이었다. 그러나 우루과이라운드 등 국제경제 흐름이 홍수처럼 밀려오자 외무부는 스스로의 힘으로는 대외경제문제 어떤 것도 해결할 수 없다는 것을 깨닫게 되었다. 마침내 대조실의 기능과 역할에 대해 고마워하게 된 것이다.

미국의 경우 자국 시장의 대부분을 열어 놓고 있기 때문에, 각국을 돌아다니면서 시장을 열도록 설득하고 강요하는 것이 통상교섭활동의 기본이다. 대통령 직속기구인 USTR(Office of the United States Trade Representative, 미국무역대표부)이 대통령의 권위를 업고 다자협상에서나 각국을 돌아다니면서 공격적인 통상 활동을 전개한다.

당시 미국 국무부에는 UR전담대사가 있어 이 사람이 협상 현장에 가면 대사 이하 전 공관원이 UR 관련 업무에 관한 한 그의 지휘하에 들어갔다. 그는 UR의 주요 협상 의제가 난관에 부닥칠 때면 관련 주요 각국을 돌아다니면서 미국의 정통 외교력을 바탕으로 설득과 종용을 했다. 나도 그를 나의 사무실에서, 또 스위스 제네바에서 여러 번 만났다. 언뜻 보면 정부 내에서의 위치나 역할이 UR대책 실무위원장인 대조실장과 비슷했지만 그는 주로 공격적 역할을 했다. 나는 그럴 수 없었다. 우리의 여건은 방어적 통상교섭이 최선이었다. 설사 개방의 원칙이 서더라도 하루아침에 할 수 없고 단계적으로 해야 했다. 그렇게 하면서 국내 경제, 산업, 기업 정책 등과 조화를 추구하면서 추진해야 했다.

사실 외무부는 국내 정책에 간여할 수단이 전혀 없었다. 다른 부처가 외무부의 말을 듣지 않았다. 외무부가 협상을 하려 해도 국내 정책이 뒷받침되지 않기 때문에 할 수 없었다. 그런데 대조실이 관계 부처를 다 모아 조정하여 통합 단일안을 만들어 주면 이 안을 바탕으로 외무부는 관계 부처를 끌고 가 협상을 하고 각 부처는 관련된 소관 산업정책을 가다듬었다. 이런 식으로 하다 보니 외무부도 제대로 일을 할 수 있게 되고, 대조실의 역할에 대해 새로운 시각을 갖게 된 것이다. 나아가 어려운 점이 있으면 대조실에 먼저 도움을 청할 정도가 되었다.

나는 1990년 12월 3일부터 닷새간 계속된 벨기에 브뤼셀 UR 각료급회담(수석대표 박필수 상공부 장관)의 대표단으로 참여하는 외에, 스위스 제네바 현장에도 나가는 경우가 많았다. 우루과이라운드 협상 과정에서 난항에 부딪힐 때마다, 대조실에서 나가 보려고 하기 전에 외무부나 제네바 대사관에서 먼저 협조 요청이 왔다. 대조실장이 직접 현장에 나와 대사와 협상팀으로부터 협상 진행 상황에 대한 설명을 듣고, 대책을 같이 논의하고, 국내에서도 반영될 수 있도록 정책을 조정해 달라는 것이었다. 대표적으로 농산물 문제로 협상이 난관에 부닥친 1991년 11월 16일부터 일주일간 나는 UR 관계 부처의 관련 국장 전원을 대동하고 제네바로 가서 던켈(Arthur Dunkel) GATT 사무총장과 만나 협상의 진전을 위한 방안, 한국경제와 농업에 대한 진지한 설명을 통해 총장과 다른 주요 협상 당사국의 이해를 높이는 활동을 전개한 바 있다.

우루과이라운드 협상은 나의 대조실장 재임중에 타결되지 않았다. 많은 노력에도 불구하고 각국의 이해가 첨예하게 대립했기 때문이다. 우리는 쌀을 비롯한 몇 가지는 도저히 개방할 수 없다는 국민적 정서가 있었다. 주 제네바 대표부 경제협력관으로 나가 있던 이남기 국장(후에 공정거래위원장)은 나에게 비공식으로 "쌀은 국민 정서상 어렵지만 그 나머지는 개방 요구를 대부분 들어 줘도 국민경제적으로 보면 문제가 될 것이 없다"는 취지의 보고를 했다. 나는 "왜 쌀은 안 되느냐"고 반문했다. 쌀 개방 문제에 대한 사고가 근본적으로 바뀌어야 한다는 것이 나의 생각이었다.

'국제가격보다 5~6배 높은 국내 쌀 가격을 언제까지 가져갈 수 있겠는가? 국제적으로 가장 생산성이 낮은 쌀농업을 위해 가장 희소한 자원인 토지의 대부분을 쓸 게 아니다. 쌀 생산에 적합한 토지에서만 쌀을 생산하도록 하고, 보다 더 생산적인 쪽으로 토지를 활용하면서, 모자라는 쌀은 수입하면 된다. 그렇게 되면 쌀 가격도 낮추어 소비자에게 크게 도움이 된다. 보다 경제적으로 토지를 활용할 수 있기 때문에 국민경제에도 도움이 될 것이며 대외 협상에 있어서도 매우 유리한 위치에 설 수 있다.'

그러나 당시 국민과 언론의 인식 정도, 정부와 정치인의 수준으로 미루어 그렇게 가기는 멀고도 먼 일이었다. 30년 가까이 지난 지금도 그런 식 생각에서 조금도 벗어나지 못하고 있는 것이 한국경제의 현실이다.

나의 UR 협상과의 인연은 대조실장을 끝내고 환경차관을 거쳐 소비자보호원장을 할 때까지도 계속됐다. 정부는 김영삼 대통령으로 바뀌어 있었다.

김영삼 대통령 취임 초기 "쌀 개방은 절대로 할 수 없다"는 정치적 발언으로 국내외적으로 곤욕을 치른 상태에서, 농산물을 포함한 UR의 타결이 막바지로 향해 가던 1993년 12월 어느 날이었다. 'KBS 심야토론'에서 'UR과 농업'이라는 주제로 토론을 하는데, 정부 측 입장을 설명할 사람을 구할 수 없었다. 험악한 농민, 농민단체들의 분위기에 눌려 정부의 상하 책임자들이 모두 고사하기 때문이었다. 나는 당시 소비자보호원장으로 정부 밖에 있었지만 마지막 대타로 나에게 온 요청을 수락했다. 토론에 나가 무조건적인 농업보호론자들, 그리고 농민 및 농민단체 대표들과 설전을 벌였다. 시간을 정하지 않은 끝장토론이었다. 끝나니 새벽이었다. KBS를 나서면서 나는 신변의 불안을 느낄 정도의 살벌한 분위기 속을 걸어 나왔다.

뒤안길 '선진국 되려면 선진국 줄에'

기획원 대외경제조정실장 시절 나는 당시 우리나라의 OECD 가입은 빠르면 빠를수록 좋다는 생각을 가지고 이에 대한 준비에 최선을 다했다. 특히 각 분야의 전문인력을 양성하는 과제에 집중했다.

당시에도 우리나라의 OECD 가입에 회의적이거나 반대하는 견해도 많았다. 이런 기류는 심지어 그 뒤에도 이어져, 김영삼 대통령 때 우리가 IMF 위기를 맞은 것이 우리 수준에 맞지 않게 OECD에 너무 일찍 가입하여 마치 선진국이나 된 듯이 축배를 터뜨렸고 그래서 금융시장이 선진국 수준으로 너무 일찍 개방되고 외자가 무분별하게 도입되어 초래되었다고 비판하는 사람들도 많이 있다. 나는 문제의 본질은 OECD에 조기 가입했기 때문이 아니라, OECD 가입과 동시에 갖추어야 할 우리 경제의 제도적 정비, 특히 이 경우 금융감독제도의 개선, 발전이 없었다는 데 있다는 생각이다.

당시 나는 우리가 선진국이 되었기에 OECD에 가입하는 것이 아니고, 선진국이 되기 위해 가능한 한 일찍 가입해야 한다는 기본 철학을 갖고 있었다.

'선진국이 되려면 선진국 줄에 서야 한다.'

내가 만든 이 표어는 당시 국제화에 대한 나의 사고, 세계경제와 한국경제의 조화의 필요성에 대한 나의 경제관의 집약적 표현이었는데, OECD 조기 가입, 우루과이라운드에 대한 적극적 대응이 바로 이런 경제관의 구체적 표현이었다.

지금 세계는 한 나라의 경제 운영 방식과 세계경제의 흐름의 조화라는 관점에서 두 가지 유형의 나라들로 확연하게 갈라지고 있다. 한 유형은 대외 균형과 대내 균형이 충돌할 때 대내 균형을 우선하는 나라들이다. 어떤 부문의 개방이 문제로 대두되었을 때 자국이 해외에서 획득할 새로운 시장에는 주목하지 않고 이로 인해 잃을 국내시장에만 집착하는 나라, 전체 국익과 부문별 이익이 충돌할 때 후자가 정책 결정의 기준이 되는 나라, 개방이 불가피하고 대세가 되고 있을 때에도 이런 기회를 관련 국내 산업의 구조조정의 호기로 활용하지 못하는 나라, 국제적인 문제가 발생할 때마다 이해관계 집단의 목소리만 들리고 이에 대한 바른 방향을 정립하고 이들에 대한 설득과 교육 기능을 포기하는 정치지도자들이 나라 운영을 하고 있는 나라들이다. 이런 유형에 속하는 그 어느 나라도 경쟁력 있는 경제를 운영해 가는 경우가 없다. 그 반대 유형의 경우는 예외 없이 경쟁력 있고 번영하는 경제를 운영하고 있다. 오늘의 우리 한국은 어떤 유형의 국가인가?

이제 우리 국민과 정부는 우리나라가 어떤 유형의 나라에 속할 것인지를 분명히 선택해야 된다. 어렵고 고통스럽더라도 '선진국 줄'에 분명하게 설 것인지, 아니면 쉬운 길을 걸으면서 선진국 되기를 포기할 것인지?

(4) 대소(對蘇) 수교 및 경협 준비 활동

노태우 정부는 당시 소련과의 수교 및 경제협력 가능성을 적극적으로 검토하고 있었다. 그러나 수교를 위한 정부 차원의 노력에는 한계가 있었다. 그런 공식 접촉 이전에, 민간경제사절단을 먼저 보내 분위기를 조성한 후에 정부 차원의 교섭을 추진하는 것이 바람직하다는 판단을 내리고 있었다.

내가 1990년 4월 대조실장이 되었을 때는 이러한 계획이 이미 대략 성안(成案)되어 있었다. 민간사절단은 무역협회장인 남덕우 전 총리가 단장을 맡고, 유력한 경제인들로 구성되고 있었다.

한편 정부는 경협 확대 방안을 마련하기 위해서는 소련의 경제 현황에 대한 정확한 조사활동이 먼저라고 판단했다. 소련 측의 대한(對韓) 수입대금 결제 지연이 급격히 늘어나는 문제가 있어, 소련의 경제 상황에 대한 정확한 조사를 바탕으로 대소 경협의 방향과 방식에 대한 재검토가 필요하다는 인식을 하고 있었다. 그래서 대조실장을 대표로 관계 부처 실무진과 대외경제정책연구원(KIEP) 북방경제연구소의 연구진으로 구성되는 경제조사단을 민간사절단과 같은 시기에 파견키로 했다.

정부와 민간사절단은 이 두 가지 활동을 연계해, 외형적으로는 민간경제사절단의 단일팀으로 포장하여 민·관의 공조 체제로 운영하되 필요시 각기 필요한 활동을 하는 포맷이 구축됐다.

민간경제사절단은 단장인 남덕우 회장 외에 정세영 현대자동차 회장, 서승환 아모레퍼시픽 회장, 김각중 경성방직 회장, 이종국 남양수산 회장, 국방장관을 역임한 윤성민 방직협회 회장, 이윤채 유림 회장 등으로 구성됐다. 여기에 여러 회사의 사장, 부사장, 전무급 기업인 다수가 참여했다. 정부조사단은 대조실장인 나를 대표로 외무부의 성필주 구주국 심의관, 상공부 김종희 무역정책과장, 안기부 과장 1인, 북방경제연구소장 황인정 박사와 실무진 등으로 구성되었다. 이렇게 민·관을 망라한 총 20여 명 규모의 경제사절단이 꾸려졌다.

일정은 1990년 6월 1일부터 12일까지 사절단 전체가 모스크바와 상트페테르부르크(당시 레닌그라드)를 방문해 공식, 비공식 활동을 한 후, 정부조사단은 먼저 귀국하고 민간사절단은 극동의 하바롭스크와 나홋카를 경유하여 필요한 경협 활동을 추가로 한 뒤 16일 귀국하도록 짜여졌다.

모스크바 길거리 화가가 그린 필자의 캐리커처(1990년 6월).

1990년 6월 1일, 사절단 전원은 소련의 모스크바 공항에 도착했다. 당시만 해도 공산주의 국가들의 맹주였던 소련을 간다는 것은 상상하기 어려웠다. 다녀온 사람도 거의 없던 시절이었다. 밤늦게 모스크바 공항에 도착했을 때는 신변의 불안감을 느낄 정도의 으스스한 분위기였다. 오랜 입국 절차를 거치고 밤늦게 시내 호텔에 들었다.

사절단이 활동을 시작하면서 가장 먼저 걱정한 것은 공식 리셉션 개최였다. 한국 경제사절단이 왔다는 것을 공식적으로 알리고 관심 있는 소련의 민·관 고위 인사들을 모아야 우선 '장사'를 시작할 수 있는데, 소련 사람들이 얼마나 올지 도무지 가늠이 되지 않았기 때문이다. 당시는 외무부의 공로명 대사를 대표로 하는 영사처가 개설되기 전이었다. 겨우 참사관급 외교관 한 명이 준비사무소장을 맡고 있었으니 리셉션 준비를 위한 일손도 절대적으로 부족한 상황이었다. 총리까지 지낸 한국의 거물 경제인인

상공부
김종희 과장

IPECK
한·러 통역
(손OO)

경제기획원
(최OO)

황인정 박사

안전기획부

㈜유림
이윤재 회장

외교부

현대자동차
전무

아모레퍼시픽
서성환 회장

정세영 회장

방직협회
윤성민 회장

남양수산
이종국 회장

제일합섬
김성재 전무

무역협회
고광훈 이사

1990년 6월 3일 사절단 전원이 모스크바 시내에 있는 공원의 레닌 동상 앞에서. 앞줄 왼쪽에서 다섯, 여섯 번째가 필자와 남덕우 회장.

무역협회장을 단장으로 하고 최고의 기업인들로 사절단을 구성 해서 왔는데 소련 사람들의 반응이 시원찮으면 매우 난감할 일이 었다. 다행히 막상 리셉션이 시작되니 그간 걱정한 것이 무색할 정도로 많은 사람이 몰려왔다.

인상적이었던 것은, 우리나라에서 같으면 리셉션 음식은 거의 그대로 남는 것이 보통인데 여기 사람들은 음식과 술을 다 먹고 마셔 남는 것이 별로 없었다는 것이다. 여기서 저녁 한 끼를 때우 고 가자는 생각인 듯했다. 이것을 보면서 '나는 오늘 온 참석자들 은 대표단 자체보다는 차린 음식과 술에 더 관심이 있구나' 하고 생각했다. 물자와 식량이 부족하여 평소 제대로 된 음식을 먹기 힘든 상황에서 우리가 제공한 음식은 아주 훌륭했을 것이다. 더욱이 술을 마음껏 마실 수 있는 것만으로도 소련에서는 큰 대접이라는 사실도 알게 됐다. 앞으로 소련에서 하는 행사는 음식을 잘 차려 놓고 술도 무제한 공급한다는 소문만 내면 사람 모으는 것은 어렵지 않겠다는 생각도 했다. 그 뒤에 이어지는 정부 차원의 행사에서도 이러한 현상이 계속되었다.

대표단은 먼저 소련을 이해하는 것이 중요하다는 생각에서, 소련 측과의 공식 접촉에 앞서 소련의 중요한 장소들을 먼저 가 보는 것으로 활동을 시작했다. 레닌 동상, 모스크바대학, 모스크바 시내 등을 살피면서 소련의 진짜 모습을 주의 깊게 관찰했다.

남덕우 회장을 비롯한 사절단은 카운터파트인 말케비치 소연방상공회의소 회장 등을 비롯한 소련 기업인들과 공식·비공식, 전체·개별 회담과 접촉, 의견 교환을 다양하게 전개했다. 나를 비롯한 정부조사단은 콜로초프 국가기획위원회 부위원장 등 정부 고위 인사들과 만나 다양한 주제로 경협 가능성과 문제점의 타개 방안을 논의했다.

모스크바 공식 일정을 끝내고 상트페테르부르크를 방문하여 구 제정(帝政) 러시아의 영광이 묻어나는 유적들을 살펴보는 기회도 가졌다. 위도가 높은 지역이라 밤 12시에도 시내 구경에 전혀 지장이 없을 정도로 훤해서, 공식 활동을 다 끝낸 저녁이나 밤 시간에 명소를 찾아 다녔다. 한반도의 70배나 되는 광대한 국토, 풍부한 에너지 자원을 가진 소련 경제가 과거의 영광은 어디로 가고 이렇게 나락으로 떨어지다니!

후술하겠지만 소련은 수교 협상을 전제로 빌린 몇십억 달러의 경협자금을 아직도 많은 부분 안 갚고 있다. 이것이 사회주의, 계획경제의 진면목이다. 아직도 이런 사상과 시스템을 동경하는 사람들이 목소리를 높이는 현실을 생각하면서 답답한 마음이다.

남덕우 단장을 비롯해 대부분의 기업인들은 극동으로 향하고, 우리 정부조사단은 귀국 길에 올라 12일 김포에 도착했다. 김포에서 기자회견을 갖고 사절단과 조사단의 활동 성과와 방향을 설명했다.

뒤안길　소련 경제의 실상

모스크바에 처음 도착한 이튿날 아침, 모스크바의 분위기도 살필 겸 일찍 일어나 호텔 로비를 거니는데, 리셉션 데스크에 붙여 놓은 구절이 눈에 들어왔다.

'US $ Only!'

'Hard Currency Only!'

미국 달러, 아니면 미국 달러나 마찬가지로 국제금융시장에서 어떤 통화하고도 교환 가능한 일본 엔, 영국 파운드, 프랑스 프랑, 독일 마르크 등 소위 경화(硬貨)만 받는다는 뜻이었다. 소련의 한복판 제일 좋은 호텔에서 소련의 자국 화폐인 루블화는 받지 않다니! 소련의 경제 실상의 한 단면을 직접 목격하는 충격이었다.

모스크바 시내 상점 앞에 물건을 사러 몰려든 시민들(1990. 6. 3).

'소련 경제는 끝났구나! 소련은 곧 문을 닫겠구나!'

자기 나라 수도의 대표적인 호텔에서 자기 나라 돈을 마다하고 경쟁국 미국의 돈만 받겠다는 나라의 경제가 어찌 유지될 수 있 겠는가?

이것 말고도 그동안 베일에 가려 있던 소련 경제의 진짜 모습을 볼 수 있는 몇 가지 현상을 더 볼 수 있었다.

첫째는 환율이었다. 당시 소련의 공식 대 미달러 환율은 1달러 대 0.6루블이었다. 소련 돈이 미국 돈보다 훨씬 가치가 높았다. 그러나 암시장의 실세 환율은 1달러 대 25루블 수준으로, 공식 환율보다 무려 40배 이상의 실세 환율이 시장을 지배하고 있었 다. 우리나라도 본격적으로 경제개발이 되기 전 1950~60년대에 공식 환율과 암달러 시장의 실세 환율 사이에 격차가 있은 적은 있지만 그래도 2~3배 수준을 넘은 적은 없다고 기억한다. 그런데 모스크바의 암시세가 그 정도라면 그 경제의 실상은 다른 것은 보지 않아도 짐작하고도 남는 것이었다. 서울에서 생각한 것보다, 공식 통계에 나타나는 경제 현황보다 훨씬 나쁜 상황이었다.

둘째는 시내 상점마다 문앞에 몰려든 사람들의 줄이었다. 필수물자들이 다 만성적 부족 상태여서 여성들은 항상 장바구니나 보자기를 가지고 다니다가 문을 연 상점이 있으면 무엇을 파는지 물어보지도 않고 우선 줄부터 선다는 것이었다.

우리의 소련 방문의 주요 목적 중 하나는 공산주의 종주국, 계획경제 소련의 경제 실상을, 믿을 수 없는 정부의 공식 통계가 아닌 눈으로 파악하는 데 있었다. 앞의 호텔에서 본 것에 더해 이 두 가지 현상을 보면서 소련 경제의 실상을 파악하려는 목적은 대체로 달성한 셈이었다.

계획경제가 초래한 소련 경제의 참상은 생각 이상이었다. 각 분야의 생산 차질, 생산해 놓고도 수송이 안 돼서 반 이상이 썩어 내버리는 농산물 수급 실태 등에 대한 생생한 이야기를 들으면서 공산주의, 계획경제는 절대로 성공할 수 없다는 생각을 더욱 굳혔다. 그래서 소련과의 경제협력은 단기적, 기업적 사고로는 실리를 찾기 어렵고 장기적 안목에서 정부 차원의 경협 추진 방안이 세심하게 마련돼야 할 필요성을 절감했다.

　　소련 경제조사단 귀국 회견, 활동 보고서

다음은 연합뉴스가 1990년 6월 13일자로 요약 보도한 나의 기자회견 내용이다.

　　"당장의 成果보다 긴 眼目에서 진출해야"
　　訪蘇 金仁浩 기획원 對調室長에게 듣는다

(서울=聯合) 朴洪南기자="蘇聯이 개방정책을 추구하고 있어 장기적으로 韓·蘇양국간의 경제협력가능성이 큰 만큼 국내기업들이 당장의 성과를 기대하기보다는 장기적 기반을 구축한다는 자세로 소련에 진출해야 합니다."
최근 소련을 방문, 소련고위인사들과 韓·蘇 경협문제를 협의하고 귀국한 金仁浩경제기획원 대외경제조정실장은 소련이 경협파트너로서 전망이 밝은 나라임을 강조하면서 눈앞의 이익보다는 긴 안목에서 對蘇교역을 확대하고 투자진출을 하는 것이 필요하다고 밝혔다.

—개방을 추구하는 소련의 의지가 어느 정도라고 판단되는가?
▲ 소련은 외국과의 교역 등에 장애요인이 되고 있는 루블貨의 兌換化를 위해 많은 노력을 기울이고 있다. 이러한 노력은 그들이 그동안의 계획경제를 시장경제체제로 전환하겠다는 의미를 가

진 것이라 할 수 있다. 또 현재의 변화는 시장경제체제를 계속 도입하는 것 외에 대안이 없으며 계획경제로의 후퇴는 상상할 수 없다. 물론 시간이 다소 걸릴 것으로 보나 개혁과 개방은 꾸준히 추진될 것으로 생각한다.

—소련의 이러한 변화를 감안할 때 국내기업들의 對蘇진출의 기본방향은 어떻게 설정돼야 하는가?

▲ 소련이 개혁과 개방을 추진함으로써 민간소비가 늘고 있으며 이에 따라 경제성장이 이룩될 것으로 본다. 결국 소련이 완벽한 시장경제체제를 구축했을 때를 가정하면 엄청난 규모의 국토와 천연자원, 인구 등을 고려할 때 잠재적인 파트너라는 평가를 내리지 않을 수 없다. 따라서 우리 기업들은 당장의 이익을 기대하기보다 장기적인 진출기반을 구축한다는 자세로 소련에 진출하는 것이 바람직하다고 판단된다.

—소련은 우리나라와 어떠한 형태의 교역을 희망하고 있는가?

▲ 소련은 아직 금융관행이 발전돼 있지 않아 교역에 어려움이 많다. 오랫동안 계획경제체제 속에서 생활했기 때문에 수출대금의 결제지연에 대해서도 국제적으로 어떤 의미를 지니는지 정확한 이해를 못하고 있는 실정이다. 그러나 그들도 금융관행을 발전시키는데 꽝장한 노력을 하고 있다. 금융관행 정착이전의 교역

으로 연불수출 등을 희망하고 있으며 그 대금을 원자재로 가져가기를 바라고 있다. 국내기업들도 현금거래가 안 될 경우 원자재와 교환하는 형태의 무역에 신경을 써야 할 것이다.

—국내기업들이 소련진출을 위해 유의할 사항은 무엇인가?
▲ 고르바초프 소련대통령은 정치적으로 성공을 거두고 있으나 경제적으로는 별 인기가 없는 편이다. 또 연방정부와 지방정부가 손발이 안 맞는 경우가 종종 발생하고 있다. 앞으로 韓·蘇경협을 추진하는데 있어 국내 기업들이 중앙정부만을 상대하는 데는 한계가 있지 않을까 생각한다. 레닌그라드의 경우 중앙정부의 통제를 벗어나는 현상을 보이고 있기도 하다. 국내기업들도 효율적인 진출을 위해 지방정부를 접촉하는 방안도 연구해야할 것이다.

당시의 소련의 경제 현황, 소련과의 경제협력을 앞둔 양국 관계의 현황과 전망 등을 좀 더 상세히 이해하기 위해 내가 작성한 방소활동 보고서를 요약해 추가로 싣는다.

金仁浩 기획원 對調室長 訪蘇 보고서 요지

—소련경제의 실상 및 경제개혁 전망

▲ 수입대금 지급지연 및 이에 대한 소련당국의 인식＝소련당국자들은 소련의 대외지불능력을 공개적으로 거론하는 것조차 불쾌한 반응을 보이면서 대수롭지 않게 여기고 있다. 그들은 루블貨의 兌換化를 위해 정부차원에서 노력하고 있다고 하나 시장경제체제에 대한 정확한 인식부족과 소련내 금융체계상의 문제로 루블貨의 兌換化및 환율체계 정비에는 상당한 기간이 걸리고 애로가 있을 것으로 예상된다. 소련은 개혁방향을 우선 국유재산의 사유화 및 가격자율화를 통해 시장경제로 전환하기 위한 기반조성에 중점을 두면서 노동시장 및 금융자본시장의 육성을 위해 제반노력을 기울이고 있으나 시장경제의 개념에 대한 일반국민의 이해정도는 의문시되며 지도계층의 의도에도 불구하고 개혁의 성과가 일반화되기까지는 상당기간이 소요될 전망이다.

▲ 경제개혁의 추진과 韓蘇 경제협력＝연방정부와 지방정부간의 정책의 일관성 결여로 효율적인 경제개혁정책의 추진에 차질이 생기고 있다. 특히 레닌그라드의 經濟特區 설치와 관련, 레닌그라드정부는 연방정부 지도자들이 지방정부의 특성을 파악하지 못하고 있다고 지적, 노골적인 불만을 표시하고 있다. 지방정부 권한의 확대추세와 연방정부와 지방정부 정책간의 일관성 결여가 일반화된다면 우리나라의 효율적인 경제 진출에도 상당한 혼선이 제기될 전망이어서 지방정부단위의 접근노력도 병행할 필요가 있다. 최근 발틱3국 및 그루지아공화국의 연방탈퇴 움직

임과 아제르바이잔공화국의 심각한 민족분규로 효율적인 개혁·개방 정책추진에 큰 장애가 생기고 있다. 이러한 공화국의 연방탈퇴 움직임이 여타지역으로 확산될 경우 소련은 경제문제와 더불어 정치·사회적인 혼란이 가중되어 우리나라 기업들의 진출에 장애가 될 가능성도 있다.

▲소련의 잠재력=정치적 민족분규와 각 공화국의 독립문제, 그리고 생필품의 공급부족에 따른 국민의 불신감 팽배로 개혁정책에 어려움을 겪고 있다. 그러나 소련은 엄청난 천연자원과 인구 2억8천만 명의 시장규모를 갖고 있을 뿐 아니라 최근 서방의 對蘇경제지원이 가시화되고 있어 유효수요시장으로서 잠재력은 장기적으로 볼 때 클 것으로 평가되고 있다.

—韓蘇양국간 경제협력 증진방안

▲일반사항=현재 소련의 개혁추진 정도, 기반시설 미흡, 투자여건 미비 등으로 당분간 투자진출은 위험성이 수반되고 있다. 소련은 硬貨부족을 감안, 성과가 빨리 나타날 수 있는 소규모사업에 대해 외국으로부터 자금조달과 기술도입이 가능한 합작투자를 적극 추진 중이다. 따라서 장기적 차원에서 우선 교역확대에 중점을 두고 협력기반을 구축한 후 투자진출을 모색하는 것이 바람직하다. 소련의 硬貨부족, 루블貨의 不兌換性으로 당분간 정상적인 수출신용장(L/C)거래는 제한적으로 이루어질 수밖에 없어

바터무역 등 對應貿易 방식을 활용해야 한다.

▲ 교역=우리나라 기업에 대한 미결제 수출대금을 조기 해결해줄 것을 촉구한데 대해 소련 측은 정부차원의 해결을 위해 노력하고 있음을 시사하고 공개적으로는 이 문제가 거론되는 것을 불쾌하게 생각하고 있다. 소련의 정치·경제력과 對外信認度를 감안할 때 수출대금 결제불능상태에까지 이르지 않는다 하더라도 현재 소련의 여타국가에 대한 미결제분이 상당액에 이르고 있어 조기결제에는 어려움이 예상된다. 따라서 硬貨결제 지연이 지속될 경우 알루미늄, 원목, 선철, 비철금속, 화학원료등 원자재의 공급을 요구하는 방안을 강구해야 한다. 硬貨부족에 따라 정상적인 L/C거래에는 한계가 있으므로 우리나라의 對蘇 연불수출에 의한 외상거래 방법 등으로 교역확대를 모색하거나 현재 서방세계 등 제3국에서 사용하고 있는 중개무역 전문상사(trading house, switch dealer)를 통한 새로운 금융기법 등을 적극 개발할 필요가 있다. 소련은 硬貨결제능력은 부족하나 부존자원이 풍부하므로 소련정부가 원목, 선철, 비철금속, 화학원료등 원자재의 공급을 보장할 경우 이에 상응한 상품판매가 가능할 것으로 보인다.

▲ 투자=소련정부는 외국인투자 유치를 위해 오는 가을까지 특별법제정을 추진 중이므로 결과를 면밀히 분석하여 투자정책을 수립하는 것이 필요하다. 우리나라 기업들의 對蘇투자진출 의욕이 큰 반면 투자보장협정, 이중과세방지협정 등이 체결되지 않아

투자위험이 상존하고 있다. 우리나라 기업의 對蘇프로젝트가 대형화되고 있어 투자보장 장치가 없을 경우 정부차원에서도 대규모 프로젝트 진출의 허용이 곤란하다. 이번 소련방문 중 소련당국자들은 우리나라와 투자보장협정 체결을 위해 준비 중임을 시사했다. 이러한 준비는 수교와 관계없이 진행 중인 것으로 알고 있으며 어떤 형태든지 가능한 한 빠른 시일 내에 체결하려는 태도를 보였다. 본격적인 對蘇투자진출을 위해서는 소련 내 기반시설의 개선, 원자재·부품 공급가능성, 금융협력 등 투자와 관련된 본질적인 문제와 고용상의 문제가 해결될 수 있는 전망이 보여야 한다. 따라서 장기적 대응이 필요하다. 소련에서 현지인을 고용할 경우 국영 인력서비스기관을 통해 조달하고 있으나 채용, 해고 등에 자유가 없어 많은 어려움이 있다. 소련당국자들은 소련의 인력고용상의 문제점을 인식하고 있었으며 조속한 시일 내에 외국기업의 현지지사가 현지인을 직접 채용하고 해고도 가능토록 조치를 취하겠다는 적극적인 입장을 표명했다. 아울러 經濟特區 진출에 필요한 원·부자재의 적기 공급, 과실송금 보장이 전제되어야 하므로 이의 해결을 위해 정부차원에서 협상시도가 필요하다. 특히 경제특구 설치 시 대대적인 기간설비 투자 등이 활발해질 것으로 보여 건설 분야 진출은 가능하다. 투자는 교역에 비해 상대적으로 위험성이 수반되므로 현지 투자여건의 개선 정도에 따라 장기적으로 진출할 필요성이 있으며 위험성을 최소화하기 위해 투자자금의 조기회수가 가능한 프로젝트부터 시작하는 것이 필요하다. 우리의 능력과 소련 측의 유치희망 분야를 검토할 경우 건설, 자원가공, 관광, 각종 소비재생산 분야의 진출이 유망하다.

▲ 과학기술협력=소련은 전통적으로 우수한 기초과학기술을 보유하고 있어 이 분야의 기술도입 추진이 필요하다. 특히 소련은 항공, 우주, 의약품제조 관련기술의 對韓이전과 군수산업 民需化에 한국기업의 참여를 공식요청(90년 3월)한 바 있어 이 분야에 대한 우선 협력가능성이 모색돼야 한다. 금년 11월 서울에서 열리는 기술협력세미나에서 구체적 협력분야를 논의할 것이다. 소련의 對서방국가와의 과학기술협력현황, 기술협력 절차및 방법에 관한 종합적인 자료협조 가능성에 대해서는 부정적인 반응을 보였으나 세미나 등의 행사를 계기로 한 부분적인 정보제공 가능성에는 긍정적인 입장이었다. 소련은 내년에 서울에서 소련과학기술전시회를 개최하고 기술협력 상담을 하기를 희망했다. 소련의 기술도입에 대한 로열티를 상품으로 제공하는 문제도 검토대상이 될 수 있으므로 종합적인 經協증진방안에 포함시켜 고려해야 한다.

—현지 진출기관 및 상사의 애로사항과 개선방안

▲ 공통애로사항=전화, 팩시밀리, 텔렉스 등 통신수단의 미비로

본국과 원활한 정보교환이 어려울 뿐 아니라 경협에 큰 지장을 초래하고 있다. 주택가격의 계속적인 상승과 모스크바시내에서의 사무실 구득이 어려워 정상적인 업무수행이 곤란하다. 소련주재 한국 영사처도 사무실을 구하지 못해 설치이후 모스크바 호텔에서 업무를 수행하고 있다. 외국기업의 현지지사가 현지인을 고용할 경우 국영 인력서비스기관을 통해 조달해야하며 종업원의 해고를 자유롭게 할 수 없어 큰 문제를 야기하고 있다. 소련당국자들은 외국기업의 현지지사에 현지인 고용에 관한 권한을 부여토록 하겠다는 입장을 표명했다. 한국기업의 현지지사 간에 현지 경제상황에 관한 상호 정보교환이 미흡하여 효율적인 경제 진출이 어렵다. 공동으로 정보를 수집·활용할 수 있는 정보창구 등 센터의 건설이 시급하다. 현지지사들의 과실송금이 소련 측의 규제로 제한받고 있다.

▲ 개선방안=통신 및 송금제한 문제의 경우 정부차원에서 수교 교섭과 관련, 투자보장협정 및 통신협정을 체결함으로써 제반 문제점을 일괄 타결토록 노력해야한다. 주택, 사무실 구득 및 정보수집의 애로사항 타개를 위해 모스크바시내에 코리아타운을 건설하는 방안을 검토해야 한다. 진출기업들은 기업 간의 정보교환 채널을 구축해야 한다.

(5) 대소 수교와 경제협력 협상

급물살 탄 한·소 수교

대소 수교를 사전 뒷받침하는 민간경제사절단 활동과 병행하여, 정부 차원의 수교와 경협 협상도 생각보다 빠르게 진행되었다. 고르바초프 대통령과 직접 만나 대소 수교의 물꼬를 여는 정상급 회담을 희망해 오던 노태우 대통령에게 그 기회가 생각보다 빨리 온 것이다.

미국의 조지 슐츠 전 국무장관의 주선으로 노 대통령과 고르바초프 대통령의 정상회담은 1990년 6월 4일 샌프란시스코에서 갑작스럽게 이루어졌다. 나를 포함한 우리 민간경제사절단이 아직 소련에 머무르고 있는 시점이었다.

러일전쟁 이후 무려 86년 만에 우리나라와 소련이 수교를 향해 결정적 걸음을 하게 된 것은 고르바초프의 개혁개방 및 등거리 외교정책과, 탈냉전의 세계적 추세에 부응하여 북방외교정책을 적극적으로 추진하려는 노태우 정부의 의도가 맞물렸기 때문이었다. 한·중 수교와 함께 북한의 최우방 국가들을 상대로 한 남북한 교차승인과 남북한 유엔 동시가입 등은 북방외교가 낳은 성과였다.

정상회담에서 양국 정상이 수교 원칙에 대해 합의함에 따라, 이 원칙을 실현하기 위한 양국 간 공식 협상을 시작하기로 했다. 노 대통령은 청와대의 김종인 경제수석을, 고르바초프 대통령은 마슬류코프 연방각료회의 제1부의장(제1부총리, 경제담당)을 각각 회

1990년 7월 말, 모스크바의 호텔 계단 레닌 동상 앞에 선 대소 수교 정부대표단 일동.
앞줄 왼쪽부터 박운서, 필자, 김종인, 공로명, 이용성, 장석정, 신국환.

담 수석대표로 지명했다.

한·소 수교협상의 우리 측 정부대표단은 수석대표인 김 수석 외에 김종휘 외교안보수석, 공로명 주 소련 영사처장, 김인호 대외경제조정실장, 박운서 청와대 산업비서관, 이정빈 외무부 제1차관보, 이용성 재무부 기획관리실장, 신국환 상공부 제1차관보, 장석정 동자부 자원정책실장, 한영택 외교안보연구원 선임연구관(안기부 차장보), 김재섭 청와대 외교비서관, 신우재 청와대 공보비서관 등 12명으로 구성되었다. 소련 측은 마슬류코프 제1부총리를 수석대표로 콜레스니코프 전자공업부 장관, 심코 무선공업부 장관, 말케비치 연방상공회의소 회장 등 총 13명의 고위 대표단을 구성했다.

양국 대표단은 모스크바에서 1990년 8월 2일부터 8일까지 2차례에 걸친 공식 회담, 15차례에 걸친 비공식 회담 및 분야별 협의를 가졌다. 김종휘 수석과 이정빈·한영택·김재섭의 소위 정무팀은 1차 공식 회담 이후 별도 일정에 의해 소련 측 카운터파트와 수교문제를 중점적으로 논의하고 전체 대표단보다 며칠 먼저 귀국했다.

양국 대표단은 두 나라 수교와 경협 문제를 심층적으로 논의해 다음과 같이 합의했다.

1) 철강, 금속, 전자, 라디오, 가스, 석유화학, 사할린 및 시베리아 개발 등 11개 분야의 경협 대상 확정
2) 무역, 이중과세, 투자 보장, 어업, 항공, 과학기술 협력의 6개 협정 연내 타결 원칙 합의
3) 9월 중순 3차 공식 회담 서울에서 개최

이 합의 사항은 대체로 추가적인 분야별 고위 또는 실무 협상에 의해 진전을 이루었다. 다만, 9월에 열기로 한 3차 공식 회담은 소련 측 사정으로 여러 차례 연기된 끝에 이듬해인 1991년 1월 16~22일 서울에서 개최되어 11개 항의 공동성명을 발표함으로써 경제협력 논의를 매듭지었다. 이 공동성명의 제5항이 문제의 '대소 경협자금 30억 달러' 제공에 관한 합의였다.

경제협력 논의를 위한 3차 회담이 연기되고 있는 사이, 1990년 9월 30일에 뉴욕의 유엔본부에서 최호중 외무장관과 셰바르드나

제 소련 외무장관이 '한·소 수교 공동성명서'에 서명함으로서 양국은 공식 수교를 이뤘다. 같은 공산권인 중국과는 이후 수교 노력을 계속해 1992년 8월 24일에 공식 수교했다.

수교 및 경협 과정의 아쉬움

나는 대소 공식 수교와 경협 협상 과정에서 대표단의 주요 일원으로 참여했으나, 대외경제조정실정이라는 직책에 걸맞지 않게 우리 측 협상 전략의 수립 과정에 깊이 간여하지 못하고 지켜보는 수준에 머물렀다. 왜 그렇게 됐는지 몇 가지 언급하지 않을 수 없다.

첫째, 국제정세의 흐름과 그 속에서 소련의 위치를 정확히 알고 협상에 임했는지 궁금하다.

물론 경협자금의 제공 같은 것은 대통령이 고도의 정무적 판단에 의해 최종적으로 결단하는 것이므로 실무 선에서 가부를 논하는 것은 적절하지 않다. 그러나 모든 협상이 그렇듯, 누가 양보하는가는 어느 쪽이 더 급하고 답답한가에 달린 문제다. 당시 노태우 대통령과 정부는 소련과의 수교에 목을 맨 감이 있다. 그런데 소련은 미국과의 군비 경쟁 때문에 경제 상황이 말이 아니었다. 미국 레이건 대통령의 정책인 전략방위구상(Strategic Defense Initiative, SDI), 일명 '스타워즈(Star Wars) 계획'은 소련을 미국과의 무한 군비 경쟁으로 몰아갔고, 소련은 거의 손을 들기 직전의 상황이었다. 따라서 한국과의 수교는 오히려 소련이 더 다급한 형편이었을 수 있는데, 이런 모든 사정들을 면밀하게 고려하지 않은 채 칼자루를 상대방에게 내주고 우리는 칼끝을 쥐고 협상에 임한 것이 아닌지?

둘째, 수석대표 지명의 적정성과, 관계 부처 간 필요한 협의 및 적절한 역할 분담 문제다.

소련 대통령은 내각의 경제담당부총리를 수석대표로 지명했는데 노태우 대통령은 정부의 부총리나 장관이 아닌 경제수석을 수석대표로 지명했다. 본래 청와대 비서관은 대통령을 직접 보좌하는 자리로, 직접 대외 협상의 책임자로 나가지 않는 것이 원칙이다. 비서관은 오직 대통령에게만 책임이 있을 뿐 법적인 책임을 지울 수 없는 직책이다. 나아가, 매우 민감하고 중요한 문제일 경우나 협상단이 그 자리에서 결론을 내기 어려운 사안일 경우 본국에 훈령을 청해야 하는데, 수석비서관이 대표이면 훈령을 줄 '위'가 없다. 수석은 이미 대통령을 대리한다고 간주되기 때문이다. 또한 상대방의 무리한 요구를 거부하는 수단으로도 '국가 최고 의사결정권자의 승인'이라는 완충 기제를 가지고 있어야 하는데, 수석비서관이 대표가 되는 바람에 그런 여지를 애초부터 없애 버렸다. 당시 우리 정부 경제정책의 최고책임자이며 대외경제장관회의 의장인 이승윤 경제부총리는 의사결정 과정에 단 한 번도 참여한 적이 없었다. 깊은 반성이 필요한 부분이다.

협상을 위해 범부처적으로 협의해야 할 주요 의제(30억 달러의 경협자금 제공도 이에 해당)에 대해 부처 간 사전협의를 하고 의견을 조율한 적이 한 번도 없었다. 특히 경협자금은 고도의 정무적 판단과 기밀을 요하는 사항이고, 수석이 대변하는 대통령이 직접 결정할 사안이라는 전제가 미리부터 있었기 때문이다. 그러나 이 사안의 구체적 세부 내용 전부가 그렇게 해야 할 사안이었는지는 의문이다. 대표단의 간사를 정부의 대외경제실무 조정 책임자인 대외경제조정실장이 아닌 청와대의 비서관이 맡은 것도 이런 상황을 부채질했다. 당시 야당에서 협상 결과에 수석비서관이 서명하는 것이 법적으로 가능한지 문제를 제기한 것은 일리가 있는 것이었다.

셋째, 경협자금 30억 달러의 제공과 상환은 당시에도 많은 논란이 있었지만 아직까지도 다 해결되지 않은 문제다.

당시 소련은 경제 사정이 매우 어려워서 대한 수교의 조건으로 경협자금 제공을 내걸었다. 당연히 정부 부처 간 충분한 논의가 필요한 사안이었으나, 김종인 경제수석이 직접 노태우 대통령에게 보고하고 대통령의 결단에 따라 자금을 제공하기로 결정했다. 과연 수교의 조건으로 이런 자금을 제공하는 것이 적절한지, 정부 부처 간 논의는 충분한지, 상환 가능성은 있는지 등의 문제가 당시에도 심각하게 제기되었지만, 앞에서 말한 배경들 때문에 공식 논의의 대상이 된 적이 없었다.

경협자금은 현금차관(정부 보증의 은행 차관) 10억 달러, 원료 및 소비재 수출용 전대(轉貸)차관 15억 달러, 자본재 수출용 연불(延拂)차관 5억 달러로 구성되었다. 자금지원 과정에서 소연방이 해체되는 바람에 실제 제공액은 14억 7천만 달러에 그쳤다. 상환 지연 등으로 원리금 상환액이 증가하면서 연체액은 이자 포함 22억 4천만 달러까지 늘어났다. 2013년 채무조정을 통해 6억 6천만 달러는 탕감해 주고 15억 8천억 달러를 최종 상환액으로 확정했다. 이 금액 중 2억 5천만 달러는 소위 불곰사업 등으로 현물상환하였고,

나머지 13억 3천만 달러는 매년 7천만 달러씩 2025년까지 상환키로 하여 2019년 6월 기준 잔액 4억 5,500만 달러가 남아 있다.

결국 출발부터 이러한 문제들을 안고 출범한 우리 대표단은 국민적, 범정부적 합의가 없는 가운데 주요 의제에 합의함으로써 국가적 논란을 자초했다. 30년 가까운 시간이 흐른 지금도 경협자금 문제를 해결하지 못하고 있는 것은 어쩌면 당연한 결과일지 모른다.

뒤안길 대소 경협자금 내용 언론 유출

1990년 10월경으로 기억한다. 극비로 추진중이던 '30억 달러 경협자금 제공' 소식이 언론에 새나가는 일이 생겼다.

청와대는 안기부를 동원해 어디에서 기밀이 유출되었는지 조사하게 했다. 나와 북방경제협력을 맡고 있던 제2협력관 김선옥 국장, 담당 노대래 사무관이 안기부로 불려가 조사를 받았다. 그나마 나는 계급도 있고 주변 여건도 있어 조사하는 사람이 실례 될 정도로 심하게까지는 하지 않았지만, 김 국장과 노 사무관은 상당한 곤욕을 치른 것 같다.

사실 이런 기밀사항이 실무자를 통해 유출되는 경우는 거의 없다. 대개는 훨씬 더 높은 레벨, 또는 올라갈수록 보안의식이 취약한 최상급 기관에서 흘러나갔을 가능성이 오히려 높다. 그런데 소관 부서 실무자에게만 책임을 추궁했다. 사건의 여파로 김 국장은 대조실을 조기에 떠나 예산실로 전보되었다. 실제 경협자금 제공의 입안이나 의사결정, 협상 과정에는 전혀 관여해 보지도 못하고 엉뚱한 언론 유출 책임만 뒤집어썼다.

(6) 두만강개발계획과 평양 방문

1991년 10월 18일에 유엔개발계획(UNDP)이 주관하는 두만강 경제개발계획(Tumen River Area Development Program)의 참가국 대표단회의 (UNDP 동북아지역조정관회의, MAC)가 평양에서 개최되었다. 남북한 및 중국, 몽골의 4개 참가국 외 일본, 소련 2개국이 옵서버 자격으로 참가했다. 그해 8월 말부터 한 달간 실시된 UNDP 조사단의 현지 조사 결과를 토대로 두만강지역 개발계획을 본격적으로 논의하기 위한 회의였다.

수석대표인 나와 과학기술처 권갑택 국장, 안기부 과장 등 3인으로 구성된 한국 정부대표단은 10월 13일 서울을 출발, 홍콩을 경유하여 베이징에 들어갔다. 당시 중국 직항편이 없었기 때문이다. 베이징에 2~3일 체류하면서 '마음의 준비'를 포함, 북한에 들어갈 여러 가지 준비를 했다.

10월 18일 평양에서 UNDP 주관의 동북아조정관회의가 열렸다. 당초 계획은 공식 회의 시작 전 16~17일 양일간 두만강 지역을 항공기편으로 공중 시찰할 예정이었으나 날씨가 나빠 취소됐다. 그래서 평양 시내, 대부분 손으로 건설했다는 서해갑문, 우리의 시골 어항 수준의 남포항 등을 시찰한 후 본회의를 열게 되었다.

북한에서는 한태혁 대외경제위원회 국제기구협조총국장, 중국에서는 룽융투(龍永圖) 대외경제무역부 국제관계사장(司長, 우리의 국장)을 각각 수석대표로 하는 대표단이 참석했다. UNDP에서는 뉴욕본부 차장과 한국사무소 대표가 참석했다. UNDP 차장이 주최자로서 회의를 주재했다.

UNDP는 두만강 지역을 향후 20년 내 국제적인 투자지역으로 개발하기 위해 10여 개의 현대적 부두시설과 인구 50만 명 규모의 신산업도시 및 관련 시설을 조성하고 이를 위해 약 300억 달러의 자금이 소요될 전망이라는 요지의 사전조사 내용을 내놓았다. 이를 바탕으로, 개발 대상 지역(북한 중심의 두만강 지역 '작은 삼각지대'와, 중국·소련의 주변 지역을 포괄하는 '큰 삼각지대'), 개발 방식(관련 당사국이 독자적으로 경제특구를 개발하는 방안, 각국이 경제특구를 상호 인접 지역에 건설한 뒤 행정적으로 협력하는 방안, 각국이 일정 지역을 하나의 운영기구에 제공해 공동으로 운영하는 방안 등)을 놓고 토론했다. 북한은 함경도 선봉지구를 '경제무역지대'로 개발, 외국과의 합작회사 및 가공공장을 건설하고 청진, 나진, 선봉 등의 항구를 통해 중국의 동북 3성과 소련의 극동 지역, 일본 등과 물자 교류를 추진한다는 기본 구상을 제시해 놓고 있어, 다른 나라들의 제안과 어떻게 절충할 것인가가 주요 관심사항이었다.

우리 정부는 북한과의 관계 유지, 발전에 이 프로젝트가 매우

UNDP 두만강개발계획 각국 대표단 회의(1991. 10. 18, 평양). 오른쪽부터 UNDP 한국 대표, 필자, 과기처 권갑택 국장.

유익하다고 판단했다. 여기에 더해 이 사업을 남북 간 협력사업의 형태를 넘어 동북아 지역 국제협력사업의 일환으로 보고 적극 참여한다는 방침을 갖고 있었다. 그래서 북한의 제안이 가능한 한 적극적으로 논의되도록 하라는 정부 훈령을 가지고 이 회의에 참석했기에 나는 그러한 쪽으로 적극 유도하는 발언을 했고, 중국 수석대표의 호응도 이끌어 낼 수 있었다.

평양 MAC회의는 관련 당사국 정부의 책임자급 회의로는 첫 모임이었다. 각국은 앞으로 두만강 프로젝트를 적극적으로 발전시키자는 데 의견이 일치했다. 다만, 논의된 여러 대안을 놓고 현 단계에서 선택까지 하기에는 시기상조라 판단했다. 향후 18개월간의 1단계 준비를 위해 두만강개발계획위원회(PMC) 및 3개 실무

작업반을 연내에 구성, 1993년 7월까지 관련 당사국들이 정치적 의사결정을 내릴 수 있도록 필요한 기초활동을 공동으로 한다는 데 합의하고 회의를 종료했다.

평양에서 일주일 이상 머물렀다. 짧지 않은 기간, 북한 기준에서는 상대적으로 매우 자유스런 분위기였기에 북한을 제법 깊이 들여다볼 수 있었다. 북한의 대남 경제정책 핵심 인물인 김달현 정무원 부총리(부총리 겸 국가계획위원장, 1993년 12월 해임), 김정우(나진·선봉자유경제무역지대 책임자, 대외경제협력추진위원회 위원장, 1997년 숙청), 상무성 부상(이름이 생각나지 않음) 등 북한의 고위 관료들과도 만나서 비교적 허심탄회하게 이야기를 나눌 기회도 가졌다.

귀로에 다시 베이징을 경유했다. 당시 중국과는 아직 수교가 이루어지지 않은 상태였고, 대표사무소만 개설되어 외무차관을 지낸 노재원 대사가 대표를 맡고 있었다. 나는 유엔산업개발기구(UNIDO)에 파견 나가 있는 김탄일 과장의 주선으로 중국 국무원 발전연구중심(센터)의 마훙 소장을 비롯한 많은 학자들과 만나 한국의 경제발전 경험을 설명하면서 그들과 오랜 시간 토론했다. 발전연구중심은 중국 최고의 경제연구소로, 우리로 말하면 청와대 직속 경제연구소에 해당하는 곳이었다. 김일성과 마오쩌둥의 회담 때 전용 통역관을 지낸 베이징사회과학원의 이상문 교수가 통역을 했는데, 전문적이고 장시간 걸리는 대화를 완벽하게 통역해 주어서 매우 인상적이었다.

당시만 해도 중국 경제가 아직 매우 후진적이었기에 한국의 발전 경험에서 많은 걸 얻기를 원했다. 자기들 기준으로 한국경제의

중국 국무원 발전연구중심 마훙 소장 등 중국 경제전문가들과의 토론 장면. 왼쪽부터 현정택 과장, 이상문 교수, 필자(1991. 10. 21, 베이징).

발전에 중요한 역할을 하는 것으로 생각되는 대외경제조정실장을 만나서 많은 이야기를 듣고 싶었을 것이다. 요즘 중국이 오만하고도 일방적인 태도로 일관하는 모습을 보면서, 그때 우리가 너무 많은 걸 그들에게 가르쳐준 것이 아닌지 반성하는 생각이 든다.

북한 방문 결과 보고서를 중국에서 다 정리하여 본국에 먼저 보낸 후 도쿄를 경유하여 서울로 돌아왔다. 북한과의 접촉 창구가 하나도 가동되지 않아 정부 여러 기관들이 북한 정보에 매우 목말라 하던 때다. 안기부의 북한국도 내가 가져올 북한 정보를 큰 기대를 갖고 기다리고 있을 정도였다.

1991년 10월 23일 밤 김포공항에 도착하니 전 언론이 나를 취재하기 위해 대기하고 있었고, 바로 기자회견이 이뤄졌다. 장관급 인사라도 해외에 갔다 온다고 하여 전 언론의 취재 대상이 되는 경우는 드물다. 사안이 사안인지라, 중요한 직위라고는 해도 1급에 불과한 나에게 언론의 관심이 온통 쏠린 것이다.

회담의 성과와 향후 진행 전망, 그리고 북한의 실정 등에 관해 질문이 쏟아졌다. 여러 가지 사정상 당시 내가 생각한 북한 경제의 실상이나 대북 경제관계의 방향, 북한에서 접촉한 사람들에 대해서 그대로 기자들에게 설명할 수는 없었고, 오직 두만강개발 계획이라는 공식 출장 목적과 관련된 사항만 언급했다. 이 회견 내용은 1991년 10월 23일자 연합뉴스에 일문일답 형식으로 기사화되었다.

평양회의에서 결정하고 구성한 두만강개발계획 관리위원회 (Projet Management Committee, PMC) 1차 회의가 1992년 2월 27~28일 양일간 서울에서 열렸다. 남북한, 중국, 러시아, 일본, 몽골 등 6개국 대표와 아시아개발은행(ADB) 관계자들이 참석했다. 북한과 중국의 수석대표는 평양회의 때와 같았다.

회의에서는 평양회의에 이어 PMC와 그간 구성된 3개 실무작업반(제도·법령, 경제성 분석, 기술적 타당성 분석)의 활동 지침, UNDP의 사업계획 및 향후 추진 일정 등 실무적인 문제들을 토의 발전시켰다. 공식 회의 후 전 대표단은 한국 정부가 마련한 경주와 부산 관광에 나서 고적과 산업단지, 물류시설을 둘러보는 기회도 가졌다.

이렇게 적극적으로 추진한 두만강개발계획, 그리고 이를 통해 북한의 개방과 개혁을 이끌어 내려는 시도가 30년 가까이 지난 지금까지도 큰 진전 없이 그 상태로 머물러 있으니 안타까운 일이다. 북한 체제의 근본적 변화 없이는 어떤 경제적 개발이나 협력 노력도 무의미하다는 것을 다시 한 번 느낀다.

자 료 **평양 UNDP회의 귀국 회견**

다음은 연합뉴스가 1991년 10월 23일자로 요약 보도한 나의 기자회견 내용이다.

(서울＝聯合) 두만강 개발계획 논의를 위해 평양에서 열린 UNDP(유엔개발계획) 주관의 국제회의에 참석했던 金仁浩 경제기획원 대외경제조정실장은 23일 오후 김포공항에서 가진 기자회견에서 이번 회의에서의 논의결과와 향후 두만강개발 사업의 전망 등에 대해 상세히 밝혔다.
다음은 우리측 대표단장이었던 金실장과의 일문일답 내용을 간추린 것이다.

—이번 평양회의에서의 논의결과를 간략히 압축한다면.
▲ 가장 큰 성과는 앞으로 두만강 개발계획을 추진하는데 있어 북한 중국 소련등 3개 접경당사국을 포함, 국제적 협조체제의 형

성이 중요하다는데 의견일치를 본 것이다.

회의참가국들은 향후 18개월간의 1단계 준비상황을 위해 두만강 개발계획위원회 및 3개 실무작업반을 연내에 구성, 오는 93년 7월까지 관련 당사국들이 정치적 의사결정을 내릴 수 있도록 필요한 기초조사를 벌이기로 합의했다.

개발계획의 대안과 관련해서는 1) 각국별로 추진하는 방안 2)당사국들의 협조체제를 통해 공동개발하는 방안 3)일정한 지역을 租借, 경제적 사용권을 부여하는 방안 등 3개 방안이 있으며 이같은 대안의 선택을 현 단계에서 결정하기보다는 타당성 검토 등을 통해 각국 정부가 정치적 결정을 내린다는데 의견이 모아졌다.

—북한측 개발계획에 관한 구체적 논의는 없었나.

▲ 두만강 개발위원회 및 실무작업반은 앞으로 북한이 제시한 先鋒지구 경제무역지대 지정안을 국제협력의 테두리내에서 최우선적으로 검토해 나간다는데 합의했다.

—3개의 개발대안중 어느 것이 유력한가.

▲ 아직은 3개 대안중 하나를 택일할 단계가 아니라는 인식이 지배적이었다. 향후 경제성 및 기술적 타당성 등에 대한 조사결과에 따라 3개안을 절충하는 것도 가능할 것이다.

—북한측의 두만강 개발사업의 추진의지는 어느 정도였나.

▲ 두만강 개발에 대한 북한측의 관심도는 굉장히 크다는 인상을 받았다. 이번 평양회의를 준비하는 태도 등으로 미루어 선봉지구 개발안에 상당히 의욕적인 것 같았으며 우리측 대표단에 대해서도 매우 호의적인 태도를 보였다.

—회의결과에 대한 우리측의 입장은 어떤가.

▲ 이번 회의는 관련 당사국 정부 책임자 간의 첫번째 모임이었는데 기대한 수준의 결과가 나온 것 같다. 만족한다. UNDP측도 이번 회의에서 두만강 개발위원회구성 등에 관한 합의가 도출된 데 대해 만족하고 있다. 우리측은 향후 두만강 개발사업을 남북 간의 협력사업 형태라기보다는 동북아지역에서의 국제협력 사업의 일환으로 적극 참여할 것이라는 입장을 견지할 것이다.

—중국측의 입장은.

▲ 중국은 당초 알려진 것과는 달리 훈춘지역 중심의 개발계획안을 정부차원에서 공식 조정한 바 없다고 밝혔다. 중국은 두만강 개발사업 추진을 위한 타당성 조사를 충분히 실시해야 한다는 입장을 표명했으며 관련 당사국들이 경쟁적이어서는 곤란하다는 태도를 보였다.

―우리측은 회의도중 어떤 입장을 표명했나.

▲ 참가국들은 앞으로 개발사업을 추진하는데 있어 한국이 상당히 기여할 수 있는 나라라고 인식하고 있었다. 우리측은 앞으로 18개월간의 기초조사 과정에서 필요한 연구인력 등을 적극 지원할 용의가 있다고 밝혔다.

―회의 기간중 북측 관계자들과의 별도 접촉은 없었나.

▲ 회의나 리셉션 등 공식적인 행사에서 만나 일반적으로 나눈 이야기 외에는 별도의 접촉은 없었다. 북측 수석대표인 韓태혁 대외경제위원회 국제기구 협조총국장과 두만강 개발 계획 등에 관해 의견을 나누었으며 북한측은 우리 대표단에 대해 무척 친절하게 대했다.

―공식회의 이외의 일정은 어떠했나.

▲ 지난 16, 17일 이틀간 두만강 지역을 항공기편으로 공중시찰할 예정이었으나 날씨가 나빠 취소됐다. 회의참가 일정 외에 평양시내와 남포의 서해 갑문 등을 시찰했으며 금강산도 둘러봤다. 북한의 정부기관을 방문하지는 않았다.

―일본은 다소 소극적이었다던데.

▲ 옵저버 자격으로 참석한데다 접경당사국도 아니고 일·북한간

수교교섭에 미치는 영향 등을 고려한 것이 아닌가 생각된다.

—93년 7월에 정치적 결정을 내린다는 뜻은.

▲ 먼저 두만강 개발계획의 개념, 형태, 국가간 협조체제 및 협정 체결 여부, 프로젝트별 우선순위, 재원조달 계획 등에 대한 충분한 검토를 통해 관련 당사국들이 개발계획의 추진여부를 최종 확정토록 하자는 것이다. 만약 타당성 검토결과 여건이 도저히 안 되겠다면 개발사업이 추진되지 않을 수도 있으나 그럴 가능성은 적다고 본다.

—앞으로 서울에서도 관련 국제회의가 열릴 가능성은.

▲ UNDP측이 결정할 문제다. 6개 참가국이 교대로 회의를 개최하게 될 것이므로 서울에서 열릴 가능성도 있다.

뒤안길 베이징 류경식당의 북한 아가씨

처음 북한에 들어가 본 1991년 10월 당시, 베이징에는 현정택 과장이 베이징 대표부의 경제협력관으로 있었고, UNIDO에 파견 중인 김탄일 과장이 있어 사전 브리핑과 안내를 받았다. 만리장성, 자금성 등 베이징의 명소도 둘러보았다. 북한 음식점 '류경식

당'에 가서 저녁을 하면서 북한 사람들과 접촉을 시도했다. 이 식당에서 있었던 이야기 하나다.

우리 테이블 시중을 드는 북한 아가씨는 교양이 있으면서 예쁘고 상냥했다. 인상이 참 좋았다. 김탄일 과장과 구면이어서인지 더 친절하게 우리 일행을 대했다. 음식을 너무 많이 시킨다고 충고도 해 줄 정도였다.

분위기가 생각보다 좋았던 김에 나는 장난 삼아 아가씨에게 노래 한 곡을 청했다. 아가씨는 "노래는 잘 못하니 시를 한 수 읊겠다"며 한 수 낭송했다. 어머니를 그리워하는 내용의 시였다. 박수를 받고 나서 "이 시를 지은 분이 누군지 아느냐"고 나에게 물었다. 알 리가 없어 모른다고 하니까 '위대한 지도자 동지'께서 지은 시라는 것이었다. 김정일이 전면에 등장하고 그의 우상화가 진행되기 시작하던 시절이었다.

나는 슬그머니 장난기가 동했다.

"만약 그 '위대한 지도자 동지'가 김일성 주석의 아들로 태어나지 않았더라도 그렇게 위대한 사람이 됐겠소?"

사실상 시비를 건 것이다. 그랬더니 그때까지 그렇게 상냥하고 예의 바르던 이 아가씨가 돌변했다. "선생님은 우리 지도자 동지가 얼마나 위대한 분이신지 모른다"며 김정일의 위대성을 설명하는 일장 설교를 시작했다. 대화를 계속할 의미가 없었다. 아마도 이 아가씨가 감시를 당하고 있어 우리 대화 내용도 다 안에서

평양 시내 국가계획위원회 앞에서 북한 안내요원들과(1991. 10. 17). 왼쪽 끝이 필자를 밀착 수행한 북한 경제학자, 두 사람 건너 필자, 오른쪽 끝은 권갑택 국장. 건물 위 표어는 '위대한 수령 김일성 동지의 만수무강을 삼가 축원합니다.'

듣고 있으리라는 생각이 들어 더 이상의 논쟁은 피했다. 꽉 막힌 북한 사회의 한 단면을 보는 순간이었다.

하기야, 그 사회에서 베이징의 류경식당 종업원으로 나올 정도면 최고의 성분, 좋은 가정 배경에 골수 공산분자가 아니면 안 될 것도 당연했다. 그날의 경험으로 나는 북한에 가서는 가능한 한 정치적 이야기는 하지 않는 것이 좋겠다고 생각했고, 북한 방문중이를 실천했다.

정치, 체제 이야기를 하지 않으면 북한 사람들은 대체로 때묻지 않은 순박한 사람들처럼 보인다. 그러나 일단 정치 이야기에 들어갔다 하면 사태는 전연 달라진다. 북한 같은 전체주의 사회에서 골수분자로 살아가지 않으면 안 된다는 생존 본능의 발로일 것이다.

뒤안길   북한에 '민간'이 있나

베이징 경유 활동을 거쳐 1991년 10월 15일 북한에 들어갔다. 고려항공을 타고 순안비행장에 이를 때까지, 누런 황토가 드러나 벌거벗은 산들을 보며 섬뜩해졌다.

'이렇게 산에 나무가 하나도 없을 수 있을까!'

북한 땅을 보며 가진 첫 의문이었다.

북한 호텔은 모스크바 호텔보다 한 술 더 떴다. 모스크바 호텔에서는 달러를 가장 선호하면서도 달러와 교환 가능한 다른 외국 화폐, 즉 경화(hard currency)는 받았다. 그런데 북한은 미국 달러 외의 다른 나라 돈은 전혀 받지 않았다. 심지어 그들의 우방이라는 중국의 위안화도 호텔에서는 통용되지 않았다. 호텔 외부에는 '미제(美帝)의 각을 뜨자'는 구호가 난무하는데 안에서는 달러가 아니면 안 받는 모순된 상황이 벌어지고 있었다.

공식 일정 전에 북한의 실정을 조금이라도 파악하려고 여러 가지로 노력했다. 평양 시내를 구경하면서 건물의 건축 수준, 시멘트 배합 비율도 살펴보았다. 평양은 언뜻 보면 잘 계획된 도시 같지만 건물 내외에서 자세히 보면 건축 수준이 매우 조잡한 것을 알 수 있었다. 보디가드 겸 감시원인 보위부 직원의 호의적 배려(?)로 새벽에 대동강 주변을 조깅하고 산책하면서, 나룻배로 강을 건너 통근하는 사람들도 유념해서 보았다. 1950년대 한강 주변의 모습이 떠올랐다. 대동강 물을 손으로 떠서 수질을 대충 살펴보기도 했다. 산에 나무가 없어 대동강 수질이 형편없다는 말을 들은 적이 있어서였는데, 생각보단 좀 나았다. 이런 행동은 외국인들, 특히 남쪽에서 온 사람에게는 평소 같으면 어림도 없는 일이었다. 어떤 의도에선지 우리 대표단, 특히 나에게는 북한 당국이 이례적으로 상당한 자유를 허락해 준 것이다.

무엇보다 북한은 선전구호의 나라였다. '미제의 각을 뜨자', '당이 하라면 한다', 그 밖에 김일성 부자를 찬양하는 구호가 평양 시내를 뒤덮고 있었다. 금강산으로 가면서 본 평양 바깥도 예외가 아니었다. 금강산에 가면 그 많은 봉우리마다 적어도 10리 밖에서도 눈에 띌 정도로 엄청나게 큰 구호가 새겨져 있다. 글자 하나마다 사방 1미터 이상을 드릴로 파서 붉은 물감으로 글자를 새겼다. 앞으로 통일이 되면 이것을 메우는 일도 보통 일이 아니겠다는 생각을 했다.

그 많은 구호 중에서도 가장 의미 있게 다가오는 구호는 바로 '우리 식대로 살자'였다. 사실 북한 사람들도 북한식, 사회주의식 경제가 결코 번영을 가져오지 않는다는 것은 잘 알고 있는 것으로 보였다. 그러나 폐쇄사회, 공포정치 아니고서는 체제가 유지될 수 없기 때문에 결국 '우리 식대로 살자'는 절규를 할 수밖에 없는 것이다. '우리 식대로 살자'는 과연 누구의 희망사항인가?

북한에서는 '우리끼리, 민간끼리'라는 말을 자주 한다. 그러나 북한에는 민간부문이 있을 수 없다. '민간끼리 하자'고 하는 것은, 북한은 말이 민간이지 실상은 당이나 정부의 일관된 방침에 따라 협의에 나서고, 우리는 정부의 입김이나 일관된 방침 없이 말 그대로 민간 각자가 중구난방으로 응하게 하여 협상의 우위를 점하고자 사용하는 수법이다. 그러니까 '민간끼리 하자'는 말은 '우리는 정부가 주도해 일사불란하게 하지만, 남측은 정부가 빠져라'라는 말에 불과하다.

평양에서 회의를 끝내고 금강산을 갔다. 금강산을 보여 주는 것은 아주 예외적이고 호의적인 조치였다. 벤츠 여러 대에 나누어 타고 원산을 거쳐 금강산에 가는 동안, 북한 주체사상의 배경과 진정한 의미를 접할 기회가 있었다. 원산에서 잠깐 쉬는 동안 바닷가를 산책하면서도 주체사상 이야기를 들었다. 소련과 중국 사이에 끼여 어느 편도 들 수 없는 북한의 입장을 사상적으로 정리하여 대외적으로 내놓은 것이 주체사상이라는 설명이었다.

금강산을 오가면서 북한 경제의 실상을 접할 기회가 많았다. 우

금강산 바위에 새겨진 김일성 찬양문(1991. 10. 20).

선 북한의 유일한 고속도로라고 하는 평양~원산 간 도로는 너무
조잡해서 고속도로라고 말하기조차 어려울 정도였다. 도로 위에
는 자동차가 거의 없어서, 10분 정도를 달려야 겨우 차 한 대를
볼 때도 있었다. 어쩌다 보는 자동차 중에는 목탄을 때서 움직이
는 것도 많았다. 터널을 많이 지나갔는데 터널 안에 전등이 제대
로 켜진 것을 볼 수 없었다.

무엇보다 신기한 것은, 금강산까지 약 400킬로미터 거리에 주유
소가 하나도 없다는 것이었다. 이 사람들은 이 주유 문제를 어떻
게 해결하나 궁금했는데, 의문은 금강산에 도착해서 풀렸다. 내가
타고 온 벤츠의 뒤트렁크가 열리기에 슬쩍 보니 안에 큰 플라스틱
통이 있고, 이 통에 돌아갈 때 쓸 기름이 가득 들어 있었다. 만약

교통사고라도 나면 폭발로 이어질 수도 있는 아찔한 일이었다.

금강산까지 가는 길 양쪽에 보이는 산야는 나무 하나 없는, 완벽하게 벌거벗은 황토였다. 계단식 농업개발의 결과였다. 어쩌다 보이는 촌락과 주민들의 모습은 참상 그 자체였다. 원산을 지나 금강산 지역에 들어서니 비로소 나무가 보였다. 금강산은 대체로 잘 보존되어 있었다. 그러나 거의 모든 바위에 새겨진 선전 구호가 문제였다.

안내원은 금강산에는 1년에 약 10만 명 정도의 사람이 다녀간다고 설명했다. 그중 반 이상이 외국인이라고 했다. 북한 사람으로서 금강산을 보는 경우는 특수계층이거나 아주 성분이 좋은 사람에게 주는 포상이 대부분이라고 했다.

북한 방문시 나와 전체 일정을 같이한 북한 경제학자(이름을 기억하지 못함)를 나중에 청와대 경제수석 시절 다시 만났다. 그는 남북한과 중국의 민간기업 간 회담의 북한 민간 대표단장으로 왔다. 신라호텔에서 양국 대표단이 만나는 자리에 참석한 나는 그를 반갑게 만났다. 평양에 중국 수석대표로 왔던 룽융투 사장도 차관급으로 승진해 중국 정부 대표로 와서 역시 반갑게 만났다.

(7) 남북총리회담, OECD 가입 준비, 해외순방외교 수행 등

남북총리회담 교류협력분과위원회

1992년 초에는 남북고위급(총리)회담의 한 분과인 교류협력분과위원회의 일원으로 참여했다.

정부는 1991년 12월에 있었던 제5차 고위급회담에서 '남북기본합의서' 채택에 합의하고 그 후속조치로 3개의 분과위원회(군사, 경제·교류협력, 사회·문화협력)를 구성했다. 그중 하나가 '교류협력분과위원회'다. 분과위는 경제적 교류협력과 함께 서신 교환, 이산가족 상봉, 당시 문제였던 비전향 장기수(이인모 등)의 송환 문제 등 경제 외의 교류협력까지 다루는 역할을 맡았다. 분과위원장은 임동원 통일원 차관(후에 김대중 정부에서 대통령 외교안보특보, 국가정보원장, 통일부 장관)이었다. 위원은 내가 경제 분야를 대표하고 통일원의 송영대 자문위원(1급 상당, 후에 통일원 차관), 상공부 유득환 차관보, 청와대 박운서 비서관, 문공부 신현웅 국장(후에 문화체육관광부 차관), 안기부 박수창 전략조정관으로 구성되었다. 김병배 기획원 대조실 협력정책과장, 서승일 재무부 해외투자과장(후에 공정거래위원회 상임위원), 조명균 통일원 교류협력과장(후에 통일부 장관) 등 관계 부처 과장급 실무진이 보좌 실무팀으로 대표단을 도왔다.

육사 13기이며 소장으로 예편한 임동원 차관은 주 나이지리아 대사와 외교안보연구원장을 거쳐서 통일원 차관이 되었다. 임 차관과 만나 이야기를 하면서 처음에 좋은 인상을 받았다. 당시 북한문제를 다루던 사람들은 통일원에 있거나 안기부에 있거나를

1992년 3월 18일, 판문점 평화의 집과 팔각정을 배경으로 교류협력분과위 위원과 보좌진 기념 촬영. 앞줄 왼쪽 두 번째부터 서승일(재무부), 조명균(통일원), 뒷줄 왼쪽부터 신현웅, 박운서, 필자, 임동원, 송영대, 유득환, 박수창.

막론하고 매우 경직된 사고와 태도를 가지고 있는 경우가 대부분이었으나, 임 차관은 이들과 달리 매우 유연해서 어떤 이야기도 나눌 수 있었다. 임 차관은 본인은 경제는 잘 모르니 내가 알아서 해 주면 자기는 경제 이외의 교류협력 분야에 치중하겠다고 했다.

당시 북한문제, 통일문제와 관련한 실질적 권한은 안기부가 갖고 있었다. 남북대화사무국도 형식은 통일원 소속이지만 실질적으로는 안기부 지휘 하에 있었다. 통일원 직원들은 대체로 정해진 방침에 따른 실무적 역할을 하고 있었지만 임동원 차관은 이들과 달리 상당한 전문성과 주관을 갖고 이 분야의 대북정책을 실질적으로 주도하려고 하는 인상을 받았다.

북측과 회담을 할 때 전체회의는 임동원 차관이 수석대표가 되지만, 3인으로 구성된 실무회담은 내가 수석대표가 되고 통일원의 송영대 자문위원과 문공부 신현웅 국장이 대표로 참여했다.

1992년 3월 18일부터 6월 26일까지 총 5차례에 걸쳐 남측의 평화의 집과 북측의 통일각을 오가며 교류협력분과위원회 전체회의가 열렸다. 내가 수석대표인 실무위원회 회의는 '3위원 남북접촉'이라는 명칭으로 판문점이 있는 중립국감시위원회의 콘센트막사 회의실에서 했다. 1992년 3월 25일부터 4월 28일까지 4차례에 걸쳐 실무회담이 이루어졌다.

전체회담에서보다는 실무회담에서 많은 실질 토론이 이루어졌다. 경제교류가 실질적으로 이뤄지기 위해서는 기초적인 인프라, 즉 시스템이 갖춰져야 한다. 교역협정, 투자보장협정, 이중과세협정 등이 갖추어지지 않으면 경제협력을 하고자 해도 아무도 북한을 믿고 들어갈 수 없다. 따라서 나는 협상 과정에서 왜 이런 인프라가 필요한지, 어떻게 갖추어야 하는지, 그리고 이것이 향후어떻게 활용될 것인지에 대해 북측 대표들에게 교육에 가까운 설명을 통해 이해시키려는 노력을 했다.

회담은 양쪽 대표단의 대표가 먼저 기조발언을 하고 나서 본격적인 토의에 들어가는 형식으로 진행되었다. 실질적으로 안기부의 지휘를 받는 남북대화사무국에서 관례에 따라 나의 기조발언을 준비하고 있었다. 나는 이를 사양하고, 말하고 싶은 것을 적은 메모지 한 장을 가지고 협상 테이블에 앉았다. 그런데 북측 대표는 평양에서 써 준 것을 그대로 읽고 있었다. 기선을 제압하는 의미에서 내가 말했다.

"써 준 것을 그대로 읽지 말고, 서로 눈을 보면서 진지하게 이야기를 합시다. 이렇게 밤낮 남이 써 준 것을 읽어서야, 협력과 관련한 실질적인 성과를 낼 수 있겠습니까?"

회담에 임하는 북측의 태도는 매우 비생산적이었다. 경제를 비롯한 각종 협력 의제에 대한 진지하고 실질적인 논의가 막 진행될라치면 북측은 어김없이 "오늘 회의 그만 합세다" 하면서 회담의 중단을 요구했다. 회담중에도 수시로 메모가 들어오곤 했다. 북측 수석대표는 평양에서 그때 그때 보내는 메시지를 읽는 꼭두각시에 불과했다. 반면, 나에게는 안기부나 통일원, 대화사무국 어디로부터도 중간에 메모가 들어온 적이 한 번도 없었다. 물론 내가 수석대표로서 철저한 사전준비를 하기도 했지만, 우리 정부는 나에게 전권을 위임해 주고 있었던 것이다.

회담 장면은 남북대화사무국에서 모니터링하고 있었고, 회담을 끝내고 돌아오면 평가회의를 통해 그날의 회담 성과를 분석하고, 수석대표의 발언 등에 대해 코멘트하는 과정이 있었다. 나를 수행한 안기부의 회담 요원은 회담 참석 경험이 풍부했는데, 날더러 "타고난 협상꾼"이라고 했다.

북측에도 교류협력위원회의 김정우 위원장처럼 경제를 잘 알고 남북 경제교류의 물꼬가 열리기를 바라는 사람도 있었다. 하지만 북한은 언제나 정치와 군사가 상부에 있는 구조다. 당과 군의 영향력이 절대적이고, 경제 하는 사람들의 영향력은 거의 없다고 해도 과언이 아니다. 그래서 협력 관련 논의가 될 듯 될 듯

하다가 중단되는 일이 반복된 것이다. 이처럼 총리회담에서 정치와 군사 측면의 매듭이 풀어지지 않자 교류분과위원회의 활동도 1992년 6월 말까지 진행되다 중단되었다. 남북 경제교류와 협력을 위한 인프라를 제대로 깔고 이를 바탕으로 북한을 개혁, 개방으로 이끌고자 한 우리의 노력은 북한 측의 미흡한 호응 때문에 또 한 번 좌절할 수밖에 없었다.

1992년 7월 내가 환경부 차관으로 승진하면서 경제기획원을 떠나게 되면서 총리실의 김태연 경제조정관이 후임 대조실장이 되었고, 교류협력위원 자리도 그에게 인계되었다. 실무수석대표는 통일원의 송영대가 이어받았다.

임동원 차관은 나중 김영삼 정부 시절에 김대중 씨의 아태평화재단 사무총장을 맡다가, 김대중 정부 들어 외교안보 분야의 최고 실세로 떠올라 대통령 외교안보특보, 통일부 장관, 국정원장으로서 외교·안보·대북정책을 주도했다. 나는 이때 비로소 그의 진짜 얼굴을 보며, 그를 처음 봤을 때 가졌던 생각을 수정하지 않을 수 없었다. 그는 나와는 전연 다른 사상, 대북관의 소유자였다.

OECD가입 대책위원회

남북총리회담 분과위원회 외에 나는 유럽통합 대책위원회 위원장, OECD가입 대책위원회 위원장, 북방교류협력위원회 부위원장(위원장 경제기획원 차관) 등을 거치며, 홍수같이 쏟아지는 범세계적인 규모의 국제문제에 대응하는 다양한 범정부 차원의 실무팀의 지휘를 맡았다.

1990년 KDI 주최 OECD-DAE 세미나에서. 왼쪽부터 다니구치 OECD 사무차장, 필자, 구본호 KDI 원장, 김진현 과학기술처 장관.

맨 먼저 생각나는 것은 OECD가입 대책위원회 활동이다.

우리나라의 OECD 가입 과정은 1989년 1월 OECD 사무총장이 아시아 신흥공업국 중 한국을 가장 유력한 후보국가로 지목함으로써 시작되었다. 정식 가입 전에 1990년 우리나라는 OECD 개발센터에 가입했고, 내가 기획원 대조실장이던 1991년 10월에 정부가 공식 가입 의사를 표명했다. OECD 가입을 위한 준비 작업은 나의 대조실장 재임 기간 내내 큰 비중을 갖고 이루어지고 있었다. 범정부기구로 'OECD가입대책 실무위원회'가 구성되어 대조실장인 내가 위원장을 맡았다. 이미 가입한 OECD 개발센터에다 1993년 OECD 원자력기구 가입 등, OECD 내 전문기구들과 긴밀한 관련을 늘려 갔다. 드디어 김영삼 대통령 때인 1996년

10월 가입협정문 서명, 11월 26일 국회 비준을 거쳐 대한민국은 29번째 OECD 회원국이 되었다.

독일 통일, 지구온난화

독일 통일의 진행 과정을 면밀히 관찰할 수 있었던 것도 소중한 기회였다. 특히 기억에 남는 것은 베를린자유대학의 통독문제 전문가인 베르너 페니히 교수(정치학과)와의 두 시간 넘는 대담이다. 이 대학의 저명한 한국인 교수 박성조 씨가 통역의 수고를 아끼지 않았다.

페니히 교수는 당시 통독 과정을 그렇게 낙관적으로 보고 있지 않았다. 서독과 동독의 경제력 차이를 4~5배로 보고 있었기에, 통독에 따른 경제적 부담이 상당할 것이라는 생각을 피력했다. 따라서 통독 이전에 이 격차를 상당 수준 줄여야 한다는 생각을 가지고 있었고 이 점을 매우 강조했다. 이미 동서독과 비교할 수 없을 정도의 경제적 격차를 보이는 남북한의 경제 상황을 생각하며 답답한 생각을 금할 수 없었다.

온난화 문제를 포함한 지구환경문제에 대한 범정부 차원의 적절한 대응도 당시 중요한 이슈였다. 이 문제도 대외경제조정실의 범부처적 종합조정 대상이었다. 제1차 UNCED회의(United Nations Conference on Environment and Development, 국제연합환경개발회의)가 1992년 6월 3일부터 14일까지 브라질의 리우데자네이루에서 열렸다. 애초에는 실장인 내가 대표단의 일원으로 참석하는 것으로 되어 있었지만 국내 사정상 시간을 내기 어려워 제1협력관인 장승우 국장이 대신 갔다.

대통령·부총리 외국 방문 수행

1990년 5월에는 노태우 대통령의 일본 공식 방문을 수행했다. 일본의 한국 식민지 지배에 대한 사과를 어떻게 받아낼 것인가가 큰 쟁점이었다. 아키히토(明仁) 일왕이 "통석의 염을 금치 못한다"라는 말로 책임의 일단을 인정하는 공식 발표를 하게 된 바로 그 방문이었다. 김종휘 안보수석이 실무를 책임졌다.

1991년 9월에는 노 대통령의 미국과 캐나다 공식 방문에 수행원으로 참여했다. 청와대의 정태익 비서관(후에 주 이집트, 주 러시아 대사), 구본영 비서관(후에 과학기술처 장관, OECD 초대 대사), 조해녕 비서관(후에 내무부 장관, 대구광역시장) 등이 같이 갔다. 정부 경력으로는 나보다 약간 후배들인 이들과 같이 미국의 샌프란시스코와 워싱턴, 캐나다의 오타와 등을 방문했다.

마지막으로 최각규 부총리를 모시고 1992년 6월에 스페인의 세비야 세계박람회(엑스포, 4월 20일~10월 12일)에 참석했다. 부총리가 박람회의 한국 대표였고 나는 대표단의 실무책임자였다. 김병균 국장, 조원동 사무관, 부총리 특별보좌관인 김정수 박사(후에 중앙일보 경제전문위원 및 경제연구소장, 시장경제연구원 이사), 다수의 언론인을 대동하여 수행했다.

독일을 경유해서 갔기에 헬무트 콜 수상과 당시 정치적으로 비중이 높았던 에버하르트 디프겐(Eberhard Diepgen) 베를린 시장을 방문했다. 이 기회를 살리려 미리 준비한 덕분에 베를린 필하모닉

세비야 세계박람회에서 최각규 부총리 방명록 작성(1992. 6. 5).

오케스트라의 정기연주회도 관람할 수 있었다. 일반 여행자로서
는 갖기 어려운 경험이었다.

스페인 마드리드의 한국 대사관에서 세비야로 가는 교통편은
비행기가 아닌 고속철도 TGV(Train à Grande Vitesse, 테제베)를 선택했
다. 당시 우리도 고속철도 건설을 추진하고 있는 상황이었기에
한번 타 보는 것이 좋겠다는 생각이었다.

세비야 세계박람회에서의 활동을 끝으로 대외경제조정실장 역
할을 마무리했다. 그동안 대조실장으로서 수많은 현안을 안고 세
계 각국을 돌아다닌 나에게 이 최각규 부총리 해외출장 수행은
가장 부담이 적었던 출장이었다. 어떤 의미에서는 이제까지 수고
했으니 좀 쉬고 즐기라고 받은 보너스라고 생각한다.

해양수산부 창설의 산파역

이승윤 부총리가 물러나고 최각규 부총리가 부임한 뒤 1991년 6월 어느 날, 최 부총리가 불러 가 보니 한 분을 소개했다. 동원그룹 김재철 회장이었다. 최 부총리는 해양수산문제 전문가인 김 회장이 해양수산부 창설이 반드시 필요하다는 생각을 가지고 있다면서, "이분의 이야기를 충분히 들어 보고 타당성과 가능성을 검토하라"고 지시했다.

김재철 회장은 해양대를 나와 바다와 싸워 가며 동원산업을 일으키고, 평생 바다에서 사업을 한 분이다. 김 회장은 우리나라의 발전을 위해서는 해양으로 나가는 것이 필연이며, 해양문제를 체계적으로 다룰 정부 부처 없이는 힘들다고 했다. 따라서 해양정책을 전담하는 해양수산부를 반드시 창설해야 한다는 지론을 열정적으로 설명했다.

엄밀히 말하면 이 일은 내가 아닌 차관보가 하는 것이 적절했다. 그러나 무슨 이유에선지 최 부총리는 나에게 이 일을 맡겼다. 나는 대조실의 참모들(장승우 국장, 변재진 과장, 최경환 사무관 등)과 수산청, 해운항만청 등 해양 관련 부처의 실무책임자들, 해양연구소의 연구진 등을 모아 TFT를 만들어 연구에 착수했다. 해양연구소에서 해양정책 연구의 책임을 맡고 있던 홍승용 박사가 많은 역할을 했다. 그는 나중 해양수산부가 창설되자 제4대 차관(1999.

5~2002. 2)을 지냈다. 그 뒤 인하대학교 등 여러 대학의 총장과 대학구조개혁위원회 위원장 등 교육계에서 주요 직책을 맡아 활동했다.

연구 결과 두 가지 안이 마련되었다. 첫째는 해양수산 관련 여러 기관을 통합하여 단일 기구로 해양행정 전담 부서를 창설하는 안, 둘째는 기존대로 분산 체제를 유지하되 총리실 또는 경제기획원의 종합조정기능을 보강하는 안이었다. 어느 안이나 해양수산정책을 범정부 차원의 일관성 있는 정책으로 격상시킬 수 있는 것이었다. 각기 장단점이 있지만 나는 분산 체제를 유지하는 후자가 보다 더 적합하다고 보았다. 해양문제에는 운수, 수산, 건설, 해양관리, 해상보안 등 다양한 분야가 있는데, 바다를 끼고 하는 일이라는 공통점만으로 전혀 다른 성격의 업무를 하나의 부처로 모으는 것에 상당한 문제점이 있고 조정기능이 작동하기 어려운 점 등은 문제라고 생각한 것이다. 검토 결과를 보고하자 최 부총리는 장기적으로 해양수산부를 창설하는 쪽을 선호하는 입장을 보이면서, 일단 두 안을 다 검토해 나가자는 기본 지침을 제시했다.

1991년 8월 13일 정원식 총리 주재 관계장관간담회에 가서, 그간의 작업 결과를 '해양의 개발·이용·보전을 위한 정책방향'이라는 제목으로 경제기획원 차원의 보고를 했다. 정 총리는 기본적으로 바람직한 방향이라고 하면서 한번 추진해 보자고 했다. 그래서 해양행정개선 실무위원회(위원장 총리행조실장)가 구성되고, 기획원 대조실장을 반장으로 하는 실무작업반이 정식으로 구성돼 범정부 차원의 작업을 이어 갔다.

그해 12월, 정부 차원의 최종안이 '해양행정 개선방안'이란 이름으로 확정되었다. 안 중 조직개편의 골자는 단기적으로 종합조정 기능을 강화하여 해양행정의 효율성을 높이면서 해양행정 전담부서의 신설도 바로 병행하여 검토하는 2단계 추진 방안이었다. 직후 12월 13일에 있을 국무회의에 상정될 예정이었으나 상정이 보류되었다. 청와대가 아직 때가 아니므로 덮어 놓으라고 한 것이다. 해양수산부 창설안은 그 상태로 서랍 안으로 들어가, 노태우 정부가 끝난 뒤에야 햇빛을 보았다.

김영삼 정부가 들어서고 내가 철도청장을 하고 있던 1996년 초로 기억한다. 어느 일요일에 안기부장 보좌관이 전화를 했다. 권영해 부장이 나를 찾는데 연결이 안 돼 자기가 대신 전화한다면서, 내가 대조실장 시절에 해양수산부 창설 작업을 하지 않았느냐고 물었다. 그렇다고 하니까 그 내용을 좀 보고 싶으니 그때 작업한 자료를 좀 보내 달라는 요청이었다.

당시 작업의 담당 과장은 나중에 보사부 장관을 지낸 변재진이었고, 담당 사무관은 부총리를 지낸 최경환이었다. 그래서 변 과장에게 전화를 해서 자료를 찾아 복사본을 보내 달라고 했더니 바로 보내 왔다. 이것을 권영해 부장에게 보내 주면서 속으로 '무언가 이루어지고 있구나' 짐작을 했다.

그해(1996) 5월 31일 제1회 '바다의 날' 기념식이 열린 부산에서 김영삼 대통령은 해양수산부 창설을 발표했다. 그동안 얼마나 극비로 추진했는지, 총무처도 모르게 했다. 정부의 조직관리 업무를 관할하는 총무처도 모르게 안기부가 지시를 받았으나, 사전 준비가 있을 리 만무했다. 용케 나에게 자료를 받아 가더니, 나중에 발표한 내용을 보니 우리가 작업한 내용 그대로였다.

그렇게 해서 1996년 8월 8일에 해양수산부가 신설되었다. 나는 그때 공정거래위원장이었다. 초대 장관에는 당시 비중 있던 정치인 신상우 씨(후에 국회부의장)가 임명되었다. 나와 함께 작업한 장승우 국장은 제2대 차관과 12대 장관이 되면서 해수부와 인연을 이어 갔다.

제2부

환경차관부터 경제수석까지

한국경제의 모든 본질적 문제의 해결은 '경쟁이 꽃피는 경제', '시장으로의 귀환' 이외에는 없다.

05

환경처 차관

(1992. 6 ~ 1993. 3)

1. 처음 겪는 기획원 밖 조직문화

대외경제조정실장 시절은 살인적인 수준의 일 더미에 파묻혀 산 시기였다. 승진 같은 것은 생각지도 않고 지냈다. 더욱이 차관보에서 대외경제조정실장으로 가는 과정에서 겪은 여러 정황을 생각했을 때 노태우 정부가 나를 승진시켜 줄 것 같은 생각이 들지 않았다.

1992년에 접어들자 주변에서 나와 비슷한 요건을 갖춘 사람들이 차관으로 승진하기 시작했다. 박청부 예산실장이 보사부 차관으로, 그리고 농림수산부 차관으로는 경제기획원 출신으로 농림부에 가 있던 김한곤 씨가 각각 승진했다. 나는 주변 상황에 개의치 않고 오로지 일만 하고 있었다.

그런데 6월 30일자로 환경처 차관 발령이 났다. 기획원에서는 나뿐 아니라 공정거래위원회의 박진호 상임위원도 과학기술처 차관으로 발령이 났다. 당시 청와대에는 나의 차관보 인사 문제가 있었을 때 차관이었던 이진설 씨가 건설부 장관을 거쳐 김종인 씨의 후임 경제수석이 돼 있었다. 이진설 수석이 그런 이야기를 한 적은 없지만, 짐작컨대 그때 나에 대한 미안한 마음이 있어 차관 인사에서 적극적으로 나를 챙긴 것이 아닌가 생각한다.

나는 국내외의 다른 기관에 파견 나간 경험은 많지만 큰 틀에서 경제기획원의 울타리를 떠난 적은 한 번도 없었다. 환경처는 기획하고 아이디어를 내고 미래를 내다보는 경제기획원과 상당히 다른 조직문화를 가지고 있었다. 보사부의 환경계로부터 시작해서 승격해 왔기에 간부들은 대부분 보사부 출신이었다. 지방 환경 업무가 많다 보니 내무부나 지방자치단체들과 관계가 많고, 지방 환경청들을 거느리고 있어 현장행정기관의 성격을 많이 가지고 있었다. 나는 환경처에서 처음으로 현장행정을 경험하게 되었다.

당시 환경처 장관은 이재창 씨(후에 국회의원, 새마을운동중앙회장)였다. 이분은 행정고시 2회로 내무부 출신이었다. 내무부 정통 코스를 밟아, 경기도지사를 거쳐 장관으로 와 있었다. 그전 환경청 시절에 이미 청장을 역임한 바 있어 환경업무를 꿰뚫고 있었다. 내가 환경처 차관으로 발령이 나니 이 장관을 잘 아는 주변 사람들이 매우 걱정스러워 했다. 장관이 정통 내무관료로서 아주 꼼꼼하게 일을 하는 스타일이고 경제기획원 출신과는 체질적으로 잘 맞지 않을 타입이어서, 그곳에 가면 고생 좀 할 것이라는 말이었

이재창 장관, 심영섭 수질국장 등과 경안천 수질 현장조사(1992. 7. 2).

다. 나는 '차관은 장관을 잘 모시는 것이 기본이므로 가서 잘 모시
면 되지 않겠느냐' 생각하면서 환경처에 부임했다.

막상 차관으로 가니 주변의 우려와 달리 이재창 장관께서는 나
에게 정말 잘해 주셨다. 간부회의에서도 웬만한 일은 차관하고
상의하라 했다. 심지어 인사문제도 차관과 먼저 상의해서 안을
가져오면 특별한 일이 없으면 그대로 하겠다고 했다. 때로 회식
자리 같은 데서는 "차관은 떠오르는 해고, 나는 지는 달이야"라면
서 차관인 나의 위상을 높여 주려고 많은 애를 쓰셨다. 지금도 감
사하게 생각하고 있다.

이 장관을 모시고 환경업무를 하면서 현장행정에 대한 많은 것
을 보고 배우고 느낄 수 있었다. 좋은 경험이었다. 이 경험은 그
후 철도청장으로서 야전사령관 같은 생활을 하는 데 직접 참고가

되었다. 나아가 행정 전반을 이해하는 데도 큰 도움이 되었다. 기획과 정책 결정과 조정 등 기획원 일만 행정으로 생각했던 나의 시야가 훨씬 넓어지는 계기가 되었다.

2. 온난화, 쓰레기, 환경연구원

환경처 차관 재임시 역점을 두어 한 일은 다음 몇 가지였다.

첫째는 유엔환경개발회의(UNCED) 이후의 지구환경문제에 대한 대처였다.

내가 환경처로 오기 직전인 1992년 6월 3일부터 10일간 브라질의 리우데자네이루에서는 UNCED, 일명 '지구정상회의'가 열렸다. 이미 범지구적 문제로 떠오른 지구환경문제에 인류의 사활이 달렸다는 문제의식 아래 처음으로 118개국 정상들, 68개 국제기구, 6천여 개의 NGO가 참여한 초대형 국제회의로서, 우리나라에서는 정원식 총리가 수석대표로 참석했다. 대조실장 때 이 회의에 대표단의 일원으로 참석할 생각이었으나 국내 일이 너무 많아 장승우 국장을 대신 보낸 그 회의다.

UNCED의 최대 이슈는 지구온난화를 방지하기 위한 '기후변화협약'과 '생물다양성협약'과 관련한 선·후진국 간의 입장 차이를 조율하는 것이었다. 우리나라는 당초 이 두 협약 서명에 소극적이었으나 회의 기간중 입장을 바꿔, 우리나라의 입장을 적극적으로 개진하는 방향으로 선회하고 협약에 서명했다. 회의는 21세기의 지구환경 보호와 지속가능한 발전을 달성하기 위한 기본 원칙을 담은 '리우선언'과 이를 구체적으로 실현하기 위한 지구적 행동계획으로 '어젠다 21(Agenda 21)'을 채택하고 막을 내렸다.

UNCED 회의 직후인 7월 정부는 범정부 환경 대책 기구로서 국무총리를 위원장으로 하는 '지구환경 관계장관 대책회의'를 설치하고, 이러한 국제적 환경 흐름을 국내 정책과 제도로 수용하기 위한 준비에 박차를 가하기 시작했다. '어젠다 21'을 국가의제화한 '내셔널 어젠다 21'을 수립하여 유엔에 제출하는 것이 당시 현안이었다. 따라서 이 업무의 주무부처로서 환경처의 정부 내 위상이 점차 커져 갔다. 환경처 내에서도 양대 협약 가입과 관련하여 국내 제도와 정책을 재점검하는 지구환경문제가 최우선순위로 추진되었고, 차관인 나에게 닥친 가장 중요한 업무였다.

둘째는 폐기물 관리 대책의 본격적 추진과 이에 수반하는 많은 업무들이었다.

그때까지 전통적인 환경업무의 양대 주류는 대기와 수질의 보전 업무였다. 그러나 내가 환경처에 부임하기 얼마 전부터 폐기물 관리가 우리나라 환경문제의 최대 이슈로 부각되고 있었다.

특히 이미 대대적인 건설에 들어간 김포매립지는 중요한 사회적 문제였다. 오염 유출 등 많은 문제점을 안고 있던 김포매립지의 성공적 건설과 각종 폐기물 관리 대책의 수립을 위해 노심초사했다.

국회 보사위원 김포매립지 안내(1992. 10. 23).

셋째, 나라 안팎에서 홍수같이 밀려오는 환경문제에 대응하려면 보다 체계적인 연구 기능을 보강할 필요성이 절실했다. 그래서 내가 가기 전부터 환경처는 국책연구원으로서 한국환경기술연구원을 설립하는 계획을 추진하고 있었다. 그러나 당시 국책연구원이 너무 많다 보니 경제기획원의 예산실을 비롯한 관련 부처의 반대에 부닥쳐 진전을 보지 못하고 있었다. 환경처의 힘으로 그 많은 반대를 뚫고 설립한다는 것은 쉬운 일이 아니었다.

나는 국책연구원을 계속 고집하다가는 설립 자체가 어려울 수도 있다고 판단하여, 내가 직접 나서기로 했다. 예산실 등과의 협의 결과를 감안해 전략을 바꿔, 우선 민법상 재단법인으로 설립해 놨다가 연구실적을 쌓아 적당한 기회에 국책연구원으로 전환하기로 방향을 새로 설정했다. 그에 따라 1992년 12월 8일 한국

환경기술개발원을 재단법인으로 출범시켰다. 개발원은 우여곡절을 겪어 1997년 5월 7일 지금의 국책연구원인 '한국환경정책·평가연구원'으로 전환했다.

당시 환경처는 환경청에서 승격된 지 오래되지 않아 환경 관련 법령의 체계적인 정비가 필요했다. 많은 개선 사항을 담은 '대기환경보전에 관한 법률'과 '수질환경보전에 관한 법률' 개정안을 비롯한 6개 환경 관련 법률의 제정 및 개정안을 마련했다. 이 법안들이 1992년 12월 정기국회를 통과하는 과정을 다 실무 지휘한 후 환경처 차관직을 서서히 마무리하게 되었다.

3. 김영삼 정부 출범과 차관 사임

1992년 12월 대통령선거에서 김영삼 후보가 당선되었다.
앞서 노태우 대통령도 1987년 6·29선언 후 개정된 헌법에 따라 국민의 직접선거로 당선됐지만, 노태우 정부가 군사정부의 성격을 백 퍼센트 탈피했다고는 보지 않는 것이 국민 정서였다. 김영삼 정부는 어떤 의미에서 역사상 처음 탄생한 순수 민간 정부라고 할 수 있었다. 그래서 김영삼 대통령은 스스로를 '문민대통령', '문민정부'라고 칭하면서 기존 정부와의 차별화를 강조했다. 너무 문민, 문민 하니까 조선일보의 김대중 주필이 '문민은 기본이다'라는 사설로 이를 비판하기도 했다.

김영삼 정부 첫 조각(組閣) 발표는 대통령 취임 직전인 1993년 2월 말에 있었다. 발표를 보면서 '정부가 과연 바뀌었구나' 하고 실감했다. 과거 인사 관행으로는 상상도 할 수 없는 사람들이 각료로 들어왔다. 대표적으로 박양실 보사부 장관, 김상철 서울시장 등은 전혀 이름조차 들어 본 적 없는 사람들이었다. 내가 있는 환경처 장관으로는 황산성 변호사가 입각했다. 유명한 여성변호사이기는 하지만, 상상하기 힘든 인사였다. 관행대로라면 경제기획원 한갑수 차관(후에 한국가스공사 사장, 농림부 장관)은 별 하자가 없는 한 다른 경제부처의 장관으로 가야 마땅한데 거론조차 되지 않았다.

조각 발표 직후 총무처의 정문화 차관(후에 부산직할시장, 국회의원)이 전화를 걸어 왔다.

"다들 생각하고 계시겠지만, 차관단도 일괄사표를 냈으면 좋겠습니다."

"사직서를 어떻게 쓰면 좋겠습니까?"

"늘 쓰던 방식이 있지 않습니까. 알아서 써 주십시오."

나는 이렇게 썼다.

'소직은 새 정부의 원활한 인사 운영을 위해서 사직서를 제출합니다.'

사직 이유로 그 이상의 설명이 필요 없으며 그것이 전부였다. 경제기획국장 사표에 이어 사직 이유를 명시하고 써낸 두 번째 사표였다.

3월 3일 차관 인사도 발표되었다. 사실 사표를 냈지만 이날까지도 내가 차관을 아주 그만두리라고는 생각하지 않고 있었다. 당시는 경제기획원 1급 출신으로 다른 부처의 차관으로 나가 있는 사람 중 한 명이 기획원 차관으로 돌아오는 것이 오랜 관행이었다. 이런 관행에는 이유가 있었다. 기획원의 차관은 차관회의의 의장이기도 했다(지금은 장관급인 국무조정실장이 의장). 의장직을 수행하고 다른 차관들을 지휘하려면 보통 차관보다 한 수 위가 되어야 한다는 것이 그때 정부의 생각이었다. 그래서 기획원에서는 1급에서 바로 차관이 된 경우가 극히 드물었다. 서석준 부총리 정도뿐이었던 것으로 기억한다.

당시 기획원 출신 차관은 나 외에 보건사회부 박청부 차관, 과학기술처 박진호 차관이 있었다. 결국 우리 세 사람 중에 누군가 기획원 차관으로 친정으로 돌아가는 것이 관행으로 보아 상식이었다. 나는 환경처 차관을 한 지 7~8개월밖에 되지 않았기에, 경제기획원 차관으로 보내 주면 고맙고 환경처 차관으로 계속 있어도 좋겠다고 생각했다. 환경업무가 매우 중요하게 각광을 받는 때에 너무 짧게 재임하고 떠난다면 아쉬울 것이라고 생각했다.

새 정부 차관단 인사 발표를 하는 날, 차관실에만 TV가 있어 1급과 국장들을 모두 오라고 해서 같이 발표를 지켜보았다. 경제기획원 차관부터 발표했다. 김영태 기획원 기획관리실장이 차관이 되었다. 김 실장은 나와 중학교부터 대학까지 동기고, 시험은 한 기 빠른 3회였다. 4회인 나와 박청부, 박진호가 차관으로 승진할 때까지 그냥 기획관리실장에 머물고 있었다. 그 자리에서 바로 기획원 차관으로 승진 발령이 난 것이다. 이것을 보며 종전의 인사 패턴과는 전혀 다르다는 것을 실감했다. 이후 발표가 계속 이어지고, 거의 마지막에 이르러 환경처 차관을 발표하는데 나와 같이 일하던 김형철 기획관리실장이었다. 나의 이름은 없었다. 정부가 바뀐 것을 실감하게 하는 첫 조각 발표를 보면서도 이런 파격이 바로 나의 문제가 되리라고는 미처 짐작하지 못하고 있었다. 사람이란 다 그런 것이다.

전 정부의 차관단에 같이 있던 사람 중 권영해 국방부 차관은 국방부 장관이 되었고, 윤동윤 체신부 차관이 체신부 장관이 되었다. 최인기 내무부 차관, 이충길 보훈처 차장은 그대로 유임되었다. 이수휴 재무부 차관은 국방부 차관으로 이동했다. 그렇게 차관단에서 다섯 사람만 승진 또는 유임·전보되었고, 나머지 20여 명은 모두 그만두게 되었다. 전혀 예상치 못한 상황이었다. 환경처 차관 유임이야 별 문제 아닐 거라고 생각했지만, 아니었다. 정부가 바뀐 것을 내가 그때까지도 제대로 실감하지 못하고 있었던 셈이다. 허탈했지만 감수할 밖에.

어쩌면 당연한 것이었다. 정부가 완전히 바뀌었는데 정무직인 장·차관이 대거 유임하는 것도 상식은 아니었다. 더욱이 나는 새 정부와 인연을 찾거나 맺으려고 아무 노력도 한 적 없으니 더욱 그랬을 것이다.

이렇게 나는 갑자기 말로만 듣던 '백수'가 되었다. 공무원을 시작한 지 25년이 좀 넘은 때였다. 나는 마음 편히 가지고 오랜만에 좀 쉬면서, 앞으로의 진로는 서서히 생각해 보자고 마음먹었다.

한 달여 백수 생활을 하면서 진로를 고민하기 시작했다. 이때 김영무 변호사와 앞으로의 진로에 대해 이야기를 할 기회가 있었다.

김앤장법률사무소의 설립자인 김 변호사는 나와 중학교부터 대학까지 동기동창이다. 김 변호사는 자기와 같이 일을 해 볼 생각이 없느냐고 제안했다. 그는 당시의 로펌들은 주로 법률문제만을 다루고 있으나 앞으로는 훨씬 더 중요하고 다양한 역할로 그 영역이 확장될 것으로 생각하고 있었다. 특히 정부나 국회의 정책 입안과 법령 제정 등 주요 기능 수행 과정에서 생기는 문제들에 대한 기업들의 인식과 수요를 적절하게 수용하고 바람직한 방향으로 가도록 유도하는 기능이 필요하다고 내다보았다. 이런 기능을 수행할 조직을 김앤장에 신설해서 내가 이 기능과 조직을 맡아볼 용의가 없느냐는 제안이었다. 나는 그 구상과 제안이 매우 좋다고 생각했다. 정부에 있었던 경험도 살리고, 기업에도 법률적 지원보다 훨씬 더 중요하고 본질적인 도움을 줄 수 있다고 생각했기 때문이다.

우리 사회에서 로비라고 하면, 안 될 일을 음성적으로 되게 만들어 내는 나쁜 의미로 받아들이고 있다. 그러나 원래 로비는 그런 뜻이 아니다. 국민의 정당한 정치적, 법률적, 행정적 수요를 수렴하고 의회나 정부를 설득하여 바람직한 결과를 성취하는 과정이다. 미국은 로비활동이 제도화되어 법으로 보장되어 있다. 정식 로비스트는 등록을 해야 하며, 주로 고위공무원이 퇴직해서 로비스트로 많이 활동한다. 이를 통해 자신의 공직 경험을 살려 나가고, 기업들의 대 정부, 대 의회 애로사항 해결에 도움을 준다. 반면에 우리는 이런 활동조차 변호사만 할 수 있도록 변호사법에 정해져 있다. 그러나 이런 활동들은 법률전문가로서 변호사의 업무영역이 아닌 것이 대부분이다. 결국 기업이나 사인(私人)들이 정부 관료나 국회의원들을 음성적으로 찾아가서 부탁을 하는 부작용이 생길 수밖에 없는 구조여서, 시급하게 제도 개선을 할 필요가 있었다.

그러나 이런 논의를 본격화하기도 전, 백수 생활 겨우 한 달 남짓 끝에 한국소비자보호원장으로 발령이 나는 바람에 그 일은 더 이상 추진되지 않았다. 만약 그때 다시 공직에 돌아가지 않았다면 나는 김앤장이라는 우리나라의 대표적인 법률사무소가 처음으로 그러한 기능을 수행하도록 영역을 개척하고 제도적 개선책도 강구해 실현해 나가는 일을 하지 않았을까 생각한다. 나의 이러한 구상의 일단은 훨씬 더 뒤에 법무법인 세종과 연대하여 시장경제연구원을 설립하는 것으로 이어졌다.

뒤안길 차관 하차 배경에 '월계수'?

환경차관에서 물러나고 일주일 정도 지나 기획원 후배들과 가진 저녁 자리가 끝난 후 안병엽 국장(후에 정보통신부 장관)이, 내가 차관을 그만두게 된 이유를 아느냐고 물었다. 나는 "정부가 바뀌었으니 당연히 그만두는 것 아니냐"고 대답했다. 그런데 안 국장은 대뜸, 내가 '월계수' 멤버라서 그만둔 것인데 그것도 모르고 있었느냐고 되물었다.

월계수는 노태우 정부의 실세로 불리던 박철언 장관이 만든 사조직이었다. 그는 여당 대표인 YS와 한동안 각을 세우며 문제를 일으켰다. YS와 그의 참모들과 박철언 사이에 심각한 갈등과 감정이 있다는 것은 당시 주지의 사실이었다.

박철언 장관은 개인적으로 나의 대학 1년 후배지만 그저 얼굴 정도나 아는 사이였다. 내가 월계수 근처에 갈 이유도 없고, 간적도 없었다. 그런 내가 월계수 멤버로 찍혀 차관 인사에서 탈락되었다니! 어안이 벙벙했다. 아마 누군가의 무고가 있었던 모양이다.

하긴 박청부 차관은 김영삼 대통령의 오른팔, 왼팔로 불린 황병태 의원과 특수한 가족관계였지만 그 역시 월계수 회원으로 찍혀 나와 같이 차관 인사에서 탈락했다는 소문이 돌 정도였다.

후문에 의하면, 조각 과정에서 국방차관으로 경제전문가를 보임키로 하고 경제부처 출신 중 내가 제일 먼저 거론되었으나, '월계수' 얘기자 나오자 볼 것도 없이 그대로 배제됐다는 것이다. 김영삼 대통령에게 박철언과 월계수는 그만큼 기분 나쁜 존재였다.

06

한국소비자보호원장

(1993. 4 ~ 1994. 8)

1. 소비자가 선택하는 경제

(1) 계속되는 인연

1993년 4월 12일자로 한국소비자보호원장으로 대통령의 발령을
받았다.

내가 물가정책국장 시절에 소비자보호원 설립에 결정적 역할
을 한 것은 제3장에서 소개했다. 하지만 내가 거기 원장이 되리라
고는 꿈에도 생각하지 않았다. 사람의 일이란 알 수 없는 것이다.

앞서 언급했듯 나는 기관 설립 초기 구상부터 기관장의 격을
높게 할 필요가 있다고 생각했고, 그 결과 초대 원장에 금진호 전
상공부 장관이 임명되었다. 이후로도 그 전통이 이어져 2대 원장
에 최동규 전 동력자원부 장관, 3대 김형배 전 공업진흥청장, 4대
에 박필수 상공부 장관이 퇴임하자마자 맡게 되었다. 대체로 장

관 출신이 원장을 하다 보니, 청장 출신의 김형배 원장은 잠깐 있다가 박필수 장관이 정부를 물러나자 다른 자리로 옮기고 박필수 씨가 원장으로 임명되었다. 그러던 것이 새 정부 들어 박필수 원장이 사임 의사를 밝혀 차관 출신으로는 사실상 내가 처음으로 원장을 맡게 된 것이다. 박청부 차관도 이때 한국가스공사 사장이 되었다. 우리 둘이 다시 공직을 맡게 된 것은, 특별히 해명하려고 노력한 적은 없으나 월계수회와 관련된 오해가 자연스럽게 해명되었기 때문일 것이다.

후문으로, 당시 이경식 부총리는 농림부 장관을 그만두고 쉬고 있던 이희일 씨를 추천했으나 청와대에 받아들여지지 않았다고 한다. 두 분은 같은 한국은행 출신이면서 경제기획원 기획국장, 청와대 경제수석을 번갈아 맡는 등 오랫동안 친밀하게 지내 온 사이였다.

(2) '소비자중심 경제'의 길잡이

흔히들, 장·차관을 지낸 사람이 소비자보호원이라는 조그만 기관에 만족할 수 있겠느냐고 생각한다. 전임 박필수 원장도 소보원장 자리가 본인의 경력에 걸맞지 않는다는 인식을 갖고 있었고, 나에게도 그렇게 토로한 적이 있다. 그러나 나에게 이 소보원장은 더할 수 없이 보람 있는 직책이었다.

소비자보호원장을 맡게 되니 나는 마치 물고기가 물을 만난 것 같은 형국이었다. 나 스스로도 원장이 갖추어야 할 모든 것을 갖췄다고 생각했고 남들도 그렇게 인정해 주었다. 나는 이 기관을 실질적으로 창설한 사람으로서 소비자문제에 대한 확고한 철학을 가지고 있었다. 그랬기에 많은 의미 있는 일들을 즐겁게 할 수 있었다.

당시 나의 생각을 집약한 표어가 '소비자가 선택하는 경제'다. 소비자중심 경제가 시장경제의 가장 중요한 본질적인 요소 중의 하나라고 생각하는 데 그치지 않았다. 마치 민주주의가 정치의 공급자인 정치인, 정당, 정부가 선택하는 정치가 아니고 정치의 수요자 국민이 선택하는 정치이듯, 경제에서도 시장경제는 시장에서 공급자인 기업이나 생산자로서의 정부가 아니고 최종수요자인 소비자가 선택하는 경제여야 한다는 것이 나의 확고한 생각이었다. 경제에서 '선택'은 정치의 '투표'와 본질적으로 같은 것으로 이해했다. 이런 생각은 그 후로도 훨씬 더 발전되었다.

우리나라에서 많이 쓰는 '경제민주화'는 학문적 용어가 아니어서 사실 다양한 개념으로 저마다 달리 이해하고 있고, 용어의 적절성 자체도 논란의 대상이다. '경제적 민주주의'라는 용어가 더 적절하다는 주장도 있다. 굳이 경제민주화라는 말을 쓰더라도, 이 말의 가장 합리적인 이해는 바로 '소비자가 선택하는 경제'인 시장경제의 본질로 돌아가는 것이라고 나는 생각한다. 그래서 당시 나는 이 말을 많이 사용했다. 소보원이 발행하는 전문잡지 『소비자시대』(현재는 웹진으로 발행)의 부제도 '소비자가 선택하는 경제의 길잡이'로 정할 정도였다.

또한 소비자보호원이 CPB(Consumer Protection Board)가 아니라 소비자문제를 해결하는 국가기구 NICA(National Institute for Consumer

소비자보호원장 취임 직후 1993년 4월 26일, 민간 소비자단체장들과의 상견례. 이윤자 주부교실중앙회 회장, 김천주 주부클럽연합회 회장 등이 보인다.

Affairs)로 재편 및 운영되도록 노력했다. 보호 대상이나 약자로서가 아니라 시장경제의 중심으로서 소비자 상을 정립하려는 생각에서였다. 이처럼 경제 운영의 패러다임을 생산자 중심에서 소비자 중심으로 바꾸어 나가는 철학을 실천하는 전위기관으로서 소보원의 지향점을 분명히 하고, 이런 쪽으로 기관의 지향과 역할을 바꾸어 나가는 데 많은 힘을 기울였다.

(3) 한국경제 문제의 더 깊은 인식

소보원장으로 있으면서 소비자문제의 본질과 소비자문제 해결의 중요성 규명, 그리고 소비자정책의 발전 방안 마련 등, 물가정책국장 시절부터 염두에 두었던 과제들에 더 깊이 몰두했다. '소비자주의', '소비자가 선택하는 경제', '국제화와 소비자주의' 등을 주제로 글을 쓰고 강연 등을 준비하면서 생각을 정리하고 발전시켜 나갔다.

나아가서, 소비자문제를 중심으로 한국경제의 문제를 구조적 차원에서 깊이 생각하기 시작했다. 소비자 중심의 경제구조 구축 없이는 진정한 의미의 경쟁구조의 정립도, 경제의 국제화도 불가능하다고 보았다. 이런 구조하에서는 경쟁력이 원천적으로 생길 수 없다고 결론지으며 '소비자중심 경제'가 시장경제 체제의 핵심 요소라는 독특한 경제관을 정립했다.

'소비자 보호'라는 용어가 당시 이미 널리 쓰이고 있었으나, 이 영역은 주로 여성들의 관심사 정도로 이해되고 있었다. 나는 이 소비자 이슈를 정책 결정의 중심으로 유도하고, 모든 경제문제를 소비자 내지 수요자의 시각으로 다시 재조명하는 전기를 마련하고자 노력했다. 이런 노력이 결국 정부가 소비자정책을 경제정책의 핵심 분야로 인식하게 만드는 결정적 계기를 마련했다고 나는 자부하고 있다. 제조물책임(PL) 법리의 도입, 소비자를 위한 정보체계의 발전, 그리고 소비자안전제도의 획기적 발전도 모두 내가 소보원장으로 재임하던 시기에 이루어졌다.

이러한 생각을 정리하고 발전시키는 데 도움을 준 많은 글들 중 대표적인 것이, 나중에 일본 경제기획청 장관을 역임한 유명한 작가 겸 평론가 사카이야 다이치(堺屋太一, 1935~2019)가 연재하던 '만족화 사회의 방정식'이었다. 나중에 국역본이 한국경제신문사에서 단행본으로 발간되었지만, 당시는 일본의 니혼게이자이(日本經濟)신문에 연재되고 있었다. 이 글에서 사카이야는 대부분의 일본인들과 달리 일본의 현재와 미래를 구조적이고 국제화되고 소비자 중심적인 시각으로 진단하고 있었다. 나는 일본 경제에 대한 그의 진단과 견해에 공감하면서, 우리에게도 시사하는 바 크다고 생각했다. 사카이야와는 나중에 1996년 공정거래위원장 시절 일본을 공식 방문한 기회에 저녁식사를 겸해 장시간 대담할 기회가 있었다. 제8장의 해당 부분에서 다시 기술하고자 한다.

나도 많은 글을 쓰고 강연을 다녔다. 한국경제를 보는 시각을 설명하고 우리 경제가 보다 경쟁적이며 소비자 중심적으로 가야 한다는 점을 강조했다. 나의 지론인 '개찰구 없는 국제화'를 명실공히 실현해야 하며, 이런 방향으로의 전환 없이는 한국경제의 지속적 발전이 불가능하다는 점을 역설했다. 경제가 조금 좋아졌다 나빠졌다 하는 것에 일희일비하지 말고, 거시목표를 설정해 놓고 무리를 해서라도 이를 달성하는 것에 경제의 최고 목표를 두는 식의 경제 운영도 탈피하자는 쓴소리도 많이 했다. 국내에서뿐 아니라 일본에도 두 차례 초청되어 소비자문제에 대해 강연할 기회가 있었다. 우리나라 소비자제도의 급속한 발전은 일본 사람들이 보기에도 놀라울 정도였던 모양이다.

고도성장, 팽창 위주의 경제관과 기업관으로부터 완전히 벗어나 경쟁력과 경쟁적 구조, 그리고 경쟁적 구조와 소비자 선택 구조의 연계를 경제 시스템의 중심에 두는 나의 경제관은 대체로 이때 체계적으로 정립되었다.

자 료 **정치는 투표, 경제는 소비자 선택**

다음은 소보원장 재임 당시 나의 생각의 일단이 드러나는 기고문(1993년 11월 9일자 매일경제)의 일부이다.

(…) 나는 분명히 지난 30년간 우리 기업에게 진정한 意味의 競爭機會가 없었고, 이것이 오늘의 競爭力 低下의 原因이라는 점을 강조한다.

競爭은 어느 장소에서 행해지고 누구에 의해서 優劣이 판정돼야 하는가? 다름아닌 公開된 市場에서 이루어지는 消費者選擇에 의해서다. 그리고 이 소비자선택은 오늘의 國際化된 시장에서는 國內의 소비자만이 아닌 世界 방방곡곡의 消費者들에 의해서 행해진다. 이것이 진정한 자유시장경제체제인 것이다. 따라서 나는 '消費者가 선택하는 經濟'로의 복귀야말로 진정으로 경쟁력을 키울 수 있는 길이라고 생각한다. 소비자선택이 실현되지 않는 경제는 投票가 없는 政治와 같다. 자유시장경제라는 것은 누구나 자유롭게 생산하고 판매할 기회를 갖고, 그 우열은 소비자가 결정하는 체제이다.

시장에서 소비자의 자유로운 선택에 따라 결정하는 우열의 판정은 정치에서의 투표보다 훨씬 더 강력한 힘을 갖는다. 투표는 정해진 기일에 일정수의 대표를 당선시키는 것이지만, 시장에서 貨

幣라는 投票用紙로 구매를 결정하는 소비자는 수시로 각각의 물품에 대해 일상적인 選擇의 投票를 하기 때문이다. 또한 투표에 의해 당선된 政治家는 任期가 보장되지만 消費者는 선택 대상에게 任期를 보장하지 않는다. 소비자의 선택은 항상 값싸고 품질 좋은 상품을 가지고 市場에 出馬하는 새로운 기업을 쫓아서 바뀌어가기 때문이다. 따라서 기업은 消費者選好가 수시로 전달되는 市場變化에 한시도 마음을 놓을 수 없다. 이런 가운데 企業의 競爭力은 쌓여진다.

2. 소비자안전과 제조물책임(PL)

(1) 제조물책임법의 기틀을 놓다

소비자안전의 확보는 소비자보호제도의 핵심 영역이다. 이를 위해 그간 정부가 해 온 역할은 주로 다양한 규제 수단을 개발하여 제조업자에게 부과하는 것으로 요약된다. 그러나 소비자안전 확보라는 목표를 행정적 규제 수단보다는 시장원리에 따라 이루어야 한다는 것이 나의 철학이요 정책 방향이었다. 그것을 실현하기 위해 가장 시급한 조치가 '제조물책임제도'의 도입이었다. 소비자안전을 제조자가 책임지고 해결하도록 유도하고, 문제가 생길 경우에는 사법적 판단에 따라 문제를 종결하도록 하는 제도였다. 나는 제조물책임법제의 도입을 소보원장 재임중 체계적으로 추구했다.

'제조물책임(Product Liability, PL)' 제도는 규제 대신 시장원리를 따른다. 법률적 측면보다 경제적 접근을 우선시하고, 행정적 처분 대신 사법적 판단에 의존한다. 안전 문제로 피해가 일어났을 때 소비자 대신 제조자가 입증책임을 지도록 하고, 제조자의 제조물 책임보험 가입을 의무화하는 제도다. 생산 과정에서 제조자의 창의성을 저해하거나 지나친 행정규제를 하지 않으면서도, 안전에 대한 소비자의 요구를 보다 본질적으로 충족시키도록 하는 이 제도의 도입을 위해 나는 노력했다.

일본은 이미 오랜 검토 끝에 제조물책임제도 도입을 결정하고 법안을 의회에 제출해 놓고 있던 때였다. 그러나 우리나라는 제조자와 소비자 모두 이 제도에 대한 인식이 부족해 아직 제대로 된 논의가 체계적으로 이루어지지 않고 있었다. 제조물책임 이론을 발전시키고 소비자들 사이에 공감대를 형성하기 위해 각종 세미나를 개최하고, 기업들의 이해 증진을 위한 설득 작업을 동시에 진행했다. 덕분에 많은 부분에서 우리 사회의 인식 변화가 일어났다. 다행스런 일이 아닐 수 없었다.

소비자보호원이 중심이 되어 활발한 연구와 공론화 과정을 거쳐 PL법 입법에 필요한 모든 준비를 다 마쳤으나, 끈질긴 설득에도 경제계의 이해 부족과 반대 등으로 정부 차원의 결단이 미뤄졌다. 결국은 내가 소보원장에서 퇴임하고 한참 지난 2000년 1

월 '제조물책임법'이 의원입법으로 제정되었고, 두 차례 개정되어 오늘에 이르고 있다. 다만, 현행 제조물책임법은 당초 내가 구상한 방향과는 거리가 있다. 제조자와 소비자의 상충하는 이해를 시장에서, 기본적으로 경제적 논리에 의해 해결한다는 제조물책임법리의 이상과 취지에 비추어 상당히 미흡함을 지적하지 않을 수 없다.

경제기획원에서 내가 중심이 되어 발전시킨, 소비자문제 해결을 위한 각종 제도가 일본의 주목을 끌었다는 이야기를 앞에서 했다. 이런 일본의 관심은 내가 소보원장으로 있을 때까지 이어졌다. 일본의 소비자문제전문가협회(Association of Consumer Affairs Professionals, ACAP)가 강연을 요청해 온 것이다.

나는 1994년 5월 30일부터 6월 4일까지 도쿄에서 '한국의 소비자보호 현황과 발전 방향: 피해구제제도를 중심으로'란 제목으로, 오사카에서 '소비자안전제도의 발전 방향: 한국에 있어서의 문제 인식을 중심으로'란 제목으로 각각 강연했다. 일본 기업들의 소비자문제 전담 간부직원들이 대상이었다. 강연의 핵심 내용이 바로 제조물책임제도였다. 나는 종래 주로 법률적 측면에서만 제조물책임제도에 접근하던 것을 넘어, 우리 소비자보호원이 시도한 '경제적 의미 부여와 경제적 효과 분석' 등을 소개했다. 이 제도를 한·일 양국이 함께 채택한다면 소비자문제를 매개로 양국 간 경제협력 관계가 더 증진될 가능성이 있다고 강조하고, 국제화와 소비자문제의 관계에 대한 나의 견해도 밝혔다.

한국소비자보호원 염곡동 독립 청사 기공식(1993. 7. 21). 이경식 부총리, 최동규 2대 원장, 박필수 4대 원장, 이윤자 회장 등과 더불어 첫삽을 뜨고 있다.

(2) 소비자보호원 신청사 착공

소보원장으로서 잊을 수 없는 일 하나는 서울 강남구 염곡동에 독립된 새 청사를 기공한 일이다.

소보원 설립 초기, 독립 청사를 준비할 시간적, 재정적 여유가 없어 우선 국제빌딩의 3개 층에 세들어 개원을 했지만, 이곳은 매우 위험한 시험·검사 시설까지 보유한 기관의 청사로서는 적합하지 않았다. 증가하는 업무량을 고려할 때도 독립된 새 청사 마련이 절대로 필요했다. 초대 금진호 원장 이래 역대 원장들이 기울인 노력이 나 때 이르러 결실을 본 것이다.

2대 최동규 원장은 고건 서울시장을 설득하여 염곡동의 서울시

1997년 6월 30일 한국소비자보호원 개원 10주년 기념. 오른쪽부터 박필수 4대 원장, 금진호 초대 원장, 강경식 부총리, 허신행 원장, 필자(당시 경제수석), 정광모 회장, 이윤자 회장.

체비지를 확보함으로써 이 계획의 실현을 향한 큰 발걸음을 내디뎠다. 나의 취임 첫 해인 1993년 7월 21일 모든 행정적 절차를 완료하고 이경식 부총리, 전임 최동규·박필수 원장 등 내빈들을 모시고 성대하게 기공식을 했다. 내가 3년 임기를 채운다면 내게도 혹시 이 건물에서 근무할 기회가 오지 않을까 내심 기대했지만, 일찍 원을 떠나는 바람에 그 소망은 이루지 못했다.

소비자보호원장은 공직이지만 정부직은 아니기 때문에 다른 사회활동을 하는 데 제약이 없다. 나는 소보원장으로 있을 때 '보신각로타리' 창설(1993. 10. 21)에 참여하고 초대 회장을 맡으며 처음으로 본격적인 민간 사회활동을 시작했다.

로타리(Rotary)운동은 '초아(超我)의 봉사'를 기치로 1905년 미국 시카고에서 시작되어 국제적 조직망을 갖춘 매우 영향력 있는 친목 및 사회봉사 활동으로 발전돼 왔다. 일정 지역을 기반으로 그 지역의 서로 다른 일을 하는 성공한 직업인들이 모여 상호 친목을 통해 단합된 힘을 기르고 이를 바탕으로 사회에 적극 봉사함으로써 회원들의 사회적 성공의 결과를 사회에 환원하고자 하는 운동이다. 우리나라에서는 해방 후 서울로타리클럽이 결성되어 최초로 국제로타리의 승인을 받은 것이 로타리운동의 효시다.

1993년 당시 우리나라의 로타리운동 지도자들은 적극적인 회원 확충 노력을 기울이고 있었다. 이를 위해 신생 로타리클럽 창설을 적극 추진했다. 서울 강북의 3650지구가 특히 열성적이었다. 지구본부에서는 활발한 활동을 하는 특정 로타리클럽을 지정하여 새로운 또 하나의 로타리클럽의 창설을 주도하도록 하고, 그 책임을 맡을 사람을 지구 총재특별대표로 임명했다. 보신각로타리의 창설을 주도한 총재특별대표는 그 전해 설립된 정동로타리

보신각로타리 창립 기념 케이크커팅(1993. 10. 21). 왼쪽부터 신윤식 총재특별대표, 한 사람 건너 3650지구 민병국 총재, 필자, 강경식 정동로타리 회장, 한 사람 건너 박홍식 설립준비위원장.

소속의 신윤식 전 체신부 차관이었다. 물가국장 시절 체신부 우정국장이던 이분과 나의 인연에 대해서는 제3장에서 기술한 바 있다. 설립추진위원장인 박홍식 전 공업진흥청장은 대학과 정부의 선배였다.

좋은 회원들을 포섭하는 등 순조로운 설립 준비 과정을 거쳐, 1993년 10월 21일 보신각로타리가 설립되었다. 설립추진위원장이 초대 회장을 맡는 것이 순리였으나, 박홍식 위원장이 정부에서 물러나온 후 사무실과 비서 등이 없어 창립 초기 많은 행정사무를 수행하기 어렵다고 고사해서 부득이 내가 초대 회장을 맡게 되었다. 설립 후 활발하게 활동하는 모범적인 로타리클럽으로 발전하는 과정에서 창립 회장으로 최선을 다해 클럽의 기반을 다지는 데 노력했다.

모든 로타리클럽은 똑같이 매년 하반기가 시작하는 7월 1일을 전후해 새 회장을 선출하고 새로이 집행부를 구성한다. 나는 10월에 설립된 클럽의 초대 회장이어서 회장 재임 기간이 1년이 채 안 되었다. 그래서 클럽 안팎으로부터 연임을 하는 것이 바람직하다는 의견들이 있었다. 지구본부에서도 언젠가 지구총재로 추대될 가능성도 있는데 총재는 클럽 회장을 1년 이상 한 사람이라야 자격이 있으므로, 이를 고려해서라도 연임이 바람직하다는 의견을 밝혀 왔다. 그러나 나는 이런 성격의 조직은 가능한 한 모든 회원이 번갈아 회장을 맡아 책임을 공유하는 것이 바람직하다는 생각에서 단임을 클럽의 관행으로 처음부터 못박는 것이 좋겠다는 의견을 피력하며 연임을 고사하고, 자연스럽게 박홍식 위원장을 2대 회장으로 선출하여 바통을 넘겼다. 이후 약 15년 동안 보신각로타리 회원으로서 열심히 참여하다가 2008년 이후에는 시간의 제약으로 적극적으로 참여하지 못하고 있다.

07

철도청장

(1994. 8 ~ 1996. 3)

1. 분당선부터 일산선까지

(1) 다시 정부로

1994년 8월 중순, 청와대 박재윤 경제수석으로부터 전화를 받았다. 철도청장을 맡아 달라는 것이었다.

"얼마 전 큰 철도사고가 나서 최훈 청장의 교체가 불가피합니다. 현재 철도 공사화(公社化)라는 중대한 과제가 추진중이어서 경제와 경영을 모두 잘 아는 사람을 찾고 있었습니다. 차관을 역임한 분께 청장을 맡아 달라고 해서 미안합니다."

대통령께도 이미 보고가 되었다고 했다.

그 며칠 전인 8월 11일, 삼랑진 미전역에서 열차 정면충돌로 4명이 사망하고 219명이 다치는 대형 사고가 있었다. 정면충돌은 열차사고 중에서도 가장 심각한 사고로 간주되어 철도에서는 이를 치욕으로 생각한다. 구체적인 원인은 따져 봐야 하지만, 변명의 여지가 없다. 이 정도면 철도청장이 책임을 지지 않을 수 없는 상황이었다.

철도청장은 교통부나 철도청의 간부 출신이나 군의 수송 계통 장성 출신 중에서 임명되는 경우가 일반적이었다. 순수 경제부처 출신이 맡은 경우는 한 번도 없었다. 나도 의외의 제안에 놀라고 당황했다. 내가 그간 정부에서 많은 일을 했지만 철도청장을 맡으리라고는 꿈에도 생각한 적이 없었다. 게다가 당시엔 철도사고가 빈번했다. 그중에는 대형사고도 많았다. 내가 철도청장이 된다고 그런 사고가 일어나지 않는다는 보장이 없지 않은가. 그러면 공직 생활이 불명예로 끝나는 것이다. 심각하게 고민하지 않을 수 없었다.

박 수석에게 하루 정도 생각할 시간을 달라고 했다. 집에 와서 상의했더니 아내는 펄쩍 뛰었다. 평생 기획과 정책 업무만 하던 사람이 왜 그런 위험한 자리를 맡느냐고 반대하는 것이었다. 주변 사람들 중에서도 거절하라는 의견이 있었다. 반면, 정부가 필요해서 일을 맡기는데 공직자가 거부하는 것은 옳지 않다는 의견도 있었다. 심사숙고 끝에 이튿날 박 수석에게, "정부와 대통령의 뜻이라면 맡아서 최선을 다하겠다"고 답했다.

나중에 들어 보니 박 수석은 김영삼 대통령으로부터 직접 철도청장 적임자를 물색, 추천하라는 지시를 받았다. 그렇다 해도 이런 일은 비서실장과 교통부 장관과 상의하고, 당사자가 현직 소비자보호원장이라면 그 소관 부처의 장인 경제부총리와도 상의

하는 것이 일반적이다. 그런데 고지식한 박 수석은 오직 예하 비서관들의 의견만 듣고, 비서실장 등 어느 누구와도 상의하지 않고 혼자 결정하여 대통령께 바로 보고해 재가를 맡았다고 한다. 나는 박 수석과 잘 아는 사이도 아니었는데, 직속 비서관들의 의견을 듣는 과정에서 내가 비교적 한직으로 흔히 여겨지는 소보원장으로 있고, 철도 공사화에 필요한 경제 경영 전문가라는 점에 주목한 것 같다. 역시 후문에 의하면 박관용 비서실장은 오랜 친구이며 교통부 수송정책실장 출신으로 최훈 청장과 공무원 동기인 김경회 차장을 적임자로 생각하고 있었다고 한다. 그래서 박 수석의 독단에 처음에는 불쾌해 했다가, 그게 김인호라는 이야기를 듣고는 "그렇다면 좋다"고 했다고 한다. 김경회 차장은 결국 나의 후임으로 청장이 되었다.

이런 과정을 거쳐 철도청장으로 내정된 직후, 오명 교통부 장관(후에 건설교통부 장관, 부총리 겸 과학기술부 장관)이 전화를 해서 환영의 말씀과 잘해 보자는 당부를 했다. 나는 소보원장으로서 정재석 부총리 휘하에 있었기 때문에 댁으로 찾아가 경위를 설명드렸다. 정 부총리는 1급 시절에 철도청 차장을 역임한 적이 있었다. 그는 "경제기획원 출신으로 청장을 맡은 것은 처음이고 매우 의미 있는 일이다. 공무원이 옷을 벗고 나갔다가 다시 돌아오는 것도 매우 어려운 일인데 이 역시 크게 축하할 일"이라고 했다. 정 부총리도 박정희 대통령 정부에서 1970년대 말 상공부 장관을 하다 물러났다가 1993년에 교통부 장관으로 다시 정부에 돌아올 때까지 거의 15년을 정부 바깥에 있은 경험이 있기에 그런 덕담을 해

준 것이다.

1994년 8월 20일자로 제19대 철도청장 임기를 시작했다. 통상
차관급은 대통령을 대신해 총리가 임명장을 주는데 나는 그때 대
통령으로부터 직접 임명장을 받았다.

철도청은 직원만도 3만 8천 명이나 되는, 경찰 다음가는 거대
공무원 조직이다. 또 토지, 시설, 역사, 차량 등 엄청난 자산을 가
지고 있기도 하다. 여기에 운수, 토목, 건설, 차량 등의 업무는 내
가 이제까지 했던 기획, 정책 업무와는 전혀 달랐다. 군대로 말하
면 1개 군단 이상 수준의 인원 규모이고, 물적으로는 군단 규모와
비교도 되지 않을 정도로 방대한 시설과 자산을 가진 조직의 수
장이 된 것이다.

(2) 타산지석 된 분당선

철도청장이 된 지 열이틀 만인 9월 1일에 김영삼 대통령을 모시
고 분당선(수서~오리 구간) 개통식을 오리역에서 가졌다. 사실 철도
청장에 부임은 했지만 철도에 대해서는 당연히 백지상태였다. 열
심히 공부를 하며 개통 준비를 했다. 당일 대통령께 그간의 경과
등을 보고드리고, 개통 테이프도 모시고 잘랐다.

분당선은 개통 직후부터 소음 문제 등으로 한동안 시달렸다.
나는 이미 개통 일자까지 확정된 상태에서 청장이 되었기에 사전
에 문제를 해결할 기회가 없었다. 나는 전문적 지식은 없지만, 너

1994년 9월 1일 분당선 개통식 테이프커팅. 왼쪽부터 이원종 서울시장, 김우석 내무부 장관, 필자, 주민 대표, 김영삼 대통령, 주민 대표, 박재홍 국회 교통위원장, 오명 교통부 장관.

무 성급하게 개통했기 때문이라고 생각했다. 개통일을 좀 늦추더라도 사전에 충분하게 점검하고 개통했어야 했다.

우리나라 대형 건설사업은 공·사 할 것 없이 목표를 빨리 달성하려고 무리하게 일정을 잡는 경우가 대부분이다. 분당선도 예외가 아니었다. 분당선 소음 사례는 내가 재임하는 동안에는 어떤 경우라도 무리하게 공사를 추진하거나 준공을 서두르지 말자는 교훈을 얻는 기회가 되었다. 특히 철도는 사고가 나면 엄청난 인명 피해가 초래되므로 더욱 그렇다.

(3) 무결점 일산선

부임 직후 분당선의 교훈은 퇴임 직전의 일산선 준공으로 결실을 맺었다.

1996년 1월 30일, 김영삼 대통령을 모시고 일산선 개통식을 가졌다. 대통령과 추경석 건설교통부 장관, 박재홍 국회 건설교통위원장을 비롯한 의원 다수, 주민 대표 등이 참석하여 성황리에 테이프를 끊고, 대통령을 모시고 시승식도 했다. 이 선의 개통 이래 지금까지도 선로나 열차에 문제가 있다는 지적이나 불만이 거의 없다는 것은 두고두고 자랑스럽고 뿌듯한 일이다. 이 행사를 마지막으로 나의 철도청장 재임은 마무리로 향하고 있었다.

일산선 개통이 다가올 때, 나는 일산선을 철도 안전을 구조적으로 확보한 '무결점 선로'의 대표적인 사례로 삼기로 작정했다. 나는 당시 철도안전관으로 있던 윤주수 국장에게 개통에 앞서 건설, 토목, 차량, 전기, 신호, 운수 등 각 파트 실무책임자를 데리고 출발역에서 종점까지 한 발짝 한 발짝 직접 걸어가면서 문제가 되는 부분을 다 찾아내 개통 전에 완벽하게 보완하라고 지시했다. 윤 국장은 이 지시에 따라 무려 3천여 개의 크고 작은 문제점을 발견하여 보완을 완료했다. 그리고 나서야 대통령을 모시고 개통식을 가졌다. 이후 이때까지 일산선에 무슨 문제가 있다는 얘기는 없는 줄 안다.

일산선 개통 후 22년여 지난 2018년 5월 14일, 철도청·코레일 퇴직자 모임인 철우회의 신광순 회장을 비롯하여 나의 청장 재임

1996년 1월 30일 김영삼 대통령을 모시고 일산선 개통 출발 버튼을 누르고 있다.

시 일산선 건설 업무를 같이 했던 간부들과 일산선을 타고 개통 당시 현장에 가서 개통식 장면을 함께 회고했다. 감개무량했다.

2. 백년 철도에 '만족'과 '안전'을

(1) 고객만족경영 원년

철도청장 재임 기간 동안 역점을 두고 추진한 첫 번째 임무는, 100년 역사의 철도에 '고객만족경영'을 도입하는 일이었다.

누차 이야기했듯 나는 물가정책국장과 소비자보호원장을 지내면서 '소비자중심 경제'라는 화두를 깊이 생각하고 관련된 일을 벌여 왔다. 철도청장으로 부임하면서, 소비자중심 경제의 경영적 버전인 '고객중심 경영'을 철도 경영에 체계적으로 접목하기로 결심했다.

내가 부임했을 때 '철도공사설립준비단'이라는, 철도의 공사화를 담당하는 부서가 있었다. 아직은 공사화를 본격적으로 추진하고 있지 않아 그리 바쁜 곳은 아니었다. 그래서 준비단의 영업부장 박용선 과장에게 고객만족경영에 관한 업무의 추진 실무책임을 맡겼다. 장차 공사화가 된다면 더더욱 고객만족경영이 핵심 요소가 될 것이었기 때문이다.

우선 박 과장을 포함한 철도청 간부들에게 "혹시 CS(Customer Satisfaction, 고객만족경영)라는 말을 들어 본 적이 있느냐"고 물었다. 이미 민간 기업에서는 CS가 한참 유행하던 시기였다. 한 번도 들어 본 적이 없다고 하는 사람이 대부분이었다. 이 정도로 당시의 철도청은 경영의 본질적, 최신의 흐름과는 거리가 먼 조직이었다. 100년 가까운 관청기업인 데다 항상 공급 부족 상태에서 철도 경영을 해 왔으니, 고객에게 '서비스'한다는 마인드가 없을 것도 당연했다.

부임한 지 한 달 남짓 지난 9월 22일, 나의 지침에 따라 준비된 '소비자 지향적(고객만족) 경영방안'이라는 이름의 기본계획서에 결재했다. 철도, 나아가 공기업 코레일의 고객만족경영이 시작되는 순간이었다.

철도청은 우리나라에서 가장 오래된 관청조직인 데다가, 위험

1995년 8월 2일 새마을호 열차 내에서 고객중심 경영 활동. 뒤 왼쪽부터 김상조 서울 지방철도청장, 장재선 서울역장, 손병훈 운수국장(작고).

한 일을 하는 탓으로 어찌 보면 군대보다 더 엄격한 규율을 가지고 있었다. 전쟁이 나면 군대와 같이 행동해야 하는 기관이기도 했다. 그래서 제복을 입고, 군대 조직에 준할 정도로 엄격한 위계질서가 있었다. 그러다 보니 경직된 분위기가 지배하지 않을 수 없었다. 여기에 수요 초과가 일상인 기업에 흔히 나타나는, 우월한 자세에서 고객을 내려다보는, 요새 유행하는 말로 '갑질' 사고가 경영의 전 부문을 지배하고 있었다. 이 분위기를 한꺼번에 바꾸는 작업부터 시작했다. 철도청 본청의 각 부서는 물론 각급 지방기관, 산하 기업체 모두 '고객중심 경영혁신운동'에 참여하도록 독려했다.

운동을 추진하는 과정에서 많은 사람이 발굴 육성되었다. 그중 가장 기억나는 사람은 철도경영연수원의 서무직원인 강칠순 씨(총무처 9급 공채로 입사)였다. 그는 똑똑하고 말도 잘했다. 고객만족과 관련한 현장 경험 이야기를 한번 시켜 봤더니 너무 잘해서, 아예 연수원 강사요원으로 전환시켜 전문강사로 양성했다. 이후 그는 고객서비스 분야에서 자타가 공인하는 일류 전문가가 되었고, 철도 역사상 여성 최초 본부장, 고객만족센터장, 서울본부장까지 승진했다.

거듭된 노력의 결과, 100년 역사의 '관청 중의 관청' 철도청의 체질이 근본적으로 개선되는 성과를 거두었다. 한번은 내가 예산국 사무관 시절 국장으로 모셨던 최동규 전 장관을 만났는데, "지방대학에서 강의를 하기 때문에 늘 기차를 타고 다니는데, 요즘 철도 서비스가 너무 좋아졌다. 공기업이 이렇게 달라질 수 있다니 믿기 어려울 정도"라는 것이었다.

이후 철도청이 모든 공기업 경영개혁의 모델이 된 것은 물론, 내가 철도청을 떠난 후 다음다음 정종환 청장(후에 국토해양부 장관) 때는 고객만족경영으로 능률협회가 주는 최고의 경영대상을 수상했다.

(2) 획기적인 철도안전 확보

두 번째로 역점을 둔 것은 '철도안전'을 획기적으로 증대하는 일이었다.

내가 대형 철도사고의 후속조치로 청장이 되기도 했지만, 철도

한강철교 안전점검(1994. 10. 23).

와 사고는 숙명적 관계다. 끊임없이 사고에 직면하고 있었다. 직접 현장을 확인해 보니 구조적으로 사고가 날 수밖에 없었다. 시설, 터널, 선로, 교량, 차량 들이 대부분 낡았고 보수를 세대로 못하고 있었다. 건널목 시설도 낡았을 뿐 아니라, 반드시 있어야 할 곳에 설치 안 된 데도 수두룩했다. 시설이 이러하고 개선의 가능성이 안 보이니 직원들의 안전의식도 아주 풀어져 있었다. 사고가 안 나는 것이 이상할 정도였다. 역대 철도청장이 경영의 잘잘못보다 사고에 의해 진퇴가 결정되는 일이 반복되다 보니, 운이 좋아 재임 기간중 사고가 나지 않으면 안도의 한숨을 쉬며 물러나오는 상황이었다.

1994년 10월 21일 발생한 성수대교 붕괴사고는 국가 전체의 안전의식을 일깨우는 계기가 됐다. 안전문제와 관련이 있는 전 공·

사 기관이 관리하는 시설의 안전점검에 들어갔다. 그러나 철도는 문제가 보다 본질적이고 구조적이며 심각했다. 나는 이런 상황을 근본적으로 고쳐야겠다고 생각했다. 이를 위해 정부의 예산 당국과 철도안전에 대해 깊이 있는 의견 교환을 한 끝에, 안전 예산을 크게 늘려 주겠다는 약속을 받아냈다. 안전 예산을 부문별로 종전의 2~3배 수준으로 확보하여 차량의 대폭적인 교체와 건널목 개량, 시설의 점검 및 개량 보수 작업을 추진했다. 전 직원을 대상으로 체계적인 철도안전 교육도 지속적으로 실시했다.

철도청에는 안전문제가 중요해서 '철도안전관'이라는 국장급 보직이 있었다. 내가 청장에 부임한 지 1년 남짓한 시점에는 윤주수 국장이 그 보직을 맡고 있었다. 내가 윤 국장에게 "내년부터는 철도사고가 반으로 줄어들 것"이라고 장담을 했더니, 윤 국장은 몇십 년 동안 철도사고가 줄어든 적이 없다며 믿으려 하지 않았다. 1년 뒤, 정말로 60퍼센트 수준으로 사고가 줄었다. 철도안전 사고는 하기에 따라 줄일 수 있다는 뜻이다. 물론 안전문제로부터 백 퍼센트 자유로울 수는 없지만, 꼭 필요한 예산을 투입하여 시설을 개선하고, 직원들의 안전의식 교육을 강화하는 등의 노력으로 안전사고의 대부분은 줄일 수 있다는 것을 결과로서 보여 줬다.

나는 1년 7개월 정도 철도청장으로 있었다. 철도청장 재임 연수가 보통 1년 남짓이니 비교적 장수한 편이다. 예외적으로 최기덕 청장(해사 6기로 해병대 중장 예편, 1983년 제13대 청장)이 6년이란 최장

1995년 8월 25일 충북선 열차사고 현장 시찰.

수 재임 기록을 세웠지만, 1년 미만인 청장도 많았다. 그만큼 철
도청은 사고가 많았고, 큰 사고 때마다 철도청장이 물러나는 일
이 반복되었다.

　나의 재임 기간중에도 물론 크고 작은 사고가 있었다. 가장 큰
것은 1995년 8월 25일 새벽 충북선 증평역과 도안역 사이에 있는
청안천에서 발생한 사고였다. 여객을 많이 태운 열차가 교량을
거의 다 건너갈 무렵 교량이 무너져 열차가 아래 강으로 추락한
것이다. 만약 그때 교량이 기차가 건너기 시작할 때 무너져 기차
의 머리부터 떨어졌다면 잠자고 있던 여객 대부분이 사상을 당했
을 것이다. 다행히 열차가 거의 다 건넌 후 교량이 무너지고 열차
꼬리가 떨어진 덕에 승객은 모두 무사했고, 홍익회(열차 안에서 물건
을 파는 단체) 직원 하나가 근무중으로 서 있던 바람에 순직했다. 만

일 승객 사상자가 나왔다면 나의 공직 인생도 그때 끝날 뻔했다.

김진선 차량국장 등을 대동하고 현장에 달려가서 사고 수습을 독려했다. 그러나 솔직히 청장이 할 수 있는 일은 하나도 없었다. 이런 대형사고가 나면 매뉴얼에 따라 관할 지방청장이 현장의 수습 책임자가 된다. 내가 현장에 도착했을 때는 이광언 대전지방청장의 지휘로 시설, 토목, 보선, 차량, 전기 등 각 파트에서 차출된 수습 및 복구 요원들이 군복에 준하는 작업복, 작업모, 작업화 차림으로 일사불란하게 작업중이었다. 내가 할 수 있는 일이라고는 현장을 한번 둘러보고 수고하는 직원들에게 "수고합니다, 잘해 주세요"라고 격려하는 게 전부였다. 그리고 빨리 현장을 떠나야 한다. 청장이 오래 머물면 청장 시중드느라고 작업이 지연되기 때문이다. 이렇게 사고 수습은 시스템으로 하는 것이다. 책임자는 이 시스템을 만들고 발전시키는 일을 하는 사람이다.

최근 『월간조선』 2018년 6월호 인터뷰에서, 박근혜 전 대통령의 세월호 관련 책임에 대한 질문을 받았다. 나는 이때의 경험과 느낀 점을 인용했다.

"대통령이 현장에 조금 빨리 가지 않은 것이 무슨 문제의 본질이며 핵심인가? 대통령이 현장에서 도대체 무엇을 할 수 있다는 말인가? 이런 사고는 시스템적으로 미연에 방지하는 게 최선이다. 하지만 도리 없이 사고가 났다면 이 역시 시스템적으로 수습돼야 한다."

시스템에 무슨 큰 문제가 있었기에 구조에 실패했는지를 따지고 앞으로의 개선책을 찾는 것이 문명국가의 정치지도자와 공무원, 나아가 국민 전체의 할 일 아닌가. 깊이 반성해야 할 부분이다.

(3) 고속철과 일반철의 인터페이스

세 번째로 역점을 둔 일은 '고속철도 운영 준비와, 고속철과 일반철도의 연계에 대한 구상'이었다.

철도 전반은 철도청이 관할하지만, 고속철의 사업 규모가 너무 커서 철도청의 시설 파트가 맡기에는 무리가 있다는 판단에서 별개 조직으로 한국고속철도건설공단이 1992년 3월 9일 설립되어 경부고속철을 건설하고 있었다. 그러나 고속철의 건설은 공단에서 하되, 완공 후 운영은 철도청에 넘겨 하도록 하는 큰 원칙이 서 있었다. 그런데 철도청에서는 완공 후 과연 철도청에 운영이 넘어올 것인지에 대한 의구심이 컸다. 고속철 건설 관계자들 중에 완공 후 건설공단을 운영 주체로 전환하여 직접 운영해야 된다는 생각을 가진 사람이 많았기 때문이다.

이렇게 고속철은 철도청과 전연 별개의 조직에 의해 건설되다 보니, 선로 구축 역시 기존 재래선과의 연계에 대한 구상이 전혀 없이 완전히 별개로 진행되고 역사(驛舍)도 일반 철도와는 관계없이 고속철만을 위한 역사를 만든다는 계획이었다. 내가 철도 전문가는 아니지만, 무언가 잘못되고 있다는 생각이 들지 않을 수 없었다. 과연 고속철과 일반철도가 전연 별개로 건설, 운영되는 것이 맞는가? 예컨대 대전까지 재래철도는 기존 선로와 역을 통해 가고, 고속철은 따로 떨어진 곳에 별도의 선로와 역을 가지고 전혀 다른 시스템으로 운영되는데, 두 시스템 사이에 아무런 연계가 없다는 것이 과연 합리적인지 심각한 의문을 갖게 되었다.

그러던 차에 우리나라에 테제베(TGV) 시스템을 제공하는 프랑스 국철 SNCF(Société Nationale des Chemins de fer Français)를 비롯한 각국의 고속철 관련 운영 기관에 출장을 갈 기회가 있었다. SNCF에서 고속철도 운영 책임자, 전문가 들과 토론을 하면서 "우리나라는 기존의 재래철과 전연 별개로 고속철을 건설하고 있다. 건설이 끝나면 운영도 별개로 하게 된다. 이런 방향이 타당한 것이냐"고 물었다. 그들은 깜짝 놀랐다. "있을 수 없는 일이다. 고속철은 반드시 일반철도와 서로 연계해서 운영해야 한다"고 못을 박았다. 고속철로 가다가 일반철로로 들어오고, 일반철로에서 고속철로 나가고, 필요하면 역사도 같이 운영해 환승을 쉽게 해야 고속철의 효과를 고속철이 없는 지역까지 확산할 수 있다는 것이다. 그 설명에 내가 갖고 있던 모든 의문이 풀렸다.

이런 경험을 바탕으로 고속철과 일반철도의 인터페이스(연계와 접속)를 주장하기 시작했다. 그 뒤로 고속철의 건설과 운영, 개통 일정에 많은 변화가 오게 되었다. 예컨대 고속철 건설 계획이 계속 늦어지다 보니까 우선 대전까지 건설한 상황에서 운영 문제를 생각하지 않을 수 없었다. 대전까지 고속철로 간 승객이 다 내려서 일반철로 갈아탄다는 것은 있을 수 없는 일이었다. 그래서 대전까지는 전용 고속철로로 가고, 대전부터는 그 열차에 그대로 탄 채 보완된 일반철로를 이용하여 대구, 부산까지 가는 것으로 했다. 역사 건설 계획도 고속철과 재래철 승객을 모두 수용하는,

근본적으로 구조를 바꾸는 방향으로 수정해 나갔다.

경부고속철 건설은 지연을 거듭하며 대전, 대구까지로 순차적으로 개통했다. 재래선과의 연계를 통해 제한된 범위 내에서나마 고속철의 효과를 낼 수 있었다. 지금 우리가 이용하는 고속철은 그런 개선의 결과물이다. 고속철 운영 주체도 우여곡절 끝에 당초 계획대로 철도청이 되면서, 고속철과 재래선의 인터페이스는 그런대로 최선의 형태로 이루어졌다. 만약 처음부터 이런 생각을 가지고 전국 단위의 계획을 수립했다면 경부선 하나만으로도 고속철 효과를 거의 전국으로 확산하는 것이 가능했을 것이다. 고속철을 빠르게 건설한다는 목표에 집착하다 보니 건설 이후 운영의 문제를 제대로 못 짚은 것이다. 그래도 그 정도라도 할 수 있었던 것을 천만다행으로 생각한다.

(4) 국유철도운영 특례법 입법

네 번째로 역점을 둔 것은 '국유철도의 운영에 관한 특례법'(1995. 12. 6 제정, 1996. 1. 1 시행) 제정이다.

나는 1994년 8월 20일에 철도청장이 되었는데 정부는 1996년 1월 1일부터 철도청을 공사로 전환하겠다는 정책을 이미 세워 놓고 있었다. 이를 위해 '한국철도공사법'(1989. 12. 30 제정, 1996. 1. 1 폐지)이 이미 마련되어 있었다. 그런데 노조를 비롯한 많은 철도청 직원들은 과연 이 상태에서 철도를 공사화하는 것이 무슨 의미가 있느냐고 반발하는 분위기였다.

당시 철도경영은 매우 어려웠다. 적자 폭도 매년 커져만 갔다. 새로운 선로의 건설 재원도 정부가 충분히 제공하지 않았다. 표를 판 수입 중에서 건설 재원까지 마련하고, 부족하면 모두 철도경영의 적자로 계산되고 정부의 배려에 의해 적자의 일부가 보전되는 예산 구조를 가진 형편이었다. 세계 어디에도 기차표 팔아서 운영하고 남는 돈으로 철도 건설하는 나라는 없다. 그런데 직원들은 공사가 된다고 해서 이런 불합리한 예산 구조가 달라진다고 보지 않았다. 봉급은 좀 올라가겠지만 신분보장은 오히려 더 약해지는 등, 경영의 본질적 개선이라는 측면에서는 좋아질 것이 별로 없다는 생각이었다.

사실 공사화를 추진해야 하는 나도 부분적으로 그런 의문을 가지고 있었다. 그러나 책임을 맡고 있는 사람으로서 입밖으로 내놓을 수는 없는 일이었다.

정부에서도 철도의 공사화가 가져올 문제를 인식하기 시작했다. 정부의 문제 인식은 철도가 생각하는 경영적인 측면이 아니고 주로 노조 문제에서 비롯되었다. 철도청은 정부기관이지만 국영기업이기 때문에 노조가 있었다. 철도노조는 역사와 전통을 자랑하는 막강한 노조였다. 3만 8천 명 직원 중 3만 2천 명이 노조원일 정도로 거대한 조직이었다. 철도노조 위원장을 지내면 비례대표로 국회의원 자리도 얻을 수 있는 그런 노조였다.

1995년에 들어서면서 정부는 과격한 노조 활동에 골머리를 앓고 있었다. 철도노조는 정부기관의 노조이기에 단체교섭권만 인정되고 단체행동권은 인정되지 않았다. 그러나 공사화가 되면 단체행동권도 갖게 되어 파업도 가능했다. 또 하나의 거대 노조가 극단적 노조 활동을 할 수 있는 상황이 추가되는 것이었다. 따라서 철도 공사화를 재검토해야 한다는 논의가 정부의 일각, 특히 안보와 사회질서를 다루는 안기부, 검찰, 경찰 등에서 제기되어 청와대의 안보, 치안 파트에까지 전달되고 있었다. 내가 청장을 한 지 1년여 되던 1995년 8월경에는 이 문제가 본격적으로 논의되기 시작했다. 논의는 정부 내 안보, 치안 부서와 교통부, 철도청을 넘어 재정경제원 수준까지 확산되고 나아가 당, 국회 등 정치권으로도 확산됐다.

나는 이 상황이 철도청에 나쁘지만은 않다고 보았다. 오히려 철도경영을 획기적으로 개선할 수 있는 좋은 기회라고 생각했다. 나는 철도 공사화를 성공적으로 완수하라는 대통령의 특명을 받고 철도청장이 된 사람이었다. 만약 어떤 이유로 공사화를 하지 않겠다면 공사화를 하는 것보다 훨씬 더 효율적인 경영을 할 수 있도록 경영 환경의 틀을 바꾸어 주어야 한다고 생각했다. 그렇지 않다면 내가 철도청장 자리에 앉아 있을 이유가 없다고 판단했다. 사표를 낼 각오를 하고, 이런 생각을 외부로 나타내기 시작했다. 청와대 비서실과 건설교통부를 비롯한 관련 정부 부서에서는 나의 이런 주장과 행동에 신경이 많이 쓰이는 눈치였다.

관계기관 간에 여러 차례 관련 회의를 했다. 마침내 9월 4일, 이 문제를 최종적으로 논의, 확정하기 위한 '철도 공사화에 대한 정부의 최종방침 결정 및 철도경영개선 지원대책에 관한 당정협의'가 청와대 서별관에서 열렸다. 철도문제 논의를 위해 대한민국의 모든 최고 정책결정권자가 다 모였다. 전례가 없는 일이었다. 청와대에서는 비서실장(회의 주관), 경제수석과 민정수석이 참석했다. 여당인 민정당에서는 정책위의장과 교통문제를 담당하는 정책조정위원장이, 정부에서는 부총리와 내무부 장관, 건설교통부 장관, 법무부 차관, 안기부 차장, 그리고 철도청장인 내가 참석했다.

회의의 결론은 공사화의 중단이었다. 그래서 내가, 정부의 그런 판단에 대비해 철도경영 개선에 대한 종합안을 준비했으니 그 보고를 듣고 승인해 줄 것을 요청했다. 이를 받아 주지 않으면 철도청장을 계속 할 수 없다고 덧붙였다. 그리고 준비된 국유철도 경영 개선에 관한 모든 내용을 보고했다.

보고에는 다양한 내용이 들어 있다. 먼저 철도가 경영 개선을 위해 스스로 뼈를 깎는 노력을 하겠다는 것부터 언급했다. 그리고 철도의 건설과 운영을 분리하여 정부는 건설에 대한 책임을 지고 모든 건설 재원을 마련해 주고, 운영은 철도청장이 책임을 지는, 즉 개념상 철도의 상·하 분리를 기본 방향으로 제안했다. 철도가 공기업이지만 청장이 기업 마인드로 경영할 수 있도록 최대한 자율성을 주어 과 단위 이하의 조직은 별도 증원이 없는 한 청장이 유연하게 운용할 수 있도록 하고, 이에 상응하는 인사권도 청장에게 대폭 위임하는 내용도 있었다. 더하여,

1) 예산 운용에서 상당한 신축성을 청장에게 부여,
2) 경영상 필요가 아닌 공공 목적을 위한 철도의 운영비(PSO)는 지방자치단체 등 수혜 기관이 분담,

3) 계절별, 요일별, 시간대별로 다른 요금제도 확립,

4) 재정경제원 공공요금위원회 심사가 아닌 주무장관의 인가만
   받도록 하는 공공요금 조정 제도의 개편,

5) 철도의 장기적 발전을 위해 철도청 산하에 국책연구소로 철도
   기술연구원을 설립

등이 보고에 포함되었다. 철도경영을 합리적, 효율적, 신축적으
로 할 수 있는 모든 제도적 장치를 다 망라했다. 이 모든 것은 철
도경영의 합리화와 효율화를 위해 반드시 필요했다. 철도의 백년
묵은 숙제였다. 하지만 당시로서는 실현이 되리라고 아무도 상상
하지 못한 파격적 내용이었다.

나의 보고와 주장에 대해 참석자 대부분이 공감했다. 노조 문제
때문에 철도 공사화 방침의 철회에 집착하는 안보, 치안 파트를
의식한 탓인지, 회의를 주관한 비서실장은 이 모든 것을 나의 보
고 원안대로 수용하기로 결론을 내렸다. 그래서 한국철도공사법
폐지에 따른 대체입법으로 '국유철도의 경영개선을 위한 특별조
치법'을 제정하기로 결정했다. 대신 철도청장은 더 이상 철도 공
사화 추진 중단에 대해 이의를 제기하지 말라는 조건을 달았다.

이런 결론을 받아 가지고 청으로 돌아오니, 미리 결과를 들은
직원들이 나를 보고 모두 만세를 불렀다. 철도가 지난 백년 동안
가져 왔던 거의 모든 개선 과제가 한꺼번에 해결될 것이라는 희
망이 넘쳐나는 분위기였다.

그 뒤 많은 절차와 과정을 거쳤다. 그해(1995) 11월 16일 '국유철

도의 운영에 관한 특례법'(법률 제5027호, 원래 내가 보고한 내용과는 법의 이름만 조금 달라졌다)이 국회에서 의결, 12월 6일 공포되었다. 1996년 1월 1일부터 시행된 이 법으로 한국 철도를 장기적 관점에서, 구조적으로 개선하려던 나의 의지는 거의 백 퍼센트 실현되었다.

내가 한 이 일은 물가정책국장 시절 소비자보호 체계를 정비한 것에 버금갈 정도로 의미 있고 보람 있는 일이었다. 철도가 오늘날 이 정도 발전할 수 있었던 데는 고속철 등 시설의 발전을 빼놓을 수 없다. 그러나 이때 철도의 경영 시스템을 근본적으로 바꾸지 않았다면 지금의 발전은 불가능했을 것이다. 철도청이라는 공기업을 경영적 관점에서 볼 수 있는 기반이 마련되었고, 이를 뒷받침하는 특례법이 만들어졌기 때문에 한국 철도의 중흥이 이뤄진 것이다. 당시까지 철도 역사 100년에 철도의 발전을 위해 이보다 더 큰 일은 없었다고 자부한다. 나중 강봉균 정보통신부 장관은 이를 모델로 우정사업본부를 설립했다.

뒤안길 **철도 공사화, 꼭 해야 했나**

철도 지원을 위한 청와대 서별관 회의에서 모든 것이 결정되고 난 다음날 나는 재정경제원으로 이석채 차관(후에 정보통신부 장관, 청와대 경제수석, KT 회장)을 찾아갔다. 다짜고짜 "돈 내놓으라"고 하자 이 차관은 무슨 영문인지 몰라서 당황스러워 했다. 그 전날의 회의 결과를 이야기해 주었더니 이 차관은 믿기 어려워했다.

"경제수석한테 물어보세요."

이 차관은 그 자리에서 바로 한이헌 수석에게 전화를 걸어 물었다. 한 수석은 아마 "그 고집쟁이 김인호 선배가 해 달라는 대로 다 해 주라"고 대답하는 듯했다. 이 차관은 어처구니없어 하면서도, 회의 결론에 따라 철도청이 적절하게 예산을 요청하면 충분히 지원하겠다는 약속을 해 주었다. 철도 건설에 대해 정부가 재정적 책임을 지는 원칙, 철도안전 예산의 획기적 증대 등이 다 그때 이뤄졌고 오늘의 발전된 한국철도를 가능하게 하는 기초가 되었다.

철도의 공사화는 그 후 2003년 '한국철도공사법'을 다시 제정하고 2005년 1월 한국철도공사(코레일)가 창설됨으로써 결국 이뤄졌다. 하지만 나는 1995년 제정한 특례법이 제대로 작동하는 한 굳이 공사화할 필요가 있었는지 의문을 가지고 있다. 다른 정부기업의 경우에도 해당될 수 있지만, 조건이 성숙되어 완전한 민영화로 간다면 모를까, 어중간한 공사화는 국영기업과 민간기업의 단점과 문제점만 조합한 최악의 경영구조가 될 수 있다는 것이 나의 생각이다.

또 당시 내가 생각한 철도의 상·하 분리는 개념상, 재정상 책임의 문제지 경영은 모두 철도청장이 책임지고 하는 것이었다. 철도시설 관리도 정부의 위임을 받아 철도청장이 수행하도록 했다.

그런데 코레일과 별도로 '한국철도시설공단'을 설립해 조직으로
도 철도를 상·하로 분리한 것은 나의 당초 의도와는 다른 것이며
철도의 특성, 즉 시설과 경영의 긴밀한 연계성을 감안할 때 잘못
된 선택이었다는 것이 나의 생각이다.

(5) 철도기술연구원, 철도전문대

다섯 번째로, '한국철도기술연구원' 설립이다.

내가 철도청장으로 갔을 때도 이미 한국철도산업기술연구원
(1994년 5월 창립)이라는 이름으로 주식회사 형태의 자그마한 기관이
경기 의왕시 부곡동의 철도교육단지 안에 철도전문대학과 철도공
무원교육원과 함께 있었다. 그러나 한심할 정도로 조악한 수준의
규모와 시설을 가진 연구원이어서 제대로 된 연구가 이루어질 수
있는 상태가 아니었다. 상공부 출신으로 노태우 대통령 정부에서
나와 같이 교통부 차관을 하고 물러난 장상현 씨가 원장이었다.

일본의 JR(Japan Railway)을 둘러보기 위한 출장 때, JR그룹 산하의
공익재단법인 철도총합기술연구소(Railway Technical Research Institute,
1986년 설립)를 방문한 적이 있었다. 시설 등을 둘러보고 연구소 책
임자와 연구진과 토론을 하면서 큰 충격을 받았다. 엄청난 수준
에 이른 일본 철도 발전의 밑바탕에는 이러한 연구소가 있다는
것을 알 수 있었다. 일본은 그때 이미 재래선, 고속철에 대해서는

완벽한 수준의 건설과 운영 노하우를 가지고 있었다. 당시 이 총합연구소의 주 연구과제는 이를 뛰어넘는 미래 교통수단인 자기부상열차에 대한 연구였다.

이에 반해 우리 철도산업기술연구원의 수준은 한심하기 짝이 없었다. 그래서 앞의 특례법을 제정할 때 별도의 장으로 한국철도기술연구원(Korea Railroad Research Institute, 1996년 3월 설립)을 설립하도록 한 것이다. 기존 주식회사 형태의 연구소가 이 신설 국책연구소에 모든 자산을 기부하는 형태로 했다. 현재 의왕에 있는 엄청난 규모의 이 연구소에서 고속철을 포함한 다양한 철도기술 연구가 이뤄지고 있다. 초대 원장으로 이미 대덕연구단지의 대표적인 대형 연구소의 하나인 한국전기연구소장을 역임한 안우희 씨를 영입하여 연구원의 초기 설립 과정을 다져 나갔다.

여섯 번째는 철도 전문인력 양성의 산실인 '철도전문대학'의 확충이었다.

조직은 결국 사람이 운용하는 것이기에 인재 양성이 제일 중요하다. 과거에는 철도고등학교에 집안은 가난하지만 머리가 좋은 학생들이 들어왔다. 세월이 흘러 철도고가 철도전문대학으로 바뀌었지만 학교로서 위상이 더 발전하지 못하고 정체되어 있었다. 이 철도전문대의 수준을 완전히 한 단계 끌어올려야겠다는 생각을 했다.

이를 위해 과학기술처 차관을 지내고 쉬고 있던 최영환 씨(후에 세종대 부총장, 한국과학문화재단 이사장)를 만났다. 내가 기획원 차관보를 할 때 이분이 과기처 차관으로 있었기에 굉장히 아이디어가 많고 적극적으로 일을 하는 분이라는 걸 잘 알고 있었다.

"제가 철도전문대학을 획기적으로 발전시키고자 하는데, 차관까지 하셨지만 학장을 한번 맡아 보실 생각은 없으십니까?"

전에는 학장을 대부분 철도청의 국장이 옷을 벗으면서 맡았다. 철도청의 국장이라면 대체로 유능한 사람들인 건 맞지만, 대학을 경영하는 건 전연 다른 일이다. 나의 제안에 최영환 씨도 좋다고 해서 학장으로 영입했다.

당시 철도전문대학의 수준을 높이기 위해 가장 시급한 것은 전산 시스템의 확충과 현대화였다. 몇십억의 예산이 들어가는 사업이라 당장 추진할 방법이 없었다. 그런데 한번은 모 기업의 대표가 나를 찾아와, 철도청 소관의 어떤 입법을 내가 추진하고 성사시켜서 그 입법의 결과 자기 회사가 결과적으로 상당한 혜택을 보게 되었다며 인사를 하러 왔다. 어떤 법을 제정 또는 개정하면 입법자의 의도와 무관하게 그 입법으로 반사이익이나 손해를 보는 기업이 생기는 경우가 많은데, 반사이익을 누린 경우였다. 그는 내가 판공비를 다 써 가며 당시 입법을 추진한 것을 잘 알고 있다며, 판공비를 보충할 돈을 좀 드리겠다고 제안했다. 나는 성의는 고맙다면서도 거절하고, "만일 그런 생각이 있으시다면, 꼭 필요한 철도시설을 내가 지정할 테니 그곳에 공식적으로 기부를 좀 해 달라"고 요청했다. 그 기업인은 내 요청을 거절하기 어려웠을 것이다. 그는 결국 철도전문대학에 당시로서는 매우 큰 금액인 30억 원을 기부했고, 그 돈으로 철도전문대학의 전산화라는 큰일을 할 수 있었다.

3. 전국 순시, 해외출장 기타

(1) 전국 모든 역, 시설 순시

철도청장으로서 전국의 역을 비롯한 모든 시설을 거의 빠짐없이
다 순시한 일은 기억에 남고 보람 있는 일이었다.

철도청장에게는 업무를 위한 전용 동차가 있다. 나는 시간만
되면 이 동차를 타고 전국 각지의 모든 기차선로, 역, 사무소를 다

영주지방청 관내 순시중 우리나라에서 제일 높은 곳에 위치한 추전역에서(1994. 10.
14).

순시했다. 책상에서 일한 경험이 대부분인 나에게는 유익한 경험이었고 좋은 추억이다.

순시를 마치고 돌아올 때는 현지의 특색 있는 술과 안주를 준비해서 동차 안에서 수행한 간부들과 나누면서 거나해진 적도 적지 않았다. 지금도 잊을 수 없는 따뜻한 분위기였다. 이때 대부분의 일정에서 나를 수행한 손병훈 운수국장은 이미 고인이 됐다.

(2) 유럽·일본 출장

프랑스·이탈리아·스웨덴 방문

철도청장 시절 의미 있는 해외출장을 몇 번 다녀왔다.

첫 해외출장은 1994년 12월 프랑스, 이탈리아, 스웨덴 3국을 방문한 것이었다.

프랑스를 방문한 가장 큰 이유는 고속철과 재래선의 인터페이스를 어떻게 구축하면 고속철 효과를 최대한으로 확산하면서 운영할 수 있을지, 그 노하우 등을 듣기 위해서였다. 우선 프랑스 국철 SNCF 총재와 경영진과의 간담회, 설명회, 만찬 토의 등을 통해 나의 최대의 관심사에 대한 충분한 설명을 듣고 내 생각을 정리할 수 있었다. 또 SNCF의 자회사이며 철도 분야의 세계적인 컨설팅 업체인 SYSTRA를 방문해 경영자의 설명을 통해 프랑스의 세계 최고의 고속철 운영 노하우를 접할 수 있었다. 파리~릴 간 북부선 TGV를 타 보고, 릴의 기관사훈련센터에서 달리는 열차의 운전대를 손수 잡고 시승도 하는 등 좋은 경험을 했다.

프랑스 국철 SNCF 총재 방문(1994. 12. 12).

이탈리아 국철 ETR 460 기관차 시승(1994. 12. 17).

스웨덴 국철 총재의 브리핑(1994. 12. 19).

다음 방문한 이탈리아에는 고속철은 아니지만 시속 200킬로미터 정도로 빠른 ETR 460 철도가 있었다. 우리도 앞으로는 고속철에 준하는 속도로 재래선을 운행하는 열차의 도입을 검토할 필요가 있었기에, 이탈리아 국철 총재를 방문해 이탈리아 철도 운영 전반에 관한 설명을 듣고, 로마에서 피렌체까지 이 열차를 직접 타고 가며 운영 실태를 경험해 보았다.

마지막 방문국 스웨덴은 산악지대가 많아 평야지대에 적합한 고속철을 놓기는 어렵다. 대신에 굴곡이 많은 산악지대 선로를 빠르게 달릴 수 있는 '틸팅(tilting)' 기술(곡선선로로 인해 고속운행이 불가능한 지역에 투입하는 곡선선로용 기술)이 발전되어 있었다. 틸팅열차가 어떻게 작동하고 활용되는지, 스톡홀름에서 예테보리까지 타고 가면서 운전대도 잡아 보는 시승을 했다. 스톡홀름에서는 교통체신부 장관을 예방했다. 스웨덴 국철 총재는 우리 일행에게 직접 스웨덴의 철도 운영 현황을 브리핑해 주고 만찬도 주최하는 등 환대했다.

일본 JR 방문

유럽 3국을 다녀온 이듬해 1995년 4월에는 일본의 JR 각사를 방문했다.

일본은 하나이던 국유철도회사를 지역별로 6개의 여객중심 철도기업으로 나누고, 화물을 전담하는 회사 1개를 더하여 7개 회사로 분리했다. 그중 우리 철도청과 자매결연한 규슈(九州)철도와, 도쿄 지역을 커버하는 동일본철도, 그리고 화물을 전담하는 일본

규슈 고쿠라정비창에서 미니증기기관차 시승(1995. 4. 27).

화물철도주식회사를 방문해 일본 철도의 현황을 살펴볼 기회가
있었다.

회사들을 방문하기 앞서 일본 운수성의 사무차관을 찾아가 교
통정책 전반, 특히 철도정책에 관해 폭넓은 설명을 듣고 토론하
는 기회를 가졌다. 여기에 더해 평소 깊은 관심을 가지고 있던 철
도총합연구소를 방문한 것은 앞에 적은 바 있다.

일본에는 오래전 과장 때 대통령특사반에서 최광수 장관을 같
이 수행한 김태지 당시 아주국장이 대사로 와 있어, 도쿄의 대사
관을 예방하여 반갑게 만났다. 친분이 두터웠던 경제기획원 출신
의 김주일 공사(後에 요코하마 총영사, 외교통상부 본부대사), 김병일 참사
관(後에 공정거래위원회 사무처장, 부위원장)과도 오랜만에 만났다. 다음날
에는 김 대사, 김 공사와 함께 골프를 쳤다. 공직자 골프 금지령이

서슬이 퍼렇던 YS 시절 유일하게 친 골프였다.

JR규슈는 오랜 기간 동안 철도청과 자매결연을 맺고 있어 일년에 한 번씩 기관장이 상호 방문하는 것이 관례였다. 내 차례로 JR규슈를 방문해서 이시이 요시타카(石井幸孝) 사장(1987~97 재임)의 극진한 환대를 받았다. 이시이 사장은 당시(1995) 벌써 10년 가까이 재임중이라, "나는 그대로인데 한국 철도청장은 매년 바뀌어 항상 새 사람과 만나게 된다"고 했다.

그해 10월에는 이시이 사장을 한국에 공식 초청했다. 우리는 영주지방청 관할 지역을 둘러본 후 설악산 등반도 했다. 속초 해변에서 생선회로 만찬을 갖고 밤늦게 노래방까지 가는 등 즐거운 시간을 가졌다. 다음해 그는 또 '새 사람'을 만났을 것이다.

가장 기억에 남는 해외출장은 1995년 11월 JR도카이(東海) 공식 초청 방문이었다. 일본 JR 중에서도 황금 노선인 오사카~도쿄 간 고속철을 운영하는 JR도카이는 당시 초대 사장 스다 히로시(須田 寬, 1987~95 재임)가 회장으로 물러나고, 일본 기준으로는 매우 젊은 가사이 요시유키(葛西敬之) 사장(1995~2004 재임)이 취임한 직후였다. 그는 도쿄대 법학부를 나와 미국 위스콘신대(University of Wisconsin-Madison)에서 경제학 석사를 취득한 인텔리였다. 나이는 나와 비슷한 1940년생이었다. 일본에서 거대한 철도회사의 CEO를 50대 중반 나이에 하는 경우는 드물던 때다.

가사이 사장은 우리 부부를 3일간 일정으로 공식 초청했다. 나는 30여 년의 공무원 생활중 공무로 무수히 많은 출장을 다녔지만 부부 동반으로 출장을 간 것은 그때가 처음이자 마지막이었

나고야를 떠나며 새로 개발되어 시험중인 신칸센 열차 앞에서 JR도카이 스다 회장, 김주일 공사, 가사이 사장 등의 환송을 받고 있다(1995. 11. 7). 맨 오른쪽이 필자.

다. 아주 우아한 초청이었고, 아내도 공무원 아내로서 고생만 하다가 모처럼 남편 덕에 큰 환대를 받았다.

JR도카이 방문에서는 당시 개발을 완료하고 시험에 들어간 시속 약 300킬로미터의 고속철 신칸센(新幹線)을 타 볼 기회가 있었다. 그 밖에 일본의 다양한 철도시설을 둘러보고 나고야, 오사카 주변의 유명한 사찰과 고적도 볼 수 있었다. 교토의 기요미즈데라(淸水寺), 킨카쿠지(金閣寺) 등 유명한 절에 가서는 주지스님으로부터 직접 유래 등에 대한 설명도 듣고 차도 마시면서 이야기를 나누는 드문 기회도 마련되어 있었다. 가사이 사장 부부는 거의 모든 일정을 우리 부부와 함께하며 극진히 대접했다. 주일 대사관의 김주일 공사와 김병일 참사관도 나와 거의 전 일정을 함께했다.

나는 그 뒤 공정거래위원장이 되어 김 참사관을 정책국장으로 불러 왔다.

너무 훌륭한 환대를 받았기에 가사이 사장에게 다음에는 내가 초청을 하겠다고 약속했다. 그런데 돌아와서 얼마 안 돼 공정거래위원장으로 자리를 옮기게 되어 결국 약속을 지키지 못하고 말았다. 그러다 20여 년이 지난 후 내가 무역협회 회장을 할 때, 일본과의 관계 개선과 협력 증진 등을 위해 일본 정·재계에서 매우 영향력이 있는 가사이 사장을 초청하려 했다. 그사이 그는 JR도카이의 회장(2014~18)을 지내고 2018년 4월부터 명예회장에 취임해 있었다. 늦었지만 그때의 약속도 지키고 일본과 경제 교류 확대의 기회로 삼고자 한 것인데, 무슨 이유에서인지 가사이 회장이 초청을 사양해 여러 가지로 아쉬웠다.

뒤안길　철도단지에서 '열린음악회'를

철도청장 시절 부곡의 철도교육단지에서 KBS '열린음악회'를 주관한 것은 잊지 못할 즐거운 추억이다. 1995년 9월 20일, 제96주년 철도의 날 기념이었다.

좋은 계절에는 야외에서 하기도 하던 열린음악회는 당시 규모나 출연자들의 면면이 대단한 아주 인기 있는 프로그램이었다. 나는 침체돼 있는 철도청의 조직과 직원들의 사기를 높이는 데 열린음

1995년 9월 20일 부곡 철도교육단지에서 개최된 KBS 열린음악회에서 '사랑해 당신을'을 함께 부르는 필자 부부. 뒤에서 사회자 장은영 씨가 손뼉을 치고 있다.

악회가 가장 적합하겠다 판단해 간부들과 상의했더니, 비용도 비용이지만 엄두가 안 난다는 것이었다. 당시 철도청 정도의 이름값으로, 더구나 야외 개최를 따는 것은 거의 불가능하다고 미리 체념하는 것이었다.

나는 KBS의 홍두표 사장에게 전화를 걸어, 가능한 한 이른 시일 안에 철도청에 기회를 달라고 떼를 썼다. 고려대 언론대학원 4기 동기인 홍 사장은 정부에도 있었고 화통한 성격이라 나의 이 무리한 청을 흔쾌히 들어주었다. 곧바로 개최 준비에 들어가, 마침 계절도 좋은 철도의 날을 D데이로 잡았다.

열린음악회를 계기로 우리 가요나 가곡 중에서 철도를 주제로 하거나 철도와 관련된 노래들을 찾아 정리하는 일도 했다. 무려 백여 개나 되는 곡들이 수집되었다. 우리가 잘 아는 노래 중에 철도와 관련된 것들이 아주 많았다.

열린음악회 철도청 편은 아마 그때까지 다른 어느 회보다 사람도 많이 모였고, 제복 차림의 수많은 남녀 철도 직원들이 멋있고 화려한 장면을 연출해 어떤 야외음악회보다 가장 훌륭했다는 KBS 측의 평가를 들었다. 당초 청장이 한 곡 부르는 순서를 넣자는 제의가 온 것을 한사코 사양했는데, 당일 사회를 맡은 장은영 씨가 진행 도중에 느닷없이 청장을 지목하며 노래를 청하는 바람에 반주도 없이 '사랑해 당신을'을 부르느라 진땀을 뺐다. 보다 못한 아내가 가세하여 2중창이 되었다.

철도 홍보와 위상 제고, 직원들의 사기 앙양 등 크게 효과를 본 성공적인 행사였다.

(3) 고려대 언론대학원 최고경영자과정 수료

고려대학교 언론대학원 최고경영자과정에는 소보자보호원장이 끝날 무렵 제4기로 등록했다. 입학할 때는 소보원장으로서 시간적 여유가 좀 있었기에 과정에 다니는 것이 어렵지 않을 것으로 생각했는데, 등록하자마자 낮밤이 없는 철도청장으로 임명되는 바람에 과정을 계속할 것인지 고민했다. 일주일에 두 번 수업을

고려대 언론대학원 최고경영자과정 수료식에서 고등학교 동기인 박원홍 의원 내외와 (1995. 1. 21).

하는데, 한 번은 학교, 한 번은 시내 호텔에서 했다. 학교는 거의 가지 못하고 호텔에서 하는 새벽 강의만을 들어 수료 요건인 50퍼센트 출석을 가까스로 채우고 철도청장 시절인 1995년 1월에 수료했다.

김영삼 대통령 집권 기간 동안, 어떤 이유에선지 이 최고경영자과정에는 정부와 국회의 유력 인사들이 많이 등록했다. 기업에서 온 사람들도 다들 면면이 화려했다. 정·관·재계 중요 인사들과 함께 공부하며 교류도 하는 좋은 기회였다. 60여 명 동기생 중 대충 생각나는 사람만 꼽아도 금창태(중앙일보 사장), 김덕룡(국회의원), 김동호(부산국제영화제 위원장), 김두식(한겨레신문 사장), 김원길(코스모스 대표), 박용훈(LG 사장, 작고), 박원홍(국회의원), 신낙균(국회의원), 우경선(신한종합건설 회장), **이심**(대한노인회장), **이재오**(국회의원), **천용택**(국가정보원장), **최재승**(국회의원), **홍두표**(KBS 사장), **황창평**(국가보훈처장, 작고) 등이 있다. 이들과는 지금도 한 달에 한 번 동기회 오찬 모임을 갖고 있다.

(4) 철도청장 최초로 장관급 영전

1996년 3월, 장관급으로 격상된 첫 공정거래위원장으로 임명되며 제19대 철도청장직을 떠났다. 약 1년 7개월 재임한, 비교적 장수한 청장이었다.

철도청장에서 곧바로 장관급 직책으로 승진 이동한 것은 내 개인으로서도 영광이지만, 철도조직으로서도 큰 의미를 갖는 '사건'이었다. 그때까지 약 100년의 철도 역사에서 청장이 장관(급)으로 승진해 나간 것은 내가 처음이었기 때문이었다. 철도청장 출신으로 장관(급)을 지낸 사람으로 나보다 전에 제3대 양택식(서울특별시장), 21대 정종환(국토해양부 장관)이 있었지만, 이분들은 청장에서 바로 승진해서 그 자리로 간 것이 아니었다. 양 시장은 경북지사로 수평이동했다가 서울시장으로 승진했고, 정 장관은 철도청장을 물러나 야인으로 있다가 한국철도시설공단 이사장, 다시 야인 생활을 하다 장관으로 입각했다. 그래서 내가 장관급으로 바로 영전한 것은 철도조직 전체에 의미가 매우 컸고, 내부에서도 철도와 철도청의 위상이 그만큼 올라갔다는 신호로 인식했다. 나의 전례는 아직도 깨지지 않고 있는데, 이제 철도가 공사가 되었으니 앞으로도 이 전례가 깨지기는 더욱 힘들 거라고 생각한다.

08

공정거래위원장

(1996. 3 ~ 1997. 2)

1. '법대로 하는 포도대장'

(1) YS의 깜짝전화

1995년 말부터 정부에서는 공정거래위원회의 기능과 위상을 대폭 강화하고 위원장의 직급도 장관급으로 격상하자는 논의가 진행되고 있었다.

공정거래위원회는 전두환 대통령 시절인 1981년 4월 3일에 처음 설치되었다. 이후 명칭은 그대로 두면서 기관의 성격과 위상은 순차적으로 격상돼 왔다. 처음 설치될 때는 경제기획원 장관 소속의 자문기구였고, 모든 행정행위는 경제기획원 장관 명의로 이뤄졌으며, 초대 위원장도 최창락 경제기획원 차관이 겸직했다. 곧이어 차관급의 전임 위원장을 두는 것으로 바뀌면서 한봉수 씨(후에 상공부 장관)가 첫 전임 위원장이 됐다. 노태우 정부 시절인

1990년 4월 7일 공정위는 경제기획원에서 분리되어 독립기관이 되면서, 합의제 행정관청으로서 기능도 대폭 확대되었으나, 위원장은 여전히 차관급이었다. 1995년 말부터 전개된 공정위 기능과 위상 격상 논의는 위원회의 기능 확대와 더불어 위원장의 직급도 장관급으로 격상하는 것으로 결론 나고 드디어 1996년 초 초대 장관급 위원장 임명을 앞두고 있었다.

공정위는 특히 기업 입장에서 매우 중요한 기관이므로, 이러한 변화에 경제계와 언론의 관심이 쏠릴 것은 당연했다. 무엇보다 초대 장관급 위원장에 누가 될 것인가 초미의 관심사였다. 나도 내심 내가 위원장 적임자라고 생각하고 물망에 오르기를 희망하고 있었으나, 철도청장이 매우 중요한 자리라고는 해도 정부의 정책 우선순위에서는 많이 뒤떨어지기에 과연 거론이 될까에는 스스로 회의적이었다. 친한 기자들도 내가 후보에는 올라 있지만 4순위 정도이니 별로 기대하지 말라고 분위기를 전해 주었다.

1996년 3월 6일인 것으로 기억한다. 철도청장실에 김영삼 대통령의 전화가 걸려 왔다. 대통령이 철도청장에게 직접 전화하는 일은 여간해서 없는 일이기에 깜짝 놀랐다. 전화를 받았더니, 내가 이번에 격상되는 공정거래위원회의 초대 장관급 위원장을 맡게 되었다는 통보였다. 익히 알려진 그분의 인사 스타일대로, "공식적으로 발표할 때까지 절대 보안을 유지하라"고 강조했다.

통화가 끝나고 청장실 문을 열어 보니 비서실에 이미 많은 기자들이 몰려와 있었다. 이미 바깥에는 내용이 일부 알려졌던 모양이었다. 비서실에서도 대통령이 청장에게 직접 전화하는 일이 없었는데 갑자기 전화가 오니 인사 사항이 분명하다고 짐작하고 있던 차에, 기자들까지 몰려오니 상황은 분명해졌다.

1996년 3월 8일, 나는 공무원이면 누구나 소망하는 장관급으로 승진했다. 1967년 1월 1일 사무관으로 공직을 시작한 지 29년 2개월여 만이었다. 행시 4회 동기 중 행정직에서는 나보다 먼저 장관급이 된 사람으로 김양배(농림수산부 장관), 이원종(서울특별시장), 최인기(행정자치부 장관) 세 사람이 있었지만 재경직에서는 내가 처음이었다.

뒤안길　기업 디딤돌이냐 저승사자냐

공정거래위원장 취임 직후, 일부 언론은 내가 공정거래 업무를 한 적이 없기 때문에 우려된다는 식의 논평을 싣기도 했으나 거의 대부분의 언론은 매우 긍정적이고 호의적인 인사평을 썼다. 가장 기억에 남는 것은 3월 14일자 문화일보 기사다.

법대로 하는 사람

"무서운 포도대장이 부임했다."

S그룹 주력 계열사의 한 관청 담당 중역이 지난 7일 김인호 전 철도청장이 신임공정거래위원장으로 내정됐다는 소식을 전해 들

고 한 말이다.

김 위원장을 알고 있는 재계 관계자들은 그를 '대쪽' 또는 'FM'(원칙론자)으로 부른다. 원칙을 절대 굴절시키지 않고 공과 사를 확실하게 구분해 일을 처리하기 때문에 앞으로 대기업 그룹들이 큰 곤욕을 치르는 일이 많을 것으로 보고 있다.

김 위원장의 취임은 공정거래위원회 독점국장이 한솔제지로부터 뇌물을 받은 것이 드러나 사법 처리된 사건과 맞물려 재계를 긴장시키고 있다.

뇌물 파동으로 흐트러진 분위기를 쇄신하기 위해 공정거래위원회 관료들의 손에 'FM채찍'을 쥐여 줄 가능성이 높기 때문이다.

김 위원장은 재계 관계자들의 이 같은 시각을 일축한다.

"기업들이 발전하고 잘되기를 바라며 그렇게 되도록 도와줘야 된다는 게 나의 신념입니다. 기업인들에게 이 말을 꼭 전해주십시오."

그러나 기업인들은 이 말을 액면 그대로 받아들이지 않고 있다.

D그룹의 한 관계자는 "김 위원장은 여러 공직에 재직하며 매사를 엄격하게 처리해 기업들이 감히 허튼 짓을 할 수 없었다"며 "기업들이 발전하고 잘되기를 바란다는 말은 건전하게 성장하도록 원리 원칙대로 법을 적용하겠다는 의미로 해석해야 옳다"고 말했다.

한국소비자보호원의 한 간부는 "지난 93년 4월부터 1년 4개월

여간 소비자보호원장으로 재직하면서 모든 업무를 상당히 합리적이면서 엄격하게 처리해 조직의 기강을 확실하게 잡았었다"며 "기업들이 정도를 벗어난 행위를 했다가는 호된 대가를 지불하게 될 것"이라고 말했다. (유태현 기자)

보통 보도에서 보던 기계적인 평과는 사뭇 달랐다. 다만, 공정거래위원장 재임 기간을 통틀어 내가 진정 관심을 가졌던 것은 기업보다 오히려 정부의 문제였는데, 언론이 이런 점에 주목할 만큼 나의 생각을 잘 알고 있지는 않았다. 어쩌면 당연했다. 이에 대해서는 뒤에 적기로 한다.

(2) 전임자와 함께 이·취임식

전임자인 표세진 위원장은 행정고시는 나보다 늦은 7회지만 학번과 나이는 훨씬 위였다. 개인적으로 서로 존중하면서도 아주 친근한 사이였다. 표 위원장은 특별한 업무상의 잘못이 있어서가 아니라 제도가 바뀌는 바람에 물러나게 되었으니 썩 기분이 좋지는 않았을 테지만, 전연 그런 내색을 하지 않고 나의 취임을 축하해 주었다. 내가 "이·취임식을 동시에 하자"고 제안했더니 표 위원장은 흔쾌히 수락했다.

정부의 장·차관급 인사가 물러나는 경우, 해임 발령이 나면 가능한 한 빨리 사무실을 정리하고 퇴임식을 갖고 자리를 떠나는 것이 우리 정부의 오랜 관행이었다. 이·취임식을 같이 한 전례는 내가 아는 한 그때까지 없었다. 이·취임식뿐 아니라 전·후임자 간에 대면하여 업무 인수인계를 하는 관행도 없었다. 문서로 된 인수인계서에 각각 도장을 찍기는 하지만 거의 형식에 불과했고, 실질적인 인수인계는 후임자가 취임하여 참모들로부터 업무보고를 받는 것으로 이루어지는 것이 관행이었다. 나는 오래전부터 우리 정부의 이런 관행에 문제가 있다고 생각해 왔기에 이·취임식 동시 개최를 제의한 것이다. 거기에 그치지 않고, 반나절 사무실에 같이 앉아 많은 대화를 하면서 실질적인 인수인계도 했다. 그 자리에서 표 위원장은 자신이 위원장을 하면서 생각하고 느낀 것들, 앞으로 내가 했으면 하는 일들 등을 이야기해 주었고 나도 신중하게 경청했다. 3월 8일 오후에 대통령으로부터 임명장을 받을 예정인데 그전 오전 내내 대면 인수인계를 하고, 임명장을 받고 돌아와서는 이·취임식을 함께 가졌다. 정부에 좋은 전통 하나를 세운다는 데 표 위원장과 나는 의기가 투합했다.

나중에 무역협회장으로 취임할 때도 전임 한덕수 회장과 같이 이·취임식을 했다. 이·취임식 전에 여러 번 만나 상당 시간 이야기하면서 실질적인 업무 인수인계도 했다. 이 역시 무역협회에 선례가 없는 일이었다. 나는 이런 것이 바람직한 관행으로 정착하고 더 확대되었으면 하고 생각하지만, 나 이후 그런 예가 다시 있었다는 얘기는 못 들었다.

(3) 검찰·언론과의 초기 갈등

위원장 취임 첫날 부하 국장을 연행

위원장 자리에 앉자마자 바로 업무보고를 듣기 시작했다.

현안이 가장 많은 독점국부터 시작했다. 이종화 국장으로부터 보고를 듣다 보니 저녁식사 시간이 되었다. 식사를 하면서 남은 이야기를 더 하기로 하고, 과천청사 부근 직원들이 자주 가는 식당으로 갔다. 그런데 내가 도착한 지 한참 지나도 이 국장은 아무런 연락도 없이 오지 않았다. 전화 연락도 되지 않았다. '이상한 사람도 다 있다' 생각하면서 할 수 없이 다른 참석자들과 식사를 시작했으나 마칠 때까지도 아무런 연락이 없었다.

밤늦게 집으로 안강민 대검 중앙수사부장(후에 서울지검장)으로부터 전화가 왔다. 이종화 국장에게 무슨 혐의가 있어 연행했다고 했다. 이 국장은 업무보고 후 사무실에서 책상 정리를 하고 식사 장소로 가려다가 검찰 수사관의 '임의동행' 요구를 받고 연행된 것이었다. 사안의 내용이나 경중은 조사를 해 봐야겠지만, 정부의 현직 국장을 현행범도 아닌데, 그것도 소속 기관장의 취임 첫날 업무보고 도중에 영장도 없이 연행한 것이다. 있을 수 없는 일이었다. 정 데려가야겠으면 적법절차에 의해, 기관장에게 미리 양해를 구하고 하는 것이 정부 부처 간, 특히 다른 부처의 기관장에 대한 최소한의 예의와 절차다. 사전에 양해를 구하며 조사하겠다면 누가 이를 거부하겠는가? 소용없는 일인 줄 알면서도 안강민 검사장에게, 같은 정부 안에서 어떻게 이런 일이 있을 수 있는지 항의했다.

더 어처구니없게, 수석 국장인 정재호 정책국장도 오래전의 무슨 혐의를 들먹이며 구속해 버렸다. 갓 취임한 기관장인 나에게 최소한의 사전 통보도 없이, 기관의 가장 중요한 국장 두 명을 구속한 것이다. 물론 구속할 만한 사유가 있으면 당연히 구속해야하는 것이고, 유·무죄의 최종 판단은 법원이 할 터이니 지켜보면되는 일이지만, 문제는 그 과정이 적절했는가였다.

언론을 비롯해 알 만한 사람들은 이 사태를, 공정거래법 집행과 공정위의 기능과 위상을 놓고 법무부와 검찰이 공정위를 '견제'한 것으로 보았다. 공정위와 법무부· 검찰 사이에는 공정거래법 입법 과정에서부터 지속적인 갈등이 있어 왔다.

소비자보호법을 전면 개정하여 소보원에 소비자분쟁조정위원회를 설치할 때에도 법무부의 반대 때문에 애를 먹은 적이 있었다. 그때는 분쟁조정위원장을 검사장 출신으로 하고 위원 중 상임위원에 법무부 국장 출신을 받는 것으로 타협해 법무부와 검찰의 인사 숨통을 틔우는 데 결정적 도움을 주었다.

요즘도 문제가 되고 있는 공정거래사건에 대한 공정위의 전속고발권은 검찰과의 해묵은 갈등 요인이었다. 공정거래사건을 공정위가 검찰에 고발하면 그때부터 형사사건이 된다. 공정거래사건은 대부분 법률적 측면뿐 아니라 고도의 경제적 분석을 요하는 경우가 많다. 대표적으로 '시장 획정'에 관한 것이 그렇다. 담합사건도 위법 여부를 판단하기가 정말 어렵다. 따라서 공정거래법위반의 경우 사건이 바로 형사사건화되는 것보다는, 먼저 공정위의 심결을 거쳐 형사사건으로 다루는 것이 적합하고 필요하다는 판단이 내려지는 경우에 한하여 공정위가 검찰에 이를 고발하고, 그 고발이 있어야 검찰이 그 사건을 형사사건으로 다룰 수 있도록 하는 것이 제도의 취지이다. 그런데 법무부와 검찰은 이 전속고발권을 검찰 기능의 위축으로 생각하여, 제도 창설 때부터 부정적 입장을 보여 논란을 키웠다. 그러던 차에 공정위가 장관급 기관으로 격상되어 위상이 높아지니 상당한 수준의 견제가 필요하다는 것이 검찰 내부의 분위기인 것으로 언론은 관측했다.

정부 부처 간에 서로 견해가 다를 수 있다. 어떤 측면에서는 그것이 바람직할 수도 있다. 그리고 견해 차이는 서로 토론과 협의를 통해 해결되는 것이 가장 바람직하고, 안 되면 상위기관인 총리나 대통령의 조정을 통해 해결되어야 한다. 그러나 기관이 가지고 있는 공적 권한을 기화로 상식적으로 납득되지 않는 방법으로 상대 기관의 활동을 제한하거나 침해하는 것은 아무리 후진국이라도 법치국가에서는 있을 수 없는 일이다. 검찰 등 사정기관들이 국가가 법률로 준 공권력을 사유물처럼 남용하는 이런 행태는 지금도 별로 개선된 것 같지 않다.

언론과 불편한 관계 해소

취임 직후 또 하나 어려움은 언론과의 관계였다.

신문사들이 지국에 과다한 신문 부수를 배정해 소화를 강제하던 당시 관행을 공정위는 불공정행위로 보아, 이를 규제하는 과정에서 주요 유력지들과 매우 불편한 관계에 있었다. 조선일보와는 소송도 진행중이었다.

공정위의 주 업무 상대는 막강한 경제력을 가진 기업들이었다. 힘든 싸움을 하지 않을 수 없는 처지였다. 게다가 경우에 따라서는 정부의 다른 부처와도 불편한 관계를 감수하지 않으면 제대로 임무를 수행해 나갈 수 없다. 그래서 언론이야말로 공정위가 꼭 필요로 하는 우군이었고, 그전까지는 대체로 좋은 관계를 유지해 왔다. 그런데 언론과 불편한 관계가 조성되니 공정위로서는 장차 정책 추진이 아주 힘들 수밖에 없는 상황이었다.

이런 상황을 타개하기 위해 조선일보의 방상훈 사장과 만나 허심탄회하게 이야기했다.

"소송 건은 내가 취임 전에 벌어진 일입니다. 사안은 우리 두 당사자의 손을 떠나 법원에 가 있으니, 법의 판단을 서로가 받아들이기로 하고, 적어도 일을 하는 데 이런 상황이 영향을 미쳐서는 안 되지 않겠습니까? 공정위도 추가적 규제에는 보다 신중할 테니, 언론도 이런 것을 감정적으로 받아들이고 기사나 논조에서 부정적으로 반영하는 걸 자제해 줬으면 합니다."

그러고 나서 서서히 언론과의 관계가 정상화되기 시작했다.

(4) 공정위원장이 경제단체 예방

공식적인 업무에 들어가면서 기업들, 그리고 기업인들의 조직인 경제단체와의 관계 설정에 대해 생각을 많이 했다. 공정위와 기업이 마치 원수처럼 적과 아군으로 나뉘어 대치해서는 안 된다고 보았다.

그래서 나는 공정위의 위원장으로서 내 쪽에서 먼저 경제단체 장들을 예방하기로 했다. 기업의 오너, CEO, 경제단체 책임자 들이 인사를 오기 전에 내가 먼저 방문키로 한 것이다. 전례가 없는 일이었다.

취임 직후인 1996년 3월 20일 대한상공회의소를 시작으로 중소기업협동조합중앙회, 전국경제인연합회를 차례로 방문했다. 대한상의의 김상하 회장, 전경련의 최종현 회장, 중소기업협동조합중앙회의 황승민 회장을 방문하여 허심탄회하게 이야기를 나누었다. 구체적인 법 집행에 들어가기 전에 서로의 이해를 증진시켜 토론과 협의를 통해 해결할 수 있는 일은 해결하고, 해결할 수 없는 일은 법률적인 절차로 해결하자는 취지의 이야기가 오갔다.

나는 이 방문이 상당히 의미 있는 행동이었다고 생각한다. 물론 정부가 할 일과 기업이 할 일이 명확히 구분되어야 하지만, 기본적으로 정부와 기업이 서로 적대시하는 것은 시장경제를 하는 나라에서 있어서는 안 되는 일이기 때문이다.

2. 경쟁이 꽃피는 경제로

(1) 공정위의 정부 내 위상 정립

공정거래위원장 취임과 동시에 내가 가장 관심을 가지고 추진한 것은 정부 내 공정위의 위상을 바로 세우는 일이었다.

당시는 1994년 경제기획원이 재무부와 통합되어 재정경제원이 되어 있을 때다. 나웅배 부총리는 경제력집중과 관련된 대기업정책 전반에 대해서 부총리가 정책 조정 차원에서 좌지우지할 수 있다고 생각하는 듯했다. 그러나 공정위는 법으로 독립된 별도의 합의제 행정관청이다. 경쟁정책 본연의 영역은 물론 경제력집중억제정책의 수립과 집행 자체는 법률적으로 어디까지나 공정위의 소관 사항이었다. 물론 부총리가 정책을 조정하는 입장에서 정책적 측면에서 관여할 수도, 방향을 제시할 수도 있다. 그렇다고 법률에 명시된 공정위의 기능이 본질적으로 훼손돼서는 안된다는 것이 나의 생각이었다.

이 문제에 대한 나 부총리의 인식은 나와 상당히 달랐다. 마치 오래전 공정위가 경제기획원 장관 소속으로 있을 때와 같이 생각하는 것 같았다. 그래서 취임 초기 경제장관회의에서 부총리와 나 사이의 견해차로 갈등이 있었다. 결국 나 부총리, 구본영 경제수석과 내가 함께 이 이슈에 대해 논의하고 갈등이 생기지 않도록 다짐했다. 그 자리에서 나는 "경쟁정책은 시장경제를 하는 나라에서 가장 중요한 경제정책이므로, 입법론적으로 정책 수립은 경제 총괄 기관인 재경원이 하는 것이 바람직한 측면이 있다는 점을 인정한다. 그러므로 제도적인 관점에서 이를 논의하는 것은 가능하다. 그러나 실정법적으로 경쟁정책은 어디까지나 공정위의 소관이기 때문에 이런 전제하에서 부총리의 경제조정권이 발휘돼야 한다"고 강조했다.

사실 공정위가 경쟁정책을 수립하고 집행까지 하도록 한 실정법 체계 안에서 공정위가 주어진 권한을 백 퍼센트 발휘한다면 아마 부총리의 경제조정 기능은 사실상 무의미해질 것이다. 거기다 다른 나라의 입법례가 없는 경제력집중 억제정책과 집행까지도 경쟁당국인 공정위의 소관이 돼 있으니 더 말할 나위가 없었다.

입법론적으로는 경쟁정책의 수립은 재경원이 하고, 집행은 공정위가 하는 것이 적절하다는 생각을 나는 지금도 가지고 있다. 다만, 이 경우 전제가 있다. 경쟁정책의 주무기관이 경쟁정책의 본질에 대한 충분한 인식을 가지고 '경쟁 주창(competition advocacy)' 기능을 이해하고 사명의식이 있어야 한다는 것이다. 공정위와 재경원의 갈등은 이렇게 매우 본질적이고 제도적인 측면에서 제기되는 것이라, 부총리가 한승수 씨로 바뀐 뒤에도 어느 정도 갈등이 계속되었다.

지금도 그런 문제가 있을 것이다. 만일 공정위가 법이 주는 모든 권한을 사양하지 않고 행사한다면, 다른 부처와의 관계에서 부총리에 버금갈 정도의 조정기능을 행사할 수 있다. 그런데 그게 과연 바람직한지는 생각해 볼 필요가 있다. 지금의 공정위 위상으로 모든 부처의 행정, 법규 제정 등에 대해 경쟁제한적 요소를 문제 삼고, 제한하고, 고치도록 끌고 나가는 역할, 소위 '경쟁 주창자'의 역할을 다하는 것이 실제 가능한가 하는 문제의식을 지금도 가지고 있다.

(2) 경쟁주창자 역할 강화

공정거래 기능은 기업과 기업 사이에서 어느 일방이 독점적, 우월적 지위를 이용해 시장의 공정한 경쟁질서를 저해하거나 독과점적 지위를 더 강화하는 것에 문제를 제기하고 이를 시정하도록 하는 것이다. 이러한 문제의 해결을 포함하여 그러한 문제가 원천적으로 생기지 않게 제도적, 정책적 노력을 하는 것이 경쟁정책이고, 경쟁정책을 구체적으로 수립하고 집행하는 기관이 공정거래위원회다.

미국과 같은 나라는 사회 전체적으로 경쟁원리가 정착돼 있을 뿐 아니라, 전통적으로 정부 스스로 경쟁촉진적 기능을 수행하고 있다. 그러나 우리나라는 정부의 각 부처가 경쟁시장의 가치에 대한 이해가 매우 낮다. 정부가 하는 일이 경쟁을 저해하는 일부터 너무 많다. 가격에 대한 간여, 사업자단체 결성을 통한 사실상의 담합행위 조장, 그것을 통해 신규 참여를 과당경쟁으로 보아 억제하고 기존 참여자는 보호하는 등의 경쟁제한적 행위들이 그 예다. 각 부처가 만들어 내는 각종 법규, 특히 규칙 이하의 법규들에 경쟁제한적 요소가 너무나 많지만 이에 대한 문제 인식조차 거의 없다. 내가 공정위원장을 한 20여 년 전에 비해 지금도 별로 달라진 것이 없다. 이러한 문제를 고쳐 나가려면 공정위가 '경쟁주창자'로서 기능하는 것이 매우 중요하다.

내가 위원장이 되고 얼마 되지 않아 OECD 경쟁위원회 위원장이며 프랑스 경쟁위원회의 부위원장인 프레데리크 제니(Frédéric

프레데리크 제니 OECD 경쟁위원회 위원장(왼쪽) 접견(1996. 9. 11). 접견실에는 공정위원장 재임중 시장경제와 공정거래 업무에 대한 나의 생각을 요약한 표어인 '경쟁이 꽃피는 경제' 액자를 걸어 놓았다.

Jenny)의 예방을 받았다. 현재도 OECD 경쟁위원장을 계속 하고 있는 그는 저명한 경쟁법 학자였다. 장시간 대담도 하고, 식사도 하면서 좋은 조언을 받았다. 나는 경쟁주창자의 역할을 누가 하는 것이 좋은가에 대해 질문했다.

"우리나라는 재정경제원이 경제정책 총괄 기능을 맡고 있고, 공정위가 경쟁정책의 수립과 집행 기능을 하고 있습니다. 어느 기관이 이 역할을 하는 것이 좋겠습니까?"

"경제정책의 총괄 기관이 이 문제에 대한 투철한 인식과 사명 의식을 가지고 있다면 그 기관이 하는 것이 좋으나, 만약 그렇지 못하면 경쟁당국이 해 나갈 수밖에 없지요."

제니 위원장의 생각도 나와 같았다.

나는 당시 경제 총괄·조정 기관인 재정경제원이 경쟁과 경쟁시장에 대한 투철한 이해와 문제의식을 가지고 전향적으로 제도를 개선하고 관련 정책을 수립하고 추진한다면 정책 수립 기능은 재정경제원이 갖는 것이 공정위가 갖는 것보다 더 바람직하다고 보았다. 그러나 현실은 달랐다. 부총리나 재경원은 경쟁정책과 소비자정책에 대한 문제의식이 거의 없었다. 만약 정부가 비경쟁적인 정책을 입안하거나 그런 활동을 떡 먹듯 쉽게 하면서도 기업에다 대고는 "경쟁질서를 잘 지키라" 으름장을 놓고 어기면 처벌한다면 기업들이 과연 마음으로 승복을 할지 의문이었다. 공정거래법 제63조는 공정위가 타 부처의 비경쟁적 조치, 행정, 규칙 제정에 대해 상당 부분 관여할 수 있도록 하고 있다. 나는 이 규정이 대폭 강화되어야 한다고 생각했다. 만일 공정거래법을 개정할 기회가 있으면 여기에 역점을 두어 추진해야겠다고 생각했다.

공정거래위원장은 장관급이 되면서 국무회의의 정식 멤버가 되었다. 헌법이 정하는 '국무위원'은 아니지만 발언과 결정에 참여하는 것은 국무위원과 전연 다를 바가 없었다. 나는 국무회의에 처음 출석하여 "앞으로 공정거래법 63조가 공정위에 부여하는 권한을 제대로 쓸 것이다. 그러면 여기에 계신 여러 장관님들이 상당히 귀찮게 생각하는 경우가 있을 것"이라고 발언했다. 각 부처가 하는 일 중 경쟁제한적인 일에 대해서는 공정거래법에 규정된 바에 따라 적절한 관여를 하겠다는 것이었다. 그런데 대부분의 장관들은 내 말이 무슨 이야기인지 못 알아듣겠다는 표정이었다. 이 정도로 이 기능에 대한 각 부처의 인식은 미흡했다. 그동안 공정위가 사실상 직무를 유기하고 있었던 측면도 크다고 생각했다. 법이 부여한 기능을 거의 발휘하지 않고 있었다는 말이다. 이제 그 기능을 다하겠다고 본격적으로 나서서 챙긴다면 정부 내에서 공정위의 제한된 위상에 비추어 조직이나 위원장이 다른 부처나 기관의 저항과 반대를 과연 견딜 수 있을지는 의문이었다.

(3) 공정거래법 개정

경제력집중 억제정책, 즉 재벌 내지 대기업 정책은 그때도 지금과 마찬가지로 공정위의 중요한 업무 중 하나였다. 이 기능은 공정위의 고유기능은 아니다. 공정거래법에 경제력집중에 대한 한장을 만들어 그 기능을 공정위에 실정법적으로 부여한 것이다. 그러나 엄밀한 의미에서 '경쟁촉진' 정책과 '경제력집중' 정책은 같은 정책이 아니며, 경우에 따라서는 상호 모순되는 결과를 초래할 수도 있다. 대기업정책 중 상당 부분이 실질적으로는 경쟁을 제한하는 것이어서, 경쟁을 촉진하는 공정위 본연의 기능에 맞지 않는 경우가 많다.

나는 경쟁정책이 가야 할 방향과 제도적 개선 방안에 대해 평소 갖고 있던 생각을 놓고 참모들과 많은 논의를 했다. 이 과정에서 새로이 눈을 뜬 문제 인식을 정리해서 그해(1996) 연말 정기국회 통과를 목표로 제출할 공정거래법 개정안에 담기로 했다.

당시 나의 관심사항은 크게 두 가지로 정리된다. 첫째는 경제력집중 억제제도의 보강으로서 대기업의 상호채무보증제도 폐지, 내부거래규제 강화, 기업 결합재무제표제도의 도입 등이었다. 둘째는 공정위의 경쟁주창자로서의 기능 강화로서 공정거래법 제 63조가 규정하는 공정위의 기능을 훨씬 더 강화하는 방향으로 개정하는 것이었다.

결합재무제표 도입 추진

경제력집중 억제제도의 개선안 중에서는 상호채무보증 한도를 축소, 장기적으로 상호채무보증제도 자체를 폐지하겠다는 내용이 제일 큰 문제가 되었다. 상호채무보증이란 같은 그룹에 속한 계열사들끼리 서로의 채무에 그냥 눈감고 보증해 주는 것이다. 당시 동일 그룹 내 기업 간 상호채무보증 비율 한도는 200퍼센트였다. 당시 서동원 독점국장(후에 공정위 부위원장, 규제개혁위원장)은 당시 기준으로 향후 5년 안에 재벌기업의 상호채무보증을 0퍼센트로 가져간다는 아주 강력한 개선안을 나에게 건의했고, 나는 이를 받아들여 장차 추진할 과제에 포함시켰다.

상호채무보증 문제를 해결하려면, 그룹에 속한 기업들이 회계처리 과정에서 서로 어떻게 연결되어 있는지 투명하게 밝히도록 할 필요가 있었다. 그 가장 효율적인 방법으로 '결합재무제표' 작성 의무를 재벌기업에 부과하도록 추진키로 했다. 그러나 당시 한승수 부총리는 이에 부정적이었다. 경제장관회의에서 부총리와 나 사이에 공개적인 토론이 벌어지고 부총리의 견해에 내가 승복할 수 없다고 반발하는 등, 극히 이례적인 갈등이 벌어졌다.

결국 이 문제는 이수성 총리에게 가서 조정을 받기로 했다.

이수성 총리는 한승수 부총리와 나의 이야기를 다 듣고 나서는 나의 손을 들어 주었다. 그것은 나로서도 뜻밖이었다. 우리 사회의 전통이나 관료사회의 문화에 비추어 총리가 부총리를 돌려세울 가능성은 매우 희박했기 때문이다. 이 총리가 나중에 밝힌, 그때 나의 견해를 지지한 이유가 재미있다.

"문제가 너무 전문적이어서, 나는 솔직히 누구 말이 옳은지 잘 모르겠더라고. 다만 확실한 것은, '김인호라는 사람이 거짓말을 할 사람이 아닌데, 자기 생각에 얼마나 확신이 있으면 불리할 걸 감수하고 부총리와 다투기까지 하겠나' 하는 생각에 미치니까, 김 위원장 주장이 맞을 것이라는 확신이 섰지."

이러한 노력에도 불구하고 결국 결합재무제표 도입은 그때 성사되지 못했다. 나중에 내가 경제수석 시절 금융개혁의 일환으로 제도화를 시도하던 중 IMF와의 금융지원 협상 과정에서 IMF의 요구사항의 하나가 되어, 1997년 말 임시국회에서 입법화되기에 이른다.

상호채무보증한도 100%

그러나 사실 공정거래위원장으로서 나의 최대의 관심은 대기업 대책보다도, 공공부문의 비경쟁적 요소를 어떻게 줄일 것인가에 있었다. 이를 위한 법적 뒷받침으로서 공정거래법 제63조가 부여하는 공정위의 기능을 보강, 강화하는 일이었다.

1996년 5월 3일 나는 '공정위 중점과제에 대한 추진계획'을 김

1996년 5월 3일 김영삼 대통령에게 '공정위 중점과제에 대한 추진계획' 보고.

영삼 대통령에게 보고했다. 위원장 취임 이래 생각한 주요 개선 과제를 모두 담은 것이었다. 대기업집단 소속 계열사 간 상호채무보증한도를 당시 자기자본의 200퍼센트에서 1998년까지 100퍼센트 이하로 축소하고 2001년까지 상호채무보증 자체를 금지하는 개선안, 계열기업 간 내부거래 규제 강화, 정부 스스로의 경쟁제한적 행위의 근원적 해결을 위한 공정위의 기능 강화 등이었다.

보고안에 대해 대통령의 재가를 받고, 입법을 추진하여 1996년 12월 11일 '독점규제 및 공정거래에 관한 법률' 개정안이 국회에서 통과되었다. 공정거래위원장으로서 가장 중요한 종합적·제도적 개선 과제의 달성이었다.

다만 한 가지 아쉬운 부분은 계열기업 간 상호채무보증한도였다. 자기자본의 100퍼센트로 축소하는 것은 관철했으나, 2001년까지 완전 해소하려던 구상은 최종 당정협의 과정에서 다음번 공정거래법 개정시에 반영하기로 하고 철회되고 말았다. 그만큼 업계의 반대가 컸다. 그때 못한 것은 결국 IMF 때 구조개혁의 일환으로 이루어졌다. 우리 힘으로 해야 될 일을 남의 힘을 빌려 한 꼴이었다.

요원한 공공부문 비경쟁 요소 제거

이 과정에서 언론들은 대체로 상호채무보증의 축소·폐지라는 정책 방향을 매번 대서특필할 뿐, 실제로 내가 더 큰 의미를 두고 있던 '공공부문의 비경쟁적 요소 제거'라는 정책 방향에 대해서는 거의 언급하지 않았다. 우리 언론도 경쟁정책의 본질이나 이와 관련된 정부의 역할에 대한 이해나 인식이 극히 부족했던 것이다.

법 개정 추진 과정에서 타 부처, 특히 법무부, 검찰, 상공부, 재무부와 갈등이 많았다. 이 부처들은 공정거래법 개정에 행정부 차원의 결론이 이미 나고 국회에 계류중일 때도 국회 심의 과정에서 계속 문제를 제기해 공정위를 어렵게 만들었다. 당시 법무부의 김태정 차관(후에 검찰총장, 법무부 장관), 상공부의 안광구 차관(후에 통상산업부 장관, 작고)은 다 나의 대학 동기였으나 부처별로 이해와 견해가 엇갈리는 문제에 대해서는 친구도 소용이 없었다.

(4) 공정위도 '고객만족'

철도청 재임 때처럼 공정거래위원회에도 '고객만족경영'을 도입했다. 공정위에 고객이 어디에 있느냐고 반문하겠지만, 기업의 불공정행위로 피해를 입어 공정위를 통해 문제를 해결하려는 개인이나 기업, 이렇게 제소되어 공정위에 불려 다녀야 하는 기업들, 이 모두가 다 공정위의 행정 수요자들, 즉 고객이다. 이 수요자 중심으로 공정위의 행정기능을 보완해 나가자는 것이 공정위의 고객만족경영이다. 정부 행정기관 최초의 고객만족경영의 도입이었다.

예를 들어 공정위에 민원을 낼 경우, 처리 기한과 필요하면 연장이 가능하도록 한 행정처리지침이 있다. 나는 모든 국·과장들에게, 그러한 지침이 있다는 데 안주하지 말고 더 적극적으로, 중간 단계에서부터 검토 상황을 이해관계 당사자에게 알려주라고 했다. 만약 기한 내 처리가 어려워서 기한을 연장해야 한다면 그 사유를 상세히 알려주고, 처리 예상 기한도 통지해 주라고 했다. 기업과 국민에게는 생사가 걸린 문제를 공무원들이 자기들끼리 주물럭대고 있다는 의구심에서 벗어나도록 투명한 행정, 수요자의 고충에 다가가는 행정을 해야 한다는 생각에서다. 공정위의 업무를 그런 방향으로 개선해 나갔다. 광화문에 '공정거래상담소'를 개설해 행정 수요자들에게 필요한 정보를 제공하고 수요자들이 궁금해 하는 것들에 적극 대응하도록 한 것도 이런 정책의 일환이었다.

(5) 위원회 운영을 실질적인 합의제로

업무 처리와 결정 방식에도 의미 있는 개선을 가져왔다. 대표적인 것이 위원회를 합의제라는 이름에 걸맞게 운영하도록 한 것이다.

공정거래위원회는 합의제 행정기관이다. 위원장도 위원의 한 명일 뿐, 위원회의 행정에 관한 사항 이외에는 다른 위원들보다 더 특별한 권한을 갖는 것은 아니다. 그러나 우리나라의 그 많은 합의제 위원회 형태의 행정기구 중 이런 본질에 맞게 운영되는 데는 내가 아는 한 하나도 없다. 제도와 현실의 심각한 괴리다. 나는 합의제 기구의 본질을 가능한 한 살려 그 장점을 극대화하려고 마음먹었다.

공정위에서는 관행적으로 주요 사건은 위원장에게 사전보고를 하도록 되어 있었다. 위원장의 처리 지침 없이는 실무 검토를 할 수 없었다. 직원들은 검토 내용을 위원장에게 다시 보고하여 처리 방향을 사실상 선제적으로 결정한 다음 위원회의 심의에 부쳤다. 합의제 기관의 본질에 맞지 않는 이런 관행에다, 위원장이 사실상 상임위원을 포함한 위원들의 선정권을 가지니 더욱 그럴 수밖에 없었다. 검토나 심의 과정에서 위원들이 위원장과 다른 견해를 제시하기 어려웠다.

나는 위원장에게 하는 사전보고 관행을 그만두도록 했다. 중요한 사건이 접수되면 위원장 사전보고 없이 위원 전원 간담회부터 먼저 열도록 했다. 위원들이 아무런 예비지식과 선입견 없는 상태에서 사무처의 사건 주무국장으로부터 사건 개요를 보고받도

공정거래위원 전원 간담회(1996. 6. 1). 왼쪽 첫 번째부터 김용, 필자(위원장), 이남기, 두 실무자 건너 신무성, 이강우 부위원장, 한정길 사무처장.

록 했다. 그런 다음에야 위원장이 위원들의 대체토론을 거쳐 주무위원을 지명하고 후속 과정을 밟게 하는 방식으로 바꾸었다. 간담회에서 나는 위원들의 검토 방향을 제시해 주는 것 외에 사건에 대한 나의 견해(설사 있다고 하더라도)를 밝히지 않았다.

이렇게 되니까 위원들은 공부를 하지 않고 간담회에 들어오기 어렵게 되었고, 주무위원으로 지명된 위원은 처음부터 위원 전원의 대체적인 의견을 참고하여 심의의 방향을 설정할 수 있어 좋았다. 위원장인 나에게는 간혹 외부에서 사건 처리와 관련된 청탁이나 압력이 들어오게 마련인데, 공정위가 이런 방식으로 운영된다는 사실을 소개하며 "위원장으로서도 사건에 대해 마음대로 판단하는 것이 불가능하게 되어 있다"고 이해시키면 난처한 상황을 비켜 가는 데 도움이 되었다.

나는 재임중 이 간담회 제도를 십분 활용했다. 심지어 비상임 위원 중 윤호일 변호사는 대형 로펌 대표로서 바쁜 중에도 가능한 한 이 간담회에 빠지지 않고 나와 토의에 참가했다.

(6) 제지회사 담합 심의에 이의신청 수용

재임중 처리한 많은 사건 중 단연 기억에 남는 것은 이른바 제지 3사인 한솔제지, 세풍, 대한제지의 담합행위를 조사, 심의한 일이었다. 한솔에 179억 원, 세풍에 28억 원, 대한제지에 13억 원, 총 219억 원의 과징금을 부과했다. 그때까지 공정위가 부과하는 과징금은 대개 몇억 원 수준에 지나지 않아, 사상 최대의 과징금 액수로 기록되었다. 법이 정한 과징금 부과 기준을 제대로 적용한 최초의 케이스였다. 그 후 수천억 원대에 이르는 과징금도 흔히 부과되긴 하지만 당시로선 충격적인 액수였다.

한솔제지가 이의를 제기해 왔다. 담합 여부를 판단하는 것은 공정거래사건 중에서도 매우 어려운 경우에 해당한다. 또 처음으로 부과 기준을 가감 없이 적용하다 보니 심의를 받는 입장에서는 이의를 제기할 여지도 있었을 것이다.

그전까지 공정위는 사건 처리 과정에서 이의제기를 수용한 적이 한 번도 없었다. 공정위의 처리나 판단이 백 퍼센트 완전무결하다는 자신감이 바탕에 있었다. 그러나 사람이 하는 일, 더구나 경제사건에 완전무결이란 있을 수 없다. 토론과 이견의 여지는

공정거래위원회 전원심판 장면(1996. 9. 24). 왼쪽부터 지용기 교수(비상임위원), 이강우 부위원장, 필자(위원장), 이남기, 신무성 위원.

언제나 있는 것이다. 관료들이 이를 인정하기를 거부할 뿐이다. 무엇보다, 혹시라도 기업의 입장을 들어줬다고 오해받을 가능성을 두려워했다. 그러나 나는 이 이의제기를 받아들이기로 결심했다. 피심의인인 한솔제지가 제기한 이의를 아무런 편견 없이 검토해, 만약 이의제기 요소 중 타당한 것이 있다면 이를 수용하기로 한 것이다.

위원 간담회를 소집하고 관련 실무진들을 전원 배석시킨 가운데 한솔제지가 제기한 이의 항목 하나하나에 대해 위원들과 실무진의 반박을 들었다. 위원회 판단 근거 중 충분하지 않다고 생각하는 부분에 대해 이의를 수용하니 과징금 액수가 원래 179억 원에서 100억 원 이내로 줄어들었다. 이를 다시 위원회 공식 심의에 부쳐 확정했다. 한솔제지도 더 이상 문제를 제기하지 않았다. 이렇게 사건이 종결되었다.

나중 어떤 기회에 청와대의 문종수 민정수석이 이 사건을 언급하며 "사업자의 이의제기를 부분적으로라도 수용한 것은 김 위원장만이 할 수 있는 일"이라고 했다. 오해받을지도 모르는 사안에서 스스로 깨끗하다는 자신이 없고는 불가능한 일이고, 동시에 관료의 한계를 넘어선 것으로 본다는 뜻으로 이해했다.

(7) 미·일 경쟁당국과 교류

사카이야 다이치와 대담

앞서 소비자보호원장 시절부터 마음에 품고 있던, '만족화 사회의 방정식'의 사카이야 다이치 씨와의 대담은 공정거래위원장 시절인 1996년 5월 일본 공정거래위원회(公正取引委員會, Japan Fair Trade Commission)를 공식 방문하는 기회에 성사되었다.

일본 공정위 방문을 앞두고 당시 동아일보 배인준 도쿄지국장(후에 편집국장, 주필)을 통해 사카이야에게 제안을 했다. "한국 공정거래위원장이 일본 공정위를 공식 방문하는 기회에 양국 경제와 관련해 장시간 대담할 용의가 있느냐"는 뜻을 전했더니, 좋다는 답변이 왔다고 배 지국장이 알려 왔다. 5월 28일에 서너 시간에 걸쳐 만찬을 겸해 대담을 했다. '한·일 양국의 경제개혁 과제의 공유'라는 대담 제목을 내가 미리 제안하고 사카이야 측의 동의를 얻었다. 배인준 지국장과 함께 일본에 있던 이동관 차장(후에 청와대 출입

기자, 논설위원, 청와대 대변인, 홍보수석)이 서너 시간에 걸친 대담을 요약해 5월 30일자 동아일보 한 개면에 전면 게재했다. 대담 전문(全文)은 후술할 나의 저서 『경쟁이 꽃피는 경제』(1997)에 실었다.

한국과 일본 모두 과거의 성공 신화에 매몰되어, 변화하는 세계경제의 흐름에 동승하지 않고 있었다. 마치 북한의 '우리 식대로'처럼 한국은 한국 특유의 식으로, 일본은 일본 특유의 식으로 경제를 운영하려는 타성에서 벗어나지 못하고 있었다. 이러한 생각에 근본적 변화가 없는 한 진정한 의미의 지속적 경제발전은 불가능하다는 데 우리 두 사람의 생각이 일치하여 대담 제목을 '경제개혁 과제의 공유'라 한 것이다. 두 나라 모두 경제가 가야 할 방향은 보다 국제화된 경제, 보다 경쟁원리에 충실한 경제, 보다 소비자 선택 범위가 넓어지는 경제로 가는 길이라는 데 대해서도 견해를 같이했다.

이 기회에 일본 경제를 보는 나의 시각의 기본 틀을 정립할 수 있었다. 그 밖에 오마에 겐이치(大前研一), 나카다니 이와오(中谷巖), 노구치 유키오(野口悠紀雄) 교수 등 일본 경제를 비슷한 관점에서 보는 다른 석학들의 사고로부터도 많은 시사를 받았다. 이후 가끔 일본 경제에 대한 글을 쓸 때는 기본적으로 이러한 시각을 바탕으로 쓰고 있다.

미국 경쟁당국과 연례협의

공정거래위원장으로서 마지막 공식 활동은 미국 출장이었다. 1997년 2월 19일경부터 약 5일간 워싱턴DC에서 미국의 경쟁당국(법무부 독점금지국Antitrust Division of the Department of Justice, 연방거래위원회 Federal Trade Commission, FTC)과 연례적으로 갖는 한·미 경쟁정책협의회에 참석하기 위해서였다. 격년으로 열리는 회의인데 이번은 미국이 주최하는 차례였다.

마침 개각이 임박했다는 이야기가 떠돌고 있어, 해외출장을 추진하던 각료들은 대부분 출장을 취소하거나 연기하고 국내에서 대기하고 있었다. 나는 두 가지 이유에서, 다소 무리가 있더라도 가는 게 옳다고 결론내렸다.

첫째, 연례회의란 국가나 정부기관 간의 약속이다. 국내 사정을 들어 기관의 장이 일방적으로 가지 않거나 연기하는 것은 국가 간 예의도 아닐뿐더러 나중에 더 큰 문제가 될 수 있다.

둘째, 공정위원장은 임기직이라는 점을 고려해야 했다. 전면 개각을 할 때는 통상 국무회의에서 총리나 총무처 장관이 "개각이 임박했으니 모두 사표를 쓰자"고 제안하고, 그 자리에서 백지를 돌려 각자가 사직서를 쓰고, 이를 모두 걷어 대통령에게 보고하고 개각이 이루어지는 것이 관례다. 이러한 상황이 온다면 나는 어떻게 할 것인가?

다른 장관들은 임기가 정해지지 않은 정무직이라 문제가 없는데, 나는 공정거래법상 3년 임기가 보장된 임기직이었다. 국무회의 멤버로서 참석하고는 있으나 헌법이나 법률상의 국무위원은 아니었다. 공정거래위원장 역시 위원의 한 사람으로서 임기직이며, '금고 이상의 형의 선고'와 '장기간의 심신쇠약'의 경우가 아니면 본인의 의사에 반해 면직되지 아니한다고 공정거래법에 명

워싱턴에서 열린 제2차 한·미 경쟁정책협의회 중 피톱스키(R. Pitofsky) 미 연방거래
위원회 위원장(왼쪽) 및 조엘 클라인(Joel I. Klein) 법무부 독점금지담당 차관보(오른
쪽)와(1997. 2. 19).

문으로 규정하고 있다. 이러한 제도하에 임명된 위원장이 다른
장관이 사표를 낸다고 같이 낸다면 공정거래법상의 임기 보장 제
도는 의미가 없게 된다. 그렇다고 국무회의 참석자 전원이 다 쓰
는데 나만 안 쓰는 것이 적절한가? 가능할까? 나는 만일 그런 상
황이 닥치면 어떻게 처신해야 할 것인가를 놓고 고심을 거듭했다.

그런 고심을 뒤로 하고 예정대로 미국 출장을 갔다. 워싱턴에
갔더니 중앙일보 워싱턴 특파원으로 있던 김수길 기자(후에 편집국
장, 주필, JTBC 사장)가 물었다.

"다른 장관들은 워싱턴에 공무로 잡혀 있던 출장들을 모두 취
소했는데, 김 위원장은 무슨 배짱으로 왔습니까?"

'개각도 중요하지만 그것은 국내문제고, 국가 간 약속은 대외 문제이므로, 양자가 충돌할 때에는 후자가 선행해야 한다는 나의 평소 생각에 따라 왔다'는 취지로 이야기한 기억이 있다.

공정위가 '거래'와 '시장구조'를 모두 담당하고 있는 우리나라 구조와 달리, 미국의 경쟁당국은 '법무부 독점금지국'과 '연방거 래위원회'로 이원화되어 있다. 따라서 연례협의도 내가 두 기관 을 따로따로 방문하는 형식으로 시작하여, 최종적인 공식 협의는 두 기관의 장과 같이 가졌다. 두 기관과 2월 19~20일에 걸쳐 공식 행사를 끝내고, 조지타운대학교 법과대학에 가서 '한국 경쟁정책 의 주요 과제와 발전 방향'을 주제로 영어로 강연을 하고 돌아왔 다. 1997년 2월 23일경 있었던 이 강연이 공정거래위원장으로서 나의 마지막 공식 일정이 되었다.

3. 나의 경쟁관(觀)

(1) '거시지표 관리'에서 '구조적 접근'으로

나는 공정거래위원장 재임중 경제를 일관되게 구조적 시각에서 보는 입장을 견지했다. 숫자에 집착하지 않았다. 숫자는 그림자 에 불과할 뿐이라는 생각이었다. 경제지표가 좀 좋아졌다고 희희 낙락할 필요도 없고, 나빠졌다고 바로 경기대책을 세우는 접근방법도 그만두어야 한다고 생각했다. 우리 경제를 구조적으로 경쟁력 있는 경제로 만드는 것이 우선이고, 이 구조만 만들어지면 이틀 안에서 경제는 잘 돌아갈 수밖에 없다고 본 것이다.

자본주의 시장경제에서 경기는 순환하게 마련이다. 정부가 경제에 간여하면 경기 순환의 진폭이 커지기 때문에, 매번 새로운 경기대책으로 간여하는 악순환을 반복하게 된다. 정부가 경기대책을 세우는 것에 대해 나는 일관되게 부정적 생각을 가지고 있었다. 그러다 보니 공정위원장 재임중에도 부총리나 실물경제를 다루는 장관들과 견해 차이가 있을 수밖에 없었다. 이런 갈등을 좋은 현상이라고 볼 수도 있지만, 언론은 대체로 이를 부정적으로 왜곡해 보는 경우가 많았다. 나의 일관된 주장을, 다른 무슨 의도가 있다거나, 심지어 개각을 앞두고 주의를 끌기 위한 돌출발언 정도로 치부하는 언론도 있었다. 예컨대 중앙일보 1996년 12월 2일자 기사는 '수위 높은 정책비판 배경 관심'이란 제목으로, "김인호 공정거래위원장이 같은 내각에 있으면서도 현 경제팀의 경제정책을 외부 강연 등에서 수준 높게 비판하고 있다"고 쓰면서, 그것이 연말쯤 있을 개각과 맞물려 "매우 이례적"이라고 굳이 덧붙였다.

신문이 언급한 외부 강연이란, 한국질서경제학회 창립총회 기조연설 '한국경제의 경쟁력 강화를 위한 구조론적 접근'(11월 28일), 그리고 그보다 훨씬 앞서 고려대 언론대학원 최고위과정 특강 '우리경제의 경쟁력 제고를 위한 구조개편 방향'(9월 26일) 등을 가리킨다. 성장, 물가, 국제수지 등 거시지표를 관리하던 방식에서 벗어나 재벌 중심의 경제구조를 개편해 개별기업 경쟁력을 높여야 한다, 정부와 기업의 관계를 재정립해야 한다는 등, 그 강연들에서 내가 한 주장들은 평소부터 가지고 있었고 기회만 있으면 끊임없이 밝히고 있던 일관된 나의 생각이었다. 보도는 나의 경제관에 대한 깊이 있는 분석에서 나온 것이 아니었다. 하기야, 정부의 주요 당국자가 그런 주장을 하는 것은 거의 처음이었으니 언론이 나의 진의를 잘 이해하지 못한 것도 무리는 아니었다.

(2) 경쟁시장의 가장 큰 적(敵)은 정부

'우리나라에서 경쟁시장 최대의 적(敵)은 정부 자체다.'

2005년 중소기업연구원장을 할 때 한국경제신문 '다산칼럼'에 기고한 '경쟁시장 최대의 적(敵)은?'(6월 10일)의 마지막 문장이었다.

흔히 공정거래 하면 재벌규제정책을 떠올린다. 국민 대다수의 인식이 그럴 뿐 아니라, 심지어 공정거래정책을 수립하고 제도를 운영하는 경쟁당국자들도 마찬가지다. 내가 공정위원장을 하던 20여 년 전이나 오늘이나 그 인식은 크게 달라지지 않은 것 같다. 그러나, 재벌도 물론 문제지만 그보다 더 심각한 문제는 정부이다. 공정거래위원장으로 재임하면서 가장 심각하게 느낀 것은, 우리 정부의 사고와 행태가 경쟁원리와 너무나 동떨어져 있다는 점이었다. 정부의 불공정행위와 경쟁제한행위가 너무 심했다.

1996년 영국의 『이코노미스트』지는 '한국경제에 대한 개관(A Survey of South Korea)'(6월 3일)이라는 제하의 기사에서 한국경제를 '프랑켄슈타인 경제(Frankenstein economy)', 말하자면 괴물 경제라고 불렀다. 박정희 대통령 시절은 무(無)로부터 국가와 경제를 의도하는 방향으로 이끌고 가야 했다. 경제에 대한 광범위한 국가 개입의 전통은 이때 세워졌다. 정부는 한정된 자원을 효율적으로 배분하기 위해 특정 산업과 기업에 자원을 몰아줬다. 그런 집중화된 기업정책과 산업정책의 결과물이 현재의 한국경제이며 재벌구조인 것이다. 『이코노미스트』는 그러나, "박정희 대통령 때와는 경제 상황이 완전히 달라졌는데도 한국경제는 그런 틀에서 크게 벗어나지 못하고 있다"고 지적했다. 나의 생각과 같은 점이 많아 이 기사와 용어를 많이 인용한 기억이 있다.

공정거래위원장으로서 각종 기고와 강연을 통해 공정위가 추구하는 경쟁의 중요성과 대기업정책의 방향, 그리고 개인적인 경제관을 알릴 기회가 많았다. 당시 가장 많이 언급한 것 중 하나가 '기울어진 운동장'과 '골대'론(論)이다. 운동장이 평평해야 하는데 기울어진 상태에서 한쪽은 높은 데서 낮은 쪽으로, 반대편은 낮은 데서 높은 쪽으로 공을 차면 어떻게 되겠는가? 원래 축구 골대 너비는 7.3미터인데 한쪽만 10미터로 넓히면 승부는 보나마나 아닌가? 둘 다 재벌정책의 원리를 축구에 비유한 것이다.

나는 공정거래기구로서 공정위의 기본 임무는 이렇게 기울어진 운동장을 바로잡고, 폭이 다른 두 개의 골대 폭을 같은 규격으로 통일시키는 것이지, 그곳에서 플레이하는 선수의 역할을 대신해서는 안 된다는 생각을 많이 했다. 결국 재벌정책의 방향도 규제의 강화보다 경쟁 조건의 강화에 두어야 한다. 한국경제를 경쟁적 구조로 바꾸기 위해서는 정부에 의한 각종 불공정, 경쟁제한 행위부터 제도적으로 고치지 않으면 안 된다. 먼저 정부의 불공정행위를 바로잡아야 기업을 규제할 명분이 생기고 그렇게 할 환경이 조성되는 것이다. 정부가 경쟁원리에 대한 충분한 인식을 갖고 정부 스스로 비경쟁적 요소를 줄이기 위하여 노력한다면 기업은 따라올 수밖에 없다. 그러지 않고 기업에게만 경쟁질서를 잘 지키라고 한다면 기업들은 정부의 힘에 눌려 겉으로는 하는 척할지 모르나 속으로는 '너나 잘해'라고 비아냥댈 것이다. 이래서는 경쟁이 살아 있는 경제구조가 될 수 없다. 나는 공정거래위원장 재임 시절 이러한 생각을 나의 신념으로 확립하였다. 이런 생각은 시간이 지나면서, 그리고 정부를 떠나 민간에서 연구활동을 하면서 더욱 견고해졌고, 갈수록 더 강해졌다. 무역협회장을 할 때도 이런 주장을 끊임없이 했다.

2019년 6월 물러난 문재인 정부의 1기 김상조호 공정위가 정부 스스로의 비경쟁적 요소에 대해서는 아무런 문제의식 없이 재벌 규제만이 공정위의 주 임무인 듯 착각하고 있는 것을 보면서 안타까운 마음을 금할 수 없었다. 평생을 정부에 몸담았던 나조차도 "정부 규제를 먼저 개혁하라"고 외치고 있는 마당에, 평생 학계에 있었던 사람이 정부에 앞서 재벌 규제만 강조한 것을 어떻게 이해해야 할지? 역대 정부치고 규제개혁 하겠다고 하지 않은 정부가 없지만, 어느 정부도 본질적 규제개혁에는 이르지 못한 이유가 바로 여기에 있다.

'경쟁이 꽃피는 경제'

공정거래위원회 위원장 집무실에는 '경쟁이 꽃피는 경제'라는 표어가 액자로 걸려 있었다. 경쟁력은 경쟁적 구조에서만 생긴다는 나의 지론을 압축한 것이다. 내가 공정위원장에서 청와대 경제수석으로 전임한 후 공정위 사무처에서 나의 재임시 했던 모든 강연과 기고문을 모아 책으로 만들었는데, 그 책 제목 역시 『경쟁이 꽃피는 경제』였다.

『경쟁이 꽃피는 경제』(공정거래위원회, 1997)

나는 기획원 대외경제조정실장 때부터 나의 경제관과 관련되는 주요 보직을 맡고 있을 때마다 그 업무와 관련한 나의 생각과 사상을 표어로 만들었다. 대조실장 때는 '선진국이 되려면 선진국 줄에 서야 한다', 소비자보호원장 때는 '소비자가 선택하는 경제'였다. '경쟁이 꽃피는 경제'는 처음으로 액자에 넣은 것으로, 공정위 위원장 사무실에 걸었다. 마침 고등학교 동기 친구가 나의 취임을 축하한다며 주선해 만들어 준 것이다. 금융인 출신의 유명 서예가 배종승 씨의 글씨를 친구가 받아 올 테니 문구는 나보고 정하라 해서 지은 문구다. 이 액자는 지금 시장경제연구원 나의 사무실에 걸려 있다.

내 후임 전윤철 위원장(1997. 3~2000. 8)은 나와 달리 위원장 재임중 외부 출판사에서 책을 발간했는데, 공교롭게 그 책 제목이 『경쟁이 꽃피는 시장경제』(장락, 1999)이다. 전임자의 책 제목에 '시장' 두 자를 더해 자기 책의 제목으로 했으니, 내가 창안한 표어를 계승해 줘서 고맙다고 생각해야 될지, 아니면 나의 지적소유권을 침해하고 전임자에게 결례를 했다고 불쾌하게 생각해야 될지 모르겠다.

09

대통령경제수석비서관

(1997. 2 ~ 1997. 11)

1. 순풍 만난 경제팀

(1) 지금도 모르는 발탁 배경

1997년 2월 24일경일 것이다. 한·미 경쟁정책협의회 참석차 미국 출장에서 돌아온 직후다. 공정거래위원장실로 김영삼 대통령의 전화가 걸려 왔다. "경제수석을 맡길 예정이니 그렇게 알고 준비하라"는 말씀이었다. 공정거래위원장 임명 통보 때와 마찬가지로 "절대 비밀이데이!"라면서 철저 보안을 당부하셨다.

나는 전혀 예상치 못했던 통보여서 한편 매우 당황하면서, 다음과 같은 요지로 고사했다.

"경제수석으로 불러 주시는 것은 감사하지만, 공정거래위원장을 좀 더 했으면 합니다. 첫째, 공정거래위원장직을 수행하면서 많은 일을 벌여 놓고 있는데 이를 직접 마무리하고 싶습니다. 둘째, 청와대 근무 경험이 없는 제가 대통령을 지근거리에서 잘 모실 수 있을지 자신이 없습니다."

공정거래위원장으로서 하고 싶은 일이 너무 많다는 건 진심이었다. 경쟁원리에 충실한 정부의 기능, 이를 구체화하기 위해 규제개혁에 관한 청사진을 준비중이었다. 게다가 평소 나는 스스로를 참모형보다 지휘관형에 가깝다고 생각하고 있었다. 그러기에 대통령을 보좌하는 참모 역할을 수행하는 경제수석보다는 공정거래위원장이 보다 적성에 맞는 일이라는 생각에서 나온 진언이었다. 그래서 간곡한 사양의 말씀을 드린 것인데, 대통령이 전화를 하실 때는 이미 마음을 결정한 상태였다. 비록 임기직이지만 현직 공무원으로서 임명권자인 대통령의 뜻을 거부하는 것은 있을 수 없는 일이었다. 한편으로는 경제관료로서 경제부총리와 더불어 나라경제 전체의 운영을 책임지는 경제수석직에 대한 기대가 컸던 것도 사실이었다.

대통령의 전화 통보를 받고 며칠 후인 2월 28일자로 장관급 경제수석비서관으로 임명되었다. 김영삼 정부의 다섯 번째 경제수석이었다.

나는 왜 김 대통령이 나를 경제수석으로 발탁했는지 지금도 모르고 있다. 김영삼 정부에서 나의 전임 경제수석들은 그 자리를 맡기 전부터 어떤 형태든지 대통령과 많건 적건 개인적 인연이 있었던 걸로 알고 있다. 이것이 자연스럽고 업무의 성격을 생각할 때도 바람직스러울 수 있다. 그러나 나는 김 대통령과 개인적 인연이 전혀 없는 사람이다. 이례적인 수석 발탁이었다. 아마 내

1997년 2월 28일 경제수석 임명장 수여. 필자 다음으로 강인섭 정무수석, 김용태 비서실장. 뒤로 김광석 경호실장과 배석한 수석들이 보인다.

임명장 수여 후 수석비서관 전원 기념사진. 앞줄 왼쪽부터 반기문 외교안보, 강인섭 정무, 김용태 비서실장, 대통령, 박범진 신한국당 총재비서실장, 김광석 경호실장, 필자.

가 철도청장, 공정거래위원장으로서 최선을 다해 일하는 모습에서 좋은 인상을 받으시지 않았나, 추측만 할 뿐이다.

내가 경제수석으로 가기 직전인 그해(1997) 1월에 한보 부도 사태가 나면서 나라경제는 어려워지기 시작했다. 민심도 매우 좋지 않은 방향으로 흐르고 있었다. 대통령 아들 김현철 씨의 한보사태 관련설이 퍼지더니 급기야 구속까지 되었다. 김영삼 대통령은 국면 전환이 필요했다. 그럴 때 보통 쓰는 카드가 인사였다. 김 대통령은 총리, 부총리를 포함한 내각과, 비서실장을 비롯한 대통령비서실을 다 개편하여 심기일전한다고 결심하고, 내각에 앞서 먼저 비서실을 개편한 것이다. 나의 전임 경제수석인 이석채 씨는 대통령의 신임도 두텁고 업무능력도 탁월했지만 분위기 쇄신 차원에서 물러나게 되었다.

종전에는 청와대 수석비서관은 장관급과 차관급이 다 있었다. 정무수석과 경제수석의 경우는 장관급인 경우가 더 많았다. 그런데 김영삼 대통령은 취임 초, 힘이 있다고 생각하는 자리를 한 직급 낮추는 파격적 인사 원칙을 도입했다. 예컨대 안기부장은 장관급이지만 이전 정부에서는 사실상 부총리급 대우를 받고 있었다. 그런 안기부장을 명실공히 장관급으로 되돌리고 서열도 장관의 맨 마지막 자리에 두었다. 청와대 수석비서관은 차관급이라도 정부 부처의 장관을 좌지우지하는 경우가 많은데 직급까지 장관급이면 청와대 비서실의 독주가 더 심해질 수 있다는 판단에서 장관급 수석을 두지 않기로 했다. 비서실장만 장관급으로 하고,

나머지 수석들은 다 차관급으로 했다. 경호실장도 종전의 장관급에서 차관급으로 낮췄다. 이 원칙은 김영삼 정부의 거의 막바지까지 대체로 잘 지켜졌다.

그런데 내 전임 이석채 수석은 정보통신부 장관을 하다가 경제수석으로 옮긴 경우다. 나중 김대중 정부에서는 장관을 거친 사람도 청와대 수석으로 부를 때는 차관급으로 임명하는 경우가 있었지만, 이때만 해도 관료사회에서 장관을 지낸 사람이 차관급 보직을 맡는다는 것은 상상하기 어려운 일이었다. 이석채 수석의 경우는 다른 수석에도 영향을 미쳤다. 수석 중 서열상 선임인 정무수석과의 관계에서 문제가 있다고 보았는지 당시 실세로 불리던 이원종 정무수석이 장관급으로 격상되고, 자연히 경호실장도 과거처럼 장관급으로 되돌아갔다.

내가 경제수석에 임명될 때 네 명이 함께 임명되었다. 김광일 비서실장 후임으로는 김용태 씨가 임명되었다. 김용태 비서실장은 민주자유당 정책위의장과 원내총무를 역임한 중진 정치인으로 그 전해 제15대 총선에서 낙선한 상태였다. 전임 김광일 실장은 얼마 후 장관급 대통령특별보좌관에 임명되었다. 역시 장관급인 정무수석에는 당시 여당 부총재였던 언론인 출신 강인섭 씨가 임명되었다. 조달청장 유재호 씨는 차관급 총무수석으로 임명되었다. 그래서 내가 청와대에 들어갈 때는 비서실장, 정무수석, 경제수석, 경호실장, 대통령특보의 다섯 명이 장관급 보직을 받고 있었다.

만일 차관급 수석을 고수하는 인사 원칙이 이석채 수석 때문에 깨지지 않았더라면, 이미 장관급 공정위원장을 맡고 있던 내가 경제수석으로 가지는 않았을 것이다. 게다가 후배들(한이헌, 구본영, 이석채)이 이미 거쳐 간 자리이기도 해서, 관료적 시각에서는 내가 맡기엔 좀 맞지 않는 면도 있었다. 이런 배경과 과정을 거쳐 팔자에 없는 경제수석을 맡게 되었다.

(2) 첫 보고 "경제는 경제논리로"

임명을 받고 약 일주일에 걸쳐 어떻게 경제에 대해 대통령을 보좌할 것인지, 또 앞으로 임명될 새 경제부총리를 비롯한 내각의 경제장관들과 어떻게 협조하며 경제를 이끌어가야 할지 생각을 가다듬기 시작했다.

사실 내가 알고 있는 김영삼 대통령은 특히 경제 분야에 대해 구체적인 지시를 하는 분은 아니었다. 대개는 "부총리와 경제수석이 잘 협의해서 경제를 잘 처리해 달라"는 정도만 말하고, 기본적으로 정치인이기 때문에 현안 경제문제가 잘 처리되지 않아 사회문제, 정치문제로 번져 나가는 것을 가장 경계했다. 어찌 보면 대범하고 정치가답게 큰 틀로 접근하면서 경제문제에 관한 한 경제부총리와 경제수석에게 대체로 위임하는 스타일이었다. 나는 대통령의 이러한 스타일을 잘 알고 있었기에, 내가 생각하는 바를 보고드려서 좋다고 하시면 그게 바로 대통령의 지침이 될 것으로 생각했다. 그래서 김호식 비서관(후에 국무조정실장, 해양수산부 장관, 국민연금관리공단 이사장)의 경제정책비서관실이 중심이 되어 나의 경제관과 경제운영 방식을 구체화하는 작업에 박차를 가했다.

그사이 3월 5일 개각이 발표되어 총리에 내무부 장관과 서울
시장을 역임한 고건 명지대 총장, 경제부총리에는 재무부 장관을
역임한 강경식 의원이 임명되었다. 신임 경제부총리와 앞으로 해
나갈 경제 운영 방향에 대한 대통령의 기본적인 생각을 전달하고
주요 정책 방향에 대해 두 사람의 생각을 맞추는 것이 시급했다.
서둘러 '현 경제상황에 대한 인식과 대응'이라는 제목의 보고서
를 완성해 3월 7일 오전에 대통령께 보고를 드리고 구두 재가를
받았다. 앞으로의 경제 운영 방향에 대한 대통령의 지침을 받음
으로써 신임 경제수석이 가장 먼저 해야 할 일을 마무리했다.

보고서는 한국경제가 가야 할 방향에 대한 평소 나의 생각을
바탕으로, 당시의 경제 상황을 감안하여 우리 정부가 추구해야
할 구조적인 시각에서의 정책 대응의 기조와 방향을 제시하는 내
용이었다. 나는 "어려워지는 경제 상황 속에서 정치권 등이 인위
적 경기부양을 강력하게 요구할 것이다. 그러나 정부의 적절한
역할의 범위 안에서, 그리고 국제규범이 허용하는 범위 안에서
정부 정책이 작동되어야 한다"고 강조하여, 경제정책에서 정부의
역할의 한계를 대통령께 분명히 말씀드렸다. 이어 "단기적으로는
힘들더라도 모든 정책은 경제논리에 맞게 추구되어야 한다"고 전
제한 뒤 경제의 경쟁력 강화, 선진국형 물가안정 기조의 정착, 경
제의 구조조정을 통한 체질 개선과 성장잠재력 확대, 규제개혁을
통한 시장기능의 활성화 등을 경제정책 대응의 기조로 삼아야 한
다고 보고했다. 특히 "정부는 기업, 국민 등 각 경제주체들에게

'시장'에서 '시장기능을 통해서'만 모든 경제문제를 해결하겠다는 원칙을 분명히 전달해야 한다"는 의지를 확고하게 밝혔다. 나의 평소 철학을 가감 없이 반영한 것이었다.

(3) "시장 중심으로" 의기투합한 경제팀

그동안 누가 부총리가 될 것인가를 놓고 세간의 관심이 많았다. 하마평도 무성했다. 여당 정책위의장 이상득 씨와, 김영삼 정부 개각 때마다 단골로 거론되던 강경식 의원 등이 물망에 올랐다. 결국 이수성 총리가 고건 총리로 바뀌고, 경제부총리는 이번엔 소문에 그치지 않고 정말로 강경식 씨가 발탁되었다. 일부 각료도 교체되었다.

과거에는 부총리와 경제수석이 출신 배경도 다르고 경제철학도 달라 갈등을 빚는 경우가 많았다. 갈등이 생기면 누가 더 실세냐에 따라 실세가 경제를 좌지우지하곤 했다. 강경식 씨 임명에 나는 안도의 한숨을 쉬었다. 강 부총리와는 경제에 대한 생각이 큰 틀에서 비슷하기 때문에 청와대와 내각의 정책 협조나 조율에 크게 애를 먹을 일이 없을 것이라 생각했기 때문이다. 언론도 이 점을 들어 "환상의 콤비"라며 매우 긍정적으로 평가하고 있었다.

나는 3월 7일 대통령께 대한 보고가 끝난 즉시, 그 전날 임명장을 받은 강경식 부총리와 오찬을 겸해 정책협의를 위한 회동을 가졌다. 부총리 내정이 발표됐을 때부터 이미 둘이 잡아 놓은 스케줄이었다. 경제팀의 첫 정책협의였다. 예상대로, 내가 마련한 정책의 큰 틀에 대해서는 강 부총리도 이견이 없었다. 우리는 갈등과는 거리가 먼, 실질적으로 거의 같은 생각을 가진 하나의 경제팀임을 재확인했다.

우리 두 사람은 당시 관료사회에서 누구라도 인정하는 대표적인 자유시장경제론자였다. 규제를 최소화하고, 정부는 기업과 시장의 활동을 뒷받침하는 역할을 수행해야 한다는 생각을 공유하는 사이였다. 이 점은 정부와 시장, 기업과 언론에 익히 알려져 있었기에 여론과 언론의 반응은 호의적일 수밖에 없었다. 구상하고 있는 경제정책을 추진하기에 좋은 환경이 마련되고 있었다.

첫 정책협의에서 우리는 큰 틀의 경제 운영 기조와 방향 외에도 많은 현안과 앞으로의 역할 분담에 대한 논의도 했다. 금융실명제 보완, 환율, 한보 파산 후유증 처리, 삼미 부도 가능성에 대한 대처, 금융자율화와 금융개혁 등이 주요 현안이었다.

규제개혁의 방향과, 규제개혁의 주무부처를 재경원과 공정거래위원회 중 어디로 할 것인가도 논의했다. 나는 "재경원은 그 자체가 규제의 본산이기 때문에 규제개혁의 주체로서 적합하지 않다. 공정위에 있을 때부터 규제개혁의 방향에 대해 많이 생각했는데, 규제개혁은 공정위가 공정거래법이 준 권한에 따라 맡아서 추진하는 것이 가장 적법하고 합리적이라는 결론을 얻었다. 공정위는 그동안 연구와 경험을 많이 축적했으니 규제개혁 주체가 되기에 부족함이 없을 것"이라는 의견을 밝혔다. 강 부총리도 대체로 나의 생각에 동의했으나, 경제정책의 총괄·조정 기관인 재경원 장관으로서의 입장도 있으니 이 문제는 좀 더 시간을 갖고 협의하자고 했다.

이렇게 강경식·김인호 경제팀은 출범했다. 여건은 무척 어려웠으나 우리가 극복하지 못할 이유가 없다는 자신감에 차 있었다. 두 사람의 의견 일치는 새 경제팀이 순항할 것이란 예고였다.

(4) 경제팀과 한은총재 '도원결의'

청와대 비서실 개편과 개각이 있은 다음주인 1997년 3월 11일 저녁, 나와 강경식 부총리 그리고 한국은행 이경식 총재가 여의도의 한 음식점에서 만났다. 경제 현안 전반에 대한 중앙은행의 의견을 듣는 동시에, 금융개혁 문제 등에 대해 심도 있게 논의했다.

이경식 한은총재는 나와 강 부총리에게는 경제기획원 선배다. 김영삼 대통령 정부 첫 부총리를 역임하고 한국은행 총재가 되어 있었다. 부총리, 경제수석, 한국은행 총재까지 모두 기획원 출신으로 채워진 것이다. 이렇게 같은 부처 출신에다 경제와 금융에 대한 생각이 비슷한 사람들로 경제 사령탑이 채워진 것은 전례가 없었다.

금융개혁 논의가 과거 여러 차례 있었지만, 재무장관과 한은총재의 견해차로 무산된 적이 많았다. 그만큼 금융개혁은 예민한 사안이었다. 그러나 공통점이 많은 세 사람이 의기투합한다면 못할 일도 아니었다. 정말이지 절호의 기회였다. 우리는 우리가 재임하는 동안에 금융개혁을 완수하자는 굳은 결의를 했다.

우선 우리는 이석채 전 수석이 이번 금융개혁 과제에서 실질적으로 제외해 장기과제로 돌려 놓은 '중앙은행 독립'과 '금융감독 기능 재편' 과제를 이번 개혁과제에 포함해 추진하기로 합의했다. 우리는 금융시장을 시장기능에 따라 움직이도록 정상화하고, 금융산업을 국제적 수준의 경쟁력 있는 산업으로 육성할 수 있는 기반을 정비하는 것이 금융개혁의 본질이라고 보았다. 이를 위해 가장 중요한 것이 중앙은행의 역할이고, 다음이 금융감독기능이다. 이 두 가지를 가지고 정부가 금융시장을 관리하기 때문이다. 이것을 빼놓는다면 금융개혁 추진의 의미가 반감된다는 데 우리는 의견이 일치했다.

금융개혁을 추진한 그해(1997)는 김영삼 대통령 집권 마지막 해였다. 다음 대통령이 누가 될지 모르지만, 같은 여당에서 대통령이 나오더라도 우리가 다음 정부에서 일을 또 맡기는 어려울 것이었다. 우리 모두 마지막 공직이라고 생각하고, 해야 할 일은 반드시 하고 그만두자는 말들이 오고갔다. 이렇게 어려운 일을 하다 보면 사후에 희생양을 만들기 마련인데, 이경식 총재는 "내가 나이도 제일 많고 부총리도 지내고 할 것을 다 한 사람이니까, 만일 우리 중에 희생양이 나와야 된다면 내가 되겠다"는 비장한(?) 결의까지 표명했다.

그 밖에 환율을 기본적으로 시장기능에 맡기는 문제, 당시 300억 달러를 조금 밑돌던 외환보유고를 확대하는 문제 등이 논의됐다. 그때까지 300억 달러 수준의 외환보유고로도 아무 문제가 없었지만, 여러 가지 대외 환경이 급변하는 상황에서 500억 달러 수준은 되어야 어느 정도 안심할 수 있다는 데 의견이 일치했다. 그 수준을 확보하는 데는 시간이 필요했다. 우선은 원화 절하(환율 상승)를 감수하고서라도 무역수지 흑자분을 외환보유고 확충에 충당하기로 하고, 재경원과 한국은행이 이런 방향으로 외환수급정책을 펴 나가기로 합의했다.

2. 기업 부실화 대응

(1) 기업 부실화의 진전

결과적으로 9개월이 채 안 되는 나의 경제수석 재임 기간중 다음에 기술할 금융개혁과 더불어 내가 가장 많은 시간을 투입한 과제는, 한보 부도 이후 계속된 기업들의 부도 사태에 대한 대응이었다. 이 두 과제는 긴밀하게 연결돼 있었다.

거의 한 달에 하나꼴로 기업의 부도 사태가 계속되고 있었다. 한보에 이어 삼미, 진로와 해태가 문제가 되었다. 그동안 기업들은 과도한 차입경영에 의존해 왔다. 그러나 갑자기 외국으로부터 문제가 터지고 있었다. 부도 위기의 기업들은 정부에 구제를 요청하고 정부는 기업의 이 구제 요청을 어떻게 처리할 것인가로 고민하고 있었다.

1996년 말부터 자금위기에 몰린 한보가 1997년 1월 23일 결국 부도처리되었다. 1월 31일에 정태수 회장이 구속되면서 금융시장은 매우 흔들리고 있었다. 이 여파로 내각과 대통령비서실이 개

1997년 9월 10일 경제 5단체장 초청 청와대 오찬. 정면 오른쪽 김영삼 대통령부터 시계방향으로 구평회 무역협회장, 김창성 경총 회장, 김용태 비서실장, 신우재 공보수석, 필자, 정몽구 전경련 부회장, 박상희 중기중앙회 회장, 김상하 대한상의 회장.

편된 것이었다.

IMF는 한보 부도 사태를 보면서 한국 금융의 여러 가지 구조적 문제점을 지적하고 있었다. 당시의 지적을 보면 첫째, 은행의 여신 관행이 놀라울 정도로 후진적이다. 독자적이며 상업적인 판단이 아니라 정부의 정책 결정에 따르는 관행에 너무 익숙해져 있다. 특정 대기업에 과다한 여신을 제공하면서도 대손충당이나 적정 자기자본 유지, 유동성 관리 등 독자적인 관리가 부족하다는 것이다.

둘째, 이를 감독해야 할 감독기관도 느슨하기 짝이 없다. 재벌들은 금융기관의 주주나 경영진 누구에게도 견제를 받지 않고 거액의 여신을 빌려와 수익성이 높을 것으로 예상되는 반도체와 자동차에 투자했다. 단기채를 빌려와 장기시설에 투자하다 보니 재벌들의 부채비율은 갈수록 높아지고 있었다. 그리고 사실상 채무인데 은행의 재무제표에는 자산으로 쌓여 있는 것이 현실이었다.

당시 금융기관과 대기업의 기업 부도에 대한 일반적 사고는 '대마불사'였다. 기업이 커지면 사회에 미치는 영향이 크기 때문에 부도를 내야 되는 상황에도 부도를 내지 못할 것이라고 안이하게 생각했다. 정부가 한보와 같은 대기업을 부도 내지 못할 것이라는 것이 일반적인 인식이었다. 그런데 한보의 부도처리가 현실로 나타났다. 그제야 금융기관들은 정신이 번쩍 들어 부실 가능성이 있는 기업에 대해 과도하게 채권을 회수하기 시작했다.

이 과정에서 한보 이후 3월에는 삼미그룹이, 4월에는 진로가 부도났다. 쌍용차도 위기에 몰린 상태였고, 5월에는 대농그룹이, 6월에는 한신공영이 부도처리되었다. 한 달에 1~2개 대기업이 부도가 나고 있었고, 순환출자구조로 묶여 있다 보니 하나가 부도나면 그룹 내 다른 계열기업에도 연쇄부도가 발생했다. 나아가 거래협력업체까지 부도가 나는 '부도 도미노' 현상이 일어나고 있었다. 시중에는 "5대 재벌을 제외하고는 부도 가능성에서 자유로운 기업은 없다"는 말까지 떠돌 정도가 되었다.

이런 사태에 직면하자 김 대통령은 강경식 부총리와 나에게 "절대 부도 내지 말라"는 말씀을 자주 하셨다. 김 대통령은 한보 부도 이후 이 경제적 사안을 정치적 사건으로 몰아가면서 사랑하는 아들까지 구속하게 한 절체절명의 정치위기를 떠올리지 않을 수 없었을 것이다. 우리는 '부도는 내는 것이 아니라 나는 것이다' 라고 생각했지만 생각 그대로 가감하지 않고 대통령께 말씀드리기는 쉽지 않았다. 정부가 부도를 내는 것이 아니라 기업의 채무가 쌓이고 은행이 그 채권을 회수하기 시작하면 부도가 나는 것이라는 것은 경제나 경영을 아는 사람에게는 상식이다. 하지만 김 대통령은 경제에 대한 깊은 지식을 갖고 있지 않았기 때문에 부총리와 경제수석이 마음만 먹으면 부도를 내지 않을 수 있다고 생각하시는 것 같았다. 이석채 수석의 진언에 따라 한보의 부도를 용인한 것을 후회하는 듯했다.

하기야 그전에 그렇게 정부가 과도하게 경제에 개입한 적이 많았기 때문에 김 대통령이 그렇게 생각하는 것이 전적으로 무리만도 아니다. 대통령 입장에서는 경제도 경제지만 부도로 인해 정치와 사회가 불안해지고, 국가 전체의 안정성이 흔들리는 것에 대해 더 걱정을 하는 것이었다.

사실 한보사태 이후 야권의 총공세는 대통령과 여권을 최악의 궁지에 몰아넣고 있던 터이기도 했다. 여기에 언론도 앞뒤 생각 없이 한보사태를 정경유착으로 몰고 가 상황을 더 악화시키고 있었다. 많은 국민들도 한보 부도라는 경제문제를 정치의 관점에서만 보고 비판했다. 경제논리는 실종하고 말았다. 한국의 정치가 지나치게 경제를 간섭하고 지배해 온 결과였다. 그 후유증을 온 국민이 아프게 경험하게 된 것은 시간이 얼마 지나서였다.

(2) 부도유예협약 구상

이 문제의 처리를 위해 강 부총리와 수시로 만나고 통화를 하면서 의견을 조율했다. 수시로 관계부처 장관회의를 열고, 금융기관 책임자와 상의하고, 기업의 이야기도 들었다. 이 과정에서 나온 것이 '부도유예협약'이라는 제도였다.

기업이 부도 위기에 몰리더라도 바로 부도를 내지 말고 2~3개월의 여유, 즉 냉각기를 갖고 판단하자는 것이 부도유예협약의 취지였다. 금융기관이 해당 기업으로 하여금 스스로 자구계획을 제출하도록 유도하고, 그 계획의 실천 여부를 점검하면서 추가적인 자금지원으로 살아날 수 있는 기업은 살리자는 것이 이 협약의 전제였다. 그러나 자구노력을 기피하거나 이런 노력에도 불구하고 구조적으로 경영부실에서 헤어 나오기 어렵다고 판단되는 경우에는 부도처리를 하자는 것이었다. 금융기관들도 대체로 이 아이디어에 동의했다.

부도유예협약은 체결 이후 1997년 4월에 진로그룹에 첫 적용되었다. 5월에는 대농그룹에 적용되었고, 6월에는 재계 6위 쌍용그룹의 자금위기에도 적용 가능성을 검토했다. 7월에 기아그룹에 대한 적용이 결정되었다. 이때까지 이 부도유예협약은 당초 만든 의도에서 크게 벗어나지 않고 그런대로 효율적으로 활용되고 있었다.

(3) 외환위기의 배경이 된 기아사태

기업 부실 문제의 정점이라고 할 수 있는 기아사태가 발생하면서 모든 것이 헝클어지기 시작했다. 기아는 거듭 무리한 확장을 시도하다 최악의 자금부족 상태에 이르고 말았다. 7월 15일 부도유예협약의 적용을 받은 기아의 김선홍 회장과 노조는 협약에 의한 채권금융기관과의 약속인 자구계획을 세워 채권금융기관들을 설득하는 노력을 전혀 하지 않았다. 그 대신 노조를 동원한 힘의 논리로 정부와 은행들을 위협하는 어처구니없는 행태를 보였다. 나아가 언론을 활용하여 자신들이 약자라며 사회 정서에 호소하는 도덕적 해이마저 나타냈다. 언론도 턱도 없이 기아를 '국민기업'이라 부르며 김 회장과 노조를 부추겼다.

기아는 부도유예협약으로 일시 자금위기를 모면한 기회를 이용하다가 갑자기 화의를 신청하여 정부와 채권금융기관과의 약속을 위배해 버렸다. 나중에는 우리 사회 각계각층의 지도자들과 정치권의 김대중, 이회창 등 여야 지도자들이 모두 나서 '국민기업 기아'를 살리라고 몰아가면서 기아에 대한 제대로 된 처리를 못하게 막았다.

도대체 어떻게 기아가 국민기업인가? 기아는 1944년 김철호라는 사람이 자전거공장에서 출발해 만든 순수 개인기업이었다. 1997년 당시 김선홍 씨는 전문경영인이었다. 설사 국민들의 세금으로 만든 기업일지라도 그 엄청난 부실을 안고 있는 기업을 그대로 두란 말인가? 기아는 그야말로 생떼를 썼다. '국민기업'이라는 전혀 근거 없는 여론몰이에, 표만을 의식한 김대중·이회창 후보는 사태의 본질을 완전히 외면하고 말았다. 거기에 비이성적 국민감정마저 가세하니 금융기관이나 정부로선 통제불능이었다.

국제금융시장은 이 과정을 지켜보면서 대단히 실망했다. 한국이 제대로 문제를 인식하지 못할뿐더러 정치권과 노조, 사회의 여론 형성자들의 비합리적이고 비시장적인 주장으로 문제 해결을 더 어렵게 만들고 있다는 판단을 했다. 한국이 이제까지는 잘해 왔으나 앞으로는 잘해 나갈 보장이 없다는 생각에서 한국에서의 탈출을 시도하기 시작했다.

1997년 말의 외환위기 발생 배경에는 다양한 측면과 요소가 있었다. 그러나 기업의 부실과 이의 처리 과정에서 보인 정치, 사회 지도자들의 행태는 그중 가장 중요한 직접적인 배경이 되었다. 기업 부실 자체도 문제지만 이를 처리하는 과정이 더 문제가 되었던 것이다. 그중 가장 대표적인 것이 기아자동차 처리였다. 정부의 정책적 추진 노력을 방해하는 세력에 의해 국가가 중심을 잃어 가는 모습을 보면서 국제금융시장이 한국으로부터 등을 돌리기 시작한 것이다.

기업 부실화의 연쇄적인 진행과 이에 대한 대책 마련은 수석 재임 전 기간에 걸쳐 내가 가장 많은 시간을 빼앗긴 과제였다. 나는 경제부총리와 무수한 협의를 했다. 이 외에도 관계 장관들, 관계 금융감독기관, 금융기관 들과의 협의 등 셀 수 없는 협의와 대책회의를 거듭했다. 기아 문제만 가지고도 스무 번 가까운 관계 기관회의와 협의를 가졌다. 이 전 과정을 거치면서 한국의 고성장 신화, 기업의 확장경영이 초래하는 비극을 실감하면서 우리의 경제운영 기조가 '시장으로의 귀환'을 하지 않으면 안 된다는 점을 또 한 번 뼈저리게 느꼈다.

뒤안길 │ 부도유예협약에 대한 논란

흔히 우리나라 금융의 행태는 '햇볕이 나면 우산을 빌려주고, 비가 오면 우산을 거둬들인다'라고 비유된다. 세상의 기본 이치와 완전히 거꾸로 가는 것이 금융기관들의 행태였다. 당장은 자금사정이 어렵지만 구조적인 문제가 없는 기업의 경우에도 금융기관이 부도 가능성이 좀 있다고 판단해 바로 대출금 회수부터 한다면 그런 상황에서 견딜 수 있는 기업은 없다.

'부도유예협약'의 형식은 금융기관의 자율협약의 형태였다. 정부의 의지와 금융기관의 필요성이 합해져서 1997년 4월 21일 금융기관 간에 최종 체결된 제도가 이 부도유예협약이었다. 원명은 '부실 징후 기업의 정상화 촉진과 부실채권의 효율적 정리를 위한 금융기관 협약'이란 긴 이름이었다.

이 협약에 대해 많은 말들이 있었다. "강경식과 김인호 같은 시장주의자들이 그들의 평소 주장과는 정반대의 제도를 만들었다"는 지적이었다. 평소 우리의 주장이라면 문제 기업은 부도를 내는 것이 시장원리에 맞는다는 것이다. 심지어 중앙일보 편집국장을 지낸 이장규 교수(서강대 초빙교수, 대외부총장)도 이러한 생각을 가지고 있었다. 나중에 2013년 6월 7일 '김영삼민주센터'의 의뢰에 의해 나와 가진 '외환위기 관련 대담'에서 그는 이 문제를 강하게 지적하며 나와 심각한 토론을 한 적도 있다.

그러나 나는 이 제도는 당시 우리의 기업과 금융의 현실을 고려할 때 생각할 수 있는 차선책이었다는 판단을 했고, 지금도 이 생각에 변함이 없다. 혹자는 "대통령의 부도 내지 말라는 무리한 주문을 소화시키려고 궁여지책으로 만든 것"이라며 강 부총리나 나를 동정해서 이야기하기도 한다. 강 부총리의 진정한 속내까지는 모르겠다. 하지만 나는 대통령의 불합리한 주문을 받들기 위해 소신이나 생각과 전연 배치되는 정책을 수용한 것은 결코 아니었다. 다음 김대중 정부에서 이런 유사한 상황에 대응하기 위해 도입하여 활용한 제도인 '워크아웃' 제도도 이 협약과 본질적으로 다르지 않았다.

3. 금융개혁

(1) 닻 올린 금융개혁

막 출범한 경제팀의 가장 심각한 현안은 나와 강경식 부총리가 첫 회동에서 논의한 바 있는 한보 부도 사태의 수습이었다. 앞으로 연이어 발생할 기업 부도에 대한 사전대책도 수립해야 했다. 그 전해인 1996년 막대한 무역수지 적자가 발생함에 따라 국제수지의 균형 기조 회복과 외환 수급 문제 역시 중요한 현안이었다.

이 모든 현안의 밑바탕에, 합리적이고 효율적인 금융시장과 금융산업에 대한 요구가 깔려 있었다. 이는 바로 금융개혁의 당위성으로 연결되고 있었다. 다시 말해, 우리나라 금융이 변하지 않으면 아무것도 될 수 없다는 엄중한 상황이 현실로 다가온 것이었다. 나의 경제수석 재임중 가장 역점을 두고 한 일이 바로 이 금융개혁이다.

나와 강경식 경제팀이 꾸려지기 전인 1997년 1월 7일, 김영삼 대통령은 연두기자회견을 통해 시정방침을 밝히면서 금융개혁의 추진 계획과 이를 위한 금융개혁위원회 설치를 발표했다. 잔여 임기를 1년여밖에 남기지 않은 시점에서 한국경제의 해묵은 숙원을 풀겠다는 어려운 결단을 한 것이다.

1월에 대통령 직속 자문기관으로 금융개혁위원회가 만들어졌다. 초대 위원장에 박성용 금호그룹 회장, 부위원장엔 금융 분야의 저명한 경제학 교수인 서강대 김병주 교수가 각각 임명됐다. 각 분야의 위원들과 이들을 보좌할 전문위원단이 구성되고 행정실도 만들어졌다. KDI의 이덕훈 박사가 전문위원단장 겸 행정실장을 맡았다. 당시 금융개혁의 기본 방향 중 하나는 '수요자 중심의 개혁'이었다. 그래서 주로 기업 하는 사람들과 학자들, 그리고 금융기관 중에서도 민간금융기관의 전문가들 중심으로 위원들을 구성하고, 전문위원들도 한국은행과 국책금융기관 사람들은 최대한 배제했다.

금융개혁 과제는 크게 '단기과제', '중기적이며 구조적인 과제', '장기과제'의 세 범주로 나뉘었다. 단기과제는 법령의 제·개정 없이 정부의 정책이나 제도를 변경해서 바꾸어 나갈 수 있는 과제였다. 중기과제는 법령의 개폐가 수반되는 중요한 구조적 과제였다. 장기과제에는 당장 결론을 내리는 것보다 장기적으로 연구를 먼저 한 후에 추진할 과제로, 산업은행과 같은 개발금융의 개선 방향 등이 들어 있었다. 각 과제들은 금융제도 개선을 통해 직접하거나, 세제(稅制) 개선을 통해 접근하는 두 가지 방식으로 추진하도록 되어 있었다.

당시 나의 전임 이석채 경제수석은 '중앙은행 기능 재정립'과 '금융감독제도 개편'을 당면 개혁 대상에서 제외했다. 워낙 쟁점이 많고 과거에도 여러 번 제기되었다가 그냥 덮어졌던 과제이기에 장기과제로 분류했다. 금개위도 이 구상을 따랐다. 그 과제 때문에 다른 과제를 해결하지 못할 수 있다는 우려가 작용했기 때문이다.

(2) 금융개혁위원회 1차 작업

1997년 1월 7일 금융개혁위원회가 출범하고 2월 말~3월 초에 나와 강경식 부총리의 경제팀이 금융개혁 과제를 이어받았다. 우리는 전임 이석채 경제수석이 마련한 금융개혁의 큰 틀을 그대로 계승하되, 전임 경제팀이 너무 어려워서 장기과제로 빼놓았던 중앙은행과 금융감독제도 개편을 2차(중기) 작업 대상 과제에 포함시켰다. 그래야 금융개혁이 실질적으로 마무리된다는 확신에서였다.

당시 강경식·김인호 경제팀의 의지가 어떠했는지는, 금개위가 약 1년간의 활동을 끝낸 1998년 1월 그간의 활동 결과를 정리해 발간한 방대한 『금융개혁백서』의 말미, 김병주 부위원장의 글이 말해 준다. '금융개혁위원회 운영: 회고와 반성'이라는 30쪽 남짓 분량의 글에서 김 부위원장은 금개위 운영의 전 과정과 그 활동이 갖는 의미, 그리고 제기되었던 중요한 이슈들을 잘 요약 정리하고 있다. 그 글 속에 다음과 같은 내용이 있다.

경제관료는 일반적으로 전임자가 벌인 일을 뒤치다꺼리하기보다 새로운 일을 착수하기를 선호하는 속성이 있다. 신임 경제팀은 이와 같은 관례와는 대조적이었다. 김인호 경제수석은 취임 초부터 금융개혁 추진에 적극적이며, 특히 대기업그룹의 금융투명성 제고를 위한 결합재무제표의 도입 등 회계제도 개선의 필요성을 강조했다. 강경식 부총리 역시 금융개혁에 상당한 열의를 보였다. 즉 그는 위원장단(행정실장 동석)과의 첫 대면(3월 11일)에서 금개위가 단기과제를 조속히 매듭짓고 3가지 기본 개혁과제(즉 장기과제로 미루었던 중앙은행 독립, 감독체제 정비, 은행 소유구조 문제)를 앞당겨 심의해, 6월경 개최될 임시국회에서 개혁법안을 입법 처리할 수 있도록 협조를 당부했다.

이와 같이 강 부총리와 내가 전임자의 금융개혁 과제를 오히려 더 강화하여 이어받은 것은 관료사회에서 흔히 보는 행태는 아니었다. 고위관료들은 대부분 전임자를 애써 부정하고 일을 시작해야 자신이 돋보인다고 생각한다 해도 지나친 말은 아닐 것이다.

금개위의 1차 작업인 단기과제에 대한 검토가 3월부터 4월 중순경에 걸쳐 이루어졌다. 결과를 정리하여 대통령께 보고하기 전에 경제수석실과 재정경제원에도 전달되었다. 금융개혁 과제에는 금융뿐 아니라 세제에 대한 내용도 많았다. 그래서 나는 재정경제원의 금융정책실과 세제실에 실무 검토를 지시했다. 금개위의 제안에 대한 검토의견을 과제 아이템별로 보고하라는 지침을 금융조세 담당 윤진식 비서관(후에 산업부 장관, 경제수석비서관, 국회의원)을 통해 주었다.

금개위의 제안에 대한 재경원 실무진의 반응은 대부분의 과제에 대해 회의적이었다. 그대로 받기 어렵다는 것이었다. 나는 4월 12일 토요일 오후, 금융정책실과 세제실의 각 실장과 국·과장 전원을 청와대 수석실로 집합시켰다. 당시 금융정책실장은 윤증현, 세제실장은 남궁훈(후에 예금보험공사 사장, 금융통화위원)이었다. 그 자리에서 나는 위원회가 건의한 각 과제에 대한 검토의견을 과제별로 듣겠다고 말했다. "내용을 만일 받을 수 없다면 그 이유를 설명하라. 아무 편견 없이 들을 테니 나를 설득하라. 일리가 있다면 위원회 제안을 거부하겠지만, 만일 나를 설득시키지 못하면 위원회 안을 받으라"고 했다. 각 아이템별로 밤늦게까지 논의가 이어졌다.

단기과제 중 금융 고유 부문은 결국 약 85퍼센트 수준까지 받아들여졌다. 재경원 실무진이 대부분의 건에 대해 위원회의 제안을 받지 못하겠다는 이유에 대해 나를 충분히 설득하지 못한 것이다. 반면에 세제 관련 부문은 매우 복잡하고 전문성이 필요한 분야인 데다 위원들 중 기업인들이 자신들의 이해를 반영한 의견도 많아 위원회의 제안을 그대로 받기에는 문제가 적지 않았다. 결국 약 50퍼센트 수준의 수용에 머물고 말았다. 나는 회의 결과 정리된 안을 들고 금개위에 나가, 위원회가 건의한 사항 중 어떤 것은 수용하고 어떤 것은 수용하지 않는 이유를 충분히 설명하여 위원들의 이해를 구했다.

법 개정 없이 정책으로 해결할 수 있는 1차 과제는 이 정도의 수준으로 완료하고, 4월 14일 대통령 보고 후 바로 시행에 들어갔다.

(3) 중앙은행과 금융감독제 개편

다음으로 추진할 2차(중기) 과제가 훨씬 중요한 작업이었다. 많은 내용이 있지만 가장 핵심적인 과제는 중앙은행 독립과 금융감독 제도 정비, 은행의 소유구조 문제였다. 전임자가 장기과제로 미루어 놓았던 것을 앞당겨서 추진하는 것이었다. 2017년 3월 중순부터 6월 3일까지 금융개혁위에서 작업을 했고, 그 결과가 6월 3일 대통령을 모신 가운데 제2차 금융개혁안으로 보고되었다.

2차 보고안은 6월 임시국회에서 관련법 개정을 전제로 한 작업이었으나, 많은 쟁점을 해소하지 못한 채 남기고 있었다. 김 대통

대통령 주재 금융개혁위원회 제2차 보고회의(1997. 6. 3).

령은 당정협의와 임시국회 제출을 지시하면서, 부총리와 경제수석이 협의하여 조정안을 만들도록 지시했다.

쟁점을 남긴 채 제안된 과제를 매듭짓기 위해서 나와 강 부총리, 이경식 한은총재, 박성용 금융개혁위원장의 4인이 실무진의 배석 없이 만나 결론을 내리기로 했다. 과거부터 워낙 쟁점이 많던 것이어서, 실무자가 배석해서는 결론이 나지 않을 것으로 판단했다.

6월 4일 저녁에 4인이 청와대 서별관에 모였다. 단순 기록을 위해 실무진 중 경제수석의 보좌관만 배석하기로 했다. 당시 보좌관인 김경동 과장은 이미 EU 주재관 파견 명령을 받아 후임 최경환 과장과 인수인계 과정에 있었기에 인수인계를 겸해 두 사람 모두 배석하게 되었다. 강 부총리가 좋은 위스키를 한 병 가져와 저녁식사를 하면서 나누어 마셨다. 우선 좋은 분위기가 조성되었다.

보통의 경우라면 부총리가 회의 주재를 하지만 이날은 내가 하는 것으로 했다. 금융개혁은 대통령의 지시사항이고 금융개혁위원회도 대통령의 자문기구라는 점이 고려되었다. 위원회의 활동 결과의 대통령 건의사항을 대통령을 보좌하는 경제수석이 사회를 보면서 검토하는 것이 일의 성격에 맞는다는 생각이었다.

내가 사회를 보아야 하는 더 중요한 이유가 있었다. 부총리가 아무리 균형감각이 있다고 하더라도, 재정경제원 수장으로서 자유스럽지 못한 부분이 있다. 한국은행 총재도 기관의 입장을 전혀 무시할 수 없다. 그래서 이 문제에서 전적으로 자유로운 경제수석이 회의를 사회 겸 주재하는 것으로 했다.

"이제까지 그래 왔던 것처럼, 앞으로 토론을 하면서 각 기관의 입장 같은 건 이야기하지 말자. 어차피 우리 모두 이 정부와 같이 공직을 마무리할 사람들인데, 각 기관의 입장을 떠나서 무엇이 한국의 금융산업과 금융시장에 좋은지만을 생각하면서 논의하자."

나는 토론에 앞서 이렇게 이야기하고, 내가 작성한 항목별 토의 순서에 따라 토의에 들어갔다.

놀랍게도, 그 많은 쟁점에 대해 네 명 사이에 거의 다 이견 없이 합의가 이루어졌다. 한국은행법을 중앙은행법으로 명칭과 내용을 바꾸는 전제하에,

· 중앙은행제도의 개념 정립,

- 중앙은행의 설립 목적과 주기능 재정비,
- 중앙은행의 주체를 금융통화위원회로 하고 한국은행을 집행 기구로 하는 동시에, 금통위 의장이 한국은행 총재를 겸직하게 함으로써 중앙은행의 독립성 보장,
- 금융통화위원회의 합의제 행정기구로서의 성격 확립, 이를 통해 제반 법률적 쟁점 최소화,
- 기존의 3개 금융감독기구를 합쳐 통합 감독기구를 만들고 이를 정부기구로 신설

등 수많은 쟁점을 내포한 사항들에 대해 빠르게 합의가 이루어졌다.

저녁을 먹고 시작한 토의는 밤 11시경 마무리되었다. 다만, 몇 가지 확인해야 할 실무 사안은 이를 확인한 후 확정짓는 것으로 했다. 기관의 이익과 입장을 떠나 논의하니 너무나 빠르게 쟁점의 합의에 이른 것이다.

회의를 끝내고 집으로 돌아왔는데 조선일보의 재경원 출입 박정훈 기자(현 논설실장)가 집 앞에서 기다리고 있었다. 완벽하게 비밀을 지켰다고 생각했는데 어디선가 눈치를 챈 모양이었다. 구체적인 내용까지는 모르지만 금융개혁에 관한 책임자들의 중요한 논의가 있다는 것까지는 언론 중 유일하게 포착한 모양이었다. 박 기자는 확인 취재를 위해 내가 언제 올지도 모르면서 집 앞에서 계속 나를 기다리고 있었던 것이다. 밤 12시가 다 되는 시간이라 그냥 보낼 수 없어 집에 들어오라고 했다.

예상대로 박 기자는 오늘 회의 결과를 물어 왔다. 젊은 기자의

투철한 직업정신을 높이 사서 약간은 마음을 열었다. 뭔가 알고 온 사람에게 회의가 있었다는 사실조차 부정할 수는 없었기 때문이다. 그렇다고 사실대로 다 얘기할 수도 없어서, "수십 년 문제가 되었던 쟁점들이 하룻저녁 논의로 결론나기는 어려운 일이며, 일단은 문제가 뭔가를 확인하는 정도로 토의를 끝냈다"는 정도로 넘어갔다. 박 기자도 당연히 그럴 거라고 생각했는지 크게 의문을 제기하지 않고 돌아갔다(2018년 1월 박정훈 당시 논설위원과 점심을 할 기회가 있었다. 함께 20여 년 전 그날의 기억을 되살리다가, "사실 그때 모든 것이 다 결정된 상태였다"고 뒤늦게 말해 주었다).

그렇게 6월 4일의 1차 4인 회의를 마치고, 6월 12일에는 미세하게 남았던 문제들을 중심으로 2차 4인 회의를 열어 논의를 마무리했다.

6월 14일 대통령께 보고하고 결재를 받았다. 나의 수석 재임중 무수히 많은 대통령 보고 중 보고안에 대통령의 사인을 받은 몇 안 되는 보고였다. 결국 금융개혁에서 가장 중요하고, 영원히 미해결의 과제로 남아 있을 것이라고 생각한 중앙은행의 독립성 강화와 통합 금융감독제도에 대한 모든 문제가 다 해결된 것이다.

강경식 부총리는 6월 16일 이경식 한은총재, 박성용 금개위 위원장을 대동하고 과천 재경원 청사에서 기자회견을 열어, 확정된 정부의 금융개혁 과제 중 중앙은행제도와 금융감독제도의 개편 방안을 발표했다.

중앙은행 독립의 허구성

'어떻게 하면 효율적이고 독립적인 중앙은행제도를 만들 것인가?'
금융개혁 중 중앙은행제도의 개혁을 두고 내가 가장 고심한 목표
였다.

한국은행이라는 '기관'이 관심의 대상은 아니었다. '제도'로서의
중앙은행이 정부로부터 일정한 독립성을 가지고 기능하되, 재경
원 등 정부 관계 부처와는 대등한 입장에서 협조와 상호 견제가
가능하도록 시스템적으로 보장하려고 했다. 다만, 그 기능을 어
떻게 우리나라의 정부조직법과 관련 행정법 체계 안에서 수용 가
능하도록 할 것인가 하는 또 하나의 중요한 과제에 깊은 문제 인
식을 가지고 접근했다. 이 문제는 우리나라 헌법과 정부조직법,
한국은행법에 대한 고도의 이해가 필요한 부분이다.

우리 사회에서 '한국은행 독립'처럼 당연한 명제로 인식되면서
도 개념이나 본질이 명확하게 규명되어 있지 않은 것도 없다. 독
립이라면 도대체 누구로부터의 독립이란 말인가? 또 독립의 실
질 내용이 되어야 할 '통화신용정책의 수립과 집행'은 어떤 성격
의 기능이며, 그 기능은 구체적으로 (가) 행정권의 일부인가, (나)
국가의 통치기능(넓은 의미의 정부 기능)에는 속하나 행정권과는 무관
한, 즉 입법·행정·사법·헌법재판·선거관리 다음의 '제6의 국가
기능'인가, (다) 국가의 통치기능과 무관한 별개의 기능인가? 이

두 가지 의문은 밀접하게 관련돼 있다. 한국은행의 기본 기능인 통화신용정책 수립에 관한 권한은 본질상 헌법 제66조 4항이 규정하는 대통령을 수반으로 하는 정부(행정부)의 권한인 행정권(가)의 일부다. (나)의 해석이 가능하려면 한은은 헌법에 설립 근거를 두는 헌법기관이 돼야 한다. (다)의 해석은 애초에 성립될 수 없어 논외로 한다.

따라서 한은의 중립성을 규정한 한국은행법 제3조의 의미는, 한은의 통화신용정책 기능은 대통령이 최종책임자인 행정기능의 일부지만 행정부 내의 다른 기관, 예컨대 기획재정부, 금융위원회 등으로부터 독립해 중립적으로 수립하고 자율적으로 집행한다는 의미로 해석하는 것이 옳다. 한은 독립의 의미와 한계, 즉 중립성을 유지하되, 기능의 본질상 관계 정부기관과 협의할 당위성, 대통령의 권한과의 관계 등이 자명해진다.

이렇게 정의한다고 해도 행정권의 일부인 통화신용정책에 관한 권한을 행정부의 구성 기관이 아닌 별도 법인인 한국은행이 주무 부처와 별도로 독립하여 수행하는 것이 우리나라의 헌법 규정과 행정조직의 기본 원리에 비추어 가능한가라는 주요한 쟁점이 제기된다.

사실 1989년과 1995년의 한은법 개정 논의 때 이와 같은 문제 제기가 있었다. 그래서 1997년 금융개혁 당시에는 중앙은행제도를 전면 재검토하면서 이러한 본질적이고 법률적으로 쟁점이 발생할 소지를 완전히 해소하면서 중앙은행제도의 본래 취지에 적합한 중립적인 중앙은행을 만들려고 한 것이었다. 이 구상에 대해 당시 정부와 한은, 금개위 책임자가 당초부터 합의했다.

그 구상은 '기관'으로서의 한국은행보다 '시스템'으로서의 중앙은행제도에 초점을 맞추었다. 구체적으로는 통화신용정책의 결정 기관인 금융통화위원회에 독립적인 합의제 행정기관으로서의 성격을 분명히 부여하고, 특수법인인 한국은행을 그 집행기관으로 해 중앙은행제도를 구성하게 하되, 금융통화위원장이 한은 총재를 겸하도록 하는 것이 골자였다. 당연히 설치 근거법은 '중앙은행법'으로 해 기존의 '한국은행법'을 대체토록 했다.

그렇지만 이 같은 개혁안은 입법 과정에서 우여곡절 끝에 현행의 모습으로 굴절, 변질되고 말았다. 안타까운 일이다. 나는 지금도 당초의 원안이 가장 합리적이고 좋은 안이었다는 생각에 변함이 없다.

뒤안길 **금융감독기능 어디로?**

중앙은행 문제 못지않게 중요한 것이 금융감독제도의 개혁이었다. '금융기관들이 법대로 이행하고 있는지 점검하고, 위법이 있을 경우 이를 찾아내 교정하거나 처벌하는 것이 금융감독기능이라

면, 이것이야말로 고유의 정부 기능이 아니고 무엇인가.'

이것이 금융감독에 대한 나의 인식의 출발이었다. 그러므로 금융감독기능을 더 이상 특수법인 성격의 민간의 각종 금융감독기구(은행감독원, 증권감독원, 보험감독원 등)에 맡겨 놓아서는 안 된다고 생각하고 있었다. 피감독기관으로부터 감독 수수료를 받아서 직원들 월급 주고 기관 유지하고 감독기능을 수행한다는 것이 말이 되는 일인가?

나와 강경식 부총리, 이경식 한은총재가 취임 초 3인 회동(소위 '도원결의')에서 은행감독제도에 대해서도 논의가 있었다. 나는 이 총재에게 "은행감독원장으로부터 얼마나 자주 보고를 받습니까?" 하고 물었다. 이 총재는 "보고를 받는 일이 없다"며, "은행감독원장은 정부에 보고하는 사람이지 한국은행 총재에게 보고하는 사람이 아니다"라고 정색을 하고 말했다. 이미 내가 알고 있던 내용 그대로였다.

"그렇다면 기능상 은행감독기능을 총재 예하에 두지 않아도 한국은행이 중앙은행으로 기능하는 데 문제될 것이 없지 않습니까?"

"그렇지요."

"그렇다면 앞으로 금융개혁 작업 과정에서 은행감독기능은 한국은행에서 떼어 냅니다."

6월 4일에 있었던 청와대 서별관 4인 회의에서 감독제도에 대해 논의, 합의된 내용(즉, 3개 감독기구인 은행감독원, 증권감독원, 보험감독원을 금융감독원으로 통합하고, 이를 정부기구로 하는 것)은 그 3개월 전 이 총재와 이야기한 내용 그대로였다. 통합 금융감독제도로 이행하는 문제가 추가됐을 뿐이었다.

(4) 2차 금융개혁안의 왜곡과 변질

이런 개편안이 알려지면서 재경원은 재경원대로, 한국은행은 한국은행대로 실무진의 반대의견이 대두되기 시작했다.

전에는 한국은행은 '재무부 남대문 출장소'로 불렸다. 그럴 수밖에 없는 것이, 통화신용정책의 최고결정기구인 금융통화운영위원회의 의장이 재무부 장관이므로 한은의 어떤 통화신용 관련 정책에 관한 의제에 대해서도 재무부가 사전 검토하여 OK하지 않는 한 금통위에 아예 상정이 안 되는 상황이기 때문이다. 재경원으로 조직개편이 된 뒤에도 이 상황에는 변동이 없었다.

앞으로 개혁안에 따라 한은총재가 금통위 의장이 됨으로써 재경원의 실질적 영향력하에 있던 한국은행이 명실공히 중앙은행 기능을 하게 된다는 사실에 재정경제원 직원들은 경악했다. 그러나 공무원들은 상명하복 관계에 있고 공직윤리가 있기 때문에, 상관인 대통령과 부총리가 결정한 사안에 대해 드러내 놓고 반대하지는 못했다. 한국은행도 합의한 사안인데 재경원이 실무적으로 반대해서는 안 되겠다는 자각도 작용하고 있었다.

그러나 한국은행의 경우는 완전히 달랐다. 이 금융개혁안에 문제를 제기하고 노골적으로 드러내 놓고 반대하기 시작한 것이다. 한국은행은 사실상 공공기관인데도 노조가 있었다. 이 노조를 중심으로 반대가 체계적이고 강력하게 이뤄졌다. 중앙은행에 노조가 있는 나라가 우리나라 말고 또 있는지 모르겠다. 중앙은행으로서의 독립성 강화라는 종전 한은 입장에서는 상상할 수 없는, 진정한 의미의 '큰 수확'에 대해서는 눈을 감으면서, 중앙은행의 실체가 기관으로서의 한은이 아니고 금통위가 되는 것, 감독기능을 한은이 내놓는 것은 절대 반대라는 주장이었다.

사실 한국은행의 진정한 관심사항은 감독기능 그 자체가 아니었다. 한국은행이 감독기구를 예하에 가지고 있으면 한국은행 간부들이 승진할 때 은행감독원으로 나가서 인사 운용에 크게 도움이 되기 때문이었다. 문자 그대로 기관이기주의의 발로가 아닐 수 없었다. 조그만 실리를 챙기기 위해 '중앙은행 독립'이라는 엄청난 명분에는 눈을 감은 것이었다.

한국은행의 분위기가 나빠져 가자 이경식 총재가 어느 날 청와대로 나를 찾아왔다.

"감독 문제에 대해 내부에서 반발이 많은데, 한국은행의 입장을 살려 주는 쪽으로 조금 완화해 줄 수 없겠습니까?"

소위 '건전성 감독'이라는 명분으로 감독기능의 일부를 가지는 방향으로 좀 수정을 했으면 좋겠다는 말이었다.

이 총재가 건전성 감독이라는 명분을 언급했지만, 4인 협의 과정에서 이미 보완장치를 다 마련해 놓은 상태였다. 필요하면 한국은행이 언제라도 은행감독원에 필요한 감독을 요청할 수 있고, 한국은행이 필요해서 요청하면 감독기구와의 공동검사도 제도적으로 보장해 놓았다. 나는 첫 4인 회의 때 "관계기관의 입장과 이해는 고려하지 말자"고 한 우리 네 사람의 결의를 상기시켰다. 이 총재가 경제기획원의 선배이고 부총리를 지낸 분이라 깍듯하게 예의를 지켜 이야기했지만, 나의 의사는 분명하게 밝혔다. 그러자 이 총재는 입맛을 다시면서 돌아갔다. 당초 단호했던 이 총재의 결심이 흔들리고 있다는 인상을 받았다.

그 뒤의 상황은 다 아는 것처럼, 한은 노조를 중심으로 한 데모와 파업이 전 금융기관으로까지 확산되었다. 거기에다 책임 있는 각급 기관(국회까지 포함하여)이 무책임하게 발을 빼는 바람에 혼란과 무정부 상태가 계속되었다. 이런 상태가 IMF사태 때까지 이어졌다.

그 과정에서 문제 해결의 도움을 얻기 위해 남덕우 전 총리를 위원장으로 하는 '금융관계 원로회의'라는, 재무부와 한국은행의 역대 장관과 총재를 역임한 원로들의 모임이 만들어졌다. 원로회의는 6월 30일 첫 회의를 열어 장시간 토론을 했다. 이 모임에는 일부 경제학자들도 참여했다. 이들의 토론 결과를 우리는 가능하면 수렴할 생각이었다. 그러나 한은총재 출신들은 한은의 입장을 지지하고 재무부 장관 출신들은 정부안을 지지하는 난상토론이 이어졌다.

결국 중앙은행제도는 당초의 원안에서 상당히 후퇴하는 쪽으로 결론이 났다. 금통위를 한은의 내부 기구로 하고 금융감독기구는 정부기구로 만들고자 했던 원안 대신, 통합 금융감독원을 만들되 성격은 특수법인 그대로 하고, 그 위에 정부기구로서 금융감독위원회를 설치하는 절충안이 마련되었다. 나와 부총리는 수정된 안으로 추진해 나가면서 여야 정당, 언론, 학계 등 사회 각계의 설득을 위해 서로 역할을 분담하여 노력하기로 했다.

나는 지금까지도 이론적으로나 법체계상으로나 실질적으로나, 당초의 원안이 가장 좋았다는 생각에 변함이 없다. 한국은행 사람들이 중앙은행제도의 개선에 별 관심이 없었던 것은 참으로 역설적이었다. 그들이야 자기 밥그릇 챙기기 위해 그랬다고 치자. 그들을 대변해 반대한 사람들과 일부 학자들의 행태는 이해하기 어려웠다. 당시 경제학자들도 한국은행에 밉보이면 자료를 얻지 못한다는 것이 금융 분야 전공 학자들의 일반적인 생각이었다. 그러니 학자들조차 한국은행 눈치를 보지 않을 수 없었을 것이나, 한은의 기관이기주의를 두둔한 것은 적절치 않았다. 그것은 한국 금융의 후퇴에 일조한 행위였다. 그들의 반대 등으로 중앙은행제도는 당초의 바람직한 안에서 상당히 멀어지고 말았다.

결국 이러한 과정을 거쳐 예금보험기구의 창설, 부실자산 관리기구의 개편 등 다른 과제를 포함하여 2차 과제에 대한 금융개혁안이 마련되고 입법사항이 국회에 제출되었다. 당시 여당은 대통령이 한다면 따라오던 시절이라 크게 문제될 것 없었다. 제1야당인 국민회의는 김대중 총재를 설득시켜야 했다. 이 일은 강경식 부총리가 맡고 나는 정책위의장을 비롯한 정책 관계자들을 맡는 것으로 역할을 분담했다.

(5) '표' 앞에 좌절된 금융개혁

'정치의 배' 안에서 흔들린 금융개혁안

당시 국민회의의 정책위의장은 김원길 의원이었다. 합리적이고 토론이 가능한 사람이었다. 김 의원을 만나 금융개혁의 불가피성을 설명했다. 나아가 "앞으로 민주당이 집권하더라도 경제를 제대로 이끌고 가기 위해서는 금융개혁이 필요하다. 이것은 정권과는 관계없는 초당적인 과제다. 이번 국회에서 여야 합의로 개혁안을 통과시킬 것을 당론으로 결정해 주었으면 좋겠다"고 간곡하게 설득했다. 김 의원은 "나는 전적으로 동의한다. 다만, 김대중 총재의 뜻을 여쭙고 답하겠다"고 했다. 그러면서 민주당에서 생각하는 몇 가지 수정사항을 건넸다. 나는 썩 바람직하지는 않지만 일의 성사를 위해서는 수용하겠다고 답을 했다.

며칠 후 김원길 의원은 "선생님께서 '이 정도면 우리도 받아야지'라고 하셨다"고 전해 왔다. 당시 국민회의 쪽 사람들은 김대중 총재를 '선생님'이라고 칭했다. 국민회의는 '선생님'이 결정하면 그걸로 끝이었다. 결국 야당까지 모두 설득, 동의가 이루어졌다. 이제 국회의 절차를 밟아 통과시키는 일만 남았다.

그런데 문제가 생기기 시작했다. 당시는 대통령선거를 앞둔 시점이었다. 이회창 씨와 김대중 씨가 대통령후보로 경쟁하고 있었다. 워낙 백중세였기에 선거 전문가들은 30만 표 안팎에서 당락이 결정될 것으로 전망했다. 금융노조의 데모가 계속되자 DJ와 국민회의가 입장을 바꾸기 시작했다. 금융노조가 반대하는 금융개혁법을 지지하면 15만 표 이상이 뒤바뀔지도 모른다는 계산을 시작한 것이다. 바야흐로 경제가 정치에 말려들기 시작하는 순간이었다.

DJ와 야당은 내용이 문제가 있는 것은 아니라면서도 국회 의결에는 참여할 수 없다는 입장을 정리했다. 의사나 표결을 방해하지는 않고, 자신들은 빠질 것이니 여당이 알아서 혼자 통과시키라는 것이었다. 금융노조로부터 비난만 받지 않겠다는 것이었다.

당시 여당인 신한국당이 국회 의석 과반수를 차지하고 있는 상황이었다. 그래서 우리는 여당에게 "야당의 입장이 이러니 여당만으로라도 표결로 의결해 달라"고 요청했다. 그러나 신한국당은 "왜 우리만 혼자 욕을 먹느냐? 야당이 들어오지 않으면 우리도 의결을 추진하지 않겠다"고 거절했다. 신한국당도 국민회의와 다를 바 없었다. 국정을 책임지는 여당의 태도가 아니었다.

결국 그해 정기국회에서의 법안 처리는 무산되고 말았다. 어려운 과정을 거쳐 법안을 만들고 여야가 합의까지 한 사안이었다. 그러나 중앙은행과 금융노조의 데모와 그 표를 의식한 정치인들이 참으로 귀중한 기회를 날려 버린 것이다.

김대중 총재는 대통령이 된 뒤 IMF체제하에서 구조개혁을 했다. 통합 금융감독기구를 만들고, 예금보험공사도 새로 만들었다. 또 부실자산의 효율적 정비를 위해 성업공사 기능을 강화하면서 이름도 바꿔 자산관리공사를 설립했다. 그러나 이러한 기구와 기능들은 다 우리가 추진하던 금융개혁 과제 안에 들어 있던 것 그대로였다. 만일 이러한 준비가 없었더라면 김대중 정부가 무엇을 가지고 IMF체제에서 경제를 이끌고 구조조정을 할 수 있었을지 의문이 아닐 수 없다.

김대중 정부는 IMF의 조기 졸업을 정권의 최고 치적으로 자랑했다. 그러면서도 그것을 가능하게 하는 제도를 준비한 사람들은 환란의 주범으로 몰아 구속하고 법정에 세우는 일을 꾸몄다. 뒤에서 자세히 밝히겠지만 결국 사법부가 그것이 부당하였음을 명백하게 판단했다.

대통령의 '역할'에 대한 아쉬움

금융개혁안의 국회 통과가 야당의 정치적 고려, 여당의 무책임한 태도로 어렵게 되어 가던 1997년 11월 어느 날이다. 나는 김영삼 대통령에게, "김대중 총재에게 연락을 좀 하셔서 이 문제에 대해 총재가 결단해서 소속 의원들을 설득해 달라는 요청을 해 주시라"고 건의했다. 금융개혁은 대통령의 사업임을 환기하면서 "이 법안은 정치적으로 중립적인 것이며, 야당에게도 반드시 필요한 법이라는 걸 강조해서 DJ에게 말씀해 주시라"고 부연했다.

당시 상황에서 강 부총리나 나나 할 수 있는 모든 노력을 기울인 뒤여서 남은 한 가지 희망은 김 대통령의 역할에 기대는 것밖에 없었기 때문이었다. 나는 이 진언을 짧은 기간 안에 몇 차례 반복했지만, 김 대통령은 나의 진언을 끝내 받아들이지 않았다. IMF 구제금융과 관련해 다시 후술하겠지만, 이것이 그 며칠 뒤 내가 사직원을 제출한 결정적 이유였다.

김영삼 대통령은 그때 나의 건의를 받아들이지 않은 데 대해 이후로도 상당한 부담을 느끼고 계셨던 것 같다. 대통령 퇴임 후인 1998년 4월 어느 날 인사차 방문한 나에게 김 대통령은 불쑥 이렇게 말씀하셨다.

"김 수석은 정치를 안 해 봐서 모른다. 정치인은 선거 때가 되면 표밖에 안 보인다. 그때 대통령선거가 임박했고 노조가 그래 쌓는데 내가 그런다고 DJ가 말을 듣나."

우리의 정치 현실로 미루어 김 대통령의 그런 심정은 사실일 것이다. 그러나 역시 정치 현실 때문에 다른 측면도 있었다고 생각한다. 당시 대통령선거 결과는 박빙일 것이란 전망이었다. 그런 상황에서 현직 대통령의 영향력이 절대적이란 것을 DJ는 이미 잘 알고 있었을 것이다. 그렇기 때문에 김 대통령이 확신을 가지고 "나의 대통령으로서의 마지막 관심인 이 개혁이 잘 마무리되도록 도와달라. 그것이 당신에게도 유리하다"고 설득했더라면 혹시 들었을지도 모른다는 것이 나의 생각이었다.

나는 김 대통령께 이렇게 말씀드렸다.

"그래도 그때 각하가 DJ에게 그 말씀을 꼭 하셨어야 한다고 저는 지금도 생각하고 있습니다."

나는 정치를 해 본 적도 없고 정치적 감각도 별로 없다고 스스로 생각한다. 그러나 청와대에서 수석비서관을 하다 보면 세상 돌아가는 것을 웬만큼 감지할 정도는 된다. 금융개혁법이 노조의 맹렬한 반대에 부닥치고 여당이든 야당이든 대선을 앞둔 정치권이 노조의 눈치를 살피고 있을 당시 부총리와 나는 야당인 국민회의 조세형 총재권한대행, 유재건 총재비서실장, 김원길 정책위의장 등을 모두 만나 설득한 끝에 "여당이 단독으로 통과시키면 저지하지는 않겠다"는 선에서 언질을 받아 놓고 있었다. 나는 그때 김 대통령이 확신을 갖고 DJ에게 금융개혁법안에 대한 협조를 요청하면 DJ는 당시 정치 상황에서 결코 거절할 수 없으리라 보았다. DJ는 대통령 당선을 위해 현직 대통령의 도움이 절대적으로 필요했고, 또 이미 크게 도움을 받은 바 있었다. 또 스스로 경제전문가, 준비된 대통령 후보라고 하는 DJ가 자신의 집권 후를 위해서라도 금융개혁법이 꼭 필요함을 모를 리 없을 것이기 때문이었다.

외환위기와 관련해 후술하겠지만, 더구나 그때는 이미 캉드쉬 IMF 총재가 극비리에 왔다 가면서 IMF 지원에 대해 우리 정부와 기본 합의를 했다는 사실을 대통령이 다 보고받았다. 이제 남은 것은 금융개혁법안 통과 하나뿐이라 다들 국회만 쳐다보고 있던 때였다. 그런 상황에서 나는 대통령에게 마지막으로 DJ에게 협조를 부탁해 달라고 진언했던 것이다. 지금도 나는 그때 김 대통령이 직접 나섰더라면 금융개혁법안은 국회를 통과할 수 있었을 것이라고 믿고 있다.

우리 경제팀이 물러난 후 IMF가 와서 한국 정부와의 정책협의를 하면서 제일 먼저 하라고 한 것 중 하나가 바로 금융개혁법안의 국회 통과였다. IMF는 금융개혁이 한국경제를 살리기 위한 가장 중요하고도 시급한 처방이라고 진단한 것이다. 정치권은 아무 소리도 못하고 1997년 12월 29일 임시국회에서 한국은행법 개정 법률안, 금융감독기구 설치 등에 관한 법률안의 2개 핵심 개혁 법률에 더해, 은행법 개정법률안, 주식회사의 외부감사에 관한 법률 중 개정법률안, 예금자보호법 중 개정법률안 등 14개 금융개혁 관련 법률안과 동의안을, 당초 우리 팀이 퇴임 전 마련해 놓은 원안 그대로 통과시켰다. 다 되었던 금융개혁 작업을 한심한 한국은행과 금융노조의 눈치를 보느라 무산시킨 바로 그 정치인들이었다.

이렇게 어처구니없는 과정을 거쳐 최종적으로 IMF의 힘을 빌려 금융개혁은 마무리되었다. 내가 공정거래위원장 때부터 주장한 대기업그룹의 결합재무제표 작성 의무화도 이 과정에서 제도적으로 도입, 확정되었다.

(6) 금융개혁안: 오해와 진실

금융개혁의 전 과정에서 중요한 역할을 했던 사람으로서 이렇게 끝난 1997년 당시 금융개혁의 전 과정에 걸쳐 많은 사람들이 오해하거나 잘 모르고 있는 사실 몇 가지를 밝힐 필요가 있다고 생각한다.

금융개혁은 강경식 사업이다?
첫째는 그해의 금융개혁을 강경식 부총리가 주장하여 추진한 '강경식 사업'으로 생각하는 오해이다.

앞에서 밝혔듯이 금융개혁은 강 부총리와 내가 일을 맡기 전인 1997년 초 이석채 경제수석 시절 대통령이 이미 추진하기로 선언한 개혁과제였다. 또한 금융개혁위원회의 성격도 재정경제원의 자문기구가 아닌 대통령 자문기구였다. 자연히 금융개혁위원회를 실질적으로 관할하는 것도, 금융개혁의 큰 줄거리를 추슬러 나가는 것도 경제수석의 임무였다.

이 과정에서 나는 재임중 평소 지론인 '수석의 그림자 보좌론'을 잠시 내려놓았다. 금융개혁을 완성하기 위해 필요불가결한 대외활동과 언론과의 공식 접촉을 마다하지 않았다. 정부 정책의 참뜻이 국민에게 제대로 전달되도록 하는 일련의 노력을 기울였던 것이다. 그중 대표적인 것으로 외부 강연 하나와, 언론과의 심층 인터뷰 하나를 소개한다.

1997년 6월 27일 금융연구원 주최로 금융개혁에 관한 특별강연회가 열렸다. 각급 금융기관의 장 및 간부들, 경제학자 등이 초청 대상이었다. 나는 여기서 '금융개혁 추진 방향: 중앙은행제도와 금융감독제도의 개혁을 중심으로'라는 제목으로 강연했다. 6월 16일 정부의 개혁 방안이 발표된 후 사회적으로 엄청난 논란이 일기 시작하던 때였다. 나는 이런 논란의 대부분이 정부안의 배경과 내용에 대한 충분한 이해가 없기 때문에 일어나는 것이라고 판단했다. 강연이 금융인들을 조금이라도 이해시킬 수 있는 좋은 기회라고 생각해 초청에 응했다.

나는 10세기경 중국 송(宋)나라의 유명한 왕안석(王安石, 1021~1086)의 개혁과 그 실패를 언급하는 것으로 강연을 시작했다. 그리고 실패 후 당시 송의 6대 황제 신종(神宗)이 했다는 명언인 "개혁은 창업보다 어렵다"를 인용했다. 그만큼 개혁은 어려운 것임을 강조한 것이었다. 다른 사안과 달리 경제수석인 내가 왜 이 문제를 공개적으로 설명하지 않으면 안 되는가 하는 이유도 설명했다.

장시간의 강연을 통해 정부가 최종 결정한 정부안의 배경과 내용 등 개혁의 당위성을 소상하게 밝혔다. 특히 한국은행법이 갖고 있는 원천적인 문제점을 지적하면서 중앙은행제도가 가야 할 방향을 제시했다. 의도한 효과가 얼마나 있었는지는 알 수 없으나, 금융개혁의 책임자로서 참석자들이 최소한의 이해라도 가질 수 있게 최선의 노력을 했다. 강연 전문을 나의 개인 웹사이트(ihkim.org)에 올려놓았다.

이른바 '한국은행법 파동'과 관련, 조선일보와 한 대형 인터뷰가 『월간조선』 8월호에 실렸다. 경제부 송양민 차장과 앞에서 이야기한 박정훈 기자가 취재했다. 문답에 앞선 기사 도입글이 당시 나의 의지와 심경을 잘 반영한다.

한국은행법 개정

원칙 깨고 인터뷰 자청

청와대 수석비서관들은 여간해서 언론에 모습을 공개하지 않는다. 기자를 만나더라도 이름을 명시하지 않는다는 조건 아래서만 발언하는 게 관례이다. 김인호 경제수석도 '그림자 보좌론'의 철저한 신봉자이다. 지난 2월 경제수석에 임명되자 '경제수석은 얼굴 없는 보직이다. 자기주장을 할 수도 없고 해서도 안 된다'라는 수석관을 피력하기도 했다.

그런 김 수석이 인터뷰를 자청해왔다. 측근을 통해 "많은 사람들이 잘못 알고 있는 것을 바로잡고 싶다"는 뜻을 전해오며 공개적으로 말문을 열겠다고 나섰다. 원칙주의자로 분류되는 김 수석으로 하여금 원칙을 깨게 만든 것은 다름 아닌 '한국은행법 파동'이었다.

아닌 게 아니라 금융개혁 프로그램의 일환으로 제기된 한은법 파동은 임기 말 정권에 큰 부담을 주고 있다. 지난 6월 16일 정부의 중앙은행제도 개편안이 발표된 이후 한은과 증권·보험감독원, 학계 등의 거센 반발을 불러일으키면서 지리한 소모전을 이어 오고 있다. 결국 정부도 한발 후퇴해 한은 쪽 주장을 일부 수용한 수정안을 내놓았지만 한은측의 반발은 아직 완전히 수그러들지 않고 있다.

인터뷰는 정부가 수정안을 마지노선으로 제시하며 "더 이상 양보는 없다"는 강행방침을 거듭 확인하던 상황에서 이뤄졌다. 청와대 경제수석 집무실에서 기자와 마주앉은 김 수석의 모습은 변론대에 선 억울한 피고인의 모습을 연상케 했다. 2시간 동안의 인터뷰 내내 그는 자신이 옳다고 확신하는 것을 세상이 알아주지 않는 데 대한 답답함과 안타까운 감정을 드러냈다.

이 인터뷰의 전문도 나의 개인 웹사이트에 실려 있다.

금융개혁이 외환위기를 불렀다?

두 번째는 금융개혁, 그중에서도 중앙은행과 금융감독 제도의 개편안을 둘러싸고 재경원 직원들은 찬성하고 한은은 반대해서 서로 싸우는 바람에 결국 외환위기를 초래하는 중요한 계기가 되었다는 오해이다. 사실이 그렇지 않음은 기아사태와 관련해 앞에서 지적한 바 있다.

아울러, 재경원과 한국은행의 싸움에서 강경식 부총리와 이경식 총재 두 사람이 손 놓고 있어서 위기가 더 악화되었다는 말도 한다. 이 역시 전혀 사실과 다르다는 것은 지금까지의 설명으로 충분하리라 생각한다.

경제팀이 한은총재 팔을 비틀었다?

세 번째로, 언론을 포함해 많은 사람들이 6월 4일 청와대 서별관의 '4자 회의'에서 강 부총리와 내가 이경식 한은총재의 팔을 비틀어 중앙은행과 금융감독 제도 개혁에 동의하도록 했다고 한다. 이 역시 사실이 아니다.

앞에서 소개했듯 우리 세 사람과 박용성 금개위원장까지 4명은 똑같은 지위에서 사안마다 충분히 토론을 거쳐 결론을 냈다. 어느 누가 회의를 장악하거나 주도하지 않았다. 서로 견제할 일도 없었고, 모든 쟁점에 대해 거의 이견이 없었다. 그렇기 때문에 그 많은 쟁점을 놓고 하룻저녁 몇 시간 만에 다 합의를 이뤄 낼 수 있었던 것이다. 누가 누구의 팔을 비트는 식의 일이 전혀 없었고, 그렇게 할 수도, 그렇게 해서 될 일도 아니었다.

4. 21세기를 향한 한국경제의 비전

금융개혁 외에 경제팀이 추진한 중요한 과제의 하나는 '21세기를 대비한 국가과제의 정리' 작업이었다.

1997년은 동시다발로 터지는 부실기업 문제와 금융개혁에 대한 논란으로 하루도 조용한 날이 없었다. 대통령선거를 앞둔 정치의 과열 현상 등 국가적으로도 매우 어수선한 상황이었다. 그 와중에 경제팀도 정신을 차리기 어려웠다. 하지만 강 부총리와 나는 아무리 현안에 쫓기더라도 우리 경제를 제도적으로, 구조적으로 발전할 수 있는 상태로 만드는 것에 대한 평소의 관심을 그냥 두고 있을 수는 없었다. 이 과제의 추진은 바로 이러한 관심과 한국경제를 보는 우리의 철학의 반영이었다.

'21세기 국가과제' 작업은 그해 4월 20일경부터 시작되었다. 작업에는 KDI를 비롯한 대부분 국책연구원이 동원되었다. 재정경제원을 비롯한 모든 관계 부처도 참여했다.

1997년 9월, 작업의 최종 결과를 재정경제원과 한국개발연구원이 함께 보고서 형식으로 발표했다. 『열린 시장으로 가기 위한 국가과제』, 부제는 '21세기 새로운 도약을 위한 준비'였다.

작업의 전체 구조는 5개의 대과제에 21개의 소과제로 정리되었다. 5개의 대과제는 다음과 같다.

첫째, 수요자 중심의 공공부문으로 변화. 정부의 행정수요자인 국민의 입장을 반영하여 공공부문의 역할도 바꾸어 나가자는 것이다.

둘째, 투명하고 공정한 경쟁의 촉진.

셋째, 유연한 사회경제 구조로의 변화. 너무 경직되어 있는 우리 사회를 시대 변화와 사고의 변화를 수용할 수 있는 유연한 경제사회 구조로 변화시켜 가자는 것이다.

넷째, 사회 인프라 정비와 효율의 향상.

마지막은 미래를 준비하기 위한 과학기술 및 정보 인프라의 정비다.

국가과제 작업 과정에서 두 번의 큰 이벤트를 가졌다. 하나는 6월 20일 대통령 주재 경제장관회의, 다음은 작업이 마무리되어 가던 9월 4일 대통령이 참석한 보고대회였다. 보고대회는 신공항 건설이 진행중이던 영종도의 홍보관에서 대통령과 모든 각료들, 여당인 신한국당의 주요 당직자들이 다 모인 가운데 열렸다. 보고 내용이 아주 좋았다는 것이 참여했던 사람들의 공통적인 반응이었다. 김용태 비서실장은 나에게 "우리만 듣기에는 너무 아까우니 널리 알렸으면 좋겠다"고까지 말했다. 이런 격려에 힘입어 강 부총리는 이것을 가지고 전국을 다니면서 강연도 하고, 세미나도 하는 등 활발한 활동을 했다.

이런 활동이 한창 진행중일 때, "시급한 경제 현안에는 대처하지 않고 허황된 소리만 하고 다닌다"는 정치권과 언론의 비난이 일기 시작했다. 대통령이 나를 통해 이 활동을 중지하도록 지시했고, 나는 이를 강 부총리에게 통보했다.

후술할 외환위기와 연결하여 이 작업이나 그 결과의 홍보 과정에 대한 비난이 많았다. 장기적, 이상적인 과제에만 매달리다 정작 외환위기에 대처하지 못했다는 것이다. 나아가 정치에 야심이 있던 강 부총리가 재임 기간 동안 무언가를 해보기 위해 이런 것을 들고 전국을 돌아다녔다는 비난도 있었다.

5. 다가오는 외환위기에의 대응

경제수석 재임중 일어난 모든 일과 이의 처리 과정에서 나나 경제팀의 노력은 결과적으로는 그해 1997년 11월 19일 퇴임을 전후하여 전개되는 외환위기로 연결되는 것이었다.

기업 부실과 금융개혁 모두 외환위기의 전개와 직·간접으로 연계되는 것이었다. 외환위기에 대해서는 제2권(제6부)에서 종합적으로 기술하기로 하고, 여기서는 경제수석 시절 있었던 일의 대체적인 줄거리만 기술한다.

태국발 '위기의 전조'

1997년 7월의 태국의 위기가 한국경제에 미친 영향이 전연 없었다고 할 수는 없을 것이다. 그러나 이와 상관없이 나나 강경식 부총리 등 경제팀, 중앙은행, 주요 금융기관의 책임자 또는 최종적으로 대통령이 기업 부실의 절정인 기아사태나 계속 진행돼 온 금융개혁 문제와 별도로 외환과 금융위기를 본격 주목하기 시작한 것은 1997년 10월 말부터였다.

이러한 상황은 1997년중 외환보유고의 변동이 잘 반영하고 있었다. 10월 말 현재 외환보유고는 305억 달러(가용 외환보유고 223억 달러)로, 내가 수석으로 취임하던 2월 말의 298억 달러(가용 228억 달러)와 거의 차이가 없었다. 그러나 10월 중순 이후 벌어진 대내외 경제 상황은 새로운 의미의 위기적 양상으로 전개되기 시작했다. 우선, 소강상태에 있던 국내 주요 기업의 부실화 현상이 다시 꿈틀거렸다. 해태, 뉴코아, 쌍방울 등의 부도 가능성이 대두되었다. 대외적으로는 대만의 환율방어 포기로 대만달러가 급격히 하락했다. '다음은 한국 차례일 수 있다'는 위기감이 나라 안팎으로 증폭되기 시작했다.

10월 23일 홍콩 증시 폭락으로 촉발된 금융외환의 위기 상황이 한국경제를 강타하기 시작하던 때부터 내가 경제수석 사직서를 제출하고 물러나온 11월 19일까지 4주 동안 있었던 주요 사태와, 이에 대응하여 이루어진 나와 경제팀의 노력 중 중요한 것만 간추려 적는다.

위기의 가시화와 '10·29 종합대책'

홍콩 사태 이후 10월 말부터 11월 초에 걸쳐 가장 신용도가 높은 포철, 산은을 포함한 우리나라 주요 기업들이 신규자금을 해외에서 확보하지 못했다. 거기에다 기존 차입자금의 만기연장, 소위 롤오버(rollover)조차 하지 못하는 상황이 벌어지기 시작했다. 이때를 전후하여 모건스탠리, S&P, 블룸버그 등 글로벌 금융시장에 절대적인 영향력을 행사하는 국제금융기관, 신용조사기관, 경제전문 뉴스기관 들이 한국에 대한 과도한, 어쩌면 악의적인 부정적 평가를 내놓기 시작했다. 사실 우리가 알고 있는 외환위기의 가능성은 이때부터 현실로 다가온 것이다.

재경원, 한은 등과 외환과 금융시장 안정을 위한 대책회의와 부총리와의 수시 협의가 낮밤을 가리지 않고 이어졌다. 어떤 때는 부총리와 같이, 어떤 때는 혼자서 대통령께 보고했다. 어떤 날은 내가 네 번이나 본관으로 가 대통령께 실시간 금융외환시장 동향 등의 긴박한 상황을 보고한 날도 있었다.

10월 28일, 강 부총리, 이경식 한은총재와 나는 '금융시장안정 종합대책'을 논의, 확정하였다. 이 대책은 이미 외환 공급 확대를 위한 웬만한 대책을 다 쓴 상태에 더하여 외화 유입의 확대를 위해 생각할 수 있는 모든 대책을 망라한 것이었다.

이 대책은 다음날 10월 29일 오후 부총리와 내가 대통령께 보고하고 재가를 받은 다음 즉시 시행에 들어갔다. 이 과정에서 나와 강 부총리는 대통령께 사직원을 제출하였으나 며칠 후 반려되었다. 소위 '펀더멘털 튼튼론'과 관련해서다.

10월 29일의 종합대책은 당시로서 생각해 볼 수 있는 모든 대책을 망라한 것이어서 외화 유입이 늘 것이라고 상당한 기대를 걸었으나, 시장의 반응은 냉담했다. 마침 터진 해태와 뉴코아 등 대기업 부도에 파묻혀 버렸다. 오히려 S&P는 한국의 신용등급을 하향조정했다.

IMF행 검토부터 대통령 재가까지

11월 7일, 나는 재경원, 한은, 경제비서실의 실무책임자회의를 주재하여 대응 방향을 협의했다. 외환위기의 진행 과정에서 이 회의는 대단히 중요하게 기록되고 기억돼야 할 회의다. 10·29대책 이외에 다양한 대책이 거론된 데 더해 IMF행 문제가 최초로 공식 거론되었기 때문이다.

이 회의 결과는 다음날인 11월 8일 강 부총리와 협의되고 대통령께 보고되었다. IMF행에 대해 김영삼 대통령께 최초로 한 보고였다.

11월 9일, 두 차례 대책회의가 있었다.

1차는 강 부총리, 나, 금융정책실장 간 회의였다. 재경원이 구상한 대책 방향으로 금융개혁과 금융산업 구조조정을 패키지로 하는 위기 극복 방안, 소위 '그랜드 디자인'을 나와 협의하면서, 이 대책도 여의치 않으면 IMF행이 불가피하다는 데 대해 합의하는 회의였다.

이어서 개최된 부총리, 나, 한은총재, 행조실장과 실무진 배석하에 이루어진 2차 회의에서는 '그랜드 디자인'에 대한 세부 논의보다도 주로 환율 운용 문제가 논의되었고 IMF행 문제는 논의하지 않았다. 보안 유지 측면도 있었지만, 모든 대안이 유효하지 않으면 IMF에 갈 수밖에 없는 것은 상식이었기에 굳이 토론의 대상이 될 사안이 아니라고 보았던 것이다.

11월 10일 오전 10시, 강 부총리와 나는 대통령께 전날 밤 토의한 금융외환시장안정 종합대책의 골격을 보고하면서, 동시에 대책의 효과가 미흡하면 IMF행을 단행하기로 보고하고 대통령의 재가를 받았다. 이날부터 11월 13일까지에 걸쳐 김영삼 대통령은 IMF행 등에 대해 이경식, 홍재형, 윤진식 등으로부터 개별적으로 의견을 청취했다.

11월 13일 오후, 부총리, 나, 한은총재가 실무진 배석하에 가진 회의에서 재경원과 한은이 IMF에 가지 않고 해결해 보려고 검토한 모든 방안이 대안으로서 효과적이지 못하다는 결론을 내고, 결국 IMF행을 합의하고 대통령의 재가를 받기로 결정했다. IMF행을 정부 차원에서 결정한 순간이었다.

11월 14일, 부총리와 한은총재는 김용태 비서실장과 내가 배석한 가운데 대통령께 전날 관계기관회의를 열어 결정한 금융외환 종합대책을 보고하고 IMF행에 대해 대통령의 재가를 받았다.

캉드쉬 IMF 총재와 지원금융 원칙 전격 합의
대통령 재가를 받은 다음날인 11월 15일, 경제팀은 미셸 캉드쉬

(Michel Camdessus) IMF 총재와의 협의를 위한 사전대책회의를 열었다. 저녁 9시 인터콘티넨탈호텔 비즈니스센터에서 열린 이 회의엔 부총리, 한은총재, 나, 김기환 경협특별대사, 윤증현 금융정책실장, 엄낙용 재경원 차관보(후에 재경원 차관, 한국산업은행 총재)가 참석했다.

IMF 쪽에선 캉드쉬 총재와 그의 개인 보좌관, 그리고 휴버트 나이스 아시아·태평양담당국장 등 3명이 오기로 했다. 이에 맞춰 우리 측 참석자는 부총리, 한은총재, 엄 차관보, 김우석 국장(후에 한국자산관리공사 사장) 등 4명으로 했다. 회담에선 캉드쉬 총재에게 외환 사정을 포함한 경제 상황과 우리 측이 추진중인 구조개혁 노력을 설명하고 자금지원을 요청키로 했다. 지원 요청 자금 규모는 이 한은총재의 제안으로 300억 달러로 했다. '크레디트 라인'이란 생각으로 충분한 금액을 요청키로 한 것이다.

다음날 11월 16일, 캉드쉬 총재와의 '극비 회담'이 완벽하게 보안이 유지된 가운데 성사되었다. 캉드쉬 총재가 그다음 날 한국을 떠날 때까지 국내외 언론은 물론 각종 보안기관마저도 전혀 눈치를 채지 못했다.

회담은 매우 우호적인 분위기에서 끝났다. 캉드쉬 총재는 우리의 구조조정 노력을 아주 높게 평가했다. 우리나라가 유동성 위기를 넘길 수 있도록 IMF가 긴급자금을 공급하고, 구조조정 노력을 지원하겠다는 반응이었다. 우리의 300억 달러 지원 요청에 캉드쉬 총재는 액수에 대한 확답은 안 했지만 "시장 안정에 필요한 충분한 자금지원을 하겠다"고 약속했다.

캉드쉬 총재는 회담에서 "금융개혁법의 국회 통과가 매우 긴요하다. IMF와 차관 조건에 관한 구체적인 협의 때 대통령당선자의 동의가 필요하다. IMF의 금융전문가 두세 명을 즉시 파견해 비밀리에 사전준비에 착수하도록 하겠다"며, 이런 내용 등을 미국과 일본에 별도로 통보해 양국의 지지를 받는 것이 좋겠다는 점도 밝혔다.

캉드쉬 총재는 특히 이런 합의 내용 등의 발표 방법과 시기는 완전히 한국 측이 알아서 하고, 한국 정부가 발표하면 IMF에서 곧바로 지원 성명을 발표하는 것도 가능하다고 했다.

회담은 성공적이었다. 한국 정부를 대표한 부총리 및 한국은행 총재와 IMF 최고책임자인 캉드쉬 총재가 한국에 대한 IMF의 긴급자금지원에 원칙적으로 합의한 것이었다. 남은 것은 실무적 협의뿐이었다. 그것만 마치면 IMF에서 자금을 지원받게 되는 상황이었다.

뒷날 우리나라가 언제 IMF에 갔느냐를 놓고 엄청난 혼선이 있었지만, 캉드쉬 총재가 방한하여 극비 회담을 갖고 주요 원칙들에 합의한 이날, 1997년 11월 16일이 바로 한국의 IMF행이 '패스트트랙'에 의해 이루어진 날이다.

11월 17일, 부총리는 새벽부터 시작되는 국회 일정 때문에 시간을 낼 수 없었기에, 우선 내가 진영욱 재경원 국제금융과장(후에 재정경제부 본부국장, 한국투자공사 사장, 한국정책금융공사 사장)이 정리한 보고서를 바탕으로 대통령께 전날 밤 회담 결과를 보고했다.

오전 8시 15분, 캉드쉬 총재와의 회담 결과를 김 대통령에게 보고했다. 대통령도 보고를 기다리고 있었다. 그 시간은 비서실장 전용 보고시간이었기에 당연히 김용태 비서실장이 배석해 보고 내용을 들었다.

"각하, 회담은 성공적이었습니다."

대통령은 "잘됐다"고 기뻐했다.

금융개혁 입법 무산과 30년 공직 마감

당시 경제팀은 금융개혁 관련법, 금융산업 구조조정, IMF 자금지원, 이 세 가지를 패키지로 묶은 종합대책을 구상했다. 부총리가 11월 9일 제안한 소위 '그랜드 디자인'에 IMF행이 더해진 것이었다. 특히 금융개혁 관련법 제정을 통해 중앙은행제도, 감독제도, 예금보험제도, 부실채권정리기금 등 필요한 제도적 기반을 정비하지 않고 금융시스템을 수술하다간 엄청난 혼란만 초래할 것이기 때문이었다.

그해 정기국회는 대통령선거 때문에 여느 해보다 일찍 폐회하기로 되어 있었다. 폐회일은 11월 18일이었다.

11월 18일 오후, 금융개혁법안 처리가 국회에서 무산되었다. 그래서 금융개혁법안은 빼고 나머지 두 개, 즉 금융산업 구조조정과 IMF행만 발표하기로 강 부총리와 합의했다.

그날 오후 4시, 나는 금융개혁법안 처리가 무산된 것과 관련해 김영삼 대통령께 사의를 표명하고 사직서를 김용태 비서실장에게 맡겼다.

밤 10시 30분, 여의도 기술신용보증기금 이사장실에서 부총리와 나는 양측 실무진의 배석하에 다음날 발표할 대책을 하나하나 검토했다. 강 부총리는 국회에서 예산안이 통과된 직후 일본 대장상에게 전화해 캉드쉬 총재와의 회담 내용을 알려주고 일본의 협조를 부탁해 놓고 있었다. 대책의 명칭은 전날까지만 해도 '금융시장안정 및 금융개혁을 위한 종합대책'이었으나, 그날 금융개혁법 처리가 무산됐기 때문에 '금융시장안정 및 금융산업 구조조정을 위한 종합대책'으로 바뀌었다.

부총리와 나는 IMF 지원까지 약속받은 상황이니 환율변동 제한을 완전히 풀어도 될 때가 됐다고 생각했다. 그러나 실무진의 건의를 참작하여, ±2.25퍼센트이던 환율변동폭을 ±15퍼센트로 확대하기로 최종 결정했다. 환율변동 제한을 완전히 없애는 것이나 사실상 다름없었다.

IMF행을 다음날 11월 19일 금융산업 구조조정안과 함께 발표한다는 것은 기정사실이었다. 새벽 3시쯤 회의를 끝내고 나올 무렵, IMF행은 보안과 극적 효과를 위해 발표문 안에 넣지 않고 기자들 질문에 답변하는 형식으로 폭탄선언식으로 발표하기로 강 부총리와 합의했다.

11월 19일 오전 8시 15분, 강 부총리는 나와 김용태 실장이 배석한 가운데 밤새워 논의 확정한 금융시장안정 종합대책을 대통령께 보고했고, 대통령은 이를 재가했다.

보고 직후 강경식 부총리와 나의 사직원이 수리되고 개각이 단행됐다. 대통령에게 인사를 한 후 나는 윤진식 비서관에게 IMF 문제 등 주요 현안을 후임 경제수석에게 잘 보고하라고 지시한 후 기자실에 들러 고별인사를 했다. 기자실을 나오는데 후임 부총리에 임창열 통상산업부 장관, 경제수석에 김영섭 관세청장이란 발표가 나왔다. 나는 경제비서실 직원 전원과 퇴임 기념사진을 찍고 청와대를 떠났다. 공직 30년의 마지막 순간이었다.

IMF행 부인한 신임 부총리

이날 11월 19일 오후 5시, 신임 임창열 부총리는 개각으로 우리가 발표를 미뤄 놓고 나온 대책을 거의 그대로 발표했다. 환율변동 제한폭만 원안의 ±15퍼센트를 ±10퍼센트로 고쳤을 뿐이다.

그런데 임창열 부총리는 가장 중요한 IMF행을 부인했다. 금융개혁법, 금융산업 구조조정, IMF 자금지원 세 가지를 하나의 패키지로 묶어 놓았던 종합대책 중 금융산업 구조조정 하나만 발표한 셈이었다. 금융개혁법이야 국회에서 안 됐으니 그렇다 치고, IMF행을 부인함에 따라 금융산업 구조조정 대책은 재원 뒷받침이 없는 공허한 대책이 되고 말았다. 일대 혼란과 함께 IMF 시대가 시작되고 있었다.

6. 경제수석 재임시의 한국경제관, '시장으로의 귀환'

경제수석으로 취임했을 때, 어쩌면 마지막 공직이 될 이 자리에서 그동안 늘 고민해 왔던 한국경제에 대한 생각을 종합 정리해서 한마디로 한다면, 그리고 이 자리에서 추구해 가야 할 경제정책의 방향을 한마디로 표현한다면 무엇이 될 것인가 생각했다. 그 결론은 '시장으로의 귀환'이었다. 나는 이 문구를 공정거래위원장 때와 마찬가지로 배종승 서예가의 글씨로 액자를 만들어 수석실에 걸었다. 지금도 그 글은 내가 있는 시장경제연구원의 회의실에 걸려 있다.

수석 재임중 모든 경제정책 — 내가 주도했건 아니면 관여했건 — 의 방향을 이에 맞추고자 노력했다. 취임 초 대통령의 지침으로 삼으려 했던 최초의 보고 '현 경제상황에 대한 인식과 대응'(1997. 3. 7)부터 나의 마지막 보고가 된 '최근 한국경제의 진단과 대책'(11월 5일)에 이르기까지 일관된 기조를 유지하려고 노력했다. 마지막 보고는 그날 신현확 전 총리, 나웅배 전 부총리와 회동에 앞서 대통령의 말씀 참고자료로 보고된 것이었다.

나는 이런 한국경제관을 기회 있는 대로 외부에 밝히고 관계기관들이 정책 입안이나 정책 연구에 참고하도록 촉구했다. 취임 한 달 만인 4월 9일 KDI를 방문해 전 연구위원들과 간담회를 가지면서 기조적으로 언급한 내용, 5월 23일 전경련에서 한 '개방화 시대에 부응한 정부의 대기업정책 방향'이라는 주제의 강연, 금융개혁과 관련한 6월 27일 한국금융연구원 강연 등이 대표적이다.

다음은 KDI에서 연구원들의 연구 방향에 참고하도록 요청한 강연의 일부이다.

현 경제팀은 한편으로 우리 경제의 움직임을 시시각각 관리해 나가는 노력을 하면서, 동시에 구조적이고 본질적인 문제점을 고치는 노력을 병행하고자 합니다. 이런 노력을 통해서 경쟁력의 원천인 경쟁구조를 빠른 시간 내에 각 분야에 도입하는 것이 할 일의 전부라고 할 수 있습니다. 이것이 잘되고 난 후에는 정부가 굳이 경제의 하루하루 움직임에 대해 일희일비할 것 없이, 시장에 맡겨 놓으면 저절로 기업들이 알아서 뛰게 되어 있고, 경제는 잘되게 되어 있습니다. 이러한 신념과 확신을 정부와 기업, 국민이 모두 가져야 합니다.

이러한 변화가 앞으로 몇 년 내에 오지 않으면, 지금보다 훨씬 어려운 시대가 올 것이라고 판단됩니다. 그러한 분명한 인식을 금년 한 해, 경제가 어려운 가운데에서도 우리가 만약에 못 느끼고 넘어간다면, 예들 들어서 한보사태가 났는데도 이러한 사태의 발생 원인인 정치, 경제 구조에 대한 반성을 안 하고 넘어간다면 이 사태는 우리 경제사회에 하나의 저주가 될 것이지만, 만약 이 과정을 통해 우리가 달라진다면 하나의 교훈이 될 것입니다.
어느 나라든지 불황기에 구조조정을 하는 것이 당연한 것이며, 호황기의 구조조정은 있을 수 없습니다. 그래서 경제의 구조조정, 기업의 재정비, 경제의 재정비, 노동력의 재교육, 새로운 기

1997년 5월 23일 전경련 제1회 기업경영위원회에서 강연.

업의 창업 등이 모두 불황을 통해서 이루어집니다. 우리에게 문제가 있다면 불황 자체가 문제가 아니고, 이러한 불황이 가진 효용을 살릴 수 있는 구조가 우리 경제에 전혀 만들어져 있지 않다는 것이 오히려 문제입니다.

한국개발연구원의 각 연구자들이 각 분야에서 연구하면서 이러한 쪽의 생각을 보다 깊게 해 주기 바랍니다. 물론 생각을 실천으로 옮기는 데에는 엄청난 어려움이 있을 것입니다. 실제로 구조개혁을 하려고 하면 기존 구조의 덕을 보는 많은 사람들로부터의 엄청난 저항, 하나하나가 결코 쉽지 않은 저항을 받게 될 것입니다. 그러나 결국 그 도리밖에는 살길이 없습니다.

금융개혁과 관련한 『월간조선』과의 대형 인터뷰 때와 마찬가지로 언론과 만날 때마다 나는 이 평소 지론을 현안과 연결하여 강조했다. 퇴임 며칠 전인 11월 11일 있었던 청와대 출입기자들과의 간담회에서도 그런 맥락을 이어 갔다.

제3부

민간 재직 시절

'기업에 좋은 것이 국가에도 좋고, 국가에 좋은 것이 기업에도 좋다.'
우리나라를 '기업가형 국가'로 만들고, 기업의 경쟁력이 활성화되어야
산업도 무역도 장기적으로 발전할 수 있다.

10

연구소와의 인연

(와이즈디베이스, NSI, 와이즈인포넷)

30여 년 공직 생활을 마무리한 뒤 오늘까지 민간부문에서 일하고 있다. 먼저 이 시절을 관통하는 총론적인 이야기를 하고자 한다.

정부에 있으면서, 공직을 떠난 뒤에는 무엇을 할 것인가에 대해 후배들이나 주변 사람들과 이야기할 기회가 있었다. 그럴 때면 나는 정부를 그만두고 두 가지를 하지 않겠다고 이야기하곤 했다. 첫째, 대기업에 가서 신세지는 일은 하지 않겠다. 또 하나는, 후배들에게 내 자리 하나 마련해 달라는 부탁을 하지 않겠다는 것이었다.

첫째 이야기는 내가 기업, 특히 대기업을 혐오해서가 아니다. 물가정책국장, 소비자보호원장, 공정거래위원장, 청와대 경제수석 등 나처럼 대기업의 이해와 밀접한 일을 하던 사람이 정부에서 물러나와 대기업에 가서 일을 하는 것은 적어도 우리나라의 경우는 매우 바람직하지 않다고 보았기 때문이다. 이런 기업들이 고위 공직 출신의 경영능력을 높이 사서 활용하기보다는 그가 정부에서 맡았던 일과 관련한 대정부 교섭 또는 로비를 기대해서 초빙하는 경우가 대부분이기 때문이다.

둘째, 경제부처 출신들의 경우 대개 후배들이 선배의 퇴직 후 자리를 챙긴다. 그것이 확립된 인사 관행이 되어 있는 경우도 많다. 재무부와 상공부의 경우가 두드러지지만 경제기획원도 전적으로 예외는 아니다. 갈 자리가 두 부처에 비해 적을 뿐이다. 이런 관행은 언젠가는 없어져야 한다는 것이 평소 나의 생각이었기에 나부터 시작해야 한다는 생각을 한 것이다.

사실 지금 생각해 보면 매우 교만한 생각일 수 있고, 터무니없는 오기를 부린 것으로 볼 수도 있다. 그러나 좋게 생각하면, 한번 공인(公人)이면 영원한 공인인데 정부를 물러나왔다고 해서 가볍게 처신해서는 안 된다는 공인정신의 발로였다고도 볼 수 있다. 내가 그렇게 생각했다고 해서 이를 일반화할 일은 아직 못 되는 것이 우리나라의 현실이다.

정부에서 나오고 20여 년의 세월이 흘렀지만 정부에 있을 때 이야기한 그대로다. 나는 아직 재벌 대기업의 신세를 진 적이 없다. 그 흔한 사외이사 자리 하나 한 적이 없다. 후배들에게 공·사 어떤 자리도 부탁한 적이 없이 살아왔다. 이렇게 된 데는 IMF 책임론의 중심에서 수사와 재판을 받으면서 오랜 세월을 보낸 탓도 있을 것이다. 그러나 결과적으로, 어쩌면 터무니없이 큰소리를 친 것이 그대로 실현이 된 셈이다. 말이 씨가 되었다고 할까.

정부를 떠나서도 나의 관심은 공적인 것에서 떠나지 않았다.

공익(public interest)의 증진을 위해 내가 할 수 있는 일이 무엇일까, 내가 정부에서 한 경험과 생각을 가장 잘 활용할 수 있는 일이 무엇일까, 민간부문에서 이 소망을 충족할 수 있는 일이 없을까, 고민을 거듭했다. 마침내 그런 일은 학교에 가서 후진들을 양성하거나 연구소를 통해 연구활동을 하는 것, 두 가지 중 하나이겠다는 생각에 이르렀다. 마지막 결론은, 학교에 가서 강의에 매달리는 것보다 연구활동을 통해 이런 생각을 실현해 나가는 것이 보다 적성에 맞고 보람이 있겠다는 것이었다.

지나고 보니, 공직에서 물러나고 한 일은 대부분 연구활동과 직·간접적으로 연결되어 있다. 연구소를 경영하거나 이와 병행하여 직접 연구활동을 지속적으로 해 온 셈이다. 연구활동과 직접 관련 없어 보이는 일도 한두 번 한 것 같지만, 이 기관들도 궁극적으로는 연구와 깊은 관련이 있는 것들이었다.

국장 초임으로 최초의 KDI 공식 파견관이 되면서 시작된 '연구소와의 특별한 인연'은 이후의 공직 생활에서 맡는 자리마다 이어졌다. 공직 퇴임 후에도 경제 분야에 대한 공적 관심을 지속적으로 유지하면서, 시장경제의 틀 안에서의 한국경제가 장기적으로 발전할 수 있는 조건, 정부의 바람직한 기능과 역할, 기업가형 국가의 이론 정립 등, 정부 재직시 관심을 가졌으나 시간의 제약으로 깊이 있는 탐구를 못 하고 사고를 발전시키지 못했던 크고 작은 과제들을 연구해 오고 있다. 그 과정에서 관련 전문가들과의 심층토론과, 거기에서 얻은 결론의 사회적 공론화를 위한 세미나 등의 개최, 집필, 강연 등 다양한 노력을 경주해 왔다.

이와 같이 내가 민간부문에서 보낸 20여 년의 세월 중 나의 생업은 전부 연구와 관련한 것들이었다. 스스로 생각해도 참으로 특이한 인연이다. 결국 나는 공익 관련 연구소 경영과 연구자로 직접 참여한 연구활동을 통해 내가 공직자의 이상적 모델로 생각하는 '한번 공인은 영원한 공인'의 이상을 실현해 가고 있다고 생각한다.

1. 첫 민간 활동: 와이즈디베이스 고문

1997년 11월 19일 청와대 경제수석에서 물러나자마자 바로 그 다음 날부터 몸담은 곳이 '와이즈디베이스(Wisedbase)'라는 조그마한 연구소형 벤처회사였다. 많고 복잡한 해외 정보를 요약, 정리하여 정부의 정책결정자들과 기업의 최고경영자들에게 제공하는 곳이었다. 정책결정자 등이 해외 경제, 경영의 흐름의 핵심을 이해하고 정책 수립과 경영 구상에 참고하도록 하는, 단기성 현안 과제를 다루는 연구소 성격의 회사였다.

뜻하지 않게 갑작스런 퇴임 후 이곳에 간 것은 나의 보좌관 최경환 과장의 소개 덕분이다. 최 과장은 사무관 시절 유학한 미국 위스콘신대학교(매디슨)에서 함께 공부한 김태한 박사, 강태진 박사 등이 시작한, "작지만 아주 좋은 아이디어를 가지고 의미 있는 일을 하는 회사가 있다"고 그전부터 소개해 준 바 있다. 나는 청와대에 있으면서 이 사람들로부터 직접 회사 내용과 앞으로의 구상도 듣고 정책에 활용할 만한 것이 있으면 활용해 보겠다는 생각에서 이들이 생산하는 해외 정보를 받아 보던 터였다. 그러다 경제수석을 그만두게 되니 최 과장이 후배인 김태한 사장에게, 내가 당장은 사무실도 없으니 와이즈디베이스에서 사무실 등 필요한 지원을 해 주었으면 좋겠다는 부탁을 했다. 그들 또한 내가 그곳에 있으면 앞으로 일하는 데 도움이 될 것이라고 생각했을 것이다. 그래서 그 작은 벤처회사의 고문이 되었다.

고문으로서 젊은 연구자들과 어울려 재미있게 지냈지만, 사실 내가 도움을 줄 일은 별로 없었다. 그때부터 1998년 5월 19일 검찰에 소환되어 구속되기까지 꼭 6개월 동안만 고문의 직책을 맡았다.

다행히 김 사장을 비롯한 와이즈의 멤버들이 공부도 많이 했을뿐더러 아주 좋은 생각과 인간성을 가지고 있어서 같이 지내기 좋았다. 외환위기의 책임 규명 과정이 시작되면서 내가 겪게 된 어려움에도 공감해 힘이 닿는 데까지 많은 도움을 주었다. 무엇보다도 넓은 사무실을 제공해 주고 필요시 인력을 지원해 주어 감사원 특감, 검찰 수사에 대비해서 엄청난 분량의 과거 자료를 수집하고 정리하는 데 큰 도움이 되었다. 이 회사로부터 받은 도움은 지금도 감사하게 생각하고 있다. 그러다 검찰의 수사가 본격화되고 구속으로 이어지는 바람에 고문직은 자연스럽게 그만두게 되었다. 수사와 재판 이야기는 제2권에서 상세하게 소개할 것이다.

지나간 이야기지만 이 회사의 비즈니스 모델은 김대중 정부가

IMF 극복 과정에서 필요한 해외 정보 습득과 정책 참고를 위해 정부와 금융기관들이 예산을 들여 1999년 3월 설립한 국제금융센터(초대 소장 어윤대 고려대 교수, 후에 총장, KB금융지주 회장)가 벤치마킹한 바로 그것이었다. 정부가 그것을 만들기 위해 쓴 예산의 반이나 3분의 1만이라도 들여 이 회사가 이미 생산하고 있는 해외 정보들을 사 주는 등 이 회사를 이용했더라면 새로운 기구를 만드는 것보다 훨씬 더 효율적이었을 것이다. 민간에서 할 수 있고 잘하고 있는 것을 육성하기보다 정부 스스로 비슷한 기구를 만들어 민간부문을 위축시키는 우리 정부의 비시장적 행태의 한 전형을 여기서도 볼 수 있다.

2. 국가경영전략연구원(NSI) 원장

(1) 1심 무죄판결과 NSI 원장 취임

1999년 8월 20일, 소위 '환란(換難) 재판' 1심 판결이 나온 후 어느 날 강경식 전 부총리가, 자신이 이사장으로 있는 (사)국가경영전략연구원(National Strategy Institute, NSI)의 원장을 맡으면 어떻겠느냐고 타진해 왔다. 1심 재판에서 무죄가 나서 이젠 슬슬 사회활동을 시작할 수 있는 최소한의 여건이 됐으니, 우선 이것부터 시작해 보는 것이 좋지 않겠느냐는 의견이었다.

NSI는 강경식 씨가 전두환 정부의 대통령비서실장을 마지막으로 정부에서 물러난 후 정치활동과 민간활동을 하던 때인 1991년에 주도해서 설립한 사단법인 연구소다. 사회 여러 지성들의 생각과 의견을 취합해서 국가 주요 이슈에 대해 공론을 형성해 간다는 취지에서 설립되었다. 이름만 보면 국가적 과제를 심층 연구하는 거창한 국책연구소 같지만 사실은 순수한 민간연구소이다. 나도 그렇지만 강경식 이사장의 관심도 국가를 하나의 경영단위로 보고 '어떻게 하면 국가를 전략적으로 발전시킬 수 있을 것인가'에 있다 보니 그런 이름을 택했지만, 현실적으로 이루어지는 활동은 이름을 따라가는 데 크게 부족했다. 주로 재정적 이유 때문이었다. 외환위기 책임론으로 강 부총리와 내가 어려움을 겪고 있었을 때 NSI도 큰 어려움을 겪고 있었다. NSI는 회비로 운영하는 곳이었다. 김대중 정부에서 마음먹고 혼을 내려고 하는 강경식 이사장이 있는 곳이다 보니, 회비를 내고 오는 기업인들도 혹시 정부에 찍히는 것이 아닌가 하는 걱정에 참여율도 떨어지고 회비 수입도 줄어 활동이 위축되어 있었다. 나와 원장 문제를 논의할 당시는 적극적인 연구와 대외활동은 하지 못하고, 정책간담회를 주 1회 개최하는 정도로 최소한으로 기능하고 있었다.

나는 강 이사장의 제의를 수락하여, 1999년 9월 8일부터 NSI 제3대 원장을 맡았다. 초대는 진념 전 부총리였고, 2대는 은행감독원장과 외환은행장을 역임한 황창기 씨였다. 전임 황창기 원장은 한국은행 출신으로 훌륭한 금융인이었다. 이분이 그 어려운 기간 원장을 맡아서 이사장도 사실상 없는 상태에서 연구원을 운영해 왔다. 그러다 우리가 1심에서 무죄선고를 받자마자 강 이사장에게 "너무 힘들어 더 이상 원장직을 수행하기 어렵다"고 사의를 표했고, 내가 바통을 이어받게 된 것이다.

(2) 수요정책간담회와 심층토론 시리즈

수요정책간담회

NSI는 당시 사단법인이었다. 민법과 정관이 규정하는 대로 임원 선임과 제반 사무절차가 이뤄져야 하지만, 미흡한 부분이 많았다. 예를 들어 원장은 사단법인에 관한 일반적 규정과 정관에 따라 회원총회에서 선출해야 되지만, 나의 경우 이러한 선출 절차도 제대로 밟지 않고 원장을 맡은 셈이었다. 그래서 사후라도 정당한 법절차를 밟기 위해 '수요정책간담회'에서 회원총회의 형식을 빌려 원장 추인을 받았다. 형식적인 것 같지만, '형식은 실질을 규정한다'는 것이 나의 평소 생각이기 때문이었다.

NSI가 운영하는 가장 대표적인 프로그램인 수요정책간담회(지금의 '수요정책포럼')는 주로 정부의 차관보, 국장급 실무책임자 등 주요 공직자, 학자, 사회 저명인사를 초빙하여 당시 사회 현안과 정책에 대해 심층적인 분석과 강연을 하고, 그 내용을 토대로 참석자들끼리 활발한 토론을 통해 사회적 공론 형성에 기여하자는 목적의 조찬 모임이었다. 매주 개최되는 NSI 수요정책간담회는 이런 종류의 조찬강연회 중 가장 권위 있고 내용이 충실한 것으로 이미 자리 잡혀 있었다. 1992년 6월 3일 강봉균 당시 경제기획원 차관보를 연사로 제1회 모임이 있었고, 내가 원장 임기를 시작한

2001년 9월 5일 박하식 당시 민족사관고등학교 교감을 연사로 초청한 제341회 수요정책간담회 후. 박하식 교감, 강경식 이사장, 한이헌 후임 원장, 임덕규 영문잡지 *Diplomacy* 회장, 문정숙 숙명여대 교수 등.

1999년 9월 8일에 제270회로 이언오 삼성경제연구소 이사가 강연했다. 내가 떠난 뒤 2006년 3월부터 수요정책포럼으로 개칭해 2019년에 1천 회를 넘겼다.

나도 오래전부터 이 연구소의 회원이었고, 이 조찬간담회에 연사로 초빙되어 강연한 적도 있었다. 경제수석으로 있던 1997년 9월에는 '시장으로의 귀환'이란 제목으로 나의 경제관을 피력한 적이 있고, 외환위기 책임론이 한참 대두되던 1998년 3월 18일에는 '외환위기의 도래와 그 구조적 원인'이라는 제목으로 강연했다. 당시까지 외환위기의 배경과 원인에 대한 체계적인 설명은 나의 이 강연이 최초였다.

'21세기 국가경영시스템' 심층토론

나는 당시 우리 사회의 주요 현안에 대해 수요정책간담회 외에
또 다른 체계적, 심층적 공론의 장을 마련하고, 특히 이를 유력 언
론과 연계하여 전 사회적으로 확산할 필요가 있겠다고 생각했다.
이런 정도의 심층적 토론을 실을 언론으로 우선 『월간조선』이 떠
올랐다. 조갑제 당시 편집장과 협의해서, 2000년 3월호부터 매월
1회씩 우리 사회의 주요 정책 현안에 대해 그 분야의 최고 전문가
를 초빙하여 심층토론을 하고 그 결과를 『월간조선』에 싣는 것으
로 했다.

　'21세기 국가경영시스템 어떻게 구축할 것인가?'로 이름붙인
공동기획 심층토론의 사회는 내가 직접 보았다. 매회 주제와 토
론자를 선정하고 초빙하는 데 상당한 노력을 들여야 했다. 첫 회
로 3월호에는 '2000년 한국 노사관계 새 패러다임의 모색'을 주
제로, 당시 노사정위원회의 위원장인 노동경제학자 김수곤 교수
가 발제를 맡았다. 박래영 홍익대 경제학 교수, 김동원 고려대 경
영학 교수, 김형배 고려대 법학 교수가 참여하여 경제적, 법률적,
노동정책적 시각에서 노사관계를 어떻게 풀어 갈 것인가를 토론
하였다. 토론회 결과는 매달 『월간조선』에 게재했다. 이후 11월호
제9회까지의 주제, 발제, 토론자는 다음과 같다.

제2회(2000년 4월호)

주제　'재벌정책의 공과와 비전: 한국의 재벌정책 문제의 본질
　　　과 향후 과제'

발제　이규억(아주대 교수)

토론　강철규(서울시립대, 경제학), 손병두(전경련 부회장)

제3회(5월호)

주제　'디지털경제와 벤처기업'

발제　이천표(서울대 교수, 국제경제학)

토론　서갑수(한국기술투자 사장), 홍동표(정보통신정책연구원 연구위원)

제4회(6월호)

주제　'재정적자와 국가채무: 적자재정으로부터의 탈피, 국가채
　　　　무 수준의 적정화는 가능한가'

발제　이만우(고려대 교수, 경제학)

토론　조윤제(서강대 교수, 경제학), 신상민(한국경제신문 논설위원), 문형
　　　　표(KDI 연구위원)

제5회(7월호)

주제　'복지정책과 분배문제: 사회복지정책과 경제운용'

발제　안종범(성균관대 교수, 경제학)

토론　나성린(한양대 교수, 경제학), 김진수(강남대 교수, 사회복지학), 김영
　　　　하(조선일보 논설위원)

제6회(8월호)

주제　'대한민국의 국제화, 세계화 수준'

『월간조선』 2000년 8월호 심층토론(2000. 7. 4). 오른쪽부터 박세일 교수, 김기환 회장, 필자(사회), 박태호, 박형준 교수

발제 박태호(서울대 국제대학원 교수)

토론 김기환(미디어밸리 회장), 박세일(KDI 국제대학원 교수), 박형준(동
아대 교수, 사회학)

제7회(9월호)

주제 '제2 경제위기가 오고 있나: 현대 사태를 계기로'

(별도 발제 없음)

토론 김일섭(한국회계연구원장), 김동원(매일경제 논설위원), 곽상경(고려
대 국제대학원장)

제8회(10월호)

주제 '학교교육 개혁의 새로운 청사진'

발제 이주호(KDI 국제정책대학원 교수)

토론 김영철(한국교육개발원 수석연구위원), 김조영(교육부 학교정책실장)

제9회(11월호, 마지막 회)

주제 '학교교육의 개혁'

발제 이주호(KDI 국제정책대학원 교수)

토론 박정수(서울시립대 교수)

심층토론은 당시 우리 사회 최고의 지성들이 우리 사회가 반드시 해결하고 가야 하는 문제, 그리고 컨센서스를 이루어야 할 중요한 정책 이슈들에 대해 매월 깊이 있는 토론을 하고 공론화 과정을 추구하는 새로운 형식의 토론문화 창조에 기여했다고 생각한다.

내가 이런 식의 토론문화에 관심을 갖게 된 것은, 우리나라의 대부분 연구소들의 연구 방법과 결과의 활용에 많은 문제가 있다고 평소 생각하고 있었기 때문이다. 특히 정부의 막대한 재정 지원을 받는 국책연구소들에서 박사 연구원들이 수많은 연구보고서를 발간하지만, 해당 연구자 외에 정부에 관련되는 사람들이나 좀 볼까, 그 연구 결과를 보는 사람은 거의 없다. 막대한 재정을 들인 연구가 연구를 위한 연구, 연구자 개인의 실적 쌓기용 연구로 끝나는 경우가 대부분이었다. 또 국책연구소 중심의 연구들이란 그때 그때 정부의 필요성에 맞추어 이미 내려진 결론을 합리화시키는 것들이 많았다. 사회 전체가 공감할 수 있는 결론을 도출해 나갈 수 있는 토론의 과정과, 이를 통해 사회의 공론화를 유도하고 사회적 합의를 이뤄 나가고, 결국 이것이 정책에 반영되는 것이 연구자와 연구원의 존재 이유와 목적이다. 그런 연구가 별로 없다는 것이 늘 안타까웠다.

그에 비해 미국의 유수한 연구소들 중 대표적인 브루킹스연구소(Brookings Institution, 1927년 기업가 로버트 브루킹스가 설립한 진보 성향 연구소)와 헤리티지재단(Heritage Foundation, 1973년에 쿠어스 맥주회사의 사주 조지프 쿠어스의 재정 지원으로 설립된 보수 성향의 싱크탱크)은 연구 과정이 투명하고, 의견에 반대하는 사람까지 포함하는 전문가들의 활발한 토론을 통해 연구보고서를 만들어 낸다. 연구진들은 자신들이 지지하는 정치세력이 집권하면 정부에 들어가 연구의 연장선에서 정책을 추진하다가, 정권이 바뀌어 정부에서 물러나오면 다시 연구를 하면서 다음 기회를 기다린다. 이런 전통은 참 바람직스러웠다. 그런 식의 연구소 운영이 우리나라에도 필요하다고 늘 느껴온 나에게는 NSI가 나의 구상을 펼치기 딱 적합한 기관이었다.

내가 원장을 일찍 그만두는 바람에 이 심층토론을 좀 더 오래 하지 못한 것은 아쉬운 일이다. 그러나 나중 시장경제연구원을 창설하여 운영위원장을 맡고 있을 때 그 구상을 다시 실현할 기회를 가졌다.

(3) 창립 8주년과 『시장으로의 귀환』

내가 원장에 취임한 1999년에 NSI는 창립 8주년(1991. 11 사단법인 인가)을 맞았다. 연구원의 존재는 물론 김인호라는 사람이 원장을 맡았다는 것을 널리 알리기 위해, 그동안 연구원을 정신적, 물질적으로 뒷받침해 준 후원자들과 정부의 선후배, 동료, 친지 들을 다 초청하여 리셉션을 열었다. 창립기념일이 있는 11월은 마침, 내가 정부에 있었을 때와 정부에서 나와서 쓴 글들을 모은 칼럼집 『시장으로의 귀환』(국가경영전략연구원. 1999)이 나올 시점이기도 했다. 나의 마지막 공직인 경제수석 시절에 만든 표어를 제목으로 한 이 책의 출판기념회를 겸해 11월 11일에 창립 기념 리셉션을 했다.

그날 강경식 이사장과 나의 지인들과 전·현 정부 출신 주요 인사 대부분이 참여했다. 특히 신현확, 남덕우, 이수성 세 전직 총리와, 정재석 부총리를 제외한 역대 부총리, 내가 환경차관 때 모신 이재창 장관 등이 참석해 행사를 축하하고 격려해 주었다. 그 자리를 빌려 원장을 맡은 소감과 연구원의 향후 활동 방향과 비전을 공개적으로 소개했다.

김대중 정부 시절이던 당시의 사회적 분위기는 우리에게는 매우 불리하게 형성돼 있었다. 오죽하면 행정고시 동기이고 차관을 지낸 어떤 친구는 초청장을 받고서, "이 정부에서 언젠가 입각할 것을 기대하고 있는데, 그 리셉션에 가면 찍혀서 불리할 것 같아서 못 가겠다. 양해하라"는 말을 할 정도였다. 이사장도 원장도

NSI 창립 8주년 기념식 및 『시장으로의 귀환』 출판기념회(1999. 11. 11). 왼쪽부터 이재창 전 환경처 장관, 최각규 이승윤 조순 전 부총리, 필자, 강경식 이사장, 신현확 남 덕우 이수성 전 총리, 김흥기 전 산은총재, 김기환 전 세종연구원 이사장.

세칭 '환란 주범'으로 몰려 지내던 시절 아니었던가.

다행히 1심에서 무죄판결이 났지만, 그로써 DJ 정권은 오히려 치명적 상처를 입은 꼴이 됐다. 정권이 괘씸죄를 적용해 우리를 더 옥죄고 괴롭힐 수 있는 상황이었다. 강경식 이사장과 둘이서 함께 연구원을 끌고 나가는 것은 현실적으로 너무 어려움이 많을 것이란 생각이 들었다. 따라서 우선 연구원을 정치적으로 좀 중립적인 색깔로 바꾸고, 그런 이미지의 이사장을 영입하여 일단 연구원을 살려 나가는 것이 급선무라고 판단했다. 더하여, 경제적으로 너무 어려우니 연구원에 기금을 좀 내고, 끌어도 올 수 있는 사람을 이사장으로 영입할 수 있다면 더욱 좋겠다고 생각했다. 그래서 강 이사장과 상의를 했다.

『시장으로의 귀환: 우리경제의 구조개선방향』(국가경영전략연구원, 1999)

　"이렇게 가면 아무리 설립 취지가 좋더라도 재정적으로 지속적인 연구원 운영이 불가능하다. 내가 제안하는 대로 추진하면서, 적당한 이사장 후보가 나서면 강 이사장은 설립자로서 명예이사장이 되어 연구원의 정신적 지주가 됐으면 좋겠다."

　나의 제안에 강 이사장도 그 자리에서는 동의했다. 하지만 막상 이 생각을 구체화하려고 하는 단계가 되어 강 이사장의 생각이 바뀌었다. 설립자로서 이사장을 계속 하겠다는 의지가 확고했다. 원래 이사장의 가장 중요한 역할은 돈 마련하는 것이고, 원장은 이사장이 마련한 재원을 가지고 활동을 하는 자리이지, 돈을 마련하는 자리는 아니다. 나는 이 상태에서 원장을 더 이상 하기 어렵다고 판단해 사직하기로 했다. 재정적으로 연구원을 끌고 갈 자신이 없었다. 그래서 1999년 9월 8일부터 2000년 10월 8일까지 1년 1개월의 짧은 재임 끝에 원장을 그만두게 되었다. 그러나 이사 지위와 회원 자격은 계속 유지했다. 2014년 3월, 15년간 유지해 온 이사직도 사임했지만 여전히 회원으로서 NSI와의 인연은 계속 이어지고 있다.

3. 와이즈인포넷 회장

2000년 10월 8일에 NSI 원장을 그만두고, 2년여 전에 고문으로 있던 와이즈디베이스가 이름을 바꾼 와이즈인포넷(주)의 회장을 맡게 되었다. 등기상 회장은 아니고, 고문 성격의 회장이었다. 1심 무죄판결에 따라 외환위기의 굴레에서 어느 정도 벗어난 상태에서 회장을 맡아 달라는 요청이 있었다. NSI 원장을 하면서 와이즈의 회장을 겸하는 것도 가능할 것으로 생각을 했는데, 바로 앞에서 말한 이유로 NSI 원장을 그만두었기 때문에 2000년 10월 19일부터 1년여 와이즈인포넷 회장으로 상근했다.

당시 와이즈는 김태한 사장이 실질적으로 손을 떼고 강태진 박사가 대표를 맡고 있었다. 좋은 생각으로 기업을 만들었지만 경영에 어려움이 많았다. 재정적으로 원활하게 돌아가지 않는 상태에서 고문 성격이나마 회장을 맡아 고민스러운 입장에서 일을 하게 되었다.

와이즈인포넷 회장 재임 기간에 있었던 가장 큰 일은 회사와 상관없는 것이었다. 2001년 2월 2일, 아마추어로서 역사상 처음으로 국내 최고 교향악단인 KBS교향악단의 신년특별음악회에서

차이콥스키의 〈슬라브 행진곡(Marche slave, Op.31)〉을 지휘한 '사건'
이 그것이다. 제20장에서 상술한다.

11

시장경제연구원

(2001. 4 ~ 현재)

1. 시장경제연구원 설립, 운영위원장(MERI 1)

(1) 법과 경제의 접목

2001년 와이즈인포넷 회장을 맡던 중 새로운 일을 구상하고 추진했다. 오늘날까지 나의 트레이드마크가 된 시장경제연구원을 만드는 일이었다.

이 생각을 같이 나눈 사람들은 나의 청와대 수석 시절 경제비서관 겸 경쟁력강화기획단 부단장을 지내고 조폐공사 사장을 역임한 강희복, 전 공정거래위원회 상임위원 신무성, 산업연구원장을 역임한 국내 최고의 산업조직론, 경쟁정책 분야 대가인 이규억 박사였다. 이들과 한국에서 시장경제 정착에 도움이 될 연구원을 하나 만들자는 데 의견의 일치를 보았다.

연구원 하나를 새로 만들기 위해서는 상당한 재원이 필요하다.

그러나 우리에게 이런 재정적 능력은 전연 없었다. 다행히 법무법인 세종(Shin & Kim)의 신영무 대표변호사와 상의를 하니 해결의 가닥이 어느 정도 잡혔다. 신 변호사는 당시 우리나라에서 두 번째로 큰 로펌 그룹의 하나인 세종의 설립자이자 대표변호사이다. 사적으로는 내가 공정거래위원장 시절 비상임위원으로서 같이 활동한 인연이 있다.

신 변호사는 넓은 스펙트럼의 관심을 가지고 있는 사람이었다. 그는 앞으로 로펌도 법률문제만 다루어서는 한계가 있다고 생각을 했다. 로펌에서 다루는 주요한 법률문제들은 대부분 기업과 관련되는 경제 사안이기 때문에 경제와 경영에 대한 전문적 지식이 필요한데, 우리나라 법무법인에는 법률 전문가인 변호사만 있다 보니 경제전문가와 같이 일하는 것이 필요하다는 인식을 하고 있었다.

세종의 이런 필요와 우리 측의 아이디어가 합하여 만들어진 것이 시장경제연구원이다. 경제전문가들이 참여하여 별도 기구를 만들고, 초기 설립에 드는 비용과 최소한의 운영 비용은 세종에서 부담하는 방식이었다. 우리는 독자적인 연구를 수행하는 동시에 세종이 필요로 하는 주요 법적 사안과 관련해 경제적인 분석을 제공함으로써 서로가 도움을 줄 수 있는 관계를 형성하자는 취지다. 앞서 내가 환경차관을 마치고 잠시 쉴 때 김앤장법률사무소의 김영무 대표변호사와 이런 문제를 다루는 기구를 설립하는 문제를 논의했음은 제5장에서 밝혔다. 그때는 갑자기 한국소비자보호원장을 맡는 바람에 성사되지 못한 것이, 7년여 세월이

지나 그때 생각한 것보다 좀 더 구체화되고 발전된 형태로 법무법인 세종을 통해 실현된 것이다.

　연구원의 이름으로 나는 당초 '자유시장경제연구원'을 생각했으나, 시장경제는 당연히 자유시장경제이므로 구태여 '자유'를 붙이지 않아도 충분하다는 의견이 지배적이어서 '시장경제연구원(Market Economy Research Institute, MERI)'으로 최종 결정했다. 형식은 법무법인 세종의 부설연구원으로 했다.

　별도 법인이 아니므로 의사결정기구로 법인의 이사회에 상응하는 운영위원회를 두기로 하고 내가 그 위원장을 맡았다. 이규억 박사가 원장 겸 운영위원, 강희복·신무성 두 사람은 운영위원으로 참여하고, 세종의 신영무·황상현 대표변호사, 나와 고시 동기로 세종의 고문으로 있던 백원구 전 재무차관 등도 운영위원으로 들어오게 되었다. 나와 이규억, 강희복, 신무성 운영위원은 세종의 고문을 맡아 세종의 일을 도와주는 관계가 이루어지도록 구조를 마련했다.

　이 모델로 법과 경제의 만남을 통해 서로 도움을 주고받는 윈윈 관계를 만들 수 있었다. 법무법인의 입장에서는 새로운 영역을 개척해 나갈 수 있었고, 우리로서는 경제적 사고를 단순히 이론에 그치는 것이 아니라 구체적인 사건과 관련하여 시장경제적 아이디어와 접목시켜 실질적이고도 이론적으로 기업의 문제 해결 방안을 도출할 수 있는 시스템을 만든 셈이었다. 우리나라에서는 최초의 시도였다.

2001년 4월 9일 시장경제연구원 현판식 후. 앞줄 가운데부터 반시계방향으로 오성환 세종 대표변호사(전 대법관), 이규억 박사, 황상현 대표변호사, 신무성 위원, 신억현 고문, 김태준 고문, 강희복 위원, 신영무 대표변호사, 최승민 변호사, 백원구 고문(전 재무부 차관), 필자.

　이후로 우리의 선례를 따라 로펌들이 경쟁적으로 공정거래위원회 출신을 비롯한 유능한 경제관료 출신을 고문으로 영입하는 것이 일반화되었다. 당장 김앤장에서도 이에 자극을 받아, 경제전문가로 당시 우리와 같이 일을 하고자 협의중에 있던 KDI 출신의 신광식 박사를 영입해 가기도 했다. 나는 농담으로 정부의 후배들에게 "내가 시장경제연구원을 만들어 후배들이 공직을 물러난 후 전문성을 살려 가면서 제2의 인생을 살 수 있는 계기를 마련해 주었으니 고맙게 생각하라"고 말하곤 한다.

(2) 토론회, 기고와 강연, 세미나

2001년 4월 9일, '법무법인 세종 부설 시장경제연구원'이 현판식을 갖고 활동에 들어갔다. 팀으로서 세종 측과 경상적인 업무 협조를 수시로 하는 동시에, 운영위원장인 나는 연구원 본연의 활동에 많은 시간을 보냈다.

'시장 경제와 기업하기 좋은 환경' 공동토론

주요 활동으로, 첫째는 『월간조선』과 공동토론 프로젝트를 진행하는 일이었다. NSI 원장 때 시작했으나 원장을 조기 사임하는 바람에 지속하지 못해 아쉬웠던 것을 다시 재개한 셈이다. NSI 때와 마찬가지로 당시의 국가사회적인 주요 이슈와 관련, 그 분야 최고의 전문가들을 초청하여 월 1회 토론회를 개최하고 그것을 정리해서 『월간조선』에 게재했다. 토론은 '시장경제와 기업하기 좋은 환경 어떻게 실현할 것인가'를 대주제로 2002년 8월호부터 2003년 3월호까지 총 8회에 걸쳐 진행했다.

제1차 토론회(2002년 8월호)는 2002년 7월 8일 은행연합회관 16층 뱅커스클럽에서 '차기정부의 경제정책과제'라는 주제로, 내가 사회를 보고 손병두 전경련 부회장, 양수길 한국무역협회 객원연구원, 신상민 한국경제신문 논설주간, 조윤제 서강대 국제대학원 교수가 토론자로 참여했다. 이후 제8차까지 내용은 다음과 같다.

제2차(2002년 9월호)

주제 '시장경제 실현을 위한 차기정부의 조직과제'

사회 배병휴(월간 『경제풍월』 발행인)

주제발표 김종석(홍익대 교수, 경제학)

토론 박용성(대한상의 회장), 황인정(강원발전연구원장), 김인호

제3차(10월호)

주제 '대통령 및 대통령 보좌 조직의 바람직한 역할과 기능'

사회 김인호

토론 강경식(NSI 이사장, 전 대통령비서실장), 김광일(변호사, 전 대통령비서실장), 김충남(하와이 동서문화센터 객원연구원, 전 대통령정무비서관), 최평길(연세대 교수, 대통령학)

제4차(11월호)

주제 '금융개혁 및 금융구조조정의 성과와 향후 과제'

사회 김인호

주제발표 김동원(매일경제 논설위원)

토론 김정태(국민은행장), 박상용(연세대 경영학과 교수, 증권연구원장), 정병철(LG전자 사장)

제5차(12월호)

주제 '기업구조조정의 성과와 과제'

사회 김인호

주제발표　김일섭(이화여대 경영부총장)

토론　정구현(연세대 상경대학장), **장흥순**(벤처기업협회장), 제프리 존스
(주한 미 상공회의소 회장)

제6차(2003년 1월호)

주제　'수요자가 선택하는 교육'

주제발표　우천식(KDI 연구위원)

토론　**문용린**(서울대 교육학과 교수, 전 교육부 장관), **이인호**(국제교류재단
이사장), **이병남**(LG 구조조정본부 인사담당부사장)

제7차(2월호)

주제　'노사관계의 바른 틀 어떻게 정립할 것인가'

사회　김인호

주제발표　김대모(중앙대 교수, 전 노동연구원장)

토론　**최승부**(법무법인 CHL 고문, 전 노동부 차관), **심갑보**(삼익LMS 대표이
사 겸 대한상의 노사인력위원장), **강영철**(매일경제 논설위원)

제8차(3월호)

주제　'고령화 사회의 진전에 따른 복지정책'

사회　김인호

주제발표　이규식(연세대 보건환경대학원장)

토론　**최광**(한국외대 교수, 전 보건복지부 장관), **임광규**(변호사), **김용하**(순
천향대 교수)

기고, 강연, 세미나

두 번째로 내가 많은 시간을 들
여서 한 활동은 본격적인 집필과
강연이다.

기간중 한국경제신문의 '다산
칼럼'에 월 1회씩 총 8회에 걸쳐
기고했다. 시장경제원리를 중심
으로 우리 경제의 현안을 체계적
으로 분석하고 대안을 제시하는
내용들이었다. 『경제풍월』 등 경
제지에도 많은 기고를 했다. 이

한국경제신문 '다산칼럼' 연재 초기의
필자 캐리커처(2004년 6월).

때 시작된 한경 '다산칼럼' 기고는 약 7년간 총 63회에 걸쳐 이루
어져, 시장경제적 사고에 입각해서 거의 모든 분야의 경제 현안을
분석하고 대안을 제시하는 주요 통로가 되었다. '다산칼럼'을 비
롯해 여러 언론에 기고한 글들은 나중에 칼럼집 『길을 두고 왜 길
아닌 데로 가나』(시장경제연구원, 2010)를 내는 데 기초자료가 되었다.

대학 및 주요 기관에 가서 강연도 활발하게 했다.

세 번째 활동은 두 차례에 걸친 세미나와, 총 4회에 걸친 정책
보고서 발간이다. '건강보험 정상화를 위한 세미나'와 '신용카드
산업과 시장의 발전을 위한 정책토론회' 등, 연구만을 위한 연구
가 아니라 우리 사회의 구체적 문제 해결에 도움이 되는 연구와
세미나였다.

당시 우리나라에서 처음 도입된 로또복권사업을, 사업의 본질

을 살리면서 공익과 조화되게 운영할 수 있는 방안을 로또사업자인 KLS의 의뢰를 받아서 연구하기도 했다.

이와 같이 연구와 세미나, 언론 공동 프로젝트 등을 활발하게 수행해 나가면서 법무법인 세종의 법률적 문제에 대해서도 자문 활동을 해 나갔다. 약 3년이 지난 시점에 나에게 새로운 역할에 대한 요청이 있어, 2004년 4월 15일 운영위원장 자리를 강희복 운영위원에게 인계했다.

뒤안길 사회주의 궁전에서 시장경제 교육

시장경제연구원 운영위원장 재임시 아주 의미 있는 해외출장을 다녀왔다.

아프리카대륙 남동쪽 섬나라 마다가스카르 정부가 세계은행(IBRD)과 공동주관하여 2003년 6월 13일부터 나흘간 개최한 MGLR(Madagascar Government Leaders Retreat)이란 이름의 최고위 정책 세미나에 강경식 NSI 이사장과 함께 참석했다. 세미나는 마다가스카르를 돕는 대표적인 원조기관으로 큰 영향력을 행사하고 있던 세계은행의 권유에 따라 세계은행과 마다가스카르 정부의 공동 주관으로 개최되었다. 우리는 세계은행이 초빙한 경제개발 전문가로 참석했다. 김동연 재경원 과장(후에 경제부총리)이 세계은행

아프리카 담당 이코노미스트(선임정책관)로 근무하면서 강 이사장과 나에게 참석 교섭을 해 와 이를 수락해서 이루어진 것이었다.

세계에서 네 번째로 큰 섬(58만㎢)인 이 나라는 70여 년에 걸친 프랑스 식민통치에서 벗어나 1960년 독립국가가 되었다. 그러나 독재로 정치적 불안이 계속되었고 그들이 선택한 사회주의 경제 시스템에 대한 실험은 참담한 실패로 끝났다. 그 결과 광대한 토지와 부존자원의 이점을 전연 활용하지 못하고 1인당 국민소득 250달러의 세계 최빈국 수준에 머물러 있었다. 한동안 두 대통령, 두 정부, 두 중앙은행이 병존하는 정치적 혼란기를 거쳐, 2002년 마르크 라발로마나나(Marc Ravalomanana) 대통령이 집권한 이후 시장경제 체제로 전환하고 우선 '빈곤 극복'을 1차 목표로 집중적인 경제개발 노력을 기울이고 있었다. 이 세미나는 이러한 노력의 집약적인 표현이있다.

세미나에는 라발로마나나 대통령과 총리 이하 전 각료와 고위공무원, 그리고 하루는 상·하 양원 의원 전원이 참석했다. 각국에서 경제개발 전문가와 세계은행의 이코노미스트들이 연사로 초빙되어 이 나라가 추진중인 경제개발 노력과 관련한 주요 정책 과제에 대해 다양한 강연을 하고 그들과 열띤 토론을 벌였다.

라발로마나나 대통령과 총리를 비롯한 세미나 참석자들은 우리나라에 특별한 관심을 가지고 있었다. 빠른 시간 안에 경제적 발전을 이루기를 간절히 원하는 그들에게는 불과 한 세대 남짓한

동안에 국민소득 100달러 미만의 최빈국에서 당시 이미 1만 달러 수준의 공업국으로 변모한 한국의 발전 경험과 비결이 진정으로 벤치마크하고 싶은 대상이었을 것이다.

나는 '한국경제가 당면한 도전과 과제: 마다가스카르의 개발 노력에 주는 시사(Challenges and Tasks Faced by Korean Economy: Implications for Madagascar's Efforts)'라는 제목의 프리젠테이션을 통해 한국경제의 '성공 신화'를 시작으로 성공의 뒤안길에 축적된 한국경제의 구조적 문제점과 이로부터 우리가 극복해야 할 도전에 이르기까지 많은 이야기를 그들에게 전했다. 참석자들은 깊은 공감을 표하면서 많은 질문을 던졌다. 많은 이야기가 오갔지만, 내가 주려고 한 기본 메시지는 두 가지였다. 하나는 "경제발전을 위해서는 제대로 된 경제 시스템에 대한 분명한 선택과, 이에 대한 확신을 가지고 국민을 설득하면서 이를 지속적으로 밀고 가는 국가지도력, 즉 리더십이 중요하다"는 것, 또 하나는 경제개발 과정에서 "정부는 문제 해결의 주체이기도 하지만 문제 그 자체이기도 하다"는 것이다. 경제발전 단계에 따라 정부 역할의 적정한 변화, 수정, 개선이 반드시 병행돼야 한다는 얘기다. 또 이들이 깊은 관심을 가지고 있는 부패 방지와 관련해서도 한국의 경험과 교훈을 설명했다.

우리나라의 1950년대 후반을 연상케 하는 마다가스카르의 경제 현실, 40여 년의 지각 끝에 1960년대에 우리가 추진한 개발 노력을 정열적으로 시도하고 있는 모습은 인상적이었다. 그러나 나는

마다가스카르 MGLR 세미나장인, 북한이 지어 준 전 대통령궁 앞에서 강경식 이사장(왼쪽)과(2003. 6. 16).

'앞으로 10년이나 20년 후 과연 전혀 달라진 경제의 모습을 이 나라에서 볼 수 있을까' 하고 생각했다. 광대한 영토, 엄청난 자원에도 불구하고 이 나라가 빈곤의 굴레를 벗어나서 경제다운 경제를 이룩해 가는 과정에서 해결되어야 할 과제들은 결코 만만치 않은 것들이고, 이를 분명히 인식하고 추진해 나갈 국가지도력에 대한 믿음을 그 당시 바로 가질 수 없었기 때문이다. 한 나라의 국민경제가 새로운 모습으로 변모하는 것이 얼마나 어려운 길인지를 다시 생각하는 기회였다.

MGLR 세미나가 개최된 건물은 1979년 북한의 김일성이 선물로 지어 주어, 직전 대통령까지 대통령궁으로 사용하던 곳이었다. 북한은 이 나라에 다량 매장된 것으로 추정되는 우라늄에 대한 관심과 대아프리카 외교의 일환으로 이 나라에 많은 공을 들였다. 전임 디디에 라치라카 대통령의 경우 세 번이나 북한을 방문하는 등 북한과 특별한 관계를 유지했다.

북한이 마다가스카르의 사회주의 정권을 위하여 지어 준 대통령궁에서 남한의 자유시장경제주의자들이 그 나라의 대통령을 비롯한 최고지도자들에게 시장경제와 국제화의 중요성을 역설하면서 그들과 토론을 진행하는 광경을 김일성, 김정일이 봤다면 무슨 생각을 했을까? 역사의 아이러니라고 할까?

나는 이런 내용을 추려 2003년 7월 11일자 한경 다산칼럼에 '사회주의 궁전에서 시장경제 교육'이란 제목으로 기고했다. 그 글을 이렇게 마무리했다.

> 그런데 세계 각국이 다투어 이미 폐기처분했거나 하고 있는 사회주의의 망령이 뒤늦게 우리나라에서는 되살아나서 '진보'라는 이름으로 정치, 경제, 통일, 노사, 복지, 교육의 각 분야를 휘젓고 있고 이제는 우리의 자유시장경제 시스템을 근본적으로 위협하는 단계에까지 왔으니 개탄할 일이다. 해결해야 할 경제과제의 수준은 전연 다르지만 필자가 마다가스카르 지도자들에게 강조한 기본 메시지는 어쩌면 우리가 스

스로에게도 던져야 할 물음이기도 하다.

"이 시점에서 한국은 경제시스템에 대한 분명한 선택을 하고 있으며 국가지도자들은 확신을 가지고 국민들을 설득하면서 이를 일관성 있게 밀고 가고 있는가?"

나는 이와 똑같은 질문, 어쩌면 그보다 훨씬 강한 톤의 질문을 오늘 이 시점에서 던지고 있는 자신을 보며 답답한 심정을 금할 수 없다. 그때로부터 15년이 지난 2018년 마다가스카르의 1인당 GDP는 474달러로 세계 184위, 물가상승을 감안하지 않더라도 15년 동안 1인당 소득이 두 배도 늘지 못했다.

우리나라 1인당 GDP가 2003년 마다가스카르와 같은 250달러 수준일 때가 1970년이다. 그로부터 15년이 지난 1985년 2,400달러 수준으로, 그동안 약 10배가 되었다. 우리나라의 경제개발이 얼마나 효율적으로 이뤄졌는지 알 수 있다. 이런 발전의 역사가 갖는 의미를 제대로 모르거나 아니면 오히려 의도적으로 이를 깔아 뭉개려는 사람들이 운영하는 나라에 우리는 지금 살고 있다.

2. (재)시장경제연구원 이사장(MERI 2)

(1) 법인 독립, 다시 이사장으로

내가 법무법인 세종 부설 시장경제연구원 운영위원장을 그만두고 중소기업연구원장으로 가면서 강희복 위원이 운영위원장을 맡아, 2005년 11월 1일에 세종과의 관계를 정리하고 별도 재단법인으로 독립했다. 그러나 연구원은 재정적으로 상당한 어려움을 겪고 있었다. 강남구 역삼동에 자그마한 공간을 사무실로 확보하고 있었으나 이런 환경에서는 본격적인 연구를 할 수 없었다. 결자해지 차원에서 내가 다시 시장경제연구원을 맡아 운영을 해야할 상황이었다.

우선 최소한의 연구 재원과 연구 공간을 확보하는 일이 급선무였다. 또 중소기업연구원에 갈 때 같이 옮겨 갔던 김종욱 실장과 이수정 비서가 빨리 돌아와 행정을 뒷받침하는 것도 매우 중요했다. 이러한 준비에 상당한 시간이 필요했기에 2008년 4월 15일에야 정식으로 시장경제연구원의 이사장을 맡게 되었다. 무역협회장으로 나가 있던 2015년부터 2017년 11월까지 3년 채 못 되는 기간은 비상근으로, 다시 돌아와서는 상근으로 지금까지 이사장 역할을 수행하고 있다. 나는 세종 부설 연구원에서 운영위원장으로 있은 시절을 'MERI 1', 중소기업연구원에서 복귀한 2008년부터 2015년 무역협회장으로 가기 전까지 기간 동안을 편의상 'MERI 2'라고 부른다.

재단법인 시장경제연구원 현판식(2008. 7. 22). 왼쪽부터 김대영 회장, 강경식 전 부총리, 필자 내외, 이희범 무역협회 회장, 조순 전 부총리, 백용호 공정거래위원장, 강희복 이사 내외.

현판식 후 직원들과. 왼쪽부터 김종욱 실장, 이수정 비서, 필자, 한 사람 건너 강희복 이사.

(2) 선임연구위원으로 연구 수행

MERI 2 기간 동안 참 많은 일을 했다. 물론 NSI, MERI 1(세종 부설 시절), 중기연구원 등에서도 연구와 집필, 강연 등 활동은 계속해 왔다. 그러나 MERI 2에서 이사장 겸 CEO 겸 선임연구위원으로 일하기 시작한 2008년 4월부터 무역협회장을 맡기 전인 2015년 2월까지가 가장 활발하게 연구와 활동을 한 기간이었다. 정부에 있으면서 생각했던 정책 현안과 관련된 구조적 문제들에 대해 집중적으로 탐구하고 연구했다. 일이 넘칠 정도로 많았지만 무척 보람 있는 시기였다.

연구원은 연구기획과 지원, 연구보조, 행정 요원만 상근으로 하고 연구위원은 대부분 우리나라의 유수한 경제학자들을 초빙 연구위원으로 위촉하여 연구를 수행하는 시스템으로 운영했다. 이때 있었던, 행정적으로 중요한 일은 원장의 영입이었다. 2010년부터 2012년에 걸쳐 김호식 전 해양수산부 장관이 원장으로 연구원에 합류했다. 김 원장은 내가 경제수석을 할 때 경제정책비서관으로 함께 일했다. 경제관료 중 학구적인 관료로 자타가 인정하는 인물이어서 원장으로 적임자였다. 본인도 적극 동의하여 영입했다. 1년 넘게 같이 일을 했으나 아쉽게도 김 원장은 자신의 사업을 시작하기 위해 원장직을 사직했고, 내가 다시 원장직을 겸하여 운영하게 되었다.

나는 시장경제연구원의 이사장 겸 원장이지만 동시에 선임연구위원으로서 연구도 직접 하는 두 가지 역할을 수행했다. 연구의 규모가 크거나, 한 분야를 전공한 전문가가 연구책임을 맡아 다양한 분야의 전문가들의 연구 결과를 조정, 종합하기 어려운 학제적(學際的) 연구가 필요한 경우에는 내가 직접 연구책임자가 되어 연구를 수행했다. 나뿐만 아니라 다른 주요 간부들도 역량이 허용하는 범위 내에서 연구자로서 연구에 참여하도록 했다.

또 다음에 자세히 기술할 주요 연구를 포함해서 많은 연구를 하는 과정에서 특히 동국대 김종일 교수, 한국외대 정인석 교수, 경기대 최성호 교수, 서강대 박정수 교수 등은 거의 상근연구위원에 준할 정도로 많은 연구에 참여하여 연구원의 연구 결과를 질적으로나 양적으로 고양하였다. 이분들에게 특별한 감사의 마음을 지금도 가지고 있다. 특히 정인석 교수는 한국생명공학연구원에서 발주한 바이오정책에 대한 연구를 2010년부터 최근까지 같이 진행을 했었다. 또한 당시 'MERI 2'가 시작될 시점부터 김종욱 기획실장, 연규용 연구지원실장, 신수환·김수지 연구원, 비서 이수정 과장, 그리고 변민영·김엄지 사무원 등이 연구기획, 지원, 보조 및 행정 요원으로 연구활동을 지원했다.

내가 직접 연구책임자가 되어 수행한 연구도 여섯 건 있다. '코리아로터리서비스 사건을 보는 경제적 관점', '한일터널 건설사업의 타당성과 효과적 추진방향에 관한 연구', '시장경제적 관점에서 보는 한국경제의 발전경험 평가와 정책제언 연구', '새로운 경제정책 방향의 모색', 'ICT 기반 창조경제 실현을 위한 경쟁정책과 제도개선 연구', '경제시스템의 재정비 방안'이다. 그중에서 의미 있는 연구 몇 가지를 언급한다.

한일터널 연구

나는 연구원을 운영하면서 사회활
동으로 세계평화터널재단(2008년 '평
화통일재단'으로 설립, 2011년 정관 개정으로
개칭)의 자문위원장을 맡고 있었다.
이 활동에 대해서는 제14장에서 자
세하게 이야기할 것이다.

한일터널 건설의 타당성과
효과적 추진방향에 관한 연구

MERI 신경제연구원

이 재단은 한일해협과 베링해협
에 터널을 뚫어 육로로 양국을 연
결하면 주요 대륙이 모두 육지로 연결되어 세계의 교류와 평화에
기여하게 된다는 생각에서 이 두 터널을 건설하자는 세계적 차원
의 운동을 추진하는 기구였다. 통일교의 문선명 총재가 주창한
운동이었다.

나는 종교적으로는 정통 개신교인으로서 통일교와 전연 입장
을 달리하지만, 이 운동은 매우 의미 있다고 생각했다. 나는 한국
과 일본은 궁극적으로 단일 시장으로 가야 한다는 소신을 평소
가지고 있었기 때문에 그런 방향에 기여할 수 있는 이 구상에 대
해 큰 관심을 갖게 되어 이 운동에 참여했다. 그리고 우리 사회의
다양한 인재들이 참여한 이 재단 자문위원회의 위원장으로 선출
되었다.

세계평화터널재단에서 우리 연구원에 상당한 연구비를 주면
서 연구를 의뢰해 왔다. 터널 건설의 기술적, 경제적인 문제를 중
심으로 몇 건의 연구가 이미 양국에 있었다. 하지만 이 프로젝트

2010년 2월 2일 한일터널 연구 프로젝트 수행의 일환으로 일본 세이칸(靑函)터널 시찰. 앞줄 왼쪽부터 마강래, 허재완 교수(이상 중앙대), 필자, 이용흠 평화통일재단 부이사장, 이원덕 국민대 교수, 이길주 평화통일재단 소장, 뒷줄 왼쪽 둘째부터 김상환 호서대 교수, 최성호 경기대 교수, 이수정 비서, 김웅희 인하대 교수 등.

가 갖는 정치적, 역사적, 경제적, 문화적 성격을 고려할 때 이제까지의 접근만으로는 매우 부족하다고 느꼈다. 나는 이 프로젝트가 기본적으로 정치적 프로젝트이며 역사적 프로젝트라고 인식했다. 따라서 양국 간의 터널 건설로 상징되는 협력관계를 증진하기 위해서는 몇 가지 주요 관점을 설정하고 연구를 추진하는 것이 필요하다고 판단했다. 정치적인 제약을 풀어 나갈 수 있는 요인은 무엇인가, 정치적, 역사적으로 양국 간의 관계는 어떻게 흘러왔으며 앞으로는 어떻게 가야 할 것인가, 양국 간의 산업협력은 어떤 방향으로 가야 할 것인가 등에 대한 심층 연구의 바탕 위에서, 하나의 상징적인 협력사업으로서 터널 건설을 추진해 가자

는 관점에서 연구보고서를 작성했다. 아마 한일터널과 관련해 그
때까지 있었던 모든 연구 중 가장 포괄적인 연구일 것이다. 연구
진 중 경기대 최성호 교수, 중앙대 허재완·마강래 교수, 국민대
이원덕 교수, 인하대 김웅희 교수, 호서대 김상환 교수, 외교안보
연구원 조양현 교수 등의 기여가 컸다.

시장 관점의 한국경제 발전사(史)

다음으로 의미 있는 연구는 내 필
생의 관심사항인 '시장경제적 관점
에서 보는 한국경제의 발전경험 평
가와 정책제언 연구'였다.

그간 한국경제 발전사에 관한 책
자는 많이 있었다. 개인 차원의 연
구도 많고, KDI 등 정부의 주요한
연구소에서도 많은 연구결과물을
발간했지만, 분명한 역사적 관점, 즉 사관(史觀)을 가지고 한국경제
의 발전에 대한 연구를 수행한 경우는 거의 없다고 생각했다. 그
래서 나는 평소의 지론대로 한국경제의 발전은 시장경제의 발전
과 궤를 같이한다는 가설을 세워 놓고 한국의 발전 경험을 이러
한 관점에서 분석, 평가해서 내가 생각하는 가설이 맞는지 이론
적, 경험적 검증을 시도했다.

이 연구는 나의 필생의 연구과제로 생각하고 추진했다. 마침내
"한국경제 발전의 역사는 시장경제화로의 진전의 역사이며, 따라

서 시장경제로의 추가적 발전이 없으면 더 이상 한국경제의 발전도 없다"는 결론에 도달했다.

이 연구는 재원 조달의 필요성에서 KDI와 공동연구 형태로 진행을 했으나 실질적인 연구는 백 퍼센트 시장경제연구원이 수행했다. 서강대 박정수 교수, 경기대 최성호 교수, 동국대 김종일 교수, 서울대 김병연 교수, 성신여대 강석훈 교수, 성균관대 안종범 교수, 서강대 김경환 교수 등 많은 학자들이 연구진으로 참여했다.

많은 연구진이 참여한 외에, 광범위한 자문도 얻었다. 보고서는 두 권으로 나누어, 본문을 한 권으로 하고 나머지 한 권에는 우리 경제발전에 주요한 역할을 한 나 자신을 포함한 우리나라의 주요 경제 원로들과의 대담을 담았다. 그분들의 경험과 경제정책을 입안하면서 가졌던 각종 문제점과 애로사항 등에 대한 의미 있는 내용이었다. 그것은 연구에도 상당 부분 반영되었다. 이러한 연구 방식은 우리나라 사회과학 분야 연구의 새로운 모델이라고 나는 자부한다.

박근혜 대선후보 경제 청사진

또 주요한 연구 중의 하나는, 2012년 말 대통령선거를 앞두고 당시 박근혜 대표가 자유한국당의 후보가 된다는 것을 전제로, 앞으로 출범할 새 정부가 반드시 참고해야 할 경제정책의 큰 방향을 제시하고 이 방향에 따른 각 부문별 정책 방향을 일관성 있게 제시하는 작업이었다. 박 대표 측의 희망도 있었지만, 혹시 있을 수 있는 오해를 받지 않기 위해 전혀 연구비를 받지 않고 우리 연

구원의 자체 재원으로 '새로운 경제정책 방향의 모색'이라는 제목의 독자적인 연구를 수행했다. 경제 운용 전반을 아우르는 총론과, 고용·인력·노사 등 복지정책, 산업정책, 기업정책 등 모든 분야를 포괄하는 각론으로 구성되는 방대한 연구작업이었다. 2012년 10월경 연구가 완성되어 박 후보 측에 제시했다.

보고서 제목이 이야기하는 새로운 정책 방향은 나에게는 전혀 새로울 것이 없었다. 정부와 시장, 정부와 기업의 관계를 시장원리에 맞게 제대로 설정하는 것을 의미했다. 구체적으로 경쟁을 보다 활성화하고, 소비자선택권을 더욱 보장하는 방향으로, 보다 더 국제화가 되는 경제체제로 가는 것이 필요하며, 이를 위해 기존 정부의 오리엔테이션과 기능을 전면적으로 재검토해야 한다는 내용이었다. 아쉽게도 박근혜 정부가 당선 후 정권 인수 과정을 포함해서 이 보고서가 제시하는 정책 방향에 얼마나 깊은 관심과 주의를 기울였는지는 확인되지 않는다.

연구에는 당시 우리 사회에서 동원 가능한 최고의 전문가들을 참여시켰다고 자부한다. 연구진 중 경기대 최성호 교수, 동국대 김종일 교수, 서강대 박정수 교수, 성신여대 강석훈 교수, 중앙대 신인석 교수, 서강대 김경환 교수, 인천대 손양훈 교수, 중소기업연구원 전인우 박사, 건국대 권남훈 교수 등의 기여가 컸다.

보고서에서 제시한 정책 방향은 내가 나중에 중장기전략위원회 공동위원장 때도 되풀이하여 제시했지만, 이를 기본 정책 방향으로 수용할 정도로 시장경제 원리에 충실한 정부는 아직까지 이 나라에 존재한 적이 없다. 오히려 시간이 갈수로 역행을 거듭하여 오늘 우리는 '시장이 완전히 실종된 경제체제' 하에서 경제생활을 영위하는 단계에 와 있다.

경제시스템 재정비

마지막으로 언급할 보고서는 내가 2014년부터 정부의 제2차 중장기전략위원회의 공동(민간)위원장으로 있던 시기에 발간했다. 정부 측 위원장은 경제부총리가 되고 민간 측 공동위원장으로 내가 선출되었던 것이다. 정부 측 위원장이 무척이나 바쁜 자리였기에 많은 부분을 민간위원과 위원장이 정부의 관련

부서 실무책임자들과 주도적으로 일해 나가야 하는 상황이었고,

그래서 본격적인 추진을 위해 평소 생각을 정리한 '경제시스템의 재정비 방안'이라는 압축된 연구자료를 만들어 제시했다. 거의 80~90퍼센트 내가 직접 쓴 자료였지만 경기대 최성호 교수, 김정수 전 중앙일보 경제연구소장으로부터 많은 도움을 받았다.

보고서는 우리 경제의 시스템을 재정립, 재정비하는 것이 중장기적으로 한국경제를 더 발전된 궤도에 올려놓을 수 있다는 생각을 중심으로, 그간 나의 모든 사고와 연구 결과를 종합해서 만든 것이다. 물론 기본적인 방향은 첫째 시장과 정부의 관계와 역할을 어떻게 설정할 것인가, 둘째 어떻게 하면 기업을 더 활성화할 수 있는 방향으로 만들 것인가였다.

이 내용이 중장기전략위원회 최종보고서의 핵심이 되기를 희망했으나, 결과는 내가 생각했던 것과는 많이 달랐다. 공동위원장으로서 나는 나중 발표될 최종보고서는 잡다하게 모든 것을 포괄할 필요 없이 핵심 문제만을 제시하는, 즉 '결정적 경로(critical path)'가 무엇이고, 이를 통해 우리의 목표를 어떻게 달성할지를 밝히는 것이 전략적으로 필요한 때이지, 통상의 개발계획서처럼 여러 부문에 걸쳐 길게 쓸 필요가 없다는 생각을 했다. 이를 위원회에서도, 실무진에게도 강력하게 언급했지만 결국 최종보고서는 종전 형식을 크게 벗어나지 못한 상태로 끝났다. 정부가 이런 장기계획, 장기 정책 방향에 관한 보고서 작업을 많이 하다 보니 늘 하던 패턴에서 크게 벗어나려는 시도를 하지 못했다. 사실 민간위원장을 맡아 추진했던 노력에 비해 결과는 실망스러웠다.

이러한 연구들을 수행하는 과정에서, 해외에 나가 실상을 볼 필요가 있었을 때는 직접 출장을 가서 의미 있는 연구로 만들고자 많은 노력을 했다. 예를 들어 한일터널에 관한 연구를 할 때는 연구진들과 영국~프랑스를 잇는 유로터널 현장에 가서 운영 상황을 깊이 있게 관찰할 수 있는 기회를 가졌다. 일본에 가서는 규슈부터 홋카이도까지 일본의 해저터널 현장들을 시찰하고, 그때 얻은 지식과 경험을 연구 결과에 반영하고자 노력했다.

(3) 공모전, 세미나, 정책토론회 등

학생 경제논문·아이디어 공모전

연구원이 자체적으로 수행하는 연구 외에도, 시장경제에 대한 학생들의 이해와 의욕을 북돋아 주기 위해 매년 학생들을 대상으로 '시장경제 발전을 위한 연구논문 및 아이디어 공모전'을 개최했다. 연구논문은 기획재정부장관상, 아이디어는 공정거래위원장상을 수여했으며, 전체 입상자들에게 소정의 상금을 주었다. 2006년 제1회부터 2013년까지 총 8회를 실시했다.

'흔들리는 시장경제' 공동기획

언론 특집과 세미나를 통해 우리의 생각을 공론화하는 활동도 다양한 형태로 전개했다.

2012년에 '흔들리는 시장경제'라는 제목으로 한국경제신문과 공동기획을 추진했다. 총 6회에 걸친 기획물은 상당한 지면을 할

애하여 비중 있게 게재되었다. 연구 결과가 보고서를 통해 소수만 읽고 마는 한계를 벗어나 광범위하게 각계에 확산되는 효과를 가져왔다.

정책토론회

의미 있는 정책토론회도 개최했다. 2012년 말 대통령선거를 앞두고, 10월 17일에 선거의 최대 쟁점 중 하나인 '경제민주화' 논의의 바람직한 방향을 제시하기 위해 국가경영전략연구원(NSI)과 공동으로 '경제민주화, 생산적 대안은?'이라는 제목의 정책세미나를 열었다. 내가 '경제민주화 논의에 대한 생산적 대안: 균형성장, 균형분배를 위한 정책 제언'이라는 제목으로 주제발표를 하고 김

2012년 10월 17일 경제민주화 정책세미나 후. 왼쪽부터 정동수 NSI 원장, 김병준 국민대 교수, 필자, 강경식 이사장, 이장규 서강대 부총장, 송호근 서울대 교수.

병준 국민대 교수(노무현 대통령 청와대 정책실장), 이장규 서강대 부총장(전 중앙일보 편집국장), 서울대 사회학과 송호근 교수가 토론자로 참석했다.

2013년에는 국회 미래에너지연구회와 '전력대란, 구조적 해법은?'이라는 주제로 공동 정책토론회를 개최했다. 연구원에서 수행한 자체연구의 결과 보고를 겸한 토론회였고, 결국 전기료 인상으로 연구 결과를 정책에 반영하기도 했다.

2014년에는 'ICT 기반 창조경제 실현을 위한 경쟁정책과 제도 개선 연구'의 결과물을 토대로 국회 창조경제활성화특별위원회와 공동 정책세미나를 가졌다. 이 보고서도 정부의 관련 정책 수립에 크게 기여했다고 생각한다.

(4) 칼럼집 『길을 두고 왜 길 아닌 데로 가나』

MERI 2 시절은 개인적으로 가장 활발하게 강연, 집필, 기고를 한 시간이었다. 이 원고들을 추려 칼럼집을 발간했다. 『길을 두고 왜 길 아닌 데로 가나』(시장경제연구원, 2010)라는 제하에 '시스템으로서의 시장경제', '경제 운용방식' 등 열 가지 경제 분야별로 기고들을 편장하고 기타 기고문들을 덧붙였다.

칼럼집 제목은 사마천(司馬遷) 『사기(史記)』의 '화식열전(貨殖列傳)' 마지막에 나오는, "이것이 바른 길이며, 자연스러움의 증명이 아니겠는가"에서 힌트를 얻은 것이다. 나는 2000년이 되기 전에 이미 시장경제에 대한 확고한 사상이 정립되어 있었다. 시장경제라

2010년 9월 1일 김호식 원장 취임 리셉션 및 『길을 두고 왜 길 아닌 데로 가나』 출판기념회. 왼쪽부터 정호열 공정거래위원장, 나웅배 전 부총리, 조순 전 부총리, 필자, 김호식 원장, 강경식 전 부총리, 윤증현 기획재정부 장관, 신상민 전 한국경제신문 사장.

『길을 두고 왜 길 아닌 데로 가나』(시장경제연구원, 2010)
Why Break Off from the Right Path? (한국무역협회, 2015)

는 바른 길을 두고 왜 시장경제 아닌 쪽으로 경제정책 방향이 흘러가고 있느냐는 뜻에서 칼럼집 제목을 지은 것이다. 김호식 원장을 영입하고 2010년 9월 1일, 원장 취임 인사를 겸한 리셉션에서 칼럼집 출판기념회를 가졌다.

『길을 두고 왜 길 아닌 데로 가나』는 나의 네 번째 저서이고, 나중 무역협회에 있을 때 이 책의 영문판 *Why Break Off from the Right Path?* (한국무역협회, 2015)를 펴냈다. 무역협회 활동 때 만나는 모든 외국인들에게 이 책을 전달해서 한국경제의 나아갈 방향을 알도록 했다.

(5) 한국형 원조 모델 KSP

마지막으로 나는 정부의 한국형 원조 모델 KSP(Knowledge Sharing Program) 사업에 대해 관심을 갖고 적극 참여했다. 이를 위해 이 분야의 전문가로 중소기업연구원에서 같이 일한 이재훈 박사를 상근연구위원으로 영입했다.

2008년 가나, 2009년 오만 두 나라에 대해 각각 한국개발전략연구소(KDS)와 KDI가 주관하는 '한국 경제개발 경험전수사업'의 마지막 단계 세미나에 나는 고위정책가로 참여하여 두 나라를 방문했다. 가나에 가서는 쿠프오르 대통령을 예방해 환담하였고, 오만에서는 많은 각료급 인사들을 만나 협의하고 최종 세미나에서 기조연설을 했다. 2010년에는 페루, 요르단, 오만, 2011년에는 페루, 볼리비아, 파나마의 3개국과 아시아 6개국에 대한 정책자

KSP사업으로 2008년 8월 15일 가나 정부와 협의차 방문 중 존 쿠프오르 대통령 예방. 왼쪽부터 KDI 이태희 박사, 시장경제연구원 이재훈 박사, KDS 전승훈 원장, 필자, 쿠프오르 대통령, 위계출 주 가나 대사 등.

문을 시행했다.

KSP사업은 국가적으로 대외관계의 강화뿐만 아니라 한국의 발전 경험을 상품화하여 수출하는 측면에서 경제성도 커 정부 차원에서 적극 추진할 가치가 있는 사업이었다. 우리 연구원 차원에서도 수행하기에 적합하고 의미 있는 사업이라고 생각하고 적극적으로 참여를 시도했다. 그러나 이 부문에 대한 정부의 정책 방향 부재, 너무 낮은 수준의 연구비, 연구 수주와 진행 과정의 비효율적인 관료주의 등 개선의 여지가 너무 많았다. 수차례 기획재정부 등의 관계 실무책임자들에게 개선 방향을 제안했으나 여의치 않았다. 아쉽게도 연구원은 이 사업에서 손을 떼고 말았다.

3. 무역협회 회장에서 복귀(MERI 3)

2015년 2월부터 2017년 11월까지 무역협회 회장으로 가 있는 동안에도 비상근으로 시장경제연구원 이사장직을 계속 유지하고 있었지만, 연구원의 활동은 상당히 위축될 수밖에 없었다. 직원들도 꼭 필요한 인원만 남긴 아주 단출한 상태였다. 같이 무역협회에 가 있던 비서 이수정 차장과 기사 김인배 부장을 데리고 돌아왔다.

시장경제연구원 상황을 살펴보면서 과거와 같은 활발한 활동은 아니라도 지속적인 활동을 하는 것은 바람직하다고 생각했다. 그러려면 재원을 마련하고 연구용역도 수주해 와야 했다. 그런데 무역협회장을 사임하는 과정에서 나와 정부 간에 경제철학에 엄청난 차이가 있다는 것을 느꼈고, 이를 대외적으로 분명히 했다. 이 과정을 지켜보면서 사람들은 내가 이 정부와 잘 어울리는 사람이 아니라고 생각했을 것이다. 실제로 연구원을 다시 활성화시키기 위해 몇몇 사람과 접촉하는 과정에서, 내가 하는 일에 참여하거나 도움 주는 것을 매우 부담스럽게 생각하고 있다는 느낌을 받았다. 민간연구소에 연구 출연을 하면서도 정부의 눈치를 살피지 않을 수 없는 안타까운 현실을 목도한 것이다.

어떻게 보면 당연하다고 볼 수 있다. 그런 면에서 보면 우리나라는 괄목할 경제적 발전에도 불구하고 경제 운영의 전반적 체제와 법적 측면, 사회제도, 사회 전반의 인식, 정부 권한의 적정한 행사 등의 측면에서는 아직 엄청난 후진적인 요소를 가지고 있는 나라다. 현실은 현실이기 때문에 이를 무시할 수는 없다. 따라서 당초에 구상했던 연구원 활성화 방향은 현재로서는 어렵겠다고 판단했다.

그렇다면 이 시점에서 무엇을 하는 것이 가장 바람직할 것인가를 고민하다가, 두 가지 일에 착안했다. 첫째는 나의 일생에 걸쳐 공사간에 산더미처럼 쌓인 사진을 정리하여 데이터베이스화하는 작업이다. 둘째는 나의 70여 년 개인사를 공적인 일을 중심으로 회고록으로 쓰는 것이었다.

사진DB는 약 1만 5천 장 정도의 사진이 담긴, 내 생의 모든 것이 가장 집약적이고 생생하게 정리된 작업으로 마무리되었다. 이렇게 방대한 개인 사진DB를 가진 사람은 내가 거의 유일하다는 것을 작업 과정에서 알게 되었다.

집필에 1년 이상이 걸린 이 회고록 역시 방대한 양이다. 나의 기억이 존재하는 한 가감이 없이 모든 것을 정리해서 기록을 남기는 것이 후진에게 도움이 될 것이라고 생각했다. 특히 한국경제 발전에서 가장 중요한 시기인 1960년대 중반부터 '90년대 말까지 정부에서 일했고, 그 후 20여 년간 민간에 있으면서 공적인 마인드를 가지고 한국경제의 나아갈 바를 끊임없이 생각하고 연구했던 모든 일을 정리하는 것이 필요하다는 생각을 했다. 어떤 모습으로 세상에 내놓을 것인가를 끊임없이 고민한 끝에, 작고 사소한 것일지라도 모든 것을 밝히는 것이 좋겠다고 생각했다.

12

중소기업연구원KOSBI 원장

(2004. 4 ~ 2007. 7)

1. "연구원을 독립재단으로"

2004년 3월 어느 날, 당시 중소기업협동조합중앙회(1962년 5월 설립, 2006년 8월 중소기업중앙회로 개칭)의 신임 회장으로 선출된 김용구 회장과 이분을 옆에서 돕고 있는 전성환, 이원우 씨와 함께 만났다. 이분들의 요청에 의해서였다. 그 자리에서 김 회장으로부터 중소기업연구원(Korea Small Business Institute, KOSBI) 원장을 맡아 달라는 요청을 받았다. 사실 나는 김 회장과는 일면식도 없었다. 다른 두 분도 없기는 마찬가지였다.

김용구 회장은 기협중앙회 회장선거에 출마하여 당선되는 과정에서 중요한 공약을 하나 했다. 바로 중소기업연구원을 제대로 된 연구원으로 만들겠다는 것이었다. 그래서 당선 직후부터 이 공약을 이행하고자 대단한 열의를 보였고, 이를 추진해 갈 원장으로 나를 영입하고자 한 것이다. 왜 나를 선택한 것인지 그 과정은 잘 모르겠다. 다만, 주변 여러 사람들에게 탐문하며 '연구가 가능한 정부 경력자'를 찾다 보니까 내가 바람직하다는 생각을 했던 것 같다. 그래서 이분들이 진지하게 "연구원을 맡아 제대로 된 연구원으로 육성해 달라"는 요청을 해 온 것이다.

그러나 당시 나는 시장경제연구원의 운영위원장을 맡고 있던 상황이었다. 법무법인 세종과의 관계 등을 고려할 때 운영위원장 자리를 떠나는 것이 여러 가지로 무리일뿐더러, 이분들과 전에 교류가 있었던 것도 아니었다. 또 중소기업연구원을 맡는다 해도 내 개인의 역량으로 단기간에 좋은 연구원을 만들 수 있다는 확신도 없었다. 그래서 처음에는 많이 망설였는데, 김 회장은 문자 그대로 삼고초려(三顧草廬)를 할 정도로 열의가 대단했다. 기협중앙회 회장으로 갓 취임해서 할 일이 많았을 텐데, 이 일을 최우선순위에 두고 그 바쁜 시간을 쪼개어 나를 세 번이나 만나, 맡아 달라고 진지하게 부탁한 것이었다. 중앙회의 다양한 재원으로 약 1천억 원의 연구기금을 조성하는 등 돈 걱정하지 않고 연구원을 운영할 수 있는 기반도 마련해 주겠다는 제안이었다.

요청이 워낙 진지해서 나도 맡아 보는 쪽으로 조금씩 기울면서, 연구원을 제대로 운영하기 위해 필요한 조건으로 두 가지를 제시했다.

"첫째는 재원이다. 충분한 기금을 마련해 주겠다고 하니 그것은 충족이 된 셈이다. 어찌 보면 그것보다 더 중요한 또 하나의 조건이, 연구원의 독립성이다. 독립성을 갖지 않으면 제대로 된 연구를 할 수 없다. 독립성을 백 퍼센트 보장하고, 이를 실질적으로 보장하기 위해 연구원을 중앙회로부터 독립된 재단법인으로 만들어 달라. 이 두 조건을 수용한다면 원장 맡는 것을 긍정적으로 생각하겠다."

김 회장 측이 전적으로 받아들이겠다고 해서 원장직을 수락했다. 2004년 3월에서 4월 초까지 이런 조율을 거쳐 4월 16일 중소기업연구원장에 취임했다.

2. 조직 정비와 재원 마련

당시 연구원은 아직 독립된 재단 또는 사단법인이 아니라 기협중앙회 산하 재단인 중소기업진흥재단의 부설연구소 형태로 있어 법적 지위가 애매모호하고 구조도 취약한 상태였다. 연구원이래야 박사급 3명 정도로 열악한 상황에서, 두드러진 연구 성과를 내지도 못하고 최소한의 간판만 유지하고 있었다.

연구원을 맡자마자, 김용구 회장과의 약속과 기대에 부응해 빠른 시간 내에 연구원을 발전시킬 계획을 세우고 추진했다. 우선 독립된 재단법인으로 법적 지위를 변경하는 일부터 시작했다. 아울러, 연구원을 제대로 운영하려면 초기 인력 확보와 투자가 필요하며, 이 단계부터 인정을 받아야 외부로부터 제대로 된 연구 의뢰도 받을 수 있다는 전제하에 중소기업계와 정부의 지원을 받아 기반을 마련하는 공격적 경영을 시작했다.

사무공간을 늘리기 위해 기협중앙회 건물의 1개 층의 약 반을 확보하여 시설을 제대로 갖추고, 연구진을 대폭 증원하기 시작했다. 시장경제연구원에서 같이 일했던 김종욱 실장을 사무국장으로 데리고 와서 이 모든 행정적인 일을 맡겼다. 행정 못지않게 중요한 연구조정기능을 위해 KDI에 있었던 김세종 박사를 영입했다. 두 기둥을 중심으로 연구기능의 대폭 확충과 이를 행정적으로 뒷받침하는 일들을 추진했다.

그전에는 중소기업 관련 연구의 대부분이 산업연구원(KIET)의 중소기업 파트에서 이루어졌다. 결과적으로 내가 재임하는 동안 중소기업연구원은 전경련과 대기업이 운영하는 한국경제연구원에 못지않은, 어찌 보면 규모로나 연구활동 면에서나 더 활발한 중소기업문제 전문연구원으로 자리 잡았다.

처음 두 가지 약속 중 독립성 보장은 대체로 지켜졌다. 그러나 거저 지켜진 것은 아니었다. 김 회장과 나 사이의 약속과 달리, 중앙회 간부들은 연구원에 간여하고 싶어 했다. 그 부분은 내가 양보할 수 없는 일이었다. 회장과의 약속을 어기는 것은 용납할 수 없다는 메시지를 직접 간부들에게 분명하게 전달했고, 그렇게 되었다.

그러나 재원 확보는, 김용구 회장이 나름대로 많은 노력을 했음에도 아무런 결실도 맺지 못했다. 대표적으로, 중앙회가 가지고 있는 '중소기업협동조합중앙회 연수원'(삼성그룹 지원에 의해 1997년 개원)을 연구원에 출연하려고 했으나 중앙회 간부들의 결사적 반대에 직면해 무산되었다. 중소기업계로부터 출연을 받는 일도 전연 진척이 없었다. 김 회장이 나에게 약속한 두 가지 중 재원 마련은 결국 실현되지 않았다. 우리 중소기업계는 오랜 세월 정부나 대기업으로부터 지원을 받는 것에만 익숙해 있었다. 연구원 하나 운영할 기금의 출연조차 꿈도 못 꾸는 것이 그제나 이제나 중소기업계의 현실이다.

도리 없이 정부의 연구기금에 손을 내밀 수밖에 없었다. 중소기업 관련 연구는 대체로 정부의 관심사항이기도 하기 때문에 정부로부터 상당한 연구자금을 받는 것이 한편으론 합리적이기도 했다. 여러 가지로 궁리하고 타진한 결과, 정부가 가지고 있는 기금 중 '중소기업진흥 및 산업기반기금(중산기금)'으로부터 지원이 가능하다는 법률적, 행정적 해석을 얻었다. 당시 기획재정부의 신철식 기금정책국장(후에 국무조정실 차장)이 긍정적으로 신속하게 검토하고 결론을 내려 주어서 기금으로부터 연구비를 받게 되었다. 신 국장이 나와 오랜 기간 같이 근무한 인연도 큰 도움이 되었다. 이 기금을 토대로 본격적인 연구를 수행하게 되면서 연구 실적이 쌓여 갔다.

덕분에 연구 재원도 더 다양한 경로로 마련할 수 있었다. 대표적인 것이 뉴브리지캐피탈(Newbridge Capital)의 거액 출연이다. 뉴브리지는 1997년 IMF 외환위기 당시 인수한 제일은행을 팔아서 많은 수익을 거두었다. 그 수익 중 2천만 달러를 한국사회에 환원하는 차원의 출연 의사를 정부에 표시했다. 정부는 그중 1천만 달러는 한국자산관리공사(KAMCO)에 주어 기초수급보장대상자 중 신용불량자의 채무상환용 기금 조성에 쓰도록 지정했고, 다른 1천만 달러는 한국경제의 가장 중요한 문제인 중소기업문제를 연구

뉴브리지캐피탈의 연구기금 출연에 대한 감사장 증정(2005. 6. 3). 왼쪽부터 서정대 부원장, 필자, 박병무 NB 한국 대표, 이기우 중기청 정책국장(후에 중소기업진흥공단 이사장, 부산광역시 경제부시장), 유광열 재경부 산업정책과장(현 금융감독원 수석부원장).

하는 중소기업연구원에 주는 것이 기금을 가장 효율적으로 사용하는 것이라 판단하고 그렇게 주선했다. 2005년 4월 20일에 기증식을 갖고 5월 20일에 정식으로 연구기금 출연을 받았다.

뉴브리지가 출연한 기금은 소모성 기금으로, 매년 20억 원씩 중요한 연구과제에 사용하거나, 또는 별도 연구비를 지원받기 어렵지만 중소기업계에 꼭 필요하다고 판단되는 과제에 사용하는 것으로 했다. 당초에는 5년에 걸쳐 소모하는 것으로 했으나, 내가 떠난 지 한참 지나고도 얼마 전까지 남아 있어 연구원의 다양한 연구에 크게 도움이 되었다고 한다.

3. 경제문제 핵심은 중소기업

(1) "중기 스스로 경쟁력 갖춰야"

2007년은 연구원이 물적 기반과 연구 진용을 다 정비하고 가장 활발하게 연구를 한 해이다. 연 예산 약 80억 원으로 25명의 박사급 연구위원과 30여 명의 연구보조원, 행정직원을 갖추고 80~90건의 연구 결과물을 내놓았다. 명실상부한 중소기업문제 전문연구원으로 발전한 것이다.

나는 외부에서 많은 유능한 분들을 초빙연구위원으로 영입하여 연구원의 연구진과 공동연구를 추진하는 등 연구의 외연을 넓히고 질을 높이는 노력을 기울였다. 정부 출신의 전승훈 박사, 대외경제정책연구원 출신의 홍유수 박사, 건국대 이윤보 교수, 동국대 김종일 교수, 경기대 최성호 교수, 서울여대 이종욱 교수 등

김인호·김종일, 『시장원리와 한국의 경제운용』(중소기업연구원, 2008)

유능한 학자들을 KOSBI가 초빙했다. 그중 김종일 교수는 나와 『시장원리와 한국의 경제운용』(2008)을 공동저술했다.

나는 중소기업연구원이 앞으로 할 연구를 아우르는 기본 방향을 제대로 설정하기 위해 많은 노력을 기울였다. 그 방향 설정은 평소 내가 가지고 있던, 중소기업문제를 중심으로 하는 한국경제관에서 출발했다. 우리나라에서 중소기업문제는 한국경제의 전부라고 해도 좋을 정도로 중요한 의미가 있는 분야이다. 역대 정부치고 중소기업정책에 중점을 둔다고 하지 않은 정부가 없을 정도로, 정부마다 다양한 중소기업정책을 추진했다. 아마 우리나라같이 다양하게 중소기업에 대한 지원과 보호 제도를 체계적으로 갖추고 이를 위해 많은 예산을 쓰고 있는 나라도 드물 것이다.

그럼에도 불구하고 중소기업문제가 해결되기는커녕 시간이 갈수록 더 심각해지는 것은 무엇 때문인가? 그 배경과 원인을 규명하지 않고는 합리적인 정책이 나올 수 없다고 판단했다. 이때 내린 결론이, '우리나라 중소기업문제는 경쟁력의 문제'라는 것이었다.

'중소기업이 속한 산업이 경쟁력 있는 산업, 중소기업 스스로 경쟁력 있는 기업이 되지 않고서는, 어떤 완벽한 지원과 보호 제도도 중소기업문제 해결에 도움이 되지 않는다. 중소기업의 경쟁력 고양은 기본적으로 우리 중소기업을 둘러싸고 있는 국내외 환경을 보다 경쟁적인 구조로 바꾸고 중소기업들이 그 구조 속에서 스스로 경쟁력을 키우는 길밖에 없다. 이를 위해서는 중소기업의 국제화 과제가 정말 진지하게 논의돼야 한다.'

이것이 내 생각의 핵심이었다.

(2) 중소기업 국제화

그래서 나는 중소기업의 국제화를 주요 화두로 정하고 이를 실현해 나가기 위한 다양한 노력을 기울였다. 우선 중소기업인들을 국제적인 중소기업 관련 행사에 적극적으로 참여시켜 글로벌 마인드를 갖게 하는 일부터 시작했다.

당시 중소기업 관련 세계기구가 두 개 있었다. 하나는 기업가 중심의 단체인 ISBC(International Small Business Congress, 세계중소기업자대회), 다른 하나는 학자 중심의 ICSB(International Council for Small Business, 세계중소기업학회)다. 나는 후자에 더 관심을 두었다.

워싱턴DC에서 개최된 ICSB 국제학술회의에서 각국 대표들과(2005. 6. 17).

뉴브리지캐피탈 후원으로 개최된 중소기업 국제화 세미나에서 발제(2005. 7. 1). 왼쪽부터 한정화 중소기업학회장(후에 중소기업청장), 필자, 이윤보 건국대 교수.

　세계중소기업학회가 매년 각국을 순회하면서 국제학술회의를 여는데, 그때까지 우리나라의 업계나 학계, 연구계의 참여는 매우 소극적이었다. 그래서 나는 중소기업연구원장이 자동적으로 ICSB의 한국 대표가 되도록 하고, 매년 개최되는 학술회의에 업계와 학계의 많은 사람들이 참여하도록 권유했다. 이를 통해 세계적 조류를 접하게 하여, 국제적 안목과 중소기업의 국제화를 위한 전환점을 찾고자 한 것이다. 대단히 긍정적인 반응이 일기 시작했다.

　내가 원장을 맡은 2004년에는 취임 직후라 아프리카에서 열린 회의에 참석하지 못했다. 그러나 2005년 미국 워싱턴DC, 2006년 호주 멜버른, 2007년 핀란드 투르쿠에서 열린 학술회의에는 중소기업인들과 학자들로 구성된 대규모 참가단을 이끌고 참여했다. 학계와 중소기업의 국제화를 위한 중요한 계기가 되었다고 자평한다.

연구원을 운영하면서도 집필과 강연 활동은 멈추지 않았다. 연구원이 그런 활동을 하기에는 좋은 기반이 되기 때문이다. 매우 왕성하게 강연과 집필 활동을 한 기간이었다.

별도 독립법인으로 전환하면서 다시 원장에 선임되는 과정을 밟아, 2007년 7월 15일까지 3년여의 연구원장 임기를 마치고 원래 있던 시장경제연구원으로 돌아가게 되었다. 내가 원장으로 3년여 재임하는 동안 중소기업연구원은 연구원다운 연구원으로 자리를 잡았다.

자료 중소기업을 세계시장으로

중소기업의 국제화와 경쟁력 확보가 한국경제 문제의 핵심이라는 나의 생각은 중소기업연구원장 재임시 2005년 5월 13일자 한경 '다산칼럼'에 잘 나타나 있다.

중소기업문제 해결 없이 한국경제의 미래가 없다는 데에 우리 사회의 공통 인식이 이루어지고 있는 것 같다. 최근에 와서는 중소기업과의 적절한 협력관계 내지 역할의 분담이 없이는 글로벌 경쟁시장에서 경쟁력을 계속 유지해가는 것이 불가능할 것이라는 인식을 하는 대기업도 점점 많아지고 있다. 그런 의미에서 중소기업문제는 바로 한국경제문제 그 자체이다.

중소기업문제는 궁극적으로는 중소기업의 경쟁력 문제로 귀착된다. 우리 중소기업들이 당면한 무수한 현안들, 예컨대 판로의 한계, 금융의 어려움, 대기업과의 문제, 환율 등 대외변수에 대한 적응능력, 인력 확보상의 애로 등 모든 문제를 파고 들어가면 결국 해당 중소기업의 경쟁력의 문제에 봉착한다.

우리 중소기업은 국민경제상 높은 비중에도 불구하고 전반적으로 취약한 경쟁력 수준에 머물고 있다. 우리 중소기업의 이 같은 취약성이 한국 중소기업의 태생적 한계라고 보고 싶지는 않다. 70년대 이후 국제기능올림픽의 금메달을 휩쓸 정도로 우리의 기능인력은 우수하다. 한때 우리의 약점이라고 생각했던 일본보다도 더 개인주의적인 특성은 미래에 더욱 심화될 IT 경제 하에서는 오히려 큰 경쟁력 요소가 될 수 있다. 이렇게 볼 때, 중소기업 경쟁력의 취약성은 태생적 한계라기보다는 바로 중소기업의 사업 환경에 기인하는 것으로 보아야 할 것이다.

우리 경제는 경제개발과정에서 소수 대기업에 자원을 몰아주어 키우다보니 비대한 대기업에 비해 상대적으로 연약한 중소기업 구조가 만들어졌다. 자본과 인력이 대기업에 몰리도록 되어있는 여건에서 중소기업의 생존은 대기업에 매일 수밖에 없다. 막강한 노조를 안고 글로벌 시장에서 가혹한 경쟁을 하는 대기업으로서는 이윤을 창조하기 위한 손쉬운 일이 중간재의 비용을 최대한 낮추는 것이다. 그 과정에서 일부 대기업은 막대한 이윤을 내고 그 이윤으로 우수한 인재와 자본을 몰아가고 있으며, 대부분 중소기업은 박한 이윤에 자본과 인재로부터 소외당하고 있는 현실에서 중소기업의 취약성은 해결의 실마리를 찾지 못해 왔다.

이런 여건에서 그간 정부는 그들에 대해 재정자금을 비롯한 각종 지원책을 강구하면서 다른 한편으로는 공정거래제도로 대기업과의 관계에서 그들을 보호하는 노력을 해 왔다. 그렇지만 각종 지원책이 중소기업의 경쟁력을 높이는 데 궁극적인 도움이 되지 못하고 있고 중소기업으로서 대기업에 생사가 매인 터에 불리한 거래를 법적으로 보호하는 데도 한계가 있다. 이렇게 볼 때 우리나라에 있어서 중소기업문제는 영원한 미해결의 과제인 것같이 보인다.

이제 우리 중소기업의 경쟁력의 문제를 구조적인 데서 찾아야 한다고 본다. 경쟁력은 오로지 경쟁적 구조에서만 생기기 때문이다. 중소기업에게 경쟁구조 내지 환경을 만들어 주는 것만이 중소기업의 경쟁력문제를 구조적으로 해결하는 길이 될 것이다.

그것은 바로 중소기업의 국제화 방향이라고 할 수 있다. 다시 말하면 우리 중소기업들로 하여금 세계시장 환경에 더 많이 접근하도록 촉진하는 동시에, 싫건 좋건 이런 환경에 더욱 더 노출되도록 하는 것이다. 이것은 결과적으로 이미 포화상태에 있는 기존시장(Red Ocean)에서부터 무한한 가능성의 새로운 세계시장(Blue Ocean)으로 눈을 돌리도록 하는 길이기도 하다. 이 과정을 통해 우리 중소기업의 경쟁력은 원천적으로 길러질 것이다.

멀고 험난한 길이지만 우리 중소기업의 국제화는 중소기업의 경쟁력 문제를 해결하기 위한 당면 과제가 돼야 한다. 한편으로는 이미 피할 수 없는 대세이기도 하다. 최근 대기업을 능가할 정도의 혁신적 중소기업의 출현을 드물지 않게 보는 것은 고무적이다. 이 성공한 중소기업의 대부분은 치열한 국제경쟁 환경 속에서 경쟁력을 키워 왔다는 사실에 주목해야 한다.

우리 중소기업을 세계시장으로 이끌 수 있는 방향에 대한 마스터플랜과 구체적 실행방안에 대해 체계적인 연구를 시작할 때다.

한국무역협회 회장

(2015. 2 ~ 2017. 11)

1. 7만 무역인의 대표

(1) 뜻밖의 추천과 선임

한국무역협회(Korea International Trade Association, KITA) 회장인 한덕수 전 총리의 임기 만료가 임박함에 따라, 연임 여부가 2015년 2월 초부터 많은 관심의 대상이 되었다. 연임이 되지 않을 경우의 하마평도 무성했다. 그런 상황에서 2월 중순 차기 무역협회 회장을 맡아 달라는 전혀 생각지 않던 제안을 정부로부터 받게 되었다.

무역협회는 무역업에 종사하는 우리나라 무역인들 약 7만여 명의 회원으로 구성된 협회다. 엄격한 의미에서 민법에 의한 사단법인이고, 제도상 회장 선출에 정부가 간여할 근거는 없다. 다만, 무역협회는 과거부터 정부와 긴밀하게 협력해서 활동해 왔다. 거대한 민간단체로 성장하는 과정, 또한 경제단체 중에서 가장 좋은 인프라를 직접 소유하고 있는 경제단체로 발전하기까지 정부의 긴밀한 협조와 뒷받침이 있었다. 과거 '무역특계자금'(일명 '무특貿特'으로 불리는 무역진흥특수회비. 수입품에서 돈을 떼어 수출 진흥에 쓰자는 목적으로 조성된 자금으로, 1997년 폐지되고 현재는 무역진흥기금으로 독립적으로 운영되고 있다)을 조성할 수 있는 권한을 정부로부터 부여받아 상당한 재정적 뒷받침을 가지고 무역 진흥을 위한 활동을 해 왔다. 그런 배경 덕분에 무역협회는 흔히 대한상공회의소(상의), 전국경제인연합회(전경련)와 함께 3대 경제단체, 여기에 중소기업중앙회, 한국경영자총협회(경총)까지 더해 5대 경제단체의 하나로 꼽히고 있다.

다른 단체의 경우 자체 회원 중 회장이 선거 또는 추대에 의해 선출되지만 무역협회 회장은 이제까지 정부가 사실상 추천을 하고, 별다른 이의가 없는 한 무역협회 정관에 따른 형식적 절차를 통해 확정하는 관행이 확립되어 있었다. 회장 선임 과정에서 정부의 역할을 법률적으로 엄격히 해석한다면 정부가 "이런 사람이 적임자"라고 무역협회에 추천을 하고, 무역협회 회장단과 이사회, 총회가 정부의 추천을 검토해 보니 "가장 적합한 사람이고, 우리가 찾아 나서도 그보다 더 적합한 사람을 찾기 어렵다"는 차원에서 정부의 추천을 받아들이는 것이 될 것이다. 역대 무역협회장은 기업인이 한 때도 있지만 대체로 정부의 주요 직책을 담당했던 장관, 부총리, 총리 출신 경제전문가들이 맡아 왔다. 한덕수 회장도 경제부총리, 총리, 주미 대사를 거친 한국의 대표적인 경제관료 중의 한 사람이다. 정부 출신인 내가 봐도 한덕수 회장까지 역대 무역협회 회장들은 명실상부 우리나라 경제관료를 대표하는 분들이었다. 무역협회가 발벗고 나서서 후보 영입 노력을 한다 해도 이분들보다 더 적임자를 찾기는 쉽지 않았을 것이다.

전혀 생각지도 않은 상태에서 무협 회장 제의를 받고 많이 당황스러웠다. 한편으로는 정부의 그런 관심에 대해 감사한 마음도 없지 않았다. 나는 그 제의를 받고 일단 사양을 했다. "감사는 하지만 무역협회장을 할 마음이 없다"고 하자, 제의한 사람이 깜짝 놀라면서 "무역협회장이 어떤 자리인 줄을 알고 그 자리를 사양하려고 하느냐"고 반문했다.

물론 나는 그 자리를 너무나 잘 알고 있었다. 무역협회가 어떤 곳이고, 회장이 어떤 위치에 있다는 것을 누구보다도 잘 알고 있었다. 어찌 보면 공무원이 아니면서 정부의 영향력하에 있는 자리 중 가장 비중이 높고, 장관급 이상을 지낸 경제관료 출신들이 가장 맡고 싶어 하는 자리가 무역협회 회장인 것도 주지의 사실이었다. 그걸 알면서 왜 사양을 하느냐는 것이었다.

"이미 나이도 많을뿐더러 시장경세연구원이라는, 내가 중심이 되어 만든 민간연구소 운영에 충실하고 싶습니다."

"겸직하면 되지 않겠습니까? 연구원 이사장직은 하루 종일 자리를 지키면서 할 일은 아니지 않습니까."

이렇게까지 나오는데 계속 거절하는 것도 도리가 아닌 것 같아, "하루만 생각할 시간을 달라"고 했다.

집에 와서 아내와 먼저 상의했다. 아내는 많은 나이에 새삼 큰 책임이 있는 일을 맡는 데 대해 부정적이었다.

대통령 주변에 있는 가까운 사람들과도 상의를 했다. 대체로 민간 경제단체장을 맡는 것은 여러 가지로 의미가 있고, 정부를 위해서도 큰 도움이 될 수 있기 때문에 거절하는 것은 바람직스럽지 않다는 의견이었다. 그래서 사양하려던 당초의 마음을 바꾸어 다음날 수락을 통보했다.

그때까지만 해도 내 이름은 언론에 전혀 거론되지 않았는데 그때부터 일부 언론이 회장 후보 중의 하나로 거론하기 시작했다. 좀 더 시간이 지나자 유력한 후보로 보도하기 시작했다. 사실상 내정되고 난 뒤였다.

승낙 의사를 통보한 지 얼마 지나지 않아 한덕수 회장에게서 연락이 왔다. 정부로부터 이야기를 들었다면서, "앞으로 절차를 밟을 것인데 그 전에 여러 가지 상의를 하는 것이 좋겠다"고 했다. 만나서 협회에 대해 여러 가지 이야기를 들었다.

한 회장은 개인적으로는 수십 년 공무원으로 같이 일했고, 학교와 공무원 후배다. 나는 일찍 정부를 떠났으나 한 회장은 정부에 계속 있다가 총리까지 지냈다. 선출직 아닌 공무원으로서 할 수 있는 최고 직위까지 지낸 배경을 가진 무역협회장이었다. 그렇기 때문에 후임자에게 깊이 있는 조언을 해 줄 수 있었다. 사적으로도 나와 매우 친한 사이였기에 내가 후임자가 되는 것을 매우 기쁘게 생각하고, 필요한 조언을 아끼지 않았다.

이러한 과정들을 거쳐 2015년 2월 26일 무역협회 총회에서 제29대 무역협회 회장으로 최종 선출되었다. 무역협회 회장의 선임은 먼저 회장단에서 선출하여 이사회를 통과하고, 마지막으로 총

2015년 2월 26일 한국무역협회 정기총회에서 전임 한덕수 회장(오른쪽)과 인사.

회에서 인준을 받는 3단계 과정을 거치게 되어 있다. 회장단회의
를 시작으로 필요한 절차를 밟겠다고 했을 때, 나는 혹시라도 나
의 회장 취임에 반대하는 사람이 있으면 회장을 맡기도 쑥스럽
지 않겠는가 하는 생각을 했었다. 다행히 전혀 그런 이야기는 없
었다. 오히려 내가 정부에서 거친 경력과 역할, 민간에서의 연구
소 등 경력을 토대로, 무역협회라는 기관의 장이 되기에 가장 적
합하다는 데 회장단 전원의 의견이 일치했다는 이야기를 듣고 안
도했다. 특히 무역 증진 활동을 하는 무역협회의 성격상, 대외경
제조정실장 등을 하면서 대외관계에 대한 깊이 있는 경험을 쌓은
점, 차관보와 경제수석 등 경제 전반을 아우르는 자리에 있은 경
험, 대부분이 중소기업인 무역업자들의 입장에서는 중소기업연
구원에서 중소기업을 위한 깊이 있는 연구활동을 한 점 등, 모두

가 회장으로서 적합한 경험과 경력이라는 데 아무도 이의를 달지 않았다는 것이었다. 또한 시장주의자로서 확고한 철학을 가져 시장과 기업에 대한 이해가 깊은 나 같은 사람이 회장이 되는 것이 회원들의 입장에서도 매우 바람직하다는 생각을 갖는 사람도 많았을 것이다.

이렇게 나의 회장 취임에 회장단 전원이 환영하는 분위기 속에서 회장으로 추대되고 이사회를 통과하고 2015년 2월 26일 한국무역협회 정기총회의 최종 선출 절차를 거쳐 무역협회장으로 취임했다.

(2) 기업중심 경제 시대의 막중한 역할

한국경제는 '무역입국'의 캐치프레이즈 하에 박정희 대통령 시절부터 오늘에 이르기까지 발전해 왔다. 한국경제가 세계 12위권의 규모를 가지고 있다고는 하지만, 부존자원이 빈곤하고 인적 자원이 주가 되는 나라가 장기적으로 계속 발전해 나가기 위해서는 대외지향적 경제를 추구할 수밖에 없다. 결국 무역은 비단 박정희 대통령 시절의 하나의 경제정책이 아니라 어느 시대나 한국경제의 사활이 걸린, 한국경제의 전부라고 해도 좋을 것이다.

그토록 중요한 무역과 관련해 정부와 조율하고 협조하여 무역업계 회원들의 권익을 존중하는 동시에, 경쟁력 있는 무역업자로 발전해 나갈 수 있도록 필요한 정보를 제공하고, 교육하고 기술도 연마하게 하는 역할을 무역협회가 담당해야 한다. 해외 정부와 단체, 기업인 들과 교류할 기회를 많이 만들고, 새로운 시장 개척을 위해서도 물론 주로 기업이 해야 할 영역이지만 기업의 역할만으로 부족한 부분은 무역협회가 나서서 돕는 역할도 필요하다. 과거에도 많은 역할을 했지만, 경제가 기업 중심으로 바뀌면서 협회가 할 수 있는 역할이 더 많아지고 있던 시점에 회장을 맡게 된 것은 개인으로서 영광스럽기도 하고, 중요한 역할을 맡은 데 대한 사명감도 무겁게 느끼는 마음을 가지고 회장직을 맡았다.

많은 사람들이 "무협회장이 좁은 의미의 공직은 아니지만 넓은 의미로는 공직이라 볼 수 있고, 어느 공직 못지않게 중요하고 명예스러운 자리다. '환란 주범'으로 몰려 고생한 지 20년 가까이 돼서야 제대로 명예회복을 했다"고 축하해 주었다. 사실 나는 그렇게 내 명예가 실추되었다고 생각한 적이 없었지만 말이다.

맡고 나서 생각해 보니 역대 무역협회 회장 중 나이 일흔이 넘어 이 자리를 맡은 것은 내가 처음이었다. 사공일 회장이 재임중 일흔을 넘겼지만 취임 때는 아직 60대였다. 내가 대조실장 때인 1990년 당시 남덕우 무역협회 회장을 소련 경제사절단 단장으로 모시고 갔을 때 남 회장은 정부에서 재무부 장관, 부총리, 대통령 경제특보, 국무총리를 다 거친 뒤 무역협회장을 8년째 하고 있었는데도 일흔이 채 되지 않았다. 내가 얼마나 많은 나이에 회장을 맡았는지 실감이 났다.

어쨌건 나로서는 본의 아니게 역대 최고령으로 중요 기관의 회장을 맡는 기록을 세웠다. "기네스북에 오를 일"이라고 축하하면서 부러워하는 친구들도 많았다. 이렇게 팔자에 없는 무역협회 회장직을 맡아 나의 마지막 정열을 불태우기 시작했다.

2. '기업이 잘돼야 나라도 좋다'

(1) 역점 9대 사업

무역협회는 전체 무역업자 15만 명 중 최소한의 규모를 갖추고
회원 가입을 신청한 7만여 명의 무역업자로 구성된 경제단체다.
7만여 회원사의 관심사를 반영하고, 이를 정부와 조율해 가는 역
할은 협회 사무국이 주로 하고 있다.

　무역협회는 경제단체로서는 가장 큰 물적, 인적 조직을 가지고
운영하고 있다. 특히 무역협회는 다른 경제단체와 달리 서울 강
남구 삼성동의 한 블록을 차지하는 방대한 규모의 무역센터를 운
영하고 있다. 이곳에 다양한 무역 관련 시설과 사무실, 호텔, 백화
점, 쇼핑몰, 코엑스 전시장, 시내공항터미널 등의 시설을 가지고
있어 무역과 관련된 모든 문제를 이곳에서 한꺼번에 해결할 수
있다. 아주 특별하고 의미 있는 자산을 보유한 경제단체다. 개인
적으로는 우리나라에서 실질적으로 가장 규모가 큰 경제단체라
고 생각한다.

　재임중에 참으로 많은 일을 했지만 중요한 업무를 중심으로 개
요만 기술하고자 한다.

협회 100년 비전

첫째, 무역협회 창립 70주년을 앞둔 시점에서 앞으로 30년, 즉 '협회 100년'을 내다보는 장기 비전의 수립이다.

무역협회는 대한민국 건국보다 2년 이른 1946년에 설립되었다. 많은 사람들이 무역협회는 무역입국정책의 일환으로 박정희 대통령의 재임기 어느 시점에 창립되었을 거라 생각하지만, 실제로는 우리나라 경제단체 중에서 무역협회가 가장 오래된 역사를 가지고 있다. 물론 다른 나라들과 마찬가지로 법정 경제단체로서 대한상공회의소(1884년 '한성상업회의소'로 출범)가 있지만, 민간의 자발적 의사로 설립된 경제단체로서는 무역협회가 가장 이르다. 내가 취임하고 약 1년이 지난 2016년에 설립 70주년이 되었다. 따라서 취임하자마자 지난 70년 역사와 앞으로 다가올 30년을 포함하여 무역협회 100년을 내다보는 비전 작업을 시작했다. 주로 무역연구원이 중심이 되어 이 작업을 했다.

무역센터 구조조정

둘째, 무역센터 기능의 재정비와 재조정이었다.

무역센터에 있는 다양한 인프라들이 최근의 무역 환경에 적극적으로 대응할 수 있는 것인가에 대한 반성으로부터 출발했다. 많은 부분에서 개선의 여지가 있다고 생각했다. 예를 들면 코엑스가 전문 전시 기관인데, 한국의 산업 전반을 아우를 전시 전문 업체로서 제 역할을 하고 있는가에 대해 상당히 회의적이었다. 규모도 국제적 수준에 너무 미달하고, 전문성 면에서도 개선의 여지가 많았다. 코엑스를 국제적 수준의 전문 전시업체로 발전시켜야 했다. 공항터미널도 공항사업의 역량을 집중하여 전문 물류사업체로 발전시켜 나가야겠다고 생각했다.

이 두 사업을 비롯하여 무역센터 내 모든 사업을 보다 전문성있게 운영되도록 개혁하고, 협회는 이로부터 발생하는 수익을 가지고 무역 증진 활동이라는 본연의 활동에 보다 전문화한다는 원칙을 세웠다. 무역협회가 가진 자산관리 기능, 수익관리 기능 등을 전면적으로 개편하여 보다 전문성 있는 운영업체를 만들어 운영하고, 회장은 직접 운영의 책임에서 벗어나 협회 본연의 일에 집중할 수 있도록 했다. 그래서 각 기구에 흩어져 있는 모든 기능을 하나로 모아서 전문화하도록 했다.

가장 어려웠던 일은 코엑스몰의 위탁경영이었다. 코엑스몰은 우리나라 최대의 실내 몰이다. 이것을 무역협회가 직영하면서, 협회 임원이 퇴직하고 나가서 CEO를 맡아 왔다. 그러나 이런 배경을 가진 사람들이 이 엄청나게 전문성을 필요로 하는 사업을 운영해서는 안 되겠다고 판단했다. 롯데나 신세계, 까르푸 같은 우리나라와 세계의 전문 유통업체들과 경쟁하면서 운영하는 것이 가능하겠느냐는 의문을 가진 것이다. 그래서 코엑스몰은 전문업체에 위탁경영시키고, 협회는 거기에서 나오는 수익을 가지고 본연의 무역 진흥 활동에 전념하기로 했다.

이러한 구조조정을 추진하기 위해 2015년 말에 임기가 다 되어가는 코엑스의 변보경 사장, 도심공항터미널의 이종철 사장을 연임시켰다. 과거에는 연임을 하는 사례가 거의 없었으나, 그들 책

구조조정 결과 달라진 코엑스몰의 모습. 시민들의 사랑을 받는 개방형 '별마당도서관'
에서 오석송(오른쪽), 전병찬 부회장 내외와(2017. 5. 31).

임하에 구조조정을 끝내도록 분명한 임무를 주면서, 만약 구조조
정을 철저하게 추진하지 못하면 스스로 알아서 사임하겠다는 조
건을 걸고 연임을 결정한 것이다. 코엑스몰은 신세계에 위탁경영
시키기로 결정되었다. 코엑스몰에 가 보면 그전과 얼마나 달라지
고 활성화되었는지 느낄 수 있을 것이다.

　무역센터 구조개선은 기존 구조에서 형성된 이해관계와 상충
하는 것들이 많다 보니 반대도 많았다. 특히 코엑스몰 운영을 전
문 유통업체에 위탁하는 것은 매우 어려운 결단이었다. 구조개선
을 추진하고 완료한 것은 다른 사람이라면 할 수 없었을 일을 해
낸 것이라 자평한다.

MICE 건립 특별자문위원회 발족(2016. 3. 18).

MICE단지 구상

셋째, 잠실에 종합 인프라 단지인 'MICE' 단지를 건설하는 계획이다.

무역센터가 건립된 것은 1988년 8월로 거의 30년을 바라보고 있었다. 앞으로 30년을 내다보았을 때, 전시와 컨벤션 기능의 시설 규모가 너무 작아 국제적 행사를 주관하거나 유치하는 등 한국 산업 전반을 세계에 내놓고 세계의 산업을 한국에 소개하는 창구 역할을 하기 어려웠다.

마침 서울시가 인근 잠실운동장의 리모델링 구상을 하고 있는 것을 기회로 삼았다. 서울시와 중앙정부를 설득하여, 잠실에 적어도 국제적 규모의 'MICE(Meeting, Incentive trip, Convention, Exhibition & Event)' 단지를 만들어 우리와 경쟁관계에 있는 중국, 일본, 미국,

2017년 11월 현재의 잠실 MICE단지 구상 조감도.

동남아 각국과 비교해 질적으로나 규모 면에서 어깨를 견줄 만한 수준의 단지로 만들겠다는 계획을 세우고 작업을 추진했다. 추진 과정에서, 경제적 의미의 MICE단지로서만이 아니고, 전 세계적 추세에 따라 문화와 스포츠까지 아우르는 융복합 단지로 방향을 선회하여 계획을 더 심화했다.

공무원 출신들은 이런 종류의 일을 벌이는 것을 기피한다. 특히 MICE단지 같은 종류의 사업을 벌이다 보면 업자와 유착했다는 등 별의별 모략과 의심을 부를 수 있다. 일을 추진하는 과정에서 정부 부처들 간, 정부와 지자체 간 견해차를 극복하는 일도 만만치 않다. 그래서 '잘해 봐야 본전'이라는 생각에서 이런 일을 하려고 하지 않는다. 더구나 무역협회장은 대개 정부의 최고위직을 거치며 정책의 입안이나 기획을 주로 하던 분들이 맡다 보니, 이런 성가시고 골치 아픈 일을 본능적으로 기피하는 경향이 있다. 나는 이런 것들에 구애받지 않고 일을 벌였다. 경제부총리와 산업부 장관을 설득하고, 서울시장을 몇 차례 만나 협의, 설득하는 과정을 겪었다. 전문가들로 위원회를 구성해 최고로 좋은 단지를 만들기 위한 의견을 모으는 노력도 했다. 해외의 많은 시설들도 직접 가서 둘러보고 좋은 점들을 우리의 안에 반영하려고 했다.

나는 내가 재임하는 동안에 최소한 이 MICE단지 사업의 행정 절차만이라도 마무리하고 퇴임하기를 바랐다. 그러나 퇴임한 지 2년이 지난 지금도 MICE단지 사업은 복잡한, 때로는 너무 비효율적인 행정절차 속에서 헤매고 있어 안타깝다. 내가 정부에 있을 때라면 이런 정도의 비중을 갖는 프로젝트는 정부의 기획재정부나 청와대의 경제비서실에서 경제부처의 모든 정책을 종합해서 빠른 시일 내에 추진할 수 있도록 결정했을 텐데, 답답한 마음을 금치 못하고 있다.

회원 참여 확대

넷째, 회원들의 단체로서 무역협회의 정체성을 확립하고, 협회 운영에 회원들이 적극적으로 참여할 수 있도록 다양한 활동을 마련하도록 기능을 정비했다.

선진적 무역 증진 기능

다섯째, 산업정책의 체계적 분석을 바탕으로 무역 증진 기능을 좀 더 새롭게 모색하는 일이었다.

'서비스산업발전기본법' 제정 건의를 위한 무역협회·서비스산업총연합회 합동간담회 (2017. 9. 8). 왼쪽 두 번째부터 최중경 서비스산업총연합회장, 필자, 백만기 한국지식 재산서비스협회장.

이를 위해 기업과 산업의 경쟁력 강화를 위한 여러 가지 정책 발굴, 일자리 창출을 위한 수출산업의 질적 성장 지원, 신산업육 성 및 4차 산업혁명의 선제적 대응 등, 한국 무역의 초석을 새로 다지기 위한 다양한 정책을 구상했다. 특히 '한국형 의료 크러스 트'를 육성해서 우리 의료시장의 잠재력을 실질적인 수출로 연결 시킬 수 있는 일련의 아이디어를 내어 정부에 건의했으나, 가시 적인 성과로 연결되지 못하고 있다.

세계 서비스시장 진출을 위해서는 서비스산업을 획기적으로 활성화해야 된다고 판단하여 2017년 9월 서비스산업총연합회와 공동으로 '서비스산업발전기본법'의 조속한 제정을 촉구하는 간

2015년 5월 12일, 박근혜 대통령이 참석한 경제 5단체 초청 경제외교 성과확산 토론회를 주재하는 필자.

담회를 열었다. 이 법은 당시까지 5년째 정부 발의 단계에서 발이 묶여 있던 것인데, 정치권의 이해 대립으로 아직도 입법이 이루어지지 못하고 있다.

전략적 수출 다변화

여섯째, 글로벌 경쟁 환경에 맞추어 수출 지역과 품목을 다변화하는 추진 방안을 전략으로 개발해 나갔다.

'기업가형 국가' 모델 개발

일곱째, 소위 '기업가형 국가'의 이론과 실현 방안을 체계적으로 마련했다.

2017년 3월 28일 '기업가형 국가' 국제 컨퍼런스에서 기조강연.

　나는 '기업에 좋은 것이 국가에도 좋고, 국가에 좋은 것이 기업에도 좋다'라는 명제를 동시에 충족할 조건을 갖춘 나라를 '기업가형 국가'라고 정의했다. 시장경제를 바탕으로 기업의 경쟁력이 국가의 경쟁력이 되고, 국가의 경쟁력이 기업의 경쟁력으로 다시 환원되는 자연스러운 시스템을 가진 국가다. 우리나라를 이런 기업가형 국가로 만들고, 기업의 경쟁력이 활성화되어야 수출도 무역도 장기적으로 발전할 수 있다는 것이 '기업가형 국가' 이론의 요지다. 내가 그간 연구원을 경영하면서 생각했던 것을 무역정책과 무역협회의 기능에 접목시킨 것이다.

　기업가형 국가를 위한 조건 106가지를 명시하고, 세미나를 개최하고 연구보고서를 내고, 정부와 기업들의 인식을 고쳐시키는 일련의 활동을 전개했다.

한미FTA의 바람직한 개정

여덟째, 한미FTA 개정이 바람직한 방향으로 이루어지도록 노력했다.

우리의 최대 수출상대국은 중국이지만, 여러 가지를 고려했을 때 가장 중요한 비즈니스 파트너는 역시 미국이다. 그 미국과의 경제관계를 상징하는 한미FTA가 2017년 도널드 트럼프 미국 대통령 취임을 계기로 개정이 추진될 것으로 예상되었다. 과거와는 다른 무역 환경이 구체적으로 다가오는 시점이었다.

FTA 개정을 앞두고 한미 통상 관련 문제를 심도 있게 분석하여 그 결과를 정부와 공유하는 동시에, 아웃리치(outreach)의 형식으로 미국의 정치인과 유력 여론 주도층을 설득하는 노력을 체계적으로 전개했다. 회장인 내가 직접 기업 대표들을 이끌고 미국을 몇 차례 방문하여 의회와 정부 지도자들, 경제단체·연구단체들과 한미관계 개선, 한미 무역 증진, 한미FTA의 바람직한 개정 방향 등에 대해 다양한 논의를 했다.

2017년에는 대미통상사절단을 이끌고 미국을 방문, 퓰너(Edwin Fuelner) 헤리티지재단 회장과 상원의원 2명, 하원의원 5명 등 7명의 유력 의원들을 개별적으로 방문하여 설득하는 일련의 활동을 전개했다.

방미 활동은 미국 유력 인사들의 방한으로 이어졌다. 대표적으로 연방하원 방한단을 인솔하고 온 에드 로이스 외교위원장이 협회로 나를 방문해 장시간 환담하고 MOU도 체결한 바 있다.

'한미 통상 아웃리치' 활동의 일환으로 미국 헤리티지재단 퓰너 회장 등과 협의 후 기념 촬영하는 사절단(2017. 6. 7). 좌로부터 최명배 회장, 오석송 회장, 김진민 사장, 한 사람 건너 퓰너 회장, 필자, 이민재 회장, 김윤식 회장, 뒤는 김극수 국제본부장 외.

한미 통상 아웃리치, 조 바튼(Joe Barton) 미 하원의원 방문(2017. 6. 8).

미 연방하원의원 방한단을 인솔하고 온 에 드 로이스 하원 외교위원장과 한미 통상문 제를 비롯한 광범위한 한미관계 증진 방안 협의(2017. 8. 29).

협회 사무국 재정비

마지막으로, 무역협회 사무국 기능의 재정비다.

70여 년의 역사를 가진 경제단체로서 위상에 걸맞도록 여러 가지 모범적인 행정 기준을 수립했다. 건강한 조직문화를 확산하여 임직원의 역량을 강화하는 등, 경쟁력을 제고하는 일련의 활동을 전개했다.

이상의 아홉 가지 역점사업 외에, 국내외에서 다양한 활동을 했다.

주요 경제단체장은 대통령의 해외순방시에 경제 사안이 있는 한 거의 필수적으로 수행하는 것이 관행이다. 나도 회장에 취임한지 며칠 만에 박근혜 대통령의 중동 순방을 시작으로 많은 해외 활동을 수행했다. 순방 때는 대개 현지의 경제단체와 경제협력포럼을 개최하여 우리 기업인과 해당국 기업인 간 만남의 장을 만들고, KOTRA 등과 협조하여 우리 기업들의 수출 상담을 할 수 있는 장도 만드는 등 다양한 활동을 했다. 방문국이 많을 경우 전경련, 대한상의와 역할을 분담해 한 나라씩 맡아 준비하기도 했다.

국내에서도 각 지역과 지부를 대상으로 하는 활동이 많았다. 무역협회의 지방조직인 지방기업협의회의 활동을 북돋아 지방에서의 무역 증진 활동도 활발하게 하도록 노력했다.

역점사업들을 비롯, 짧다면 짧은 기간이지만 회장 재임 3년 동안 지속적으로, 적지 않은 일을 한 것 같아 뿌듯함을 느낀다.

2016년 5월 3일 한·이란 비즈니스포럼(이란 테헤란)에서 박근혜 대통령, 이란 상공부 장관, 상공회의소 회장과.

2016년 9월 3일 한·러 비즈니스 다이얼로그(러시아 블라디보스토크)에서 박근혜 대통령이 참석한 가운데 회의를 진행하는 필자. 왼쪽은 윤병세 외교부 장관.

(2) 강연, 연설 등

재임중 협회 내외, 국내외에서 무수한 강연과 연설을 했다. 의미
있고 기억나는 몇 가지만 언급한다.

한·일 단일경제권

2015년 5월 13일 서울에서 개최된 한일경제인회의에서 '한·일 공
동 번영과 새로운 50년을 향한 경제계의 협력'이란 주제로 연설
했다. 연설에서 나는 한일관계를 역사적으로 조명하면서, 한일
양국이 협력을 강화해 장기적으로 단일경제권을 추구해 나가야
한다고 주장했다. 그래야만 중국의 팽창에 능동적으로 대응하면
서 두 나라 모두 지속적 발전을 가져올 수 있음을 강조하면서 구

제47회 한일경제인회의에서 '한·
일 공동 번영과 새로운 50년을
향한 경제계의 협력' 연설(2015.
5. 13).

무협·능률협회 최고경영자 세미나 강연(2015. 7. 27, 제주).

체적인 협력 분야와 방안을 제시했다. 나아가 한일FTA의 조속한 타결을 위한 경제계의 노력을 촉구했다.

한국경제 미래비전

2015년 7월 27일 한국능률협회와 공동주최한 제주 하계 최고경영자 세미나에서 '한국경제의 미래비전: 어떤 길을 걸어야 이 비전에 도달할까'라는 주제로 강연했다. 강연은 평소 나의 경제철학과 사고를 바탕으로 한국경제의 앞날을 짚어 보는 내용으로 마련되었다. 그러나 원고에 없던, 검찰의 무분별하고 무리한 기업 수사 관행을 강도 높게 비판하면서 개선을 요구한 발언이 사회적으로 적지 않은 파장을 불러일으켰다. 조금 뒤에 상세히 소개한다.

무역협회 제100회 조찬회 강연(2015. 11. 26).

'글로벌 불확실성' 속 한국경제가 갈 길

2015년 11월 26일, 무역협회가 개최하는 최고경영자 조찬회가 100회째를 맞았다. 이날 내가 한 '불확실성의 글로벌 경제하에서 한국경제가 가야 할 길' 강연이 회장 취임 후 회원사들을 상대로 공식적으로 행한 첫 강연이었다.

강연에서 나는 글로벌 경제환경의 격변을 바탕으로 평소의 한국경제관, 산업관, 무역관을 더해 '기업가형 국가'의 개념과 이론 방향을 제시했다. '시장, 기업, 기업가정신'의 중요성을 정부와 기업 모두 새롭게 인식해야만 한국경제의 밝은 미래가 약속된다고 강조했다.

서울도쿄포럼 기조연설(2017. 9. 23).

미래지향적 한일관계는 국민 교육에서

한일관계를 미래지향적으로 개선해 나갈 것을 촉구하는 또 하나
의 의미 있는 연설을, 2017년 9월 23일 서울에서 개최된 서울도
쿄포럼에서 했다. 한·일 양국이 한 해씩 번갈아 주최하는 포럼의
한국 주최 차례 기조연설에서 나는 앞서 2015년 한일경제인회에
서 한 강연의 기조와 내용에 더해, 특히 위안부 문제로 경색된 양
국 관계의 문제점과 이에 대응하는 양국 정부의 태도를 강하게
비판했다.

'한·일 경제의 공동번영을 위한 양국 지식인 사회의 인식과 역
할'이라는 제목의 연설에서 나는 특히, 국민을 교육하고 설득하
는 정부의 기능이 중요함을 강조했다. 한국 정부와 정치지도자들
에게는 과거에 더 이상 얽매이지 말고 미래를 향해 가자는 강한

메시지를 가지고 국민을 교육, 설득하는 노력을 기울이라고 촉구했다. 일본에 대하여는 과거 군국주의 시대의 일본과 전혀 다른 자유민주주의 국가인 현재의 일본이 과거의 과오를 인정하는 데 왜 그렇게 인색해야만 하는지 강하게 의문을 제기하고, 일본 정부와 지도자들 역시 자국민을 교육하는 역할을 다해야 함을 강조했다. "국민 교육 기능을 포기하는 정부는 정부가 아니다"라는 강한 메시지를 양국 지도자들에게 던진 것이다. 한국, 일본 모두 이런 미래지향적인 국민 교육, 설득 기능을 포기하고 그때 그때 국민 정서에만 영합하고 있는 현실을 개탄하고 양국 정부의 각성을 촉구한 의미 있는 강연이었다고 생각한다.

협회 70주년 기념연주회 지휘

나의 재임 2년차인 2016년 7월 31일에 한국무역협회는 창립 70주년을 맞았다. 기념행사의 일환으로 같은 강남구 관내에 있는 강남심포니오케스트라를 초청해 7월 15일에 기념연주회를 열었다. 나는 2001년 처음으로 KBS교향악단을 아마추어로서 객원지휘해 본 데 이어 이번에도 특별코너로 강남심포니를 객원지휘하게 되었다. 상세는 제20장에 소개한다.

(3) 국회가 무역협회장을 검찰에 고발

어떻게 보면 내가 무역협회장이었기 때문에 일어난 특이한 일들도 있었다. 대표적으로, 나의 재임중 국회가 무역협회장인 나를 검찰에 고발하는 전무후무한 사건이 있었다.

취임 첫 해인 2015년, 국회 농림축산식품해양수산위원회의 국정감사에서 나의 증인 출석을 요구해 왔다. '무역이득공유제', 즉 무역업계가 무역으로 얻은 이익을, 무역으로 직접적인 혜택을 받지 못하는 농어촌 분야와 공유하도록 하는 제도에 대해 무역협회장의 의견을 듣겠다는 것이다.

사실 무역이득공유제는 앞서 이미 2012년에 홍문표, 황영철 의원 등이 대표발의한 '자유무역 체결에 따른 농업인 등의 지원에 관한 특별법', 세칭 'FTA특별법'이 이미 제안돼 있었다. 그해에 무역협회가 중심이 되고 각 경제단체가 참여한 FTA민간대책위원회의 24개 업종별 단체들은 공동으로 이 법안의 제안을 반대한다는 의견을 공식적으로 제출했다. 소관 상임위뿐만 아니라 300여 명 전 국회의원에게 왜 우리가 이 법을 반대하는지, 왜 이것이 시행될 수 없는 제도인지, 공유할 이득 자체를 계산하는 것이 불가능한지 등의 의견을 내놓고 있는 상태였다. 이처럼 무역협회가 대표하는 무역업계의 의견은 국회에 다 나가 있는 상태였으므로 새삼스럽게 회장을 출석시켜 같은 의견을 듣는 것보다, 사안의 성격상 국회와 협회를 중심으로 하는 무역, 경제 전문가들이 공동 세미나 등을 통해 심층적으로 관련 사항에 대한 대안을 모색하는 것이 바람직하다는 의견을 제시하면서 불출석 의사를 통보했다. 그런데 국회는 이에 대한 대답은 없이 2차, 3차에 걸쳐 똑같은 증인 출석을 요청했고, 동행명령장까지 발부하고, 이에 불응한다며 결국 검찰에 고발을 했다.

국회 상임위 결의로 동행명령장을 발부하고, 동행하지 않으면 고발할 수 있다는 '국회에서의 증언·감정 등에 관한 법률'은 우리 헌법이 규정하는 신체의 자유, 인신 구속은 법관이 발부한 영장에 의해서만 가능하다는 영장제도 등에 위반된다는 것이 당시 나의 판단이었다. 정말 재판까지 간다면 헌법소원을 청구해 문제에 원천적으로 대응하겠다는 각오로, 검찰 고발 가능성에도 불구하고 동행명령에 응하지 않았다.

국회가 회장을 고발하자 협회도 변호사를 선임해 대응했다. 검찰은 무혐의로 결론을 내렸다. 우리가 제시한 이유가 합리적이었으므로 달리 처분할 수 없었을 것이다. 그러나 검찰도 국회의 눈치를 보지 않을 수 없었던 것 같다. 상임위가 증인 출석을 요구한 것과 내가 이에 불응한 것 자체의 당부당을 따지지 않고, "상임위가 국정감사와 무관한 증인 출석을 요구했으므로 동행명령 거부에 해당하지 않으며, 민사소송법의 송달 요건을 위반했다"는 등의 절차적 흠결을 들어 무혐의 처분을 했다. 이 처분에 국회가 항고를 포기함으로써 사건은 종결되었다.

무역협회장은 공무원은 아니지만 공직에 준하는 위치에 있는 사람이다. 아무리 부당하다 해도 국회의 출석 요구를 정면으로 거부하는 것은 결코 쉬운 일이 아니었다. 더구나 동행명령 불응은 '국회에서의 증언·감정 등에 관한 법률'상 국회모욕죄로 법정형이 징역형밖에 없기 때문에 엄청난 위험부담을 감수해야 했다. 나는 헌법재판이나 헌법소원까지 대비해 헌법재판관 출신의 권성 변호사 등과 상의하고 있던 차였다. 재판이 개시되지 않으면 헌법재판이나 헌법소원으로 가져갈 수 없기 때문에, 나는 개인적인 희생이 따르더라도 검찰이 나를 기소해 재판까지 가기를 원했다. 무혐의로 끝나 개인으로서는 다행인지 모르지만, 증인 출석 요구와 동행명령 제도를 근본적으로 고칠 수 있는 기회를 놓쳐 아쉽게 생각하고 있다.

공무원이라면 누구라도 피하고 싶은 것이 국회와의 싸움일 것이다. 나는 관료 출신이지만 관료의 틀을 벗어난 사람이라고 스스로 생각한다. 모두가 기피하는 일에 나는 과감하게 부딪혔다. 국회의 터무니없는 요구를 좌절시킬 수 있어 그나마 다행이었다. 우리 국회가 좀 달라져야 할 텐데 시간이 지나도 조금도 달라지는 흔적이 없다.

(4) '제주 발언' 파문

2015년 7월 27일 한국능률협회와 공동개최한 제주 하계세미나 기조연설 발언 파문 얘기다.

기조연설 원고는 미리 준비돼 있었고, 회장이 이런 취지의 연설을 할 것이라고 보도자료도 다 나간 상태였다. 그런데 그때 우리나라 주요 기업들인 포스코, KT&G, 효성 등이 검찰 조사를 받고 있을 때였다. 기업이 잘못이 있으면 조사를 받아야 한다. 문제는, 검찰은 혐의가 있으면 조사를 하고 문제가 발견되지 않으면 종결을 해야 하는데, 검찰이라는 곳은 한번 기업에 들어갔다가 자기네가 생각한 문제가 안 나오면 문제가 나올 때까지 다른

건으로라도 기업을 조사하고 압수수색하는 일을 계속한다. 소위 '별건수사'다. 이런 상황에서 어떻게 기업을 하고, 국제경쟁을 할 수 있겠는가.

그래서 나는 기조연설 때 작심하고 당초 원고에는 없던, 기업의 활력 제고와 관련해서 정부의 기업 수사 관행의 문제점을 다음과 같이 신랄하게 지적했다.

"잘못을 했는데도 수사하지 말라는 것이 아니다. 그러나 아무 근거 없는 루머나 출처를 밝히지 않은 음해성 투서에 기반한 수사는 지양되어야 한다. 수사가 진행되는 경우에도 기업의 활동을 본질적으로 건드리는 일이 없도록 신중하게 해야 한다. 본래 수사하고자 했던 혐의가 해소되면 수사를 그만 해야지, 다른 사건이라도 찾아서 결과를 내려는 속칭 별건수사는 근본적으로 재검토되어야 한다. 기업의 각종 활동과 진퇴를 정권과 연계시키는 것은 기업인의 사기를 꺾는 것으로, 지양되어야 한다. 대통령은 수출 증진과 홍보를 위해 해외 각국을 다니며 목이 아프도록 경제외교를 펴고 있는데, 다른 정부기구가 공권력을 동원하여 수출의 주력인 기업인과 기업의 사기를 떨어뜨리고 해외에서 우리 기업의 신뢰를 무너뜨리는 일을 자행한다면 어떻게 되겠는가?"

마지막으로 당시 막 취임한 황교안 총리를 염두에 두고 "검찰 간부와 법무부 장관을 역임한 신임 총리가 경제와 정무, 사정(司正)이 조화를 이루는 수준 높은 행정을 통해 대통령의 경제살리기 노력을 뒷받침해 달라"고 주문했다.

모든 언론이 이를 받아 대대적으로 기사와 사설을 썼다. 많은

2015년 7월 27일 제주 하계 최고경영자 세미나에서 강연. 검찰의 기업에 대한 수사 관행을 강도 높게 비판하고 있다.

기업인들로부터 "정말 해야 할 말을 해 주어 고맙다"는 인사를 받았다. 공직에 있는 후배들도 그런 이야기는 다른 사람들은 겁이 나서 못 하고 나만이 할 수 있다고 얘기들을 했다. 공무원들도 검찰의 별건수사로 곤욕을 치르는 경우가 많으니 공감하는 부분이 많았을 것이다.

강연이 있은 후 어느 날, 청와대의 안종범 경제수석이 전화를 걸어 왔다.

"대통령께서, '무역협회 회장님이 ○○기업의 문제가 얼마나 심각한지 모르시고 그런 발언을 한 것 같으니 좀 잘 알려드리라'는 지시를 하셔서 전화 드렸습니다."

나는 일종의 경고라고 받아들였다. 박근혜 대통령은 아마 내가

'특정 기업'에 관심이 있어서 그런 발언을 한 것으로 오해하신 것 같았다.

"특정 기업의 문제를 거론하려는 의도가 아니다. 일반론으로서 검찰의 소위 별건수사 등 잘못된 수사 관행이 개선돼야 한다는 점과, 기업에 대한 수사는 하되 경제에 악영향이 안 가도록 신중하게 해 달라고 주문한 것이다. 그런 뜻으로 대통령께 잘 보고해 주시오"라고 안 수석에게 말했다.

(5) 미완의 한무쇼핑 배당 문제

무역센터에 현대백화점이 있다. 현대와 무역협회가 주주다. 흔히들 현대백화점은 하나로 알고 있지만, 현대백화점 간판을 붙인 백화점에는 두 가지가 있다. 하나는 (주)현대백화점이 경영하는 현대백화점이고, 다른 하나는 현대와 무역협회가 같이 출자해 만든 (주)한무쇼핑이 경영하는 현대백화점이다. 무역센터에 있는 현대백화점은 후자, 한무쇼핑 현대백화점이다. 이 한무쇼핑이 백화점 경영 결과 발생한 이익에 대한 주주 배당을 너무나 적게 해오고 있었다.

기업에 이익이 생겼을 때 다른 특별한 요인이 없는 한 반은 주주에게 배당하고 반은 재투자 재원으로 하는 것이 바람직하다. 국제적으로도 이 '배당성향'은 대체로 50퍼센트 전후다. 그러나 우리나라 기업들은 재투자 재원을 늘려 기업 규모를 계속 키워가려는 확장경영의 일환으로 그간 배당성향을 매우 낮게 유지해 왔다. 정부의 배당정책도 이런 경향을 지지해 와, 그 결과 우리나라의 산업과 기업이 빠른 성장을 하게 된 공이 있다. 그러나 동시에 부작용도 많았던 것 또한 사실이다.

일례로, 우리나라 증권시장의 건전한 발전을 저해해 온 대표적 주범이 바로 낮은 배당이다. 주식투자자들이 합리적인 배당과 주식매매 차익으로 오는 기대이익을 반반씩 가질 때 합리적인 투자 결정을 할 수 있고, 주식의 장기 보유로 증권시장이 안정되어 증시 발전이 가능하다. 그러나 낮은 배당성향 때문에 주식투자자들은 배당에 대한 기대보다 오로지 매매차익만 추구하는 비정상적, 투기적 시장으로 증시를 격하시켜 놓은 것이다.

무역센터 현대백화점은 나의 재임중이던 2016년에 약 1천억 원의 순이익을 냈다. 한무쇼핑의 대주주인 현대는 배당성향을 5~7퍼센트 수준으로 유지해야 한다는 입장이었다. 나는 3분의 1의 지분을 가진 2대 주주 무역협회의 입장에서, 배당성향을 당장 국제적 수준인 50퍼센트는 아니더라도 30퍼센트 정도까지는 올리는 것이 합리적임을 강력히 주장했다. 무역협회가 배당받는 이 이익이 바로 무역진흥자금이 되는 것이고, 그래서 무역센터가 존재하고 한무쇼핑을 설립하고 무역센터 안에 현대백화점을 두는 것이다. 그러나 최대주주 현대 측은 무협의 의견을 전적으로 수용하는 것을 거부했다. 나는 무협의 주장을 관철할 다양한 수단을 강구하면서 지속적으로 협의를 해 오던 중, 결실을 다 보지 못하고 협회장에서 퇴임하게 되었다.

이 정부가 추진하는 소득주도성장 정책도, 경제적 관점에서만

본다면 최저임금의 무리한 인상보다 오히려 배당정책 개선에서
찾는 것이 합리적이라는 것이 나의 생각이다.

3. 새 정부와 경제관 차이로 사임

(1) 발신지 불분명한 사임 종용

2017년 10월 중순경, 문재인 정부 측으로부터 나의 무역협회장
사임을 종용하는 '메시지'를 받았다. 누가 이 메시지를 전달했는
지는 중요하지 않다. 정부의 메시지인 것은 분명한데, 발신지가
분명하지 않았다.

사실 나는 2017년 문재인 정부 출범 후 추진하는 경제정책 방
향이 내가 생각하는 정책 방향과 너무 달라 고민하던 중이었다.
무역협회가 형식상으로는 사단법인으로 민간 경제단체이지만,
업무는 성격상 정부와 긴밀히 협조해야 할 영역이 많다. 협회의
발전 과정에서 정부에 힘입은 바도 매우 크다. 이런 점들을 감안
할 때, 정부의 생각과 전혀 다른 사람이 회장을 하기는 현실적으
로 너무 어렵고 조직에도 도움이 되지 않는다고 판단하고 있던
차이기에 이 권유를 받아들여 사임을 하기에 이르렀다.

나는 정부의 뜻을 전하는 메신저에게 다음의 두 가지를 분명히
하고 정부에 전달하도록 요구했다.

첫째, 나는 사임시 사임의 이유와 배경을 분명히 밝힌다. "일신

상 사정으로 사임한다"는 식의 사임서는 쓰지 않는다. 공사간 주요한 직책에 있는 사람은 자진 사임의 경우 그 사임의 이유를 분명히 밝혀야 하고, 해임을 하거나 사임을 요구하는 사람도 그 사유를 밝히는 것이 타당하다고 생각한다. 그리고 이것은 나의 공적 생활중 일관된 철학으로 지금까지도 그렇게 해 왔다는 점을 분명히 했다.

둘째, 무역협회 회장은 이제까지 대통령의 뜻 바깥에서 결정된 예가 없다. 그러니 이번 나의 사임 권유 사실이 대통령께 보고되었고 동시에 이것이 대통령의 뜻임을 정부의 책임 있는 당국자(대통령비서실장 또는 산업부 장관)가 나에게 직접 통보해 주기 바란다.

첫 번째는 내가 사임서를 그렇게 쓰면 되니까 문제가 아니었다. 그러나 두 번째의 경우, 끝까지 나에게 이를 확인해 주는 사람이 없었다. 사실 기대하지도 않았지만, 그리했다면 괜찮은 정부인데 역시 그 수준을 벗어나지 못하는 정부와 당국자들이었다. 그 정도 할 수 있는 용기나 솔직성도 없다는 말인가.

자료로 첨부하는 2017년 10월 24일 회장단, 이사회 및 총회 앞으로 제출된 나의 '사임서'와 '사임에 즈음하여'에, 무역협회장 사임의 전말이 잘 나타나 있다.

사 임 서

본인은 한국무역협회 회장의 영광스럽고 한편 무거운 직을 내려
놓고자 합니다.

본인의 재임기간중 회장단과 이사회의 구성원, 지방기업협의회
회원 여러분을 비롯한 7만여 회원 여러분들이 본인에게 주신 신
뢰와 사랑, 그리고 협조에 깊이 감사드립니다. 또한 기간중 본인
과 더불어 동고동락한 사무국의 임·직원 여러분께도 같은 감사
를 표합니다.

우리 한국무역협회는 비록 민간 경제단체이지만 1946년 설립 이
래 정부와 긴밀히 협조하면서 임무를 수행해 왔고 오늘의 협회가
있기까지 무역입국을 추구하는 정부의 정책방향과 지원에 힘입
은 바 적지 않았습니다. 본인도 회장 취임 이후 협회의 주요한 임
무로서 회원사의 뜻을 모아 무역과 산업정책 입안에 대한 대정부
협조와 건의, 그리고 다양한 분야의 사업 추진에 있어서 정부와
의 긴밀한 협조 등 공적 기능을 중시해 왔습니다.

다만, 새 정부의 성립과 더불어 시간이 경과하면서 본인은 본인
이 회장의 직을 계속 수행하는 것이 적절한지 깊이 고민해 왔습
니다. 경제 전반과 산업과 기업, 무역에 대한 새 정부의 정책방향

과 본인이 갖고 있는 생각 간에 상당한 차이를 느끼게 되었고 이러한 차이는 시간의 경과와 더불어 협회의 운영에도 영향을 미칠 것으로 예상되기 때문입니다. 한편 정부도 최근 본인의 사임을 희망하는 취지의 메시지를 보내왔습니다.

말씀드릴 필요 없이 협회는 민법상 사단법인으로서 우리나라의 가장 오래된 순수한 민간 경제단체입니다. 따라서 회장의 선·퇴임은 민법의 관련 규정과 정관이 정하는 절차에 의합니다. 이러한 절차를 거쳐 선출되어 회장의 중책을 맡은 사람이 임기를 얼마 남겨 놓지 않은 시점에 조기 사임하는 것이 바람직하지 않다는 점을 본인은 누구보다도 잘 알고 고심하였습니다.

그러나 본인은 현재의 상황에서는 비록 얼마 남지 않은 임기 만료 이전이라도 사임하는 것이 협회의 원활한 기능 수행에 도움이 된다는 판단에 이르게 되었다는 점을 본인을 회장으로 선출해 주신 회장단, 이사회, 총회에 밝히며 동시에 깊은 이해로써 본인의 사임의 뜻을 받아 주시기를 간곡하게 바라 마지않습니다.

본인의 회장 사임에 따라 본인의 직능 중 회장의 역할은 회장단 중 최선임인 한준호 회장이, 최고경영자의 기능은 김정관 상근부회장이 맡아 회장의 퇴임 및 새 회장의 선임과 관련된 제반 행정적, 법적 절차와 과도기간중 협회의 주요 업무를 적의처리하여 주시고 업무의 공백이 생기지 않도록 부탁드립니다.

본인의 회장 퇴임 여부에 관계없이 협회는 회원단체로서 그 본연

의 기능과 역할 그리고 국가와 사회가 기대하는 사명을 다하면서
성장과 발전을 지속해 가기를 기원합니다.

2017년 10월 24일
한국무역협회 회장   김인호

한국무역협회 회장단 귀중
한국무역협회 이사회 귀중
한국무역협회 총회 귀중

자료   **무역협회 회장 사임의 변**

회장직 사임에 즈음하여

한국무역협회 회장 김인호
2017년 10월 24일

본인은 오늘 회장단과 이사회 및 총회에 한국무역협회 회장직 사
임의 의사를 표시하고 제출한 사임서에서 사임의 이유와 배경을
밝힌 바 있음.

본인은 주요 공직을 맡은 사람은 스스로 사임하거나 또는 임명권자가 그를 해임하는 경우 당사자와 임명권자는 각각 그 배경과 사유를 밝히는 것이 옳다는 생각을 가지고 있음. 그래서 본인은 정부에 재직시 국장 이상의 직위에서 다양한 사유로 수차례 사직원을 제출한바 이상에 따라 항상 사직서에 그 사유를 밝힌 바 있음.

금번 본인이 한국무역협회 회장직을 사임함에 있어서 비록 정부직은 아니지만 국가사회의 주요 공적 기능을 수행하는 사람으로서 정부직에 준하는 과정을 밟는 것이 적절하다는 생각에서 사임서에 사임의 배경과 사유를 명기한바 이하 이 내용과 사임과 관련된 사항 등을 밝히는 바임.

1. 본인은 1997년 11월 19일, 30여 년의 공직을 마친 이후 정부의 직·간접 영향 하에 있는 어떤 직책도 맡을 의사가 없었고 따라서 맡은 적이 없으며 주로 본인이 중심이 되어 설립한 순수 민간 연구원에서 연구 활동을 하였음.

2. 2015년 2월 전연 예상하지 않았던 무역협회 회장직의 제의를 받았을 때 완곡하게 사양한 바 있으나 최종적으로 사회에 대한 마지막 기여의 기회로 알고 받아들였음. 특히 본인의 선임을 협회의 회장단과 이사회가 깊이 환영하면서 만장일치로 결의하였다는 통보를 받고 회장으로 추대된 데 대한 큰 자부심

을 느낀 바 있음. 그 이후 총회에서도 만장일치로 선임 절차가 마무리된 바 있음은 주지하는 바와 같음.

3. 회장 재임중 본인은 별첨과 같은 방향과 내용에 역점을 두고 직무를 수행하여 왔음(별첨 참조).

4. 새 정부의 성립과 더불어 본인은 사임서에서 밝힌 바와 같이 새 정부의 관련 정책방향과 본인이 생각하는 한국경제와 산업과 기업, 무역이 가야 할 길과 깊은 괴리를 인식하고 회장직의 조기 사임을 심각하게 고심한 바 있음. 그러나 최근까지 이를 실행하지 않은 데는 두 가지 이유가 있음.

첫째는 본인은 스스로 '영원한 공인'이라는 인식을 가지고 공직에 있을 때나 정부 밖에서나 정부를 위해 일해 왔지 정권을 위해 일한 적이 없음. 따라서 정권이 바뀌었다고 사임하는 것은 이런 본인의 기본적 생각에 맞지 않는다는 점,

둘째는 순수 민간 경제단체인 무역협회의 회장이 정권이 바뀌었다는 이유로 퇴임하는 바람직하지 않은 전통을 스스로 만들어서는 안 된다는 생각을 강하게 갖고 있었다는 점.

그러나 본인 개인으로서는 여건이 된다면 회장의 무거운 짐을 하루라도 빨리 내려놓고 싶은 것이 솔직한 심경이었음. 본인의 높은 연령을 감안할 때 더욱 그러함.

5. 오랜 기간 동안 역대 정부는 무역협회 회장의 선임 과정에서 적정 인물을 추천해 왔고 이것이 실질적으로 회장 선출에 있어서 중요한 역할을 해 온 것이 사실임.

   물론 협회의 대표자로서 회장의 선임의 제도상 절차는 민법상 관련 규정과 협회의 정관이 정하는 바에 따라 회장단, 이사회, 총회의 3단계 선출 절차를 거쳐 이루어짐.

   따라서 이 과정에서의 지금까지 정부의 의사표시는 어디까지나 비공식적, 관행적인 것으로 보는 것이 적절할 것임. 다만 오랜 기간 정부의 의사가 회장단 논의 이후의 공식 선임 과정에서 충분히 존중된 데는 그만큼 역대 정부가 회장으로서 적절한 자격 요건을 갖춘 훌륭한 인사들을 추천했기 때문이고 동시에 협회의 기능 수행에 있어서 정부와의 협조가 매우 중요하다는 공감대가 협회와 정부에 공히 있었다고 보는 것이 합리적인 해석일 것임.

6. 따라서 향후 협회가 회장 선임에 있어서 기존의 관행대로 할 것인지 아니면 보다 적극적으로 회장 적임자를 선임하기 위한 제도와 절차를 발전시킬 것인지, 이 과정에서의 정부와의 협조의 범위와 방법 등을 어떻게 할 것인지 등은 협회 전체, 특히 회장단과 이사회가 앞으로 숙고, 결정해야 할 과제라고 생각함.

7. 무역협회에 있어서 회장의 기능과 역할, 정부와의 관계, 다른 경제단체와의 차별성 등을 고려하여 한국경제 전반, 산업과 기업, 무역과 통상에 대한 깊은 이해와 지식, 그리고 경험과 경륜을 가진 인사가 후임 회장을 맡아 협회를 이끌기를 희망함.

우선 회장의 선임 과정에서 협회의 연혁, 기능과 역할을 감안할 때 적정한 수준에서의 정부와의 협조는 필요하다고 사료되며 정부 역시 과거의 예에 따라 이와 관련 추천의 의사표시를 할 것으로 보는바 정부는 과거의 선례를 충분히 존중하여 우리 사회가 협회 회장으로 선임할 수 있는 가장 적절한 인물, 협회의 전폭적 환영을 받을 수 있는 인사를 선정, 추천하는 노력을 기울여 주시길 바라는 마음 간절함.

한편 회장 선임의 법적, 제도적 책임을 지고 있는 협회의 각급 기관 즉 회장단, 이사회, 총회도 이에 대한 깊은 책임의식을 가지고 최선의 인사가 후임 회장으로 선임될 수 있도록 최선의 노력을 기울여 주실 것을 당부드림.

8. 본인의 회장 퇴임 여부에 관계없이 한국무역협회는 한국의 대표적인 경제단체로서 회원 전체의 뜻을 모아 본연의 기능과 역할 그리고 국가와 사회가 기대하는 사명을 다하면서 성장과 발전을 지속해 가기를 기원함.

〈첨 부〉

회장 재임중 역점을 두어 하고자 했던 일

1. 회원단체로서의 정체성 확립, 협회의 회원 중심 운영 및 협회 활동에 있어서 회원참여의 확대

2. 70년 역사를 바탕으로 향후 30년을 바라보는 비전 수립과 관련 계획의 발전
    가. 한국무역의 장기 미래 비전 제시
    나. 무역센터 기능의 재정비와 구조조정
    다. 문화 및 스포츠와 복·융합된 잠실 마이스 단지 건립 추진

3. 무역의 지속적 증신을 위한 새로운 정책방향 모색과 대안 제시
    가. 무역과 경제정책, 산업정책 등 관련성의 체계적 분석
        예) 서비스 산업의 수출산업화 추진 등
    나. 글로벌 경제 환경의 변화를 감안 수출지역과 품목의 다변화 추진

4. 시장원리의 확충 및 '기업가형 국가'의 이론과 실현방안에 대

한 체계적 연구와 이를 바탕으로 한 다양한 정책 대안 제시

5. 변화하는 한미통상관계에의 적극 대응
    - 한미 경제관계의 중요성, 한미통상관계에 대한 심도 있는
      이론적, 체계적 분석 수행
    - 관련 전문가, 업계와 회원사의 의견 수렴 및 대정부 건의
    - 미국의 유력 정치인들을 비롯한 여론 주도층에 대한 설득
      노력

6. 협회 사무국 기능의 향상

(2) 무협회장 선임, 추천위 방식 어떨까

이런 일이 있기 전, 무역협회 회장 임기를 1년 여 남기고 있던 시
점에 나는 차기 회장을 어떻게 선임했으면 좋겠는지 생각을 가다
듬기 시작했다. 나는 종래 해 오던 방식에 의해 회장이 됐지만, 이
제는 변화가 필요하다고 보았다. 정부가 회장을 좋게 말해 추천,
나쁘게 말하면 '지명'을 하고 형식적으로 내부 과정을 거치는 식
의 선임 방식을 언제까지 유지해 나갈 것인가, 무언가 개선의 전
기가 있어야 되지 않겠는가, 만일 그렇게 된다면 회원단체의 성
격에 맞는 선출 절차가 마련되었으면 좋겠다는 생각을 했다. 내

부적으로 은밀히 연구 검토도 시켰다.

여러 가지 선임 방식을 검토했으나, 다른 단체처럼 선거는 바람직스럽지 않다고 판단했다. 서로 단체장을 사양하는 단체는 그렇지 않은데, 서로 하겠다는 경제단체들을 보면 선거 후 잡음이 나오고 소송이 벌어지곤 한다. 만일 무역협회가 선거를 통해 회장을 선출한다면 야단법석이 날 것이다.

나는 '회장추천위원회' 방식을 고려했다. 정부와 업계, 학계, 전문가 집단 등으로부터 후보 3~4명을 추천받아 그중 가장 좋은 사람을 선정하자는 것이다. 종전처럼 정부가 사실상 선임하는 방식은, 얼핏 대단히 불합리해 보이지만 사실은 나름대로 특장이 있었기 때문에 유지되어 온 것이다. 정부가 무역협회장만은 그 시점에서 모두가 가장 적합하다고 생각할 정도의 훌륭한 사람을 추천했기 때문이다. 이러한 사정을 감안해, 만약 정부가 좋은 사람을 추천하면 그 사람으로 하면 되고, 그렇지 않으면 다른 채널로 추천된 사람을 선정하여 정부의 동의를 얻고 추인하는 절차를 생각하고 있었다. 이 구상을 완료하지 못한 상태에서 회장 사임 문제가 불거졌다.

10월 24일 회장단회의와 이어서 개최된 이사회에 사임서를 제출했다. 그리고 그날 오후 전 언론에 기자회견을 자청하여 장시간 기자회견을 가졌다. '사임에 즈음하여'란 회견용 자료를 배부하고 간단하게 입장을 밝힌 후 질의응답 시간을 가졌다. 사임 회견 역시 모든 언론이 비중 있게 다뤘다. '뉴시스'가 질의응답의 전문을 보도했기에 자료로 첨부한다.

무역협회 회장 사임 회견

[일문일답] 김인호 무협 회장
"시장과 괴리된 정책 거리낌 없이 나와" 비판

【서울=뉴시스】 한주홍 기자=김인호 한국무역협회 회장은 24일 사퇴하며 "시장과 괴리된, 시장을 전혀 염두에 두지 않는 정책이 거리낌 없이 나오는 환경이 조성되는 것이 굉장한 문제"라고 말했다.

김 회장은 이날 오후 무역센터 트레이드타워 51층 대회의실에서 기자 간담회를 갖고 "우리가 시장에 대한 인식을 새롭게 해야 한다"며 이같이 말했다.

김 회장은 "나는 문재인 정부가 좀 더 시장적이 됐으면 좋겠다"면서 "최근에는 '시장'이라는 이야기를 하면 이상한 사람처럼 쳐다보는 풍조가 생겼다고 보는데 정말 우려스러운 상황"이라고 지적했다. 그러면서 "나는 가장 시장적인 것이 가장 능률적이고 가장 공평한 경제라는 데 대한 확고한 믿음이 있다"고 강조했다. 다음은 김 회장과의 일문일답이다.

- 사임 권유 메시지를 청와대에서 보냈나. 아니면 산업통산자원부에서 보냈나.

"굳이 이야기할 필요가 없는데 지금까지 무협 회장이 정부의 최고책임자가 모르게 결정된 적이 한 번도 없다. 내가 알기로는 그렇다. 그것만 참고하면 될 것 같다."

– 언제쯤 어떤 형식으로 연락이 왔나.

"최근이라는 표현을 쓰지 않았나. 정부와의 관계는 어디까지나 비공식적이고 관행에 따라 이뤄진다. 날짜가 언제인지는 중요하지 않다. 밝히지 않겠다."

– 구체적인 사임이유가 어떻게 되나.

"보도 자료의 마지막 페이지에 '제가 재임중 역점을 두고 했던 일'이 있다. 첫 번째는 무협이 회원단체로서 정체성을 가져야 한다는 것이고 두 번째는 무협의 미래비전을 만들어야 한다는 거다. 세 번째가 무역이 무역만으로 증진될 수 있는 시대는 지났다는 생각으로 도대체 무엇을 통해 무역을 증진할 수 있을까에 대한 거였다. 우리의 경제·기업·산업 정책이 경쟁력을 키우는 방향으로 나가지 않으면 앞으로 무역을 증진해나가기 어렵다고 생각했다. 그래서 경제정책은 시장을 중심으로 기업의 창의가 최대한 발휘되는 쪽에서 이뤄져야 하고 그런 바탕 위에서 우리나라 경쟁력과 기업의 경쟁력이 살아나야 한국 무역이 앞으로 계속 발전할 수 있을 거라 생각했다.

그런데 현 정부의 경제정책 방향과 제가 생각하는 경제정책 방향의 차이가 있다는 것은 굳이 설명 안 해도 다 알지 않나. 시장을 활성화시키지 않고서는 제대로 된 경제를 이룰 수 없다. 기업이 활성화되지 않고 경제가 제대로 된 나라는 하나도 없다. 전 그 부분에 대해 확고한 신념을 갖고 있다. 우리가 기업 경쟁력에 대해 무관심하면 어떻게 기업이 가진 역량을 최대로 발휘할 수 있겠나. 나는 그런 쪽에 정부가 관심을 가져야 한다고 생각한다.

또 글로벌 경제 환경이 어떻게 돌아가는지 봐야 한다. 우리와 경쟁하는 나라들, 우리에게 절대적인 영향을 주는 나라들이 어떤 정책을 취하는지 빨리 봐야 하지 않나. 그런데 그런 의미에서 현 정부의 정책 방향과 제가 생각하는 방향이 많은 차이가 있다. 그래서 정부에 좀 더 설득력 있게 이야기할 수 있는 사람이 회장을 하는 게 더 좋겠다는 생각을 갖게 됐다."

– 문재인 정부의 방향이 시장 중심과는 동떨어져 있다고 생각하나.

"그것에 대해 제가 설명할 필요가 있다. (웃음) 이 정부의 정책방향과 관련해서 시장이란 말이 나온 걸 한 번도 본 적이 없는 것 같다. 제가 보기에 시장에 대해선 근본적인 인식의 오해가 두 가지 있다. 하나는 우리나라는 이미 시장경제를 하고 있는데 왜 새삼스럽게 시장을 운운하냐는 거다. 그런 논의에 대해서는 나는 딱 한마디 한다. '우리나라가 시장경제 하는 나라 맞아?' 이건 비단 이 정부만 가지고 이야기하는 게 아니라 제가 일했던 모든 정부를 통틀어 말하는 거다. 물론 시장의 논리, 시장주의, 시장경제라는 데 100% 충실한 정부는 세계 어디에도 없을 거다. 미국도 그렇다. 그러나 정도의 차이는 있다. 우리나라는 정말 심한 편이다. 또 하나의 오해는 시장경제가 구미의 사상이라서 한국 같은 동양 국가엔 맞지 않는다는 생각이다. 그런데 사마천이 2,100년 전에 쓴 『사기』의 '화식열전'에 보면 시장경제에 대한 사마천의 생각이 나와 있다. 지금 제가 읽어봐도 단 한 자도 빼고 보탤게 없을 정도로 시장경제의 모든 원리가 다 서술돼 있다. 시장경제는 인류 보편적으로 가장 적합하고 자연스러운 사상이고 그 사상대로 갈 때 경제가 비로소 자연스럽게 물 흐르듯이 발전한다고 이미 2,100년 전 사마천이 이야기했다. 마지막에 사마천은 '이 어찌

도(道)에 적합한 것이 아니며 자연스러움의 증명이 아니겠는가'라고 쓰고 있다. 이게 바른 일이고 자연스럽고 인간 본성에 적합한 거라 생각한 것이다. 내가 쓴 책인 『길을 두고 왜 길 아닌 데로 가나』 역시 여기에서 힌트를 얻었다. 시장경제 이외의 길에서 경제 발전을 찾는 노력은 지구 동서고금 역사상 성공한 예가 없다. 그런 예가 있다면 나에게 설명해 달라."

─ 정권을 위해서 일한 적이 없다고 했는데 세간에서는 김 회장을 친박 인사로 분류한다. 이번 사임 의사 표명에 대해서도 정부의 압박으로 해석하는 시각이 많다. 최경환 자유한국당 의원을 비롯해 친박 인사들과 거취에 대해 의논한 일이 있나.

"아까도 말했듯 나는 정권을 위해 일한 적이 없다. 그건 박정희 정부 때나 이전 박근혜 정부 때나 마찬가지다. 나는 경제를 통해서 대안을 제시하고 이것을 참고하려면 하고, 하지 않으려면 하지 말라(라는 식으로 일했다) 그렇게 일관되게 일해 왔다. 일부 언론에서 최 의원과의 관계에 대해 써놨는데 최 의원은 과거에 내 비서였다. 청와대 대통령비서실 경제수석으로 일할 때 최 의원은 나의 보좌관으로 일했다. 그 이전에도 같이 일했고 내가 미국 유학도 보내줬으니 날 존경하고 따르는 거다. 그게 뭐 나쁜 일인가. 그런 일이 없이 세상이 돌아가겠나. 능력 있는 사람을 선배가 키워주는 건 너무나 당연한 일 아닌가. 나는 친박 운운하는 자리의 근처에도 가본 적이 없다. 그런 일이 있다면 예를 들어봐 달라. 나는 경제정책을 통해서 대안을 제시해왔다. 솔직히 이야기하면 박근혜 정부도 내 제안을 거의 받은 적이 없다. 나는 박근혜 정부와 관련이 없다. 그리고 무협 회장 자리가 경제부총리가 시키고 말고 하는 자리가 아니다. 총리 지낸 사람 중에서도 무협 회장을 못한 사람이 수두룩하다. 내가 최 의원과 개인적 인연이 있다고 해서 그것 때문에 이 자리에 왔다고 생각하지 않는다. 왜 나를 무협 회장으로 선임했는지는 모르겠다. 박근혜 정부가 들어선 지 한참 후에 내가 무협 회장이 되지 않았나. 나는 내 연구소에서 내 할 일만 하고 있었던 사람이다."

– 문재인 정부의 경제정책이 역대 정부의 시장경제 정책과 비교해봤을 때 가장 시장경제에 반한다고 생각하나.

"이 정부는 비시장경제주의고 그 이전 정부는 시장경제주의고 그런 뜻으로 한 이야기가 아니다. 정부가 시대에 맞게 큰 경제정책의 흐름을 결정해왔다. 예를 들면 박정희 정부 때는 정부와 기업의 연합(이 있었다.) 나는 그걸 발전연합 소위 '한국주식회사적 경영'이라 한다. 근데 지금은 그게 안 된다는 게 드러났지 않나. 이번에 최순실 사태가 드러나면서 앞으로 기업의 협조를 받아야 한다는 생각은 버려야 한다. 그런 생각을 못 버린다고 하면 안 된다. 그런 식의 접근을 하지 말아야 한다면 대안이 나와야 한다.

그 대안은 내가 제시하는 '기업가형 국가'라 생각한다. '기업가형 국가'에 대해선 우리 협회 연구원의 많은 연구와 그동안 해 온 많은 강연이 있으니 필요하면 참고해 달라. 물론 우리가 시장경제의 원리를 지켜나가는 게 누구보다 어렵단 사실을 잘 안다. 내가 정부에 있으면서 가장 비시장적인 정부 정책을 집행해왔던 사람이다. 시장의 전 품목의 가격을 정부가 전부 결정하는 일을 했다. 그러면서 내린 결론이 우리 경제가 발전하기 위해선 이런 걸 앞으로 하지 말아야 한다는 것이었다. 나는 이 정부가 좀 더 시장적이 되었으면 좋겠다고 생각한다. 근데 최근 언론도 시장이란 용어를 써본 적이 있나. 최근에 시장이란 이야기를 하면 이상한 사람처럼 쳐다보는 풍조가 생겼다고 보는데 정말 우려스러운 상황이라 생각한다.

난 가장 시장적인 게 가장 능률적이고 가장 공평한 경제라는 것에 대한 확고한 믿음이 있다. 정부의 역할이 강화되면 강화될수록 정부에 접근할 수 있는 사람이 경제를 지배하게 된다. 그건 사회주의 국가, 중국, 북한이 모두 보여주고 있다. 그 점에 대해서 나는 우리가 시장에 대한 인식을 새롭게 해야 한다고 생각한다. 나는 이게 문재인 정부, 박근혜 정부 차원의 문제가 아니고 시장에 대한 정부의 인식, 국민의 인식, 기업의 인식, 언론의 인식이 모두 달라져야 한다. 시장과 괴리된, 시장을 전혀 염두에 두지 않는 정책이 아무렇지 않게 거리낌 없이 나오는 환경이 조성되고 있는 게 굉장히 심각한 문제라고 생각한다."

– 후임자 추천 관련해서 그동안 비공식적이었던 관행에 대해 문제의식을 가져야 한다고 발언했다. 그러면 지금 후임자 추천 과정에서 문제가 있다고 생각하나.

"지금 내 후임 선정 관련해서 어떤 논의가 되고 있는지 전혀 모른다. (후임자 선정과 관련된 이야기는) 내가 평소부터 가지고 있던 생각이다. 한국경제를 대표해왔던 분들이 무협 회장을 했는데 그런 좋은 전통이 계속 이어졌으면 좋겠다는 거다. 나는 무협회장을 지낸 사람으로서 전임자들에 이어 역대 회장의 명단에 포함되는 것을 매우 영광스럽게 생각한다. 그런 좋은 전통이 이 정부에서도 이어졌으면 좋겠다는 강력한 희망을 이야기한 것이다."

(3) "정권이 아니라 정부를 위해 일한다"

이렇게 해서 나는 회장의 역할을 떠나지만, 다른 곳과는 달리 무역협회 회장은 회장단 회의에서의 선출, 이사회 결의, 총회의 인준이라는 3단계 절차를 밟아야 했다. 또 관행에 따라 후임 회장은 정부와도 협의해야 하기 때문에 선임에 상당히 시간이 걸릴 거라고 생각했다. 그래서 일단 회장의 두 가지 기능 중에서 이사회 의장으로의 기능은 회장단에 속한 30여 명의 부회장 중에서 연령이

2017년 11월 15일 무협회장 이임식 후 김정관 상근부회장 등 간부들과 산하 기관장들의 배웅을 받으며 무역회관을 떠났다.

나 경륜에 있어 가장 선임이라고 할 수 있는 (주)삼천리의 한준호 회장(중기청장, 중기특위 위원장, 한전 사장 역임)을 지명하여 의장의 직무를 대행시켰다. 사무국을 운영하는 CEO의 역할은 김정관 상근부회장(지식경제부 차관 역임)에게 위임을 하고 회장의 임무로부터 손을 놓았다.

최종적으로 11월 16일자로 사임과 관련한 모든 절차가 마무리되고, 김영주 후임 회장이 선임되었다. 김 회장의 선출과 관련해서는 더 이상 할 이야기가 없다. 김 회장(재정경제부 차관보, 청와대 경제수석비서관, 국무조정실장, 산업부 장관 역임)은 경제기획원 시절부터 신뢰하는 후배였다. 내가 청와대 경제수석을 할 때는 행정관으로서 직속부하이기도 했다. 좋은 사람이 후임으로 왔다는 생각에 홀가분한 마음으로 떠날 수 있었다.

사임 절차 진행중에 중앙일보와 사임의 배경에 대해 깊이 있는 특별 인터뷰를 했다. 2017년 11월 16일자 신문과, 다 싣지 못한 내용은 인터넷판에 자세하게 실려 큰 반향을 불러일으켰다. 나는 이 인터뷰에서 "내가 이제까지 살아오면서 책임 있는 위치에 있던 사람이 사임을 할 때는 그 이유를 밝혀야 한다는 소신을 늘 가져 왔다. 또 사임을 요구하는 사람도 그 이유를 밝혀야 한다. 내가 정부의 권유에 의해 사임을 한다고 하자 정부에서는 그런 적이 없다는 소리를 했는데 정부가 그렇게 비겁해서는 안 된다. 정부가 떳떳해야 한다. '무역협회는 역사적으로나 실질 기능 면에서 정부와의 긴밀한 협조가 필요한 기관이고, 새 정부가 들어서서 회장의 생각이 새 정부의 경제 기조와 많이 다르기 때문에, 그동안의 수고는 고맙지만 비켜 달라고 했다'고 말하면 무엇이 잘못된 것인가. 그렇게 할 수 있어야 한다. 그 정도의 자신이 없으면 하지 말아야 한다" 등을 말했다.

나는 뜻하지 않게 무역협회장으로서 국가와 사회를 위해 다시 한 번 봉사할 수 있는 기회를 가졌다. 그 자리는 대단히 명예스럽고 중요한 자리였다. 내 나이 일흔이 넘어, 주변 친구나 지인 모두 공사 직책을 막론하고 오래전 다 은퇴를 했는데 이런 중요한 직책을 맡아 일을 할 수 있었던 것은 개인적으로 무척 행복한 일이었다. 무역협회장을 맡으면서 하고 싶었던 많은 일들을 거의 다 성취하고 나왔다는 데도 큰 보람을 느낀다.

아쉽게 생각하는 것은 크게 두 가지다. 하나는 잠실 MICE단지를 건립하는 구상이 제대로 실현되는 것을 보지 못하고 물러난 것이다. 또 하나는 무역협회의 정체성을 보다 분명하게 하고, 특히 회장 선출 절차를 보다 투명하고 모든 사람이 동의할 수 있게 마련하지 못하고 나온 점이다. 앞으로 새로운 회장단이 내가 생각한 것을 잘 실현해 주기를 기대한다.

재임 시기에 가장 불행했던 일은 박근혜 대통령의 탄핵 사태였다. 사태가 발생함에 따라 온 국민이 분열하고, 무역협회 직원 중에도 그런 상황에서 중심을 잡지 못하는 사람들이 있었다. 나는 개인적으로 탄핵 절차가, 정치적인 측면은 모르겠지만 적어도 법적 측면에서는 바람직한 방향으로 가고 있지 않다고 생각했다. 우리 사회가 선진국으로 가기 위해서는 모든 절차가 법에 의해 정당하게 이루어져야 함을 강조하는 태도와 자세를 가지고 있었고, 직원들에게 교육을 시킨 적도 있다.

직원들 중 어떤 이는 내가 박근혜 대통령의 사람이기 때문에 그런 것이 아니냐는 말을 했다. 나중에 기자들도 나를 "박근혜 대통령의 사람으로 생각한다"는 말을 해서 이렇게 반박했다.

"나는 어떤 정권을 위해 일을 한 적이 없다. 정부를 위해 일을 했지, 정권을 위해 일한 적은 한 번도 없다. 박정희 정권 때부터 오늘에 이르기까지 정부와 관련된 일을 많이 했지만 정권을 위해 일한 적은 없다. 박근혜 대통령 시절에 내가 무역협회장을 했고, 정부와 많은 일을 같이 했지만 이 정부가 하는 일에 가장 비판적이었던 사람이 누구냐 하면 바로 나일 것이다. '나보다 더 정부를 비판한 사람이 있느냐' 이런 이야기를 서슴지 않고 이야기를 할 정도로 나는 어떤 정부하에서도 내가 할 말은 했다. 고쳐야 할 점은 고쳐야 한다고 말을 했다. 내가 나이를 먹었기 때문에 사회의 원로로서 그런 역할을 해야 한다고 생각을 했다. 그런 의미에서 어떤 정부든 가리지 않는다. 필요하다면 문재인 정부에게도 충고를 할 수 있으나 이 정부가 내 충고를 들을 수 있는 최소한의 준비가 되어 있는지 회의적이어서 충고에 많은 어려움을 느끼고 있다."

나는 스스로 '영원한 공인'으로 자처하기 때문에 한국무역협회 회장직 역시 공적인 삶의 연장선상에 있다고 보았다. 그런 의미에서 나의 무협회장 사임은 외형상 공인으로서의 활동을 사실상 종료한다는 의미를 부여할 수 있을 것 같다.

2017년 10월 24일에 한국무역협회 회장단, 이사회, 총회에 제출한 회장 사임서 수리 절차는 11월 16일에야 모두 마무리되었다. 사임 절차를 완료하고, 나의 본거지인 시장경제연구원의 조그만 연구실로 돌아왔다. 마치 오랜 외유를 끝내고 집으로 돌아온 것 같은 느낌이었다.

14

그 밖의 공·사公私 활동

(1) 소비자정책위원회 공동(민간)위원장

정부에서 나와 직업활동 외에도 공사간에 다양한 사회활동을 했다. 정부와 직결되는 일은 두 가지를 했다. 하나는 소비자정책위원회의 공동(민간)위원장, 또 하나는 중장기전략위원회 공동(민간)위원장이다.

소비자정책위원회는 소비자기본법에 의해 소비자정책의 최종 조정 기능을 가진 최고 정책기구다. 이 위원회는 당초 소비자정책 기능이 경제기획원이나 기획재정부에 있을 때는 부총리와 민간위원장의 공동위원장 형태로 운영되었다. 2008년 2월 정부조직 개편으로 소비자정책 기능이 공정거래위원회로 이관됨에 따라 공정거래위원장과 민간의 공동위원장으로 운영되게 되었다. 2010년 소비자정책위원장을 맡아 달라는 정부의 요청을 받고 2010년 11월 17일부터 3년 임기의 제2기 위원회의 공동(민간)위원장으로 대통령의 위촉을 받았다.

나는 물가정책국장 시절 소비자정책에 깊이 관여하여 여러 가지 제도를 정립했고, 소비자보호원 설립에 결정적 역할을 했다. 나중에 내가 설립한 소비자보호원의 장을 맡아 소비자보호정책을 집행하는 일선기구의 책임자로 일한 경험도 있다. 이런 경력 끝에 소비자정책위원회의 공동위원장을 맡는 것은 단계상 소비자정책 관련 일의 마지막 단추를 끼우는 일이라는 생각에서 정부의 요청을 수락했다. 이래저래 소비자정책과 깊은 인연을 맺는 삶을 살았다.

나의 3년 임기중 정부 측 공동위원장인 공정거래위원장은 처음에 정호열, 뒤에 김동수 위원장이었고, 정부 측 위원은 윤증현 기획재정부 장관을 비롯한 12개 관계 부처 장관들이었다. 과거에 위원장이던 경제부총리가 기재부 장관 자격으로 위원의 한 사람으로 남게 된 것은 문제다. 민간 위원은 김영신 한국소비자원장, 김재옥 소비자단체협의회장, 이덕승 녹색소비자연대전국협의회 대표, 송병희 전국주부교실중앙회 대전광역시지부장, 조석래 전국경제인연합회장, 손경식 대한상공회의소 회장, 김기문 중소기업중앙회장, 이희숙 충북대 교수, 이영돈 KBS 기획제작국장의 9명이었다.

소비자정책위원회의가 개최되면 사회는 민간위원장이 맡는 관행에 따라 내가 쭉 사회를 맡았다. 법상 1년에 한 번씩 개최하도록 되어 있는 공식 소비자정책위원회의는 재임중 총 3회 열렸다. 지난 1년의 소비자정책을 검토하면서 다음해의 소비자정책 방향을 결정하고 정책의 문제점과 개선 방안을 토의하는 회의였다.

여러 번 언급했지만, 시장경제를 하는 나라에서 소비자정책은 매우 중요하며, 소비자정책과 경쟁정책 이 두 가지가 시장경제를 지탱하는 가장 중요한 정책이다. 어떤 의미에서는 경쟁정책보다 더 본질적인 것이 소비자정책이라고 개인적으로는 생각하고 있었다. 따라서 소비자정책위 공동위원장을 맡고 있는 기간에 많은 일을 할 수 있을 뿐 아니라 해야만 되겠다는, 일종의 의무감과 책임감에서 이 일을 맡은 것이다.

그러나 역시, 위원회 성격의 기구가 가지고 있는 한계를 이 기구도 면치 못했다. 기본법에 의해 주어진 기능을 충분히 발휘하지 못하고 있었다. 각 부처의 소비자정책에 대한 관심도는 아주 낮았다. 위원장이 부총리가 아닌 공정거래위원장이다 보니까 여기 참여하는 각 부처 위원도 장관은커녕 차관조차 오는 경우가 거의 없이 1급 또는 국장, 심지어 과장까지 대리참석할 정도로 위원회 위상이 추락해 있었다. 그만큼 각 부처의 소비자정책에 대한 인식도 형편없었고, 공정위가 과거 경제기획원이나 기재부가 하던 수준의 기능과 역할을 하기에는 역부족이었다.

소비자정책을 종합·조정하는 기관은 법이 정한 기능을 제대로 활용해 각 부처의 업무 중 소비자정책의 기본 방향에 어긋나는 정책은 과감하게 개선을 유도하는 기능을 수행해야 한다. 나는 공정거래법 제63조에 경쟁제한적 행정조치를 할 경우 공정거래위원회가 여기에 깊이 관여할 수 있는 '경쟁 주창 기능'을 규정한 것처럼, 소비자기본법도 소비자정책의 기본 방향에 어긋나는

2010년 12월 3일 소비자의 날 기념식. 필자 왼쪽으로 김영신 소비자원 원장, 정호열 공정거래위원장, 김재옥 소비자단체협의회장, 통로 건너 정광모 회장, 김천주 회장 등.

각 부처의 정책이나 행정에 대해서는 깊이 관여하고, 필요한 경우 시정을 권고하고, 문제를 제기할 수 있는 기능을 제도적으로 부여해야 한다고 생각했고, 지금도 같은 생각이다.

소비자기본법에 충분한 기능이 아직 부여되지 않은 상황에서 공정위가 그 기능을 수행하려면 소비자정책위원회를 최대한 활용해야 하지만, 그러한 인식이 민·관 상호간에 철저하지 못했다. 각 부처의 정책 중 소비자보호의 기본 취지에 어긋나는 정책들이 많았기 때문에 내가 있는 동안에 위원회를 통해 시정하려는 노력을 상당히 기울였지만, 역시 의도한 성과를 충분히 내지는 못한 채 3년 임기를 마쳤다. 정부는 나의 연임을 희망했지만, 그런 상태에서 더 이상의 연임은 의미가 없다고 생각해 사양했다.

내가 공동위원장을 맡고 있던 중, 한국소비자원에서 정책자문위원회 위원장도 맡아달라는 원장의 요청이 있어 이 위원장도 맡아 활동을 했다.

이 두 위원회의 위원장을 맡아 활동하며 개인적으로는 오랜만에 소비자정책을 다루었다. 동시에 소비자문제와 관련된 학술세미나, 강연, 소비자의 날 기념식, 소비자원 개원 기념식 등 각종 행사에 주빈으로 참여하는 일이 많았다. 강연도 하고 축사도 하며 나름 의미 있는 기간을 보냈다. 다만, 내가 소비자정책에 관여하는 마지막 기회라고 생각했는데 충분한 기능을 하지 못했다는 것이 아쉬울 따름이다.

(2) 중장기전략위원회 공동(민간)위원장

2014년 10월 31일 정부의 제2기 중장기전략위원회 공동위원장으로 선임되었다.

중장기전략위 역시 관계 부처 장관들과 민간 전문가들로 구성되었다. 앞의 소비자정책위 위원장을 대통령이 위촉하는 데 비해, 중장기전략위는 정부 측 위원장은 부총리가 당연직으로 맡고, 민간위원장은 민간 위원들이 호선으로 선출하는데 내가 선출돼 공동위원장을 맡게 되었다.

제2기 민간 위원은 권구훈 골드만삭스 전무, 김상헌 네이버 대표이사, 김선영 서울대 교수, 김영희 한국정책금융공사 팀장, 김용건 한국환경정책평가연구원 연구위원, 김용아 맥킨지코리아

디렉터, 김태기 단국대 교수, 김희삼 KDI 연구위원, 박주헌 동덕여대 교수, 서용석 한국행정연구원 연구위원, 손재영 건국대 교수, 심규선 동아일보 본부장, 안세영 경제인문사회연구회 이사장, 양상훈 조선일보 논설주간, 이영 한양대 교수, 이형우 마이다스아이티 대표이사, 윤희숙 한국개발연구원 연구위원, 정기영 삼성경제연구소 소장, 정철 대외경제정책연구원 연구위원의 19명이었다.

중장기전략위는 그 시점에서 국민경제에 어떤 중요한 문제가 있고, 이 문제를 어떻게 하면 전략적으로 돌파할 것인가, 그를 통해 그 효과를 경제 전반에 어떻게 확산시켜 나갈 것인가에 대하여 국가사회의 아이디어를 집약하기 위해 만들어진 기구다. 제1기 위원회는 박재완 부총리 시절에 운영되었다. 내가 공동위원장인 제2기는 최경환 부총리 때였다.

공동위원장을 맡게 되면서, 내가 그간 생각해 온 한국경제가 가야 할 방향을 집약 정리해서 이 위원회를 통해 우리 정부와 사회가 경제를 보는 시각을 전체적으로 고치는 역할을 하고 싶었다. 그래서 처음부터 위원회 활동에 깊이 관여했다. 실무자들이 해 온 일을 가지고 사회나 보고 방망이나 두드리는 역할이 아니라, 우리나라 경제의 최상 경로(critical path)가 무엇인가를 찾아 이것을 중장기전략의 핵심으로 해서 전략적으로 풀어 가자는 생각에서였다.

결국은 경제 시스템의 문제라고 생각했다. 그래서 나는 위원장을 맡자마자 그간 시장경제연구원에서 수행한 각종 연구결과물

제2기 중장기전략위원회 1차 회의 후(2014. 11. 21). 오른쪽 두 번째부터 안세영 경제
사회이사회 이사장, KDI 윤희숙 박사, 필자, 최경환 부총리, 심규선 동아일보 본부장,
이형우 마이다스아이티 대표이사, 뒷줄에 정철 대외경제정책연구원 박사, 박주헌 동덕
여대 교수 등.

을 종합하여 '경제시스템의 재정비 방안'이라는 토의용 보고서를
직접 작성했다. 그때가 2015년 2월 20일이었다. 손수 이를 만드
는 과정에서 많은 학자들의 의견을 수렴하고, 여러 번 고쳐 쓰는
과정을 겪었다. 이 자료를 앞으로 열릴 중장기전략위원회의 토의
과제로 올려서 이를 중심으로 제2기 중장기전략으로 만들고자 노
력했다.

나는 과거의 경제개발 5개년계획과 같이 경제 전체를 아우르
는 계획서를 만드는 것이 중장기전략이 담아야 할 내용은 아니라
고 생각했다. 오히려 한국경제의 발전에 결정적 장애 요인이 무
엇이냐를 생각하고, 그 문제를 풀지 않으면 한국경제가 앞으로

2015년 12월 17일 중장기전략위원회 연구작업반 경과보고회에서 사회를 보는 필자 (맨 오른쪽). 건너편은 정부 측 위원장인 최경환 부총리 외 위원들.

계속 발전할 수 없고, 만약 그 문제를 푼다면 한국경제를 다시 발전 궤도에 올려놓는 것이 가능한 이 결정적 경로를 찾아서 그에 대한 철학을 제시하고, 사회적 공감대를 형성하는 것이 위원회가 이 작업을 통해 해야 할 일이라고 생각했다. '경제시스템의 재정비 방안'은 정부는 어떻게 달라져야 하고, 기업은 어떤 역할을 해야 하고, 기업과 정부는 어떤 관계를 형성해야 하는지를 중심으로 하는 나의 평소의 지론을 반영한 방안이었다.

중장기전략위 회의는 내가 재임하는 기간 동안 총 다섯 차례 열렸다. 그 과정에서 실무진 간의 간담회, 연구회의, 작업반회의, 실무진회의, 소그룹회의, 정책세미나 등 많은 활동이 있었고, 최종적으로 보고서가 나왔다. 그러나 이 모든 활동을 거쳐 나온 최종보고서는 당초 내가 제시한 의견의 많은 부분이 반영되지 않은 상태에서 마무리되었다. 솔직히 초기의 부풀었던 기대에 비해서는 상당히 미흡한 상태로 역할을 끝내지 않을 수 없었다. 소비자정책위와 마찬가지로 이 위원회도 위원회 조직의 일반적 한계를 넘어서지 못했다. 내가 제시한 방안대로 하려면 박근혜 정부의 경제정책 대부분이 방향을 바꾸어야 하기 때문에, 내가 하자는 대로 하기도 어려웠을 것이다. 내가 제안한 사안에 대해 공감하는 사람이 많았지만 다른 방향으로 작업이 마무리된 점을 매우 아쉽게 생각한다.

시장경제연구원 이사장을 하던 2014년 시작한 공동위원장 활동은 무역협회장으로 있던 2016년 7월 31일 2기 위원회가 활동을 마무리할 때까지 계속됐다. 정부 측 위원장인 최경환 부총리가 작업 막바지에 퇴임해 2기 위원회 활동의 마무리를 함께 하지 못해 아쉬웠다.

(3) 국제고속철협력포럼 대표

2003년 8월부터 2006년 4월 21일까지 약 3년 동안 '국제고속철협력포럼'의 대표를 맡아 활동했다. 이 포럼은 원래 '동북아협력포럼'이라는 이름으로 시작했다가 좀 더 성격을 명확히 하기 위해 2004년 8월 이 이름으로 바꾸었다. 포럼 설립 취지는 대륙 간의 고속철과 관련된 연구와 홍보 사업을 수행하고, 대륙 간 고속철 사업을 국가가 정책으로 채택하여 추진하도록 노력하고, 대륙 간 고속철사업을 위한 전 사회적 네트워크를 구축하는 것이었다.

우리나라의 철도는 경부고속철 건설을 계기로 상당한 발전을 이룩했다. 우리나라 고속철 기술은 프랑스, 독일, 일본 다음가는 상당한 수준이어서, 이 축적된 기술을 고속철을 한 번 건설하고

2004년 2월 13일 한국철도기술연구원과 국제고속철협력포럼의 상호협력협정 체결 후. 앞줄 왼쪽부터 나희승 박사, 한 사람 건너 송달호 원장, 필자, 그 뒤로 김헌태 박사(포럼 사무처장) 등.

사장해 버리기에는 아쉬움이 많다. 어떻게든 이 기술을 기반으로 해외로 진출하여 우리의 기술을 전수하고, 앞으로 고속철이 동북아 전체로 확장될 때 우리나라가 주도적 역할을 하고 이를 국력 신장의 계기로 삼는 것이 바람직하다는 점에 대해 많은 사람들이 의견을 같이하고 있었다. 정부 차원의 노력 외에 민간 차원에서도 할 영역이 많다는 생각에서 포럼은 추진되고 있었다.

당시 열의를 가지고 이 일을 추진하던 사람들은 한국사회여론연구소 소장을 하던 김헌태 박사, 문화전략21 대표를 한 이원우씨, 교통 분야 전문가인 차동덕 한국교통기술사협회장, 한국철도기술연구원 이용상 박사, 나희승 박사(현 한국철도기술연구원장), 이원희 한경대 교수 등이다. 송달호 철도기술연구원장도 깊은 관심을 가지고 참여했다. 서로 비슷한 생각을 하고 있었기 때문에 모여서 포럼을 만들어 이 일을 하기 시작했다.

이분들이 나를 찾아와서 대표를 맡아 달라는 요청을 해 왔다. 내가 철도청장에다가 청와대 경제수석비서관을 한 경력이 대표를 맡기에 적합하다고 생각한 것 같다. 나도 민간 차원의 이러한 논의를 관심을 가지고 해 볼 필요가 있다는 생각에서 대표직을 수락하고, 약 3년간 열심히 포럼을 이끌어 갔다.

이 기간중 한 일들을 간단히 정리하면 다음과 같다.

2003년 9월 '21세기 대륙간 고속철과 한국' 세미나, 2004년 11월 '국제고속철도 협력과 한국 고속철도의 비전' 국제 심포지엄 등, 단독 및 공동, 국내 및 국제 세미나 등을 총 6회 개최했다.

2004년 2월, 철도기술연구원과 상호협력 및 공동연구 협약을 체결하고 공동연구를 추진했다.

국내외 고속철 시승 또는 철도 체험 행사를 추진했다. 신학용, 한광원, 김정훈, 유승희 의원 등 23명 여야 의원들의 연구모임인 '철도로 세계로 의원포럼'(대표 문학진 의원)과 긴밀히 협조하여 공동 주관 형식으로 시행하였다. '대륙횡단철도 체험단'이 대표적인 행사였다. 2004년 TSR(시베리아횡단철도), 2005년 TMGR(몽골횡단철도)의 체험행사를 시행했다.

연구활동으로 '국내 철도산업 발전을 위한 조사연구', '한반도 연결 대륙철도망 구축을 위한 조사 연구'를 추진했다.

협력활동으로 국내 철도산업 발전을 위한 사회 각 분야의 주요 인사 네트워크를 구축하고, 각국 철도 관련 주요 인사와의 네트워크의 구축과 교류 협력 증진에 노력했다. '철도로 세계로 의원포럼'과 긴밀히 협력하면서 활동했다.

2004년 12월 7일부터 약 일주일간 중국에 출장을 가서 중국의 철도과학연구원, 철도부, 상하이 교통발전유한공사, 상하이 자기부상열차 전시관을 방문하여 우리 고속철 기술의 중국 진출 가능성을 타진하고 상호 협력 방안을 협의했다.

다양한 연구 및 협력 활동 결과물로 2005년 3월 『한국고속철도의 해외진출 전략 및 협력방안 연구』라는 보고서를 발간했다. 보고서는 총 4개 분야별로 한 권씩 『선진국 고속철도의 해외시장 진출시 외교안보환경과 전략에 관한 연구』, 『해외철도 및 고속철도의 시장분석』, 『한국고속철도의 해외진출과 유라시아 고속철도 구축을 위한 교통물류부분의 과제』, 『국내외 고속철도 기술개발 현황』의 네 권으로 발간했다.

(4) (주)삼천리 사외이사

2004년 3월부터 2013년 3월까지 만 9년 동안 주식회사 삼천리의 사외이사로 활동했다.

삼천리는 우리나라 대표적인 민간 에너지회사로서, 도시가스 공급을 비롯한 에너지 관련 사업을 하는 중견기업이다. 내가 물가정책국장 시절, 나중 삼천리의 사장이 되는 정영무 당시 이사와 에너지정책에 대해 많은 의견을 주고받은 적이 있었다. 이를 잘 알고 있는 정 사장의 후임자들이 나를 사외이사로 영입하는 것이 좋겠다는 생각을 했던 것 같다. 당시의 이영복 사장이 찾아와서 사외이사를 맡아 달라는 간곡한 요청을 해서 맡게 되었다.

삼천리는 특이하게도 이만득 회장의 선친인 이장균 회장과 유성연 회장, 두 창업회장이 공동설립했다. 두 회장이 마치 형제같이 협력하여 회사를 발전시킨, 경제계에서 보기 드문 미담을 가진 회사다. 나의 사외이사 기간 중간쯤에 산업부의 대표적인 에너지 분야 전문 고위관료 출신인 한준호 전 한전 사장이 부회장으로 영입되어 오늘까지 회장으로 일하고 있다.

이 회사는 특이하게 고문, 사외이사, 경영자문이라는 타이틀로 사회 각 분야의 영향력 있는 좋은 분들을 많이 포섭하고 있었다. 고대 김동기 교수, KBS 김동건 아나운서, 김일섭 딜로이트안진회계법인 회장, 정부 출신으로 최경원 전 법무부 장관, 곽결호 전 환경부 장관, 권태신 전 국무조정실장, 정동수 전 환경부 차관, 손영래 전 국세청장, 임영록 전 재경부 차관(KB금융지주 회장 역임), 김병일 전 공정거래위원회 부위원장, 김정관 전 산업부 차관, 신현태 전 국회의원, 우리나라 에너지 분야의 대표적인 경제학자인 손양훈 인천대 교수 등이다. 경영위원회라는 이름 아래 이들의 다양한 의견을 회사 경영에 참고하는 등 인재 풀을 잘 활용하는 회사였다.

회사의 규모에 비해 참여하는 사람들의 면면이 너무 화려할 정도였다.

나는 사외이사로서 크게 기여하는 바가 없다고 생각해서 한 차례 연임하여 6년이 지난 후 그만 하겠다는 뜻을 표시했으나, 한 임기만 더 맡아 달라는 요청에 의해 이례적으로 세 번 연임해 9년 동안 사외이사를 맡는 기록을 세웠다. 지금도 삼천리라는 좋은 회사의 사실상 영원한 고문이라고 스스로 생각하면서, 그간의 인연을 소중히 생각하고 깊은 관심을 가지고 회사의 발전을 지켜보고 있다.

(5) 세계평화터널재단 자문위원장 및 포럼 대표

1981년 11월 통일교의 문선명 총재가 제10회 국제과학통일회의에서 '국제하이웨이' 구상의 일환으로 '한일터널' 건설을 제안했다. 2005년에는 문 총재가 UPF(Universal Peace Federation, 천주평화연합) 창립대회에서 '베링해협 프로젝트'를 선언했다. 그래서 통일교는 2006년부터 이 구상을 구체화하기 위한 활동을 시작했다. 나는 2010년 4월 1일부터 약 4~5년간 이 활동에 깊이 참여했다.

종교적으로 나는 정통 개신교인으로서 통일교와는 신조를 전적으로 달리한다. 하지만 이 운동은 종교적인 운동이 아니었다. 이 지구상에서 육로로 연결되어 있지 않은 한국과 일본 사이의 한일해협, 미국과 러시아 사이의 베링해협을 연결하면, 호주 등 대양주를 제외한 주요 대륙이 모두 육로로 연결되어 인류의 평화와 교류에 크게 기여할 것이라는 생각에서 제창된 운동이기에 의미가 크다고 생각했다. 특히 한국과 일본은 궁극적으로 단일 시장으로 가야 한다는 소신을 평소 가지고 있었기 때문에 그런 방향에 기여할 수 있는 이 구상에 대해 큰 관심을 갖게 되어 이 운동에 참여했다.

한일터널은 우리가 일방 당사국이니까 충분히 이야기할 수 있지만, 베링해협은 사실 미국과 러시아의 관계다. 우리나라 사람이 이 문제를 제창했으니 한계가 있겠지만, 문선명 총재의 국제적 위상과 영향력과 광범위한 국내외 기반에 힘입어 두 프로젝트 모두 상당히 활기 있게 진행되었다.

이 운동은 2008년 1월 건설교통부로부터 '평화통일재단'의 설립 인가를 받고 출범했다. 초대 이사장은 통일교의 가장 영향력 있는 인사인 천주평화연합 세계회장인 곽정환 씨였다. 부산의 일신건축사무소 이용흠 회장이 부이사장을 맡아 실질적으로 이 재단 운영을 맡고 있었다. 재단은 체계적이고 조직적인 발전을 하는 가운데, 사회의 광범위한 이해와 지원을 얻기 위하여 사회 각계의 저명인사들이 참여하는 자문위원회를 구성했다. 초대 자문위원장은 통일부 장관을 역임한 허문도 씨였고, 나는 이 운동의 절정기인 2010년부터 약 5년간 자문위원회 2대 위원장을 맡아 활동했다. 재단은 활동 목적과 설립 취지를 보다 명확히 하기 위해 2011년 5월 '세계평화터널재단'으로 명칭을 변경했다.

자문위원회에는 각계각층의 전문가와 유력 인사 40여 명이 참여했다. 공직 출신으로 김기춘 전 법무부 장관, 이영탁 전 국무조정실장, 곽결호 전 환경부 장관, 권태신 전 국무조정실장, 오거돈 전 해양수산부 장관(현 부산시장), 이성출 전 한미연합사 부사령관(대장), 정태익 전 주 러시아 대사, 최재범 전 서울시 부시장, 이관세 전 통일부 차관, 최연혜 전 코레일 사장(현 국회의원), 김조원 전 감사원 사무총장(현 청와대 민정수석) 등이 있었다. 학계 출신으로 서의택 전 부산외대 총장, 배경율 상명대 부총장, 이리형 청운대 총장, 강덕수 한국외대 교수, 박경재 동우대 총장, 한도룡 홍익대 명예 교수, 허재완 중앙대 교수, 최성호 경기대 교수, 이원덕 국민대 교수, 최성규 전 철도기술연구원장 등이 있었다. 기업계에서는 박원양 삼미 회장, 이영 전 부산시의회 의장, 안경한 전 부산신항 사장, 이종상 전 한국토지공사 사장, 신정택 세운철강 회장 등이 있었다. 인기 소설가 김진명 씨, 김용삼 전 월간조선 편집장도 자문위원으로 참여해 활동을 같이 했다.

많은 국내외 활동 중 특히 기억에 남는 것은 세계적으로 유명한 육지를 연결하는 터널이 있는 지역을 탐방하는 해외여행이었다. 2009년 2월 쓰시마 시찰을 시작으로 2010년 2월의 일본 세이칸터널, 2010년 6월 유로터널, 2012년 5월 터키의 보스포러스터널 공사현장 등을 시찰했다.

자문위원장 활동 마지막 단계에 가서는, 이런 경상적 활동 외에 외부의 저명한 연사들을 초빙하여 매월 1회 이야기를 듣는 것이 좋겠다는 생각에서 '세계평화터널 포럼'을 만들고, 내가 포럼 대표를 겸했다. 2012년 9월 제1회를 시작으로 당시 국가사회의 주요 현안을 다루는 총 11회의 포럼을 열었다.

(6) KT&G 사외이사

KT&G의 전신은 옛날 정부의 직영사업인 전매청이다. 전매청이 경영합리화 계획에 따라 한국담배인삼공사로 전환하고, 다시 인삼은 별도 독립된 자회사인 KGC인삼공사로 만들고 남은 것이 KT&G다. KT&G는 포스코와 마찬가지로 국영기업이 민영으로 전환한 사례로, 민영화로 경영효율성 면에서 큰 성과를 거둔 회사다. 나는 청와대 경제수석 때 국영기업의 민영화와 사외이사제도를 도입해서 이사회가 기업의 실질적 의사결정의 주체가 되도록 하는 제도를 세우는 데 깊이 관여한 바 있다. 그런 정책의 결과 좋은 성과를 내고 있는 기업 중의 하나가 KT&G다.

2012년 연초 KT&G의 민영진 사장이 나를 찾아와서 사외이사로 참여해 회사 경영에 도움을 주었으면 좋겠다는 간곡한 요청을 해, 2012년 2월 25일부터 3년간 주식회사 KT&G의 사외이사를 맡게 되었다. 아까 언급한 삼천리의 사외이사와 KT&G의 사외이사, 이 두 개가 나의 민간 시절 사회활동 중 기업에 관여한 대표적인 두 활동이다.

괜찮은 회사의 사외이사는 공직을 하고 나온 사람들 대부분이 희망하는 자리다. 삼천리나 KT&G나 모두 좋은 회사이기 때문에 사외이사 맡기를 원하는 사람들이 많았을 것이다. 그러나 나는 내가 정부에 있었기 때문에 전관예우 차원에서 받은 혜택이 아니었다. 삼천리는 아까 내가 말한 인연으로, KT&G는 CEO가 나와 같은 국가경영을 하던 사람의 도움이 필요하다는 판단하에 나를 간곡하게 초빙했기 때문에 맡게 된 것이지, 정부의 의도나 후원과는 전연 무관했다.

민영화 후 KT&G는 많은 발전을 이루었다. 주식 가격도 좋은 수준을 유지하고 있었고, 해외로부터도 평가가 좋아 해외 투자자들의 주식투자를 받은 우리나라의 대표적인 회사다. 이사회 의장은 사외이사가 1년씩 돌아가면서 맡았다. 나는 2013년 3월부터 1년 동안 이사회 의장을 맡아 중요한 결정사항에 깊이 관여하면서, 좋은 방향으로 회사 경영이 이루어지도록 노력했다.

3년의 임기가 끝나고 2015년 2월 26일경 주주총회에서 연임을 하도록 이사추천위원회 추천이 이루어졌지만, 바로 그때 내가 무역협회 회장으로 피선됨에 따라 총회 안건에 포함되어 있던 사외이사를 사임하고 한 번 임기 만에 사외이사에서 물러났다.

(7) KB금융공익재단 이사

KB금융공익재단은 KB금융그룹이 공익사업을 위해 만든 재단이다. 당시 KB금융지주의 회장이던 임영록 전 재경부 차관은 내가 정부에 있을 때부터 잘 알고 아끼던 후배였다. 이런 인연 때문인지 임 회장이 내게 재단 활동 참여를 간곡하게 요청했다. 이 재단 이사는 다른 사외이사와 달리 순수한 명예직이다. 그래서 나는 사회봉사 차원에서 참여하기로 했다.

당시 재단 이사회에 좋은 분들이 많았다. 해외 언론에서 활동했고 아리랑TV의 대표를 역임한 구삼열 씨, 한영실 전 숙명여대 총장, 정보경영원장인 정재영 성균관대 명예교수 등이 이사였고, 감사로 하홍식 변호사, 김교태 삼정KPMG 대표가 있었다.

KB금융공익재단은 크게 두 가지 활동을 한다. 하나는 경제·금융교육이고, 둘째는 경제적으로 어려운 사람들을 대상으로 하는 장학사업과 일자리창출 지원사업이다. 내가 이사로 있던 기간 동안 이사회가 5~6번 열려, 이러한 활동에 대해 의견을 교환하고 바람직한 방향으로 추진되도록 노력했다. 특히 나는 경제·금융교육 분야에 관심이 많아, 아마 이사를 오래 했다면 이 분야와 관련해 나의 아이디어를 반영할 기회가 많았겠지만, 무역협회장으로 선출되면서 아쉬움을 가지고 약 1년 반 만에 이사직에서 사임해 짧은 봉사로 끝나게 되었다.

(8) 강의, 강연

대학 등에서 강의를 통해 내가 가지고 있는 한국경제에 대한 경험과 지식을 후진들에게 전수하는 활동은 내 인생에서 중요한 활동 중 하나라고 생각한다.

나는 차관보, 대외경제조정실장을 하던 1990~92년 기간 동안에 중앙공무원교육원 객원교수로 위촉받아 활동한 적이 있다. 정부에서 물러나오기 전후 1996~98년에도 중앙대 국제경영대학원의 객원교수로 강의했다. 1997년 완전히 물러나온 후 맞은 1998년 첫 학기에는 세종대 경제학과에서 정규과목 '한국경제론' 한 강좌를 맡아 강의했다. 그러다가 외환위기 책임론에 휩싸여 검찰에 소환되면서 강의를 지속할 수 없어, 한 학기를 겨우 마치고 강사직을 사임했다.

그 밖에 정부에 있을 때나 민간에서나 각종 대학, 경제단체, 기업, 연구소 등의 초빙을 받아 무수히 많은 강의를 했다. 대학 전임교수에 못지않은 수준의 강의를 했다고 자부한다.

이 많은 강의, 강연의 원고는 나의 개인 웹사이트에 거의 다 실려 있다.

제4부

공인 생활 50년의 결산

'정부를 위해 일하지 정권을 위해 일하지 않는다.'
한국의 대표적인 시장주의자, 관료의 틀을 벗어던진 정통 경제관료,
'영원한 공인'으로 기억되기를 원한다.

15

평탄하지 않은 공인 생활

1. 공인 생활 50년의 30대 사건, 사안

제1~3부에서 기술한 50여 년에 걸친 긴 공인 생활 기간중 내가 그 중심에서 한 일들, 또는 나와 깊은 관련을 갖고 전개된 사건, 사안들 중 한국경제의 발전 과정에서 역사적 의미를 갖는 것 30개를 통해 나의 공인 생활 50년을 간추려 보고자 한다.

1) 1967년 재경사무관으로서 경제기획원 조사통계국 기준계장으로 첫 발령을 받아, 한국표준상품분류 등 통계 표준분류를 정비하였다. (제1장)

2) 1980년 물가관리실 원가조사과장(서기관) 때 제2차 석유파동에 대한 대응으로 석유류 가격을 하룻밤 새 59.43퍼센트 상향조정하는 것을 비롯, 독과점 품목과 석유화학제품 가격 조정

을 주도하면서, 시장과 정부의 역할과 관계에 문제의식을 갖게 되었다. (제2장)

3) 1985~87년 물가정책국장으로서 물가정책의 시장 위주로의 전환과 함께, **역대 최저의 물가수준을 시현하였다.** (제3장)

4) **서울지하철 요금 조정과 경영합리화를 연계하는 장기적인 서울 지하철 경영개선 방안 수립을 주도하였다.** (제3장)

5) 한국소비자보호원을 설립하고 약관심사제도를 도입하는 등 **선진적인 소비자보호제도의 초석을 놓았다.** (제3장)

6) 1989년 경제기획원 차관보로서 **토지공개념 3법의 입법을 성사시켰다.** (제4장)

7) 토지공개념 도입에 이어 1990년 **금융실명제의 실질적 추진을** 책임졌으나 기본 정책 변경으로 좌절되고, 후속 인사에서 대외경제조정실장으로 사실상 좌천되었다. (제4장)

8) 1990~92년 대조실장으로서 **한국경제의 국제화 추진 실무본부** 장을 자임하며 우루과이라운드, 유럽 통합과 동구권 붕괴, OECD 가입 등 급변하는 국제경제 환경에 대처하는 작업을 진두지휘하였다. (제4장)

9) 1990년, 소련과의 공식 수교를 준비하는 **민간 경제사절단과 정부 경제조사단** 활동에 정부대표단을 이끌고 참여하면서 사회주의 계획경제의 실상을 목도하였다. (제4장)

10) 이어진 대소(對蘇) 공식 수교 및 경제협력 협상 과정에 정부대표단의 일원으로 참여하였다. (제4장)

11) 1991년 유엔개발계획(UNDP)의 두만강개발계획 평양회의에 한국 정부 수석대표로 참여하였다. (제4장)

12) 1992년 남북총리회담의 남북교류협력분과위원회 부위원장으로서 참여하고 실무회담 수석대표로 활동하였다. (제4장)

13) 1994~96년 철도청장으로서 100년 역사의 국유철도에 **고객 중심경영을 도입, 정착**시켰다. (제7장)

14) 철도청장 재임중 **획기적인 철도안전 확보**를 이루었으며, 1995년 충북선 철도사고를 통해 대형 재난의 발생과 수습에서 시스템의 중요성을 절감하였다. (제7장)

15) 고속철과 일반철의 인터페이스를 추진하고, 1995년 철도 공사(公社)화를 일단 백지화하는 대신 철도의 상·하 분리를 근간으로 하는 국유철도 운영 개선을 위한 입법을 성사시켰다. (제7장)

16) 1996~97년 첫 장관급 공정거래위원장으로서 **공정위 위상 정립**, **경쟁주창자 역할 강화**, 위원회의 **실질적인 합의제 운영**, 고 객만족 도입 등에 힘썼다. (제8장)

17) '경쟁시장 최대의 적은 정부'라는 신념으로 **정부 스스로의 반** ㈜**경쟁적 관행을 바로잡는** 공정위의 역할을 제고하였다. (제8장)

18) 1996년 재벌 계열사 간 상호채무보증한도 축소 등을 골자 로 하는 **공정거래법 개정**을 성사시켰으나, 결합재무제표 도 입은 이때 관철하지 못하였다. (제8장)

19) 1997년 대통령경제수석비서관으로서 잇따르는 **기업 부실화** 에 대해 **부도유예협약** 등의 정책적 대응을 진두지휘했다. (제9장, 21장)

20) 한국경제의 해묵은 숙원인 금융개혁을 위해 **중앙은행 독립** 과 **금융감독제도 개편** 등을 골자로 하는 금융개혁안을 입안하였 다. (제9장, 21장)

21) 대통령선거를 앞둔 정치권의 이해타산과 금융노조의 반발 등으로 **금융개혁안의 왜곡과 좌절**을 겪었다. 이때 좌절된 금 융개혁은 나중에 IMF라는 '남의 힘을 빌려' 성사된다. (제9 장, 22장)

22) 홍콩사태가 촉발한 금융외환위기에 맞서 대응책 마련에 전력 투구하였다. 1997년 11월 16일, 캉드쉬 총재와 IMF의 지원 금융 제공에 정부 차원의 합의를 이루었다. 곧이은 개각으로 30년 공직을 마감하였다. (제9장, 21장)

23) 1998년부터 '환란 주범'론에 입각한 외환위기 책임 규명 과정의 중심에 섰다. 7년 재판 끝에 무죄 확정판결을 받고 형사 보상을 받았다. (제22장)

24) 2001년 법무법인 세종 부설 시장경제연구원(MERI)을 설립하고 초대 운영위원장이 되었다. 독립재단으로 발전한 동 연구원에 2008년 이사장으로 복귀하여 오늘에 이르고 있다. (제11장)

25) 2004~07년 중소기업연구원(KOSBI) 원장으로서 연구원을 독립재단으로 재설립하고 조직 정비, 인력 보강, 재원 확충에 힘썼다. (제12장)

26) 2015~17년 한국무역협회 회장으로서 무역센터 구조개선, 회원 참여 확대, 선진적 무역 증진 기능 강화 등 역점사업을 추진하였다. (제13장)

27) 무역협회 회장 재임중 역점사업의 일환으로 잠실에 종합 'MICE단지' 건설의 기본계획을 수립하고 이의 추진을 주도하였

다. (제13장)

28) '기업이 잘돼야 나라도 좋다'는 '기업가형 국가'의 이론을 정립
하고 강연, 연설 등을 통해 '한국경제 미래비전' 전파에 앞장
섰다. (제13장)

29) 2015년 국회 국정감사 증인 출석을 둘러싼 이견으로 국회
에 의해 검찰에 고발당했다. 검찰의 별건수사를 비판한 '제주
발언' 파문을 일으키는 등 사회의 주목을 받았다. (제13장)

30) 2017년 새로 출범한 문재인 정부와 경제관 차이로 무역협회 회
장직에서 사임하면서, 사임의 변과 기자회견 등을 통해 '정권
이 아니라 정부를 위해 일한다'는 평생의 소신을 피력하였다.
(제13장)

2. 선한 마무리에 감사

많은 사람들은 공직자로서 나의 생애의 드러난 부분만을 보면서,
내가 매우 순탄한 길을 걸어왔다고 생각한다. 고등고시 출신으로
시작한 사무관 시절부터 이어 온 30여 년의 공직 생활, 공직의 마
지막에 장관급 직책 두 곳 역임, 특히 나이 일흔이 훨씬 넘어 한국
무역협회 회장의 중책을 맡은 것 등을 보면 그렇게 생각할 수도

있을 것이다. 그러나 실상은, 시기별로 거쳐 온 거의 모든 직책마다 상당한 어려움을 겪으면서 자의로 또는 타의에 의해 도중하차도 할 뻔한 생활을 아슬아슬하게 이어 왔다.

힘겹게 보낸 사무관 시절

나의 공직 입문 과정은 그렇게 순탄하지만은 않았다. 서울법대를 다니면서도 법학이나 행정학에는 그다지 흥미를 느끼지 못해 학문적으로 방황했다. 최종적으로 경제학에 깊은 관심을 갖게 되면서 처음에는 유학을 가는 쪽으로 진로를 잡았다. 그러나 현실 여건의 제약을 실감하여, 전연 준비가 되어 있지 않던 국가고시 준비를 아주 늦게야 시작하게 되고, 결국 행정고시에 합격하여 공직에 입문하였지만 그 과정도 그렇게 순탄한 것은 아니었다.

1967년 1월에 시작된 나의 사무관 시절은 처음부터 여러 가지 면에서 너무 어려웠다. 그때는 대부분 그랬지만, 우선 경제적으로 그랬다. 물질적 유산은커녕 처음부터 부모님을 모시고 살았으니 어려울 수밖에 없었다. 아내와의 맞벌이로 겨우 최저생활을 꾸려 갈 수 있을 정도였다.

보직도 잘 안 풀리고, 상사와의 관계도 그렇게 원만하지 않고, 조직에서 크게 인정을 받지도 못하는 삼중고(三重苦) 속에서 승진의 기회조차 멀어, 당시 기준으로 매우 긴 9년이라는 시간을 사무관 한 계급에 머물렀다. 만년 사무관을 면치 못할 것 같아 '이런 상태에서 과연 공무원을 계속 해야 하나' 하는 끊임없는 회의에 빠져서 지낸 세월이었다. 대안으로 유학을 가서 학위를 받고 전연 다른 길로 갈까 하는 유혹도 끊임없이 있었지만 이 또한 뜻대로 되지 않았다. 사무관 중반부터 초임 서기관 시절에 걸쳐 경제적인 이유와 진로 문제로 여러 차례 이산가족 생활을 한 것도 매우 어려운 시련이었다.

겨우 서기관이 되어 본부 과장을 잠깐 거쳐 시카고 경제협력관으로 나가게 되었다. 거기서 공직에 임하는 나의 자세를 바꿔, 좌고우면하지 않고 공직을 천직으로 알고 최선을 다하기로 결심하면서 진정한 공직자로서의 생활이 시작되었다. 이후 거쳐 온 주요 보직들을 통해 능력을 발휘하고 조직에서도 인정을 받아 보람 있고 안정된 공직 생활을 이어 갈 수 있었다.

원가조사과장으로서 겪은 석탄값 파동

원가조사과장 시절인 1980년 5월 석탄 및 연탄 가격 조정 작업 때, 작업 내용의 일부에 대한 언론의 추측기사를 '관료들과 사업자들 간의 유착에 의한 언론 유출'로 단정한 최규하 대통령의 특명 조사를 받았다. 소위 '석탄값 파동'인데, 나는 그 사태의 주역의 한 명으로 심한 조사를 받는 등 공직을 도중하차할지도 모를 정도의 심각한 위기 상황을 겪었다. 당시 최규하 대통령이 계속 집권 의지를 갖고서 잠정적인 경쟁자로 신현확 총리를 상정하고 (물론 최 대통령의 이 예단은 틀린 것이었다. 이미 신군부의 집권이 구상되고 있었다), 신 총리에 대한 견제 차원에서 이 조치가 이뤄졌다고 보는 것이 후일의 정설이다. 당시 에너지가격정책을 비롯한 주요 물가정책은 신 총리의 직접 지휘하에 있었다. 그 여파가 우리 실무진에게까지 미쳤으니 '고래 싸움에 새우 등 터질 뻔'한 일이었다.

국장 말년의 국방대학원 파견과, 복귀 때의 갈등과 어려움

나는 1982년 10월, 만 40세에 국장이 된 후 KDI 파견관, 대외협력위원회 투자협력관을 거쳐 1985년 2월, 당시 경제기획국장과 더불어 경제기획원의 2대 핵심 국장인 물가정책국장이 되었다. 최고참 이사관 국장이 이 자리를 거쳐 승진하는 게 당시 인사 관행인데 부이사관으로서 이 자리를 맡은 것이다.

물가국장 재임 3년이 되어 갈 무렵, 문희갑 차관은 전례 없는 인사 방침을 추진했다. 나를 포함하여 강봉균 경제기획국장, 오세민 예산실 총괄심의관이 3년 동안 중요한 직책에서 계속 자리를 지키고 있다 보니 인사가 풀리지 않는다는 판단에 따른 것이었다. 세 사람 다 부이사관으로서 중요한 국장을 맡았기 때문에 승진하기에는 아직 이르고, 횡적으로도 이동이 어려운 상황이었다.

문 차관은 이런 현상을 풀기 위해 한 자리에 오래 있는 요직 국장들을 국방대학원에 보내어 인사 순환의 숨통을 틔운다는 극히 이례적인 구상을 했다. 문 차관은 우리 세 사람과 전윤철 예산심의관까지 포함하여 네 사람을 선정, 두 사람씩 짝을 지워 국방대학원에 보내겠다는 것이었다.

문 차관은 네 사람을 불러 방침을 설명하고 동의를 구했다. 그러면서 나와 전윤철 국장을 한 조로, 강봉균 국장과 오세민 국장을 한 조로 묶은 뒤 갈 순서를 결정하자고 했다. 지역별 안배를 해 영남(김인호, 오세민), 호남(강봉균, 전윤철) 출신을 한 명씩 섞어 조를 짠 것이다. 문 차관은 후속 인사 방침에 대해서도 이야기했다. "어느 조가 먼저 가든, 갔다 왔을 때 갈 때 못지않은 보직을 보장하고, 승진 기회가 있으면 가장 우선순위를 주겠다. 다음해에 가는 조는 반드시 그 약속을 지키도록 하는 장치도 해 두겠다. 각서도 쓰고, 인사기록카드에 기록도 해 놓을 테니 걱정 말라."

당시 경제기획원은 다른 부처와 달리 국방대학원 수학을 선호하지 않았다. 특히 주요 국장 자리에 있던 사람이 뒤늦게 국방대학원에 가는 것은 전례가 없었다. 아무도 선뜻 나서지 않았다. 서로 눈치만 보고 있었다. 그러나 이 방침이 관철되지 않으면 문 차관으로서는 상당히 권위가 손상될 수밖에 없는 상황이었다. 고심 끝에 내가 먼저 생각을 바꾸었다. 내가 가겠다고 하자 같은 조로 묶인 전윤철 국장도 동의했다. 우리 조가 먼저 1988학년도에 가고, '89학년도에는 강봉균, 오세민 조가 반드시 가는 것으로 되었다. 하지만 다음해에 가기로 한 강봉균, 오세민 조가 약속을 지키지 않는 바람에 이 인사 방침은 1년 단명으로 끝나고 말았다.

우여곡절을 거치는 사이 1989년이 다가오면서, 조순 부총리는 나를 경제기획국장으로 발령 내고, 강봉균은 KDI에, 오세민은 부총리비서실장으로 자리를 옮기고, 예산총괄심의관을 전윤철이 맡는 것으로 하는 인사를 연말에 했다. 사실은 국방대학원 파견중 승진 기회가 있었지만 파견중이라 기회를 놓친 것도 가벼운 충격이었다.

금융실명제 좌절로 대조실장 좌천

경제기획국장을 맡은 지 4개월도 안 되어 나는 파격적으로, 다른 1급 보직을 거치지 않고 차관보로 승진했다. 그러나 모처럼 잘나가는 듯 보이던 나의 공직 생활은 차관보가 된 지 1년 만에 대외경제조정실장으로 전보(사실상 좌천)되면서 또다시 시련을 만났다. 내가 실무책임을 맡아 추진하던 '토지공개념 3법'의 입법이 완료되고 다음 개혁과제인 '금융실명제' 추진을 구체화하려는 시점이었다. 노태우 정부의 정책 변경으로 금융실명제 추진이 중단되면서 내가 희생양이 된 것이다. 나는 사직까지 각오하고 이승윤 부총리, 김종인 경제수석 팀과 정면으로 부딪쳤으니, 직업공무원 생활중 이때가 최대 위기였다고 할 수 있다.

마음의 준비 없이 공직 퇴임

만 2년여 동안 대외경제조정실장을 하면서 정말 많은 일을 하다가 환경처 차관으로 승진했다. 노태우 정부에서 차관 되기는 포기하고 있던 나에게는 의외의 인사였다.

겨우 10개월의 환경차관 재임중 김영삼 대통령 정부가 출범하고, 첫 조각(組閣)에 이은 차관 인사에서 나는 전연 마음의 준비 없는 상태에서 정부를 물러나왔다. 생각하면 정무직 공무원은 새 정부의 특별한 재신임을 받지 않는 한 그만두는 것이 당연한 것인데도 직업공무원 시절의 인사 관행에 젖어 있어 정부가 바뀐 것을 실감하지 못했고, 나에게 닥친 결과는 적지 않은 충격이었다. 공무원이 되고서 처음 겪은 실직 경험이었다. 나중에 알고 보

니 나는 환경차관으로 유임, 또는 다른 차관으로 전보가 고려됐
으나, 내가 노태우 정부 시절 박철언 장관이 주도하던 사조직 '월
계수회' 멤버라는 터무니없는 무고가 있어서 그렇게 됐다는 이야
기였다.

경제관 차이로 다른 각료들과 갈등

1993년 3월 환경차관에서 물러나고, 예상 외로 짧은 실직 기간을
거쳐 나는 1993년 4월 한국소비자보호원장, 1994년 8월 철도청
장을 연이어 맡게 되었다. 철도청장 재임중 1996년 3월, 위상이
격상된 공정거래위원회의 첫 장관급 위원장으로 발탁되었다. 공
정거래 정책의 중요성이 높아지고 공정위의 정부 내 위상도 한껏
높아진 때라, 비 정책부서인 철도청의 차관급 장으로서 정책 결
정 체계에서 한참 멀어져 있던 나로서는 뜻밖의 영전이었다.

공정위원장 시절 나는 기업 문제로 심각하게 고민한 적은 별로
없고, 문제의식은 오히려 항상 '정부'에 있었다. 정부의 경쟁제한
적 사고방식, 관행, 정책, 각종 법령이 문제였다. 그러다 보니 나
웅배, 한승수 연이은 두 부총리를 비롯하여 다른 경제 각료들과
경제관의 차이로 자주 갈등을 빚었다. 언론도 주로 이런 점에만
주목하여 마치 내가 무슨 '의도'를 가지고 갈등을 일으키는 것이
아닌가 하고 기사화하기 일쑤였다. 정부 내에서 여전히 취약한
위상을 면하지 못하고 있던 공정위원장으로서는 감내하기 힘들
었다.

경제수석으로서의 영욕, 어려웠던 대통령과의 관계

나는 공정거래위원장으로서 한국경제 도처에 있는 경쟁제한적 요소를 제거하기 위해 진력하는 것을 나의 사명이요 보람으로 생각하고 일했다. 그러기 위해서는 임기직인 위원장의 3년의 임기를 다 채우고 싶었으나, 뜻하지 않게 김영삼 대통령의 부름을 받아 경제수석비서관을 맡게 되었다. 공정거래위원장이 된 지 1년이 채 안 된 때였다.

청와대에서 대통령을 지근거리에서 모시면서 한국경제 문제의 전부를 보는 보람, 그리고 경제문제도 정치적 관점에서 보는 넓은 시각을 가질 수 있었던 것은 보람이었다. 경제문제조차 정치적으로 접근하는 모습을 접하며 때로는 당황하고 못마땅해 하면서도, 일정 부분 이해의 폭도 넓혀 가는 과정이었다.

대통령과 정치적 연(緣)이 전혀 없는 순수 관료 출신으로 대통령을 보좌하는 데 따르는 어려움의 실체는, 수석을 맡고 중반쯤 지날 때쯤에야 어렴풋이 느끼기 시작했다. 경제 분야의 최측근 참모로서 김영삼 대통령을 모셔 보니, 그분의 장점뿐 아니라 단점까지 같이 보였다. 그분은 기본적으로 경제를 잘 몰랐다. 다행히 당신 스스로 이를 인정하는 데 인색하지 않아 경제부총리나 경제수석에게 구체적인 지시나 주문 없이 일괄 위임하는 식이어서 일을 맡은 사람으로서는 큰 폭의 재량권을 가질 수 있었지만, 대신 그만큼 큰 책임감이 동시에 따랐다. 이런 관계는 강경식 경제부총리와 나를 중심으로 하는 경제팀을 대통령이 전적으로 신임하는 동안은 바람직하지만, 그 신임 관계에 금이 가거나 그 틈새를 비집고 들어와 그 간격을 넓히려는 어떤 시도가 있을 때는 어려운 관계로 변질할 수 있는 것이었다.

그런 가운데 추진하던 중요한 일, 특히 다가오는 외환위기에의 대처, IMF행의 결정과 관련 후속조치의 차질 없는 추진이라는 시대적, 국가적 대사가 갈등과 왜곡을 겪은 것은 너무 안타까운 일이다. 이 과정에서 나는 큰 심리적 갈등과 충격을 경험했고, 결과적으로 나는 '환란 주범'의 하나로 지목되어 인신의 구속과 무려 7년에 가까운 재판 과정을 겪게 되었다.

청와대 수석 시절을 회고하면서, 인사에 관한 평범한 진리 하나를 되새긴다.

'의심하면 쓰지 말고, 쓰면 의심하지 말라(疑人不用, 用人不疑).'

나의 마지막 정부 공직인 대통령경제수석 생활은 한마디로 영욕이 교차하고, 인간관계의 엄청난 어려움과 갈등을 경험하는 시련의 과정이었다.

외환위기 책임론의 중심에 서다

경제수석 시절 외환위기가 본격적으로 다가오자 이의 방지를 위해 최선을 다했으나, 국내외 상황과 기업과 금융의 구조적 문제점으로 결국 IMF에 구제금융 지원을 요청하기에 이르렀다. 지원 금융에 관한 IMF와의 원칙적 합의, 대통령의 IMF행 재가까지 받고 구체적으로 IMF와 협상 시작 단계에서 예상치 않은 개각으로 강경식 부총리와 같이 물러났다. 이어서 전개된 외환위기의 책임 규명 과정에서 나는 강 부총리와 더불어 그 중심에 서게 되었다.

나는 이 과정에서 한국경제사의 주요 부분이 될 역사를 바로 쓴 다는 심정으로 진실을 밝히기 위해 최선을 다했다.

외환위기는 우리 경제에나 나 개인에게나 '의도되지 않은 축복 (blessing in disguise)'이 될 수 있었다. 그럼에도 우리나라와 우리 경제 는 이 위기로부터 충분한 교훈을 얻는 데 실패했다. 그러나, 감내 하기 어려웠던 그 많은 어려움과 고통이 결과적으로 나에게야말 로 '의도되지 않은 축복'이 되었다. 경제관료 시절부터 형성돼 온 나의 시장주의 경제관에 더해, 이 위기 과정을 반추하며 막대한 양의 설명 자료를 작성하는 과정에서 나의 경제 지식과 생각은 깊어졌다. 이 과정이 없었더라면 내가 지금까지도 지속적으로 공 적 마인드를 가지고 민간부문에서 각종 연구활동을 계속할 수 있 었을까 생각해 본다.

무역협회 회장으로서 국회·정부와 충돌

1997년 11월 대통령 경제수석비서관을 끝으로 30여 년 공직 생 활을 마무리한 나는 오늘까지 민간부문에서 일하고 있다. 공직을 끝내 갈 무렵 나는 정부에서 물러나면 "대기업에 신세지는 일은 하지 않겠다, 후배들에게 내 자리 하나 마련해 달라는 부탁을 하 지 않겠다"고 공공연히 말하곤 했다. 돌이켜보면 교만한 생각이 었으나 결과적으로는 정부에서 나오고 20여 년의 세월이 흘렀지 만 그대로 되었다. IMF 책임론의 중심에서 수사와 재판을 받으면 서 오랜 세월을 보낸 '덕'도 있었을 것이다.

이런 나의 결심에 유일한 예외라고 할 만한 것이, 2015년 2월에 한국무역협회 회장에 취임한 일이다. 박근혜 정부 측의 권유를 처음에는 사양하다가, 무협회장은 좁은 의미의 공직은 아니라도 사실상 공인이며 공직의 연장선상에 있다는 생각에 결국 권유를 받아들였다.

무협회장 재임중 보람 있는 일도 많았지만, 매우 어렵고 이례적인 일도 두 가지 겪었다. 하나는 국회 국정감사에 증인 출석을 거부하고 심지어 동행명령도 거부하여 국회로부터 고발을 당한 일이었다. 다른 하나는 회장 임기 만료 약 4개월을 남겨 두고 문재인 정부의 사임 권유를 받고 사임한 일이다. 아마도 전무후무할 이 두 사건에 대한 평가는 시각에 따라 다를 수 있겠지만, 엄청난 불이익과 리스크를 감수하고 내가 택한 길은 공직자와 공인이 취해야 할 자세를 보여 주는 것이었다고 나는 자부한다.

나의 마지막 공직이 된 무역협회 회장직은 전연 기대하지 않았던 보람 있고 명예로운 직책이었으며, 일생 처음 경제적으로 여유로운 생활도 할 수 있었음에 감사한다. 비록 임기를 다 채우지 못했지만, 미련 없이 직을 던지면서 정부와 사회에 주고 싶은 메시지를 주저 없이 하고 나온 것도 의미 있는 일이었다.

결과적으로 이 시점에서 돌이켜 생각하면 나는 50여 년의 공인 생활을 정말 선하게 마무리하고 있다는 생각에 감사하는 마음이 크다. "하나님을 사랑하는 자 곧 그 뜻대로 부르심을 입은 자들에게는 모든 것이 협력하여 선을 이루느니라"(로마서 8장 28절)라는 말씀이 감동적으로 다가온다. 나의 선친께서 가장 좋아하셨고 지금 우리 집의 가훈이 되어 있는 성경 구절, "여호와께서 내게 주신 모든 은혜를 무엇으로 보답할꼬"(시편 116편 12절)를 곱씹어 본다.

16

공인 생활의 축복과 보람
— 공인으로서의 정체성

50년 넘는 세월에 걸친 나의 공인 생활 기록 중, 같은 기간 한국 경제의 흐름과 진화의 기록의 일부가 될 수 있는 의미 있는 사안, 사건들을 제1~3부에서 되돌아보았다. 결코 평탄하지만은 않았지만 결과적으로 큰 과오 없이 공인 생활을 마친 데 대해 깊이 감사하는 마음이다.

50년간의 공인 생활중 내가 부닥쳤던, 또는 했던 일들을 회고하면서 '스스로 어떤 삶을 산 사람으로 기억되기 바라느냐'는 물음을 스스로부터 또는 다른 사람으로부터 받는다면, 다음과 같이 대답할 수 있는 것을 감사하게 생각한다.

첫째, 한국의 대표적인 '시장주의자'로 기억되기를 원한다.
둘째, '관료의 틀을 벗어던진 정통 경제관료'로 불리기를 기대한다.
셋째, '영원한 공인'으로 기억되기를 원한다.

'시장주의자', '관료의 틀을 벗어던진 정통 경제관료', '영원한 공인'. 이 세 가지는 나의 50년 공인 생활을 통해 점진적으로 형성된 나의 정체성이자, 나의 50년 공인 생활의 결산이고 보람이다. 이 책을 통해 사회에, 또 후배 공직자들에게 던지고 싶은 메시지의 골자이기도 하다. 이 세 가지가 공인 생활의 전 과정을 통해 내가 얻은 가장 보람 있는 소득이기 때문이다. 이 소득을 혼자 향유할 것이 아니라 많은 후진들, 특히 경제 분야 후배 공직자들에게 전하고 싶다.

1. 시장주의자

나는 공인 생활의 전 과정을 통하여 관료 출신으로서는 드물게 시장주의자로서 독특한 사고체계를 정립했다고 스스로 생각한다. 언론이 나를 흔히 '시장경제의 전도사'라고 불러 주는 것을 감사하게 생각한다. 나는 경제관료 출신으로서는 드물게 관계, 학계, 경제계, 언론계에서 한국의 대표적인 시장주의자로 인정받아 왔다. 내가 공·사 직책을 맡으며 해 온 역할과 활동, 무수한 언론 기고와 강의·강연 등은 시장주의 사상에 기초해 일관성 있게 전개돼 왔다.

정통 경제관료의 길을 걸으면서 시장주의 경제사상을 정립할 수 있었던 것은 나의 일생을 통해 가장 큰 보람이며 축복이라고 생각한다. 관료적 사고와 시장주의, 두 가지가 결코 쉽게 같이 갈

수 있는 것이 아니기 때문이다. 시장주의자로서 이러한 나의 사고체계가 정립돼 온 과정을 약술하고 나의 시장경제관, 이를 바탕으로 한 한국경제관과 이에 이르는 과정을 약술한다.

(1) 나는 어떻게 시장주의자가 되었나

공직을 하면서 내가 맡은 직책의 대부분, 그리고 내가 한 구체적 일의 대부분이 시장과 시장경제의 핵심적 요소와 밀접한 관계를 갖고 있었다는 것은 특이한 점이다. 결국 나는 오랜 실무 경험을 통해 자연스럽게 시장주의자로서 성숙하는 과정을 걸었고, 경제정책의 책임자가 되는 과정에서 이에 확신을 더하게 된 것이다.

내가 공직 생활중 가장 오랫동안 종사한 물가정책, 가격정책의 입안과 시행 과정에서, 시장경제적 관점에서 이상적인 가격결정 과정과 크게 괴리된 결정 과정을 보며 갈등과 고민이 컸다. 내가 시장주의자가 되는 첫 과정은, 원가조사과장으로서 경제의 대부분을 구성하는 주요 품목의 가격을 '원가+α(적정이윤)'를 기준으로 하룻밤 새 결정하면서 정부의 역할과 시장원리와의 괴리에 대해 갖게 된 회의로부터 시작되었다.

직접적 가격규제보다 거시 안정정책에 의해 물가가 훨씬 더 안정되는 과정을 경험하고, 이를 주도한 김재익 수석 등의 시장경제철학에 접한 것은 매우 소중한 경험이다. 이 경험은 나중 내가 물가와 가격정책 수립의 실무책임자인 물가정책국장이 되어 물가정책의 시장 주도로의 전환을 이루는 배경이 되었고, 그 결과 역사상 가장 안정된 물가수준을 시현할 수 있었다.

한편, 물가정책국장으로서 소비자문제에 천착하면서 '소비자 선택'의 중요성에 눈뜨게 되었다. 소비자보호제도의 정비와 소비자보호원 설립을 주도하고, 그 뒤 소비자보호원장으로서 국민경제적 시각에서 소비자문제에 접근하면서 나의 독특한 소비자주의 개념을 정립하게 된다. 또한 수요자 중심, 기능 중심의 정부 조직 원리를 제창하고, 제조물책임법리를 시장경제적 관점에서 정립하는 과정을 걷는다. 일본 경제를 수요자중심적 시각에서 보는 사카이야 다이치 등 석학들의 경제관에 접하면서 받은 영향도 컸다. 결국 나는 '시장경제는 기본적으로 소비자중심 경제'라는 독특한 시장경제 사상을 정립하고, 이러한 내 생각의 집약적 표현으로 '소비자가 선택하는 경제'라는 표어를 구상하게 되었다.

대외경제조정실장 때는 한국경제의 국제화라는 과제에 깊은 관심을 가지게 되었다. 특히 국제화가 가져오는 경쟁 촉진 효과에 대한 인식을 새로이 했다. 한국경제의 경쟁력 향상은 오로지 경쟁적 구조에서 나오고, 우리 경제의 경쟁적 구조는 경제의 국제화, 개방화 과정을 통해서만 성취될 수 있다는 생각을 확고하게 정립하게 된다.

돌이켜보면 나는 국장이 되어 KDI에 파견 나가기 전까지는 국제화, 개방화 문제에 대해 다소 소극적, 부정적이었던 것 같다. 당시 김기환 원장, 사공일 박사, 양수길 박사 등이 주장하는 수입자유화 이론에 대해 상당히 비판적인 생각을 갖고 있었던 것이 사실이다. 그러나 KDI 생활과 두 차례에 걸친 대외경제업무 경험

1996년 3월 공정거래위원장 때의 표어 '경쟁이 꽃피는 경제'. 글씨는 서예가 배종승 씨의 것이며, 지금 시장경제연구원 나의 사무실에 걸려 있다.

(해협위 투자협력관, 대외경제조정실장)을 통해 나는 그간의 사고에서 완전히 벗어나, 한국경제의 시장경제화는 당연히 국제화, 개방화가 전제, 수반돼야 하며, 이 과정이 한국경제의 경쟁력을 근원적으로 높일 수 있는 길이라는 데 대한 확신을 갖게 되었다.

(2) 나의 시장경제관을 집약한 표어들

선진국이 되려면 선진국 줄에 서야 한다

나는 대조실장 때 스스로 '한국경제의 국제화 실무본부장'으로 자처하면서 국제화에 대한 나의 사고를 체계화하고, 이의 집약적 표현으로 '선진국이 되려면 선진국 줄에 서야 한다'라는 표어를 처음으로 만들었다. 우리가 선진국이 되었기에 국제화하는 것이 아니고, 역으로 선진국이 되기 위해 국제화, 개방화가 필수적임을 강조한 표어다.

1997년 2월 28일 경제수석 취임 때의 표어 '시장으로의 귀환'. 역시 서예가 배종승 씨의 글씨이며, 지금 시장경제연구원 회의실에 걸려 있다.

고객만족경영

정부의 최대 기업인 철도청의 장으로서 기업 경영의 실체에 접하면서는, 시장과 괴리되어서는 제대로 된 기업 경영이 불가능함을 절감했다. 나는 국영기업인 철도에 '고객만족경영'을 도입하여 '백년 관청기업' 철도의 체질을 변화시켰다.

경쟁이 꽃피는 경제

공정거래위원장으로 경쟁정책에 대한 심층 탐구와 집행을 하면서, 경쟁원리에 대한 나의 사고체계는 보다 심화, 성숙한다. 특히 정부의 경쟁제한적 입법과 행정에 대해 커다란 문제의식을 가지고 이를 개선하는 데 집중적인 관심과 노력을 기울였다. 당시 나의 이러한 생각은 '경쟁이 꽃피는 경제'라는 표어로 집약되었다.

시장으로의 귀환

공직의 마지막이 된 대통령경제수석이 되면서, 이제까지 언급한 시장경제와 관련된 내 생각의 모두를 종합 정리해 결국 한국경제의 모든 본질적 문제의 해결은 '시장으로 돌아가는 길 이외에는 없다'는 생각에 이르렀다. 특히 금융의 문제점을 직시하여 금융에 시장원리를 확산시키고 금융산업의 경쟁 조건을 강화하는 것을 골자로 하는 금융개혁에 최선을 다했다.

나는 경제수석 재임 시절 한국경제 전반의 문제를 시장경제적 관점에서 인식하고 또 시장원리에 입각하여 대책을 처방하려고 최선을 다했다. 이때 구상한 표어 '시장으로의 귀환'은 나의 시장경제적 사고의 종합적, 집약적 표현이다.

기업가형 국가의 정립

마지막으로 무역협회 회장 재임 때는 특히 기업의 경쟁력 문제, 기업과 정부의 이상적인 관계 설정 문제로 고민하다, 중소기업연구원장 시절 시작한 '기업가형 국가'에 대한 연구에 주력하여 관련 이론을 체계적으로 정립하기에 이르렀다. 이 시절 나의 생각을 정리한 표어가 '기업가형 국가의 정립'이다.

(3) 시장중심적 연구활동

민간에서의 오랜 연구활동은 시장경제하에서 정부와 시장의 역할과 관계에 보다 깊이 몰입하는 계기가 되었다. 연구자들에게도 항상 시장을 중심에 놓고 연구 과제를 선정하고 연구방법론을 구상하도록 독려했다. 예컨대 중소기업연구원에서는 중소기업문제를 인식하고 해결 방안을 모색할 때 과거처럼 정부의 특별한 보호와 지원책(이에 따르는 규제의 동반은 필연적이다)을 강구하는 것이 아니라, 왜 이 문제가 시장에서 시장기능에 의해 저절로 해결되지 않는지를 먼저 규명하도록 촉구했다. 경쟁 조건의 충족에 문제는 없는지, 소비자선택 원리가 작동하고 있는지, 글로벌 스탠더드에 비춰 문제가 없는지 먼저 규명하고, 이런 시장의 작동 조건의 결함을 찾고 보완하는 '시장적 접근'을 먼저 시도하고 나서 맨 마지막에 정부의 역할이 첨가되도록 유도했다. 결과적으로 우리나라 중소기업문제의 본질을 경쟁력의 문제로 인식하고 국제화를 과감하게 유도하는 것이 답이라는 결론에 도달했다.

시장경제연구원으로 복귀 후 이사장으로서 한 연구 중에는 시장경제적 관점이라는 사관(史觀)을 가지고 한국경제 발전사를 연구한 것, 그리고 정부의 각종 정책에 대해 시장원리에 입각한 대안을 제시하는 것이 주종을 이루었다. 개인적으로는 시장경제와 관련된 주요 연구, 강연, 저술을 이 시기에 가장 활발하게 했다.

중소기업연구원장 때부터 무역협회 회장 시절까지에 걸쳐 정립한 '기업가형 국가' 이론은 이러한 시장주의 이론을 국가경제 차원으로 승화시킨 것이다.

(4) 나의 한국경제관: 경쟁적 구조, 소비자주의, 국제화

이 글의 여러 군데에서 다양하게 표출된 나의 시장경제적 사고와 시장경제적 관점에서 보는 한국경제관을 요약하면 다음과 같다.

한국경제 문제의 본질은 '경쟁력에 적신호가 생기고 있는 것이다.' 그런데 이 경쟁력은 오로지 경쟁적 구조에서만 나온다. 한국 사회가 보다 더 경쟁적인 구조로 바뀌지 않으면 한국경제의 경쟁력은 유지, 발전될 수 없다. 그래서는 성장, 고용, 분배, 복지 등 한국경제의 제문제의 어느 하나도 해결할 수 없다.

'경쟁적 구조'와 표리관계에 있는 것이 '소비자중심적 사고'다. 소비자의 합리적이고 무한한 선택권이 보장되고, 소비자의 선택에 민감하게 반응하며 기업을 경영하고 경제를 운영하는 제도, 사고, 사상, 한마디로 '소비자주의'가 자리 잡아야 한다.

'국제화'는 외부 경쟁의 도입이다. 국제화 역시 경쟁 촉진, 소비자중심적 사고와 불가분의 관계에 있다.

경쟁적 구조, 소비자주의, 국제화, 이 세 가지 사고가 자리 잡으면 정부, 시장, 기업 관계의 재설정에 관한 논의가 불가피해진다. 경제에서 정부의 바람직한 역할과 기능에 대한 깊은 반성이 무엇보다 필요하다. 구체적으로 정부는 시장과의 관계에서 무엇을 반드시 해야 하며 무엇은 반드시 하지 말아야 할 것인가를 가리려 노력해야 한다.

이러한 과정을 거쳐 궁극적으로 우리 '경제 시스템의 재정비'를 이루는 것이야말로 우리 정부와 정치권이 급선무로 추구해야 할 과제다. 기업들도 '글로벌 기업가정신'으로 재무장해야 하고, 정부는 이를 촉구하고 지원해야 한다. 정부가 시장과의 관계를 중심으로 경제 시스템을 재정비하고 기업들이 글로벌 기업가정신으로 재무장하면, '나라에 좋은 것이 기업에도 좋고, 기업에 좋은 것이 나라에도 좋다'라는 조건이 갖춰진 '기업가형 국가'가 탄생한다. 이것이 한국경제가 중장기적으로, 또 구조적으로 발전해 갈 수 있고 한국경제가 당면하고 있거나 앞으로 부닥칠 수많은 경제문제를 경제 시스템 내에서 조화롭게 해결해 갈 수 있는 이상적 경제의 모습이다.

뒤안길 ## 주요 자유주의 학자들의 시장경제 사상

나의 시장경제 사상은 책을 통해서가 아니라 기본적으로 오랜 기간에 걸친 경제정책의 입안과 조정 과정에 실무자로서, 정책결정자로서 참여한 경험을 통해 발전, 성숙되어 왔다.

나는 최근에 자유주의 경제사상의 세계적 대가인 미제스(L. von Mises), 하이에크(F. Hayek), 포퍼(K. Popper), 프리드먼(M. Friedman) 등의 핵심적 사상을 담은 저서들을 새삼 리뷰하면서, 이 학자들이 이론적으로 발전시켜 온 자유주의적, 시장경제적 사상과 내가 오랜 기간 경험을 통해 도달한 결론이 너무 같은 데 스스로 놀라고 있다. 대표적으로 다음과 같은 집약된 경제사상들이다.

"경제정책에는 결코 기적이 없다."(미제스, 『자본주의 정신과 반자본주의 심리Economic Policy: The Anti-Capitalistic Mentality』)

"대기업이 실수를 범하거나 비리를 저지르는 것보다 거대정

부가 국민을 위협하는 것이 훨씬 더 심각하다." (미제스, 『경제적 자유와 간섭주의Economic Freedom and Interventionism』)

"인간 사회에 오래된 '잘못된 믿음'이 있다. '정부만이 이상 사회를 설계할 수 있는 가장 완전한 능력을 갖췄다'는 믿음이다. 모든 사람이 풍요를 누리면서 평화롭게 공존하려면 정부가 개인과 사회에 적극적으로 개입해야 한다는 것이다. 이는 '치명적 자만'이다."

"시장경제는 문명의 자연스런 진화의 결과다. 시장경제를 반대하는 것은 문명의 진화를 거스르는 것이며 문명의 퇴보를 낳는다. 역사적으로 시장을 중시한 문명권은 발전했고 그렇지 않은 문명권은 퇴보했다."

"시장경제를 표방하는 나라에서도 사회주의 정책이 넘쳐난다." (이상 하이에크, 『치명적 자만』)

"지옥으로 가는 길은 항상 선의(善意)로 포장돼 있다." (포퍼, 『열린사회와 그 적들』)

"자유보다 평등을 앞세우는 사회는 평등과 자유, 어느 쪽도 얻지 못한다."

"진정한 자유인이라면 나라가 무엇을 해 줄 것인가를 묻지 않아야 하며 스스로가 개인의 책무를 어떻게 감당해 나갈 수 있을 것인가를 생각해야 한다." (이상 프리드먼, 『선택할 자유Free to Choose』)

나는 특히 하이에크의 대표적 저작 『치명적 자만』 중 다음의 말에 전적으로 공감한다.

"사회주의와 자유주의 가운데 무엇을 선택하느냐는 것은 가치의 문제가 아니다. 참과 거짓을 가리는 진위(眞僞)의 문제다. 이상은 좋지만 실현 불가능하기 때문에 사회주의가 나쁜 것이 아니다. 사회주의는 거짓 이론이며, '거짓으로 밝혀진 사이비 과학이론'일 뿐이다."

2. 관료의 틀을 벗어던진 정통 경제관료

나는 정통, 직업 관료로서 공직에 입문하였지만 공직 생활 과정에서 언제부터인가 스스로 '관료의 틀에 얽매이지 않은 나'를 발견하고 그래서 일반적인 '관료적 사고'나 '관료의 틀' 안에서는 할수 없었던 많은 일들을 만나고 또 성취했다. 공직에 입문한 과정도 그렇고, 정통 관료의 길을 걸으면서 그동안 정립한 확고한 경제관을 바탕으로 '관료의 한계'를 넘어섰다고 스스로 생각하고 있다. 관료주의의 한계, 문제점, 폐단에 대해 수시로 문제를 제기해 왔을 뿐 아니라 관료적 사고로는 할 수 없는 일들, 어쩌면 나만이 할 수 있는 수많은 의미 있는 일들을 해 왔다. 나의 이런 성향은 그 후 민간부문에서 일하면서 더욱 심화되어 왔다.

(1) 나의 관료관(觀)

사전적으로 관료는 '정해진 정책 방향을 집행하는 행정인' 내지 '정치적으로 중립적이며 전문성을 갖춘 임명직 공무원'이라는 중립적 의미를 갖는다. 그러나 일반적으로 '관료적'이라고 할 때는 대개 부정적 의미로 쓰이는 것 같다. 국가권력을 배경으로 하여 국민의 의사와 사정을 무시하고 독선적, 획일적으로 일을 처리하며 자신들의 특권을 유지, 남용하는 현상을 비난하는 뜻으로 많이 쓰인다.

이러한 관료의, 관료적 행태가 지배하는 국가의 행정기관이나 사회집단에서 볼 수 있는 특정한 행동양식과 의식상태가 '관료주의'다. 구체적으로 형식주의, 레드 테이프(red tape), 비밀주의, 선례 답습주의, 법규 만능, 창의성 결여, 소극적 행태 등 흔히 이야기하는 정부의 병리현상은 관료주의와 연결돼 있다.

물론 미제스나 막스 베버는 그들의 관료제 이론에서 관료제의 의미를 깊이 있게 정리, 해석하고 있다. 미제스는 주로 그의 자유주의적 사상에서 출발하여 사회주의 또는 개입주의와 동일선상에서 관료주의를 설명한다. 다만, 이러한 현상을 관료들 자신의 책임이라기보다 시장기능의 제약을 추구하는 여러 가지 정책의 결과로 이해하고 있다. 베버는 오히려 산업화 사회가 스스로를 유지, 발전시켜 나가는 공식 구조의 특성과 역할에 주목하면서 이를 관료제로 이해하는 입장을 취하며, 시대적으로 일부 역기능에도 불구하고 관료제가 갖는 매우 중요한 순기능을 부각시키고 있다.

(2) 우리나라 발전 과정에서 관료의 역할

나는 이 글에서 학문적으로 관료, 관료제, 관료주의를 논할 생각은 없고, 긍정적이든 부정적이든 일단 우리가 일반적으로 이해하고 있는 바에 따르고자 한다.

우리나라의 발전 과정에서 관료의 역할은 우선은 그 긍정적 의미에 주목할 필요가 있다. 박정희 대통령에 의한 경제개발 노력이 본격화하고 많은 결실을 이뤄 가는 과정에서 확립된 정책 방향을 전문적으로, 기술적으로 집행하여 성과를 도출해 나가는 역할은 직업관료의 몫이었고, 그 역할은 결코 과소평가되어서는 안 될 것이다. 이에는 더 긴 설명이 필요치 않다고 본다.

여기에 더해, 내가 몸담았던 경제기획원의 관료들은 일반적으로 기대되는 관료의 역할을 크게 뛰어넘는 역할을 한국의 경제발전 과정에서 수행했다. 국가발전의 장기 구상, 그 과정에서 예상되는 애로의 타개 방안, 이를 추진해 가는 과정에서 반드시 필요한 주요 정책 방향의 채택이나 전환, 반드시 필요한 새로운 제도

도입 등 대부분이 사실상 직업관료의 생각과 손을 통해 이뤄진 것은 다른 나라에서 유사한 예를 찾기 어려운, 통상적 의미의 직업관료의 역할과 기능을 훨씬 뛰어넘는 것이었다. 정상적이라면 정치인, 정당, 학자, 연구자 들이 할 역할이다.

한편으로 한국에서 관료제의 한계와 부정적 의미도 많은 측면에서 부각되기 시작했다. 흔히 관료제의 문제점이라고 하는, 앞에서 언급한 그런 것들이다. 특히 법과 제도상 주어진 권능의 범위 안에 안주하면서 그 이상 적극적으로 행정을 수행하는 것은 신상에 불리할 수 있다는 생각을 전제로 한 소극적 행정처리 방식에 집착하는 경향이 관료사회를 어느덧 지배하고 있었다. 행태 면에서도 행정의 수요자인 국민보다 공급자인 정부의 입장, 그리고 정부 전체보다 소속 부처의 입장에서 생각하는 사고가 직업관료들의 몸에 배기 시작했다. 경제기획원은 비교적 예외에 속했지만 정부조직 내에서 토론문화가 축소돼 가고 상명하복의 전통적, 부정적 관료상이 관료사회의 일반적 모습이 돼 가는 과정이 심화되어 왔다. 국가적 과제를 다룰 때 부처이기주의에 몰입하여 더 큰 국익을 생각하지 않는 경우도 많았다. 특히 과거 개발연대와 달리 김영삼 정부 이후 정치의 힘과 역할이 서서히 행정을 압도하고 국회가 행정부를 좌지우지하는 등 국가의 의사결정 과정이 과거에 비해 몹시 복잡해진 요즘에는 '영혼 없는 관료'의 문제가 새삼 제기되고 있다.

정치, 정치인, 정당이 국가가 가야 할 방향을 설정하고 사회의 갈등을 완화하는 본연의 역할을 다한다면, 또 학자나 연구자들 역시 제 기능을 다해 국가가 가야 할 장기 방향을 제시하는 역할을 충실히 한다면, 관료들은 가치중립적으로 관료 본연의 '정해진 정책 방향을 능률적으로 집행하는 역할'로 충분할 것이다. 원래 국가의 미래 같은 거창한 과제는 관료들의 몫은 아닌 것이다. 그러나 우리나라는 그런 나라가 아니다. 과거뿐 아니라 지금도 그렇다. 나라의 장래, 정부가 세우는 정책의 타당성에 대해 우리 시대의 관료들은 관료의 한계를 넘어 고민했고, 그 결과 오늘의 한국, 한국경제를 이룩하는 데 관료들이 한 역할은 결코 과소평가될 수 없다.

그런데 지금 우리나라의 현실은, 한편으로 정치나 학계, 연구계의 역할은 변하지 않은 상태에서, 다른 한편 국가의 장래와 관련된 관료의 역할은 완전히 없어진 상태에 와 있다. '영혼 없는 관료'라는 오늘의 이 현실을 어떻게 봐야 할 것인가?

(3) 공직 생활중 나의 비관료적 행보

이러한 긍정적, 부정적 관료상 모두가 어쩌면 나 자신의 자화상이기도 했다. 정통 관료의 길에 걸음을 내딛고 그 길을 따라 공직 생활만 30년 이상 한 나도 예외가 되기 어려웠다. 그러나 나는 어느 때부터인가 부정적 의미의 '관료'의 틀을 벗어 버리고자 몸부림치고 있는 스스로를 발견하고 있었다. 무엇보다도 일반적인 관료적 사고나 행보로는 접근하기 어려운 국가적 차원의 과제에서 나는 나의 직급이나 직책의 한계에 도전하면서, 내가 아니면 해결할 수 없는 국가적, 사회적 이슈의 해결에 몰두하면서, '관료 아닌 관료'의 삶을 살려고 최선을 다했다고 감히 말하고 싶다.

어떤 조직이라도 상사와 좋은 관계를 맺는 것이 성공적인 조직인이 되는 필수 요건이다. 공직사회, 관료조직은 상명하복의 관계를 기반으로 성립하는 조직이기 때문에 더욱 그러하다. 문제는, 그것이 단순한 인간관계나 업무의 효율성 차원에 그치지 않고 내가 생각하는 바가 상사의 견해와 다를 때 어떻게 처신할 것인가이다. 또 공직사회 내 부처 간, 조직 간 관계에도 요새 말로 갑·을(甲乙) 관계가 엄연히 존재한다. 이런 관계에서 오는 어려움과 갈등 역시 공직자라면 누구나 겪으면서 고민하지 않은 사람이 없을 것이다. 특히 직급이 높아지고 중요한 일을 하게 되면 될수록 이런 어려움은 가중된다. 주관이 뚜렷한 공직자라면 누구나 한번쯤 부닥치고 고민해 보았을 문제다.

이 과정에서 보인 나의 행보나 행태도 관료적 사고의 틀 안에선 이해하기 어려운 것들이 많았다. 제1~3부에서 기술한 내용 중 상당 부분은 이와 관련된 것들이었다. 나 역시 공직 생활 과정에서 이런 문제와 관련된 많은 에피소드가 있다.

물가정책국장 때 서울지하철 경영개선계획 수립, 소비자보호제도 정립과 소비자보호원 설립, 해외협력위원회 투자협력관 때 '서울클럽 문제'의 해결, 철도청장 때 국유철도 운영 개선을 위한 특례조치의 제도화, 무역협회 회장 때 무역센터 구조개선, 잠실 MICE단지 건립 프로젝트 추진, 국회와의 정면 대결, 검찰 고발과 극복, 무역협회 회장직 사임 과정 등은 나 스스로 생각하기에도 내가 관료적 사고의 틀을 뛰어넘었기에 할 수 있거나 성취할 수 있었던 일이었다고 생각한다. 금융실명제의 좌절 과정에서 이승윤 부총리, 김종인 수석과의 관계 때문에 사표를 각오하고 당초의 생각을 주장한 점, 경제수석 때 원만하지 않은 대통령과 경제부총리 사이에서 한쪽에 치우치지 않고 정도를 유지하려고 한 것, 후술하겠지만 외환위기 책임 규명 과정에서 검찰 조사 때 검사를 부하 직원 다루듯 한 것, 그러나 시간이 가면서 오히려 그 검사와 우호적인 관계로 발전한 것 등은 다 내가 전형적인 관료와 같이 처신하지 않았기 때문에 가능한 일이었다고 생각한다. 내가 정부 시절 말기에 한 공언대로 퇴직 후 정부의 직·간접 영향력하에 있는 일을 일체 하지 않은 것도 마찬가지 차원에서 이해할 수 있을 것이다.

(4) 사표와 이·취임식의 새로운 선례

사직서에는 사직 이유 명시해야

관료의 틀에 머물기를 거부한 바람에, 사표에 얽힌 에피소드가 많았다. 경제기획국장 사직서부터 최근 무역협회 회장 사임서까지, 그 전말과 그렇게 한 나의 생각을 정리해 본다.

주요 직책에 있는 사람, 특히 공직자는 사직할 때 사직의 이유를 명백히 밝혀야 한다는 것이 오래된 나의 소신이고, 그렇게 실행해 왔다. 민·관을 불문하고 사표를 쓸 때 상투적으로 쓰는 문구가 '일신상 사정으로 사직하고자 합니다'인데, 주요 공직자가 '일신상 사정으로' 그만둔다는 것이 있을 수 있는 일인가? 경제기획원 경제기획국장에서 차관보로 승진 발령을 앞두고 인사계장이 사표를 받으러 왔을 때 쓴 "소직은 정부의 인사 방침에 따라 사직원을 제출합니다"라는 사표 문구는 그래서 나왔다.

환경처 차관을 하고 있던 1993년 3월 초, 김영삼 정부의 첫 조각 발표 직후 총무처 차관이 차관단 전원에게 요구한 사표에도 그래서 "소직은 새 정부의 원활한 인사 운영을 위해서 사직서를 제출합니다"라고 썼다. 사직의 이유는 그것이 사실이고, 전부였고, 그 이상의 설명은 필요없었던 것이다.

임명직인 공정거래위원장으로서 개각을 앞두고 다른 각료들과 함께 일괄사표를 쓸 것인가를 놓고 고민한 것도 그 연장선상에서 일어난 일이다. 고심하는 가운데 나는 예정돼 있던 한·미 경쟁당국 간 연례회의를 위해 미국 출장을 강행했고, 귀국한 직후 경제수석으로 자리를 옮겼기에 고심하던 일은 현실화되지 않았다.

마지막으로는 2017년 10월 24일 무역협회 회장단, 이사회, 총회에 장문의 사임서를 제출했다. 나는 이 사임서에서 나의 사임의 이유를 명백히 밝혔다. 특히 내가 주관적으로 사임하는 이유에 더해, 정부가 나의 사임을 권유해 왔다는 사실도 분명히 했다. 아마도 전무후무한 이 일은 전 언론이 대서특필했다. 다루지 않은 언론이 없을 정도니 대단한 뉴스였다. 무역협회 회장의 임기 만료 전 사임이 그렇게 뉴스거리인지, 또 사임의 이유를 밝히는 것이 그렇게 큰 뉴스가 되어야 하는지, 정말 냉정하게 생각해 볼 일이다.

공직은 아니지만, 내가 적을 두고 있는 새문안교회의 집사로서 6년 봉직한 후 물러날 때도 나는 사임서를 냈다. 이 역시 교회에서 전례가 없었다.

거꾸로, 반드시 사표를 내고 또 받아야 하는데 제대로 하지 않은 경우가 한 번 있었다. 내가 공정거래위원장에서 경제수석비서관으로 옮겨 간 경우가 그렇다. 공정거래위원장은 '금고 이상의 형의 선고'와 '장기간의 심신쇠약'의 경우가 아니면 본인의 의사에 반해 면직되지 아니하는 임기직이다. 그런데 내가 1997년 2월 말 공정거래위원장에서 경제수석으로 옮겨 갈 때, 정부는 나에게 공정거래위원장 사표의 제출을 요구하지 않았다. 아마 총무처가 이것을 같은 장관급의 전보로 이해하고 나의 공정위원장 사표를 요구하지 않은 모양인데, 사실은 나의 공정위원장 사표를 받고 수석비서관으로 새로 임명해야 맞는 것이었다. 그래서 나는 내 친구인 후임 전윤철 위원장에게 농담으로 "나는 공정거래위원장 사표를 낸 사실이 없네. 경우에 따라서는 도로 위원장으로 돌아갈 수도 있으니 그때는 자네가 자리를 비켜 줘야 돼"라고 말했다.

나라가 발전한다는 것은 모든 면에서 보다 투명해지고 외형과 실제의 괴리가 좁아져 가는 것이라고 생각한다. 주요 공직자가 사직을 하거나 임명권자가 해임할 때는 그 배경과 이유를 분명히 해야 한다는 것이 나의 일관된 소신이다. 우리나라 인사의 관행은 내가 생각하는 이런 이상적 모습과 너무나 거리가 멀다. 사표에 관한 나의 생각을 정립하고 실행에 옮긴 것은 이런 사회를 향해 가야 한다는 나의 희망의 구체적 표현이었다.

　과거에도 그러했지만 문재인 정부에 와서 더욱 두드러진 현상, 법상 인사권이 없거나 임기 내에 있는 인사를 '압력'을 통해 중도 퇴진시키는 바람직하지 않은 인사 관행(이것이야말로 적폐다)은, 당사자들이 나의 선례처럼만 행동해도 크게 개선되리라고 믿는다.

경제수석 때 세 번의 사표

경제수석으로 재임하는 9개월 동안 나는 세 번 김영삼 대통령에게 사의를 표했다. 첫 번째는 구두로 사의를 표명했고, 두 번째는 사표를 제출했으나 반려되었고, 세 번째는 그때 반려된 사표를 가지고 있다가 20일 후 다시 제출하여 수리되었다. 그 전말은 다음과 같다.

　1997년 8월, 기아사태로 경제팀이 궁지에 몰리고 있을 때였다. 연일 언론과 정치권이 경제팀, 특히 강경식 부총리를 때리고 있었다. 급기야 8월 29일 동아일보는 '강 부총리 물러나야'라는 제목으로 사설을 실었다. 유력 언론이 사설로 특정 고위공직자를 실명을 거명하면서 사임을 촉구하는 것은 매우 이례적이며 임명권자도 이에 일정 부분 주의를 기울이지 않을 수 없는 사태였다. 나는 이 사태를 매우 심각하게 받아들였다. 말도 안 되는 힐뜯기이지만, 정치인인 대통령이 언론과 정치권의 이런 분위기에 동조하지 않는다는 보장이 없었다. 나는 대통령께 다음 요지로 직언했다.

　"지금 이 상황에서 강 부총리를 퇴진시켜서는 절대로 안 됩니다. 기아사태를 가지고 정치권과 언론이 이렇게 강 부총리를 비난하는 것이 부당하다는 것은 각하께서 누구보다도 잘 알고 계시지 않습니까? 지금 경제팀이 여러 가지 구조개혁정책을 추진중인데 이런 상황에서 부총리를 바꾸시면 이 모든 일이 허사가 됩니다. 그래서 지난번 개각 때도 강 부총리만 유임시킨 것 아닙니까? 만약 대통령께서 정치적으로 누구 하나라도 바꿔야 상황을 반전시키는 데 도움이 된다고 생각하시면 저를 바꾸십시오. 수석은 법적으로 책임을 지는 자리가 아니니까, 부총리를 경질하는 것보다는 정책의 일관성 면에서 문제가 덜할 것입니다."

이것이 첫 번째, 구두 사표였다.

두 번째는 1997년 10월 28일, 강경식 부총리가 국회에서 한 소위 '펀더멘털 튼튼론' 발언과 관련, 김 대통령은 강 부총리에 대해 불편한 심기를 나에게 표시하면서 나에 대해서도 언짢은 심경을 표출했다. 나는 이 상황을 단순히 대통령의 기분상 문제가 아니고 경제팀에 대한 대통령의 신임 여부를 확인해야 하는 사안으로 받아들였다. 다음날 10월 29일, 대통령께 강 부총리로부터 들은 그의 국회에서의 발언 배경과 진의를 소상히 보고드린 후, "어려운 경제 상황에서 최선을 다하고 있지만 좋은 결과를 가져오지 못해 죄송하다"는 말씀과 더불어 다음과 같이 이유를 명기한 사직원을 비서실장에게 맡겨 놓겠다고 말씀드렸다.

'소직은 부여된 직무를 수행함에 있어서 대통령각하의 뜻을 충분히 받들지 못하고 있다고 사료되어 이에 사직하고자 합니다.

청허하여 주시기 바랍니다.'

대통령의 신임 여부를 묻는 이 사직원은 며칠 후 반려되었다. 그러나 나는 이를 그대로 보관하고 있었다.

세 번째는 1997년 11월 18일, 금융개혁법안 국회 통과가 무산된 직후다. 나는 김영삼 대통령께 "금융개혁법은 강경식 부총리의 사업이 아니라 바로 각하의 사업"이라는 속뜻을 담은 말씀을 드리고, 20일간 보관하고 있던 지난번 사표를 김용태 비서실장에게 맡겼다. 이 사표가 다음날로 수리되어 나의 공직이 마감되었다.

인수인계와 이·취임식은 전·후임자가 함께

나는 업무 인수인계와 이·취임식의 새로운 선례를 만들고자 했다.

1996년 3월 공정거래위원장으로 임명됐을 때 나는 정부 역사상 처음으로 전임 표세진 위원장과 대면 인수인계를 하고, 이·취임식도 같이 가졌다. 표 위원장은 특별한 업무상 문제가 아니라 제도 변경, 즉 위원장 직급이 차관급에서 장관급으로 격상되는 바람에 물러나게 됐으니 기분이 썩 좋지 않았겠지만, 그런 내색을 전혀 하지 않고 나의 취임을 축하해 줬을뿐더러, 이·취임식을 동시에 하자는 내 제안도 흔쾌히 수락해 주었다. 그에 앞서, 3월 8일 오후에 대통령으로부터 임명장을 받기 전 그날 오전 내내 사무실에 같이 앉아 많은 대화를 하면서 실질적인 인수인계도 했다. 표 위원장과 나는 정부에 좋은 전통을 세우는 것이라는 데 생각을 같이 했다.

무역협회장으로 취임할 때도 전임 한덕수 회장과 함께 이·취임식을 했는데 이 또한 무역협회에서는 선례가 없는 일이었다. 이·취임식 전에도 둘이 여러 번 만나 실질적이고 의미 있는 대면 인수인계도 했다.

나는 이것이 관행으로 정착했으면 좋겠다고 늘 생각해 왔지만, 이후 그런 예가 다시 있었다는 이야기를 듣지 못했다. 이것을 전임자가 먼저 요청하는 것은 적절하지 않다. 신임자가 먼저 그 필요성을 느끼고 정중하게 전임자에게 요청하고, 여기에 전임자가 흔쾌하게 동의해야 이뤄질 수 있는 것이다. 나만 해도, 무역협회 회장을 물러날 때 후임 회장으로부터 이런 요청을 받지 못했다. 그가 왜 그랬는지 짐작도 되고 어느 정도 이해도 간다.

이런 전통이 정부에 일찍부터 확립돼 있었더라면, 외환위기와 IMF행의 급박한 순간에 물러나는 강경식 부총리와 후임 임창열 부총리 사이에 인수인계도 원활하게 이루어지고, 나라의 중대사가 혼란에 빠지고 나중에 형사적으로까지 문제가 되는 난맥상은 원천적으로 발생하지 않았을 것이다. 아쉬운 일이다.

3. 영원한 공인

내가 나의 전 생애를 민간부문 재직 시절 20년을 포함하여 '공인생활 50년'으로 부르고 있는 것은 '한번 공인은 영원한 공인', '공직에는 마침표가 없다'는 생각을 갖기 때문이다.

2017년 10월 24일 무역협회 회장직의 사임서를 제출하면서 언론과의 인터뷰에서 나는 "이제까지 정부를 위해 일했지 정권을 위해 일한 적이 없다"고 말했다. 공직에 있을 때나 민간에서 일할 때나 나의 최고이자 제일의 관심은 '공익(public interest)'이었고, 정권과 연계해서 공직에 관심을 표시한 적도, 정권의 향배에 따라 소신을 바꾼 적도 없음을 강조한 것이다. 이날 이후 나는 "나중에 어떤 사람으로 기억되기를 원하느냐"는 질문을 받으면 "영원한 공인(Born Public Figure)"이라고 이야기하겠다는 생각을 품어 왔다.

내가 걸어온 길에 비추어, 바람직한 공인관은 구체적으로 다음과 같이 나타난다고 생각한다.

정권이 아니라 정부를 위해

첫째로, 공직에 있을 때의 공인관은 이렇게 요약할 수 있다.

> 정부를 위해 일하지 정권을 위해 일하지 않는다. 소속 부처의 생각이나 이해에 머물지 않고 국가, 정부, 국민적 관점에서 문제를 이해하고 답을 찾으려고 노력한다. 어제 'A'라고 한 이야기를 상황이 바뀌었다고 'B'라고 바꾸어 말하지 않는다. 예컨대 정권의 향배, 상사의 변경으로 정책이 변화되어도 지금까지의 내 신념에 변화가 없는 한 당초의 생각, 소신을 일관성 있게 지키려고 노력한다.

정책의 변화, 상사의 변경으로 정책 방향이 바뀌었을 때 불이익 가능성을 무릅쓰고 당초의 소신을 지키려고 한 대표적인 보기는, 노태우 정부가 금융실명제를 실시하려다가(A) 포기(B)로 선회했을 때 내가 한 처신이다. 당시 내가 차관보로서 실명제를 폐기하려고 하는 사람들에 영합하여 "정책 'B'가 옳다"고 이야기하고 다닌다고 해서 그 사람들에게 내가 수용되었을 리도 없었거니와, 나는 신상의 유·불리를 떠나 정책 'A'가 옳다는 소신에 변함이 없었기에 계속해서 소신을 따랐을 뿐이었다. 공직을 그만두어야 할지 모르는 정도의 위기까지 갔다가 잘 수습되어 대외경제조정실장으로 전보되었으나, 당시 기준으로는 좌천이었다. 나의 후임 차관보는 금융실명제에 대해 평소 나와 거의 다름없이 'A'가 옳다고 생각했겠지만, 그는 새로운 경제팀(언론이 '실명제 나가리 팀'이라 부른)의 정책 'B'의 충실한 집행자 역할을 맡기를 주저하지 않았다.

최근 문재인 정부에서 많은 공직자들이, 자신들이 과거에 믿고 추구하던 자유시장경제의 이념과 너무나 다른 전체주의적, 사회주의적 성격이 농후한 정책 방향을 추종하지 않을 수 없는 상황에서 느낄 좌절감을 생각하면 가슴이 아프다. 내가 그런 위치에 있다면 어떻게 할 것인가 하고 생각할 때가 많다.

공직에는 마침표가 없다

공직을 떠나서는 이런 모습이 될 것이다.

비록 민간부문에 있을지라도 주 관심은 여전히 '공익의 증진'이다. 따라서 민간에서의 활동이나 정부에서의 일이나 본질적으로 차이가 없다. 나의 경우 정부에 있을 때와 마찬가지로 민간에서도 시장주의자로서 일관된 생각을 견지하면서, 한국경제에 시장경제 원리를 확산시키는 일을 연구활동을 통해 실현하려고 노력한다. 특히 민간에서의 연구활동 과정에서는 정부에 있을 때 가졌던 각종 경제적 문제의식에 대해 나 스스로 보다 더 깊이 생각하고 다양한 전문가의 견해도 아울러 고려한 바탕 위에서 정책적 대안을 제시하는 과정을 지속적으로 추구한다.

공인이 반드시 공직자에만 한정되는 것은 아니다. 좁은 의미의 공직에 있지 않더라도 사회적으로 일정한 공적 역할을 하는 사람은 공인이며, 무엇보다도 본인의 의식구조 속에 공인정신이 있어야 공인다운 공인이라 할 것이다. 한 번도 공직을 맡지 않고도 공인정신으로 일관한 분들도 있지만, 나와 같은 공직 출신이야말로 '한번 공인은 영원한 공인', '공직에는 마침표가 없다'(김영삼 대통령 정부의 장·차관들 모임인 '마포포럼'이 2001년 발간한 책 제목이 『공직에는 마침표가 없다』였다)는 정신으로 일관할 수 있다면 더할 나위 없는 보람이라고 생각한다.

나는 스스로 그런 자화상을 그리며 살아왔다고 감히 말하고 싶다. 스스로 시장주의자로서 정체성을 확립할 수 있었던 것, 정통 관료 출신으로서 오히려 관료의 틀에 갇히기를 거부하면서 계속한 나의 공직 생활, 공직을 물러나서 민간부문에 있으면서도 주로 연구활동을 통해 정부에 있을 때의 문제의식과 정책적 관심을 심층적으로 탐구하는 등, 이 모든 것은 이런 나의 공인관, 공인정신이 가져온 결과라고 생각한다.

제5부

나를 만든 만남과 인연들

공직의 대부분을 경제기획원에서 보낸 것은 나에게 더할 수 없는 행운
이고 축복이었다.

연구소 경영과 연구활동은 공직에 이어 두 번째 천직이 되었다.

두 차례 교향악단을 지휘한 후에는 '오케스트라를 지휘하는 시장주의
자'라는 별명이 따라다녔다.

17

나의 개인사

1. 부모님

(1) 아버님 김영환 목사

나의 아버님 김영환(金英煥, 1900~1985) 목사는 19세기 마지막 해인 1900년에 밀양에서 태어나셨다. 남들보다 훨씬 늦게 20세가 넘어 평양의 숭실중학교와 숭실전문학교, 그리고 평양장로회신학교를 졸업(27회)하시고 경남노회에서 목사 안수를 받으셨다. 창원교회, 고성교회, 진주 봉래정교회에서 시무하셨으며 해방 전 경남노회 장을 역임하셨다. 1971년 경남노회 공로목사로 추대되셨다.

아버님은 가장 정통 장로교 목사인데도 전도와 사회활동은 개교회, 교단의 차원을 넘어 초교파적으로 활동하셨다. 해방 후에는 목회를 그만두고 기독교 사회운동, 특히 농촌운동에 투신하셨다. 부산 동아대학 설립에 참여하셨고, 부산소년원(법무부 소속)을

1932년 평양장로회신학교 졸업 (27회) 때의 아버님 고 김영환 목사.

창설하여 원장으로 봉직하셨다. 이어서 농촌계몽운동에 뛰어들어 흥국형제단과 복음농민학교를 설립해 활동하셨고 『흥국시보』 주간으로도 활동하셨다. 6·25전쟁 때는 실의에 빠진 많은 부상병들에게 복음을 전하고 정신적 재무장을 유도하기 위해 '상이군인 신생회'를 창설하고, 그 연장선상에서 '새나라건설대'를 조직하셨다.

아버님의 덴마크에 대한 관심은 특기할 만하다. 6·25전쟁중 아버님은 우리나라 최초의 민간 외교단체인 '한국·덴마크협회(한정협회韓丁協會)'를 창설하셨다. 그 인연으로 아버님은 환갑을 넘긴 1961년, 덴마크 왕실 초청으로 엘시노어(Elsinore)에 있는 국제국민대학에서 2년간 덴마크 발전사를 연구하셨다. 귀국 후에는 덴마크 '갱생운동'을 우리나라 근대화의 모델로 삼고 전국을 순회하며 강연하셨다. 사실은 그 이전 일제강점기부터 덴마크를 우리나라 발전의 모델 국가로 생각해 오셨고, 그 생각을 실천하신 것이다. 덴마크 발전사에 관해 우리나라 최고의 전문가가 되셨고, 『덴마크 구국 영도자 그룬트비 전기』, 『덴마크 갱생운동사』, 『지도자의 고향』, 『한민족의 가슴에 타는 불』 등 여러 저술을 남기신 일은 『숭실 100년사』에도 기록되어 있다.

1966년에는 '한국기독교농촌봉사회'를 조직하고 16년 동안 회장, 이사장 등을 역임하시며 숱한 젊은 기독교 농촌 지도자들을 길러 내셨다. 장로교신학대학, 감리교신학대학, 서울신학대학 등에서 강사로도 가르치셨다.

1978~80년, 해외 교포들의 민족의식을 일깨우고 교포 2세들의 한글 교육과 뿌리 교육을 위해 『한국독립운동』 시리즈(제1편 『열강의 침략』, 제2편 『3·1운동 전모』, 제3편 『항일운동』)를 제작하여, 한국뿐 아니라 미국과 캐나다의 교포사회와 교회를 순회하면서 강연하는 등 열정적으로 활동하셨다.

아버님은 흔히 '한국 기독교 농촌운동의 대부'로 불린다. 85세에 국민훈장 동백장을 수상하셨는데 이것은 과거 공적이 아니라 그 당시 활동에 대한 상훈이었으니, 영원한 현역으로서 '정년 없는 삶'을 살다 가신 분이다. "일하느라고 늙을 틈이 없다"고 늘 말씀하면서, 돌아가실 때까지 50대의 건강을 유지하면서 정력적으로 활동하시다가 85세를 일기로 소천하셨다. 당시로서는 천수를 누리셨다고 할 수 있다.

"복음에는 국경이 없으나 기독교인에게는 조국이 있다."

"눈에 보이는 나라를 사랑하지 않는 사람이 어떻게 보이지 않는 하나님을 사랑할 수 있겠는가."

아버님은 이런 신조를 바탕으로 기독교 신앙과 나라 사랑을 조화하기 위해 일생을 바친 분이고, 공적 사명에 대한 나의 자각의 뿌리가 되신 분이다. 아버님이 가장 좋아하신 성경 구절 "여호와께서 내게 주신 모든 은혜를 무엇으로 보답할꼬"(시편 116편 12절)는 지금 우리 집안의 가훈이다. 애창하신 '구주와 함께 못박혔으니'(찬송가 407장, 갈라디아서 2장 20절)는 나 역시 가장 좋아하는 찬송가다.

1985년 10월 아버님이 갑작스럽게 소천하셨을 때 시인인 오병수 목사가 헌시를, 김경래 장로(경향신문 편집국장 역임, 당시 한국기독교 100주년기념재단 상임이사이며 한국장로총연합회 대표회장)가 장례식장에서 조사를 했다. 헌시는 아버님 묘비의 비문으로 새겨져 있다.

뒤안길 **역사에 남을 아버님의 업적**

아버님은 역사에 남을 일을 최소한 세 가지 하셨다.

첫째, 1950년 6·25 직후 '상이군인신생회' 창설이다. 아버님은 스스로 군목을 자처하며 군번, 계급 없는 군복에다 군모에 십자가만 달고 육군병원에 가서 실의에 빠진 상이군인들에게 전도를 시작하고 이를 조직화하셨다. 사실상 우리나라 군목 제1호였고

1951년 부산육군병원에서 상이군인 선교활동중인 아버님. 군복, 군모에 계급장은 없고 십자가만 있다.

실질적으로 군목제도를 창설하신 분이다. 계급이 부여된 법상 군목제도는 1951년 만들어졌다.

둘째, '새나라건설대' 창설이다. 새나라건설대는 상이군인들이 전후 각자의 고향에 돌아가서 그 지역의 정신과 생활의 실질적 지도자가 될 수 있도록 신앙교육, 실생활 개선 교육, 리더십 등에 관한 교육을 조직적, 체계적으로 실시했다. 아버님이 직접 만드신 '새나라건설대 요강'은 후에 박정희 대통령이 주도한 새마을 운동의 실질적 효시라 할 만한 내용을 담고 있다.

셋째, 1952년 '한정협회(한·덴마크협회)' 창설이다. 당시 덴마크를 한자이름으로 '정말(丁抹)'이라고 불렀다. 한정협회는 우리나라 민간 외교단체의 효시였다. 아버님은 이 협회를 통해 덴마크에 10

년간에 걸쳐 104명의 농업 유학생을 보내 농촌 지도자 양성에 기여하셨다. 한국·덴마크 간 민간외교 공적으로 덴마크 국왕으로부터 다네브로그(Dannebrog) 훈장을 수훈하셨다.

(2) 어머님 최경애 권사

나의 어머님 최경애(崔敬愛, 1904~2003) 권사는 1904년 6월 29일 전남 광주에서 태어나 1923년 광주 수피아여고, 1930년에는 평양여자신학교를 졸업하셨다. 1919년 수피아여고 학생으로 3·1독립만세운동에 당시 최연소 학생으로서 태극기를 제작하고 보급하며 만세시위에 참가하셨다. 일제 경찰에 검거되어 8개월형을 언도받고 광주형무소에서 복역하셨다.

어머님은 평양여자신학교를 졸업한 해인 1930년 2월, 당시 평양신학교 학생이던 아버님과 결혼하셨다. 골수 경상도인 아버님과 골수 전라도인 어머님의 만남이니 동서화합의 효시가 아닐까?

1930년 광주 배영학교 교사, 1945년 부산소년원 교관, 독립촉성회 부산서부지회 총무를 역임하셨다. 1948년에서 1954년까지는 경상남도 사회과 부녀계장으로 봉직하셨다. 1967년 삼일여성동지회 창립회원으로 참여하여 부회장을 역임하셨고, 1995년 삼일여성상을 수상하셨다. 2003년 6월 향년 99세로 소천하셨다.

어머님은 여성으로서 부산지역에서 가장 활동을 많이 하신 분

1985년 8월 아버님 소천 직전, 아버님 국민훈장 수훈 기념으로 온 가족이 함께.

이다. 경남도청 최초, 최고위 여성공무원으로 6·25 전란 때 피난민 구호 등 많은 활동을 하셨다. 오랫동안 공직을 경험하셨기 때문에 "공무원이 제대로 일을 하면 정말 많은 사람들에게 좋은 영향을 줄 수 있다"는 말씀을 항상 하셨다. 나는 자라면서 수시로 이런 말씀을 들으며 나도 모르는 사이에 많은 영향을 받았다. 내가 법과대학에 진학하고 공직에 나가기로 결심하는 데 어머님으로부터 결정적인 영향을 받았다.

어머님의 신앙심과 애국심은 아버님에 못지않았다. 여고 시절 3·1운동에 참여한 것을 평생 매우 자랑스럽게 생각하셨다. 당시로는 드물게 평양여자신학교를 졸업하셔서 당연히 전도사 자격을 가지고 계셨다. '너희 이름이 하늘에 기록된 것으로 기뻐하라'(누가복음 10장 20절 하)는 어머님이 가장 좋아하신 성경 구절이다.

어머님은 매우 다정다감하셨으나 고집이 세시고 주관이 강하셨다. 젊은 시절부터 몸이 약했고 병이 많다고 스스로 말씀하셨지만 오히려 100세 가까이 건강하게 장수하셨다.

나는 부모님 두 분의 DNA, 즉 아버님으로부터는 공적 마인드와 불굴의 의지, 그리고 어머님으로부터는 강한 자아와 고집을 모두 물려받았다고 생각한다.

2. 아내와의 만남, 결혼, 가정생활

나는 서울법대 1학년을 마치고 육군에 복무하여 병역을 필한 후 복학하여 대학 생활을 계속했다. 이 무렵 나는 나의 전 인생을 지배하게 될 두 가지 큰 사건과 부닥치게 된다.

하나는 공부중에 발병한 허리디스크였다. 당시로는 엄청나게 큰 수술을 받고 일생 허리와의 싸움을 시작한 것이다. 다른 하나는 이 과정에서 평생의 반려가 된 아내 이진자를 만난 것이다. 그런데 이 두 사건은 맞물려 있다. 허리디스크가 발병하지 않았더라면 아내도 만나지 못했을 것이고, 나는 지금과 전연 다른 인생을 살았을지도 모른다. 전화위복이라 할까, 하나님의 뜻이라고 할까.

1963년 말부터 '64년 초에 걸쳐 나는 도서관에 앉아 있을 때마다 허리 통증을 느꼈다. 당시 스칸디나비아 3국 사람들이 운영하

1966년 3월 나의 대학 졸업식장에서, 나중 아내가 될 이진자와.

던 메디컬센터(국립의료원)에서 진단을 받고 허리디스크라는 판정을 받았다. 다른 조치에 앞서 우선 꼼짝 말고 두어 달 누워 있을 것이며, 심지어 화장실도 가지 말고 받아 내라는 처방을 받았다. 의사의 명령이니 안 들을 수 없어 한동안 누워 있었지만, 젊은 나이에 고역이 따로 없었다.

도저히 견딜 수 없어 병원에 가서 수술을 해 달라고 부탁했다. 1964년 3월 30일 척추 특수촬영을 위해 메디컬센터 14병동에 입원한 그날, 그 병동의 간호원으로 있던 아내를 만났다. 아내는 나와 동급생으로 경기여고를 나와서 메디컬센터 간호학교를 졸업하고 근무중이었다. 자연히 친근감이 들어 잠깐이지만 이런저런 이야기를 나누었는데, 그때만 해도 '제법 괜찮은 사람이 있네' 정도로만 생각했다.

그 후 다시 입원해 디스크 수술을 받고 퇴원해서 어느 정도 회복이 되던 그해 7월경, 문득 '그때 그 사람'이 생각났다. 바로 전화를 걸어 만나자고 해 데이트가 시작되었다. 약 4년간 연애를 했다.

아내는 나와 고교 같은 학년이지만, 6·25 때 학교를 쉬어서 나이는 나보다 두 살이 많았다. 당시로서는 매우 드문 연상의 여인, 무엇보다 친정이 비기독교 집안이라 결혼하기에는 장애가 많았다. 게다가 나는 여전히 학생이어서 장래가 전혀 결정되지 않은 상태로 긴 연애 시절을 보냈으니 고민도 많았다. 1966년 8월 행정고시에 합격하고 나서 비로소 결혼으로 가는 길을 확신하게 되었다.

내가 1967년 경제기획원 초임 사무관이 되어 첫 보직으로 조사통계국 기준계장이 되고, 이듬해 1968년 3월 15일 우리는 결혼했다. 사귄 지 만 4년이 돼 가던 때였지만 경제적으로는 결혼 준비가 전혀 안 되어 있었다. 나는 당시 만 스물여섯이 채 안 됐지만 아내는 스물여덟을 바라보고 있었다. 아내 입장에서는 더는 결혼을 늦추기 어려운 나이이기도 했고, 무엇보다 시간이 흐른다고 형편이 나아질 전망이 전혀 없었다. 그렇다면 죽이 되나 밥이 되나 결혼부터 해 놓고 형편 되는 대로 살아가자고 합의했다.

평생 기독교 농촌운동에 투신한 아버님으로부터는 결혼 비용으로 한 푼도 받을 형편이 아니었다. 나 자신 박봉의 공무원을 시작한 지 1년 남짓 됐으니 저축이 있을 리 없었다. 결혼 비용도 그렇고, 결혼 과정을 챙겨 주실 어머님은 그때 작은누님 집을 도와주기 위해 미국 디트로이트에 가 계셨다. 아내는 취업 5년째라 나보다는 조금 저축이 있었을지 모르지만 역시 부모로부터 크게 기대할 수 있는 형편이 아니었다. 아내가 초등학교 때 아버지 사업이 실패했고, 아홉 살 때 어머니를 여의고, 고등학교 때부터 가정교사를 하면서 학교를 다녔다. 특차에 전액 국비인 국립의료원 간호학교에 입학해서 졸업하고 간호원의 길을 걸은 것이다. 그러니 둘 다 결혼 준비라고는 거의 아무것도 없는 상황이었다.

결혼식은 명동 YWCA에서 올렸다. 참 가난한 때였어도 결혼하면 신부에게 다이아 반지 하나는 해 주는 것이 당시의 상식이었지만 나에겐 언감생심, 18K 민짜 반지 하나씩 만들어 나누어 끼는 것으로 때웠다. 서양에서는 이 반지는 링(ring)이라 하지 않고 밴드(band)라 구별하면서, 한번 끼면 몸의 일부가 되어 이혼하지 않는 한 평생 빼지 않으며, 이것을 진짜 결혼반지로 생각한다는 이야기를 어디서 들었다. '그것 참 좋은 풍습이다'라고 생각하고 이 말을 인용하며 위안을 삼았다. 나중에 형편이 좋아지면 다이아 반지를 해 줄 요량이었다. 훨씬 뒤 정작 형편이 되어 해 주려고 하니까 아내가 "언제 그런 반지 낄 기회가 있다고 새삼 다이아 반지를 하느냐"고 사양했다. 결국 나는 평생 다이아 반지 하나 안 해 주고 장가간 사람으로 남고 말았다.

신혼여행도 해외로 가는 것은 꿈도 못 꾸던 시절이었다. 좀 형편이 나은 사람들이 제주도를 가는 정도고, 우리는 그럴 처지도 안 됐다. 결혼식 후 첫 밤은 워커힐에서 보내고, 다음날 부산 해운대로 가서 신혼여행을 갈 만한 수준의 호텔로 거의 유일하던 극동호텔에 묵고 왔다. 2018년 결혼 50주년 금혼(金婚) 여행으로 옛날 극동호텔 자리에 세워진 '팔레드시즈(Pale De Cz)'라는 콘도를 우

신혼 첫 밤을 보내고 워커힐에서(1968. 3. 16).

신혼여행지 부산 해운대 극동호텔 앞에서 (1968. 3. 17)

2018년 3월 14일, 결혼 50주년 기념 여행으로 부산 해운대 옛 극동호텔 자리의 팔레 드시즈 앞에서. 뒤는 당시 건설중이던 엘시티.

정 찾아가서 50년 전 힘든 시절의 신혼여행을 추억하고 왔다.

신혼 생활은 전세 한 칸 얻을 형편도 안 되고 아버지 혼자 계시게 할 수도 없어, 그 좁은 종암아파트에서 아버지를 모시고 시작했다. 다른 대안이 없었다. 아버지도 무척 불편하셨겠지만, 말없이 현실을 감내해 준 아내의 마음도 고마웠다. 그렇게 어렵사리 시작한 결혼이 50주년을 넘겼으니 감개무량하다.

결혼 후 아내와 맞벌이를 했다. 아내는 국립의료원 간호학교 교사가 돼 교육공무원 봉급을 받았는데, 나보다 봉급이 많았다. 그래도 당시 공무원이란 게 워낙 박봉이라 생활은 여전히 어려웠다. 지금도 넉넉하진 않지만, 당시 공무원 봉급은 정말 형편없었다. 나의 초임 사무관 시절 한 달 봉급은 1만 2천 원이 채 안 됐는데, 당시 쌀값이 80킬로그램 한 가마에 4,200원이었으니 쌀 세 가마 값도 못 되는 봉급을 받은 것이다. 요즘 쌀값 시세 기준으로는 55만 원쯤 된다. 그에 비하면 사무관 평균 월급인 약 250만 원은 당시에 비해 실질구매력으로 다섯 배쯤 오른 셈이다. 그래서 초임 사무관 시절 2년간 종로구 낙원동에 있던, 사무관 승진시험 준비생들이 다니는 경기학원 헌법 강사로 잡비를 벌어 쓰면서 어려운 사무관 초임 시절의 생활을 이어 갔다.

50여 년의 긴 세월 건강하게 아들 딸 낳고 부모님 모시면서, 공무원이라 넉넉지 못한 생활이 불가피한 남편을 만나 살아 준 아내에게 감사한 마음이 크다. 아내가 아니었더라면 나는 공무원을 중도하차했을 가능성이 크다. 맏며느리가 아니면서도 한 집에서 나의 부모님을 모시고 살면서 두 분 장례까지 다 모셨다. 아버님

조사통계국 기준계장 시절 부업으로 경기학원에서 헌법 강의(1967년 가을).

돌아가시기 전 17년, 어머님 말년의 36년을 친딸처럼 모셨으니 나는 아내 덕분에 효자 노릇도 할 수 있었다.

아내 이야기를 길게 하면 불출이 될지 모르지만, 나의 공적 삶의 배경 중 가장 중요하다고 생각하기에 조금만 더 한다.

무엇보다도 아내는, 어려운 환경에서 성장하고 학교 다니고 일찍 사회로 진출하여 나와 연애하고 결혼을 했지만, 그런 그늘이 전혀 보이지 않았다. 밝고 너그럽고, 남에 대한 배려가 남달랐다. 어려운 가정형편에 내심 불만을 갖고 있던 나 스스로가 부끄러울 지경이었다. 나를 만나 늦게 기독교인이 됐지만, 기독교적 이웃 사랑이 나보다 훨씬 더 몸에 밴 생활을 해 왔다. 나는 원래 성격이 강하고 좀 까다롭고 원칙과 합리에 집착하는 편이어서 때로 주위 사람들과 잘 조화를 이루지 못하는 경우가 많은데, 오랜 결혼 생

2018년 3월 13일 자식들이 마련한 결혼 50주년 기념 가족 만찬(차이797 청계점). 왼쪽부터 아들 광진(LG디스플레이 상무), 며느리 이성희, 손녀 서영(연세대 국제학부 3학년, 이하 당시), 둘째 외손자 오주원(초5), 우리 부부, 첫째 외손자 오승원(중1), 사위 오정우(연세대 공대 교수), 딸 광주.

2018년 3월 15일 결혼 50주년 기념여행중 만찬(부산 파라다이스호텔).

활을 하면서 아내의 감화(?)를 받아 성격이 많이 누그러졌다고 스스로 느낀다. 오랜 공인 생활중 인간관계의 난관들을 극복하고 이만큼이나마 성취를 할 수 있었던 것은 아내로부터 받은 영향이 컸음을 고백한다. 그러니 여러 가지로 나는 아내에게 큰소리치고 살 처지가 못 된다. 그런데도 가끔 성질을 부려 핀잔을 들으니 나는 아직 수양이 덜 된 모양이다.

무역협회장에서 사임한 이후 사적으로 가장 중요한 일은 아마 2018년 3월 15일에 맞은 결혼 50주년일 것이다.

우리나라에서는 결혼 50주년보다는 60주년인 회혼(回婚)을 더 중요하게 생각하지만, 60주년이면 사람이 너무 늙어 버려 과거를 생각하면서 의미 있는 기념행사를 하기 어렵다. 그래서 외국 사람들이 흔히 기념하는 50주년 금혼을 조촐하게 가족끼리 잘 기념했다. 결혼 50주년 며칠 전에는 아이들이 기념 만찬도 잘 차려 주었다. 기념행사의 일환으로 신혼여행 당시 묵었던 부산 해운대 극동호텔 자리에 있는 팔레드시즈 콘도에 며칠 머물면서 50년 전을 회고하는 시간을 가졌다.

뒤안길　가정경제 원칙 '10분의 3은 바치라'

경제적 기반이 너무 없이 시작한 결혼 생활로, 1960~70년대에는 맞벌이를 해서 겨우 최저생활을 할 수 있었다. 그래도 나는 어머님이 주신 가정경제 원칙을 지키려고 애썼다.

어머님은 내가 어릴 때부터 항상 이렇게 말씀하셨다.

"네가 나중에 월급을 받으면 10분의 1은 하나님께, 10분의 1은 나라에, 10분의 1은 부모에게 바치고 나머지 10분의 7만 가지고 살 생각을 해라."

결과적으로 이제까지 살면서 소득세를 원천징수하는 직업만 가졌으니 일생 탈세커녕 수입의 10분의 1보다 훨씬 많은 세금을 냈다. 맏아들이 아니면서 50년 넘게 부모님을 한 집에 모시고 살고 두 분 장례까지 모셨으니 부모님께도 말할 나위가 없다. 그리고 10분의 1 이상은 무조건 떼어서 교회 헌금을 비롯해 나의 필요가 아닌 데 쓰는 원칙을 지금까지 고수하고 있다. 결과적으로 가정경제 원칙은 어머님 말씀을 지키며 살아온 셈이다. 이런 생활 원칙에 동의하고 살아 준 아내에게 고마운 마음이다.

인생의 저물녘에 다가가는 이 시점에서 생각하는 것은, 결국 하나님은 우리가 꼭 필요로 하는 것은 결국은 채워 주신다는 믿음이다. 나는 공직에서 퇴임 후 정부나 후배들이 주선해 주는 어떤 일도 한 적이 없고, 대기업그룹 신세를 진 적도 없고, 스스로 연구소를 만들어 연구활동을 주로 했지만 경제적으로는 공직에 있던 때보다 오히려 여유가 있었다. 물론 나는 많은 욕심 중 물질에 대한 욕심이 가장 작다고 스스로 생각한다. 과도한 욕심을 내지 않으려고 노력해 왔기에 그럴 수 있었을 것이다. 기대 가능성을 낮추면 적은 것으로도 만족도를 높일 수 있는 것은 세상 이치다.

내가 나이 일흔이 훨씬 넘어 뜻하지 않게 무역협회 회장으로 추대되어 3년 가까이 재임하면서, 나의 일생중 가장 많은 나이에 가장 많은 월급을 받아 경제적으로 가장 여유 있는 생활을 할 수 있었다. 감사하지 않을 수 없다. 아내와 가끔 이렇게 이야기한다.

"하나님이 우리가 너무 경제적으로 여유 없이 살아왔기에 불쌍히 보셔서 마지막으로 보너스를 주셨다."

나의 경제생활을 돌이켜 볼 때 성경말씀은 틀린 게 없다.

'나의 하나님이 그리스도 예수 안에서 영광 가운데 그 풍성한 대로 너희 모든 쓸 것을 채우시리라.' (빌립보서 4장 19절)

'욕심이 잉태한즉 죄를 낳고, 죄가 장성한즉 사망을 낳느니라.'

(야고보서 1장 15절)

3. 직계 자손

1969년생인 아들 광진(光晉)은 한양대 기계과에 입학해 수학중 군복무를 마치고, 졸업 후 금성사(지금 LG전자)에 입사해 현재 LG디스플레이 상무로 근무중이다. 1995년 이성희와 결혼하여 딸(서영) 하나를 낳았다. 손녀 서영은 현재 연세대 국제학부에 다닌다. 최소한 둘은 낳아야 본전인데 딸 하나로 끝낸 것이 우리 부부에게는 큰 아쉬움이지만, 우리 원하는 대로 안 되는 일이었다.

아들은 내가 시러큐스에서 공부할 때, 그리고 시카고에서 근무할 때 데리고 가서 일찍부터 바깥바람에 접했고, 장성해 들어간 회사에서도 해외 관련 업무를 주로 하고 있다. 회사의 배려로 미시애틀 워싱턴대학의 MBA 과정(연세대와의 공동 프로그램)을 졸업했다.

나는 아들이 독립적으로 강하게 크기를 바라, 대학 입학 후에 진로 등에 일체 간여하지 않았다. 회사에 입사하여 사회인이 되고부터는 더욱 그랬다. 아들 역시 특별히 아버지의 조언을 원하거나 도움을 청한 적이 없다. 단 하나, 재학중 군 문제로 고심하는 것 같기에 "군대를 가지 않고 어떻게 해 볼 생각은 꿈도 꾸지 마라. 군대를 가려면 아버지의 경험상 재학중 가는 것이 좋겠다" 정도가 내가 해 준 조언의 전부다. 현재까지는 회사에서 일을 잘하고 있는 것 같아 다행스럽게 생각하고 있다.

1971년생인 딸 광주(光珠)는 어릴 때 엄마와 오래 떨어져 있어 아내가 특히 각별한 정을 가지고 있다. 이화여대 화학과를 졸업하고 고려대 대학원에서 분자생물학을 전공하여 석사학위를 받았다. 졸업 후 김앤장법률사무소의 특허 파트와 소비자보호원 시험검사실에서 근무했다. 2002년 당시 미국 텍사스대-오스틴(University of Texas, Austin)에서 재료공학 박사과정에 있던 오정우와 결혼했다. 미국에서 두 아들(승원, 주원)을 낳았다. 사위는 연세대 학사, 포스텍 석사를 마쳤고 2004년 박사학위를 받은 후 오스

틴에 있는 세계 8대 반도체회사의 공동출자 연구소인 세마테크 (SEMATECH, Semiconductor Manufacturing Technology) 연구원으로 근무하다 2012년부터 연세대 공대 글로벌융합공학부 교수로 근무중이다. 딸과 가족은 연세대 국제캠퍼스(제2 캠퍼스)가 있는 인천 송도에서 살고 있다. 딸은 특히 신앙심이 두텁다.

아들 딸 아무도 내가 돈 들여 유학을 안 시켰고, 국내에서 학교를 마치고 일찍 취직해서 자기들 밥벌이를 해 주어서 내가 박봉의 공무원 봉급으로 버틸 수 있었다. 지금까지 자식들 문제로 크게 고민한 적이 거의 없다. 하나님의 특별한 축복이 나와 나의 집에 같이하신다고 생각하고 감사하고 있다.

뒤안길 이산가족 5년과 집 장만

결혼 후 부모님까지 모시고 사는 나의 공무원 생활은 너무 어려웠다. 아내가 국립의료원 간호학교 교사로 교육공무원이라 아내의 봉급이 오히려 나보다 많았지만, 워낙 전반적으로 봉급 수준이 낮던 시절이었다. 경제기획원 기획 사이드는 속된 말로 부수입 한 푼 없는 곳이었다. 통계국 시절에는 학관에서 강의를 해서 잡비라도 벌었지만 기획국으로 옮기고부터는 주말에도 일하는 때가 많아 그나마 할 수가 없었다.

아들 광진에다 딸 광주까지 네 식구가 되었다. 앞으로 조그만 집이라도 하나 장만하려면 어떤 돌파구가 없이는 불가능한 상황이었다. 그래서 아내는 일찍 수속을 해 두었던 미국 병원 취업을 모색했다. 당시로는 획기적으로 수입을 늘리기로 마음먹은 것이다. 마침 내가 미국 유학의 전망이 서자 이를 실행에 옮겼다. 내가 시러큐스 유학을 끝내고 혼자 귀국한 것도 같은 이유에서였다. 유학 기간중 아내가 병원에서 열심히 일했지만 조그만 집 한 칸이라도 장만하기에는 어림없었다.

내가 예산국 근무중 미국 유학을 추진하면서 가능하다는 판단이 설 즈음, 아내는 독자적으로 수속을 밟아 나보다 먼저 1971년 10월에 미국으로 떠났다. 일찍부터 미국 병원에 취업 수속을 밟아 온 아내는 나의 미국 유학 수속이 끝나기를 기다려 같이 가기 어려운 형편이었다. 아내는 친한 친구가 먼저 가 자리 잡고 있는 디트로이트로 갔다.

공무원이 정부가 보내 주는 유학을 가면서 가족을 대동하는 것은 상상도 할 수 없는 시절이었다. 당시 아들 광진은 세 살, 딸 광주는 겨우 6개월이었다. 이 아이들을 할아버지 할머니에게 맡기고 아내는 생전 처음 타는 비행기를 타고 혼자 떠났다. 그때 아내의 마음이 어떠했을지 짐작이 간다. 그때부터 우리 가족은 내가 1976년 4월 과장 때 시카고 경제협력관으로 부임하는 도중 하와이에서 온 가족이 다시 모일 때까지 약 5년간 여러 차례 헤어졌다 모이는 어려운 과정을 겪었다.

1972년 겨울, 시러큐스 유학 시절 대학의 기혼자 주거단지 우리 집 앞에서 아내와 아들 광진.

첫 번째 이산은 아내 혼자만 미국에 가서 내가 아이 둘을 데리고 부모님과 함께 살 때였다.

두 번째는 다음해 내가 시러큐스 유학 길에 아들 광진만 데리고 가서 아내와 합류하여 미국서 세 식구만 지낼 때였다. 딸 광주는 미국에 데려가기에는 너무 어려서 하는 수 없이 1년 반을 할아버지 할머니와 지냈다.

공부를 마치고 귀국할 때 아내는 미국에 혼자 남고 나와 아들만 귀국하면서 세 번째 이산가족이 되었다.

1974년 10월 아내가 귀국해서 온 식구가 다시 모이게 되었지만, 1년 동안의 일시 상봉이었다. 아내는 미국 영주권자로서 1년 이상 바깥에 머물면 영주권이 소멸되는 데다, 내가 어떤 형태로든 지 빠른 시일 내에 미국으로 다시 올 가능성이 어느 정도 있다고 판단, 1975년 10월 다시 혼자 미국으로 갔다. 내가 부모님과 두 아이만 데리고 살면서 네 번째 이산가족이 되었다.

우여곡절 끝에 과장 승진을 하고 첫 보직인 기획관리실 행정관리 담당관이 되었었는데, 마침 미국 시카고 경제협력관으로 가 있던 친구 박유광 과장이 임기를 마치고 돌아오게 되었다. 내가 그 후임을 지망한 것이 받아들여져, 1976년 4월 두 아이를 다 데리고 임지로 떠났다. 하와이를 경유할 때 디트로이트에 있던 아내를 그곳으로 오도록 하여 네 식구가 다 모이게 되었다. 거의 5년에 걸친 다양한 형태의 이산가족 신세가 마무리되는 순간이었다. 그때부터는 식구가 헤어져 사는 일이 없었다.

우리 부부도 어려웠지만 아이들이 무척 힘들었을 것이다. 한창 부모 손길이 필요한 나이에 서로 헤어져 살며 겪었을 혼란과 고통이 적지 않았으리라. 특히 광주는 어린 시절 대부분을 할머니 손에 크면서 가장 필요한 때 엄마의 품을 떠나 살았다. 오죽하면 1974년 일시 귀국한 엄마를 공항에서 만났을 때와, 1976년 하와이에서 엄마와 다시 만났을 때 잠깐 동안 오히려 할머니를 더 그리워해 엄마를 곤혹스럽게 했다. 그때 딸에 대해 미안했던 마음 때문인지 지금도 아내는 딸에 대해서 특별한 정을 가지고 있는 것 같다. 오랜 기간 어린 아이들을 돌봐 주신 부모님도 많은 고생을 하셨다. 두 분에 대한 고마움을 지금도 깊이 간직하고 있다.

예산국에서 보낸 마지막 기간중 미국에서 아주 돌아와 합류한 아내와 나는 불광동에 조그만 단독주택을 하나 샀다. 당시 이미 강남 개발이 본격화되고 있어 강남으로 가고 싶은 생각이 있었지만, 마련된 자금 수준으로는 상대적으로 규모가 큰 강남에 집을 장만할 수가 없었다. 아버지의 마지막 재산인 종암동 아파트를 처분하기도 했지만, 아내가 미국서 벌어 저축한 돈이 주된 재원이 되었다. 처음으로 내 이름의 집을 갖게 되었고, 이 집이 오늘 가진 집의 밑천이 된 것이다. 아내가 혼자 남편, 아이들과 떨어져 일하면서 벌어서 가능했기에 나는 "마누라 등쳐서 집 마련했다"고 말하곤 한다. 아내에게 미안하고 감사한 마음이다.

4. 신앙생활

나는 아내와 같이 새문안교회 교인으로 신앙생활을 하고 있다. 새문안교회는 우리나라 개신교의 최초의 조직교회다. 1887년 9월 27일 창립되었으니 130년의 역사를 갖고 있다. 나는 1996년 집사 안수를 받았다. 아내는 그 전해인 1995년에 권사가 되었다.

사실 나의 본가는 밀양에 기독교 복음의 뿌리를 내리게 한 씨

앗이다. 19세기 말 밀양 최초의 기독교 가정이 우리 집안이었다. 나의 증조모 최경수 님이 밀양 최초의 기독교인이고, 이어서 증조부인 김희복 님과 슬하 5남 2녀(둘째아들 김응칠 님이 나의 할아버지)가 다 믿게 되어 집에서 예배를 드린 것이 밀양 최초의 교회 '춘화교회'의 시작이다. 그 후 아버지의 삼촌인 김응진 목사가 평양의 조선예수교장로회신학교, 통칭 '평양장로회신학교'를 졸업하고 경상도 최초의 목사가 되셨다. 아버님도 평양 숭실전문학교와 평양 장로회신학교를 졸업하고 목사가 되셨으니 우리 집안은 증조부모로부터 나의 손자 대에 이르기까지 6대째 이어 온 기독교 집안인 것이다.

이러한 집안 배경에도 나는 공직을 마칠 때까지 스스로 독실한 기독교인이라고 생각한 적은 없고, 어려서부터 몸에 밴 기독교적 생활방식에 젖어 살았을 뿐이다. 그러나 '환란 주범'으로 몰려 구치소에 갇히는 예상치 않은 어려움을 겪으면서, 또 그 어려움에도 위축되지 않고 이 모든 일에 하나님의 섭리가 있다는 믿음 위에 내가 있다는 것을 발견하면서, 나는 나의 기독교인으로서의 정체성을 확인하였다.

그러고 보니 나의 모든 사고의 중심에 나도 모르는 사이에 기독교적 사고가 자리 잡고 있는 것을 발견하는 때가 많았다. 매사에 유신론적 사고, 기독교적 사고, 하나님의 뜻과 개인의 자유의지와의 모순과 조화를 끊임없이 생각하는 사고가 몸에 밴 나에게는 전체주의, 사회주의 사상이 들어올 여지가 없었다. 나는 진정한 기독교인은 전체주의자, 사회주의자가 될 수 없다고 생각한

1996년 11월 17일 필자의 집사 안수 후. 가운데 필자 부부, 양옆은 형님과 누님, 뒷줄에 아들 내외와 딸 등.

다. 내가 자유주의자, 시장주의자가 된 주요한 배경이 아니었나 생각한다.

그럼에도 나는 교인으로서 교회 생활은 그렇게 충실하게 하지 못해 항상 죄스러운 마음을 가지고 있었다. 바쁜 공직 생활과 교인으로서의 생활이 양립하기 힘들어 고민한 적도 많았다.

다만, 나는 한국의 개신교회들이 흔히 강조하는, 지나친 교회당 중심의 신앙생활, 그러다 보니 교회 생활 자체가 교인들의 사회생활의 주요 부분이 되고 있는 현실에는 부정적 생각을 갖고 있다. 더하여, 봉사직인 교회의 직분에 대한 일반적 오해, 세상과 너무 닮아 가는 일부 교회들의 행태 등에 상당한 문제의식을 가지고 있다.

나는 교인은 교회에서 영적 구원과 신자로서의 삶에 대한 힘을 얻고, 나가서 세상에서 살며, 그가 가진 직업을 통해 소금과 빛의 역할을 하면서 스스로 제사장의 역할을 해야 한다고 생각한다. 나는 막스 베버가 『프로테스탄티즘 윤리와 자본주의 정신』에서 칼뱅(캘빈)의 '소명의식'을 인용하여 이야기한 직업관, 즉 기독교인은 그가 하나님으로부터 소명(calling)으로 부여받은 세상의 일, 곧 직업을 충실히 행함으로써 하나님의 영광을 나타내고 구원에 이른다는 사상에 깊이 공감하고 있다. 동시에 나는 개신교 신자로서 개신교의 기본 원리의 하나인 '만인제사장' 사상에 공감하면서, 이 사상이 하나님으로부터 부여받은 소명으로서의 직업관과 연계, 확장 심화되는 것이 마땅하다는 생각을 가지고 있다.

나는 이런 개신교적 직업관의 연장선상에서 나의 공적 자각, 공인관이 형성되었다고 생각하며, 하나님 사랑과 나라 사랑을 구분하지 않으신 아버님의 신앙관에서도 많은 영향을 받았다. 그러다 보니 지나친 교회당 중심의 신앙생활과는 좀 거리가 있는 생활을 하고 있다고 스스로 생각한다.

내가 집사 안수를 받은 지 6년, 아내가 권사가 된 지 7년이 되는 2002년 10월 우리 부부는 연명으로 교회의 당회에 사임서를 제출했다. 교회 직분은 임기제가 바람직하다는 평소의 소신이 바탕에 있었고, 더하여 당시 내가 구상하던 여러 가지 공적 활동과 교회가 직분을 맡은 사람들에게 요구하는 많은 역할 사이에 조화를 찾기 어렵다고 느꼈기 때문이다. 당시 나의 구상 중에는 전국의 교회와 각종 기독교 단체와 연대하여 기독교인들에게 '기독교적 시각에서의 한국경제에 대한 이해' 등을 주제로 광범위한 시장경제 교육을 추진하는 방안도 들어 있었다. 이런 일을 하려면 나 스스로 교회의 직분을 충실히 감당하기 더욱 어려워지는데, 반면 안수집사를 하려는 사람은 줄지어 서 있는 형편이었다. 이런 상황에서 그 직분을 그대로 유지하는 것은 온당하지 않다고 생각했다.

그러나 당시 새문안교회 당회는 우리 내외의 이 사임서를 당회에 상정조차 하지 않았다. 사임서 작성 당시 나는 장로교 헌법을 잘 몰랐지만, 헌법상 사임 제도가 명문으로 규정돼 있음을 나중에 알았다. 사실상 사문화되어 있을 뿐이었다. 나는 사임서 제출후 당회의 수리 여부에 관계없이 안수집사로서 모든 역할을 스스로 종료하였다. 안수집사회 등도 당연히 탈퇴했다.

그럼에도 나와 아내의 이름은 교회의 안수집사, 권사 명단에 그대로 남아 있다가, 나의 경우 사임서를 제출한 지 10년이 지나 내가 만 일흔이 된 2012년에 교회는 나를 그때 은퇴한 것으로 해 공로집사 명단으로 옮겼다. 나의 생각과 거리가 있는 조치였고 상식적이지 않다고 생각한다. 한국 개신교의 불합리성, 경직성, 획일성의 일면을 보는 것 같다.

나는 2001년 수지로 이사간 후 주일날 한 번 예배를 보기 위해 광화문 소재 본교회까지 그 먼 거리를 가야 되느냐고 생각해서 집에서 가까운 교회로 교적을 옮기는 문제도 진지하게 생각해 보았지만 단행하지 못하고, 교적은 새문안교회에 둔 채 예배는 주거지에서 가까운 수지의 지구촌교회에서 주로 주일예배를 보아 왔다. 지구촌교회는 침례교회지만 크게 구애받지 않았다. 최근 아내와 상의해서 다시 최소한 주일예배만이라도 본교회에서 보기로 하고 본교회 주일예배에 출석하고 있다.

교회에서 물리적으로 먼 곳으로 이사간 교인도 당연히 본교회에 출석해야 한다는 고정관념도 재고돼야 한다고 생각한다. 집에서 가까운 교회로 교적을 옮기도록 교역자들이 오히려 권유하는 것이 바람직하지 않을까 생각한다.

18

공적 삶에 영향을 준 만남들

1. 재학중 군복무

대학 1학년을 마치고 나는 1961년 육군에 지원 입대하여 1년 6개월 복무하고, 6개월간의 '귀휴기간'을 거쳐 명예제대했다.

0027542. 나의 군번이다. 0 두 개로 시작해 흔히 '빵빵'이라고 부르는, '학보'(대학 학적 보유자) 또는 '교보'(교직 보유자)에게 주는 특별군번이다. 지금 같으면 있을 수 없는 그런 복무 단축 혜택이 재학중 입학하는 대학생들에게는 주어졌다. 대졸자가 희소하던 시절, 인재들이 일찍 군복무를 마치고 나중에 사회에 기여하기를 기대한다는 명분이었을 것이다.

그런데 학보·교보 제도는 한편으로는 초급장교 후보의 대량 확보를 위한 것이기도 했다. 이 제도의 혜택을 받는 사람은 후방 근무를 할 수 없고 전방의 최말단 소총소대에 근무하면서 전투훈련과 경험을 쌓도록 함으로써, 일단 유사시 소대장 요원으로 쉽게

1961년 가을 자유기동훈련 참가중. 철모 쓴 넷은 정말 친하게 지냈다. 오른쪽부터 김기홍, 엄만용, 필자, 정종현(대학 동기).

재징집할 수 있게 하자는 취지였다. 휴전협정 10년도 안 된, 언제 전쟁이 재발할지 모르는 1960년대 당시 나름대로 일리 있는 제도였지만, 특혜 시비 때문인지 후에 폐지됐다.

나는 만으로 열여덟 살 반에 군대를 간 셈이다. 만 21살이 넘어야 징집되던 당시로는 부대에서 가장 어린 나이였다. 대부분 서너 살 많은 군 동료들과 어려운 군대 생활을 하는 과정에서, 비교적 내성적이고 소극적이던 성격에 변화가 오는 것을 느꼈다. 보다 적극적이고 공격적이고 강인한 성격으로 바뀌었고, 신체적으로도 충분히 군 생활을 견딜 수 있어 건강에도 자신이 생기게 되었다. 후일 물리적으로 낮밤 안 가리는 어려운 직책을 수행하거나 커다란 심리적 압박을 받는 일을 할 때, 훨씬 후 외환위기 주범으로 몰려 상상조차 하지 못한 구치소 생활 등을 무난히 겪으면서, 군대에서 얻은 정신적·육체적 건강에 감사하는 마음을 갖게 되었다. 군대를 갔다 왔기에 군대 문제나 군대 이야기가 나올 때 떳떳할 수 있는 것은 말할 필요도 없다.

나의 경험의 영향이었던지 아들 광진도 재학중 군대를 갔다 왔고, 역시 병역을 필한 오정우를 사위로 맞았다. 우리 집안 남자 중엔 어떤 이유로든지 군대를 회피한 사람이 하나도 없음을 자랑스럽게 생각한다.

2. 학제적 공부와의 만남

1962년 10월, 1년 반의 육군 복무를 끝내고 제대(정확히 이야기하면 귀휴)한 나는 동숭동의 법대 도서관에서 대부분 시간을 보냈다. 2학년 공부를 앞두고 다양한 책들을 읽으면서 앞으로의 진로와 중점적으로 해야 될 공부에 대해 깊이 생각하기 시작했다. 군에 안 간 대부분의 친구들은 이미 3학년 2학기였고, 다음해 사법고시를 본격적으로 준비하는 중이었다. 나는 그제야 법학통론 책을 다시 뒤적거리고 겨우 민법과 형법총론의 앞 장 정도를 보고 있으려니 한심한 생각마저 들었다.

그보다도 더 고민스러웠던 것은 법률 공부 자체에 별로 흥미를 느끼지 못한 점이다. 행정학도 그때는 미국식 행정학의 도입 초기여서 학문적 체계나 내용이 제대로 갖춰지지 않은 엉성한 수준

군대 갔다 와 복학한 동기생들끼리 동구릉 야유회(1965. 9. 23). 이재춘 대사, 권문구 회장, 고재천 회장, 김병학 검사장 등. 맨 뒷줄 맨 오른쪽이 필자.

이었다. 법학 중에서는 그래도 공법 계통에 상대적으로 더 흥미를 느꼈다. 그래서 법학, 행정학 이외에 경제학, 사회학 등 사회과학 분야의 책들을 널리 섭렵했다.

그러는 가운데 경제학에 깊은 흥미를 느끼기 시작했다. 특히 거시경제학이 갖는 국민경제적 관심사항과, 미시경제학의 거의 자연과학에 준하는 학문적 정밀성에 매료되었다. 보다 깊이 있는 공부를 할 기회를 갖는다면 경제학을 전공해야겠다는 생각까지 진지하게 할 정도였다. 한편으로는 적을 두고 있는 법과대학 행정학과 학생으로서의 현실적 제약과, 졸업 후 진출해야 할 구체적인 분야와 연계해 고민을 거듭했다.

당시 법과대학은 경제학을 비롯하여 상당히 많은 사회과학 분야의 과목들을 선택과목으로 제공했다. 이런 과목들을 가능한 범위 안에서 많이 선택해 들으면서도, 경제학과의 중요 과목을 듣기(소위 도강) 위해 부지런히 상과대학이 있는 홍릉(지금 서울사대부고 자리)을 오갔다. 당시 상대는 법대보다 더 휴강이 잦았다. 유명한 교수나 인기 있는 과목일수록 더 심한 편이었다. 그래서 한 과목 도강하러 멀리 홍릉까지 갔다가 허탕 치고 오는 날이 많았다.

이러는 가운데, 혹시 유학을 가서라도 경제학을 전공해 볼 생각으로 유학시험도 봤다. 사법시험에는 흥미가 없었고, 채용시험으로 대치된 행정고시에 대비해 대학 졸업 전에도 응시가 가능한 '사법 및 행정요원 예비시험'을 1963년에 제2회로 일찌감치 쳐서 합격증을 따 두었다. 양다리를 걸치는 진로 모색이었다. 시간이 흐를수록 유학 쪽으로 관심이 기울어, 결국 행시 준비는 아주 그만두고 독서실에서 남들이 고시공부 할 때 나는 경제학 원서를 읽던 때도 있었다. 그래서 군대 갔다 온 뒤 최초의 기회였던 1965년의 제3회 행정고시는 응시 자체를 안 했다.

유학을 위해 기웃거리던 이스트웨스트센터와 풀브라이트 장학금은 뜻대로 잘 안 되는 데다, 같이 군대 갔다 온 박유광·김영태 군이 행시 3회에 합격하는 것을 보면서 나의 고민은 좀 더 깊어져 갔다. 유학의 꿈을 계속 갖기에는 여러 가지 여건, 특히 경제적 여건이 안 된다는 것을 절감했다. 그때 비로소 행정고시를 치는 것 외에는 현실적 대안이 없다는 현실을 직시했다. 그해 8월의 제4회 행정고시 재경직에 응시하기로 마음먹고 본격적인 시험 준비에 들어갔다.

시험 과목들에 대한 대체적인 공부나 이해는 돼 있었지만, 시험을 염두에 둔 집중적인 공부를 한 적이 없었기에 단박에 붙는 것은 쉽지 않겠다는 생각이 들었다. 그동안 시험 과목도 일부 바뀌었다. 새로 들어간 회계학은 강의를 들은 적도, 책을 읽은 적도 없어서 책을 사서 처음부터 공부를 해야 되는 처지였다. 회계학은 다행히 1차 객관식 시험 과목이어서 벼락치기 겉핥기 공부로 시험을 치렀다. 약 4~5개월의 짧은 기간 집중적인 준비 끝에 치른 1, 2차 시험 모두 다행히 합격이었다. 나중 알고 보니 성적도 꽤 괜찮아, 내가 원하는 부처에 지망해도 되겠구나 하는 생각이 들었다.

이와 같이 나는 공직을 시작하기 전 상당 기간 학문적 방황을 했지만, 결과적으로는 오히려 학제적 공부 배경을 갖게 되었다. 결국 나는 대학 전공이 아닌 경제 분야를 사실상 나의 생의 전공으로 삼게 되었다. 그리고 그렇게 깊은 공부는 하지 않았지만 법학, 행정학, 사회학, 정치학 등 다양한 사회과학에 대한 최소한의 지식을 이때 쌓아 둔 것은 나중 고위공직자로서 내가 발전해 가는 데 커다란 도움이 되었었다.

예산국 사무관 시절 UNDP 자금으로 미국 시러큐스대학교 맥스웰스쿨의 MPA(행정학 석사) 프로그램에 유학한 것은 행정학과 특히 경제학 분야의 공부를 더욱 심화시켜 주는 기회가 되었다.

뒤안길 두 번째 천직, 연구소

내가 다양한 분야의 학제적 공부 배경을 갖게 되는 데는 평생 수
많은 연구소와의 인연, 연구활동도 크게 작용했다. 공직에 있을
때부터 다양한 연구소와 깊은 관련을 가졌고, 민간에 와서도 전
업으로 연구소 생활을 하는 한편 여러 연구기관에서 많은 학자,
교수 들과 교류했다. 나에게 연구소 경영과 연구활동은 천직으로
생각한 공직에 이어 두 번째 천직이 되었다.

1982년 국장 초임으로 최초의 KDI 공식 파견관이 되면서 시작
된 '연구소와의 특별한 인연'은 가는 데마다 이어졌다. 물가정책
국장 때 상당한 연구기능을 겸하는 한국소비자보호원(2007년 한국
소비자원으로 개칭) 창설의 주역이 됐고, 환경차관으로서 한국환경기
술개발원(1997년 한국환경정책·평가연구원으로 개칭)의 설립을 책임졌으
며, 철도청장 때는 철도기술연구원을 설립했다.

직접 연구소에 몸담은 것은 대통령경제수석을 물러난 후 처음 잠
시 있었던 연구소형 벤처기업 와이즈디베이스 고문을 시작으로
국가경영전략연구원 원장, 와이즈디베이스의 후신인 와이즈인
포넷 회장, 법무법인 세종 부설 시장경제연구원 창설과 운영위원
장, 중소기업연구원 재설립과 원장, 재단법인 시장경제연구원의
이사장 겸 선임연구위원에 이르기까지 단절 없이 계속돼 왔다.
무역협회 회장을 맡아 몸은 잠시 시장경제연구원을 떠나 있었으

나 이사장 역할은 비상근으로 계속했다. 무역협회의 기능 중에서도 가장 중요한 것이 연구기능이고 내가 회장으로서 가장 역점을 둔 것이 연구 분야이니, 무역협회 3년 동안도 연구와의 인연은 계속된 셈이다. 2017년 11월 무역협회 회장을 좀 일찍 사임하고는 시장경제연구원의 내 방으로 돌아와 현재에 이르고 있다.

이와 같이 내가 민간부문에서 보낸 20여 년의 세월 중 나의 생업은 전부 연구와 관련된 것들이었으니, 스스로 생각해도 참으로 특이한 인연이다. 이 과정에서 수많은 국내외 연구자, 교수, 학자들과의 교류를 통해 나의 학제적 배경의 넓이와 깊이를 더해 올 수 있었다.

뒤안길 **'자랑스러운 서울법대인' 현창**

2018년 5월 31일 나는 서울법대 총동창회 2018년도 총회에서 '자랑스러운 서울법대인'으로 현창되었다.

정부에서 30년 이상 봉직하고 장관급 보직을 마치고 퇴직했으니 별일이 없는 한 공무원에게 주는 최고의 훈장인 청조근정훈장의 대상이 된다. 그러나 나는 환경처 차관 퇴임 후 1993년 근정훈장 2등급인 황조근정훈장을 받은 것이 마지막이다. 바깥에서 와서 1년 내외 장관을 하다 나간 사람들, 요새 속말로 '어공(어쩌다 공무

2018년 5월 31일 '자랑스러운 서울법대인' 현창 후 동기생들과. 앞줄 왼쪽부터 권성 전 헌법재판관, 김중웅 전 현대증권 회장, 박동섭 변호사, 필자 부부, 김경림 전 외환은행장, 이용우 전 대법관, 뒷줄 왼쪽부터 조규향 전 동아대 총장, 권문구 동기회장, 김영일 전 헌법재판관, 고재천 동기회 부회장, 김용균 변호사.

원)' 중에도 청조근정훈장을 받은 사람이 많다. 그러나 나는 퇴임 후 바로 정권이 바뀌고 이어서 '환란 주범'으로 몰려 7년여를 끌려다니다 보니 이 훈장을 받을 기회를 놓쳤다. 상복이 없는 셈이다. 무역협회 회장을 하고 나왔지만 산업훈장 1등급이나 국민훈장 1등급을 받을 가능성도 이 정부에서 기대하기 어렵고 바라지도 않는다.

그러던 차에 자랑스러운 서울법대인 현창을 받게 되었다. 나는 처음에 극구 사양했다. 그러나 동기생 300명 중 처음도 아니고 권성 전 헌법재판관에 이어 두 번째일 뿐 아니라, 후배들에 의해 현창되는 것이기에 의미가 적지 않았다. 더욱이 내가 시장주의자로서 일관한 공적 활동을 높이 산 현창이어서, 시장이 실종돼 버린 이 시대에 특히 의미 있다고 생각해서 더 이상 사양하지 않고 수락했다.

현창식에는 동기생 10명과 나의 가족들이 초청되어 영광과 기쁨을 같이했다.

3. 경제기획원이라는 독특한 조직과의 만남

(1) 공직의 대부분을 경제기획원에서

공직의 대부분을 지금은 이름조차 없어진 경제기획원에서 보낸 것은 나에게 더할 수 없는 행운이고 축복이었다.

행정고시 4회 재경직에 합격하고 희망 부처 신청 때 1지망 경제기획원, 2지망 재무부, 3지망 경제과학심의회를 써냈다. 우여곡절을 겪고 겨우 경제기획원 발령을 받았으나 본청 아닌 외국(外局) 조사통계국으로 발령을 받았다. 그때부터 시작한 공직 생활 30여 년 중 정무직인 차관이 되기 전까지 이곳저곳 국내외로 파견 생활을 했지만, 1급까지 직업공무원으로서의 전 생활을 경제기획원의 큰 틀 안에서 보냈다. 사무관 시절 조사통계국, 경제기획국, 물가정책관실, 예산국, 총무과 인사계장을 두루 거쳤고, 서기관 시절에는 행정관리담당관, 주 시카고 총영사관 경제협력관, 원가조사과장, 물가총괄과장을 거쳤다. 국장이 되어서는 KDI 파견관, 해외협력위원회 투자협력관, 물가정책국장, 경제기획국장을 역임했다. 직업공무원의 마지막인 1급으로는 차관보와 대외경제조정실장을 역임했다. 이 기간중 해외, 연구원, 국방대학원 등 파견 생활도 했지만 경제기획원이라는 조직의 큰 울타리를 떠난 적은 없었다.

경제기획원에 있는 동안 나는 '시장과 정부'라는 경제의 영원한 숙제를 가지고 치열하게 고민하고 사고했다. 특정 클라이언트를 갖지 않는 거의 유일한 경제부처에서 종합조정기능을 수행하면서, 관료의 벽을 뛰어넘는 사고와 행보에 자연스럽게 익숙해졌다. 단일 부처의 생각이나 이해보다 국민경제 전체, 공익의 증진이란 가치를 항상 먼저 생각하게 되었다. 그러다 보니 지금과 같은 공인관이 자연스럽게 형성되었다.

나는 경제기획원에서 한국경제에 대한 나의 안목을 넓히고 일을 배우고, 많은 사람들을 만나고 그들과의 교류를 통해 전문지식을 축적하고 인간관계의 가장 큰 부분을 형성했다. 훌륭한 상사, 선배, 동료, 후배, 부하 들을 만날 수 있었던 것은 큰 축복이었다. 경제기획원의 업무 성격상 많은 관련 부처의 공무원들을 비롯하여 연구소, 학계, 경제계, 언론계 등의 많은 인사들과 토론하고 긴밀하게 교류할 수 있었던 것도 큰 자산이 되었다.

한국경제 발전 과정에서 경제기획원의 역할

경제기획원은 5·16 직후인 1961년 7월, 당시 박정희 국가재건최고회의 의장이 이끄는 군사정부의 경제개발 의욕을 실현하기 위해 만들어진 조직이다. 이전의 기획처, 재무부의 예산국, 부흥부 등 여러 기관의 기능을 통합, 확대 개편해 만들었다.

창설 이후 시대 변화에 따라 몇 차례 조직과 기능의 개편이 있었지만 국가경제발전 종합계획 수립, 예산 편성, 경제정책의 종합조정, 물가안정과 대외경제정책 총괄 등의 기능을 수행했다. 1963년 12월 경제기획원장관이 정부 유일의 부총리를 겸하게 됨으로써 명실공히 경제 총괄조정기관의 위상을 갖추었다. 소위 '슈퍼미니스트리(super ministry)'가 된 것이다.

경제기획원은 조직의 영문 명칭 이니셜인 EPB(Economic Planning Board)로 흔히 부른다. 개발경제를 연구하는 전 세계의 경제학도로서 한국경제의 발전 과정과 그 과정에서 핵심적 역할을 한 EPB라는 조직에 주목하지 않은 사람은 거의 없다.

시장경제 국가에서 사회주의 국가의 계획경제를 연상케 하는 이름과 초기에 이에 준하는 기능과 목적을 갖고 출발한 경제기획원이, 정부 부처 중 가장 자유스럽고 상하 간에도 토론이 가능한 조직, 경제의 자율화와 시장경제의 이상, 국제화의 당위성을 주장하면서 미래를 내다보는 안목을 가진 거의 유일한 국가기관으로 발전해 온 것은 아이러니다. 시대 변화와 시대적 수요에 민감하게 반응하면서 기관이 담당해야 할 국민경제적 차원의 사명을 끊임없이 추구해 온 것이다.

나는 기획원에서 1967년 1월 8대 장기영 장관(부총리로는 2대)으로부터 임명장을 전수받고 사무관으로 임명된 후 1992년 6월 25대 최각규 부총리 때 대외경제조정실장을 마지막으로 이 조직을 떠나기까지 공직의 대부분을 이 조직과 같이 했다. 부총리 18대를 모시고 일했는데 신병현 부총리가 두 번을 역임했기에 인물로는 열일곱 분과 같이한 셈이다.

(2) 경제기획원 폐지 아쉬움

1994년 12월 김영삼 정부가 단행한 정부조직 개편의 일환으로 경제기획원과 재무부를 통합, 재정경제원으로 확대 개편되면서 경제기획원이라는 이름은 역사 속으로 사라졌다. 내가 철도청장을 하고 있을 때였다.

경제기획원은 초기의 경제개발계획 수립과 국내외 자원의 동원과 배분, 정책의 종합조정기능으로부터 국민경제의 시장경제화와 국제화의 필요성이 요구하는 경쟁정책, 소비자정책, 대외경제정책의 종합조정기능 등을 주요 기능으로 받아들이면서 조직의 지향을 변화시켜 왔다. 시대의 변화에 따라 좀 더 과감한 기능의 변화를 수용하지 못한 데는 약간의 아쉬움도 느낀다.

그런 의미에서 나는 개인적으로, 기획원을 재무부와 통합해 재정경제원으로 만든 것은 전적으로 잘못된 조직 개편이었다고 본다. 재정경제원부터 오늘의 기획재정부에 이르기까지, 제도상 경제기획원의 후신이라고 할 기관들은 내가 몸담고 정열을 불태운

1986년 2월 22일 경제기획원 광화문 시대를 마감하며 김만제 부총리 이하 국장급 이상 기획원 전 간부들 기념촬영. 뒷줄 오른쪽 세 번째가 필자.

경제기획원 같은 기관은 아닌 것 같다. 원래 국고, 세제, 금융 정책 기능을 주로 하는 재무부는, 다른 나라의 경우도 그렇지만 업무의 성격이 보수적이고 규제적 성격이 강해 직원들의 사고나 행태도 그렇게 형성되기 마련이어서, 전반적으로 진취적이고 자유스러운 기획원 사람들과는 잘 융합되기 어려운 측면이 있었다. 무엇보다도, 그러지 않아도 기능적 측면에서 거대 부처인 두 부처의 통합으로 업무량이 너무 방대해졌고, 항상 현안 업무가 있기 마련인 구 재무부 쪽 일과 장기 구상을 필요로 하는 구 기획원 일을 부총리가 동시에 다루어야 하니, 자연스럽게 미래를 내다보고 해야 하는 일은 뒤로 밀리게 되어 현안 업무 해결을 주로 하는 부처로 변질되기 마련이었다. 내가 경제수석을 할 당시 강경식 경제부총리도 어느 정도 이런 문제점의 희생자였다. 현안의 기업 부도처리와 다가오는 외환위기의 가능성에 대응하면서 한편으로는 금융개혁, 21세기 국가과제 등 장기과제도 다 맡아 같이 처리해야 했으니, 능력과 시간의 한계에 부닥치지 않을 수 없었다.

재정경제원으로의 통합 개편을 주도한 한이헌 당시 경제수석은 아마도 개편 후의 통합 재경원이 구 경제기획원의 조직 지향을 이어 가기를 기대했겠지만, 결과는 반대로 나타났다. 비유가 적절한지 모르지만, '악화가 양화를 구축한다'는 그레샴의 법칙이 작용했다고 할까. 나는 지금이라도 다시 옛날과 같이 구 기획원의 전통을 잇는 기구와 구 재무부의 기능을 대체로 담는 두 기구로 돌아가는 것이 바람직하다는 생각을 갖고 있다. 물론 이 경우 두 기구는 각각 시대가 요구하는 변화된 새로운 경제정책에 대한 수요에 부응하는 쪽으로 기능의 중점이 변화되는 것을 전제로 한다. 예컨대 새 기획원은 이름도 경제부 등 중립적인 이름으로 하고 기능도 경제정책의 종합조정, 예산 편성 기능에 더해 경제의 미래 비전 제시, 시장경제의 핵심적 요소인 경쟁정책, 소비자정책, 대외경제정책에 중점을 두는 쪽으로 바꾸어야 할 것이다. 이 경우 현재 공정거래위원회 소관으로 되어 있는 '경쟁과 소비자' 관련 업무 중 정책 기능은 이 기구로 이관하고 공정위는 경쟁 사안이나 소비자보호 관련 사안에 대한 심사와 심판이라는 준사법적 기능을 확립된 정책과 법령에 따라 집행하는 기능만 갖는 것이 바람직하다고 본다.

누가 뭐래도 우리가 나라경제를 이끌고 가고 있다는 자부심,

투철한 자유주의적 사고, 계급을 떠난 진지한 토론, 눈앞의 현상에 매몰되지 않고 나라와 나라경제의 미래를 내다보는 안목을 가능하게 했던 그런 조직, 그런 기능은 더 이상 정부에 존재하지 않는다. 오늘날 나라가 가는 길, 한국경제의 앞날을 보면서 이런 아쉬운 생각을 하는 것이 나만은 아닐 것이다.

나는 환경차관으로 승진하여 경제기획원을 떠난 후 이 조직이나 이의 후신인 재정경제원과 직접적 인연을 되살리지 못하고 공직을 마감했다. 그러나 기획원은 나의 영원한 마음의 고향이고, 공직자로서의 나를 키워 준 곳이고, 공인으로서 오늘의 나를 있게 해 준 곳이다. 나는 지금도 공직을 시작하면서 기획원을 지망한 것을 나의 일생에서 가장 잘한 선택 중 하나라고 생각한다. 그러지 않았던들 아마도 오늘의 나는 없었을 것이다.

19

공직 생활중 맺은 인연들

1. 훌륭한 상사와 선배들

경제기획원에서 근무하면서 가장 보람 있었던 일은 훌륭한 상사, 선배 들로부터 전인적 훈련을 받고 여기에 나 자신의 생각을 더해 후배나 부하들에게 물려줄 수 있는 것이었다.

좋은 조직은 좋은 사람과 만날 수 있는 조직이다. 지금의 정부 세종청사에서는 상하, 관련 부서 직원들이 같이 모여 토론하고 상사·선배에 의한 부하·후배들의 전인적 훈련이 원천적으로 불가능해졌다고 듣고 있다. 많은 다른 문제점에 더해 오늘의 정부청사의 지리적 위치는 이런 점에서도 근본적으로 문제를 안고 있다.

우선 상사와 선배에 대한 이야기를 간단히 한다. 써야 될 분이 너무 많아 아주 제한적으로 쓸 수밖에 없다. 제1부에서 소개한 신현확·이승윤 부총리와 김재익 수석 등의 이야기는 생략한다.

서석준

물가정책과에서 만난 서석준 과장은 옆에서 보기에도 정말 유능했다. 그가 만든 자료나 대내외 브리핑은 완벽했다. 나는 유능한 서 과장 밑에서 많은 일을 배웠다. 그러면서도 한편으로는 그의 다소 독선적인 조직 운영 스타일, 즉 부하들의 사기에 대한 고려가 전연 없는 점, 부하 직원들을 극히 제한적으로만 업무에 참여시키고, 일의 흐름을 전연 가르쳐주지 않고 과장 혼자서만 진행하고 보고하고 발표하는 식의 일하는 스타일에는 상당히 비판적인 생각을 가지고 있었다. 때로는 불만을 드러내 놓고 토로하기도 했다. 더하여, 사소한 일 처리 방식을 놓고 서 과장과 충돌하는 경우가 심심치 않게 있었다. 나로서는 서 과장에 대한 기대가 너무 큰 데서 오는 반작용이라고 생각했지만, 당연히 서 과장은 나를 별로 좋아하지 않아 일에서 점점 소외시켰다. 조직 생활에 어려움을 느끼지 않을 수 없었다. 그 과정에서 나는 청와대 지하실에서 하던 '국가비상계획제도 수립작업반' 파견, '마산수출자유지역 설립준비단' 파견 등 외곽으로 떠도는 일이 반복됐다.

결국 나는 1971년 예산국으로 자리를 옮겼다. 지금 생각하면 소신이라고 내세울 만한 것도 아닌, 개인의 행태나 업무 처리 방식에 대한 불만이나 견해차 때문에 직속상사와 껄끄러운 관계가 형성되었으니, 어쩌면 나의 미숙하고 미련한 처신이었는지도 모른다.

나중에 물가정책과가 국 단위 물가정책관실로 승격되고 서석준 과장이 2년 만에 그 자리에서 바로 국장으로 승진한 후, 다행

1970년 봄 물가정책과 사무관 시절 전 직원 야유회(여주 영릉). 뒷줄 가운데 서석준 과장, 그 왼쪽 한 명 건너 박운서 사무관, 서 과장 오른쪽 한 명 건너 필자.

히 그와의 관계가 뜻밖의 일로 상당 부분 회복됐다.

어느 날 박정희 대통령에 대한 월례경제동향보고회에서 김학렬 부총리와 이계순 농림부 장관이 농산물 가격 상승의 물가 기여 정도 문제를 놓고 논쟁을 벌였는데, 접점을 찾지 못했다. 어느 부처 말이 맞는지 가려서 보고하라는 박 대통령의 지시에 따라 전개된 논쟁의 2라운드는 우선 두 장관의 참모들 간에 벌어졌다. 심각한 논쟁이었다. 김용환 농정차관보와 서석준 국장 간의 이견 조정 과정에서 서 국장은 김 차관보를 충분히 설득하지 못하여, 즉 기획원의 주장을 통계적, 논리적으로 충분히 설명하지 못하여 어려운 입장에 빠졌다. 마침내 서 국장은 나를 불렀다. 내가 이론적으로, 그리고 통계적으로 이를 설명하여 김 차관보를 백 퍼센트 승복하게 했다. 그 과정에서 나는 서 국장의 신뢰를 어느 정도 회복할 수 있었고, 초기의 껄끄러운 관계를 다소 청산하고 물가정책관실을 떠날 수 있었다.

서석준 국장과의 불편했던 관계는 공직 초기에 나에게 가벼운 시련이 되었지만, 결과적으로 나 스스로 조직 생활에서의 인간관계에 대한 좋은 교훈을 실감하고 또 스스로 실천하려고 결심하는 계기가 되었다. 그 교훈은 바로, '상사에게 사랑받는 것은 좀 노력하면 가능하다. 더 어려운 것은 부하들로부터 존경을 받는 것이고, 제일 어려운 것은 동료들로부터 신뢰를 얻는 것이다'였다. 나는 이 교훈을 나의 공인 생활 전 과정에서 조직에서의 인간관계의 좌우명으로 삼고자 노력해 오고 있다.

1983년 5월경, 개각으로 물러나 있던 서석준 전 상공부 장관이 KDI에 초빙연구위원으로 왔다. 이승윤 재무부 장관도 같이 물러나 해외건설협회장을 맡았다. 대체로 사람들은 서 장관은 앞으로 더 쓸 기회가 있으니 그동안 공부하라는 의미로 KDI에 보내는 것이라고 이해했다. 당시 초임 국장으로 KDI에 파견되어 연구 생활을 하던 나로서는 10여 년의 시간이 흐른 뒤 전혀 다른 환경에서 서 장관과 다시 만나게 된 것이다. 이때는 직속 상하관계도 아니고 어쩌면 비슷한 입장에서 연구소 생활을 하는 상황이었다. 과거와 달리 점심도 자주 같이 먹고 골프도 치는 등 친하게 지냈다.

그러던 중 서 장관이 잠시 미국으로 갔다. 사무관 시절 못다 한 박사학위과정을 마치기 위해 밴더빌트대학교와 협의하기 위해서였다. 그러나 급거 귀국했다. 김준성 부총리의 후임 경제부총리로 발령 났기 때문이었다. 1983년 7월이었다.

겨우 3개월여 뒤 그는 세상을 떠났다. 북한의 테러로 10월 9일 버마(현 미얀마) 아웅산에서 순국한 것이다. 45세. 너무 아깝고 안타까운 일이 아닐 수 없었다.

역사에 가정은 의미가 없다고들 한다. 하지만 서석준 장관이 젊은 나이에 부총리로 다시 입각하지 않고 박사학위를 끝내고 돌아와 대학에서 교편을 잡거나 연구 생활을 하다가 훨씬 더 나이가 들어 경제부총리를 맡았더라면 어땠을까? 본인과 가족은 물론 국가에도 더 이익이 되지 않았을까? 부질없지만 그런 생각이 드는 것은 그가 그만큼 유능한 인물이었기 때문이다.

서석준 부총리는 침체된 기획원 분위기를 쇄신하기 위해 취임 후 바로 상당히 파격적인 인사를 구상하고 있었다는 후문이다. 아웅산 사태가 없었더라면 나 역시 그 인사의 일환으로 본부에 조기 복귀하여 주요 국장을 맡았을지도 모르는 일이었다.

최동규

예산국에서 최동규 국장을 모셨다. 34세의 젊은 나이에 그 막중한 임무를 맡고 있었으니 엄청난 스트레스를 받고 있었을 것이다.

당시 예산국에는 과가 다섯 밖에 없었지만, 예산 편성 업무의 95퍼센트가 예산국장 수준에서 끝났다. 국회 예결위원장의 실질적 카운터파트도 예산국장이었다. 그는 그렇게 샤프한 머리를 가진 사람이라고 생각되지 않았지만 끈기와 투지, 일에 대한 지칠

줄 모르는 집념과 열정으로 예산 철이면 거의 매일 밤을 새울 정도의 살인적인 격무인 예산국장 일을 수행해 나갔다. 나는 그로부터 일에 대한 집념과 끈기를 배웠다.

부총리의 재정연설을 쓸 때의 일화다. 낮에는 시간이 없으니 대개 밤늦게야 내가 쓴 초고를 최 국장이 강경식 총괄과장과 같이 검토하였다. 글 중 어떤 표현이 좀 마음에 안 들지만 언뜻 적당한 대안이 생각나지 않으면 한 시간이라도 끙끙거리고 생각하고, 국어사전을 가져와서 찾아서라도 기어코 마음에 드는 단어를 찾아내곤 했다. 주요 계수가 나오면 확인을 위해 당시 예산국에서 주로 쓰던 주판을 나에게 주면서, 자기가 숫자를 부를 테니 놔 보라고 하기도 했다. 내가 주판을 못 놓는다고 하니까,

"이 친구, 예산국에서 주판도 못 놓고…. 그럼 네가 불러, 내가 놓을 테니까."

이렇게 해서라도 완벽하게 부하가 한 일을 확인했다. 견디지 못한 강경식 과장이 먼저 자리를 떠 버리기도 할 정도였다.

예산제도 시찰 명목으로 영국에 출장을 갔을 때다. 당시 얼마나 가난했던지 국장과 사무관이 한 방을 같이 썼다(지금은 모르지만 그때는 유럽에서는 남자 둘이 한 방을 쓰면 동성애자로 오해받았다). 한밤중 자다가 일어나 보니, 최 국장이 일어나서 목욕을 하고 머리를 단정히 빗고 앉아서 아침에 방문할 기관에서 질문할 내용들을 꼼꼼하게 읽으면서 공부하고 있는 것이었다. 국장은 새벽같이 일어나 공부하고 있는데 사무관은 쿨쿨 자고 있었으니 할 말이 없었다. 내 스타일과는 여러 모로 달랐지만 배울 점이 많았다.

최동규 국장과는 그 뒤로도 여러 가지로 인연을 이어 갔다. 원가조사과장 때 국방부 관리차관보에서 물가관리실장으로 돌아온 그와 다시 만나 일했다. 그가 동력자원부 장관일 때 나는 물가정책국장으로 석유, 석탄 등 에너지 가격 문제로 수시로 협의했다. 정부를 물러난 후 그는 내가 설립을 주도한 한국소비자보호원의 2대 원장을, 나는 5대 원장을 했다. 그가 산업대학 총장을 맡고 있을 때 나는 철도청장으로서 두 기관의 업무협력협정을 체결했다. 건강했고 운동을 좋아했던 그가 그렇게 일찍 타계(1936~2008)하다니 믿어지지 않는다.

강경식

당시 강경식 예산총괄과장은 최동규 국장과 전혀 스타일이 달랐다. 세부적이고 실무적인 일보다는 국민경제 전체에 관한 문제, 국가의 우선순위와 예산과의 관계, 예산 편성 업무의 미래지향적 개편 방향, 글로벌한 시대 변화와 관련된 이슈 등에 주로 관심을 두고 있었다. 그 바쁜 예산 편성 총괄 업무 중에도 항상 책을 놓지 않는 독서광이었는데, 책 대부분은 예산 편성과 직접 관계없는, 앞의 관심사항들에 관한 국내외 신간서적들이었다.

강 과장이 한 일 중 하나가 예산업무의 전산화 작업이다. 1970년대 초 그는 입버릇처럼 "우리나라 예산 규모가 곧 1조 원대에 이를 텐데, 이에 대비해 예산업무의 구조개선이 빨리 이뤄져야 한다"고 말하곤 했다. 예산업무 전산화는 그런 준비의 일환이었다. 거의 500조에 이르는 현재의 예산 규모를 보면서, 그간의 물가상승을 감안하더라도 격세지감을 느끼지 않을 수 없다.

강경식 씨가 기획차관보 때 내가 물가총괄과장으로 다시 만나 일했지만, 아무래도 그가 경제부총리, 내가 경제수석으로 경제팀의 콤비를 이룬 1997년이 가장 긴밀하게 같이 일한 기간이었다. '환란 주범'으로 몰려 수사와 구속, 형사소추, 재판, 그리고 국회 청문회까지 8년간 같이 곤욕을 치렀다. 그 뒤 그가 이사장으로 있는 NSI의 3대 원장을 내가 맡았고 그 후로도 나는 NSI의 이사, 회원으로서 강 부총리와 참으로 긴 인연을 이어 오고 있다.

남덕우

남덕우 총리가 부총리 때 나는 그로부터 과장 임명장을 전수받았지만, 그의 재임중 대부분의 기간 나는 시카고 주재관으로 나가

1990년 6월 대소(對蘇) 수교를 준비하는 정부조사단을 이끌고 모스크바를 방문했을 때, 민간경제사절단 단장으로 함께한 남덕우 당시 무역협회 회장과.

있어 그를 직속상사로서 모시면서 가까이에서 일할 기회가 없었다. 오히려 그가 무역협회 회장을 하던 1990년, 내가 대조실장으로서 그를 단장으로 모시고 소련경제사절단을 구성, 소련을 방문했던 때의 기억이 가장 뚜렷하다. 이 부분은 제4장에서 충분히 기술하였기에 중복하지 않는다. 또 그분이 역임했던 무역협회 회장을 한참 뒤 내가 했으니 역시 큰 인연으로 생각지 않을 수 없다.

김기환

김기환 박사(그는 주로 이 호칭으로 불린다)가 KDI 원장으로 있을 때 나는 국장 초임으로 KDI 파견 생활을 하면서 만났다. 이때 한국경제의 국제화 이슈에 눈을 뜨고, 나중에 투자협력관(국장)으로 일하면서 많은 것을 느끼고 배웠다. 해외협력위원회 기획단에서 단장인 그를 모시고 일하면서는 그의 일에 대한 집념에 큰 인상을 받았다. 무엇보다도 국제화에 대한 그의 확고한 신념과 이론은 국제화 문제에 눈을 뜨기 시작한 나에게 깊은 감명을 주었고, 이 과정에서 한국경제의 국제화에 관한 나의 사고를 정리하는 계기가 되었다. 이때 정리된 나의 생각, 요약해서 '선진국이 되려면 선진국 줄에 서야 한다'는 그 뒤 대외경제조정실장 이후 내가 생각하던 모든 정책을 항상 글로벌한 관점에서 보는 나의 사고를 집약한 표어다. 내가 대외경제조정실장 재임시 그 많은 글로벌 이슈들에 대한 과감한 도전, 훨씬 나중 무역협회장으로서 무역업계의 글로벌 경쟁력 향상을 위한 아이디어들은 다 이때 형성된 나의 글로벌 마인드에 기반을 두고 있었다고 생각한다.

김만제

1986년 1월, 김만제 씨가 재무부 장관에서 부총리로 영전해 왔다.

김만제 부총리는 전두환 대통령의 전폭적 신뢰를 얻고 있었다. 게다가 그전에 10여 년 동안 KDI의 초대 원장을 역임하면서 한국경제의 전반을 꿰뚫고 있었다. 각종 주요 경제정책 입안에도 깊이 관여하였고, 한미은행장과 재무부 장관까지 역임한 후이기 때문에 부총리의 역할을 능률적으로 수행할 수 있는 모든 조건을 갖추고 있었다. 전형적인 외유내강형 성격까지 가미되어 명실공히 막강한 경제부총리의 위상을 정립하고 이를 대내외에 과시하기 시작했다.

나는 장기영 부총리부터 열두 번째 부총리로 김 부총리를 모셨다. 그 후에도 다섯 분의 부총리를 직속상관으로 모셨지만, 이분이 부총리의 역할을 가장 능률적으로 수행한 분이라고 기억한다.

부총리로서 그의 역할 수행은 독특했다. 우선 내부를 완전히 장악했다. 부임하자마자 객관적으로 좀 껄끄러운 관계일 수 있는 김기환 해외협력위원회 기획단장을 전격적으로 세종연구원 이사장으로 내보냈다. 해협위를 해체하여 장관급 회의는 부총리를 위원장으로 하는 대외경제장관회의로 개편하고, 기획단은 대외경제조정실로 바꾸었다. 해협위를 법적으로도 기획원 내부 조직으로 개편한 것이다. 재무부 출신 홍재형 청와대 비서관(후에 부총리 겸 재정경제원 장관, 국회의원)이 초대 실장으로 왔다. 어려운 조직, 인사 문제를 부임 즉시 눈 깜짝할 사이에 해치우니 인상 깊지 않을 수 없었다.

장관과 차관의 관계도 완전히 새로이 정립했다. 당시 문희갑 차관은 전두환 대통령 정부 수립 과정에 기여했고, 대통령과 국방부 시절부터의 인연 등으로 '막강 차관'으로서 위상을 과시하고 있었다. 전임 신병현 부총리는 실무를 챙기는 분이 아니었기에 원내 주요 의사결정을 주로 문 차관이 했다. 그러나 김 부총리는 부임 초기부터 문 차관에게 평범한 예하 차관 이상의 어떤 권한도 권위도 인정하지 않았다. 완전히 자신의 통솔 범위에 들어오도록 만들어 갔다. 이 역시 인상적이었다.

기획원은 내부 각 파트 및 간부들 간의 의사 조정이 매우 어렵고도 중요하다. 때로는 대외적인 조정보다 더 어려울 수도 있었다. 예컨대 공공요금에 대한 강력한 인상 억제 정책으로 어느 공기업이 경영상 어려움을 겪게 되었다고 치자. 이를 요금 인상으로 해결할 것인지 아니면 재정 지원을 늘려서 해결할 것인지는 해당 부처와 기획원 간 협의 조정 대상이기 이전에 기획원 내 물가 파트와 예산 파트 간의 견해 차이를 조정하는 것이 먼저였다. 그런 만큼 내부 조정이 현안이 되는 경우가 잦았다. 엘리트라고 자부하는 관료들 사이의, 일종의 자존심 싸움이었다. 결과적으로 범부처적으로 해결해야 할 과제를 기획원 부서 간에 핑퐁을 하는 바람에 기획원 전체가 다른 부처의 비난과 빈축을 사는 일이 빈번했다.

김만제 부총리는 이런 상황을 너무 잘 알고 있었다. 다른 일정이 있지 않은 한 매일 개최되는 주요간부회의를 최대한 활용하여 이런 상황을 미연에 방지했다. 내부 간부들 간의 충분한 의견 교환과 자신의 적절한 결단으로 기획원의 합리적이고 통일된 의사를 결정해 갔다.

주요간부회의는 정책 결정에 직접 관여하는 차관, 공정거래위원장(당시는 차관급의 장관 보좌 기관), 차관보, 각 실장, 그리고 기획, 물가 및 정책조정국장이 고정 멤버였다. 1급이라도 직접 정책 입안을 하지 않는 공정거래상임위원이나 국장 중 심사평가국장, 각 실의 담당관 국장들은 멤버가 아니었다. 김 부총리는 매일 출근하는 차 안에서 그날의 부총리 관심사항인 현안을 메모해 와서 회의에서 충분한 내부 토의를 했다. 부총리의 조정이나 결단이 필요한 사안은 이 회의를 통해서 결정했다. 기획원의 중요한 사안들의 처리 방향의 큰 골격이 이 회의에서 결정되면, 각 파트의 장은 돌아가서 예하 실무 국·과장에게 전달하고 세부 사항을 발전시켜 나갔다. 문서 결재가 필요한 사안은 주로 실무 과장이 서류를 만들어 보고하고 결재를 받도록 했다. 때문에 국장 이상은 주로 정책 구상에 집중할 수 있었다. 부총리의 그 복잡하고 많은 업무량을 이처럼 참으로 능률적으로 소화해 나간 분으로 기억한다.

나는 물가정책국장으로서 김만제 부총리를 아주 가까이에서 모시고 일하면서 많은 것을 느끼고 배웠다. 부총리가 해야 될 역할, 그리고 부총리의 그 살인적인 업무를 어떻게 효율적으로 소화해 나갈 것인가에 대해 가장 잘 알고, 능률적으로 부총리직을 수행한 분이었다. 최근 타계(1934~2019)하신 김 부총리의 명복을 빈다.

조순

조순 부총리는 다른 정부직의 사전 경험 없이 학계에 있다가 바로 부총리의 그 방대한 업무를 맡아 초기에 다소 고전하였다. 나를 국장에서 바로 차관보로 승진시키는 좀 무리한 인사도 정부의 인사 관행에 익숙하지 않았기 때문이었을 것이다. 결과적으로 나는 차관보의 중책을 조기에 맡아 하면서 경제정책의 수립과 조정의 핵심적 일을 하는 경험을 쌓게 되었다.

부총리로서 제대로 된 일을 본격적으로 시작할 즈음, 노태우 대통령이 금융실명제에 대한 기존의 정책을 바꾸면서 조 부총리는 도중하차하였다. 나 역시 부총리의 참모장 격인 차관보로서 그의 정책을 실무적으로 구현하는 책임을 맡아 그를 모시고 일하다가 같이 그 직책을 떠났다. 실무자가 정책의 변경으로 자리를 바꾼 첫 사례가 되었다.

비록 짧은 기간이었지만 조순 부총리와 일한 기간은 중요한 정책 입안의 실무책임자로서 많은 것을 생각하게 하는 기간이었다. 실무적으로 그를 보좌하면서 한국 최고의 경제학자인 그로부터 깊이 있게 경제를 보는 안목을 키울 수 있는 기회였다.

나의 호 '심석(心石)'도 그분이 지어 주었다. 로타리 활동을 시작했을 때다. 로타리클럽에서는 회원 간의 친밀한 관계 조성을 위해 서로 호를 부르는 게 관례다. 구미 국가로 치면 '퍼스트네임 베이스(first name base)'로 사귀는 것이다. 사람을 이름으로 부르다 보면 직명을 따라붙여야 되는 우리나라 관행상 생기는 위계적이고 경직된 분위기를 탈피하자는 뜻일 것이다. 나도 그때 호를 지어야 되어서 조순 부총리께 부탁을 드려 '심석'을 받았다. 그분은 우리 나라에서 드물게 영어와 한문을 다 잘 구사하는 분이다. 지금도 나는 감사한 마음으로 이 호를 사용하고 있다.

최각규

최각규 부총리는 기획원에서 내가 마지막으로 모신 부총리다. 최 부총리가 차관 재임시는 내가 사무관 말년에서 과장 초임 때라 그렇게 깊이 있게 그를 가까이에서 접할 기회가 많지 않다가, 대 조실장으로서 그를 부총리로 모시고 일하게 되었다.

경력이 말해 주듯 그는 완벽하고 탁월한 실무 능력을 갖추었지 만 또한 정책 입안가로서도 완벽한 능력의 소유자였다. 특히 대 외업무를 깊이 할 기회가 없었음에도 복잡한 국제문제의 배경과 본질을 꿰뚫고 있는 것을 보면서 감탄한 적이 많았다. 그것은 아 마도 왕성한 독서열과 엄청난 독서량에서 오는 것 아닐까 생각한 다. 내가 사실상 포기하고 있던 차관으로 승진한 것도 그의 부총 리 재임 때였다.

뒤안길 **아웅산에서 순국한 기획원 선배들**

아웅산 사태는 전두환 대통령의 동남아 각국 공식 순방의 첫 기 착지인 버마(미얀마)의 수도 랑군(양곤)의 아웅산 묘소에서 발생한 사건이다. 전 대통령을 암살하기 위하여 북한이 장치한 폭탄 테러로 참배에 동행한 공식 수행원과 수행 보도진 17명이 사망하고 10여 명이 중경상을 입은 대사건이다. 서석준 부총리와 함병춘 대통령비서실장, 이범석 외무장관 등 장관 3명, 김재익 경제수석, 차관 4명, 주 버마 대사 등이 유명을 달리한 상상조차 할 수 없는 참사였다. 국가적으로 유능한 인재를 한꺼번에 많이 잃은 사건이었다. 전 대통령은 묘소에 도착하기 전이어서 위기를 모면했다.

아웅산 사태로 특히 경제기획원은 현직의 서 부총리와 하동선 해외협력위원회 기획단장에 더하여 김재익 수석, 이기욱 재무차관, 김용한 과기처 차관 등 기획원 출신들을 한꺼번에 잃어 가장 심각한 피해를 입은 부처가 됐다.

하동선 기획단장은 재무부의 정통 금융관료의 대표 주자로, 이재국장과 제2차관보를 거쳐 기획원으로 전보되어 와 차관보를 거쳐 차관급으로 승진, 해협위 초대 기획단장을 맡고 있었다. 이 자리를 거쳐 훨씬 더 중요한 일을 할 분으로 자타가 기대하고 있었는데 안타까운 일이었다.

이기욱 차관도 원래 기획원 출신으로 물가정책국장을 거쳤다. 박사학위도 가지고 있었으며 매우 스케일이 크고 경제관료로서 더 큰 역할이 기대되던 분이었다.

김용한 차관은 그가 예산심의관 시절 자기보다 젊은 최동규 국장 밑에서 힘들게 지낼 때 사무관인 나와 대통령 시정연설문, 부총리 재정연설을 쓰면서 친해졌다. 그는 넉넉한 인품의 소유자로, 나를 개인적으로 매우 좋아했다.

이렇게 특히 경제기획원 출신의 많은 훌륭한 분들이 아웅산에서 유명을 달리했다. 믿어지지 않는 일이었다. 간부들은 한동안 국가적 조문 분위기 속에서 장례 절차가 다 끝날 때까지 고인들의 빈소를 번갈아 지켰다.

큰 사건 뒤에는 여러 가지 이야기가 흘러나오게 마련이다. 당초 공식 수행원 명단에는 부총리가 없고 대신 강경식 재무장관이 포함돼 있었다. 그러나 마지막에 서석준 부총리가 포함됨으로써 재무부는 강 장관 대신 이기욱 차관이 가게 되었다. 하동선 기획단장 역시 처음 명단에는 없었으나 대통령 해외순방 경제외교 활동에 해외협력위가 빠져서는 제대로 역할을 할 수 없다는 진의 탓에 공식 수행원 명단에 들어갔다고 한다. 실무 차원에서 이뤄진 누군가의 판단이 이렇듯 생사를 바꾼 것이다. 개인적으로 생사가 엇갈리는 순간이었다.

나는 당연히 모든 사람과 같은 충격에 빠졌다. 특히 공사간에 개인적으로 너무 잘 아는 분들이 돌아간 것이 믿어지지 않았다. 서석준 부총리, 함병춘 실장, 김재익 수석이 그렇고, 개인적으로 나를 무척 좋아하고 나도 그랬던 김용한 차관의 죽음도 믿기지 않는 일이었다.

이 사태로 정부의 대대적인 개각이 불가피하게 뒤따랐다. 부총리에서 물러나서 무역협회 회장을 맡고 있던 신병현 씨가 다시 부총리로 입각했다. 강경식 재무장관이 대통령비서실장, 김만제 한미은행장이 재무장관을 맡았다. 강경식 전 부총리의 이야기에 의하면 당초 강 장관에게 부총리직 제의가 있었으나 나이도 너무 젊고 이런 국가비상상황에서는 좀 연륜이 있는 중후한 인사가 부총리를 맡는 것이 좋겠다는 생각에서 신병현 전 부총리의 재기용을 전 대통령에게 건의한 것이 그대로 받아들여졌다는 것이다.

2. 유능한 후배와 부하들

일은 결국 사람이 하는 것이고, 조직은 일을 체계적으로 하기 위한 기능과 사람의 네트워크이다. 이 네트워크의 양과 질에 따라 일의 성과가 갈라지며 개인으로서는 성공 여부가 갈린다. 경제기획원이라는 조직은 이 인적 네트워크에서 좋은 상사나 선배를 만나는 것 못지않게 좋은 후배, 부하를 만나는 것이 중요했다. 그런 의미에서 나는 매우 행복한 사람이었다고 생각한다.

같이 일한 그 많은 유능한 후배 부하들을 일일이 다 거명할 수 없다. 단적으로 나의 과거 직속부하 중에서 부총리가 다섯 사람,

장관과 수석은 셀 수 없이 많이 나왔는데 대충 꼽아 보니 서른 명쯤 된다.

우선 부총리는 권오규, 현오석, 최경환, 김동연 전 부총리, 그리고 지금의 홍남기 부총리다.

고인이 된 장승우 씨(해양수산, 기획예산처)가 부하 중 첫 장관이 된 후 이기호(노동), 이남기(공정거래위원장), 최종찬(건설교통), 김병일(기획예산처), 김호식(해양수산), 윤진식(산업자원, 청와대 경제수석), 안병우(국무조정실장), 박봉흠(기획예산처, 청와대 정책실장), 변양균(기획예산처, 청와대 정책실장), 변재진(보건복지), 김성진(해양수산), 윤대희(국무조정실장), 김영주(국무조정실장, 산업자원), 임상규(농림), 장태평(농수식품), 권태신(총리실장), 안병엽(정보통신), 이정재(금융감독위원장), 김용덕(금융감독위원장), 주형환(산업통상자원), 노대래(공정거래위원장), 강호인(국토교통), 정재찬(공정거래위원장), 이규용 씨(환경) 등이 장관이 되었다.

대통령 수석비서관으로 한이헌, 이기호, 현정택, 박병원, 김대기(나중 정책실장), 차의환, 조원동 등이 있다.

그 밖에 국회의원으로 이강두, 강길부, 김정부, 김광림 등, 차관·청장은 스무 명 이상 된다. 가히 '장관사관학교 교장'이라고 불려도 좋지 않을까 싶다.

이 모든 사람들이 나의 최대의 자산이다. 정부를 떠난 지 이미 20여 년, 친소의 차이는 있지만 대부분과 한번 맺은 인연을 계속 유지하고 있다.

20

오케스트라를 지휘하는 시장주의자

때로는 살인적 스케줄과 스트레스, 때론 매우 어려운 인간관계 속에서 영위한 나의 장구한 공인 생활에서 나의 음악 사랑은 이 모든 삭막한 생활 속 윤활유, 오아시스와 같은 역할을 해 주었다. 음악에 대한 나의 사랑과 관심은 자칫 독선적이고 경직된 사고와 생활방식에 빠지기 쉬운 공적 생활에 여유와 관용, 균형감각을 가져다 준 청량제의 구실을 해 주었다. 그러다 보니 남에게 흔치 않은 관련 사건도 심심찮게 있어 이를 소개한다.

1. 음악 사랑, 음악 예찬

나는 음악, 그중에서도 클래식을 좋아한다.

내가 음악 듣기를 좋아하게 된 것은 아마도 집안 배경과 종교적 영향 때문일 것이다. 아버님이 상당한 음악적 소질을 갖고 계셔서 그 옛날 평양신학교에서 공부하실 때 바이올린을 좀 하셨다. 게다가 교회의 예배에서는 항상 찬송가를 부르니 우리 가족은 모두 조금은 음악적 분위기에서 유년과 학창시절을 보낸 셈이다. 그 영향인지 나만 빼고 3남매는 다 음악에 약간의 소질을 나타냈다. 큰누님은 피아노를 했고, 작은누님도 피아노에 더해 늦게 이런 저런 악기를 하고 있다. 형님은 미국 교회에서 성가대를 지휘하여 "공대 음악과 나왔다"는 말을 들을 정도였다. 나만 음악에 관해 특별히 드러낼 것이 없고 아무 악기도 하지 않았지만, 이런 가정적 영향 때문인지 쉬운 곡들은 계음으로 귀에 들어오는 걸 보면 타고난 음감은 있는 모양이다.

그러나 그저 음악을 좋아해서 듣는 것뿐, 어떤 소질도 겉으로 나타난 적이 없다. 체계적인 음악 공부를 한 적은 물론 없고, 취미로라도 악기 하나 손댄 적이 없다. 중고등학교 시절 그 흔한 합창단에 들어 본 경험도, 교회에서 정식 성가대를 해 본 적도 없다. 나와 음악과의 관련은 나 혼자서 음악을 듣는 것, 즉 감상이 전부였다. 미국 시러큐스대에 유학한 젊은 시절 어느 날은, 도서관에 가서 공부는 안 하고 음악도서실(Music Library)에서 헤드폰을 끼고 좋아하는 곡을 여러 가지 음반으로 다 가져다 비교해서 들으면서 하루 종일 지내고 온 적도 있다.

환경차관 시절 나는 새로운 세계에 첫발을 내디뎠다. KBS교향악단의 정기회원으로 가입하면서 고전음악 감상에 본격 입문한 것이다. 정기회원은 교향악단의 1년간 정기연주회 전부를 지정 좌석에서 관람할 수 있다. 기획원 차관보, 실장에 비해 계급은 높아졌지만 시간은 상대적으로 좀 여유가 생겨, 음악회도 가는 인간다운 생활을 할 수 있게 되었다. 드디어 나에게도 '저녁이 있는 삶'이 찾아온 것이다. 기회가 될 때 연주회장의 객석을 찾는 것은 우리 부부의 다소 사치스런 취미생활이 되었다. 그렇게 시작한 정기회원은 2014년경 KBS교향악단이 운영의 난맥상을 드러내고 정기연주회 스케줄을 펑크 내고 환불하는 사태를 일으킬 때까지 20년 넘게 계속되었다. 또 뒤에 볼, 2001년 아마추어로서 KBS교향악단을 지휘하고 2016년 강남심포니오케스트라도 지휘하는 '사건'의 서막이 되었다.

'환란 주범'으로 몰려 구치소에 있을 때, 음악을 좋아하는 나의 생활 습관이 이 어려운 상황을 극복하는 데 큰 힘이 됐다. 헨델의 〈메시아〉, 베르디의 〈레퀴엠〉을 비롯한 좋아하는 종교음악의 총보(full score)들을 비롯하여 한국 가곡집, 오페라 아리아집 등을 구해 넣어 달라고 해서, 지휘를 하는 기분으로 펼쳐 읽고 속으로 노래하면서 마음의 평정을 유지했다. 찬송가를 다 들춰 나의 애창 찬송가 15개를 고른 것도 이때였다.

2001년 수지의 넓은 아파트로 이사하면서 큰맘 먹고 장만한 오디오 세트는 변변한 물건 하나 없는 우리 집의 재산목록 제1호다. 그간 국내외에서 틈틈이 모은 음반도 제법 많아 CD 약 1천 장, DVD 약 300장, 옛날 시카고 근무 시절 모은 LP 약 1천 장을 가지고 있다. 음악애호가들 대부분이 LP판을 버렸다고 하는데 나는 그대로 가지고 있고 가끔 듣기도 한다.

나는 보통 집에서 여유시간이 있을 때 집의 오디오 세트와 음반으로 음악을 듣지만, 이동하는 차 안에서나 사무실에서도 음악을 많이 듣는다. 독서를 하거나 원고를 쓰거나 자료를 읽는 등 일을 할 때도 음악을 들으면서 하는 경우가 많다. 그러면 오히려 정신이 집중되고 능률이 오르는 경우가 많기 때문이다. 크게 스트레스를 받는 일이 있을 때에는 다 덮어 놓고 특히 좋아하는 곡을 크게 틀어 놓고 한두 시간 듣는다. 아파트에 살다 보니 아래 윗집 생각에 오디오 볼륨을 놓고 아내의 강력한 항의를 받으며 신경전을 벌이는 것도 불사한다.

누구에게나 그렇지만 특히 나라의 중요한 일을 하는 공직자나 정치인, 고위경영자에게 꼭 필요한 덕목 중 하나가 균형감각이다. 전문성도 필요하고 일에 대한 열정도 중요한 것은 말할 필요가 없지만, 균형적 사고가 결여된 전문성과 일에 대한 집념은 때로는 독선과 아집, 편견으로 이어져 오히려 사회에 해가 되는 경우도 많다. 나의 경험으로는, 좋은 음악을 들으면 과중한 업무에서 오는 중압감에서 벗어날 수 있고 남에 대한 이해의 마음이 넓어지는 것을 느낀다. 이런 마음은 균형적 사고로 이어질 것이다. 소도 젖을 짤 때 좋은 음악을 들려주면 젖이 풍성하게 나온다고 하지 않는가.

갈수록 각박하고 살벌해지는 우리 사회가 보다 따뜻해지고 열린 마음으로 서로를 이해하고 어느 한쪽에 치우침 없이 균형 있는 시각으로 우리 모두가 사회의 현안 문제를 볼 수 있었으면 하는 것이 나의 평소 소망이다. 좋은 음악을 좀 더 많이 듣는 분위기가 되면 그런 사회를 앞당기는 데 크게 도움이 되지 않을까? 클래식음악을 고집할 생각은 없다. 우리 국악, 현대음악, 크로스오버다 좋다. 다만 나는 클래식, 그중에서도 종교음악에 좀 더 심취할 뿐이다.

흔히 클래식은 너무 어려워서 처음에 취미를 붙이기 어렵다고들 한다. 그러나 전문가가 되려는 것이 아니고 즐기기 위함이라면, 조금만 관심을 갖고 열심히 들으면 금방 좋아지게 된다고 말하고 싶다. 필자와 오랫동안 같이 지낸 운전기사가 있었는데, 음악에 전혀 문외한이던 이 사람이 항상 클래식이 흐르는 필자의 차를 운전하면서 빠른 시간에 필자 못지않게 클래식 애호가가 되어 가는 과정을 목도하기도 했다.

우리나라같이 많은 부모들이 어린 자식들에게 적성이나 취미에 관계없이 피아노를 비롯한 악기를 하도록 하는 나라도 많지 않을 것이다. 그러나 나이가 들어서 음악을 전공하지는 않더라도 취미로라도 악기를 계속해서 하거나 최소한 음악을 듣는 것 자체를 즐기는 사람이 이처럼 많지 않은 나라도 드문 것 같다. 나는 우리 젊은 부모들의 음악에 관한 생각, 자식들의 음악교육 태도를 바꿀 필요가 있다는 생각을 평소 가지고 있다. 음악 자체를, 특히 듣는 것부터 즐기는 법을 자식들에게 가르쳐주는 방향으로 말이다.

요즘 음악 감상에 큰 도움을 주는 해설서 중에는 직업음악가보다 오히려 아마추어 음악애호가들이 쓴 책들이 많다. 나는 이런 아마추어들이 쓴 음악 해설서들을 많이 읽으면서 음악에 대한 이해의 폭을 더욱 넓혀 왔다.

특히 인생의 장을 열어 가는 시기에 있는 청소년들이 좋은 음악에 접하는 기회를 좀 더 많이 가지면 젊어서부터 훨씬 부드럽고 균형 있는 시각을 가지고 세상을 보게 되고 더욱 풍성한 삶을 살게 되리라고 믿는다. 과중한 업무 부담과 스트레스를 받는 우리 공직자들이 좋은 음악에 많이 접하게 되기를 권유하고 싶다. 각박한 중에서도 인생을 즐기면서 보다 균형 있는 시각으로 나라 일을 볼 수 있으리라 기대하기 때문이다. 한편 노년을 보내는 우리 같은 사람들도 좋은 음악에 접하는 기회를 좀 더 많이 가지면 여생이 보다 풍성해지리라고 생각한다.

2. 아마추어로서 오케스트라 지휘

사람이 살다가 전연 뜻밖의 일을 하게 되는 경우가 있다. 좋은 경우도 있고 나쁜 경우도 있다. 어찌 됐건 내가 오케스트라를 지휘한 것은 직업인의 입장에서 보면 일종의 외도다.

결과적으로 두 번에 걸친 오케스트라 지휘 경험은 나에게는 엄청나게 좋은 경험이었다. 두 번째, 강남심포니를 지휘한 후에는 '오케스트라를 지휘하는 시장주의자'라는 별명이 따라다녔다.

(1) KBS교향악단 신년음악회 객원지휘

앞서 말했듯 환경차관 시절부터 나는 KBS의 연회원에 가입했다. 환란책임론이 절정에 이르고 구치소에 가 있는 등 약 1년을 빼고는 계속 회원 자격을 유지해 왔다.

정부직을 그만두고 민간기업인 와이즈인포넷 회장으로 있던 2000년 연말을 앞둔 어느 날, KBS교향악단에서 매월 발간하는 소식지의 기자와 인터뷰를 할 기회가 있었다. "사모님도 같이 와서 하셨으면 좋겠다"고 요청해 부부가 함께 인터뷰를 했다. 음악에 대한 나의 생각, 음악을 즐기게 된 배경 등 내용으로 인터뷰를 하다가, 지나가는 말로 "교향악단을 한번 지휘하고 싶다"는 말을 농담처럼 했는데, 그 말이 그대로 소식지에 실려 주변에서 가벼운 화제가 되었다.

그러고서 잊고 있었는데, 2001년이 막 시작하고 어느 날 갑자기 KBS교향악단에서 연락이 왔다. 악단이 '연회원을 위한 신년 특별음악회'에서 아마추어가 지휘를 하는 이벤트성 행사를 마련하는데, 해볼 용의가 없느냐고 물었다. 연회원 중 지휘 외에도 성악 등으로 참여하는 특별 프로그램도 있다고 했다. 나는 "농담으로 한 이야기"라며 펄쩍 뛰었다. 아마추어가 교향악단을 지휘하는 것은 가당한가 아닌가를 넘어 거의 불가능한 일이다. 그럼에도 불구하고 KBS 측이 집요하게 계속 권유해서, "집사람과 상의하겠다"고 하고서 우선 전화를 끊었다.

아내를 들먹인 것은, 나의 지휘 실력을 아는 유일한 사람이 바로 아내이기 때문이다. 나는 학교 다닐 때 합창단도, 교회에서 성가대를 한 적도 없다. 그러나 나는 음악을 무척 좋아하기 때문에 좋아하는 음악을 들을 때는 지휘하는 기분으로 손을 흔들며 음악을 듣곤 했다. 정식 지휘봉도 없이 튀김 젓가락 같은 걸 들고 아내를 앉혀 놓고 지휘자 흉내를 내곤 했다. 그러니 우습게 생각하면서도 나의 지휘를 지켜본 유일한 사람이 아내였다.

집에 와서 "KBS에서 이런 제의가 왔는데 당신은 어떻게 생각하느냐"고 묻자 예상대로 아내는 펄쩍 뛰었다. "도대체 당신이 제정신이냐, 총보도 제대로 볼 줄 모르는 아마추어가 교향악단, 그것도 우리나라의 최고 교향악단을 지휘한다는 것이 말이나 되느냐"는 것이었다. 듣고 보니 옳은 이야기였다. 그래서 다음날 KBS에 "할 생각이 없을뿐더러, 한마디로 불가능하다"고 했다. 그런데도 KBS는 부득부득 하라는 것이었다. 실랑이 끝에, '에라, 한번 해보자. 죽기야 하겠나' 하는 심정으로 결국 승낙했다.

곡은 내가 원하는 곡으로 선곡하라고 했다. 이 곡 저 곡 생각하다가, 멜로디가 머리에 완전히 입력돼 있어 비교적 자신이 있는 〈슬라브 행진곡〉을 골랐다. 풀 오케스트라로 연주하는 단악장의 관현악곡이다.

외국에서는 저명인사가 아마추어 자격으로 오케스트라를 지휘하는 일이 아주 생소한 것은 아니다. 그러나 우리나라에는 전례가 없었다. 학교나 동아리 오케스트라가 아닌 정규 오케스트라를 아마추어로서 지휘한 것은 우리나라에서 내가 역사상 처음이었다. 이 기록은 아직도 깨어지지 않고 있는 것으로 안다.

당시로는 엄청난 사건이었다. 정부에서 물러나고 얼마 되지 않은 때였다. 경제수석을 지낸, 음악의 '음'자하고도 관련 없는 사람이 그 어려운 오케스트라 지휘를 한다는 것만으로도 뉴스감이었다. '경제수석의 화려한 외도', '경제수석, 오케스트라의 포디움에서다' 등, 언론들도 상당한 비중으로 이 사건을 다뤘다.

당시만 해도 우리나라 교향악단의 정기연주회는 좌석을 채우기 힘들어 객석의 3분의 1 정도는 비는 것이 보통이었다. 그런데 언론에서 이렇게 다루니까 나더러 표를 달라는 사람도 많았고, 당일 연주회장에도 많은 사람이 몰려와 2층 복도까지 앉을 정도였다. KBS교향악단 역사상 실내 연주로서는 가장 많은 청중이 모여든 연주회가 되었다. 이 일을 계기로 나도 '음악깨나 아는 사람'으로 알려지게 되었다.

KBS는 이 연주회 프로그램 전부를 녹화해서 세 번에 걸쳐 방영하기도 했다. 연주회가 끝난 직후는 물론, 이후 한동안도 나는 그때를 생각하면 고조되는 감정을 느꼈다. 오랜 세월이 흘렀지만 요새도 그때 연주 장면을 아내와 비디오로 보면서 "참 겁도 없이 일을 저질렀지?" 하면서 웃음 짓곤 한다. 연주 직후 한동안은 5년은 젊어진 것 같은 기분으로 지냈다.

그때 내가 정말 좋아하는 친구이고 음악에 관해 나의 고등학교 동기 중 최고의 수준인 임강호 전 KBS 편성국장이 KBS와의 최종 리허설 과정부터 연주 장면까지를 전부 지켜보고 '우리들의 아름다운 60세: 김인호 동문의 KBS교향악단 지휘에 붙여'라는 제목의 수준 높은 평을 써서 우리 고등학교 동기회보(『경기56회보』)에 실었다.

KBS가 당초 구상한, 아마추어 회원이 부분적으로나마 지휘나 연주에 참여하는 특별연주회를 매년 개최하려던 계획은 아쉽게도 그 이후 다시 실현되지 않고 있다. 적절한 사람을 찾지 못해서

2001년 2월 2일 KBS교향악단 신년특별음악회(KBS홀)에서 차이콥스키 〈슬라브 행진곡〉을 지휘하는 필자. 아래 사진은 실황중계방송 화면.

만은 아닐 것이다. 다양한 방법으로 클래식음악 애호가의 저변을
확대하면서 관객층을 넓히려는 경영적 마인드가 우리 KBS교향
악단에 부족하기 때문은 아닌가 걱정된다. 국영기관의 경영효율
성의 한계를 보는 것 같아 안타깝다.

(2) 강남심포니 특별지휘

KBS교향악단을 객원지휘한 '사건' 이후 나는 꽤 음악을 아는 사
람으로 세상에 알려지게 되었고, 여러 사람들로부터 심심찮게 인
사를 받기도 했다. 그러다가 다시 지휘를 하는 기회를 갖지 않겠
다고 생각한 나에게, 또 한 번 자연스럽게 오케스트라를 지휘하
는 기회가 왔다. 2016년 한국무역협회 창립 70주년 기념연주회에
서, 회장인 내가 강남심포니오케스트라를 지휘해 두 곡을 연주한
것이다.

기념연주회는 협회의 다양한 기념행사 중 하나로, 협회에서도
처음 시도하는 이벤트였다. 무역협회가 강남구에 있으니까 강남
심포니오케스트라를 초청했으면 좋겠다는 아이디어가 채택되었
다. 그때 강남심포니는 오랫동안 지휘하던 기존 지휘자가 물러나
고 이화여대 성기선 교수가 새로이 지휘봉을 잡았을 때다. 협회
창립 기념연주회를 한 그날이 그분의 실질적인 첫 연주회였다.
우리 직원들은 "회장이 과거 경험도 있으니 한두 곡 직접 지휘하
면 어떻겠느냐"고 제의했다. 좋은 의견이라고 생각해서 제의를
받아들였다. 오케스트라도 환영했다.

2016년 7월 15일 무역협회 창립 70주년 기념음악회에서 강남심포니 지휘.

　선곡 과정에서, 2001년에 KBS교향악단과 한 〈슬라브 행진곡〉을 다시 하기는 그렇고, 베토벤 교향곡 제2번의 2악장을 했으면 좋겠다고 생각했다. 오케스트라 측에서는 "그 악장은 조용한 분위기이고 현악이 중심이 되기 때문에 축제 성격하고는 잘 맞지 않는다"는 의견이었다. 또 지휘자 성 교수도 "그 곡 연주중에 많은 관악기 연주자들이 자리를 비워야 하기 때문에, 그 앞뒤 이어질 음악과 연결이 매끄럽지 못할 것이다. 전체 오케스트라가 동원되는 곡 중 바그너 〈로엔그린〉 제3막 전주곡 같은 곡으로 하면 그날 지휘할 다른 곡과 조화도 잘돼 좋겠다"고 했다.

　〈로엔그린〉 3막 전주곡은 나도 익히 아는 곡이다. 들어 보니 과연 괜찮지만, 좀 짧은 듯해 모처럼 지휘에 나서는 나로서는 좀 아쉬운 감이 들었다. 다른 곡을 찾아봤지만 갑자기 전혀 새로운 긴

곡을 선곡해 연습할 시간적 여유가 없었다. 하는 수 없이 〈슬라브 행진곡〉을 다시 하되, 틀림없이 앙코르 요청이 있을 것이니 앙코르곡으로 〈로엔그린〉 3막 전주곡을 하는 것으로 했다.

나는 당시 고질이던 허리 병이 다시 도져서 걷기조차 어려울 정도였지만, 용케 무대로 걸어 나가 포디움에 서서 지휘를 할 수 있었다. 연주중 지휘봉을 잠깐 떨어뜨렸다가 다시 주워 지휘를 계속하는 해프닝도 있었다.

기념연주회는 성공적이었고, 내가 지휘한 두 곡도 많은 박수를 받았다. 이번에도 언론은 이 '사건'을 상당히 비중 있게 다뤄 주었다.

나는 2001년 KBS교향악단을 처음 지휘하고 15년 만에 다시 강남심포니를 지휘하는 기록을 세웠다. 내가 아는 한 우리나라에서 아마추어로서 정규 오케스트라를 지휘한 나의 기록을 깬 사람은 아직 없다.

교향악단과 더 이상 특별한 관계는 없으리라고 생각하고 살던 차에, 나는 최근 뜻밖에도 한국의 최고 실내오케스트라인 코리안챔버오케스트라(Korean Chamber Orchestra, KCO)의 후원회장을 맡게 되었다. 하던 사람도 그만두어야 할 나이에 여러 가지로 적임이 아니라고 생각하고 사양했으나, 김민 감독과 조윤희 이사장의 요청이 하도 진지해서 그만 수락을 하고 말았다. 우리나라에 거의 유일한 국제 수준의 이 오케스트라에 어떻게 도움이 될 수 있을지 고심중이다.

明과 暗 50년 · 1
영원한 시장주의자

초판 1쇄 발행 2019년 11월 13일
초판 2쇄 인쇄 2019년 11월 30일

지은이 김인호
펴낸이 안병훈
펴낸곳 도서출판 기파랑
등 록 2004. 12. 27 제300-2004-204호
주 소 서울시 종로구 대학로8가길 56 동숭빌딩 301호   우편번호 03086
전 화 02-763-8996(편집부) 02-3288-0077(영업마케팅부)
팩 스 02-763-8936
이메일 info@guiparang.com
홈페이지 www.guiparang.com

ISBN 978-89-6523-615-3 04300
ISBN 978-89-6523-616-0 04300(세트)